Mario Boccia

Krise im „Wirtschaftswunder"

Quellen und Darstellungen zur Zeitgeschichte

Herausgegeben vom Institut für Zeitgeschichte

Band 150

Mario Boccia

Krise im „Wirtschaftswunder“

Fordistische Betriebspolitik
und Produktionsarbeit bei BMW
von 1960 bis 1973

DE GRUYTER
OLDENBOURG

Die vorliegende Studie wurde als Promotionsarbeit an der Ludwig-Maximilians-Universität München angenommen.

ISBN 978-3-11-154623-0
e-ISBN (PDF) 978-3-11-156438-8
e-ISBN (EPUB) 978-3-11-156456-2
ISSN 0481-3545

Library of Congress Control Number: 2024943109

Bibliografische Information der Deutschen Nationalbibliothek
Die Deutsche Nationalbibliothek verzeichnet diese Publikation in der Deutschen Nationalbibliografie; detaillierte bibliografische Daten sind im Internet über http://dnb.dnb.de abrufbar.

Satz: Meta Systems Publishing & Printservices GmbH, Wustermark
Druck und Bindung: Beltz, Bad Langensalza GmbH

www.degruyter.com
Fragen zur allgemeinen Produktsicherheit:
productsafety@degruyterbrill.com

Meinen Eltern

Inhalt

Vorwort

Bei der vorliegenden Arbeit handelt es sich um eine leicht überarbeitete Fassung meiner Dissertation, die ich 2020 an der Ludwig-Maximilians-Universität München eingereicht und 2021 verteidigt habe. Das Projekt war innerhalb des ersten Graduiertenkollegs „Soziale Folgen des Wandels der Arbeitswelt in der zweiten Hälfte des 20. Jahrhunderts“ angesiedelt und wurde von der Hans-Böckler-Stiftung gefördert. Das Kolleg betreuten Andreas Wirsching vom Institut für Zeitgeschichte in München (IfZ), Frank Bösch vom Zentrum für Zeithistorische Forschung in Berlin (ZZF) und Stefan Berger vom Institut für soziale Bewegungen in Bochum (ISB). Nach Ablauf des dreijährigen Stipendiums der HBS wurde ich mit einem Abschlussstipendium der Stiftung Bildung und Wissenschaft im Fach Sozial- und Wirtschaftsgeschichte gefördert.

Herzlich danken möchte ich an erster Stelle meinem Doktorvater Andreas Wirsching für die Betreuung der Dissertation, die fruchtbaren Gespräche, die Offenheit für thematische Neuansätze während der Bearbeitungszeit und die wissenschaftliche und materielle Unterstützung am Institut für Zeitgeschichte.

Ganz besonders möchte ich auch meinem Zweitbetreuer Thomas Schlemmer für die vielen und intensiven Gespräche sowie den immer freundlichen und hilfsbereiten Beistand danken, der mir insbesondere in schwierigen Phasen unschätzbar geholfen hat.

Zudem möchte ich den vielen ehemaligen Kolleginnen und Kollegen am Institut für Zeitgeschichte danken, mit denen ich über die sechs Jahre, die ich dort als studentische und wissenschaftliche Hilfskraft sowie als wissenschaftlicher Mitarbeiter tätig war, zusammenarbeitete – zuallererst Sebastian Voigt, dem Koordinator des oben genannten Graduiertenkollegs, für die langjährige Zusammenarbeit, Unterstützung und Hilfsbereitschaft.

Des Weiteren seien genannt: Frank Bajohr, Giles Bennett, Magnus Brechtken, Ute Elbracht, Bernhard Gotto, Sven Keller, Hildegard Maisinger, Kristina Milz, Manuel Mork, Malte Müller, Andreas Nagel, Andrea Löw, Eva Lütkemeyer, Eva Oberloskamp, Günther Opitz, Manuela Rienks, Elke Schindler, Daniel Schlögel, Martina Steber, Michael Volk, Karin Walraven, Lena Werner, Dorothea Wohlfahrth, Annette Wöhrmann, Karl Zacher, Roland Zahn, Eva Zembsch, Willy Zirm, Therese Zwickl.

Dank gilt auch Stefan Berger (ISB), Frank Bösch (ZZF) und Winfried Süß (ZZF) für stets hilfreiche Hinweise und Kritik während der Bearbeitungszeit. Freundliche Unterstützung erhielt ich nicht zuletzt von Wolfgang Kucera (Archiv der Münchner Arbeiterbewegung e.V.), Stefan Müller (Archiv der sozialen Demokratie, Bonn) sowie Annika Biss und Andreas Harz (BMW-Group-Archiv, München).

1. Einleitung

1.1 Hinführung und Fragestellung

Die Bedeutung der Automobilindustrie für den Aufstieg der bundesdeutschen Wirtschaft nach dem Zweiten Weltkrieg kann kaum überschätzt werden.[1] Als „neue[r] Führungssektor"[2] des Nachkriegsbooms stellte die Automobilbranche Mitte der 1970er Jahre den viertgrößten Industriezweig der Bundesrepublik dar und war zudem stark vorleistungsintensiv.[3] Beinahe zwei Drittel des Werts eines produzierten Automobils entfielen auf Zulieferungen aus anderen Wirtschaftsbranchen.[4] Von 1950 bis 1965 steigerte sich die jährliche westdeutsche Automobilfertigung um mehr als das Zwölffache (von 219 409 auf 2 733 732), was einem durchschnittlichen jährlichen Wachstum von 83 Prozent entspricht.[5] Als „Konjunkturlokomotive"[6] und „Vorzeigeindustrie"[7] der Boomphase nahm der westdeutsche Automobilsektor eine gesamtwirtschaftliche Schlüsselposition ein. Seine Produkte bündelten über die ökonomische Dimension hinaus auch soziokulturelle und ideologische Leitmotive des sogenannten Wirtschaftswunders – paradigmatisch etwa in der ikonischen Gestalt des VW Käfers.[8]

Das Auto stand nicht nur symbolisch für den technischen und ökonomischen Entwicklungsstand der Gesamtgesellschaft, sondern auch für privaten Wohlstand, individuelle Mobilität und sozialen Aufstieg. Ähnliches gilt für die Zeit der beginnenden Krisenphase Anfang der 1970er Jahre, deren Wahrnehmung sich – nun allerdings mit negativen Vorzeichen – ebenso auf das Automobil fokussierte. Für die zu diesem Zeitpunkt sich Gehör verschaffende Wachstums- und Konsumkritik stand der Individual-Pkw für problematischen Massenkonsum, übermäßigen Ressourcenverbrauch, Umweltverschmutzung sowie die Gefährdung von Leben und Gesundheit.[9] Neben der wirtschaftlichen, gesellschaftlichen und kulturellen Be-

1 Milward, Alan: The Reconstruction of Western Europe. 1945–51, Berkely u. Los Angeles, ²1987, S. 491; Postan, Michael: An Economic History of Western Europe, 1945–1964, London 1967, S. 190–191.

2 Abelshauser, Werner: Deutsche Wirtschaftsgeschichte. Von 1945 bis zur Gegenwart, Bonn 2011, S. 366.

3 Diekmann, Achim: Die Automobilnachfrage als Konjunktur- und Wachstumsfaktor. Eine Input-Output-Studie, Tübingen 1975, S. 5.

4 Ebenda, S. 10.

5 Tilly, Stephanie u. Triebel, Florian: Einführung, in: Dies. (Hrsg.): Automobilindustrie 1945–2000. Eine Schlüsselindustrie zwischen Boom und Krise, München 2013, S. 1–21, hier S. 2.

6 Wellhöner, Volker: „Wirtschaftswunder" – Weltmarkt – westdeutscher Fordismus. Der Fall Volkswagen, Münster 1996, S. 11.

7 Tilly u. Triebel: Einführung, in: Dies. (Hrsg.): Automobilindustrie 1945–2000, S. 6.

8 Beckmann, Nils: Käfer, Goggos, Heckflossen. Eine retrospektive Studie über die westdeutschen Automobilmärkte in den Jahren der beginnenden Massenmotorisierung, Stuttgart 2006, S. 16–18.

9 Köhler, Ingo: Auto-Identitäten. Marketing, Konsum und Produktbilder des Automobils nach dem Boom, Göttingen 2018, S. 103–181.

deutung der Automobilindustrie im Nachkriegsboom sticht deren beispielhafte Rolle als Träger einer hochtechnisierten Massenproduktion heraus. Ihre Produktions- und Absatzformen trugen seit Henry Fords Innovationsoffensive der 1910er Jahre einen Modellcharakter.[10] Standardisierte Serienfertigung, kurztaktige Fließproduktion und stark arbeitsteilige, autoritär geprägte Betriebshierarchien waren die Merkmale eines „fordistischen Produktionsregimes“,[11] zu dessen makroökonomischen Charakteristika die Institutionalisierung und Verrechtlichung der Industriellen Beziehungen zu rechnen sind.[12] Auch innerhalb der Transformationsprozesse *nach* dem Boom, die ab den mittleren 1970er Jahren einsetzten, besaß der Automobilsektor eine Leitbildfunktion. Er konnte als „Musterbeispiel eines dynamischen Innovationsprozesses“ gelten, in welchem neue Arbeitsformen und innovative Produktionsmodelle erprobt und verankert wurden.[13]

Aus diesen Gründen eignet sich die Automobilindustrie für eine Untersuchung von sozioökonomischen und betrieblichen Wandlungstendenzen in der zweiten Hälfte des 20. Jahrhunderts in besonderer Weise. Mit Blick auf die Forschung spricht vieles dafür, dass mit dem Ende der Nachkriegsprosperität Mitte der 1970er Jahre für die westdeutschen Automobilhersteller eine „krisenhafte Übergangsphase“ anbrach.[14] Die oftmals normativ geprägte Gegenüberstellung von Boom und Strukturkrise wirft jedoch die Frage auf, ob diese Dichotomie ohne weiteres auf die Organisation der Produktion übertragen werden kann. In anderen Worten: Können die Auswirkungen der gesamtwirtschaftlichen Prosperität auf die Sphäre des Industriebetriebs bis zum Jahr 1973 tatsächlich als vorteilhaft bezeichnet werden? Während die „Phase der Herausforderungen“,[15] wie es die Forschung zutreffend herausgearbeitet hat, in Bezug auf die volkswirtschaftliche Makroebene in den mittleren 1970er Jahren begann, ist zu bezweifeln, ob dieser Befund auch hinsichtlich der betrieblichen Mikroebene zutrifft. Ein Blick auf die Absatz- und Arbeitsmarktdynamiken während des Booms erhärtet diese Zweifel. Das Zusammenspiel der jeweiligen Angebot-Nachfrage-Konstellationen des Absatz- und des

[10] Rostow, Walt Whitman: Stadien wirtschaftlichen Wachstums. Eine Alternative zur marxistischen Entwicklungstheorie, Cambridge 1960, S. 26 u. passim.

[11] Hirsch, Joachim u. Roth, Roland: Das neue Gesicht des Kapitalismus. Vom Fordismus zum Post-Fordismus, Hamburg 1986, S. 57. Zum Begriff „Fordismus“ siehe Kapitel 2.1 der vorliegenden Arbeit.

[12] Müller-Jentsch, Walther: Auf dem Prüfstand. Das deutsche Modell der industriellen Beziehungen, in: Industrielle Beziehungen 2 (1995), H. 1, S. 11–24.

[13] Dohse, Knuth, Jürgens, Ulrich u. Malsch, Thomas: Fertigungsnahe Selbstregulierung oder zentrale Kontrolle – Konzernstrategien im Restrukturierungsprozeß der Automobilindustrie, in: Frieder Naschold (Hrsg.): Arbeit und Politik. Gesellschaftliche Regulierung der Arbeit und der sozialen Sicherung, Frankfurt a. M. u. New York 1985, S. 49–89, hier S. 50.

[14] Bauer, Reinhold: Ölpreiskrisen und Industrieroboter. Die siebziger Jahre als Umbruchphase für die Automobilindustrie in beiden deutschen Staaten, in: Konrad Jarausch (Hrsg.): Das Ende der Zuversicht. Die siebziger Jahre als Geschichte, Göttingen 2008, S. 68–83, hier S. 79.

[15] Tilly, Stephanie: „Die guten Zeiten … sind vorbei“. Zum Verhältnis von Automobilindustrie, Politik und Automobilverband in den 1970er Jahren, in: Morten Reitmayer u. Ruth Rosenberger (Hrsg.): Unternehmen am Ende des „goldenen Zeitalters“. Die 1970er Jahre in unternehmens- und wirtschaftspolitischer Perspektive, Essen 2008, S. 209–232, hier S. 217.

Arbeitsmarktes, die sich aus volkswirtschaftlicher Sicht außerordentlich günstig darstellten, brachte für die Aufrechterhaltung und Ausweitung der Produktion spezifische Probleme mit sich. Dies galt auch und gerade für wirtschaftlich erfolgreiche Unternehmen: Die zentrale Herausforderung bestand darin, aufgrund der hohen Nachfrageentwicklung die Fertigungszahlen zu erhöhen,[16] obwohl kaum Arbeitskräfte verfügbar waren.

Doch auch unabhängig von der Lage auf dem Arbeitsmarkt gilt, dass das, was mit Blick auf die Branche und ihre Produkte bis in die frühen 1970er Jahre als Erfolgsgeschichte erscheint, für die jeweiligen Unternehmen oftmals nur unter widrigsten Umständen zu erreichen war – wenn überhaupt. So verloren zwischen 1950 und 1965 17 der 26 westdeutschen Automobilfirmen ihre Eigenständigkeit beziehungsweise gingen in Konkurs.[17] Dieses Schicksal drohte zum Ende der 1950er Jahre auch der Bayerischen Motoren Werke AG (BMW). Das Münchner Unternehmen befand sich bis zum Jahr 1959 in einer tiefgreifenden Absatzkrise, von den Prosperitätsauswirkungen des Booms profitierte es kaum. Die 1950er Jahre waren geprägt von einer schlechten Umsatzlage, einer problematischen Finanzsituation und einem tendenziellen Rückgang der Belegschaftszahlen, weshalb es im Jahr 1959 beinahe zur Übernahme durch den Konkurrenten Daimler-Benz gekommen wäre.[18]

Erst mit Beginn der 1960er Jahre gelang es BMW, durch eine marketingstrategische Neuausrichtung zur allgemeinen Prosperitätsentwicklung der bundesdeutschen Nachkriegszeit aufzuschließen. Die Nachfrage nach BMW-Automobilen stieg ab diesem Zeitpunkt enorm an, so dass die Unternehmensleitung[19] gezwungen war, den Fertigungsausstoß massiv zu erhöhen. Zu diesem Zweck galt es zum einen, die Kapazitäten des Münchner Werks auszuweiten und zu optimieren; zum anderen benötigte man Produktionsarbeiter.[20] Letzteres erwies sich aufgrund der Arbeitsmarktlage jedoch als äußerst schwierig. Damit war der „konjunkturelle Nachzügler"[21] BMW schlagartig mit den marktbedingten Herausforderungen des

16 Die Begriffe „Produktion" und „Fertigung" werden in der vorliegenden Studie synonym verwendet.

17 Bäurle, Peter: Die Entwicklung der Automobilindustrie in der Bundesrepublik Deutschland seit 1945. Eine volkswirtschaftliche, verkehrswirtschaftliche und betriebswirtschaftliche Untersuchung, Stuttgart 1966, S. 135–136.

18 Grunert, Manfred u. Triebel, Florian: Das Unternehmen BMW seit 1916, München 2006, S. 43–47.

19 Der Begriff „Unternehmensleitung" bezieht sich in der vorliegenden Studie sowohl auf den Vorstand als auch auf den Aufsichtsrat. Der Vorstand fungierte als ausführendes Organ und war dem Aufsichtsrat zu Rechenschaft verpflichtet. Die Funktion des Aufsichtsrats war es hingegen, den Vorstand zu beraten und dessen Tätigkeiten zu überwachen. Was die Zeit von 1960 bis 1973 bei BMW betrifft, so waren sich die beiden Gremien hinsichtlich der grundlegenden Entscheidungen in der Regel einig.

20 In der vorliegenden Studie wird „Arbeiter" sowohl für männliche als auch für weibliche Beschäftigte gebraucht. Abgesehen von Gründen der besseren Lesbarkeit ist dies vor allem der Tatsache geschuldet, dass es zwar nicht nur, aber zum überwiegenden Großteil männliche Belegschaftsmitglieder waren, die in der Produktion bei BMW arbeiteten.

21 Die Wendung stammt vom Vorstandsvorsitzenden der Jahre 1965 bis 1969, Gerhard Wilcke; BMW UA 268, Niederschrift über die 46. ordentliche Hauptversammlung vom 8. Juli 1966.

Booms konfrontiert: Den Ertragsmöglichkeiten auf dem Absatzmarkt stand ein westdeutscher Arbeitsmarkt gegenüber, der sich durch ein stark begrenztes Angebot an Arbeitskräften und eine sehr hohe Nachfrage nach denselben auszeichnete. Während andere bundesdeutsche Firmen bereits in den 1950er Jahren händeringend nach Arbeitskräften suchten, war die Unternehmensleitung von BMW gezwungen, die Produktion zu drosseln und Arbeiter zu entlassen. Erst ab 1960 ergab sich auch für BMW die Notwendigkeit, die Fertigung zu steigern und die Belegschaft entsprechend zu vergrößern, um das Unternehmen langfristig am Markt zu etablieren.

Die Planung, Organisation und Durchführung der Güterproduktion zur Zeit des westdeutschen Booms stellte BMW vor spezifische Probleme, die auf strukturelle Marktkonstellationen zurückgingen. Infolgedessen hatte die Unternehmensführung bereits vor 1973, als sich die Situation auf dem Arbeitsmarkt schließlich umkehrte,[22] unter hohem Problemlösungsdruck gestanden. Welche Bewältigungsstrategien das betriebspolitische Handeln der Entscheider bei BMW bestimmten und wie sich die prosperitätsbedingten Krisenerscheinungen im Betrieb auswirkten, steht im Mittelpunkt der vorliegenden Studie. Untersucht wird also, wie das Unternehmen die Transformation vom potenziellen Übernahmekandidaten zu einem der weltweit führenden Automobilproduzenten in der Zeit von 1960 bis 1973 bewältigte, welche betriebspolitischen Lösungsansätze die Verantwortlichen dabei anwandten und welche Folgen die jeweiligen Entscheidungen für den Fertigungsbereich und den dort beschäftigten Belegschaftsteil hatten.[23] Im Zentrum stehen somit das betriebliche Handlungsfeld der Produktionsarbeit und die damit verbundene Anforderung an ein industrielles Unternehmen, die Güterproduktion zu planen, zu organisieren und durchzuführen.

Da sich der Fokus auf die Politik innerhalb des Industriebetriebs richtet, stellen nicht nur die Handlungen der Unternehmensleitung, sondern insbesondere auch das Vorgehen der betrieblichen Arbeitnehmervertretung einen zentralen Untersuchungsschwerpunkt dar. Schon aus rechtlichen Gründen konnte der Vorstand die jeweils notwendigen Maßnahmen nicht einfach „von oben herab“ anweisen. Vielmehr war die Unternehmensleitung auf die – zumindest stillschweigende – Kooperation des Betriebsrats angewiesen. Da dieser wiederum von der Belegschaft

[22] Die Jahre 1973/74 gelten in der ökonomiegeschichtlichen Literatur über den Arbeitsmarkt hinaus als „*die* wesentliche Zäsur in der westdeutschen beziehungsweise westlich-kapitalistischen Wirtschaftsgeschichte“; siehe: Reitmayer, Morten u. Rosenberger, Ruth: Einleitung, in: Dies. (Hrsg.): Unternehmen am Ende des „goldenen Zeitalters“. Die 1970er Jahre in unternehmens- und wirtschaftshistorischer Perspektive, Essen 2008, S. 9–27, hier S. 11, die diese Zäsurbestimmung allerdings selbst wieder relativieren. Zur „Rückkehr der Arbeitslosigkeit“ nach dem Boom siehe: Boyer, Christoph: Schwierige Bedingungen für Wachstum und Beschäftigung, in: Thomas Raithel u. Thomas Schlemmer (Hrsg.): Die Rückkehr der Arbeitslosigkeit. Die Bundesrepublik Deutschland im europäischen Kontext 1973 bis 1989, München 2009, S. 9–53.

[23] Da sich der Fokus auf den Produktionsbereich richtet, werden Angestellte beziehungsweise Gehaltsempfänger nicht untersucht.

gewählt wurde, die er formal repräsentierte, kam dem Betriebsrat, dessen betrieblich-politischer Ort sich an der Schnittstelle von Vorstands- und Beschäftigteninteressen befand, eine große Bedeutung für das betriebliche Geschehen zu. In diesem Zusammenhang wird untersucht, ob sich während des Booms Veränderungen im Verhältnis von betrieblichem Vertretungsorgan und Belegschaft feststellen lassen – und wenn ja, worauf diese zurückzuführen waren. Damit sind potenzielle Unzufriedenheiten und Verweigerungshaltungen der Beschäftigten angesprochen, die in der Studie ebenfalls untersucht werden. Die Frage nach der *Krise in der Prosperität* wird so nicht nur mit Bezug auf die Probleme und Herausforderungen, welche die Unternehmensleitung zu gewärtigen hatte, sondern auch hinsichtlich derer des Betriebsrats und der Produktionsbelegschaft gestellt.

Die Studie wirft auf diese Weise einen Blick auf die oftmals wenig berücksichtigten betrieblichen Kehrseiten der Prosperitätsphase. Der Fokus liegt dabei nicht auf der Zeit nach dem Boom – im Mittelpunkt stehen vielmehr die 1960er und frühen 1970er Jahre, in denen sich, so die These, bereits wesentliche zukunftsweisende Veränderungen im Ansatz vollzogen, die wiederum nur vor dem Hintergrund der historiografischen Erkenntnisse für die nachfolgende Zeit in ihrer Tragweite erkennbar sind. Die negativen Auswirkungen der *prima facie* günstigen Wirtschaftslage auf die Sphäre des Industriebetriebs und die dort arbeitenden Belegschaftsangehörigen waren keine vernachlässigbaren Randerscheinungen. Im Gegenteil bedrohten sie den wirtschaftlichen Aufstieg und die wirtschaftliche Sicherung insbesondere von erfolgreichen Unternehmen wie BMW. Indem sich die sozialgeschichtlich ausgerichtete Untersuchung auf das Innere des Industriebetriebs und damit auf den sozialen Ort richtet, in dem sich die materielle Produktion vollzieht, werden zeitgenössisch schwerwiegende Problematiken in den Fokus gerückt, die bei einer rein wirtschafts- oder unternehmensgeschichtlichen Betrachtung aus dem Blick zu geraten drohten.

Während die Unternehmensführung das Münchner BMW-Werk seit den frühen 1960er Jahren durch Baumaßnahmen, räumliche Konzentrationsprozesse und die Neuanschaffung von Maschinerie grundlegend veränderte, war die Steigerung der Belegschaftsziffer, die mit der Fertigungsexpansion notwendig geworden war, nur über die massive Rekrutierung nicht-ortsansässiger und vor allem ausländischer Arbeitskräfte möglich. Diese betriebspolitischen Lösungsansätze generierten in der Folge allerdings oftmals neue Probleme, deren Tragweite vorab nicht abzusehen war. Dies galt sowohl für den „Gastarbeitereinsatz“[24] bei BMW als auch

24 Der Begriff „Gastarbeiter“ wird in der Literatur meist mit „ausländische Arbeitskräfte“ synonym verwendet, was der Einfachheit halber auch in der vorliegenden Studie meist der Fall ist. Diese Gleichsetzung ist bei genauerem Hinsehen jedoch unscharf. Zwar waren alle „Gastarbeiter“ Ausländer, keinesfalls aber alle ausländischen Arbeitskräfte „Gastarbeiter“. Letztere bezeichnen Arbeitskräfte, die im Zuge der jeweiligen Anwerbeabkommen aus süd- beziehungsweise südosteuropäischen und teilweise auch nordafrikanischen Staaten in die Bundesrepublik kamen. In der vorliegenden Studie wird dieser Ausdruck trotz seiner potenziell auch diskriminierenden Konnotation daher als analytischer Begriff verwendet.

für die in Angriff genommenen Rationalisierungs- und Konzentrationsprozesse sowie die Ausweitung und Intensivierung der menschlichen Arbeit.

Ausgehend von den ökonomischen Rahmenbedingungen und der Unternehmensgeschichte von BMW fragt die Studie nach den Folgen der skizzierten „Erfolgskrise"[25] auf die Produktion in der Zeit zwischen 1960 und 1973. Aufgrund seiner spezifischen Geschichte lässt sich am Beispiel von BMW ausgezeichnet analysieren und in verdichteter Form aufzeigen, wie die angesprochenen historisch-ökonomischen Strukturmerkmale die betriebliche Realität bestimmten und die betriebspolitischen Handlungen der Akteure bedingten.

1.2 Forschungsstand

Als „soziale Geschichte der ökonomischen Sphäre"[26] befindet sich die Studie an der Schnittstelle von Unternehmens-, Arbeits- und Sozialgeschichtsschreibung. Indem sie sich mit den innerbetrieblichen Transformationsprozessen an der Schwelle zum „Strukturbruch" befasst,[27] orientiert sich die Arbeit thematisch an neueren zeitgeschichtlichen Fragestellungen, die sich mit der Geschichte „nach dem Boom" auseinandersetzen.[28] Deren Kernthese besteht darin, dass innerhalb der Zeit von 1973 bis 1995/2000 ein „soziale[r] Wandel von revolutionärer Qualität"[29] erfolgte, der selbst wiederum als Zusammenspiel von grundlegenden gesellschaftlichen, kulturellen, politischen sowie insbesondere ökonomischen und technologischen Transformationen zu begreifen sei. Bei diesen Überlegungen handelt es sich hauptsächlich um programmatisch-theoretische Ansätze, deren empirisch-historiografische Überprüfung in vielen Feldern erst noch geleistet werden muss.

Gleichzeitig ist darauf hinzuweisen, dass der Strukturbruchthese vielfach widersprochen wurde. So konnte Sina Fabian für die 1970er Jahre zeigen, dass hinsichtlich des Konsumverhaltens der westdeutschen Bevölkerung von einer Krise keine

[25] Grunert, Manfred u. Triebel, Florian: Krisenerfahrung bei der BMW AG. Zur Typologie des Phänomens Unternehmenskrise, in: Jahrbuch für Wirtschaftsgeschichte 47 (2006), H. 2, S. 19–30, hier S. 27.

[26] Welskopp, Thomas: Unternehmen Praxisgeschichte. Historische Perspektiven auf Kapitalismus, Arbeit und Klassengesellschaft, Tübingen 2014, S. 36.

[27] Andresen, Knud, Bitzegeio, Ursula u. Mittag, Jürgen: Arbeitsbeziehungen und Arbeitswelt(en) im Wandel: Problemfelder und Fragestellungen, in: Dies. (Hrsg.): „Nach dem Strukturbruch"? Kontinuität und Wandel von Arbeitsbeziehungen und Arbeitswelt(en) seit den 1970er Jahren, Bonn 2011, S. 7–23; Andresen, Knud, Kuhnhenne, Michaela, Mittag, Jürgen u. Platz, Johannes (Hrsg.): Der Betrieb als sozialer und politischer Ort. Studien zu Praktiken und Diskursen in den Arbeitswelten des 20. Jahrhunderts, Bonn 2015.

[28] Doering-Manteuffel, Anselm u. Raphael, Lutz: Nach dem Boom. Perspektiven auf die Zeitgeschichte seit 1970, Göttingen [2]2010; Doering-Manteuffel, Anselm, Raphael, Lutz u. Schlemmer, Thomas: (Hrsg.): Vorgeschichte der Gegenwart. Dimensionen des Strukturbruchs nach dem Boom, Göttingen 2016; Jarausch, Konrad (Hrsg.): Das Ende der Zuversicht? Die siebziger Jahre als Geschichte, Göttingen 2008.

[29] Doering-Manteuffel u. Raphael: Boom, S. 11.

Rede sein kann, da der Massenkonsum, dessen Trägerschicht sich zudem vergrößerte, kontinuierlich anstieg.[30] Auch Winfried Süß machte mit Blick auf die bundesdeutsche Sozialpolitik deutlich, dass der Krisenbegriff zu kurz greift, um der geschichtlichen Wirklichkeit der 1970er Jahre gerecht zu werden. Süß schlägt deshalb die Begriffe „Umbruchzeit" und „Epochenschwelle" vor, um auch gegenläufige Tendenzen einzufangen.[31] Von einer „Umbruchphase" beziehungsweise „Übergangsperiode" für die Zeit von 1970 bis 2000 spricht in neueren Publikationen auch Lutz Raphael.[32] Obwohl sich der Fokus der vorliegenden Studie auf die Zeit der bundesrepublikanischen Prosperität richtet, leistet die Arbeit einen Beitrag zur Debatte „nach dem Boom", indem sie deren Diskussionen und Erkenntnisse reflektierend aufgreift. Hierbei wurde sich insbesondere an Forschungen orientiert, die eine kritische Reformulierung der Geschichte der Arbeit vorgenommen haben.[33]

Zur Automobilbranche[34] und ihren Unternehmen[35] in der bundesdeutschen Nachkriegszeit liegen zahlreiche wissenschaftliche Publikationen vor. Schwerpunkte der jüngeren Forschung stellten dabei insbesondere die Zeit des Nationalsozialismus[36] und die Internationalisierung der Firmen dar.[37] Ähnlich verhält es

30 Fabian, Sina: Boom in der Krise. Konsum, Tourismus, Autofahren in Westdeutschland und Großbritannien 1970–1990, Göttingen 2016, siehe insbesondere S. 431–442.

31 Süß, Winfried: Der keynesianische Traum und sein langes Ende. Sozioökonomischer Wandel und Sozialpolitik in den siebziger Jahren, in: Konrad Jarausch (Hrsg.): Das Ende der Zuversicht. Die siebziger Jahre als Geschichte, Göttingen 2008, S. 120–137, hier S. 134.

32 Raphael, Lutz: Jenseits von Kohle und Stahl. Eine Gesellschaftsgeschichte Westeuropas nach dem Boom. Frankfurter Adorno-Vorlesungen 2018, Berlin 2019, S. 475 u. 477.

33 Welskopp: Unternehmen; Lauschke, Karl u. Welskopp, Thomas: Einführung. Mikropolitik im Unternehmen. Chancen und Voraussetzungen beziehungsanalytischer Ansätze in der Industrie und Arbeitergeschichte, in: Dies. (Hrsg.): Mikropolitik im Unternehmen. Arbeitsbeziehungen und Machtstrukturen in industriellen Großbetrieben des 20. Jahrhunderts, Essen 1994, S. 7–15; Süß, Dietmar: Mikropolitik und Spiele: Zu einem neuen Konzept für die Arbeiter- und Unternehmensgeschichte, in: Jan-Otmar Hesse, Christian Kleinschmidt u. Karl Lauschke (Hrsg.): Kulturalismus, Neue Institutionenökonomik oder Theorienvielfalt. Eine Zwischenbilanz der Unternehmergeschichte, Essen 2002, S. 117–136.

34 Busch, Klaus Wilhelm: Strukturwandlungen der westdeutschen Automobilindustrie. Ein Beitrag zur Erfassung und Deutung einer industriellen Entwicklungsphase im Übergang vom produktionsorientierten zum marktorientierten Wachstum, Berlin 1966; Diekmann, Achim: Die Automobilindustrie in Deutschland, Köln 1985; Beckmann: Käfer; Tilly u. Triebel (Hrsg.): Automobilindustrie.

35 Wellhöner: „Wirtschaftswunder"; Pfaffel, Mathias: Vom selbständigen Unternehmen zum integrierten Konzernstandort. Die AUDI NSU AUTO UNION AG in Neckarsulm 1969–1984, Stuttgart 2019.

36 Hopmann, Barbara, Mark, Spoerer, Weitz, Birgit u. Bruninghaus, Beate: Zwangsarbeit bei Daimler-Benz, Stuttgart 1996; Mommsen, Hans u. Grieger, Manfred: Das Volkswagenwerk und seine Arbeiter im Dritten Reich, Düsseldorf 1996; Gregor, Neil: Stern und Hakenkreuz. Daimler Benz im Dritten Reich, Berlin 1997.

37 Speidel, Frederic: Mitbestimmte versus managementbestimmte Globalisierung in der Automobilindustrie. Ein Vergleich der Internationalisierungsstrategien und ihrer Verarbeitungen durch die Akteure der industriellen Beziehungen am Beispiel VWs und Renaults, München u. Mering 2005; Grunow-Osswald, Elfriede: Die Internationalisierung eines Konzerns. Daimler-Benz 1890–1997, Vaihingen a. d. Enz 2006; Landenberger, Sonia: Die Internationalisierung

sich hinsichtlich der Geschichte der Bayerischen Motoren Werke AG. Neben Studien zur Unternehmensgeschichte während der NS-Zeit[38] und solchen zur Internationalisierung[39] sind die Werke von Christian Pierer zur Gründungsgeschichte bis 1933[40] sowie von Jürgen Seidl zur Nachkriegsgeschichte von BMW, dessen Untersuchungszeitraum bis ins Jahr 1969 reicht, zu nennen.[41] Beide Werke fokussieren sich jedoch weniger auf die soziale Sphäre des Betriebs, sondern setzen sich vielmehr mit unternehmens- und wirtschaftshistorischen Fragestellungen auseinander. Von Aufsätzen Florian Triebels und Manfred Grunerts[42] sowie einzelnen unveröffentlichten Diplom- und Magisterarbeiten abgesehen,[43] entfällt das Gros der Veröffentlichungen zu BMW vor allem auf populärwissenschaftliche Darstellungen.[44] Zu diesen ist auch Florian Triebels und Manfred Grunerts umfassendes und reich bebildertes Buch zur BMW-Geschichte zu nennen, das die Zeit von 1916 bis zur Gegenwart behandelt.[45] Die Tatsache, dass das Buch zum 90-jährigen Jubiläum vom Unternehmen selbst herausgegeben wurde, ändert nichts am Verdienst der Autoren, erstmals eine Gesamtdarstellung der BMW-Geschichte vorgelegt zu haben.

Die genannten unternehmens- und wirtschaftshistorisch angelegten Arbeiten stellen eine wichtige Grundlage für die vorliegende Studie dar. Deren Zugriff unterscheidet sich jedoch durch seine Fokussierung auf soziale und politische Aspek-

der Marken- und Produktkommunikation am Beispiel der Marken Jaguar und Porsche, Stuttgart 2008; Nieke, Claudia: Volkswagen am Kap. Internationalisierung und Netzwerk in Südafrika 1950 bis 1966, Wolfsburg 2010.

[38] Werner, Constanze: Kriegswirtschaft und Zwangsarbeit bei BMW, München 2006; Lorenzen, Till: BMW als Flugmotorenhersteller 1926–1940. Staatliche Lenkungsmaßnahmen und unternehmerische Handlungsspielräume, München 2008.

[39] Biss, Annika: Die Internationalisierung der Bayerischen Motoren Werke AG. Vom reinen Exportgeschäft zur Gründung eigener Tochtergesellschaften im Ausland 1945–1981, Berlin u. Boston 2017.

[40] Pierer, Christian: Die Bayerischen Motoren Werke bis 1933. Eine Unternehmensgründung in Krieg, Inflation und Weltwirtschaftskrise, München 2011.

[41] Seidl, Jürgen: Die Bayerischen Motoren Werke (BMW) 1945–1969. Staatlicher Rahmen und unternehmerisches Handeln, München 2002.

[42] Grunert u. Triebel: Krisenerfahrung bei der BMW AG, in: Jahrbuch für Wirtschaftsgeschichte 47 (2006), H. 2; Triebel, Florian: Vom ‚Marketingloch' zur Wiederentdeckung der sportlichen Mittelklasse – vom Produktionsregime zur Marketingorientierung bei BMW, in: Jahrbuch für Wirtschaftsgeschichte 53 (2010), H. 1, S. 37–64; Triebel, Florian: Gründe und sprich darüber. Unternehmensgründung und Kommunikation – das Beispiel BMW (1916–1923), in: Zeitschrift für Unternehmensgeschichte 61 (2016), H. 1, S. 31–63.

[43] Maier, Stephan: Zur Unternehmensgeschichte der Bayerischen Motorenwerke A.G. von 1952 bis 1964, 1992 (Diplomarbeit, Regensburg); Schmidhofer, Tanja: Personalpolitik in Zeiten chronischen Arbeitskräftemangels. BMW in den sechziger Jahren, Konstanz 2000 (Magisterarbeit, Konstanz); Nitsche, Verena: „Geräuschlose Integration"? Zur Situation der „Gastarbeiter" bei BMW von 1955 bis 1973, München 2012 (Magisterarbeit, München).

[44] Mönnich, Horst: BMW – eine Jahrhundertgeschichte, Bd. 1: Vor der Schallmauer 1916–1945, München 1983; ders.: BMW – eine Jahrhundertgeschichte, Bd. 2: Der Turm 1945–1972, München 1986. Beide Bände wurden zusammengefasst als: Ders.: BMW – eine deutsche Geschichte, München ^{2}1989.

[45] Grunert u. Triebel: Unternehmen.

te sowie auf den betrieblichen Bereich der Produktionsarbeit, wobei insbesondere die Fertigungsbelegschaft einen zentralen Untersuchungsgegenstand darstellt. Insofern steht weniger das *Unternehmen* BMW im Zentrum der Studie, sondern weit mehr der Münchner *Betrieb* beziehungsweise das Münchner *Werk* des Unternehmens. Gleichzeitig wird eine Gesamtschau der wesentlichen betrieblichen Handlungsfelder unternommen. Dabei geht es weniger um die jeweils erschöpfende Darstellung dieser Felder, sondern vielmehr um deren Zusammenspiel und die sich daraus ergebenden Dynamiken.

Für die Erforschung der Arbeiterschaft nach 1945 ist Josef Moosers 1983 erschienenes Buch „Arbeiterleben in Deutschland" bis heute grundlegend.[46] Gleichzeitig ist zu konstatieren, dass der regions- und sektorenübergreifende sowie quantitative Zugriff Moosers, der sich hauptsächlich auf statistische Erhebungen stützt, branchen- und unternehmensspezifische Forschungen geradezu herausfordert.[47] Zur Geschichte der Belegschaften sowie der sozialen und Industriellen Beziehungen im Betrieb haben Thomas Welskopp, Karl Lauschke und Dietmar Süß wichtige Monografien vorgelegt, die mit der Montanindustrie allerdings Wirtschaftszweige behandeln, die von den sozialökonomischen Transformationsprozessen nach dem Boom negativ betroffen waren.[48] Die vorliegende Studie nimmt sich demgegenüber eine Branche vor, deren Aufschwung trotz der Strukturkrise seit den mittleren 1970er Jahren nicht abbrach, was umso mehr für das Unternehmen BMW gilt, dessen wirtschaftlicher Aufstieg bis ins 21. Jahrhundert ungebrochen anhielt. In diesem Zusammenhang ist Thomas Schlemmers Studie über die Boom-Region Ingolstadt zu erwähnen.[49] Schlemmer nahm in einem Kapitel auch die Belegschaft und die betriebliche Arbeitnehmervertretung des Automobilproduzenten AUDI AG in den Blick. Trotz der partiell ähnlich gelagerten Erkenntnisinteressen differieren die Zugänge dieser und der vorliegenden Studie aufgrund unterschiedlicher Quellenlagen und methodischer Herangehensweisen.

[46] Mooser, Josef: Arbeiterleben in Deutschland 1900–1970. Klassenlagen, Kultur und Politik, Frankfurt a. M. 1984, S. 228; siehe auch: Ders.: Regionalisierung und Kontraste in der Arbeitergeschichte der 50er Jahre. Niedersachsen in der bundesrepublikanischen Perspektive, in: Bernd Weisbrod (Hrsg.): Von der Währungsreform zum Wirtschaftswunder. Wiederaufbau in Niedersachsen, Hannover 1998, S. 197–205.

[47] Selbiges gilt für: Schmidt, Jürgen: Arbeiter in der Moderne. Arbeitsbedingungen, Lebenswelten, Organisationen, Frankfurt a. M. 2015.

[48] Welskopp, Thomas: Arbeit und Macht im Hüttenwerk. Arbeits- und industrielle Beziehungen in der deutschen und amerikanischen Eisen- und Stahlindustrie von den 1860er bis zu den 1930er Jahren, Bonn 1994; Lauschke, Karl: Die Hoesch-Arbeiter und ihr Werk. Sozialgeschichte der Dortmunder Westfalen-Hütte während der Jahre des Wiederaufbaus 1945–1966, Essen 2000; Süß, Dietmar: Kumpel und Genossen. Arbeiterschaft, Betrieb und Sozialdemokratie in der bayerischen Montanindustrie 1945 bis 1976, München 2003. Ebenso: Niethammer, Lutz u. Plato, Alexander von (Hrsg.): „Hinterher merkt man, daß es richtig war, daß es schiefgegangen ist". Nachkriegs-Erfahrungen im Ruhrgebiet. Lebensgeschichte und Sozialkultur im Ruhrgebiet 1930 bis 1960, 2 Bde., Berlin u. Bonn 1983.

[49] Schlemmer, Thomas: Industriemoderne in der Provinz. Die Region Ingolstadt zwischen Neubeginn, Boom und Krise 1945 bis 1975, München 2009, hierbei insbesondere das Kapitel III.3, S. 77–127.

Was die Literatur zur Ausländerbeschäftigung in der Bundesrepublik betrifft, so ist Hedwig und Ralf Richters Urteil zuzustimmen, dass es zweifellos herausragende Migrationsstudien gibt, die meisten Untersuchungen jedoch „vor dem Werkstor" enden.[50] Während die Wirtschafts- und Unternehmensgeschichtsschreibung die „Gastarbeiter" vernachlässigte, hat andersherum die Migrationsforschung die betriebliche Sphäre meist außer Acht gelassen oder höchstens gestreift.[51] Ähnlich gestaltet sich dies in Studien zu den sogenannten Ausländerstreiks des Jahres 1973, bei denen die zentralen Konfliktlinien zwar benannt werden, eine Analyse der strukturellen, das heißt betrieblichen und arbeitsplatzbezogenen Ursachen in der Regel jedoch zu kurz kommt.[52] Dies gilt auch für Forschungsarbeiten, welche die Studentenbewegung und deren Einfluss auf die Arbeitswelt behandeln.[53] Zum linksradikalen Aktivismus innerhalb der Fabriken, der sich im Aufbau von sogenannten Betriebsgruppen niederschlug, liegen bislang keine wissenschaftlichen Untersuchungen vor.[54]

Die vorliegende Studie orientiert sich zudem an theoretisch angelegten soziologischen Forschungen, welche die „Subjektivierung"[55] oder „Singularisierung"[56] der Arbeit und neue „postfordistische" Unternehmensstrategien zum Gegenstand

[50] Richter, Hedwig u. Richter, Ralf: Die Gastarbeiter-Welt. Leben zwischen Palermo und Wolfsburg, Paderborn 2012, S. 10.

[51] Exemplarisch: Bojadžijev, Manuela: Die windige Internationale. Rassismus und Kämpfe der Migration, Münster 2008. Den „Gastarbeitereinsatz" im Betrieb behandeln, wenn auch randständig: Heckmann, Friedrich: Die Bundesrepublik: Ein Einwanderungsland? Zur Soziologie der Gastarbeiterbevölkerung als Einwandererminorität, Stuttgart 1981; Herbert, Ulrich: Geschichte der Ausländerbeschäftigung in Deutschland 1880 bis 1980. Saisonarbeiter, Zwangsarbeiter, Gastarbeiter, Bonn 1986; ders.: Geschichte der Ausländerpolitik in Deutschland. Saisonarbeiter, Zwangsarbeiter, Gastarbeiter, Flüchtlinge, Bonn 2003.

[52] Kürten, Helena: „Gastarbeiterinnen im wilden Streik". Zur Wahrnehmung von Arbeit, Migration und Geschlecht im Mediendiskurs der Bundesrepublik am Beispiel der rheinischen und westfälischen Metallindustrie, in: Westfälische Forschungen 67 (2007), S. 499–536; Huwer, Jörg: „Gastarbeiter" im Streik. Die Arbeitsniederlegung bei Ford Köln im August 1973, Köln 2013; Goeke, Simon: „Wir sind alle Fremdarbeiter!" Gewerkschaften, migrantische Kämpfe und soziale Bewegungen in Westdeutschland 1960–1980, Paderborn 2020. Am ehesten findet eine nähere Ursachenbetrachtung statt bei: Birke, Peter: Wilde Streiks im Wirtschaftswunder. Arbeitskämpfe, Gewerkschaften und soziale Bewegungen in der Bundesrepublik und Dänemark, Frankfurt a. M. 2007.

[53] Gehrke, Bernd (Hrsg.): 1968 und die Arbeiter in Europa. Studien zum „proletarischen Mai" in Europa, Hamburg 2007.

[54] Das eher essayistisch angelegte Buch von Arps, Jan-Ole: Frühschicht. Linke Fabrikintervention in den 70er Jahren, Berlin 2011, stellt in diesem Zusammenhang eine erste Annäherung dar. Gleiches gilt für den autobiografischen Band: Gester, Jochen u. Hajek, Willi (Hrsg.): 1968 – und dann? Erfahrungen, Lernprozesse und Utopien von Bewegten der 68-er Revolte, Berlin 2002.

[55] Bröckling, Ulrich: Das unternehmerische Selbst. Soziologie einer Subjektivierungsform, Frankfurt a. M. ^{6}2016; Bröckling, Ulrich, Krasmann, Susanne u. Lemke, Thomas (Hrsg.): Gouvernementalität der Gegenwart. Studien zur Ökonomisierung des Sozialen, Frankfurt a. M. 2000.

[56] Reckwitz, Andreas: Die Gesellschaft der Singularitäten. Zum Strukturwandel der Moderne, Berlin 2017, S. 181–224.

haben.[57] In eine ähnliche Richtung geht die Diagnose der Wirtschaftswissenschaftlerin Ève Chiapello und des Soziologen Luc Boltanski, in den 1970er Jahren sei ein neues Zeitalter des Kapitalismus angebrochen, dem wiederum eine grundlegend gewandelte Managementideologie zuzuordnen sei.[58] Das Ziel der vorliegenden Arbeit ist es nicht zuletzt, den Zugriff der Unternehmensleitung von BMW auf die Beschäftigten vor dem Hintergrund dieser Thesen zu untersuchen.[59] Dabei ist aber gleichzeitig davon abzusehen, die soziologischen Theorien unmittelbar auf die geschichtliche Wirklichkeit übertragen zu wollen – nicht zuletzt deshalb, da sie empirisch-historiografisch bereits relativiert wurden. So hat Kasten Uhl mit Blick auf betriebliche Rationalisierungs- und Humanisierungsbemühungen von den 1910er bis in die mittleren 1970er Jahre herausgestellt, dass Unternehmensleitungen bereits zu Beginn des „fordistischen Jahrhunderts" „menschlich"-subjektive Potenziale nutzbar zu machen versuchten. Auch wenn derartige Versuche im Zeitlauf zunahmen und umfassender wurden, interpretiert Uhl fordistische und postfordistische Strategien als Teil ein und desselben Diskurses.[60]

Zum Betriebsrat in der Automobilindustrie existiert mit Dimitrij Owetschkins Buch „Vom Verteilen zum Gestalten" eine Darstellung der betrieblichen Mitbestimmungspraxis nach dem Zweiten Weltkrieg für die Unternehmen Volkswagen, Daimler-Benz, Opel und Ford.[61] Während zur Betriebsratsarbeit bei VW, Ford und Daimler-Benz mehrere Werke erschienen sind,[62] besteht hinsichtlich der Bayerischen Motoren Werke ein Forschungsdesiderat. Indem die Analyse des BMW-Betriebsrats im Zusammenhang mit den strukturellen betrieblichen Hand-

57 Pongratz, Hans J. u. Voß, Günter G.: Der Arbeitskraftunternehmer. Eine neue Grundform der Ware Arbeitskraft?, in: Kölner Zeitschrift für Soziologie und Sozialpsychologie 50 (1998), S. 131–158.

58 Boltanski, Luc u. Chiapello, Ève: Der neue Geist des Kapitalismus, Konstanz 2013.

59 Zum Wandel der Managementideologie in der bundesdeutschen Nachkriegszeit siehe: Dietz, Bernhard: Der Aufstieg der Manager. Wertewandel in den Führungsetagen der westdeutschen Wirtschaft 1949–1989, Berlin u. Boston 2020. Siehe für BMW in den 1980er Jahren insbesondere: Dietz, Bernhard: Von der Humanisierung zur Flexibilisierung der Arbeit. Der „Wertewandel" in der Wirtschaft der 1980er-Jahre am Beispiel von BMW, in: Nina Kleinöder, Stefan Müller u. Karsten Uhl (Hrsg.): „Humanisierung der Arbeit". Aufbrüche und Konflikte in der rationalisierten Arbeitswelt, Bielefeld 2019, S. 185–211.

60 Uhl, Karsten: Humane Rationalisierung? Die Raumordnung der Fabrik im fordistischen Jahrhundert, Bielefeld 2014.

61 Owetschkin, Dimitrij: Vom Verteilen zum Gestalten. Geschichte der betrieblichen Mitbestimmung in der westdeutschen Automobilindustrie nach 1945, Bielefeld 2016, S. 23–24.

62 Koch, Günther: Arbeitnehmer steuern mit. Belegschaftsvertretung bei VW ab 1945, Köln 1987; Andresen, Knud: Mitbestimmen. Die Entwicklung der Interessenvertretung bei Volkswagen in Braunschweig 1945–2002, Braunschweig 2005; Fattmann, Rainer: 125 Jahre Arbeit und Leben in den Werken von Daimler und Benz. Die Geschichte der Beschäftigten und ihrer Interessenvertretung, Ludwigsburg 2011; Fetzer, Thomas: Paradoxes of Internationalization. British and German Trade Unions at Ford and General Motors 1967–2000, Manchester 2012. Zur betrieblichen Sozialpolitik bei VW und Peugeot siehe: Engelen, Ute: Demokratisierung der betrieblichen Sozialpolitik? Das Volkswagenwerk in Wolfsburg und Automobiles Peugeot in Sochaux 1944–1980, Baden-Baden 2013.

lungsfeldern erfolgt, wird der sozialökonomische und betriebliche Kontext seiner Politik zudem stärker berücksichtigt als in anderen Studien.

1.3 Methodischer Ansatz

Den Untersuchungsgegenstand der vorliegenden Arbeit bildet die Produktionssphäre des Unternehmens BMW. Als Organisationen sind Unternehmen immer auch als „soziale Gebilde“[63] zu begreifen, in denen sich – und dies ist ihre *differentia specifica* – Klassenbeziehungen konstituieren und wirksam werden.[64] Diese sind allerdings von anderen sozialen Gliederungsprinzipien überlagert und überformt, so dass „Klasse“ zwar eine zentrale, nicht aber die einzige betriebliche Strukturierungsform darstellt.[65] Hierbei spielen die Industriellen Beziehungen eine signifikante Rolle. Diese bezeichnen ein Interaktionsverhältnis, dessen Kern der Kampf um Machtressourcen bildet.[66] Obwohl letzterer institutionell eingehegt ist, bestehen informelle Ungewissheitszonen, welche die Akteure beim jeweiligen Gegenüber zu beeinflussen versuchen.[67] Trotz begrenzender systemischer und struktureller Rahmenbedingungen kann von einer prinzipiellen Offenheit der Aushandlungspraxis vor dem Hintergrund der Industriellen Beziehungen gesprochen werden.[68] Die historisch kontingente, gleichwohl aber zu einem bestimmten Moment *gegebene* Ausgestaltung der betrieblichen Situation begründet sich durch den Charakter der Industriellen Beziehungen auf der Mikroebene, sprich den Arbeitsverhältnissen und -bedingungen sowie deren immer auch politische Regulierung innerhalb des Betriebs.[69]

Indem die Studie den Produktionsbereich bei BMW in den Blick nimmt, richtet sich ihr Fokus nicht zuletzt auf die dort arbeitenden Menschen. Für die Beschäftigten können der Arbeitsmarkt und der Arbeitsplatz als „die wesentlichen Determinanten des Lebensschicksals“[70] gelten, weshalb der Betrieb eine konstitutive Rolle

[63] Pierenkemper, Toni: Unternehmensgeschichte. Eine Einführung in ihre Methoden und Ergebnisse, Stuttgart 2000, S. 69.

[64] Raphael, Lutz: Arbeit im Kapitalismus, in: Arbeit, Bewegung, Geschichte 19 (2020), H. 1, S. 7–25, hier S. 15. Zum in der vorliegenden Studie verwendeten Klassenbegriff siehe Kapitel 2.3 der vorliegenden Arbeit.

[65] Welskopp: Unternehmen, S. 69–70.

[66] Plumpe, Werner: Industrielle Beziehungen, in: Gerold Ambrosius, Dietmar Petzina u. Werner Plumpe (Hrsg.): Moderne Wirtschaftsgeschichte. Eine Einführung für Historiker und Ökonomen, München 2006, S. 391–426, hier S. 391 u. 395.

[67] Crozier, Michel u. Friedberg, Erhard: Die Zwänge kollektiven Handelns. Über Macht und Organisation, Königsstein Ts. 1993, S. 40.

[68] Küpper, Willi u. Ortmann, Günther: Vorwort: Mikropolitik – Das Handeln der Akteure und die Zwänge der Systeme, in: Dies. (Hrsg.): Mikropolitik. Rationalität, Macht und Spiele in Organisationen, Opladen ^{2}1992, S. 7–9, hier S. 8.

[69] Müller-Jentsch, Walther: Soziologie der industriellen Beziehungen. Eine Einführung, Frankfurt a. M. u. New York 1986, S. 17.

[70] Mooser: Arbeiterleben, S. 14 u. 72.

für diese Personengruppe einnimmt.[71] Die Arbeitskräfte sind integraler Bestandteil betrieblicher Handlungsfelder, von deren spezifischer Ausformung nur bedingt abstrahiert werden kann. Der Primat der historisch herausgebildeten, konkreten betrieblichen Wirklichkeit bedeutet, dass dem betrieblichen Kontext und der Tätigkeit am Arbeitsplatz mehr Bedeutung für Bewusstsein und Selbstverständnis der Arbeiter zukommt als etwa der regionalen oder allgemeinen beruflichen Herkunft.[72] Da Unternehmen als singuläre Gebilde begriffen und insofern stets historisch rekonstruiert werden müssen,[73] kann die Analyse der betrieblichen Sphäre nur innerhalb *bestimmter* Betriebe, die wiederum Teil von *bestimmten* Unternehmen sind, vorgenommen werden.[74] Dies bedeutet andererseits nicht, dass sich die einzelbetrieblichen Phänomene nicht branchenmäßig verallgemeinern lassen würden. Allerdings ist eine solche Verallgemeinerung stets in Reflexion auf die jeweiligen betrieblich-unternehmerischen Spezifika vorzunehmen.

Im Gegensatz zu traditionellen, sowohl neoklassisch als auch marxistisch geprägten Ansätzen, welche die ökonomischen und technisch-organisatorischen Sachzwänge regelmäßig überbewerteten, hebt die vorliegende Studie auf die relative Autonomie des Produktionsprozesses ab.[75] Sie orientiert sich damit sowohl am Konzept der Neuen Institutionenökonomik (NIÖ) als auch der Mikropolitik. Während bei der NIÖ die Auswirkungen der unternehmerisch-betrieblichen, formellen und informellen Rahmenbedingungen auf das soziale Gefüge und dessen Einfluss auf den Wandel von Institutionen im Mittelpunkt stehen,[76] rückt die vorliegende Untersuchung mittels des mikropolitischen Ansatzes die Interaktion und das Handeln der beteiligten Individuen und Gruppen ins Zentrum. Diese „Rekonzeptionalisierung des Kapitalismus aus der Akteursperspektive“[77] ermöglicht es, allgemeine gesellschaftliche Form- und Strukturprinzipien als durch die Subjekte

71 Welskopp: Unternehmen, S. 149.

72 Lauschke: Hoesch-Arbeiter, S. 20–21; Welskopp: Unternehmen, S. 142.

73 Plumpe, Werner: Die Unwahrscheinlichkeit des Jubiläums – oder: warum Unternehmen nur historisch erklärt werden können, in: Jahrbuch für Wirtschaftsgeschichte 44 (2003), H. 1, S. 143–156, hier S. 144.

74 „Betrieb“ ist die „technisch-wirtschaftliche Untereinheit“ von „Unternehmen“; siehe: Pierenkemper: Unternehmensgeschichte, S. 17.

75 Minssen, Heiner: Der soziale Prozeß betrieblichen Wandels, in: Karl Lauschke u. Thomas Welskopp (Hrsg.): Mikropolitik im Unternehmen. Arbeitsbeziehungen und Machtstrukturen in industriellen Großbetrieben des 20. Jahrhunderts, Essen 1994, S. 16–47, hier S. 19. Zur Kritik der „klassischen“ Sozialgeschichte siehe: Welskopp, Thomas: Die Sozialgeschichte der Väter. Grenzen und Perspektiven der Historischen Sozialwissenschaft, in: Geschichte und Gesellschaft 24 (1998), S. 173–198; Welskopp: Unternehmen, S. 146–147; sowie: Plumpe, Werner: Statt einer Einleitung: Stichworte zur Unternehmensgeschichtsschreibung, in: Christian Kleinschmidt u. Werner Plumpe (Hrsg.): Unternehmen zwischen Markt und Macht. Aspekte deutscher Unternehmens- und Industriegeschichte im 20. Jahrhundert, Essen 1992, S. 7–13.

76 Ambrosius, Gerold, Petzina, Dietmar u. Plumpe, Werner: Wirtschaftsgeschichte als interdisziplinäres Fach, in: Dies. (Hrsg.): Moderne Wirtschaftsgeschichte. Eine Einführung für Historiker und Ökonomen, München 2006, S. 9–37, hier S. 29–30 u. 34.

77 Welskopp, Thomas: Zukunft bewirtschaften. Überlegungen zu einer praxistheoretisch informierten Historisierung des Kapitalismus, in: Mittelweg 36 (2017), S. 81–97, hier S. 86.

vermittelt zu begreifen und damit als konkrete soziale Praxis und Interaktion zu historisieren.[78] Aus diesen Gründen wird betriebliches Handeln in der vorliegenden Arbeit nicht als formale Implementierung von *a priori* festgelegten zweckrationalen Konzepten verstanden, sondern im Gegenteil als kontextgebundenes, genuin politisches „Ringen um Interessen und Identität."[79] Der Fokus liegt damit auf dem Aushandlungscharakter betrieblicher Entscheidungen sowie auf dem oftmals widersprüchlichen Ineinandergreifen von konfliktorischen und konsensualen Momenten.[80]

Die prinzipielle Offenheit betrifft jedoch nicht nur die Beziehungen im Betrieb, sondern auch die Entscheidungen der Unternehmensleitung. Als Strategien zur Optimierung des Verwertungsprozesses beziehen sie sich auf das, was diesem immer erst eingefügt und angepasst werden muss: die menschliche Arbeitskraft. Der „Ungewissheitsfaktor Mensch", dessen Verhalten sich nur schwer prognostizieren lässt, ist stets mitzudenken, wenn von betrieblichen Innovationen im Produktionsprozess gesprochen wird. Daraus folgt, dass von einer formellen Entscheidungsrationalität nur eingeschränkt die Rede sein kann. Hinzu kommt ganz grundlegend die Tatsache, dass Unternehmen mit unkontrollierbaren und kaum zu antizipierenden dynamischen Umweltbedingungen zu tun haben, weshalb es den „one best way" *per se* nicht geben kann.[81] Erst im Nachhinein ist es möglich, herauszufinden, ob eine Entscheidung rational gewesen ist. Unternehmerische Rationalität entpuppt sich so als Schein, die vor allem als semantischer Bezugsrahmen fungiert, um Entscheidungen und ihre Durchführung zu begründen.[82] Diese Erwägungen gelten vornehmlich für die häufig als Exekution bloßer ökonomischer Notwendigkeit interpretierten Rationalisierungsstrategien.

Sowohl Planung als auch Durchführung von betriebspolitischen Maßnahmen können so als soziale Prozesse verstanden werden, über deren konkrete Ausgestaltung verhandelt und deren Rentabilität in der Zukunft erst eingelöst werden muss. Insofern bringen diese Maßnahmen eine prinzipielle Unberechenbarkeit mit sich. Im Kontext der vorliegenden Studie ist insbesondere auf die Notwendigkeit der Kooperation vonseiten der Belegschaft hinzuweisen, ohne die ein reibungsloser Produktionsablauf kaum denkbar ist. Die Kooperationsleistung kann entweder über Zwang oder über permissive Identifikationsangebote erreicht werden, wobei in der Praxis weder ausschließlich das eine noch das andere gegeben ist. Die betriebspolitischen Strategien der Unternehmensleitung von BMW werden daher stets vor dem Hintergrund dieses „Spannungsfeld[s] zwischen Kontrolle und mo-

78 Lauschke u. Welskopp: Einführung, in: Dies. (Hrsg.): Mikropolitik im Unternehmen, S. 10.

79 Süß: Mikropolitik und Spiele, in: Hesse, Kleinschmidt u. Lauschke (Hrsg.): Kulturalismus, Neue Institutionenökonomik oder Theorienvielfalt, hier S. 119.

80 Welskopp: Unternehmen, S. 199; Plumpe: Industrielle Beziehungen, in: Ambrosius, Petzina, u. Plumpe (Hrsg.): Moderne Wirtschaftsgeschichte, S. 397–398.

81 Welskopp: Unternehmen, S. 194.

82 Minssen: Der soziale Prozeß betrieblichen Wandels, in: Lauschke u. Welskopp (Hrsg.): Mikropolitik im Unternehmen, S. 33–34.

ralischer Integration"[83] betrachtet. So handelt es sich aus betriebspolitischer Perspektive etwa bei Rationalisierungsbestrebungen ganz grundlegend um den Versuch, sich implizites Produktionswissen der Arbeiter anzueignen und verfügbar zu machen. Das Ringen um diese *tacit skills* begründet sich damit, dass unternehmerische Zugriffschancen – insbesondere in Krisenphasen – strukturell prekär bleiben müssen, solange ausschließlich die Arbeiter über sie verfügen.[84] Für letztere machen die informellen Fertigkeiten jedoch gleichzeitig ihren zentralen Dispositionsspielraum aus, über welchen sie einigermaßen selbstbestimmt entscheiden können, womit sie eine Restautonomie über den Arbeitsablauf behalten.[85] Damit ist allerdings nur das betriebspolitische Telos der betrieblichen Maßnahmen benannt – ihre erfolgreiche Umsetzung muss sich hingegen historisch – und das heißt: in der realen Auseinandersetzung mit antagonistischen Gegenspielern – immer erst erweisen.

Der mikropolitische, an die NIÖ angelehnte Ansatz der Studie ermöglicht es zudem auch, innerbelegschaftliche Interaktionen und Konflikte in den Blick zu nehmen.[86] Technologische und organisatorische Innovationen betreffen nur in den wenigsten Fällen alle Belegschaftsmitglieder in gleicher Weise.[87] Während das eine Belegschaftssegment von einer bestimmten Maßnahme profitieren mag, kann diese gleichzeitig zum Nachteil eines anderen geraten. Die ambivalenten Auswirkungen sind insofern gegeben, als *die* Belegschaft nur im Relationsverhältnis zum „Unternehmer" und damit als Abstraktion existiert. Real sind Belegschaften in sich disparat. Teile derselben nehmen in der Betriebshierarchie höhere Positionen ein, wobei diese Positionsunterschiede verschieden begründet sein können und ihre reale Wirksamkeit unterschiedliche Auswirkungen zeitigen kann. So muss etwa eine höhere Stellung im betrieblichen Sozialgefüge nicht zwangsläufig mit höheren Einkünften oder einem besseren Arbeitsplatz verbunden sein. Auch hier sind wiederum formelle und informelle Strukturmerkmale ineinander verwoben und überlagert.[88] Diese Erwägungen sind insbesondere bei der Betrachtung des

83 Pfister, Ulrich u. Plumpe, Werner: Einleitung: Plädoyer für eine theoriegestützte Geschichte von Unternehmen und Unternehmern, in: Westfälische Forschungen 50 (2000), S. 1–21, hier S. 9.

84 Dohse, Knuth: Taylorismus, Technik, Hierarchie. Kontroversen der „amerikanischen und britischen Labour Process Debate", in: Heidrun Abromeit u. Bernhard Blanke (Hrsg.): Arbeitsmarkt, Arbeitsbeziehungen und Politik in den 80er Jahren, Opladen 1987, S. 213–230, hier S. 220.

85 Wiedemann, Herbert: Die Rationalisierung aus der Sicht des Arbeiters. Eine soziologische Untersuchung in der mechanischen Fertigung, Köln u. Opladen 1964, S. 22–23.

86 Welskopp: Unternehmen, S. 202.

87 Kern, Horst u. Schumann, Michael: Industriearbeit und Arbeiterbewußtsein. Eine empirische Untersuchung über den Einfluß der aktuellen technischen Entwicklung auf die industrielle Arbeit und das Arbeiterbewußtsein, Frankfurt a. M. 1985, S. 205.

88 Welskopp, Thomas: Produktion als soziale Praxis. Praxeologische Perspektiven auf die Geschichte betrieblicher Arbeitsbeziehungen, in: Knud Andresen et al. (Hrsg.): Der Betrieb als sozialer und politischer Ort. Studien zu Praktiken und Diskursen in den Arbeitswelten des 20. Jahrhunderts, Bonn 2015, S. 29–52, hier S. 33.

Betriebsrats bedeutsam. Als betriebliche Arbeitnehmervertretung muss der Betriebsrat der Diversität und Disparität seiner belegschaftlichen Klientel Rechnung tragen, was nur über Aushandlung und Kompromissbildung möglich ist.

Neben der NIÖ und der Mikropolitik orientiert sich die Studie schließlich am Ansatz der französischen Regulationstheorie,[89] deren Vertreter die strukturellen sozioökonomischen Transformationsprozesse innerhalb der westlichen Nachkriegsgesellschaften theoretisch reflektierten. Die Regulationstheorie begreift den „Fordismus“ als spezifische Wachstumsperiode kapitalistischer Entwicklung – in regulationstheoretischer Terminologie: als „Akkumulationsregime“.[90] Der Fordismus der westeuropäischen (und US-amerikanischen) Nachkriegszeit sei – wenn auch national differierend – gekennzeichnet durch den Primat des Staates über die Wirtschaft, die Verrechtlichung der Beziehung von Kapital und Arbeit sowie die gesellschaftliche Integration der Arbeiterklasse und der Gewerkschaften. Vorherrschend seien zudem Massenproduktion und Massenkonsum sowie die herausgehobene Bedeutung von großen Industriebetrieben. Als weitere Strukturmerkmale haben der Wohlfahrtsstaat, eine keynesianistische Nachfrageorientierung und die Vollbeschäftigung zu gelten.[91] Durch den Rückgriff auf die Regulationstheorie, die historische Phasen des Kapitalismus identifiziert und deren Struktur mit dem sozialen Handeln der Akteure zu vermitteln versucht, ist es möglich, den „Strukturbruch“[92] der mittleren 1970er Jahre theoretisch zu reflektieren – im Gegensatz etwa zu marxistischen oder neoklassischen Ansätzen.[93] Mit dem heuristischen Bezug auf den Begriff „Fordismus“, der sowohl eine historische Phase als auch einen spezifischen Organisationsmodus des Wirtschaftens bezeichnet, geraten sowohl Kontinuitäten als auch Brüche des betriebspolitischen Handelns in den Blick. Dieses Vorgehen erlaubt es, die Spätphase des Booms vor dem Hintergrund des tief-

[89] Eine kritische Zusammenfassung liefert Hübner, Kurt: Theorie der Regulation. Eine kritische Rekonstruktion eines neuen Ansatzes der politischen Ökonomie, Berlin 1989.

[90] „Akkumulation” bedeutet im Grunde „Wertschöpfung”, greift hier jedoch über das einzelne Unternehmen hinaus. Der Begriff „Produktionsmodell” geht zwar ebenfalls über die Produktion im engeren Sinne hinaus, bezieht sich jedoch vorrangig auf das *einzelne* Unternehmen innerhalb eines politischen und wirtschaftlichen Umfelds: „In der Produktion sind alle Aktivitäten enthalten, die für Unternehmenssteuerung, Produktentwicklung, Fertigung und Vertrieb erforderlich sind. Weil die *Produktion* den gesamten Prozess der Wertschöpfung umfasst, erstreckt sich unser Begriff des Produktionsmodells auf die Organisation der gesamten Wertschöpfungskette.“ Boyer, Robert u. Freyssenet, Michel: Produktionsmodelle. Eine Typologie am Beispiel der Automobilindustrie, Berlin 2003, S. 20 (Hervorhebung im Original); siehe auch: Ebenda, S. 40–45.

[91] Becker, Joachim: Akkumulation, Regulation, Territorium. Zur kritischen Rekonstruktion der französischen Regulationstheorie, Marburg 2002, S. 173–174; Kohlmorgen, Lars: Regulation, Klasse, Geschlecht. Die Konstituierung der Sozialstruktur im Fordismus und Postfordismus, Münster 2004, S. 22–23.

[92] Doering-Manteuffel u. Raphael: Boom. Auf die implizit regulationstheoretischen Phasenbestimmungen der Autoren verweisen Hachtmann u. Saldern: Jahrhundert, S. 180 (Fn.).

[93] Görg, Christoph: Regulation – ein neues ‚Paradigma‘?, in: Josef Esser, Christoph Görg u. Joachim Hirsch (Hrsg.): Politik, Institutionen und Staat. Zur Kritik der Regulationstheorie, Hamburg 1994, S. 13–30, hier S. 15–17.

greifenden Wandels der Produktions- und Akkumulationsweise, der sich ab den mittleren 1970er Jahren vollziehen sollte, theoretisch fundiert zu analysieren.

1.4 Quellenbasis

Was die Quellenbasis der Arbeit betrifft, so wurde zum größten Teil auf Unternehmensakten des *BMW Group Archivs* zurückgegriffen. Hierbei handelte es sich zum einen um Aufsichtsrats- und Vorstandsprotokolle. Zum anderen sind Geschäftsberichte und Niederschriften von Jahreshauptversammlungen zu nennen. Die Auswertung dieser Dokumente ermöglichte es, die Reaktionen der Verantwortlichen auf die Herausforderungen, denen sich das Unternehmen in den 1960er und frühen 1970er Jahren stellen musste, zu rekonstruieren. Die internen Protokolle der Aufsichtsrats- und Vorstandssitzungen ergänzten sich mit den Hauptversammlungsniederschriften und den für die Öffentlichkeit verfassten Geschäftsberichten oftmals in ausgezeichneter Weise: Während die Besprechungen in den Sitzungen in der Regel die akuten innerbetrieblichen Probleme und Lösungsansätze zum Gegenstand hatten, lieferten die öffentlichen Reden und Darstellungen ein zusammenfassendes Gesamtbild des jeweils zurückliegenden Geschäftsjahrs. Ebenfalls zu den Unternehmensakten sind neben Aushängen, die innerhalb des Werks veröffentlicht wurden, auch interne Korrespondenzen und Aufzeichnungen zu rechnen. Die Einsicht dieser Dokumente ermöglichte es, die Diskussionen innerhalb der Leitungsebene nachzuvollziehen. Dabei wurde nicht zuletzt deutlich, dass die Verantwortlichen keinesfalls immer einer Meinung gewesen waren, wenn es darum ging, die betriebswirtschaftlichen Problematiken einer Lösung zuzuführen. Ausgewertet wurden auch die BMW-Werkszeitungen, nämlich das *BMW-Journal* (erschienen ab 1962) und der *bayernmotor* (ab 1973), deren Bestände sich ebenfalls im *BMW Group Archiv* befinden. Die Lektüre der Artikel dieser Zeitungen vermittelte einen Eindruck davon, wie das Unternehmen sich seinen Beschäftigten präsentierte, da diese die primäre Leserzielgruppe darstellten. Obwohl es sich dabei teilweise um beschönigende Texte handelte, die betriebliche Missstände und Probleme in der Regel aussparten, war ihre Analyse für die Untersuchung hilfreich.

Das politische Handeln des Betriebsrats wurde hauptsächlich anhand der Reden untersucht, die der Betriebsratsvorsitzende Kurt Golda auf den Betriebsversammlungen gehalten hatte. Diese fanden im Untersuchungszeitraum dreimal im Jahr statt. Die Protokolle dieser sogenannten Geschäftsberichte des Betriebsrats gaben Aufschluss über die ideologische Ausrichtung und politische Zielsetzung des Betriebsrats sowie über seine Kritik an bestimmten Maßnahmen der Unternehmensleitung. Da der Betriebsratsvorsitzende einen Sitz im Aufsichtsrat innehatte, konnten auch die Protokolle der Aufsichtsratssitzungen in die Analyse des Betriebsratshandelns miteinbezogen werden. Ferner ermöglichten es Korrespondenzen mit der Unternehmensleitung sowie Aushänge und Bekanntmachungen, Einsichten in die Arbeit des Betriebsrats zu erlangen. Interne Betriebsratsdokumente, etwa Protokolle oder Zusammenfassungen der Betriebsratssitzungen, sind bedauerlicherweise nicht überliefert, so dass über etwaige Meinungsverschiedenheiten innerhalb des Gremiums keine Informationen zu beschaffen waren. Ebenfalls verschollen oder vernichtet sind die Dokumente über die politische Tätigkeit des gewerkschaftlichen Vertrauenskörpers, so dass dessen Betrachtung außen vor gelassen werden musste.

Für das Agieren und die Positionen der operaistischen Betriebsgruppen, deren Aktivität innerhalb des Münchner BMW-Werks ab dem Jahr 1969 einsetzte, wurden deren Publikationen in den Blick genommen. Die Betriebszeitung *Arbeitersache* der gleichnamigen BMW-Gruppe sowie Broschüren, Flugblätter und Plakate fanden sich im *Archiv der Münchner Arbeiterbewegung*. Dies gilt auch für die Zeitschrift *Wir wollen alles*, die als Publikationsorgan operaistischer Zusammenschlüsse aus dem gesamten Bundesgebiet fungierte.[94] Vereinzelt konnten auch intern zirkulierende Dokumente der *Gruppe Arbeitersache* aus dem *Archiv des Instituts für Zeitgeschichte* herangezogen werden. Zurückgegriffen wurde zudem auf veröffentlichte Texte aus der operaistischen Bewegung, die in Buchform vorlagen. Die Betriebszeitung der DKP-Betriebsgruppe bei BMW, „Die Zündung", deren Bestand sich im *Archiv der Münchner Arbeiterbewegung* befindet, wurde ebenfalls ausgewertet, wobei in diesem Fall nicht die politische Ausrichtung oder die Handlungen der Aktivisten von Interesse waren. Vielmehr konnten vor allem Erkenntnisse für die betriebliche Realität der späten 1960er und frühen 1970er Jahre gewonnen und einzelne Aussagen der beiden linksradikalen Gruppierungen, die sich feindlich gesinnt waren, abgeglichen werden. Die Auswertung beider Zeitungsbestände erwies sich als lohnenswert, da die linksradikalen Akteure, wenn auch aus tendenziöser und ideologisch eingefärbter Perspektive, oftmals auch diejenigen Aspekte des Betriebsalltags ins Auge gefasst hatten, die in den Verlautbarungen der Unternehmensleitung und auch des Betriebsrats in der Regel unerwähnt geblieben waren.

Vereinzelt wurden auch Gewerkschaftsakten und -publikationen herangezogen, die über die betriebliche Situation im Automobilbau im Allgemeinen und bei BMW im Besonderen Aufschluss gaben. Dies galt vor allem für die Rationalisierungsprozesse sowie die Einbettung der Ergebnisse in den Branchenkontext. Ausgewertet wurden auch zeitgenössische, empirisch fundierte sozialwissenschaftliche Untersuchungen. Ebenso gestaltete es sich im Fall von Artikeln zur Firma BMW in Tageszeitungen wie der „Süddeutschen Zeitung", des „Münchner Merkur" und der „Zeit" sowie Zeitschriften wie dem „Spiegel".

Insgesamt muss die Quellensituation als schwierig bezeichnet werden. Dies liegt zum einen am stark protokollarischen Charakter der Vorstands- und Aufsichtsratsmitschriften sowie daran, dass nicht immer erkennbar war, ob die Verantwortlichen die besprochenen Maßnahmen in der Folge auch tatsächlich umgesetzt hat-

[94] Ab 1973 benannte die Gruppe ihre BMW-Betriebszeitung von *Arbeitersache* in *Wir wollen alles* um. Wenn nicht anders angegeben, bezieht sich der Titel *Wir wollen alles* stets auf die überregionale Zeitung. Hervorhebungen im Original werden aus Gründen der besseren Lesbarkeit nicht übernommen, da sich diese in den Texten der Gruppierungen außerordentlich häufig – und noch dazu in vielfältiger Form – finden.

ten. Was die Quellen zum Betriebsrat betrifft, war, wie bereits erwähnt, über gremieninterne Auseinandersetzungen oder Interessengegensätze keine Auskunft zu erlangen. Abgesehen davon handelte es sich bei den Informationen über die Betriebsratsarbeit beinahe ausschließlich um Aussagen des Betriebsratsvorsitzenden Kurt Golda. Obwohl dieser zwar kraft seines Amts und daher für den Betriebsrat als Ganzes sprach, ist es möglich, dass es sich beizeiten dennoch um persönliche Ansichten Goldas handelte – eine Differenzierung, der aufgrund der Quellenproblematik nicht berücksichtigt werden konnte.

Da die vorliegende Studie auch die Produktionsbelegschaft von BMW zum Gegenstand hat, läge es nahe, deren Struktur hinsichtlich sozialer, altersspezifischer und geschlechtlicher Merkmale zu untersuchen. Aufgrund der in dieser Hinsicht äußerst problematischen Quellenlage war dies jedoch kaum möglich. Während Anteil und Entwicklung der ausländischen Beschäftigten an der Belegschaft gut dokumentiert sind, musste eine Analyse etwa des Anteils von weiblichen Beschäftigten bedauerlicherweise außen vor bleiben. Überhaupt konnte die Frage, wie sich die betriebliche Situation von Arbeiterinnen bei BMW darstellte, bis auf wenige Ausnahmen nicht untersucht werden. In diesem Zusammenhang ist es auffällig, dass die zentralen Akteure – die linksradikalen Betriebsgruppen einmal ausgeklammert – über belegschaftliche Gender-Differenzen so gut wie nie gesprochen haben. Strukturelle Differenzen innerhalb der Belegschaft konnten daher nur hinsichtlich der Merkmale „ausländisch/deutsch“ ausfindig gemacht werden.

Ein ähnlicher Befund betrifft die Frage des „Arbeiterbewusstseins“. Da keine Ego-Dokumente oder sonstigen Erhebungen über das politischen Bewusstseins der Beschäftigten bei BMW vorliegen, konnte sich dieser Frage ausschließlich über die Texte der linksradikalen Gruppierungen genähert werden, die jedoch aus oben genannten Gründen mit äußerster Vorsicht behandelt werden mussten. Obwohl an einigen Stellen der Studie dennoch der Versuch gemacht wird, die politische Haltung der Belegschaft beziehungsweise einzelner Belegschaftsgruppen in die Untersuchung mit einzubeziehen, ist darauf hinzuweisen, dass eine abschließende Bewertung aufgrund der Quellenlage nicht vorgenommen werden konnte.

1.5 Aufbau der Arbeit

Um eine theoretisch angemessene Erfassung des Untersuchungsgegenstands zu gewährleisten, erfolgt im folgenden *zweiten Kapitel* zunächst eine Erörterung von begrifflichen Fragestellungen. Die einführende Diskussion der Begriffe „Fordismus“ und „Taylorismus“, „Boom“ und „Krise“ sowie „Proletarität“ und „Arbeiterbewusstsein“ dient der Absteckung des allgemeinen theoretischen Rahmens, innerhalb dessen sich die Untersuchung der dann folgenden Hauptkapitel bewegt. Im inhaltlich einführenden *dritten Kapitel* wird die BMW-Unternehmensgeschichte für die Zeit nach dem Zweiten Weltkrieg dargestellt. Dabei werden die grundlegenden Linien geschildert, welche die Unternehmensentwicklung der 1950er und 1960er Jahre bestimmten. Das chronologisch angelegte Kapitel dient der Annäherung an die Geschichte des Münchner Unternehmens und soll nicht zuletzt eine Orientierungshilfe für die Lektüre der systematisch angelegten, quellenbasierten Hauptkapitel geben.

Eine Analyse der strukturellen Problemfelder, nämlich der Notwendigkeit der Produktionserhöhung sowie des Arbeitskräftemangels, wird im *vierten Kapitel* vorgenommen. Dabei wird zum einen untersucht, wie die Unternehmensleitung die nachfragebedingte Anforderung, die Fertigungsleistung massiv zu steigern, umsetzte. Zum anderen wird der Blick auf die Belegschaftserhöhung gelegt. Die Ausführungen fragen nach den Folgewirkungen, welche die Marktdynamiken der Boomphase auf die betriebliche Sphäre der Fertigung und die quantitative Entwicklung der Produktionsbelegschaft hatten. Dabei spielt auch die betriebliche Fluktuation[95] eine entscheidende Rolle, deren Problemdimension nur im Zusammenhang mit der allgemeinwirtschaftlich hohen Nachfrage nach Arbeitskräften verständlich werden kann. Gleichzeitig wird die Frage gestellt, wie sich die Kapazitäts- und Belegschaftsausweitung auf die Produktqualität ausgewirkt hat.

Daraufhin werden die Lösungsstrategien betrachtet, mit denen die Unternehmensleitung den strukturellen Problematiken begegnete. Dies erfolgt in mehreren Schritten. Da BMW aufgrund des bundesdeutschen Arbeitskräftemangels ab den frühen 1960er Jahren „Gastarbeiter“ anwarb, nimmt das *fünfte Kapitel* eine Analyse des betrieblichen Ausländereinsatzes vor. Hierfür wird zunächst dessen gesellschaftlicher, kultureller und politischer Rahmen skizziert, um im Folgenden auf die quantitative Dimension, die konkrete betriebliche Ausgestaltung und die möglicherweise problematischen Folgen der „Gastarbeiterbeschäftigung“ innerhalb des BMW-Werks einzugehen. Da BMW gesetzlich verpflichtet war, Unterbringungsmöglichkeiten für diese Belegschaftsgruppe bereitzustellen, wird auch ein Blick auf die betriebliche Wohnpolitik geworfen. Eine besondere Berücksichtigung erfährt nicht zuletzt die Frage, wie die Unternehmensleitung und die deutschen Belegschaftsangehörigen die ausländischen Kollegen wahrnahmen.

Ein Lösungsansatz, den die Unternehmensleitung hinsichtlich der Notwendigkeit der Produktionssteigerung verfolgte, bestand in der grundlegenden Umgestaltung der Fertigungsweise. Das *sechste Kapitel* geht der Untersuchungsfrage nach, wie BMW die Produktionsorganisation und -durchführung innerhalb eines Werks bewerkstelligte, dessen Kapazitäten in räumlicher und technisch-maschineller Hinsicht zunehmend an ihre Grenzen gelangten. Dabei wird zum einen die betriebliche Rationalisierung betrachtet und deren Auswirkungen auf die Situation

[95] Der Begriff „Fluktuation“ bezeichnet die Gesamtheit der Ein- und Austritte von Personen in eine beziehungsweise aus einer Organisation. Im engeren Sinne handelt es sich dabei um individuumsinitiierte Stellenwechsel, in der Regel also Kündigungen des Beschäftigten. Die Fluktuationsrate errechnet sich nach der Formel: Effektive Abgänge mal 100, geteilt durch den Belegschaftsstand (Jahresdurchschnitt); „effektive Abgänge“ stellen hierbei sowohl Austritte aufgrund Kündigung durch den Arbeitnehmer als auch aufgrund werksseitiger Kündigung dar. Siehe zum Begriff: Berset, Martial u. Semmer, Norbert K.: Fehlzeiten und Fluktuation, in: Heinz Schuler u. Karlheinz Sonntag (Hrsg.): Handbuch der Arbeits- und Organisationspsychologie, Göttingen 2007, S. 280–286, hier S. 280.

im Betrieb beleuchtet. Zum anderen stehen räumlich-geografische Konzentrationsprozesse und Produktionsauslagerungen im Zentrum, wobei insbesondere die Integration und der Ausbau der niederbayerischen GLAS-Werke untersucht werden, die das Unternehmen BMW zum Jahr 1967 übernommen hatte. Anschließend wird nach den Folgen gefragt, welche die forcierte Erhöhung der Fertigungsstückzahlen für den Arbeitsprozess und die Beschäftigten mit sich brachte. Im Fokus stehen dabei die Intensivierung und zeitliche Ausdehnung der Arbeit sowie die Erhöhung der Arbeitsflexibilität.

Das *siebte Kapitel* nimmt den personal- und sozialpolitischen Zugriff der Unternehmensleitung auf die Beschäftigten in den Blick. Dabei wird untersucht, welche Strategien die Verantwortlichen verfolgten, um die Belegschaft zur Kooperation anzuhalten. Den Ausführungen liegt Thomas Welskopps Annahme zugrunde, dass die sozialpolitischen Ansätze „als implizite integrale Elemente des Arbeitsvertrages zu betrachten sind und nicht als außerhalb des Lohnverhältnisses stehende, betriebskontextfremde Zusatzleistungen der Unternehmen.“[96] Wie von Welskopp methodisch eingefordert, liegt der Analyseschwerpunkt weniger auf dem Umfang und der Höhe der Sozialleistungen, sondern vielmehr auf den Funktionen und Wirkungen dieser Strategie.[97] Eine besondere Berücksichtigung findet dabei die Frage, ob beziehungsweise inwieweit zum Ende des Untersuchungszeitraums ein Wandel hinsichtlich des unternehmerischen Zugriffs auf die Beschäftigten festzustellen ist.

Die Betriebspolitik der Unternehmensleitung hatte den Bereich der Produktion und damit stets die dort Beschäftigten zum Gegenstand.[98] Als deren betrieblichem Interessenvertretungsorgan kam dem Betriebsrat eine signifikante Bedeutung innerhalb des betrieblichen Geschehens zu. Vor dem Hintergrund seiner institutionellen Stellung zwischen Belegschaft und Unternehmensleitung wird im *achten Kapitel* der Frage nachgegangen, wie der Betriebsrat diese Rolle in der Praxis ausfüllte, wo er sich kooperativ zeigte und an welchen Stellen er Kritik am Vorstandshandeln übte. Dabei werden die Schwerpunkte der Betriebsratsarbeit ebenso untersucht wie seine politisch-ideologische Ausrichtung. Von besonderem Interesse ist hierbei auch die Haltung des Betriebsrats zu den ausländischen Beschäftigten.

96 Welskopp, Thomas: Betriebliche Sozialpolitik im 19. und frühen 20. Jahrhundert. Eine Diskussion neuerer Forschungen und Konzepte und eine Branchenanalyse der deutschen und amerikanischen Eisen- und Stahlindustrie von den 1870er bis zu den 1930er Jahren, in: Archiv für Sozialgeschichte 34 (1994), S. 333–374, hier S. 334–335.

97 Ebenda, S. 335.

98 Zum Begriff „Betriebspolitik“ siehe: Bundesmann-Jansen, Jörg u. Frerichs, Joke: Betriebspolitik und Organisationswandel. Neuansätze gewerkschaftlicher Delegation und Partizipation, Münster 1995, S. 31–32. Angelehnt an Alf Lüdtke wird unter „Politik“ und „politischem“ Verhalten in der vorliegenden Studie nicht nur „das Formulieren, Durchsetzen und dauerhafte Organisieren kollektiver Interessen“ verstanden, sondern auch „die Artikulation und das Geltendmachen von individuellen Bedürfnissen, vor allem für die direkt Betroffenen“. Siehe hierzu: Lüdtke, Alf: Eigen Sinn. Fabrikalltag, Arbeitserfahrungen und Politik vom Kaiserreich bis in den Faschismus, Hamburg 1993, S. 145.

Das *neunte Kapitel* nimmt eine Betrachtung der operaistischen Betriebsgruppen *Gruppe Arbeitersache* und *Lotta Continua* vor, die sich ab dem Jahr 1969 im Münchner Werk politisch betätigten. Mit diesen Gruppierungen trat neben dem Betriebsrat ein – wenn auch informeller – weiterer betriebspolitischer Akteur mit dem Anspruch auf Arbeitnehmervertretung hinzu. Die Untersuchung richtet den Blick zum einen auf die Theorie und Ideologie der operaistischen Gruppierungen. Zum anderen wird die Kritik der *Gruppe Arbeitersache* an den Verhältnissen in der Fabrik ins Auge gefasst. Einen Schwerpunkt nimmt die Beantwortung der Frage ein, wie die Unternehmensleitung und der Betriebsrat auf die „arbeitsweltliche[n] Folgen von ‚1968'"[99] reagierten. Die Einbeziehung der Gruppierungen und insbesondere der *Gruppe Arbeitersache* in die Untersuchung dient nicht zuletzt auch dem Zweck, eine alternative Sichtweise auf die Geschehnisse im Betrieb einzubringen, um Licht auf Phänomene werfen zu können, die in den offiziellen Verlautbarungen der Unternehmensführung und des Betriebsrats keine oder nur wenig Erwähnung fanden.

Die Frage, ob die linksradikalen Agitationsbemühungen im Betrieb Früchte trugen, wird im *zehnten Kapitel* aufgeworfen. Vor dem Hintergrund, dass in der westdeutschen Automobilindustrie zu Beginn der 1970er Jahre vermehrt Proteste und Streiks zu beobachten waren, an denen sich hauptsächlich ausländische Arbeiter beteiligten, wird untersucht, ob Anzeichen von Unzufriedenheit und Verweigerungstendenzen auch innerhalb der BMW-Belegschaft beziehungsweise des ausländischen Belegschaftssegments auszumachen waren. Der Fokus liegt dabei auf dem „Ausländerstreik" bei BMW, dem „Italienerstreik" des Jahres 1972. Gefragt wird zum einen nach den Ursachen und Folgen der Arbeitsniederlegung sowie danach, wie die betrieblichen Akteursgruppen – Unternehmensleitung, Betriebsrat und die in die Geschehnisse involvierten operaistischen Betriebsgruppen – die Ereignisse bewerteten. Zum anderen steht die Frage im Zentrum, wie die Belegschaft des Werks auf den Streik reagierte. Durch die Analyse sollen nicht zuletzt Rückschlüsse auf das politische Bewusstsein der Arbeiter gezogen werden.

[99] Raphael: Kohle, S. 475.

2. Begriffe

Die folgenden Ausführungen dienen dem Zweck, die zentralen Begriffe einzuführen, deren Verständnis für die quellenbasierten Hauptkapitel unerlässlich ist. Dies gilt insbesondere für den „Fordismus"-Begriff (und sein Pendant, den Begriff „Taylorismus"). Eine wichtige Fragestellung der vorliegenden Arbeit besteht darin, ob beziehungsweise inwieweit die Unternehmensleitung von BMW auf fordistische Fertigungsmethoden zurückgriff, um die strukturellen Herausforderungen zu bewältigen, die aus der Absatz- und Arbeitsmarktsituation resultierten. Dieser „synchronen" korrespondiert die „diachrone" Begriffsverwendung im Sinne der Phasenbestimmung: Gefragt wird auch danach, ob sich gegen Ende des Untersuchungszeitraums Veränderungen hinsichtlich der Betriebspolitik der Unternehmensleitung von BMW feststellen lassen und inwieweit dabei von einem grundsätzlichen Wandel vom Fordismus zum „Postfordismus" gesprochen werden kann.

Demgegenüber wird das Begriffspaar „Boom und Krise" diskutiert, um vor dem Hintergrund der Unternehmensgeschichte der Bayerischen Motoren Werke eine Differenzierung bezüglich des wirtschaftlichen historischen Rahmens vorzunehmen. Dabei soll nicht in Abrede gestellt werden, dass die westdeutsche Gesellschaft seit Mitte der 1950er Jahre einen beispiellosen ökonomischen Aufstieg erlebte, der bis Anfang/Mitte der 1970er Jahre reichte. Dennoch zeigt der Blick auf die problematische wirtschaftliche Lage einzelner Unternehmen wie BMW in den 1950er Jahren oder die Hans GLAS GmbH in den 1960er Jahren, dass der global-allgemeine „Boom"-Begriff diesen spezifischen Phänomenen nur eingeschränkt gerecht wird. Deshalb scheint es angebracht, den „Boom"- ebenso wie den „Krisen"-Begriff vorab eingehend zu diskutieren.

Die vorliegende Studie untersucht die betriebliche Sphäre eines Unternehmens der Automobilindustrie, wobei auch die Produktionsbelegschaft einen zentralen Gegenstand der Betrachtung darstellt. Aus diesem Grunde werden im letzten Abschnitt der folgenden Ausführungen die Begriffe „Proletarität" und „Arbeiterbewusstsein" eingeführt. Auch wenn diese Begriffe für die Untersuchung eine deutlich geringere Rolle spielen als die oben genannten, sind sie mit dem Thema forschungsgeschichtlich verknüpft – die Frage nach dem Arbeiter- oder Klassenbewusstsein stellt sich im Kontext von Untersuchungen, welche die Arbeiterschaft eines Industrieunternehmens behandeln, gewissermaßen von selbst. Die vorwiegend problematisierenden Erörterungen sollen in diesem Zusammenhang nicht zuletzt verständlich machen, warum sich die Frage nach dem Bewusstsein der Arbeiter nicht nur mit Blick auf die Quellenlage, sondern auch methodisch als äußerst schwierig darstellt.

2.1 Fordismus und Taylorismus

Um die Strukturmerkmale und Entwicklungstendenzen, die in Bezug auf die bundesdeutsche Nachkriegsprosperität bis 1973 relevant waren, begrifflich einzufangen, wird in der vorliegenden Studie der Begriff „Fordismus" herangezogen. Da es sich hierbei um einen überaus vielschichtigen Terminus handelt, soll im Folgenden eine Spezifikation und Differenzierung, mithin eine Reduktion auf die für den Untersuchungsgegenstand relevanten Aspekte vorgenommen werden. „Fordismus" fungiert dementsprechend als *analytischer* Begriff, mit welchem *prima facie* disparate und scheinbar widersprüchliche Phänomene im Zusammenhang entfaltet und erklärbar gemacht werden können. Bereits an dieser Stelle ist darauf hinzuweisen, dass sich der Begriff in der vorliegenden Arbeit auf Westdeutschland in der Zeit von den mittleren 1950er bis in die frühen/mittleren 1970er Jahre bezieht, weshalb, wenn nicht anders kontextualisiert, es der *bundesdeutsche Nachkriegs-Fordismus* ist, der im Zentrum der folgenden Ausführungen steht. Selbiges gilt für den Begriff „Taylorismus", der zwar keinesfalls mit „Fordismus" gleichzusetzen, ideengeschichtlich aber eng mit diesem verkoppelt ist.

Der Begriff „Fordismus" rekurriert ursprünglich auf das Produktionsmodell, das der US-amerikanische Ingenieur und Industrielle Henry Ford (1863–1947) zu Beginn des 20. Jahrhunderts in seiner Fabrik in Highland Park (Detroit) implementierte. Im Mittelpunkt des Konzepts stand das 1908 entwickelte „Modell T". Ford konzipierte dieses Automobil von Anfang an als Massenprodukt, das er mittels standardisierter Fließproduktion äußerst preisgünstig auf den Markt bringen konnte. Wurden Autos vordem maßgeblich in Einzelfertigung in der Werkstatt hergestellt, war das Signum der Ford'schen Produktionsweise ab den frühen 1910er Jahren die rationelle, entlang von maschinellen Anlagen ausgerichtete Großserienfertigung. Durch sie war es möglich, relativ kostensparend zu produzieren, was es in der Folge erlaubte, den bei der *Ford Motor Company* beschäftigten Arbeitern überdurchschnittlich hohe Löhne zu zahlen und die tägliche Arbeitszeit von neun auf acht Stunden zu reduzieren.[1] Mit der Rationalisierung der Produktionsarbeit ging jedoch auch eine bis dato beispiellose Arbeitsintensivierung einher.[2]

Schon hier wird deutlich, dass es sich beim historischen „Konzept Ford" um ein Modell handelte, das sowohl arbeitsorganisatorische (betriebliche Mikroebene) als auch gesellschaftliche Momente (arbeitsmarkt- und umsatzbezogene Makroebene) in sich trug. Beide waren miteinander vermittelt: Durch die kalkulatorisch-rationelle Produktionsweise konnte der Unternehmer Kosten sparen und den Preis seiner Erzeugnisse am Markt herabsetzen. Dieser Effekt verstärkte sich durch das Produktvolumen, da in Großserie gefertigte Waren noch günstiger angeboten werden konnten. Durch die dadurch möglich gemachten Lohnsteigerungen erhöhte sich die Kaufkraft der Arbeiter. Als Konsumenten, die letztere immer *auch* waren, stand ihnen durch die Arbeitszeitreduktionen zudem mehr Freizeit zur Verfügung. Diese scheinbare *Win-win*-Situation verband sich bei Henry Ford mit einer gesellschaftsharmonistischen Weltanschauung, die auf einen „versöhnen

1 Stöhr, Volker: Rationalisiert und in Masse: Gemeinsinnsbehauptungen bei Taylor und Ford, in: Uwe Fraunholz u. Sylvia Wölfel (Hrsg.): Ingenieure in der technokratischen Hochmoderne. Thomas Hänseroth zum 60. Geburtstag, Münster u. a. 2012, S. 145–165, hier S. 150.

2 Galbraith, John Kenneth: Tabus in Wirtschaft und Politik der USA, Reinbek 1964, S. 123.

den" Ausgleich von Kapital und Arbeit ausgerichtet war.[3] Damit einher ging eine ideologische, oftmals pathetisch vorgetragene Verklärung der Arbeit, die in auffälligem Gegensatz zur Produktionsrealität in den Ford-Werken stand.[4]

Während der Begriff „Fordismus" eine gesellschaftliche Dimension besitzt, scheint sich der Begriff „Taylorismus" auf den ersten Blick ausschließlich auf das mikroökonomische Feld zu beziehen. Sein Anwendungsgebiet ist der Betrieb, genauer: der Arbeitsplatz. Beim Konzept des US-amerikanischen Ingenieurs Frederick W. Taylor (1856–1915) handelte es sich um ein Optimierungsprogramm der Arbeitsorganisation, dessen Ziel es war, die menschliche Arbeit systematisch zu erfassen und zu analysieren, um hernach mittels exakter Planung und verstärkter Kontrolle die maximale Output-Leistung zu erreichen. Taylors Bestreben war es, einen objektiven und daher planbaren Arbeitsablauf festzusetzen, bei dem „alle unnötigen Bewegungen ausgeschaltet, langsame Bewegungen durch schnelle und unökonomische durch ökonomische Handgriffe ersetzt werden".[5] Taylor wollte den Produktionsprozess nach wissenschaftlichen Kriterien entwerfen, damit Konflikte zwischen Arbeitgeber- und Arbeitnehmerseite über die gemeinhin stark umkämpfte Zeiteinteilung vermieden werden könnten. Dabei ging er davon aus, dass Unternehmer wie Belegschaft von seinem Konzept profitieren würden, da, so Taylor ganz ähnlich wie Ford, die gesteigerten Gewinnmargen einen größeren Verteilungsspielraum eröffnen würden. Dies böte wiederum die Möglichkeit zu höheren Löhnen und kürzeren Arbeitszeiten. Insofern besitzt auch der Taylorismus eine, wenn auch weniger stark akzentuierte, gesamtgesellschaftliche und makroökonomische Dimension.[6]

Taylorismus und Fordismus galten in der Zeit nach ihrer Entstehung als verschiedenartige und sogar gegensätzliche Rationalisierungsstrategien. Ging es bei Taylor darum, den Produktionsausstoß qua Rationalisierung der Arbeitsabläufe zu erhöhen, weshalb sein Fokus auf der Neuorganisation der manuellen Arbeit lag, stand bei Ford die Maschinisierung der Produktion und damit die Marginalisierung oder gar Eliminierung der menschlichen Arbeit im Zentrum. Wie sich aber

3 Ford, Henry: Mein Leben und Werk, Leipzig o. J. [1923], S. 84.

4 Fords Antisemitismus ist dahingehend kein biografischer Zufall, sondern ideologisch bedingt. Grundlage ist die Abgrenzung der konkreten „schaffenden" Arbeit, zu der die Produktionsfaktoren Arbeit und Kapital gerechnet werden, von der abstrakten „raffenden Arbeit", also Bank-, Geld- und Zinskapital. Siehe dazu auch: Eifert, Christiane: Henry Fords Autobiographie und ihre deutsche Rezeption, in: Zeithistorische Forschungen 6 (2009), S. 209–229, hier S. 211–219.

5 Taylor, Frederick Winslow: Die Grundsätze wissenschaftlicher Betriebsführung, München u. Berlin 1913, S. 24.

6 Taylors Theorie war in den Augen ihres Erfinders nicht auf den Betrieb beschränkt. So behauptete Taylor in Bezug auf sein „scientific management", dass deren „grundlegend[e] Gedanken mit gleichem Recht und mit gleichem Erfolg auf alle Gebiete menschlicher Tätigkeit anwendbar sind: auf die Verwaltung und Leitung des Haushaltes und des Bauerngutes, die Geschäftsführung des Handwerk- und des Fabrikbetriebes, die Leitung und Verwaltung von Kirchen, Wohlfahrtseinrichtungen und Universitäten, ja sogar der verschiedenen Ressorts der Staatsregierung." Siehe: Taylor: Grundsätze, S. 5–6.

bald herausstellen sollte, brachte gerade die fortgeschrittene Mechanisierung die Möglichkeit beziehungsweise Notwendigkeit mit sich, die nun zunehmend durch die Maschine vorgegebenen Arbeitsschritte analytisch zu zergliedern, funktional zu spezialisieren und ergonomisch zu optimieren.[7] Zudem lief auch die Taylorisierung langfristig auf eine Steigerung des Kapitaleinsatzes hinaus.[8] In beiden Strategien sollte so arbeitszeitsparend wie möglich produziert und daher jegliche Form von insbesondere zeitlicher Verschwendung vermieden werden. In Bezug auf den einzelnen Arbeiter seines Betriebs merkte Ford in diesem Sinne an: „Jede erforderliche Sekunde wird ihm zugestanden, keine einzige darüber hinaus.“[9] Die Einhaltung der vorab berechneten Zeitvorgaben sollten nur jeweils anders erreicht werden: Bei Taylor durch Kontrolle, bei Ford durch das Tempo des Fließbands.[10] Obwohl sich also beide Rationalisierungsmethoden in ihrem Gegenstandsbezug – menschlich-subjektive Arbeit hier, objektive Arbeitsvoraussetzungen dort – unterschieden, konvergierten sie in ihrer Zielsetzung und erwiesen sie sich so im Laufe der Zeit als komplementäre Seiten ein und derselben Medaille.

Auch wenn es ihren Begründern stets um Anwendbarkeit zu tun war und die Konzepte partiell durchaus umgesetzt wurden, ist es wichtig, darauf hinzuweisen, dass es sich sowohl beim Fordismus als auch beim Taylorismus in erster Linie um *theoretische* Systeme handelt (weshalb sie beide auch nach ihren individuellen Schöpfern benannt sind). Historisch hat es weder *den* Fordismus noch *den* Taylorismus in der von Ford beziehungsweise Taylor beschriebenen Form je gegeben. Dies trifft sogar auf Fords eigene Fabrik in Highland Park zu, deren betriebliche Realität seinen theoretischen Vorgaben, von den ideologischen Verbrämungen ganz zu schweigen, zu keinem Zeitpunkt entsprach.[11] Gleichzeitig ist jedoch auch das Umgekehrte wahr: Das von Ford propagierte Produktionsmodell war im Grundsatz schon *vor* seiner Anwendung in Detroit in anderen Betrieben einge-

[7] Zum Sachverhalt, dass der Taylorismus vor allem in den Produktionszweigen Einzug erhielt, in denen Qualifikationsarbeitsplätze nie bestanden hatten oder eben eliminiert wurden, siehe: Littler, Craig R.: Deskilling and Changing Structures of Control, in: Stephen Wood: The Degradation of Work? Skill, Deskilling and the Labour Process, London u. a. 1982, S. 122–145, hier S. 141.

[8] Burchardt, Lothar: Technischer Fortschritt und sozialer Wandel. Am Beispiel der Taylorismus-Rezeption, in: Deutsche Technikgeschichte. Vorträge vom 31. Historikertag am 24. 9. 1976 in Mannheim, Göttingen 1977, S. 52–98, hier S. 90.

[9] Ford: Leben, S. 95. Ganz ähnlich argumentierte Taylor: Grundsätze, S. 12–15.

[10] Hachtmann, Rüdiger u. Saldern, Adelheid von: Das fordistische Jahrhundert: Eine Einleitung, in: Zeithistorische Forschungen 6 (2009), S. 174–185, hier S. 177; Schmidt, Rudi: s. v. Taylorismus, in: Hartmut Hirsch-Kreinsen u. Heiner Minssen (Hrsg.): Lexikon der Arbeits- und Industriesoziologie, Baden-Baden ^{2}2017, S. 292–296, hier S. 293.

[11] Williams, Karel, Haslam, Colin u. Williams, John. Ford versus 'Fordism': The Beginning of Mass Production?, in: Work, Employment and Society 6 (1992), H. 4, S. 517–555; sowie: Williams, Karel u. a.: The Myth of the Line: Ford's Production of the Model T at Highland Park, 1909–16, in: Business History 35 (1993), S. 66–87. Die Kritik der Autoren bezieht sich auf das Fließband, dem in den Ford-Fabriken nie eine dem Konzept „Fordismus“ entsprechende privilegierte Bedeutung zukam. Zudem war die Produktionsausrichtung flexibler, als man es vermuten würde. Ähnlich steht es mit Fords Lohnpolitik, die nach nur wenigen Jahren erneut stagnierten und sogar unter dem regionalen Durchschnitt lagen; siehe: Galbraith: Tabus, S. 123–124.

führt worden.[12] Ebenso war die von Taylor begründete Verwissenschaftlichung der Produktion mit ihrem Fokus auf Arbeitsteilung, Zeitmanagement und Spezialisierung nichts genuin Neues, sondern vielmehr ein konstitutiver Bestandteil des modernen Industriekapitalismus.[13] Fords und Taylors Leistungen bestanden hauptsächlich darin, dass sie das bereits Vorhandene zusammenfassten, systematisierten und weiterdachten.[14]

Beide Begrifflichkeiten gerieten schon kurz nach dem Ersten Weltkrieg zu allgemein gehaltenen Schlagworten, die sehr unterschiedlich gebraucht wurden. Vor allem der „Fordismus"-Begriff fungierte zunehmend als Projektionsfläche für eine enthusiastische Aufbruchsstimmung einerseits und eine technikskeptische Zeitgeist-Kritik andererseits.[15] Zwar wurden mit den Begriffen „Fordismus", „Taylorismus" und „Fordismus-Taylorismus" in erster Linie noch immer die betriebliche und belegschaftspolitische Ebene angesprochen. Insbesondere die Semantik des „Fordismus"-Begriffs bezog nun aber verstärkt staatlich-institutionelle, gesamtgesellschaftliche sowie soziokulturell-ästhetische Phänomene mit ein.[16] Eine Überschreitung der Betriebssphäre unternahm auch die französische Regulationsschule.[17] In der Nachfolge des italienischen marxistischen Theoretikers Antonio Gramsci erblickt sie im „Fordismus" nicht nur eine Produktionsweise, sondern *das* zentrale Regulationsprinzip der westlichen Gesellschaften nach dem Zweiten Weltkrieg.[18]

An die Regulationstheorie anknüpfend versteht die vorliegende Studie „Fordismus" als Epochenbegriff für die Zeit von den mittleren 1950er bis in die frühen/mittleren 1970er Jahre. Die „fordistische Phase" zeichnet sich demnach durch spezifische makroökonomische Strukturelemente aus. Hierbei ist insbesondere die

12 So auch Ford selbst, siehe: Ford: Leben, S. 94.

13 Burchardt: Technischer Fortschritt und sozialer Wandel, in: Deutsche Technikgeschichte, S. 57–58.

14 Ebenda, S. 89.

15 Enthusiastisch: Gottl-Ottlilienfeld, Friedrich von: Fordismus. Paraphrasen über das Verhältnis von Wirtschaft und technischer Vernunft bei Henry Ford und Frederick W. Taylor, Jena 1924. Skeptisch: Mennicken, Peter: Anti-Ford oder von der Würde der Menschheit, Aachen 1924. Siehe hierzu auch: Hachtmann u. Saldern: Das fordistische Jahrhundert, in: Zeithistorische Forschungen 6 (2009), S. 175. Zu den überraschend differenzierten und teils widersprüchlichen Haltungen von Gewerkschaften und Wirtschaftsvertretern in der Weimarer Republik siehe: Haußer, Christian: Amerikanisierung der Arbeit? Deutsche Wirtschaftsführer und Gewerkschafter im Streit um Ford und Taylor (1919–1932), Stuttgart 2008.

16 Hachtmann u. Saldern: Das fordistische Jahrhundert, in: Zeithistorische Forschungen 6 (2009), S. 176–182.

17 Auch wenn es *die* Regulationsschule bzw. -theorie aufgrund der Differenzen ihrer Vertreter nicht gibt, werden – wie in der Forschung üblich – im Folgenden beide Begriffe gebraucht, und zwar, weil sich bei allen Vertretern dieser Theorie eine gemeinsame programmatische Perspektive finden lässt; siehe: Hübner: Theorie, S. 15–16. Da in der vorliegenden Studie keine Weiterentwicklung der Theorie angestrebt wird, sondern lediglich ihre (allgemeinen) Begriffe übernommen werden, reicht ein solcher Zugang aus.

18 Zu Gramscis Fordismus- und „Amerikanismus"-Begriff siehe: Gramsci, Antonio: Amerika und Europa. Gramsci-Reader. Hrsg. von Thomas Barfuss, Hamburg 2007, S. 49–84. Siehe zur Regulationstheorie näher die methodischen Erwägungen in der Einleitung der vorliegenden Arbeit (Kapitel 1.3).

Situation auf dem Arbeitsmarkt zu nennen, die aufgrund der wirtschaftlichen Prosperität von einem starken Nachfrageüberhang geprägt war. Auf mikroökonomischer Ebene gilt für die angesprochene Zeitspanne: Fordismus und Taylorismus verschränkten sich gegenseitig und bestimmten als *fordistisch-tayloristisches Produktionsregime* und *fordistisch-tayloristisches Wahrnehmungs- und Deutungssystem* den Arbeitsalltag innerhalb der bundesdeutschen Automobilbetriebe.[19] Schon die Unterscheidung zwischen fordistisch-tayloristischer Produktionsrealität und komplementärer Ideologie verweist auf ein Erkenntnisinteresse der vorliegenden Studie: die Differenz von objektiver Konstellation und subjektiver Vorstellung. Von „Ideologie", durchaus im Sinne von „falschem Bewusstsein", ist insofern zu sprechen, als sich die zeitgenössischen Akteure über die sozialen Implikationen und Konsequenzen des fordistisch-tayloristischen makroökonomischen Akkumulations- sowie des mikroökonomischen Produktionsregimes keineswegs immer im Klaren waren. Im Gegenteil: Nur durch die Verdrängung beziehungsweise Abspaltung der gleichsam untergründigen Schattenseiten des Fordismus war der für diese Phase typische gesellschaftliche Fortschrittsoptimismus überhaupt möglich.

Im Folgenden werden vier Gründe aufgeführt, warum sich der Begriff „Fordismus" beziehungsweise „Fordismus-Taylorismus" für das Untersuchungsinteresse der vorliegenden Studie in besonderem Maße eignet.

a) *Unqualifizierte und ausländische Arbeitskräfte.* Sowohl der Fordismus als auch der Taylorismus sind realgesellschaftlich als spezifische Antworten auf die historische Problematik des Mangels an qualifizierten Arbeitskräften in der prosperierenden US-amerikanischen Industrie um die Jahrhundertwende zu begreifen. Weit besser als Facharbeiter waren unqualifizierte Arbeitskräfte verfügbar, bei denen es sich zum größten Teil um ausländische Einwanderer handelte.[20] Beide Rationalisierungskonzepte trugen diesem Sachverhalt Rechnung: Mit der tayloristischen Zerlegung des Arbeitsprozesses in kleinstmögliche Einheiten sowie der Trennung von Planung und Ausführung nahmen die Qualifikationsanforderungen ab; zudem konnte die Anlernzeit verkürzt werden. Auch beim fordistischen Ansatz besitzt die ungelernte Arbeit einen zentralen Stellenwert, was schon der Blick auf die Verhältnisse in Highland Park zeigt: Die in aller Regel kurztaktigen Arbeiten am Fließband erforderten im Grunde keine Ausbildung – von allen innerhalb der Ford-Werke durchzuführenden Arbeitsgängen benötigten 79 Prozent nur eine sehr kurze Anlernzeit.[21] Auch Fords Konzept war also auf unqualifizierte Arbeitskräfte zugeschnitten. Da die betrieblichen Umstrukturierungsprozesse al-

[19] Schmidt, Rudi: s. v. Fordismus/Massenproduktion, in: Hartmut Hirsch-Kreinsen u. Heiner Minssen (Hrsg.): Lexikon der Arbeits- und Industriesoziologie, Baden-Baden ²2017, S. 143–148, hier S. 147: „Nur für diese Zeit kann von einem ‚tayloristisch-fordistischen' Arbeitsmuster die Rede sein."

[20] Söllheim, Fritz: Taylor-System für Deutschland. Grenzen seiner Einführung in deutsche Betriebe, München u. Berlin 1922, S. 86–88.

[21] „43% sämtlicher Arbeiten erfordern nicht über einen Tag Lehrzeit, 36% einen bis acht Tage, 6% ein bis zwei Wochen, 14% einen Monat bis zu einem Jahr, 1% ein bis sechs Jahre." Ford: Leben, S. 128.

lerdings mit einer Intensivierung und Monotonisierung der Arbeit einhergingen, stiegen die jährlichen Fluktuationsraten innerhalb der Belegschaft auf bis zu 370 Prozent. Auch die Fehlzeiten waren mit täglich zehn Prozent enorm hoch.[22] In diesem Zusammenhang dienten die exorbitanten Lohnerhöhungen als Kompensation für die erhöhten Arbeitsanforderungen, die es ermöglichten, den sogenannten *labour drain* in Grenzen zu halten.

Von Anfang an war somit ein Konnex von fordistisch-tayloristischer Produktionsweise und dem Einsatz unqualifizierter Arbeitskräfte gegeben. Es waren vor allem die größtenteils ungelernten Beschäftigtengruppen der Frauen und Migranten, die in besonderer Weise unter dem neuen Produktionsregime zu leiden hatten. Während in der Weimarer Republik nicht oder nur zögerlich auf kontinuierliche, standardisierte Fließproduktion umgestellt wurde, forcierten die Nationalsozialisten die fordistisch-tayloristische Rationalisierung der deutschen Wirtschaft im Zuge der Umstrukturierung der Rüstungsproduktion (1942–1944).[23] Da man vor der Einstellung weiblicher deutscher Arbeitskräfte aus ideologischen und familienpolitischen Gründen zurückschreckte, besetzten die Nationalsozialisten die Einfacharbeitsplätze mit zwangsrekrutierten Ausländern (beiderlei Geschlechts). Diese Zuteilung begründeten sie mit biologistischen beziehungsweise rassistischen Argumenten: Angehörige „minderwertiger" Ethnien seien für die ebenso „minderwertigen" Arbeitstätigkeiten aufgrund ihrer biologischen Konstitution besser geeignet als deutsche Arbeiter.[24] Auch wenn der spezifisch nationalsozialistische „Kriegs-Fordismus"[25] nicht mit seinen marktwirtschaftlich strukturierten US-amerikanischen und bundesrepublikanischen Pendants gleichgesetzt werden kann, sind hinsichtlich der tendenziellen Spaltung der Belegschaft in allochthone Repetitiv- und autochthone Facharbeit Übereinstimmungen auszumachen.[26]

b) *Mikropolitische Dimension.* Einer der Hauptgründe, die Taylor bewogen, seine „Arbeitswissenschaft" zu begründen, war die von ihm beobachtete Leistungszurückhaltung der Beschäftigten im Produktionsprozess.

22 Tolliday, Steven u. Zeitlin, Jonathan: Between Fordism and Flexibility. The Automobile Industry and its Workers – Past, Present and Future, in: Archiv für Sozialgeschichte 28 (1988), 153–171, hier S. 154.

23 Tooze, Adam: Ökonomie der Zerstörung. Die Geschichte der Wirtschaft im Nationalsozialismus, München 2007, S. 634–676. Tooze warnt in diesem Zusammenhang vor einer unkritischen Übernahme der NS-Rationalisierungsrhetorik: Trotz aller tatsächlichen Output-Steigerungen in der Rüstungswirtschaft war das Schlagwort „Rationalisierung" vor allem ein Propagandabegriff; siehe: Ebenda, S. 662–665.

24 Hachtmann, Rüdiger u. Saldern, Adelheid von: „Gesellschaft am Fließband". Fordistische Produktion und Herrschaftspraxis in Deutschland, in: Zeithistorische Forschungen 6 (2009), S. 186–208, hier S. 192.

25 Hachtmann, Rüdiger: Fordism and Unfree Labour: Aspects of the Work Deployment of Concentration Camp Prisoners in German Industry between 1941 and 1944, in: International Review of Social History 55 (2010), S. 485–513, hier S. 487.

26 Rathkolb, Oliver: NS-Zwangsarbeit in der Industrie im Vergleich. Am Beispiel der Betriebe der Reichswerke Hermann Göring in Linz, in: Gabrielle Hauch (Hrsg.): Industrie und Zwangsarbeit im Nationalsozialismus. Mercedes Benz – VW – Reichswerke Hermann Göring in Linz und Salzgitter, Innsbruck 2003, S. 67–84, hier 70–71.

> „Statt […] alle Kräfte anzustrengen, um möglichst viel zu leisten", so Taylor, werde der Arbeiter „in den meisten Fällen mit dem Vorsatz beginnen, so wenig zu tun, als er, ohne aufzufallen, tun kann – bei weitem weniger, als er ohne besondere Mühe imstande wäre – in vielen Fällen nicht mehr als 1/3 oder höchstens die Hälfte einer ehrlichen Tagesleistung […]. Das stillschweigende oder offene Übereinkommen der Arbeiter, sich um die Arbeit zu drücken, d. h. absichtlich so langsam zu arbeiten, daß ja nicht eine wirklich ehrliche Tagesleistung zustande kommt […], ist in industriellen Unternehmungen fast allgemein gang und gäbe […]."[27]

Möglich war die angebliche Renitenz der Arbeiter aus Taylors Sicht dadurch, dass sie selbst über den Arbeitsablauf entscheiden würden, was sich wiederum darauf gründete, dass sie das größte (implizite) Wissen über die Art und Weise des effektivsten Vorgehens besäßen. Die „ehrliche" Arbeitsleistung sei somit nur durch die Brechung des Widerstandes der Arbeitenden möglich, wozu gehört, diesen Widerstand überhaupt erst als solchen identifizieren zu können. Die Aneignung beziehungsweise Neuformulierung des Produktionswissens sowie die Gewinnung der Kontrolle über den Arbeitsprozess durch das Management kann somit als das zentrale Telos von Taylors Theorie begriffen werden.[28] Der Taylorismus-Begriff besitzt somit eine originär mikropolitische Dimension.[29]

c) *Primat der Technologie.* Während im Taylorismus die Optimierung der menschlichen Arbeitskraft und ihrer produktiven Tätigkeiten im Mittelpunkt steht, akzentuiert der Fordismus-Begriff vor allem den Gebrauch spezifischer Maschinerie im Produktionsprozess. Damit war es möglich, die reale betriebliche Vorrangstellung der Maschine über den Arbeiter ebenso zu reflektieren wie theoretisch zu begründen. Der Begriff „Fordismus" verweist so zugleich auf die nach dem Zweiten Weltkrieg in Gang gesetzte Diskussion über die sogenannte Automation – die je nach Sichtweise utopische oder dystopische Zukunftsvision der menschenleeren „vollautomatischen Fabrik" und die damit zusammenhängende „technologische Arbeitslosigkeit".[30] Der vordem in weiten Teilen noch handwerklich strukturierte Arbeitsprozess, zu dem ein spezifischer Berufsethos und der Stolz auf die eigene Arbeit gehörten, wandelte sich im Übergang vom 19. aufs 20. Jahrhundert insbesondere in den großen Industriebetrieben. Insofern als die ursprünglich komplexen in rasch erlernbare Arbeitsabläufe zerlegt und der Taktvorgabe der Maschine untergeordnet wurden, kann von einem realbetrieblichen wie ideologischen fordistischen Primat der Technologie über die menschliche Arbeit gesprochen werden.

d) *Standardisierung der menschlichen Arbeitskraft.* Entgegen der populären Ansicht hat als das Hauptmerkmal der fordistischen Arbeitsorganisation nicht das Fließband (oder die Fließproduktion) zu gelten,[31] sondern die hohe Produktstan-

[27] Taylor: Grundsätze, S. 12.
[28] Siehe hierzu: Braverman, Harry: Die Arbeit im modernen Produktionsprozeß, Frankfurt a. M. u. New York 1977 [Original 1974], S. 76–86.
[29] Zum Begriff „Mikropolitik" siehe auch Kapitel 1.3 der vorliegenden Arbeit.
[30] Bittorf, Wilhelm: Automation. Die zweite industrielle Revolution, Darmstadt 1956, S. 42–43.
[31] Popitz u. a. weisen in diesem Zusammenhang darauf hin „daß es technisch so völlig verschiedene Fließbänder gibt, daß es sehr bezweifelt werden muß, ob ‚die Fließbandarbeit' überhaupt ein auch nur annähernd einheitliches Phänomen darstellt. Bei sehr vielen Fließbändern ist geradezu die Existenz des Fließbandes von sehr untergeordneter Bedeutung. […] Die Verbin-

dardisierung: Wenige Modelle werden in hoher Stückzahl hergestellt, um sogenannte Skalenerträge zu erwirtschaften.[32] Den Produkten liegen wiederum standardisierte Bauteile zugrunde, die mit nur relativ wenig Aufwand mittels spezialisierter Maschinen montiert werden können.[33] Insofern kann in Bezug auf die „fordistische Phase" von einer sequentiell-additiven Kooperation im Arbeitsprozess gesprochen werden, den der „mechanisch[e] Zwang" der maschinellen Fließproduktion durch „die Integration der individuellen Tätigkeiten in die Kollektivtätigkeit"[34] gewährleistete. Die Ausrichtung auf Quantität statt Qualität erforderte eine langfristige Planbarkeit der Absatzzahlen und resultierte in einer vergleichsweise starren und unflexiblen Produktpolitik. Unter diesen Voraussetzungen war es nur unter hohem Zeit- und Kostenaufwand möglich, auf veränderte Marktbedingungen zu reagieren.[35]

Dem fordistischen Produktionsmodell korrespondierte somit die weitgehende Standardisierung der Fertigungsabläufe, was auch die menschliche Arbeitskraft mit einbegriff.[36] Dies lässt sich insbesondere durch einen Vergleich mit „postfordistischen" Strukturmerkmalen aufzeigen, die seit den mittleren 1970er Jahren allmählich Einzug in die Betriebe hielten. In dieser Phase wurde – dem nunmehr qua Mikroelektronik flexibilisierten Maschineneinsatz entsprechend[37] – ein flexibler, eigenmotiviert-verantwortlicher, kommunikationsfreudiger und individueller „Mitarbeiter" diskursiv angerufen und durch neue „subjektivierte" und „intellektualisierte" Arbeitsformen realbetrieblich eingefordert.[38] Vor dem Hintergrund dieses Leitbilds erscheint der fordistische Arbeiter als ein unflexibles, bloß extrinsisch motiviertes, auf rein körperlich-manuelle Tätigkeiten beschränktes

dung der Arbeitsplätze durch ein Transportband ist lediglich für den Beobachter ein visuell so eindrucksvolles Phänomen […]." Popitz, Heinrich u. a.: Das Gesellschaftsbild des Arbeiters, Tübingen [5]1977, S. 68.

[32] „Skalenerträge" bezeichnen eine Profitstrategie, bei der „Fixkosten […] auf ein größtmögliches Produktionsvolumen verteilt [werden], um die Stückkosten niedrig zu halten." Boyer u. Freyssenet: Produktionsmodelle, S. 36.

[33] Tolliday u. Zeitlin: Fordism, S. 153; Womack, James, Jones, Daniel u. Roos, Daniel: Die zweite Revolution in der Automobilindustrie. Konsequenzen aus der weltweiten Studie aus dem Massachusetts Institute of Technology, Frankfurt a. M. u. New York [5]1992, S. 31. Die Autoren weisen darauf hin, dass die Produkt- beziehungsweise Bauteilestandardisierung das Fließbandprinzip erst ermöglicht.

[34] Veltz, Pierre: Arbeitsablauf und Organisation in der Automobilindustrie. Entwicklungstendenzen, in: Ben Dankbaar, Ulrich Jürgens u. Thomas Malsch (Hrsg.): Die Zukunft der Arbeit in der Automobilindustrie, Berlin 1988, S. 83–94, hier S. 89–90.

[35] Roth, Siegfried: Gruppenarbeit in deutschen Automobilbetrieben. Perspektiven aus gewerkschaftlicher Sicht, in: Ben Dankbaar, Ulrich Jürgens u. Thomas Malsch (Hrsg.): Die Zukunft der Arbeit in der Automobilindustrie, Berlin 1988, S. 185–210, hier S. 186.

[36] Boyer u. Freyssenet: Produktionsmodelle, S. 38–39.

[37] Hirsch u. Roth: Gesicht, S. 107–108.

[38] Ebenda, S. 109–110; Veltz: Arbeitsablauf und Organisation in der Automobilindustrie, in: Dankbaar, Jürgens u. Malsch (Hrsg.): Die Zukunft der Arbeit in der Automobilindustrie, S. 91; Bröckling: Selbst, S. 49 u. 65–67; Pongratz u. Voß: Der Arbeitskraftunternehmer, in: Kölner Zeitschrift für Soziologie und Sozialpsychologie 50 (1998).

und damit objekthaftes „Anhängsel der Maschine“.[39] Da der Mensch aber in Wirklichkeit selbstredend *kein* Objekt ist, bedurfte das hier skizzierte Produktionsregime – begriffen als „soziales System der Produktion“[40] – eines verstärkten Kontrollzugriffs mit entsprechend rigiden Disziplinierungs- und Sanktionsmöglichkeiten. Die „postfordistische“ Transformation der menschlichen Arbeitskraft, die mit einem verstärkten Abbau von unqualifizierten Produktionsarbeitsplätzen einherging, brachte dann auch einen Wandel der Meinungs- und Interessenbildung im Betrieb mit sich – von einer kollektivistischen zu einer auf individuelle Bedürfnisse und Distinktion gerichteten Vertretungslogik.[41] Insbesondere in der Automobilindustrie waren diese Prozesse prototypisch zu beobachten.[42]

2.2 Boom und Krise

Mit der Verwendung des Begriffs „Fordismus“ in Bezug auf die westdeutsche Arbeitsgesellschaft von Mitte der 1950er bis Mitte der 1970er Jahre rekurriert die vorliegende Studie auf eine historische Phase, die in der aktuellen zeithistorischen Forschung gemeinhin als „Boom“ bezeichnet wird.[43] Als Chiffre für die prosperierende Wirtschaftsentwicklung in der westlichen Nachkriegszeit – im bundesdeutschen Fall gemeinhin popularisiert als „Wirtschaftswunder“ – kann der „Boom“-Begriff als sozioökonomisches Pendant zum „Fordismus“-Begriff gelten, welcher der Tendenz nach eher betrieblich-technologische und institutionell-systemische Phänomene bezeichnet. Da das Ende des „Booms“ mit dem des „Fordismus“ zeitlich zusammenfällt, entsprechen sich beide Periodisierungsbegriffe chronologisch: Wird der Boom von einer Phase „nach dem Boom“ abgelöst, so der Fordismus vom „Postfordismus“. Die negative Begriffsbestimmung erscheint in beiden Fällen als Vor- und Nachteil zugleich: Einerseits gewährleistet die prinzipielle Offenheit die Möglichkeit, die Phasen anhand von künftigen Forschungsergebnissen näher zu bestimmen; andererseits erscheint ebendiese Offenheit als problematisch, da nicht unmittelbar deutlich wird, wodurch sich die neuen Phasen positiv auszeichnen sollen.[44] Dennoch können folgende allgemeine Strukturmerkmale für die

39 Marx, Karl: Das Kapital. Kritik der politischen Ökonomie, Berlin [40]2003 [Original 1867], Bd. 1, S. 674.

40 Abelshauser, Werner: Umbruch und Persistenz. Das deutsche Produktionsregime in historischer Perspektive, in: Geschichte und Gesellschaft 27 (2001), S. 503–523, hier S. 503.

41 Hoffrogge, Ralf: Fordismus, Eurokommunismus und Neue Linke. Thesen zu Kontinuitäten und Diskontinuitäten zwischen Arbeiterbewegung und linker Szene in der BRD, in: Jahrbuch für historische Kommunismusforschung (2012), S. 249–263, hier S. 250.

42 Abelshauser: Wirtschaftsgeschichte, S. 368.

43 Doering-Manteuffel u. Raphael: Boom; Andresen, Bitzegeio u. Mittag: Arbeitsbeziehungen und Arbeitswelt(en) im Wandel, in: Dies. (Hrsg.): „Nach dem Strukturbruch“?, S. 7–23; Kaelble, Hartmut (Hrsg.): Der Boom 1948–1973. Gesellschaftliche und wirtschaftliche Folgen in der Bundesrepublik Deutschland und in Europa, Opladen 1992.

44 Siehe die Kritik des Begriffs bei: Bischoff, Joachim u. Detje, Richard: Massengesellschaft und Individualität. Krise des „Fordismus“ und die Strategie der Linken, Hamburg 1989, S. 56.

„postfordistische" beziehungsweise „Nach-dem-Boom"-Phase genannt werden. Ende der 1960er Jahre wurden erste wirtschaftliche Krisensymptome sichtbar, die sich ab Mitte der 1970er Jahre in Gestalt von Verwertungsengpässen und sozioökonomischen Disruptionsprozessen weiter zuspitzten. Begleitet wurden diese Entwicklungen durch politische Maßnahmen wie die Flexibilisierung des Währungssystems zu Beginn der 1970er Jahre und den Paradigmenwechsel von einer nachfrageorientierten hin zu einer angebotsorientierten Wirtschaftspolitik.[45] Die Maßnahmen waren Antworten auf neuartige Problemlagen. Zu nennen sind etwa sinkende Wachstumsquoten, steigende Inflationsraten und hohe Arbeitslosigkeitsziffern.[46]

Die strukturellen (sozio-)ökonomischen Disruptions- und Wandlungsprozesse, die ab den frühen 1970er Jahren einsetzten, werden gemeinhin als *Krisen*erscheinungen begriffen. Dies ist mit Blick auf die vorangegangene Prosperität sicherlich nicht falsch, lässt in seiner Pauschalität jedoch außer Acht, dass weder *der* Kapitalismus noch auch nur Industrie und Gewerbe sich als Ganzes in der Krise befanden. Der technologische und soziale Wandel, den die Regulationstheorie als Ablösung des fordistischen durch ein neues „postfordistisches" Akkumulations- beziehungsweise Produktionsregime begrifflich zu fassen versucht, brachte sowohl „Krisenverlierer" als auch die entsprechenden „Gewinner" hervor. Wenn es darum geht, den Blick auf das einzelne Unternehmen zu werfen, ist der undifferenziert-globale Begriff „Krise" insofern kaum geeignet, den komplexen Ausgleichsbewegungen des Marktes, die im Verlustfall vom betroffenen Marktsubjekt *immer* als krisenhaft wahrgenommen werden müssen, angemessen zu erfassen. Dies gilt auch für die in der Regel positiv konnotierte Boomphase – und betraf nicht nur Unternehmen: So lebten in der Bundesrepublik im Jahr 1970, also noch vor der allgemeinen Strukturkrise, rund 20 Prozent der Bevölkerung in Armut und waren somit von den Prosperitätseffekten des Booms nicht oder in nur relativ geringem Maße betroffen.[47] Die Frage müsste in diesem Zusammenhang folglich immer sein, *wer* oder *was* sich im Aufschwung beziehungsweise in der Krise befand und worin die konkreten Auswirkungen jeweils bestanden.

Der Begriff „Krise" bedarf somit einer Differenzierung. Zum einen können mit ihm Konjunktur- oder Strukturkrisen angesprochen sein, zum anderen Unternehmens- oder Betriebskrisen (Letztere innerhalb eines Unternehmens). Hinsichtlich letzteren ist ferner zu unterscheiden zwischen einer potentiellen, einer latenten, einer akut-beherrschbaren und einer akut nicht-beherrschbaren Unternehmenskrise.[48] In Bezug auf die Krise der mittleren 1970er Jahre ist in diesem Sinne zu-

45 Doering-Manteuffel u. Raphael: Boom, S. 31–32.

46 Hobsbawm, Eric: Das Zeitalter der Extreme. Weltgeschichte des 20. Jahrhunderts, München u. Wien 1995, S. 505–509; Prollius, Michael von: Deutsche Wirtschaftsgeschichte nach 1945, Göttingen 2006, S. 181–192.

47 Roth, Jürgen: Armut in der Bundesrepublik, Darmstadt 1971, S. 67.

48 Kerkhof, Stefanie van de: Krisen als Chance oder Gefahr für das Überleben von Unternehmen – Zur Einführung, in: Jahrbuch für Wirtschaftsgeschichte 47 (2006), H. 2, S. 9–18, hier S. 9–11.

nächst durchaus zu konstatieren, dass zahlreiche, mitunter bedeutende Branchen und Unternehmen ihre bis dahin erreichten Wachstumszahlen nicht aufrechterhalten konnten. Nicht zu unterschlagen ist jedoch auch, dass andere Branchen und Unternehmen von den Disruptionseffekten profitierten oder sich aufgrund der Umbrüche erst als erfolgreiche Marktteilnehmer etablieren konnten. Insofern besitzen Krisen immer auch eine partikulare und subjektive Dimension, die ihre gesellschaftlichen Bedeutungszuschreibungen und Erzählmuster zu einem nicht geringen Ausmaß (mit)bestimmen.[49] Die Tatsache, dass die Krise „nach dem Boom" mit der verarbeitenden Industrie den Leitsektor der prosperierenden Nachkriegsökonomie in der Bundesrepublik erfasste, erklärt somit auch, warum das westdeutsche (industrie-)gesellschaftliche Selbstverständnis derart substanziell erschüttert werden konnte.[50]

Was in den 1970er Jahren tatsächlich unternehmens- und branchenübergreifend in die Krise geriet, war das Modell der Massenproduktion innerhalb der westlichen Nationen. Wichtig ist in diesem Zusammenhang, dass erstens der inländische Massenkonsum durch die weitgehende Sättigung des Binnenmarkts, für den in der Nachkriegsphase hauptsächlich produziert worden war, schon Ende der 1960er Jahre weitgehend an seine Grenzen gelangte.[51] Zu nennen ist zweitens der Aufstieg von neuen, vor allem asiatischen industriellen Wettbewerbern auf dem Weltmarkt[52] – eine Entwicklung, die bis heute anhält.[53] Speziell die Automobilindustrie war jedoch nicht nur damit konfrontiert, dass die meisten Bundesbürger bereits ein Auto besaßen und die japanische Konkurrenz qualitativ hochwertige Pkw vergleichsweise preiswert auf den Markt brachte. In ihrem Fall kamen diskur-

[49] Meyer, Carla, Patzel-Mattern, Katja u. Schenk, Gerrit Jasper: Krisengeschichte(n). „Krise" als Leitbegriff und Erzählmuster in kulturwissenschaftlicher Perspektive – eine Einführung, in: Dies. (Hrsg.): Krisengeschichte(n). „Krise" als Leitbegriff und Erzählmuster in kulturwissenschaftlicher Perspektive, Stuttgart 2013, S. 9–23, hier S. 12–13.

[50] Diese symbolische Überhöhung, die sich in Ängsten und dystopischen Zukunftserwartungen äußerte, lässt sich besonders gut am Beispiel des industriegesellschaftlichen Rohstoffs *par excellence* aufzeigen, dem Erdöl: „Man kann für die Bundesrepublik, aber auch für andere westliche Industrienationen, geradezu von einer Ölpsychose sprechen, in die die Bevölkerung sich hineinmanövrierte oder sich durch Panikmache und durch mangelnde Informationspolitik von Regierung und Konzernen hineintreiben ließ. Auf dem Höhepunkt der Hortungskäufe auf dem Heizöl- und Benzinmarkt, also unmittelbar nach Beginn der Krise, gab es keine Verknappung von Erdöl. Die Versorgung war genauso wie während der nächsten Wochen vollkommen gesichert. (…) Die Krise spielte sich nicht in den Heizöl- und Benzintanks ab, sondern in den Köpfen." Hohensee, Jens: Der erste Ölpreisschock 1973/74. Die politischen und gesellschaftlichen Auswirkungen der arabischen Erdölpolitik auf die Bundesrepublik Deutschland und Westeuropa, Stuttgart 1996, S. 250.

[51] Piore, Michael J. u. Sabel, Charles F.: Das Ende der Massenproduktion. Studie über die Requalifizierung der Arbeit und die Rückkehr der Ökonomie in die Gesellschaft, Frankfurt a. M. 1989, S. 205–206.

[52] Jarausch, Konrad: Verkannter Strukturwandel. Die siebziger Jahre als Vorgeschichte der Probleme der Gegenwart, in: Ders. (Hrsg.): Das Ende der Zuversicht? Die siebziger Jahre als Geschichte, Göttingen 2008, S. 9–26, hier S. 9; Piore u. Sabel: Ende, S. 210.

[53] Milanović, Branko: Die ungleiche Welt. Migration, das eine Prozent und die Zukunft der Mittelschicht, Berlin 2016, S. 17–54.

sive Wandlungsprozesse erschwerend hinzu, die ihren Ausdruck in kritischen öffentlichen Debatten über Umwelt- und Gesundheitsschäden aufgrund des Individualverkehrs fanden.[54]

Allgemein waren auch kulturelle und habituelle Veränderungen zu beobachten. Die Liberalisierung und Pluralisierung des Konsumverhaltens zeitigten seit den 1970er Jahren nicht zuletzt Rückwirkungen auf die Produktionssphäre, da sich ein immer größeres Kundensegment mit standardisierten Massenprodukten nicht mehr abfinden wollte. Industrielle Unternehmen waren daher zunehmend gezwungen, „individuellen" Geschmäckern und Bedürfnissen der Verbraucher durch entsprechende Veränderungen des Warenangebots nachzukommen. In anderen Worten: Gefragt war nun eine diversifizierte Produktpalette, die es nötig machte, auf eine speziellere und weniger plan- und berechenbare Nachfrageentwicklung so flexibel wie möglich zu reagieren. Zusätzlich verstärkt wurde diese Tendenz durch die Bedeutungszunahme des Exports. Die Produktion für ausländische Märkte, die ab Mitte der 1960er und insbesondere ab dem Jahr 1970 im Güter- und Dienstleistungssektor rasant anstieg, erforderte nämlich eine auf die jeweils landesspezifische Kaufkraft, Kultur und rechtliche Situation abgestimmte Produktspezialisierung.[55] Diese Entwicklungen sollten auch für die Verhältnisse im Betrieb nicht folgenlos bleiben. Die mit der fordistisch-standardisierten Produktionsweise gegebene Inflexibilität konnte den veränderten Rahmenbedingungen kaum mehr genügen. Die Unternehmen mussten vielmehr verstärkt nachfrageorientiert produzieren, was konkret bedeutete, den fordistisch-tayloristischen Grundwiderspruch von hoher Technisierung und niedriger Flexibilität zu überwinden. Langfristig möglich wurde dies durch computergesteuerte flexible Fertigungssysteme, die wiederum neue Anforderungen an die Produktionsarbeiter stellten.[56] Begriffe wie „Just-in-Time"- und „Lean-Production" heben programmatisch auf diese „schlanken" und dynamischen Neukonzeptionen ab.[57]

Gleichzeitig ist zu berücksichtigen, dass der „betriebliche Strukturwandel" als Teil des gesamtgesellschaftlichen sich nicht plötzlich, sondern allmählich vollzog – die kapitalintensive Maschinerie konnte schon aus betriebswirtschaftlichen Gründen, etwa aufgrund der Notwendigkeit zur Abschreibung und Amortisierung der

[54] Nöhl, Markus: Automobile Symbole im Umbruch. Automobilkritik und Symbolproduktion am Ende des Booms 1965–1975, in: Automobilindustrie 1945–2000. Eine Schlüsselindustrie zwischen Boom und Krise, München 2013, S. 363–385.

[55] Piore u. Sabel: Ende, S. 206.

[56] Ambrosius, Gerold u. Kaelble, Hartmut: Einleitung. Gesellschaftliche und wirtschaftliche Folgen des Booms der 1950er und 1960er Jahre, in: Hartmut Kaelble (Hrsg.): Der Boom 1948–1973. Gesellschaftliche und wirtschaftliche Folgen in der Bundesrepublik Deutschland und in Europa, Opladen 1992, S. 7–32, hier S. 15; Roth: Gruppenarbeit in deutschen Automobilbetrieben, in: Dankbaar, Jürgens u. Malsch (Hrsg.): Die Zukunft der Arbeit in der Automobilindustrie, S. 186.

[57] Aulenbacher, Brigitte: Das verborgene Geschlecht der Rationalisierung. Zur Bedeutung von Rationalisierungsleitbildern für die industrielle und technische Entwicklung, in: Dies. u. Tilla Siegel (Hrsg.): Diese Welt wird völlig anders sein. Denkmuster der Rationalisierung, Pfaffenweiler 1995, S. 313–138, hier S. 133; Raphael: Kohle, S. 385–386.

Maschinen, nicht unmittelbar durch neue Produktionstechnologie ersetzt werden. Was zunächst zu beobachten war, kann als „neue Unübersichtlichkeit von mehr oder weniger innovativen Produktionskonzepten […], einschließlich reaktualisierter Taylorismus-Strukturen und weiterhin existierender fordistischer Arbeitsplätze“ umschrieben werden.[58] Von einem durchgreifenden postfordistischen Wandel der Arbeitsorganisation und der Produktionsbedingungen kann erst im Hinblick auf die 1980er und insbesondere die 1990er Jahre gesprochen werden.[59] Dass es jedoch auch im Hinblick auf diese Zeit kritische Gegenstimmen gibt, die Letzteres bestreiten,[60] liegt zum einen daran, dass keine verbindliche Definition des Begriffs „Fordismus-Taylorismus“ vorliegt. Zum anderen erschwert es die bis heute vorherrschende Unübersichtlichkeit der differierenden Konzepte, hier einen eindeutigen Paradigmenwechsel auszumachen. Spätestens an diesem Punkt wird denn auch deutlich, dass eine begrifflich-kategoriale Phasenbestimmung, die auf das Wesentliche ihres Gegenstands abhebt, auf ausschließlich empirischer Basis nur schwer vorgenommen werden kann. Letztlich bleibt es stets dem beobachtenden Subjekt überlassen, wie lange von Modifizierungen und Formwandelprozessen eines identischen Gegenstandes gesprochen und ab wann eine neue „Qualität“ festgemacht wird. Dies gilt insbesondere für die Festlegung von Zäsuren, bei denen die vorangegangene und die nachfolgende Phase *per definitionem* aufeinandertreffen, wobei in den meisten Fällen von einer zunächst prozesshaften Überlagerung der beiden Phasen auszugehen ist.[61] Entscheidend ist also nicht allein das empirische „Auftreten“, sondern vielmehr die „zukunftsweisende Dominanz und

[58] Hachtmann u. Saldern: Das fordistische Jahrhundert, in: Zeithistorische Forschungen 6 (2009), S. 185.

[59] Sauer, Dieter: Permanente Reorganisation. Unsicherheit und Überanforderung in der Arbeitswelt, in: Anselm Doering-Manteuffel, Lutz Raphael u. Thomas Schlemmer (Hrsg.): Vorgeschichte der Gegenwart. Dimensionen des Strukturbruchs nach dem Boom, Göttingen 2016, S. 37–55, S. 40.

[60] So kommt etwa das Ende 1987 abgeschlossene betriebssoziologische Forschungsprojekt „Risiken und Chancen der gegenwärtigen Umstrukturierungen in der Automobilindustrie für die Arbeitnehmer“ zu dem Schluss, dass von einem Ende des Fordismus keine Rede sein könne. Die Autoren setzen „Fordismus“ allerdings weitgehend mit der Fließbandproduktion in eins: „Trotz der vorgefundenen Vielzahl neuer Arbeitsformen zögern Jürgens und Malsch von einem Ende des Fließbandes, oder gar Ende des Fordismus zu sprechen. Dafür ist zuviel letztendlich noch unverändert geblieben. Wo es ein Abrücken vom Fließband gibt, zielt dies oft darauf, das Fließbandprinzip als bestimmendes Element in der Produktion zu erhalten. Die Integration von Produktionsaufgaben und Inspektion (Selbstinspektion) ist nicht als Abgang von tayloristischen Mustern zu verstehen, sondern eher als Versuch, überhöhte Kontrollkosten im System abzubauen. Gerade in der erfolgreichen japanischen Industrie ist das Prinzip der Fließbandproduktion ungebrochen.“ Dankbaar, Ben: Die Zukunft der Arbeit in der Automobilindustrie, in: Ders, Ulrich Jürgens u. Thomas Malsch (Hrsg.): Die Zukunft der Arbeit in der Automobilindustrie, Berlin 1988, S. 13–31, hier S. 23.

[61] „So existierte in der Epoche des Industrialismus das Handwerk weiter; überdies entfaltete sich der Dienstleistungsbereich, der eigentlich die postindustrielle Phase kennzeichnet. Diese weist ihrerseits nach wie vor bedeutsame Cluster der Industrieproduktion auf, die an sich als Kern des Industrialismus gelten.“ Siehe: Hachtmann u. Saldern: Das fordistische Jahrhundert, in: Zeithistorische Forschungen 6 (2009), S. 184 (Fn.).

große diskursive Prägekraft“[62] von Modellen wie „Fordismus“ und „Postfordismus“. Hinsichtlich der betrieblichen Transformationen sind die empirischen Daten, die eine Kontinuität althergebrachter Arbeits- und Produktionsmuster betonen, dennoch keinesfalls zu unterschlagen. Vor dem skizzierten Hintergrund scheint es angebracht, mit Blick auf die 1970er Jahre nicht von einem unmittelbaren „Ende des Fordismus“ zu sprechen, denn viel eher handelt es sich – und dies gilt insbesondere mit Blick auf den Produktionsprozess – um einen schleichenden Übergang und damit ein „allmähliches Ende“ des Fordismus.

Umgekehrt geht die vorliegende Studie davon aus, dass schon zum Ende der Boom-Periode, also ab Mitte der 1960er Jahre, in nicht unerheblichem Maße Krisensymptome auftraten, die freilich für unterschiedliche Akteure in unterschiedlichem Ausmaß spürbar waren. So berechtigt es ist, mit Blick auf die Jahre 1973/74 von einer „Zäsur“ zu sprechen, so dringend ist es geboten, ihr vorausgehende und sie ankündigende *langfristige Prozesse* ausfindig zu machen.[63] Dabei spielt die Konjunkturkrise von 1966/67 eine entscheidende Rolle, die erstmals seit den 1950er Jahren ein Ende der Nachkriegsprosperität andeutete.[64] Nicht zuletzt sind auch dem Mitte der 1970er Jahre einsetzenden „Mentalitäts“-[65] beziehungsweise „Wertewandel“,[66] der mit den sozioökonomischen Transformationsprozessen einherging, antizipierende Vorläuferphänomene vorausgegangen.

2.3 „Proletarität“ und Arbeiterbewusstsein

Da die vorliegende Studie die Produktionssphäre und damit auch die Produktionsbelegschaft eines Unternehmens zum Gegenstand hat, schließt sie – zumindest mittelbar – an Untersuchungen zur bundesdeutschen Arbeiterschaft und deren politischem Bewusstsein an. Die Frage nach dem Arbeiterbewusstsein und nach dessen Zusammenhang mit der Industriearbeit kann als „*locus classicus* der Arbeitergeschichte“ gelten.[67] Die eng mit dem Begriff „Klasse“ verschränkte Debatte erscheint jedoch retrospektiv aus mehreren Gründen problematisch, da sich in ihr deskriptive und normative, subjektive und objektive sowie logische und historische Dimensionen – und dies oftmals unartikuliert – überlagerten. Hinzu kommen geschichtsphilosophische und gesellschaftstheoretische Grundannahmen, die mit dem Klassenbegriff genealogisch verbunden sind. Dies führte oftmals

62 Ebenda.

63 Süß: Der keynesianische Traum und sein langes Ende, in: Jarausch (Hrsg.): Das Ende der Zuversicht, S. 123.

64 Plumpe, Werner: Wirtschaftskrisen. Geschichte und Gegenwart, München ^{2}2011, S. 94–97.

65 Doering-Manteuffel u. Raphael: Boom, S. 35.

66 Zuerst: Inglehart, Ronald: The Silent Revolution. Changing Values and Political Style among Western Publics, Princeton 1977; Dietz, Bernhard, Neumaier, Christopher u. Rödder, Andreas, (Hrsg.): Gab es den Wertewandel? Neue Forschungen zum gesellschaftlich-kulturellen Wandel seit den 1960er Jahren, München 2014.

67 Mooser: Arbeiterleben, S. 53.

dazu, dass die Frage nach dem Arbeiterbewusstsein über die empirischen Arbeiter hinaus zur weltanschaulichen Gretchenfrage geriet, was insbesondere für marxistische beziehungsweise post-marxistische Positionen gilt. „Arbeiterbewusstsein" und „Klasse" hatten stets eine politische Dimension und waren Erklärungs- und Deutungsbegriffe zugleich.[68] Vor diesem Hintergrund verwundert es kaum, dass selbst über grundlegende Voraussetzungen der Diskussion kaum Einigkeit bestand – so etwa über die Frage, ob es überhaupt ein „Proletariat" in der Bundesrepublik gebe und wenn ja, wer zu diesem zu zählen sei.

Die Frage nach der Arbeiterklasse, ihrer Struktur und ihrem Bewusstsein reicht bis in die Mitte des 19. Jahrhunderts zurück. Ihre herausgehobene Bedeutung hing mit ihrem philosophischen Stellenwert zusammen, den die Schöpfer des „wissenschaftlichen Sozialismus", Karl Marx und Friedrich Engels, den (Lohn-)Arbeitern als praktischen Überwindern der bürgerlich-kapitalistischen Gesellschaft zuordneten. Diese historisch-spekulative Zuweisung war wiederum empirisch begründet: Aufgrund der Unterjochung der Arbeiter im Produktionsprozess, massenhafter Verelendung und Arbeitslosigkeit würde sich das Proletariat von dieser Lage früher oder später zu befreien versuchen, was nur durch die Überwindung der kapitalistischen Eigentumsordnung möglich sei – die kommunistische Revolution.[69] Der Marxismus koppelte die soziale Lage in Betrieb und Gesellschaft an politische Denk- und Handlungsmuster und stellte Klassenlage, Klassenbewusstsein und Klassenkampf in ein kausales Verhältnis.[70] Dies gilt auch für seine zentralen Begriffe und insbesondere den des „Proletariats". Es handelt sich bei ihm, obwohl er eine mehr oder minder konkret bestimmbare Gruppe von Menschen bezeichnet, deshalb weniger um einen empiristischen, sondern vielmehr um einen geschichtsphilosophischen und normativen Begriff.[71]

Die von Beginn an vorgenommene spekulative Setzung steckte den epistemischen Bezugsrahmen ab, anhand dessen sich auch die frühe soziologische Erforschung des Arbeiterbewusstseins orientieren sollte.[72] Obwohl die normativen und spekulativen Implikationen in den Hintergrund traten, beruhte doch schon die Fragestellung auf der Annahme, dass es so etwas wie ein spezifisches Bewusstsein von Arbeitern gebe. Auch die Bedeutung, welche die westdeutsche Industriesoziologie nach dem Zweiten Weltkrieg dem Thema widmete, ist nur verständlich vor

68 Ebenda, S. 19.

69 Engels, Friedrich u. Marx, Karl: Das Kommunistische Manifest, in: Marx-Engels-Werke Bd. 4., Berlin [11]1990, S. 459–493. Gleichwohl steht der geschichtsphilosophisch aufgeladene frühe Klassenbegriff in starker Spannung zu dem des Marxschen Spätwerks, so u. a. dem des „Kapitals"; siehe hierzu: Postone, Moishe: Time, Labor, and Social Domination. A Reinterpretation of Marx' Critical Theory, Cambridge 1993, S. 355–357.

70 Dahrendorf, Ralf: Soziale Klassen und Klassenkonflikt in der industriellen Gesellschaft, Stuttgart 1957, S. 6 u. 14–15.

71 Gerber, Jan: Karl Marx in Paris. Die Entdeckung des Kommunismus, München 2018, S. 186.

72 „Gerade die wohl populärste Vorstellung über die Geschichte der Arbeiter, die ‚Verbürgerlichung des Proletariats', beruht implizit auf der (zurückgewiesenen) marxistischen Tradition." Mooser: Arbeiterleben, S. 20.

dem Hintergrund des marxistischen Frage- und Deutungshorizonts.[73] Während dieses Urteil für die Arbeiterbewusstseins-Studien der 1950er Jahre nur eingeschränkt gelten mag, trifft es umso mehr auf die zweite Welle dieser Erhebungen zu, die in den 1960er und 1970er Jahren explizit an marxistische Fragestellungen anknüpften.

Nicht-marxistisch ist „Klasse" zuvörderst als formanalytischer Begriff zu verstehen.[74] Der empirisch-phänomenale Inhalt ist damit notwendigerweise historisch jeweils unbestimmt. Der Begriff bezeichnet das zentrale Strukturierungsprinzip aller entwickelten kapitalistischen Gesellschaften,

> „das Produktionsmitteleigentümer und -kontrolleure von tendenziell eigentumslosen Anbietern von Arbeitskraft und Qualifikation in *antagonistischer Spannung* trennt und *gleichzeitig* in der wechselseitigen *produktiven Abhängigkeit und Aufeinanderbezogenheit* des Kapitalverwertungsprozesses aneinander bindet."[75]

Es handelt sich bei Klassenbeziehungen so verstanden um relationale Verhältnisse. Diese manifestieren sich als Ungleichheitsverhältnisse hauptsächlich innerhalb des Betriebs und auf dem Arbeitsmarkt, da sie dort zuerst sichtbar werden.[76] Eigentumslosigkeit an Produktionsmitteln und damit einhergehender Zwang zur Verwertung der eigenen Arbeitskraft sind somit Strukturmerkmale von Lohnarbeit und insofern konstitutiv für die kapitalistische Produktionsweise.[77] *Wie* sich der formale Antagonismus von Kapital und Lohnarbeit in einer bestimmten Situation historisch-phänomenal äußert, ist damit vollkommen offen und immer in Mitbetrachtung weiterer Faktoren zu untersuchen.

Von „Klasse" als Strukturbegriff kann „Klasse" als soziale Formation unterschieden werden.[78] Im Gegensatz zur kategorialen geht diese Definition auf die historisch kontingente Klassen*bildung* und damit das, was gemeinhin als „Arbeiterklasse" gefasst wird. Angesprochen ist damit das Sozialmilieu, dessen lebens-

73 Heil, Barbara u. Wolf, Harald: s. v. Arbeiterbewusstsein, in: Hartmut Hirsch-Kreinsen u. Heiner Minssen (Hrsg.): Lexikon der Arbeits- und Industriesoziologie, Baden-Baden [2]2017, S. 53–58, hier S. 55.

74 Ellmers, Sven: Die formanalytische Klassentheorie von Karl Marx. Ein Beitrag zur „neuen Marx-Lektüre", Duisburg [2]2009.

75 Welskopp: Unternehmen, S. 152 (Hervorhebungen im Original).

76 „Die Asymmetrie liegt in der Angewiesenheit des Arbeitskraftanbieters auf ‚Erwerbsarbeit' zur Subsistenzsicherung begründet. Er ist in der Regel weit stärker als jeder Arbeitgeber auf die Verwertung seiner individuellen Arbeitskraft und Qualifikation angewiesen. Selbst unter Arbeitskräftemangel und hoher Fluktuation ist die Abhängigkeit des Arbeitskräftenachfragers von individuellen Anbietern so begrenzt, dass sich die betriebliche ‚Klassenbeziehung', wenn auch vielleicht unter veränderten Konditionen, stetig reproduziert. […] Die ‚reelle Subsumtion' der Arbeit unter das Kapital weist dem Arbeitgeber die Organisation des Produktionsprozesses und die Verwertung der Arbeitskraft zu." Welskopp: Unternehmen, S. 157.

77 Welskopp, Thomas: Ein modernes Klassenkonzept für die vergleichende Geschichte industrialisierender und industrieller Gesellschaften. Kritische Skizzen und theoretische Überlegungen, in: Karl Lauschke u. Thomas Welskopp (Hrsg.): Mikropolitik im Unternehmen. Arbeitsbeziehungen und Machtstrukturen in industriellen Großbetrieben des 20. Jahrhunderts, Essen 1994, S. 48–106, hier S. 73.

78 Ebenda, S. 55–56.

weltliche und ideologische Ausformung sich zwar als „historisch gebundenes Folgephänomen von Klassenverhältnissen" interpretieren lässt, keineswegs aber als notwendiger definitorischer Bestandteil von „Klasse" begriffen werden kann.[79] In diesem Zusammenhang bezieht sich der von Max Weber geprägte Begriff „soziale Klasse"[80] auf eine gesellschaftliche Großgruppe, die durch „annähernd gleiche Interessen, Lebensformen, Verhaltensweisen, eine spezifische Interaktionsdichte und ähnliche Werteorientierung"[81] gekennzeichnet ist. Die Konstellation von „kollektiv typische[r] Lage"[82] und „entsprechendem" politischem Bewusstsein kann im Falle der historischen sozialen Klasse der Arbeiter mit dem Begriff „Proletarität" umschrieben werden. Nach Josef Mooser kennzeichnet „Proletarität" die „auf viele Lebensbereiche ausstrahlende[n] und weithin geltende[n] Merkmale der modernen Lohnarbeiter".[83] Impliziert ist hiermit eine „bewußtseinssoziologische Dimension", nämlich das „teils zugeschriebene, teils vorhandene Wissen des ‚Proletariats' über seine Lage und den Willen zu deren Veränderung."[84] Indem „Proletarität" – diachron gesprochen – *vor* der sozialstaatlichen Integration der Arbeiter mitsamt deren Sicherungs- und Steuerungsmechanismen verortet und damit als „historisch begrenztes, durch Massenkonsum und Massenkultur abgelöstes Phänomen"[85] begriffen wird, lassen sich mithilfe des analytischen Begriffs historische Veränderungsprozesse erfassen.

Die Extension des strukturellen Klassenbegriffs ist umfassender als die des historisch-sozialen, da der Faktor „Eigentumslosigkeit an Produktionsmitteln" auf weit größere Teile der Gesellschaft zutrifft, als es die Rede von der „Arbeiterklasse" vermuteten lassen würde.[86] So sind etwa auch Angestellte und Beamte gezwungen, ihre Arbeitskraft zu verkaufen.[87] Als notwendiges formales Kriterium reicht „Eigentumslosigkeit" also nicht hin, differente gesellschaftliche Gruppen adäquat zu bestim-

[79] Welskopp, Thomas: Von der verhinderten Heldengeschichte des Proletariats zur vergleichenden Sozialgeschichte der Arbeiterschaft – Perspektiven der Arbeitergeschichtsschreibung in den 1990er Jahren, in: Zeitschrift für Sozialgeschichte des 20. und 21. Jahrhunderts 93 (1999), H. 3, S. 34–53, S. 47.

[80] Weber, Max: Wirtschaft und Gesellschaft, Tübingen 1922, S. 177. Theodor Geiger spricht in diesem Zusammenhang von einem Kollektiv im „wirtschaftssoziologisch-historischen Sinn"; siehe: Geiger, Theodor: Die soziale Schichtung des deutschen Volkes. Soziographischer Versuch auf statistischer Grundlage, Stuttgart 1932, S. 6.

[81] Mooser: Arbeiterleben, S. 26.

[82] Mooser, Josef: Abschied von der „Proletarität". Sozialstruktur und Lage der Arbeiterschaft in der Bundesrepublik in historischer Perspektive, in: Werner Conze u. M. Rainer Lepsius (Hrsg.): Sozialgeschichte der Bundesrepublik Deutschland. Beiträge zum Kontinuitätsproblem, Stuttgart 1983, S. 143–186, hier S. 145.

[83] Mooser: Arbeiterleben, S. 15.

[84] Ebenda.

[85] Welskopp: Ein modernes Klassenkonzept für die vergleichende Geschichte industrialisierender und industrieller Gesellschaften, in: Lauschke u. Welskopp (Hrsg.): Mikropolitik im Unternehmen, S. 59.

[86] Heinrich, Michael: Welche Klassen und welche Kämpfe? Eine Antwort auf Karl Reitters „Kapitalismus ohne Klassenkampf?" in: Grundrisse 11 (2004), S. 35–42, hier S. 37.

[87] Schmidt: Arbeiter, S. 12–13.

men, was insbesondere für deren Lebensrealität gilt.[88] Demgegenüber können mit dem Begriff „Proletarität" typische Merkmale herausgestellt werden, welche die Arbeiter als soziale Klasse – und dies vor allem als *Industrie*arbeiter – teilen. Neben dem grundlegenden Merkmal der Lohnabhängigkeit sind hier überdurchschnittliche körperliche Belastungen und Abhängigkeiten am Arbeitsplatz, relative Einkommensrückstände und (latente) materielle Not sowie ein erhöhtes Beschäftigungsrisiko zu nennen.[89] Da diese Faktoren in der bundesdeutschen Nachkriegszeit entweder nicht mehr gegeben waren oder sich abmilderten, wurde schon bald von einer „Entproletarisierung" der Arbeiter gesprochen, was auch für deren Selbstwahrnehmung und damit ihr Bewusstsein gelten sollte.[90]

Die These von der „Entproletarisierung" hatte weitreichende Implikationen, und zwar nicht nur hinsichtlich der Arbeiterklasse, sondern auch der Gesamtgesellschaft. Schon im Jahr 1953 konstatierte der Soziologe Helmut Schelsky, dass die „außerordentliche Steigerung der sozialen Mobilität" zu einer „sozialen Nivellierung in einer verhältnismäßig einheitlichen Gesellschaftsschicht" geführt habe, „die ebensowenig proletarisch wie bürgerlich ist."[91] Schelsky beschrieb jedoch weniger einen Zustand als einen Prozess. Dass die – wenn auch prospektive – soziale Nivellierung das „definitive Ende der Arbeiterbewegung"[92] miteinschließen musste, lag auf der Hand: Die historischen Ziele der Arbeiterbewegung schienen erreicht, während ihr Klientel als festumrissene Gesellschaftsgruppe nicht mehr existierte. Zwar konnte mit Blick auf die soziale Realität von einer tatsächlichen Angleichung der Lebensverhältnisse in den 1950er Jahren (noch) keine Rede sein.[93] Dennoch darf die Entproletarisierungsthese nicht als bloße Ideologie einer in die bürgerliche Selbstfindungsphase eingetretenen frühen Bundesrepublik abgetan werden. Ihr Wahrheitsmoment liegt in der Betonung der gesellschaftlichen Differenzen gegenüber der sozialen Schichtung der Kaiser- und Weimarer Zeit sowie der damit einhergehenden politisch-kulturellen Konsequenzen.[94] Zum ei-

88 Abelshauser: Wirtschaftsgeschichte, S. 361.

89 Bahrdt, Hans Paul: Der Industriearbeiter, in: Marianne Feuersenger (Hrsg.): Gibt es noch ein Proletariat?, Frankfurt a. M. 1962, S. 25–33, hier S. 33; Mooser: Arbeiterleben, S. 102.

90 Geißler, Rainer: Die Sozialstruktur Deutschlands. Zur gesellschaftlichen Entwicklung mit einer Bilanz zur Vereinigung, Wiesbaden [7]2014, S. 216–217.

91 Schelsky, Helmut: Die Bedeutung des Schichtbegriffs für die Analyse der gegenwärtigen deutschen Gesellschaft [1953], in: Ders.: Auf der Suche nach der Wirklichkeit. Gesammelte Aufsätze zur Soziologie der Bundesrepublik, München 1979, S. 326–332, hier S. 327.

92 Schönhoven, Klaus: Aufbruch in die sozialliberale Ära. Zur Bedeutung der 60er Jahre in der Geschichte der Bundesrepublik, in: Geschichte und Gesellschaft 25 (1999), S. 123–145, hier S. 137.

93 Lutz, Burkart: Integration durch Aufstieg. Überlegungen zur Verbürgerlichung der deutschen Facharbeiter in den Jahrzehnten nach dem Zweiten Weltkrieg, in: Manfred Hettling u. Bernd Ulrich (Hrsg.): Bürgertum nach 1945, Hamburg 2005, S. 284–309, hier S. 287–288. Siehe auch: Görtemaker, Manfred: Geschichte der Bundesrepublik Deutschland. Von der Gründung bis zur Gegenwart, München 1999, S. 177–179.

94 Der Hinweis, dass es Schelsky immer auch um die stattgefundene Erosion des Bürgertums zu tun war, das Theorem also primär auf den „Schwund der Referenzklasse" verweist, findet sich bei Mooser, Josef: Einleitung und Auswertung, in: Klaus Tenfelde (Hrsg.): Arbeiter im 20. Jahrhundert, Stuttgart 1991, S. 653–664, hier S. 657–658.

nen stellte die westdeutsche Arbeiterschaft nach 1949 keine gesellschaftlich exterritoriale, nach außen abgegrenzte Klasse dar, wie es beim „Proletariat" des 19. und frühen 20. Jahrhunderts der Fall gewesen war. Zudem hatten Arbeitermilieu und Arbeiterkultur nach zwölf Jahren Nationalsozialismus und Volksgemeinschaftsideologie nicht nur ihre Prägekraft verloren,[95] sondern auch ihre Attraktivität, was insbesondere für jüngere Arbeiter galt.[96] Die Eingliederung der Arbeiterschaft in die bürgerlich-kapitalistische Gesellschaft im Zuge des „fordistische[n] Integrationsschub[s]"[97] war somit auch eine auf der Ebene des politischen Bewusstseins.

Insofern nimmt es nicht wunder, dass die Erforschung des „Arbeiterbewusstseins" in den 1980er Jahren an ihr Ende gelangte. Die „realistische Wende der industriesoziologischen Bewußtseinsforschung"[98] richtete sich auf (alltags-)kulturelle und geschlechterbezogene Phänomene sowie die Untersuchung der „Subjektivität" der Arbeitenden.[99] Hatten industriesoziologisch-empirische Studien der 1950er Jahre noch Reste eines marxistischen Ideenhintergrundes in der Industriearbeiterschaft ausfindig machen können, konnte spätestens Mitte der 1960er Jahre von einer ausgeformten arbeiterspezifischen Weltanschauung keine Rede mehr sein.[100] Dennoch: Sowohl die zeitgenössische soziologische Diskussion als auch die spätere geschichtswissenschaftliche Forschung betrachteten die Arbeiter der 1960er Jahre oftmals als eine im Großen und Ganzen homogene Gruppe. Dies mag für die frühen Jahre der Nachkriegsprosperität noch einigermaßen berechtigt gewesen sein – spätestens aber mit dem Zuzug der sogenannten Gastarbeiter waren die Arbeiter in Deutschland in sich polarisiert – und zwar hinsichtlich ihrer sozialen Lage *und* ihres Bewusstseins. Was die soziale Lage betrifft, so war seit der

[95] Die Zeit des Nationalsozialismus wird in den zeitgenössischen Studien zur Arbeiterschaft beinahe durchgehend außen vor gelassen beziehungsweise äußerst stiefmütterlich behandelt. Die historischen Auswirkungen des „Schmelztiegel[s] der sozialen Revolution des Nationalsozialismus" (Dahrendorf, Ralf: Gesellschaft und Demokratie in Deutschland, München 1965, S. 475) können aber – auch für die Nachkriegszeit – im Kontext von Ideologie und Bewusstsein kaum überschätzt werden. Zur Arbeiterschaft im Nationalsozialismus siehe grundlegend: Schoenbaum, David: Die braune Revolution. Eine Sozialgeschichte des Dritten Reiches, Köln 1980, hier insbesondere S. 108–151.

[96] Kluth, Heinz: Arbeiterjugend – Begriff und Wirklichkeit, in: Helmut Schelsky (Hrsg.): Arbeiterjugend gestern und heute, Heidelberg 1955, S. 16–174, hier S. 142–149. Siehe auch: Dahrendorf, Ralf: Gesellschaft und Freiheit. Zur soziologischen Analyse der Gegenwart, München 1961, S. 133–134.

[97] Deppe, Frank u. Dörre, Klaus: Klassenbildung und Massenkultur im 20. Jahrhundert, in: Klaus Tenfelde (Hrsg.): Arbeiter im 20. Jahrhundert, Stuttgart 1991, S. 726–771, hier S. 769.

[98] Thomssen, Wilke: „Die Konstitution des Klassenbewußtseins". Vom Altern eines wissenschaftlichen Anspruchs, in: Gert Schmidt, Hans-Joachim Braczyk u. Jost von dem Knesebeck (Hrsg.): Materialien zur Industriesoziologie (= Kölner Zeitschrift für Soziologie und Sozialpsychologie Sonderband 24), Opladen 1982, S. 313–328, hier S. 316.

[99] Heil u. Wolf: s. v. Arbeiterbewusstsein, in: Hirsch-Kreinsen u. Minssen (Hrsg.): Lexikon der Arbeits- und Industriesoziologie, S. 55–56; Thomssen, Wilke: Arbeit, Bewußtsein, Subjektivität. Zur Dekonstruktion einiger Kategorien der Soziologie, in: Helmut König, Bodo von Greiff u. Helmut Schauer (Hrsg.): Sozialphilosophie der industriellen Arbeit (= Leviathan Sonderheft 11), Opladen 1990, S. 301–321, hier S. 307–319.

[100] Popitz u. a.: Gesellschaftsbild, S. 61–62; Kern u. Schumann: Industriearbeit, S. 306.

Anwerbung von italienischen Arbeitskräften ab 1955 eine sowohl gesellschaftliche als auch betriebliche Polarisierung der Arbeiterschaft festzustellen. Obwohl auch Deutsche unqualifizierte Arbeitsplätze besetzten, wurde die Ungleichheit an den eingewanderten Einfacharbeitern besonders deutlich, da sie sich bei ihnen gewissermaßen ethnisch verdoppelte.

Die Substanzialisierung von unqualifizierter Arbeit als „ausländisch" brachte es mit sich, dass die betrieblichen Problemlagen als unwesentlich, das heißt hier: als nicht zur fordistischen Gesamtrealität gehörend externalisiert werden konnten. Der Preis der Integration der deutschen Arbeiterklasse war die Externalisierung des als „fremd" abgespaltenen ausländischen Rationalisierungsproletariats. Deren negative Verfasstheit widersprach der sowohl ökonomischen als auch sozialen Fortschrittseuphorie der Wirtschaftswunderjahre schlagend. Dem „Traum immerwährender Prosperität"[101] korrespondierte in den 1960er und frühen 1970er Jahren denn auch eine positive Grundhaltung zu Rationalisierungs- und Automationsprozessen, was ebenso auf die Gewerkschaften zutraf. Dies erklärt sich vor allem aus der scheinbar stetigen Aufstiegsbewegung, in der sich die deutsche Arbeiterbevölkerung in sozialer und wirtschaftlicher Hinsicht befand. Die negativen Seiten dieser optimistischen Erzählkonstruktion, die sich im ausländischen „Klassensegment" konzentrierten, passten kaum ins Bild und blieben daher tendenziell außerhalb des gesellschaftlichen Bewusstseins.

101 Lutz, Burkart: Der kurze Traum immerwährender Prosperität. Eine Neuinterpretation der industriell-kapitalistischen Entwicklung im Europa des 20. Jahrhunderts, Frankfurt a. M. u. New York 1989.

3. Automobilproduktion in Krise und Boom 1952–1973: Die Geschichte der Bayerischen Motoren Werke

Die folgenden Ausführungen befassen sich mit der Geschichte der Bayerischen Motoren Werke vom Zeitpunkt der Aufnahme der Pkw-Produktion in München 1952 bis zur ersten Ölpreiskrise, die im Jahre 1973 einsetzte und eine betriebspolitische Zäsur darstellte. Die Darstellung gliedert sich in zwei Teile: Während der erste Teil die Krisenphase des Unternehmens ab den frühen 1950er Jahren zum Thema hat, behandelt der zweite Teil die Erfolgs- und Expansionsphase, die mit dem Jahr 1960 begann. Ziel ist es zum einen, einen kurzen Abriss der Periode zu geben, die der Untersuchungszeit unmittelbar voranging; zum anderen, einen chronologisch angelegten historischen Überblick zu geben, um dem Leser die unternehmensgeschichtliche Einordung der weitgehend systematisch-analytischen Ausführungen der Hauptkapitel zu erleichtern. Geschildert werden also die grundlegenden Linien und einschlägigen Ereignisse, welche die Unternehmensentwicklung der 1950er, 1960er und frühen 1970er Jahre bestimmten.

In der Geschichte von BMW spielte auch die Belegschaft und ihre Beschäftigungssituation eine bedeutende Rolle. Wie zu zeigen sein wird, diente die jeweilige Belegschaftsentwicklung und -struktur der Unternehmensleitung in den unternehmenshistorisch wegweisenden Situationen regelmäßig als gewichtiges Argument, eine Entscheidung in diesem oder jenem Sinne zu treffen. Belegschafts- und arbeitsplatzbezogene Erwägungen mögen zuweilen als sekundär gegenüber marktwirtschaftlichen oder finanziellen Gesichtspunkten erscheinen, waren innerhalb der fordistischen Phase jedoch oftmals ausschlaggebend. Dadurch kam auch dem Betriebsrat des Unternehmens eine entscheidende Bedeutung zu. Dessen Vorsitzender und stellvertretender Vorsitzender hatten als Vertreter der Belegschaft einen Sitz im Aufsichtsrat inne. In dieser Funktion entschieden sie über die unternehmerischen Weichenstellungen mit.

Im Mittelpunkt des Kapitels wie der Studie überhaupt steht das im Münchner Stadtteil Milbertshofen gelegene BMW-Stammwerk. Im Vergleich zu diesem kam dem weit kleineren Berliner Zweigwerk (Spandau) im betriebspolitischen Vorgehen der Akteure nur eine geringe Bedeutung zu. Erst mit der Übernahme des Pkw-Werks der GLAS GmbH im niederbayerischen Dingolfing, die im Jahr 1966/67 erfolgte, schuf die Unternehmensleitung einen der Münchner Produktionsstätte technologisch und größenmäßig ebenbürtigen Nebenstandort. Der Vorrang der beiden bayerischen Fertigungsstandorte drückte sich auch darin aus, dass sie als Orte der Automobilproduktion fungierten, während die wirtschaftlich vergleichsweise weit weniger bedeutenden BMW-Motorräder ab den späten 1960er Jahren ausschließlich in Berlin-Spandau gefertigt wurden. Der Motorradmarkt, der ab Mitte der 1950er Jahre einen weltweiten Einbruch erlebte, leistete spätestens seit dieser Zeit „keinen nennenswerten Beitrag mehr zur Entwicklung des Unternehmens".[1] Aus diesem Grund nahm die Herstellung von Zweirädern eine nachrangige Stellung innerhalb der Produktionsbereiche ein.

3.1 Der schwierige Neustart: Die Krisenphase 1952–1960

Das als „Rapp Motorenwerke" im Jahr 1913 in München-Milbertshofen gegründete Unternehmen, welches im Jahr 1917 in „Bayerische Motoren Werke GmbH" und ein Jahr später in „Bayerische Motoren Werke AG" umfirmiert wurde, fertigte ursprünglich keine Automobile, sondern Flugmotoren.[2] Erst im Jahr 1928 nahm das Unternehmen mit dem Erwerb der Thüringer Fahrzeugfabrik Eisenach AG den Automobilbau als zusätzliche Produktsparte auf. Die Automobile wurden allerdings auch fortan nicht in München, sondern in Eisenach hergestellt.[3] Das Automobilgeschäft sollte jedoch ebenso wie das Motorradgeschäft bald an Bedeutung einbüßen. Da die Unternehmensleitung in den Jahren des Nationalsozialismus einen Konzernumbau vornahm, der dem militärischen Flugmotorenbau die absolute Priorität einräumte, reduzierte sich der Anteil des Automobilgeschäfts bis 1939 auf ein Drittel des Gesamtumsatzes. Ende 1940/Anfang 1941 stellte das Unternehmen, das von den rüstungswirtschaftlichen Planungsmaßnahmen des NS-Regimes massiv profitierte, den zivilen Automobilbau vollständig ein.[4] Doch nicht nur aus diesem Grund gestaltete sich die Wiederaufnahme der Pkw-Produktion nach Kriegsende außerordentlich schwierig. So beschlagnahmten und demontierten die Sowjets das Eisenacher Werk im Zuge der Besetzung Ostdeutschlands durch die Rote Armee im Sommer 1945. Der Zugriffsverlust der Münchner Konzernführung auf das Automobilwerk bedeutete nicht nur den Wegfall aller Maschinen und Anlagen, sondern auch des dort konzentrierten Know-hows. Auch die Konstruktionspläne und andere Produktionsunterlagen für den zivilen Automobilbau sowie das technisch erfahrene Personal gingen dem Unternehmen auf diese Weise verloren.[5]

Doch auch das Münchner Werk blieb von den Folgen der Kriegsniederlage nicht verschont. Nachdem es bereits durch Bombardierungen zu 40 Prozent zerstört worden war, begannen die US-Alliierten nach Kriegsende mit der Demonta-

1 Seidl: BMW, S. 372.

2 Siehe zur Gründungsgeschichte der Bayerischen Motoren Werke: Pierer: Unternehmensgründung; sowie: Triebel: Unternehmensgründung. Siehe zur Frühphase zudem: Fabbro, René del: Internationaler Markt und nationale Interessen. Die BMW AG in der Ära Castiglioni 1917–1930, in: Sozial.Geschichte 2 (2003), S. 35–62.

3 Pierer: Bayerischen Motoren Werke, S. 185–191.

4 Werner: Kriegswirtschaft, S. 26–32; zur Geschichte des Unternehmens im Nationalsozialismus siehe: Lorenzen: BMW, S. 141–460.

5 Werner: Kriegswirtschaft, S. 351–352.

ge der Werksanlagen.[6] Trotz der Demontagearbeiten, die von 1945 bis 1950 durchgeführt wurden, gelang es dem Unternehmen beziehungsweise den eingesetzten Treuhändern, eine eingeschränkte Arbeitserlaubnis zu erlangen und ab dem Jahr 1946 die Fertigung von Haushaltsgeräten und Ersatzteilen anlaufen zu lassen.[7] Erst Ende 1947 erlaubten die amerikanischen Besatzer dem Unternehmen die Produktion von Motorrädern, so dass diese im Folgejahr wieder aufgenommen werden konnte. 1951/52 verlegte das Unternehmen dann den Schwerpunkt auf die Automobilproduktion, womit sie das bis heute vorherrschende Erscheinungsbild der Marke BMW prägte.[8] Im Vergleich zu konkurrierenden Pkw-Produzenten in der Nachkriegszeit erfolgte die Aufnahme der serienmäßigen Automobilherstellung somit erst sehr spät.[9] Neben der Motorrad- und der Automobilproduktion war eine weitere Produktsparte in dieser frühen Zeit der Triebwerkbau, den das Unternehmen im Jahr 1954 anlaufen ließ.[10] Der Neustart des Automobilbaus war allerdings mit technischen und marketingstrategischen Problemen verbunden. So wich die Konzeption des zentralen Nachkriegsmodells, des BMW 501, deutlich vom bisherigen Image der Marke ab und traf wohl auch aus diesem Grund nicht den Kundengeschmack. Zudem betrachtete die potentielle Kundschaft das Modell offenbar als zu teuer.[11] Die damit einsetzende „Strategie-, Ertrags-, Liquiditäts- und Vertrauenskrise“[12] zog sich, wenn auch mit zeitweiligen positiven Ausschlägen, durch die gesamten 1950er Jahre. Allein auf dem Geschäftsfeld des Automobilbaus kam das Unternehmen bis 1956 auf einen akkumulierten Verlust von 60 Millionen DM. Die Bilanz dieses Jahres verzeichnete trotz kompensierender Maßnahmen ein Defizit von 6,5 Millionen DM.[13]

Zum Zeitpunkt des Beginns der Automobilfertigung im Jahre 1952 stellte sich die Beschäftigungssituation bei BMW zunächst äußerst problematisch dar. Aufgrund der Tatsache, dass im Großraum München bis dato keine Automobile hergestellt worden waren, fehlten qualifizierte Arbeiter.[14] Zwar konnte BMW auf einige Belegschaftsangehörige zurückgreifen, die ehemals im Eisenacher Werk im Automobilbau beschäftigt gewesen und in der Zwischenzeit nach München übergesiedelt waren.[15] Deren Zahl reichte allerdings bei weitem nicht aus. Vor dem

6 Mönnich: Geschichte, S. 370–371; Süddeutsche Zeitung vom 9. 12. 1959: „Wie BMW in die Sackgasse fuhr“; Maier: Unternehmensgeschichte, S. 3–4.
7 Hemmerle, Andreas u. Schulenburg, Caroline: Das BMW Group Stammwerk München, München 2015, S. 73.
8 Seidl: BMW, S. 1.
9 Grunert u. Triebel: Krisenerfahrung bei der BMW AG, in: Jahrbuch für Wirtschaftsgeschichte 47 (2006), H. 2, S. 25.
10 Seidl: BMW, S. 1.
11 Grunert u. Triebel: Krisenerfahrung bei der BMW AG, in: Jahrbuch für Wirtschaftsgeschichte 47 (2006), H. 2, S. 25.
12 Ebenda, S. 24.
13 Mönnich: Geschichte, S. 447.
14 Bericht der Bayerische Motoren Werke Aktiengesellschaft über das 37. Geschäftsjahr 1952, S. 22.
15 Hemmerle u. Schulenburg: Stammwerk, S. 81.

Hintergrund des Facharbeitermangels entschied sich die Unternehmensleitung gegen die Fertigung von Mittelklassewagen, da diese nur in Großserienproduktion profitabel gewesen wäre. Stattdessen sollten Großwagen hergestellt werden, deren hohe Margen eine Produktion in geringer Stückzahl mit vergleichsweise wenigen Arbeitern ermöglichten.[16] Es handelte sich dabei weitgehend um wenig technisierte Manufakturarbeit, die dementsprechend kostenintensiv war.[17] Da der Absatz der Oberklasse-Modelle BMW 501 und BMW 502, deren Serienfertigung im Jahr 1952 beziehungsweise 1954 aufgenommen worden war, jedoch zu wünschen übrig ließ, konnten die Produktionsanlagen nicht ausgelastet werden. Die Situation änderte sich auch nicht durch die Einführung der Modelle BMW 503 und BMW 507 im Jahr 1956. Die Nachfrage nach BMW-Automobilen verbesserte sich nicht im nötigen Maß, weshalb die Münchner Anlagen weiterhin unausgelastet blieben.[18]

Ende 1952 betrug die Belegschaftsstärke im Werk München 3819 Personen, während es zwei Jahre zuvor nur etwas mehr als 3000 Beschäftigte gewesen waren. Der größte Teil der neu hinzugekommenen Belegschaftsmitglieder setzte sich aus angelernten Arbeitern zusammen, da fachlich ausgebildete Kräfte nur mit Schwierigkeiten rekrutiert werden konnten. In den meisten Fällen mussten Facharbeiter von außerhalb Münchens angeworben werden, was die Bereitstellung von Unterkünften notwendig machte.[19] Während sich die Belegschaftszahl bis 1954 nur geringfügig erhöhte,[20] stieg sie von 1954 bis 1955 um ungefähr 1500 Mitarbeiter auf 6770 Personen an. Im darauffolgenden Jahr fiel die Zahl allerdings erneut um etwa 1000 Personen auf 5757 Belegschaftsmitglieder ab, was einem Minus von rund 15 Prozent entsprach. Die Schwankungen gingen beinahe ausschließlich auf Lohnempfänger zurück, während die Zahl der Angestellten im Vergleich so gut wie konstant blieb.[21]

Die angespannte Lage verschärfte sich Mitte der 1950er Jahre zusätzlich, als die US-Armee im Jahr 1955 entschied, den Reparaturbetrieb im BMW-Werk München-Allach[22] zu schließen, was das Unternehmen um die von den Amerikanern gezahlte Pacht brachte.[23] Zwar übernahm das Milbertshofener Werk einen Teil

[16] Grunert u. Triebel: Unternehmen, S. 105.

[17] Triebel: Vom ‚Marketingloch' zur Wiederentdeckung der sportlichen Mittelklasse, in: Zeitschrift für Unternehmensgeschichte 61 (2016), H. 1, S. 44.

[18] Hemmerle u. Schulenburg: Stammwerk, S. 85.

[19] Bericht der Bayerische Motoren Werke Aktiengesellschaft über das 37. Geschäftsjahr 1952, S. 21–22.

[20] Bericht der Bayerische Motoren Werke Aktiengesellschaft über das 39. Geschäftsjahr 1954, S. 18.

[21] Bericht der Bayerische Motoren Werke Aktiengesellschaft über das 41. Geschäftsjahr 1956, S. 16; eigene Berechnungen.

[22] In Allach bei München begann die 1934 gegründete Tochtergesellschaft „BMW Flugmotorenbau-GmbH" im Jahr 1936 die Herstellung von Flugmotoren. Diese endete ebenso wie alle Aktivitäten im Bereich des Turbostrahltriebwerk- und Raketenbaus mit dem Jahr 1945 aufgrund den Beschlüssen des Alliierten Kontrollrats. Das Allacher Werk fungierte seitdem als Großreparaturbetrieb für die US-amerikanische Armee. Siehe hierzu: Schubert, Helmut: Erinnerungen 1934–1999. Flugtriebwerkbau in München, München ^{3}1999, S. 10–12 u. 69–70.

[23] Seidl: BMW, S. 47.

der qualifizierten Produktionsmannschaft der Allacher Belegschaft, die durch die Reparaturarbeiten an Militärfahrzeugen automobiltechnische Kenntnisse erworben hatte. Dennoch musste BMW Entlassungen vornehmen.[24] Außerdem brach durch die ab 1954 einsetzende allgemeine Nachfrageverlagerung zu Pkw das bis dahin erfolgreiche Motorradgeschäft ein, was für BMW einen Absatzrückgang auf dem zu diesem Zeitpunkt nach wie vor wichtigen Marktsegment nach sich zog.[25] Der Gefahr, weitere qualifizierte Mitarbeiter zu verlieren, musste in dieser Situation vorgebeugt werden. Um die Werksanlagen auszulasten und den existierenden Münchner Facharbeiterstamm weiter zu beschäftigen, entschloss sich die Unternehmensleitung dazu, das Modell Isetta des italienischen Herstellers Iso Rivolta auf Lizenzbasis zu produzieren. Tatsächlich gelang es mit dem Produktionsanlauf der BMW Isetta im Jahr 1955, die Produktionskapazität zu steigern und die Ertragslage zu verbessern. Auch wenn sich die angespannte Finanzsituation kaum verbesserte, gewann das Unternehmen auf diese Weise Zeit für die dringend benötigte Umstellung auf rationellere Fertigungsmethoden und die Entwicklung eigener Modelle. Gleichzeitig konnte die Firmenleitung die Milbertshofener Produktionsanlagen, die bis dahin teils brachgelegen waren, einigermaßen auslasten sowie die Beschäftigten in der Produktion in Arbeit setzen und sie sogar weiterqualifizieren.[26]

Damit waren allerdings nur die Bedingungen für eine prosperierende Unternehmensentwicklung geschaffen – nicht diese selbst. Die Bayerischen Motorenwerke befanden sich weiterhin in der Krise, die durch die Lizenzproduktion der Isetta, welche zu diesem Zeitpunkt rund die Hälfte des Gesamtumsatzes erwirtschaftete, zwar gelindert, nicht aber beendet werden konnte.[27] So musste BMW weiterhin die Produktion gedrosselt halten und schon im Herbst des Jahres 1956 Kurzarbeit einführen. Zudem entließ die Unternehmensleitung zu diesem Zeitpunkt 600 Arbeitskräfte.[28] Bis Mitte 1958 erhöhte sich die Zahl der Münchner Werksangehörigen erneut von 6244 auf 7373, um im Laufe des zweiten Halbjahrs wiederum auf 6538 Beschäftigte zurückzufallen.[29] Die Münchner Belegschaftsziffer senkte sich bis Ende 1959 auf 5953 Personen ab, stieg aber bis Ende 1960 wieder um rund 1000 Arbeitskräfte auf 6960. Auffällig ist, dass die Anzahl der Angestellten trotz der Belegschaftszunahme von 1959 auf 1960 beinahe konstant geblieben war, während sich die Zahl der Lohnempfänger stark erhöht hatte, näm-

[24] Grunert u. Triebel: Unternehmen, S. 106; Hemmerle u. Schulenburg: Stammwerk, S. 90.

[25] Bericht der Bayerische Motoren Werke Aktiengesellschaft über das 40. Geschäftsjahr 1955, S. 11; siehe auch: Grunert u. Triebel: Krisenerfahrung bei der BMW AG, in: Jahrbuch für Wirtschaftsgeschichte 47 (2006), H. 2, S. 25.

[26] Seidl: BMW, S. 105–106.

[27] Grunert u. Triebel: Unternehmen, S. 47.

[28] Süddeutsche Zeitung vom 24. August 1956: „Auch Kurzarbeit bei BMW"; Süddeutsche Zeitung vom 25. Oktober 1956: „Wieder volle Arbeitszeit bei BMW".

[29] Bericht der Bayerische Motoren Werke Aktiengesellschaft über das 43. Geschäftsjahr 1958, S. 13.

lich von 4734 auf 5650.[30] Die neu hinzugekommenen Belegschaftsmitglieder waren also zum allergrößten Teil Arbeiter.

Die unternehmensspezifische Krisenentwicklung bei BMW, die erst mit den beginnenden 1960er Jahren ihr Ende finden sollte, stand in auffälligem Widerspruch zum allgemeinen Trend in der westdeutschen Automobilindustrie nach dem Zweiten Weltkrieg. Diese befand sich nämlich in einer stetigen Aufwärtsbewegung, so dass sie schon im Jahr 1950 die Produktionszahlen der Vorkriegsjahre erreichte.[31] Selbiges galt auch für die Folgezeit: Die Produktivität im Automobilbau stieg zwischen 1953 und 1962 im Jahresdurchschnitt um 9,4 Prozent,[32] und auch das Fertigungsvolumen der bundesdeutschen Kraftfahrzeughersteller nahm weiter zu, so dass die Bundesrepublik in dieser Hinsicht bereits im Jahr 1956 weltweit den zweiten Platz hinter den Vereinigten Staaten einnahm.[33] Möglich waren die steigenden Fertigungs- und Produktivitätsraten als Folge der Massenproduktion aus zwei Gründen.

Sie waren *erstens* möglich, da der massenhafte Motorisierungsprozess in Deutschland im westeuropäischen und US-amerikanischen Vergleich recht spät einsetzte. Während in den 1920er Jahren das Auto als Luxuskonsumgut nur für wenige Deutsche erschwinglich gewesen war, weshalb das Motorrad das Hauptverkehrsmittel dieser Zeit dargestellt hatte, wurden während des Nationalsozialismus die Pkw-Erwerbswünsche durch die NS-„Volksmotorisierungspropaganda“[34] zwar geweckt, aufgrund der Fokussierung auf die Rüstungsindustrie aber nur selten erfüllt.[35] Erst im Verlauf der 1950er Jahre war es aufgrund steigender Einkommen auch für Angehörige niederer Bevölkerungsschichten zunehmend möglich, sich den Traum des eigenen Autos zu erfüllen.[36] Während sich der Bestand an privaten Automobilen von 1950 (0,52 Millionen) bis 1960 (4,1 Millionen) verachtfachte, nahm der Bestand an Motorrädern zwischen 1950 (0,92 Millionen) und 1955 (2,1 Millionen) zwar

30 Bericht der Bayerische Motoren Werke Aktiengesellschaft über das 45. Geschäftsjahr 1960, S. 13.

31 Hilger, Susanne: „Amerikanisierung“ deutscher Unternehmen. Wettbewerbsstrategien und Unternehmenspolitik bei Henkel, Siemens und Daimler-Benz (1945/49–1975), Wiesbaden 2004, S. 106.

32 Dieckmann, Achim.: Die Rolle der Automobilindustrie im wirtschaftlichen Wachstumsprozeß, in: VDA: Automobil – Technischer Fortschritt und wirtschaftliches Wachstum. VDA-Pressekolloquium Bad Reichenhall 9./10. Juni 1970, S. 98–115, hier S. 101.

33 Verband der Automobilindustrie e. V. (Hrsg.): Tatsachen und Zahlen aus der Kraftverkehrswirtschaft 1956/57, 21. Folge, Frankfurt a. M. 1957, S. 239.

34 Fack, Dietmar: Automobil, Verkehr und Erziehung. Motorisierung und Sozialisation zwischen Beschleunigung und Anpassung 1885–1954, Opladen 2000, S. 301.

35 Heimann, Heidrun: Massenmotorisierung – ein historischer Prozeß, in: Gesellschaft und Automobil. Chancen und Handlungserfordernisse, Frankfurt a. M. 1986, S. 19–32, hier S. 28.

36 Borscheid, Peter: Auto und Massenmobilität, in: Hans Pohl (Hrsg.): Die Einflüsse der Motorisierung auf das Verkehrswesen von 1886 bis 1986 – Referate und Diskussionsbeiträge des 11. Wissenschaftlichen Symposiums der Gesellschaft für Unternehmensgeschichte e. V., 27./28. November 1986 in Fellbach (Zeitschrift für Unternehmensgeschichte, Beiheft 52), Stuttgart 1988, S. 117–141, hier S. 122.

ebenfalls stark zu (beziehungsweise verdoppelte sich), ging jedoch in der zweiten Hälfte der 1950er Jahre um rund ein Drittel zurück (auf ca. 1,5 Millionen).[37]

Zweitens ist die verstärkte Hinwendung zum Export zu nennen. In den 1950er Jahren steigerten sich die Außenhandelsraten in rasantem Tempo – teilweise bis zu 72 Prozent im Jahr –, womit die „Automobilnation" (West-)Deutschland nach und nach andere Herstellerländer überholte.[38] Wurden im Jahr 1950 noch 41 Staaten mit Pkw aus der Bundesrepublik beliefert, so waren es im Jahr 1962 bereits 141 Staaten.[39] Die Exportorientierung war notwendig, weil es nur durch die Fertigung von Großserien gelang, die Nachfrage zu konkurrenzfähigen Preisen zu bedienen – was wiederum eine Bedingung der sich mit steigender Zielstrebigkeit entwickelnden fordistischen Produktionsweise darstellte.[40]

Bis zur Überwindung der Krisenphase zu Beginn der 1960er Jahre konnte das Unternehmen BMW weder hinsichtlich des Fertigungsvolumens noch hinsichtlich der Exportquoten mit anderen großen deutschen Automobilproduzenten wie VW, Daimler-Benz, Opel oder Ford mithalten.[41] Weit davon entfernt, musste das Münchner Unternehmen vielmehr als Übernahmekandidat gelten: Die desolate Finanzlage führte zur Verhandlungsaufnahme des Vorstands mit der Daimler-Benz AG, an deren Ende eine Beteiligung des Stuttgarter Konzerns sowie ein Sanierungsplan stehen sollten – ein Plan, dessen Umsetzung das Ende von BMW als eigenständigem Unternehmen bedeutet hätte. Die diesbezügliche Entscheidung wurde jedoch auf der Aktionärs-Hauptversammlung am 9. Dezember 1959 qua Mehrheitsbeschluss vertagt und damit faktisch abgelehnt.[42] Erst durch den Sanierungsplan des Industriellen und Großaktionärs Herbert Quandt vom November 1960, der einen Kapitalschnitt, eine anschließende Kapitalerhöhung sowie die Zusicherung vorsah, die nicht verkauften Aktien selbst zu übernehmen, konnte die Liquidität des Unternehmens – wie sich bald herausstellen sollte – langfristig gerettet werden.[43]

Die Entscheidung gegen die Fusion und damit für die Selbstständigkeit hatte nicht zuletzt mit der Qualität und der Größe der mittlerweile eingearbeiteten Produktionsbelegschaft zu tun. Eines der Hauptargumente derjenigen Anteilseigner, die dem Plan ablehnend gegenüberstanden, bezog sich unmittelbar auf die Tatsache, dass der qualifizierte und motivierte Facharbeiterstamm im Unternehmens-

37 Siehe zu diesen Zahlen: Südbeck, Thomas: Motorisierung, Verkehrsentwicklung und Verkehrspolitik in Westdeutschland in den 50er Jahren, in: Axel Schildt u. Arnold Sywottek (Hrsg.): Modernisierung im Wiederaufbau. Die westdeutsche Gesellschaft der 50er Jahre, Bonn 1993, S. 170–187, hier S. 171.

38 Biss: Internationalisierung, S. 61.

39 Wellhörner: „Wirtschaftswunder", S. 77.

40 Ebenda; Piore u. Sabel: Massenproduktion, S. 208.

41 Biss: Internationalisierung, S. 68–69.

42 Seidl: BMW, S. 216–223; Knoll, Leonhard: Die BMW-Hauptversammlung vom 9. 12. 1959 – eine historische Fallstudie zu der (Ohn-)Macht des Kleinaktionärs und der Rolle der Depotbanken, in: Vierteljahrsheft für Sozial- Wirtschaftsgeschichte 82 (1995), S. 478–495, hier S. 481–488.

43 Grunert u. Triebel: Unternehmen, S. 54–55.

wert nicht berücksichtigt worden sei und der Stuttgarter Konkurrent die BMW-Belegschaft somit gewissermaßen geschenkt bekommen hätte.[44] Und auch die Entscheidung Quandts, die Unternehmenssanierung in Eigenregie vorzunehmen, hatte unter anderem belegschaftsbezogene Gründe. Der Betriebsratsvorsitzende Kurt Golda versicherte ihm die Leistungsbereitschaft der fachlich gut ausgebildeten Arbeiter, welche die ideale Voraussetzung für einen Neustart böte. Für Quandt war die Zusicherung des Betriebsrats, dass dieser und die Belegschaft die Sanierungsmaßnahmen mittragen würden, eine zentrale Bedingung seines Eingreifens.[45]

Die Abwendung der Übernahme stellte gleichzeitig den historischen Wendepunkt für BMW dar. Zunächst suchte die Unternehmensleitung zwar noch nach weiteren Sanierungsmöglichkeiten, um Quandts Engagement finanziell zusätzlich zu flankieren. Nachdem aber mit einem Kredit des Freistaats Bayern eine kurzfristige Finanzierungslösung gefunden werden konnte, brachten die Zusage des Bundesverteidigungsministeriums für einen Auftrag zur Fertigung von Triebwerken für die Starfighter der Bundeswehr sowie der Einstieg der MAN AG bei der BMW Triebwerksbau GmbH neue Zukunftsperspektiven auch auf lange Sicht.[46] Vor allem war es jedoch die innovative Modellpolitik, welche dem Unternehmen den langfristigen Markterfolg sichern sollte. Konnte der Kleinwagen BMW 700 bereits als außerordentlich verkaufsstark gelten, so ermöglichte es spätestens der Anlauf der „Neuen Klasse" ab dem Jahr 1962, dass die Bayerischen Motoren Werke ans westdeutsche „Wirtschaftswunder" anschließen konnten.

3.2 Der Anschluss an das westdeutsche „Wirtschaftswunder": Die Boomphase 1961–1973

Der Neustart im Jahr 1960/1961, der mit der „Neuen Klasse" einsetzte und mit personellen Umstellungen in Vorstand und Aufsichtsrat einherging, gestaltete sich alles andere als einfach. So brachte der völlig neu konzipierte sportliche Mittelklasse-Wagen BMW 1500 aufgrund des überstürzten Produktionsbeginns im Jahr 1962 Qualitätsprobleme mit sich. Es gelang der technischen Abteilung des Unternehmens jedoch bald, die Probleme zu beheben, so dass sich die produktpolitische und marketingstrategische Neuausrichtung als nachhaltig herausstellen sollte.[47] In der Folge war das Unternehmen mit einem veritablen Nachfrageboom konfrontiert. Trotz dieser positiven Tendenzen kam der hohe Absatz der Fahrzeuge der

[44] Ebenda, S. 107.

[45] Triebel, Florian: Die Bayerischen Motoren Werke während der Rezession 1966/67 und der Ölkrise 1973/74, in: Stephanie Tilly (Hrsg.): Automobilindustrie 1945–2000. Eine Schlüsselindustrie zwischen Boom und Krise, München 2013, S. 111–153, hier S. 113; Grunert u. Triebel: Unternehmen, S. 109.

[46] Ebenda, S. 52–53; Seidl: BMW, S. 223–233 u. 238–253.

[47] Grunert u. Triebel: Unternehmen, S. 56–57 u. 336.

„Neuen Klasse" ab dem Jahr 1962 für die Unternehmensleitung überraschend, so dass es zu Engpässen in der Fertigung kam.[48] Die stete Steigerung der Produktionsziffern geriet so zu einer der zentralen Herausforderungen für die Bayerischen Motoren Werke – eine Konstellation, die sich auch in den folgenden Jahren nicht ändern sollte. Die mit Beginn der 1960er Jahre einsetzende „Erfolgskrise" war insofern problematisch, als die Produktion auf immer höherer Stufenleiter sowohl Kapazitäts- und Personalprobleme als auch permanente Fertigungsanpassungen sowie Umstellungs- und Umrüstungsarbeiten erforderlich machte.[49]

Diese Prozesse betrafen die Belegschaft unmittelbar. Insbesondere für die Beschäftigten in der Produktion veränderte sich ab dem Jahr 1960 die betriebliche Situation in grundlegender Weise. Bisher hatte es sich um eine relativ überschaubare Zahl von Beschäftigten gehandelt, die oftmals seit Jahren zusammengearbeitet hatten. Im Laufe der frühen 1960er Jahre entwickelte sich BMW dagegen mehr und mehr zu einem Großbetrieb mit entsprechender Belegschaftsgröße.[50] Der über die Jahre mühsam gehaltene Facharbeiterstamm, der auch das zentrale Fundament für den schlagartig einsetzenden Aufschwung der frühen 1960er Jahre bildete, sah sich nicht nur mit massenhaften Neueinstellungen, sondern auch mit vollkommen neuen betrieblichen Verhältnissen und Anforderungen konfrontiert. War die vorangegangene Zeit durch einen relativen Beschäftigtenüberschuss und eine zu geringe Auslastung der Produktionskapazitäten geprägt gewesen, so kehrte sich dieses Verhältnis mit dem Anschluss an den Boom um: Jetzt waren oftmals zu wenige Arbeitskräfte in bestimmten Fertigungsbereichen vorhanden, um die Angebotsmenge der gesteigerten Nachfragentwicklung entsprechend zu erhöhen. Zudem zeichnete sich schon früh ab, dass die Produktionsausweitung innerhalb des Milbertshofener Werks mittelfristig an ihre räumlichen Grenzen gelangen und die technisch-materiellen Kapazitäten in absehbarer Zeit überlastet sein würden. Aus diesen Gründen setzten bereits in den frühen 1960er Jahren betriebliche Auf- und Umbaumaßnahmen ein.

Vor diesem Hintergrund entschloss sich die BMW-Führung im Jahr 1966 dazu, den Automobil- und Landmaschinenhersteller Hans GLAS GmbH zu erwerben. Obwohl von der Notwendigkeit einer Erweiterung der Milbertshofener Werksräume erst zwei Jahre später auszugehen war,[51] nutzte die Konzernverwaltung die Gunst der Stunde: Mit dem Erwerb der niederbayerischen GLAS GmbH verschaffte sich BMW Zugriff auf dessen nahe gelegene Werke in Dingolfing, Pilsting und Landshut. Es waren jedoch nicht nur die Räumlichkeiten und Maschinen, die mit dem Kauf von GLAS in den Besitz des Münchner Unternehmens gerieten, sondern auch der hervorragend ausgebildete Facharbeiterstamm des Dingolfinger

48 Hemmerle u. Schulenburg: Stammwerk, S. 104.

49 Grunert u. Triebel: Krisenerfahrung bei der BMW AG, in: Jahrbuch für Wirtschaftsgeschichte 47 (2006), H. 2, S. 27.

50 Hemmerle u. Schulenburg: Stammwerk, S. 112.

51 Münchner Merkur vom 11./12. Februar 1967: „Die Bayerischen Motorenwerke haben ihre Chance voll genutzt. Merkur-Interview mit Gerhard Wilcke und Paul Georg Hahnemann".

Hauptwerks. In Anbetracht der extrem angespannten Arbeitsmarktlage konnte der Zugewinn von 3750 Beschäftigten kaum überschätzt werden.[52]

Die Hans GLAS GmbH, ein in den 1950er Jahren erfolgreiches und expandierendes Unternehmen, war in den Jahren 1960er Jahren in die Krise geraten. Seit dem Jahr 1963 konnte GLAS keine Gewinne mehr verbuchen. Deshalb und wegen mangelnder Eigenkapitalausstattung zur Investitionssteigerung führte die GLAS-Geschäftsführung schon zwischen 1962 und 1964 Gespräche mit Ford und VW über eine Unternehmensübernahme. Diese Bemühungen scheiterten jedoch.[53] War eine Sanierungskooperation schon zu diesem Zeitpunkt zur Option geworden, so ließ das zweite Halbjahr 1966 keine diesbezüglichen Zweifel mehr zu: Die Rezession von 1966/67 und der damit einhergehende allgemeine Pkw-Nachfragerückgang traf die Hans GLAS GmbH massiv.[54] Aus diesem Grund zeigte sich die GLAS-Geschäftsführung gegenüber Gesprächen mit BMW aufgeschlossen und stimmte schließlich auch einer Übernahme zu. Nachdem das Mutterunternehmen BMW die Produktpalette zunächst verkleinert hatte, entschieden sich die Verantwortlichen aufgrund der Rezessionsentwicklung und den nicht enden wollenden Absatzschwierigkeiten zur mittelfristigen Einstellung der GLAS-Modelle. Das Pilstinger Werk verkaufte man im Zuge dessen an einen konkurrierenden Landmaschinenhersteller. Die Werke in Dingolfing und Landshut integrierte die Konzernführung dagegen in den Produktionsprozess von BMW-Automobilen und -Motorrädern. In den niederbayerischen Fabriken fertigte BMW in der Folge Komponenten und Ersatzteile für das Werk in München-Milbertshofen.[55] Im Münchner Stammwerk sollten daraufhin keine Motorräder mehr hergestellt werden. Stattdessen verlegte der Vorstand die Motorradproduktion, die in der Zwischenzeit deutlich an Bedeutung für das Unternehmen verloren hatte, nach und nach ins Werk Berlin-Spandau und ließ die Herstellung in München im Mai 1969 endgültig auslaufen.[56]

War für BMW die frühe Boom-Phase der 1950er Jahre von technischen, marketingstrategischen, umsatzbezogenen und finanziellen Schwierigkeiten geprägt, trifft für die späte Boom-Phase das genaue Gegenteil zu: Das Münchner Unternehmen holte sein „Wirtschaftswunder" ab den frühen 1960er Jahren nach. Vor dem Hintergrund des Konzentrationsprozesses der Branche beziehungsweise der Tatsache, dass zwischen 1950 und 1965 17 der 26 westdeutschen Automobilfirmen vom Markt verschwanden,[57] ist die erfolgreiche Bewahrung der unternehmeri-

[52] Süddeutsche Zeitung vom 20. Oktober 1966: „Glas kommt unter die Haube von BMW".

[53] Günther, Rolf: Markteintritt und Wettbewerbsverhalten in der Automobilindustrie. Das Beispiel der Glas GmbH, Frankfurt a. M. 1984, S. 222–224.

[54] Triebel: Die Bayerischen Motoren Werke während der Rezession 1966/67 und der Ölkrise 1973/74, in: Tilly (Hrsg.): Automobilindustrie 1945–2000, S. 120.

[55] Grunert u. Triebel: Unternehmen, S. 64.

[56] Hemmerle u. Schulenburg: Stammwerk, S. 110. Das Spandauer Werk der Brandenburgische Motoren Werke GmbH hatte BMW im Jahr 1939 erworben, siehe: Werner: Kriegswirtschaft, S. 46–49.

[57] Bäurle: Entwicklung, S. 135–136.

schen Eigenständigkeit von BMW im Jahr 1959/60 kaum zu überschätzen. In der Folgezeit gelang es BMW, zur Branchenkonkurrenz aufzuschließen und die wirtschaftliche Sicherung langfristig zu bewerkstelligen. Symbolhaft für diese Entwicklung steht die Übernahme der Hans GLAS GmbH im Jahr 1966/67. Mit dem niederbayerischen Automobilproduzenten konnte der ehemalige Übernahmekandidat BMW ein Unternehmen integrieren, das noch wenige Jahre zuvor glänzende Zahlen geschrieben hatte und sogar als möglicher aufnehmender Partner für eine Sanierung der Bayerischen Motoren Werke gehandelt worden war.[58] Trotz deutlich sinkender allgemeiner Kfz-Zulassungszahlen und der Tatsache, dass die Fertigungsziffern in der Automobilindustrie im Zuge der Rezession von 1966/67 zurückgingen, gelang BMW inmitten der Krise die Expansion und zugleich Eliminierung eines unmittelbaren Konkurrenten.

Die allgemeine Konjunkturflaute der Jahre 1966 und 1967 verlief für den „konjunkturelle[n] Nachzügler"[59] BMW vergleichsweise glimpflich. Die Zulassungsrate für BMW-Modelle stieg weiter an, was vor allem der Erhöhung der Exportquote zu verdanken war. Während die Rezession bei den Firmen Opel, Ford, NSU Motorenwerke und Daimler-Benz zwischen Weihnachten und Neujahr 1966 zu krisenbedingten Produktionsstilllegungen führte,[60] ließ der BMW-Vorstand die Beschäftigten in dieser Zeit durcharbeiten. Eine Reduzierung der Fertigungseinheiten konnten die Verantwortlichen in München verhindern.[61] Die Unternehmensleitung der Bayerischen Motoren Werke war sich der allgemeinen Krisensituation zwar bewusst. Mit Blick auf das eigene Unternehmen stellte sie jedoch fest, dass man von der Entwicklung nicht oder nur am Rande betroffen war. Auf dem Höhepunkt der Rezession, im Januar 1967, konnte der Vorstandsvorsitzende Paul Hahnemann konstatieren, dass „keine Anhaltspunkte für eine Verschlechterung der Absatzmöglichkeiten" vorlägen.[62] Dementsprechend entschied sich der Vorstand hinsichtlich der Jahresplanung für 1967 für eine Produktionssteigerung um über 15 Prozent.[63]

Problematisch war allerdings die Situation der kurz zuvor übernommenen Hans GLAS GmbH, welche die Firmenleitung als „sehr ernst" bezeichnete.[64] Der Absatz der in Dingolfing hergestellten Fahrzeuge, die BMW zunächst unter dem Markennahmen „GLAS" auf den Markt brachte, verringerte sich auch nach der Fusion weiter.[65] So fielen die Inlandszulassungen der GLAS-Modelle in den ersten zwei

58 Triebel: Die Bayerischen Motoren Werke während der Rezession 1966/67 und der Ölkrise 1973/74, in: Tilly (Hrsg.): Automobilindustrie 1945–2000, S. 119.

59 Gerhard Wilcke, Vorstandsvorsitzender von 1965 bis 1969, BMW UA 268, Niederschrift über die 46. ordentliche Hauptversammlung vom 8. Juli 1966.

60 Zum Unternehmen NSU siehe: Pfaffel: Unternehmen. S. 83; zur Automobilbranche insgesamt siehe: Tilly: „Die guten Zeiten … sind vorbei.", in: Reitmayer u. Rosenberger (Hrsg.): Unternehmen am Ende des „goldenen Zeitalters", S. 209–232.

61 BMW UA 416, Anlage 1 zur Niederschrift des Aufsichtsrates vom 6. Dezember 1966.

62 BMW UA 416, Niederschrift über die Sitzung des Aufsichtsrates vom 25. Januar 1967.

63 BMW UA 416, Anlage 1 zur Niederschrift des Aufsichtsrates vom 6. Dezember 1966.

64 BMW UA 416, Niederschrift über die Sitzung des Aufsichtsrates vom 26. April 1967.

65 Günther: Markteintritt, S. 245.

Monaten des Jahres 1967 im Vergleich zum Vorjahreszeitraum um 31 Prozent ab. Hinzu kam, dass die GLAS-Fahrzeuge Qualitätsdefizite aufwiesen. Zudem diagnostizierte man ein ungünstiges Verhältnis von Produktionskosten und Erlös sowie von produktiven und unproduktiven Arbeitskräften.[66] Durch ein Bündel von Maßnahmen, wozu Programmumstellungen und Preisanpassungen ebenso gehörten wie Kurzarbeit, Entlassungen und Nichtersetzung der Fluktuation, gelang es dem BMW-Vorstand in der Folge, die finanzielle Belastung, die durch die Übernahme des kriselnden Konkurrenten eingetreten war, abzumildern. Dass die Sanierung trotz der allgemeinen Konjunkturkrise gelang, lag jedoch vor allem daran, dass BMW selbst von dieser Krise nicht beziehungsweise nur am Rande betroffen war. Der Aufwärtstrend brach auch nach der Rezession nicht ab, sondern verstärkte sich im Gegenteil weiter. Zwar ging die Ölpreiskrise von 1973/74 auch an den Bayerischen Motoren Werken nicht spurlos vorüber – mit einschneidenden oder langfristigen negativen Folgeerscheinungen war das Unternehmen jedoch nicht konfrontiert. So konnte die Unternehmensführung den konjunkturellen Einbruch durch unmittelbar bei Krisenbeginn eingeleitete operative Bewältigungsmaßnahmen auch in diesem Fall vergleichsweise unbeschadet überstehen.[67]

Die allgemeine Branchenentwicklung gestaltete sich indessen anders. Zwar konnte die deutsche Automobilindustrie mit der erneut anziehenden Konjunktur ab 1975 die Produktion wieder mit voller Stärke anlaufen lassen. Eine ähnlich stark ansteigende Aufwärtsbewegung wie nach der Rezession von 1966/67 trat jedoch nicht ein. Überhaupt änderten sich nach 1973 die Rahmenbedingungen für die westdeutsche Automobilproduktion. Zum einen ist hier der schrumpfende Weltmarktanteil der deutschen Hersteller zu nennen. Betrug dieser zu Beginn der 1960er Jahre noch rund 15 Prozent, so lag er im Jahr 1974 bei nur mehr 11 Prozent.[68] Komplementär machte sich zum anderen das expansive Ausgreifen der japanischen Automobilproduzenten bemerkbar, welches die Weltmarktkonkurrenz verschärfte. Diese Entwicklung schlug umso mehr zu Buche, als der Export und die damit einhergehende Internationalisierung der westdeutschen Automobilindustrie in dieser Zeit gegenüber dem Binnenmarkt eine zunehmende Priorisierung erfuhren.[69] So lagen auch für BMW mit Blick auf die Zeit nach 1972 die „Wachstumsreserven […] eindeutig im Export."[70] Für die 1970er Jahre kann von einem regelrechten Internationalisierungsschub gesprochen werden, der sich einerseits in einer zunehmenden Institutionalisierung, Internalisierung und Zentralisierung des Auslandsvertriebs, andererseits in den weiter wachsenden Exportquoten niederschlug. So gründete das

66 BMW UA 416, Niederschrift über die Sitzung des Aufsichtsrates vom 26. April 1967; Günther: Markteintritt, S. 244.

67 Triebel: Die Bayerischen Motoren Werke während der Rezession 1966/67 und der Ölkrise 1973/74, in: Tilly (Hrsg.): Automobilindustrie 1945–2000, S. 130.

68 Triebel: Die Bayerischen Motoren Werke während der Rezession 1966/67 und der Ölkrise 1973/74, in: Tilly (Hrsg.): Automobilindustrie 1945–2000, S. 129.

69 Piore u. Sabel: Ende, S. 206.

70 BMW UA 417, Niederschrift über die Sitzung des Aufsichtsrates vom 14. Dezember 1972, Ziffer 3. Siehe auch: Grunert u. Triebel: Unternehmen, S. 79.

Unternehmen ab 1973 elf ausländische Vertriebsgesellschaften, unter anderem in den USA und in Japan, sowie eine Finanzierungsgesellschaft.[71] Die mit dem unternehmerischen Aufschwung verbundene Exportorientierung sowie das Zusammenspiel von Wachstum und internationaler Expansion war keinesfalls die Ausnahme, sondern spiegelte einen allgemeinen Entwicklungstrend wider.[72]

In den 1970er Jahren änderte sich auch das Marktagieren der automobilproduzierenden Unternehmen. Aufgrund der verschärften Konkurrenzsituation, den abnehmenden Zuwachsraten sowie den weltwirtschaftlichen Turbulenzen, die mit dem Anstieg des Ölpreises verbunden waren, war die Automobilindustrie zu einem flexibleren Marktverhalten gezwungen. Durch die Strukturkrise bedingte „Unsicherheitszonen“ führten zu neuen unternehmerischen Reaktionsmustern, die sich deutlich von den auf stetig steigendem Wachstum und wirtschaftlicher Stabilität gründenden Vorjahren unterschieden.[73] Auf betriebsorganisatorischer Ebene schlug sich dies bei BMW bereits früh im Versuch nieder, die Unternehmensstruktur zu modernisieren, was die Firmenleitung im Frühjahr 1971 folgendermaßen formulierte: „Ziele der organisatorischen Neuordnung sind: Straffe Führung, klare Zuordnung unternehmerischer Verantwortung, engere Verzahnung der Abteilungen und Ressorts, Heranführung jüngerer Führungskräfte an die Verantwortung.“[74]

Die Neuausrichtung personifizierte sich gewissermaßen im Vorstandsvorsitzenden Eberhard von Kuenheim, der diesen Posten ab dem Jahr 1970 bekleidete. Der Schützling Herbert Quandts galt als Vertreter einer neuen Generation von Managern. Als jüngster Vorstandsvorsitzender in der deutschen Großindustrie strebte der bei Amtsantritt 41-jährige Kuenheim eine Verjüngung der Führungsmannschaft an, was innerhalb von kürzester Zeit zur Herabsetzung des Durchschnittsalters im BMW-Vorstand von 56 auf 48 Jahre führte.[75] Der „fei[n] gewirkte Technokrat“ Kuenheim stand im Gegensatz zu seinem „auf Wachstum eingeschworenen“ Vorgänger Paul Hahnemann sowohl für Kostenbewusstsein, Unkonventionalität und „Lässigkeit“ als auch für ein modernes Vorstands- und Betriebsklima.[76] Unter Kuenheim und dem von ihm rekrutierten Verkaufschef, dem US-Amerikaner Ro-

[71] Biss: Internationalisierung, S. 416–574. Siehe auch: Seidl: BMW, S. 2, der den Jahreswechsel 1969/1970 als Zäsur betrachtet, welche den Abschluss der ersten, inländischen Expansionsphase nach dem Zweiten Weltkrieg markiert.

[72] Borsdorf, Götz Hanjo: Die Internationalisierung deutscher Unternehmen nach dem Zweiten Weltkrieg bis 1973, Aachen 2007, S. 173.

[73] Dankbaar: Die Zukunft der Arbeit in der Automobilindustrie, in: Ders., Jürgens u. Malsch (Hrsg.): Die Zukunft der Arbeit in der Automobilindustrie, S. 14–16.

[74] BMW UA 417: Niederschrift über die Sitzung des Aufsichtsrates vom 5. Mai 1971.

[75] Der Spiegel vom 7. Februar 1972: „Bob macht die Sache“; Jungbluth, Rüdiger: Die Quandts. Ihr leiser Aufstieg zur mächtigsten Wirtschaftsdynastie Deutschlands, Frankfurt a. M. 2002, S. 290.

[76] Der Spiegel vom 1. November 1971: „Schocker aus Homburg“ (Zitate von ebenda); Der Spiegel vom 7. Februar 1972: „Bob macht die Sache“; Der Spiegel vom 27. Mai 1974: „Kapitaler Abschluß“ (darin auch das Kuenheim-Zitat: „Bei keinem in dieser Branche geht es so lässig zu, wie bei mir.“)

bert „Bob“ Lutz, entwickelte sich BMW nicht nur zu einem Hersteller, der ausschließlich Oberklassewagen produzierte, sondern auch von einem rein deutschen Unternehmen zu einem internationalen, weltweit tätigen Großkonzern.[77]

[77] Hardt, Christoph u. Nevhöver, Christoph: „Der Adler fliegt am besten allein“. Der BMW-Herrscher Eberhard von Kuenheim, in: Bernd Ziesemer (Hrsg.): Pioniere der deutschen Wirtschaft. Was wir von den großen Unternehmerpersönlichkeiten lernen können, Frankfurt a. M. 2006, S. 226–227; Krause-Burger, Sibylle: Eberhard v. Kuenheim, in: Marion Gräfin Dönhoff, Hubert Markl u. Richard v. Weizsäcker (Hrsg.): Eliten und Demokratie. Wirtschaft, Wissenschaft und Politik im Dialog – zu Ehren von Eberhard v. Kuenheim, Berlin 1999, S. 407–419, hier S. 417.

4. Zu viel Arbeit für zu wenige Arbeiter: Kapazitätsengpässe und Arbeitskräftemangel bei BMW 1960–1973

In den Jahren von 1960 bis 1973 war das Agieren der BMW-Unternehmensleitung vor zwei Herausforderungen gestellt. *Erstens* die Dynamik des Absatzmarkts, die aufgrund der hohen Verkaufs- und Gewinnaussichten die Notwendigkeit mit sich brachte, das Fertigungsvolumen massiv zu erhöhen. Nach der Dauerkrise des vorangegangenen Jahrzehnts, die am Ende beinahe zum Verlust der unternehmerischen Selbstständigkeit geführt hatte, war man zu Beginn der 1960er Jahre gezwungen, die günstige wirtschaftliche Situation zu nutzen, um den Anschluss an die Branchenkonkurrenz zu erreichen. Problematisch war neben den Auswirkungen der positiven Absatzentwicklung *zweitens* die Rekrutierung von Arbeitskräften, die das Unternehmen für die angestrebte Fertigungsexpansion benötigte. Die spezifische Situation des Arbeitsmarktes, auf dem eine Übernachfrage nach Arbeitskräften einer äußerst begrenzten Angebotsmenge gegenüberstand, führte in den 1960er und frühen 1970er Jahren zu großen Schwierigkeiten hinsichtlich der Fertigungsaufrechterhaltung beziehungsweise Fertigungsausweitung. Hinzu kamen hohe Fluktuationsraten, die insofern ebenso aus der angespannten Arbeitsmarktsituation resultierten, als eine Kündigung vonseiten des einzelnen Beschäftigten in der Regel nicht dessen Arbeitslosigkeit zur Folge hatte, da sich der Gang zu einem anderen Unternehmen relativ unproblematisch ausnahm. Die Unternehmensführung von BMW war somit nicht nur damit konfrontiert, Arbeitskräfte ins Unternehmen zu holen, um die Belegschaft zu vergrößern. Sie war aufgrund der Fluktuationsproblematik auch dazu gezwungen, durch Neueinstellungen die über die Jahre tendenziell steigenden Kündigungen zu kompensieren.

Die folgenden Ausführungen nehmen sich der Frage an, welche unmittelbaren Folgewirkungen die Marktdynamiken der Boomphase auf die betriebliche Sphäre der Fertigung und die Entwicklung der Produktionsbelegschaft hatten. Damit werden die grundlegenden Problematiken eingeführt, auf die im Fortgang der vorliegenden Studie wiederholt zurückzukommen sein wird. Der Steigerung der Output-Ziffer *wegen* der Prosperität auf dem *Absatz*markt korrespondierte die Erhöhung der Belegschaftszahl *trotz* der Lage auf dem *Arbeits*markt. Das Zusammenspiel von Ausstoß- und Personalsteigerung erschien an der Schwelle der 1960er Jahre als unerlässliche Bedingung, um den wirtschaftlichen Aufstieg von BMW und die langfristige Sicherung der unternehmerischen Selbstständigkeit zu gewährleisten. Im Folgenden wird untersucht, in welchem Ausmaß dies jeweils geschah und welche Schwierigkeiten dies im Einzelnen bereitete. Im ersten Abschnitt steht die Erhöhung der Produktion im Fokus. Dabei wird auch der Frage nachgegangen, inwiefern sich die Unternehmensführung des Qualitätsherstellers BMW gezwungen sah, Fertigungsmethoden der fordistischen Massenproduktionsweise zu implementieren. Im zweiten Teil wird der Blick auf die Bemühungen der Firmenleitung geworfen, die Belegschaftsziffer massiv zu erhöhen, wobei auch der hohen Fluktuation besonderes Augenmerk gewidmet wird.

4.1 Die stetige Erhöhung der Produktion und die Implementierung fordistischer Fertigungsmethoden

Die Modell- und Marktpolitik der Bayerischen Motoren Werke beruhte seit den frühen 1960er Jahren auf dem Attribut der Exklusivität.[1] Diese marketingstrategische Ausrichtung verband sich mit der Einführung der „Neuen Klasse" im Jahr 1962.[2] Die Modellreihe der gehobenen Mittelklassewagen galt als „sportlich, elegant, technisch innovativ und qualitativ hochwertig."[3] Damit trug die „Neue Klasse" einen wesentlichen Teil zum wirtschaftlichen Wiederaufstieg des Unternehmens bei, denn in den 1950er Jahren hatte BMW, wie die Zeitschrift „Der Spiegel" im Jahr 1965 sarkastisch festhielt, „nur Fahrzeuge für Tagelöhner und Generaldirektoren" fabriziert, während der „alte Kundenstamm zu Mercedes und Porsche ab[wanderte]". Offenbar, so die Autoren, hatte das Unternehmen das „aufstrebende Millionenheer der Lohn- und Gehaltsempfänger [...] nicht für BMW-reif" gehalten.[4] Die sportlichen Automobile der „Neuen Klasse", die BMW ab dem Jahr 1962 in vielfacher Variation produzierte, knüpften produktpolitisch dagegen an die Zeit vor dem Zweiten Weltkrieg an.[5] Da sie sich durch hohe Qualitätsstandards auszeichneten, setzte ihre Herstellung relativ aufwendige Konstruktions- und Fertigungsprinzipien voraus.[6]

Aus diesen Gründen können die Bayerischen Motoren Werke in den 1960er Jahren nur eingeschränkt mit Automobilfirmen gleichgesetzt werden, die Volumenhersteller beziehungsweise Massenproduzenten waren. Vielmehr ist zu konstatieren, dass es sich im Fall des Münchner Unternehmens um eine „Kombination von Massenproduktion und handwerklicher Fertigung" handelte.[7] Diese „klein- und mittelbetriebliche[n] Formen industrieller Produktion", die sich im Rahmen der Massenproduktion etablierten und behaupteten, stellten eine Art „komplementäres Strukturmerkmal der industriellen Produktionsweise dar, das in unterschiedlichen Ausprägungen und mit unterschiedlichem Gewicht den Gang der industriellen Entwicklung mitbestimmte".[8] Die *Craft Production* beziehungsweise

[1] Die folgenden Ausführungen beziehen sich ausschließlich auf den Pkw-Bau.

[2] BMW UA 933-2, Vortragsmaterialien von Paul G. Hahnemann, Mappe zum Baden-Badener Wirtschaftsgespräch vom 8. Oktober 1968.

[3] BMW AG/BMW Welt (Hrsg.): BMW Welt. Von der Vision zur Realität, Kempen 2008, S. 30–32.

[4] Der Spiegel vom 17. Februar 1965: „Bayerns Gloria".

[5] Schneider, Hans-Jürgen u. Schrader, Halwart: Legende BMW 02, Bielefeld ^{2}2014, S. 12.

[6] Borsdorf: Internationalisierung, S. 178.

[7] Sabel, Charles: Struktureller Wandel der Produktion und neue Gewerkschaftsstrategien, in: PROKLA. Zeitschrift für Kritische Sozialwissenschaft 62 (1986), S. 41–60, hier S. 45. Sabel erwähnt BMW explizit als Beispiel dieser Fertigungsform.

[8] Brandt, Gerhard: Das Ende der Massenproduktion – wirklich? [1986], in: Ders.: Arbeit, Technik und gesellschaftliche Entwicklung. Transformationsprozesse des modernen Kapitalismus. Aufsätze 1971–1987, hrsg. von Daniel Bieber u. Wilhelm Schumm, Frankfurt a. M. 1990, S. 303–324, hier S. 306.

„flexible Spezialisierung" kam insbesondere in Unternehmen zum Einsatz, die Güter für ein begrenztes Kundensegment produzierten, weshalb die jeweilige Angebotsmenge beschränkt war. Diesen Sachverhalt brachte der von 1965 bis 1969 amtierende Vorstandsvorsitzende Gerhard Wilcke für BMW folgendermaßen auf den Punkt: „Die spezielle Nachfrage der speziellen Kunden nach den speziellen Erzeugnissen, die wir anbieten, hat ein gewisses Volumen, über das hinauszugehen von uns unklug wäre."[9] Im Gegensatz zu den Fahrzeugen von Herstellern, die so gut wie ausschließlich mittels standardisierter Großserienproduktion fertigten, waren BMW-Modelle daher vergleichsweise teuer.[10] Dies galt jedoch nicht für alle Modellreihen. BMW flankierte die Fertigung von hochpreisigen Qualitätsprodukten nämlich durch relativ niedrigpreisige Modelle, die es in hoher Stückzahl produzierte.[11]

Die Tatsache, dass die Bayerischen Motoren Werke stets kostenaufwendiger produzieren würden und ihre Preise deshalb höher ansetzen mussten als konkurrierende reine Volumenhersteller, problematisierten die Entscheider des Unternehmens durchaus. Das Vorstandsmitglied Paul Gerhard Hahnemann konstatierte in diesem Sinne auf einer Aufsichtsratssitzung vom April des Jahres 1964: „Konkurrenz zu Opel Kadett usw. Wir können nie zu einem konkurrenzfähigen Preis fertigen."[12] Gleichzeitig erklärte man, dass BMW mit der „Neuen Klasse" den „richtigen Weg gefunden" habe: „Wir können den hohen Preis im Angebot rechtfertigen (beim Mittelwagen). Wir sind herangegangen an Leute, die aus dem 1,5 l Kreis kommen (sogenannte Aufsteiger)."[13] Der Befund, dass BMW angesichts der gegebenen Fertigungsverhältnisse teurer als die Großproduzenten Opel, Ford und VW produzieren musste, bezog sich nicht nur auf den Mittelwagen-, sondern auch auf den Kleinwagenbau. Das Kleinwagenmodell BMW 700 stand etwa in direkter Konkurrenz zum preislich günstigeren VW Käfer. Im Gegensatz zum „Käfer" sprach es aber vor allem Kunden an, die „sich optisch von der Masse abheben wollten."[14] Trotz des großen Erfolgs, den der BMW 700 auf dem Markt erzielen konnte – es handelte sich um das bis dato bestverkaufte BMW-Automobil –,[15] ließ der Vorstand den Bau des Modells im Jahr 1965 auslaufen. Vom Personalmangel abgesehen, ging die Produktionseinstellung unter anderem auf die eben angeführte Problematik zurück: Da Kleinwagen für ein Kundensegment produziert wur-

9 Münchner Merkur vom 11./12. 2. 1967: „Die Bayerischen Motoren Werke haben ihre Chance voll genutzt. Merkur-Interview mit Gerhard Wilcke und Paul Georg Hahnemann".

10 BMW UA 933–2, Vortragsmaterialien von Paul G. Hahnemann, Mappe zum Baden-Badener Wirtschaftsgespräch vom 8. Oktober 1968; siehe auch: Müller, Thomas G.: BMW 02. Die Neue Klasse, Stuttgart 1996, S. 34.

11 BMW UA 269, Niederschrift der 47. ordentlichen Hauptversammlung vom 25. August 1967.

12 BMW UA 416, Niederschrift über die Sitzung des Aufsichtsrates vom 16. Juni 1967.

13 Ebenda.

14 Grunert, Manfred: Der BMW 700. Der Retter wird 50, Presse-Information der BMW-Group/PressClub Deutschland, 3. Juni 2009, S. 5 (online unter: https://www.press.bmwgroup.com/deutschland/article/detail/T0022634DE; letzter Zugriff am 17. Mai 2020).

15 Grunert u. Triebel: Unternehmen, S. 335.

den, für das die Preishöhe beim Kauf in der Regel eine zentrale Rolle spielte, stellte die Unterbietung durch die Branchenkonkurrenz einen entscheidenden Grund dar, weshalb der BMW-Vorstand Mitte der 1960er Jahre beschloss, sich auf Mittel- und Großwagen zu fokussieren. So hielt der Aufsichtsratsvorsitzende Karoli im Jahr 1964 fest: „Wir können nicht mit der Opel- und Ford-Kleinwagenklasse konkurrieren. [...] Wir können nur zwei Modelle bauen. Wir müssen uns für das zweite Modell entscheiden; wenn wir den [Mittelklassewagen] 114er bauen, müssen wir den 700er fallen lassen."[16]

Die Aussage Karolis zeigt, dass die Möglichkeiten, unterschiedliche Serien parallel zu fertigen, begrenzt waren. Dies lag zum einen am Arbeitskräftemangel, mit dem das Unternehmen in den 1960er und frühen 1970er Jahren zu kämpfen hatte. Zum anderen waren auch die räumlichen und technischen Kapazitäten limitiert. Beides war insofern problematisch, als BMW, trotz seiner Rolle als Exklusivhersteller, auf eine Erhöhung des Produktionsausstoßes angewiesen war.[17] Zwar beabsichtigte der Vorstand, eine bestimmte Volumengrenze nicht zu überschreiten – eine Grenze, die Hahnemann im Jahr 1967 auf „ein Volumen von 100 000 bis 120 000 Automobilen im Jahr"[18] bezifferte. Diese Stückzahlen, so niedrig sie im Vergleich zu einem Hersteller wie VW auch waren,[19] musste BMW in den frühen und mittleren 1960er Jahren jedoch erst einmal erreichen. Deshalb äußerte der Vorstandsvorsitzende von 1962 bis 1965, Karl-Heinz Sonne, auf der oben genannten Aufsichtsratssitzung des Jahres 1964, dass man trotz der Tatsache, dass BMW „von vornherein teuerer [sic]" verkaufen müsse, gezwungen sei, „etwas in der Frage der großen Stückzahlen zu tun." Sonne verdeutlichte im Anschluss, wie er dies zu bewerkstelligen gedachte. Er rekurrierte hierbei auf die im Kontext der fordistischen Massenproduktion zentralen Prinzipien der Fließproduktion und Produktstandardisierung.[20] Wichtig sei, so Sonne, „die Wahl eines Motors, der auf der gleichen Transferstraße gebaut werden kann; die gleichen Achsen, Getriebe usw. zu verwenden."[21]

Auch wenn das Unternehmen nicht als „klassischer" Volumenhersteller bezeichnet werden konnte, gingen in den 1960er Jahren auch die Bayerischen Motoren

[16] BMW UA 416, Niederschrift über die Sitzung des Aufsichtsrates vom 14. April 1964.

[17] Ebenda.

[18] Münchner Merkur vom 11./12. 2. 1967: „Die Bayerischen Motoren Werke haben ihre Chance voll genutzt. Merkur-Interview mit Gerhard Wilcke und Paul Georg Hahnemann".

[19] Die Zulassungsziffern für die ersten vier Monate des Jahres 1967 ergaben ein deutliches Bild: Während BMW in dieser Zeit 17 058 Pkw in Umlauf brachte, waren es bei VW 114 581 Stück (bei Opel 86 715 und bei Ford 72 314 Stück). Dabei ist zu berücksichtigen, dass BMW die Stückzahlen gegenüber dem Vorjahr um knapp 23 Prozent erhöht hatte, während die Zulassungsziffern bei VW um 31 Prozent absanken (bei Opel um 22 Prozent und bei Ford um 26 Prozent); BMW UA 416, Niederschrift über die Sitzung des Aufsichtsrates vom 16. Juni 1967.

[20] Zum Prinzip der Produktstandardisierung siehe: Boyer u. Freyssenet: Produktionsmodelle, S. 36. Siehe auch Kapitel 2.1 der vorliegenden Arbeit.

[21] BMW UA 416, Niederschrift über die Sitzung des Aufsichtsrates vom 14. April 1964.

Werke zur „rentablen Großserienproduktion“ über.[22] Obwohl die Unternehmensleitung die Notwendigkeit, aus Rentabilitätsgesichtspunkten heraus in Großserien zu produzieren, im Jahr 1960 noch skeptisch beurteilte,[23] musste sie schon ein Jahr später konstatierten, dass sich die „Automobilfabriken [...] immer mehr zu Montagefabriken entwickelt“ hätten.[24] Daran sollte auch BMW mittelfristig nicht herumkommen. In der Zeit von 1960 bis 1973 fertigte BMW im Wesentlichen zwei bis drei Pkw-Grundmodelle, wobei man die Beschränkung auf zwei Modelle als besonders günstig beurteilte.[25] Auf diese zwei beziehungsweise drei Grundmodelle gingen eine Reihe von Typen zurück, die „nach dem Baukastenprinzip [...] in möglichst vielen Einzelteilen übereinstimmen.“ Die „scheinbare Typenvielfalt“ war, wie der Aufsichtsratsvorsitzende Karoli im Jahr 1969 eingestand, auf diese Weise „tatsächlich nur eine sinnvolle Auswahl von Varianten.“[26] Trotz seines Fokus' auf die Aspekte Qualität und Exklusivität fertigte somit auch BMW mittels fordistischer Produktionsprinzipien, wobei die Fließfertigung von höchstmöglich standardisierten Einzelteilen, die anschließend unterschiedlich montiert werden konnten, im Zentrum der Bemühungen stand.

Angesichts der Notwendigkeit, die Fertigungszahlen in Hinsicht auf die Entwicklung des Absatzmarkts so schnell wie möglich zu erhöhen, konnte diese pragmatische Herangehensweise kaum verwundern. Die Nachfragesteigerung nach BMW-Automobilen brachte es mit sich, dass sich schon 1962 der Umsatz mit 292 Millionen DM um 17 Prozent gegenüber dem Vorjahr erhöht hatte. Damit stellte das Jahr 1962 das seit der Währungsreform erfolgreichste Geschäftsjahr des Unternehmens dar.[27] Dieser Befund galt jedoch auch für jedes weitere Geschäftsjahr bis 1973, denn auch in den folgenden Jahren hielt die Entwicklung an. Allein von 1962 bis 1965 verdoppelte sich der Jahresumsatz von 294,8 auf 590,7 Millionen DM.[28] Im Jahr 1966 erhöhte sich der Umsatz um 28 Prozent auf 755,9 Millionen DM, um im Folgejahr erneut um 15 Prozent auf 870,8 Millionen DM zu steigen. Im Jahr 1968 gelang es dem Unternehmen schließlich, die Milliarden-Grenze zu überschreiten: der Umsatz wuchs gegenüber dem Vorjahr um über ein Viertel auf knapp 1,1 Milliarden DM.[29] Im darauffolgenden Jahr stieg der Jahresumsatz

[22] Grunert: BMW 700, S. 6 (online unter: https://www.press.bmwgroup.com/deutschland/article/detail/T0022634DE; letzter Zugriff am 17. Mai 2020).

[23] BMW UA 415, Niederschrift über die Sitzung des Aufsichtsrates vom 21. April 1960.

[24] BMW UA 415, Niederschrift über die Sitzung des Aufsichtsrates vom 6. Dezember 1961.

[25] BMW UA 417, Niederschrift über die Sitzung des Aufsichtsrates vom 17. Oktober 1972; BMW UA 417, Niederschrift über die Sitzung des Aufsichtsrates vom 14. Dezember 1972.

[26] BMW UA 271, Niederschrift der 49. ordentlichen Hauptversammlung vom 4. Juli 1969.

[27] Seidl: BMW, S. 273.

[28] Bericht der Bayerischen Motoren Werke über das 47. Geschäftsjahr 1962, S. 13; Bericht über das Geschäftsjahr 1965 Bayerische Motoren Werke Aktiengesellschaft München, o. S.

[29] Bericht über das Geschäftsjahr 1966 Bayerische Motoren Werke Aktiengesellschaft München, S. 14; Bericht über das Geschäftsjahr 1967 Bayerische Motoren Werke Aktiengesellschaft München, S. 10; Bericht über das Geschäftsjahr 1968 Bayerische Motoren Werke Aktiengesellschaft München, S. 10.

noch einmal stark an, nämlich auf 1,537 Milliarden DM.[30] Analog zum Umsatz entwickelte sich der Gesamtabsatz im Automobil-Bereich. Betrug er im Jahr 1962 noch 54 336 Pkw, so stieg er bis zum Jahr 1968 auf 123 267 Stück an.[31] Nachdem der Umsatz im Jahr 1968 bereits die Grenze von einer Milliarde DM überschritten hatte, gelang es BMW im Jahr 1970, diesen Wert auf 1,7 Milliarden DM zu steigern. Zwei Jahre später, 1972, konnte der Umsatz auf rund 2,3 Milliarden DM erhöht werden.[32] Auch das Produktionsvolumen verdoppelte sich in diesem Zeitraum von 87 618 (1967) auf 182 858 (1972) Automobile.[33] Trotz eines krisenbedingten Umsatz- und Gewinneinbruchs zum Ende des Jahres 1973 war dieses Geschäftsjahr mit einem Umsatz von rund 2,6 Milliarden DM ebenso überaus erfolgreich.[34]

In ähnlicher Weise erhöhten sich auch die Produktionsstückzahlen. Die Gesamtzahl an produzierten Automobilen betrug im Jahr 1959 36 609 Stück. Zehn Jahre später, 1969, belief sich diese Ziffer auf 147 841 Stück. Der Produktionsausstoß hatte sich innerhalb eines Jahrzehnts mehr als vervierfacht. Berücksichtigt man zudem, dass die Kleinstwagen Isetta und BMW 600 im Jahr 1959 den Löwenanteil der produzierten Pkw ausgemacht hatten, während sich dieser im Jahr 1969 mit der 1600er, der 2000er und der 2500er bis 3000er Klasse auf wesentlich größere Modelle mit entsprechend größerer Ausstattung belief, wird deutlich, welche Dimension die Ausweitung der Fertigung in den 1960er Jahren annahm.[35] Die wesentliche Ursache für diese Entwicklung stellte die rapide steigende Nachfrage auf dem Absatzmarkt dar. Deren Bewältigung bestimmte die Zeit von 1960 bis 1973 massiv. Während die erste Hälfte der 1960er Jahre von einer *Ad-hoc*-Planung geprägt war, was oftmals zu kurzfristigen Umstellungen geführt hatte, gelang es der Unternehmensleitung in der zweiten Hälfte des Jahrzehnts, mittel- bis langfristige Programmkonzeptionen zu entwickeln.

Initiiert hatte die Expansionsdynamik schon die hohe Nachfrage nach dem 1959 eingeführten Kleinwagenmodell BMW 700.[36] Bereits im Geschäftsjahr 1960 steigerten die Bayerischen Motoren Werke die Pkw-Stückzahlen um 47,2 Prozent gegenüber dem Vorjahr auf 53 888 Automobile. Da der Vorstand in diesem Jahr die Herstellung des Kleinstwagens BMW 600 einstellte und die Produktion des Großwagens BMW 501/502 sowie des Kleinstwagens Isetta deutlich reduzierte, entfielen die Zugewinne ausschließlich auf den absatzstarken BMW 700.[37] Trotz der

30 BMW UA 506, „1969 wieder ein erfolgreiches BMW-Jahr".
31 Bericht über das Geschäftsjahr 1968 Bayerische Motoren Werke Aktiengesellschaft München, S. 10.
32 BMW UA 417, Niederschrift über die Sitzung des Aufsichtsrates vom 14. Dezember 1972.
33 Triebel: Die Bayerischen Motoren Werke während der Rezession 1966/67 und der Ölkrise 1973/74, in: Tilly (Hrsg.): Automobilindustrie 1945–2000, S. 130.
34 Bayerische Motoren Werke Aktiengesellschaft München Geschäftsbericht 1973, S. 8.
35 Alle genannten Zahlen aus: BMW UA 420, „Wilcke-Memoiren".
36 Seidl: BMW, S. 272–273.
37 Bericht der Bayerische Motoren Werke Aktiengesellschaft über das 45. Geschäftsjahr 1960, S. 12.

vorangegangenen enormen Stückzahlausweitung bestanden beim BMW 700 Lieferfristen im Jahr 1962 von vier bis acht Wochen.[38] Im Zuge der Erhöhung der Ausstoßziffer beliefen sich Zweidrittel der im Jahr 1960 getätigten Investitionen auf die Anschaffung von Anlagen zur Fertigungserweiterung.[39] Im Folgejahr führten Produktionseinschränkungen, die BMW in der zweiten Jahreshälfte 1961 vornehmen musste, dazu, dass BMW die Pkw-Jahresproduktion nicht steigern konnte.[40] Im Jahr 1962 nahm man dann den Um- und Ausbau der Fertigungsanlagen für das Mittelwagenprogramm in Angriff. Der Anlauf dieses Programms gelang planmäßig im September 1962 in Gestalt des BMW 1500, des ersten Modells der „Neuen Klasse". Aufgrund der Umstellungsarbeiten und des Werkausbaus, die im Zuge des Modellanlaufs notwendig wurden, sowie der Tatsache, dass 2400 „größtenteils branchenfremde Arbeitskräfte" angelernt werden mussten, stieg die Gesamtziffer an gefertigten Automobilen in diesem Jahr nur leicht an. Sie belief sich auf 54 336 Stück und markierte einen neuen Produktionsrekord.[41]

Die Notwendigkeit zur Produktionsausweitung, die bereits im Jahr 1960 eingeleitet worden war, verstärkte sich somit ab dem Jahr 1962 durch den Anlauf der „Neuen Klasse".[42] Vor dem Hintergrund der hohen Nachfrage des BMW 1500 und gleichzeitigen Absatzschwierigkeiten des zuvor äußerst verkaufsstarken Kleinwagens räumte die Unternehmensleitung dem Mittelwagenprogramm im Jahr 1963 die höchste Priorität ein.[43] Da eine nennenswerte Anhebung der Belegschaftszahl im Gegensatz zum Vorjahr nicht gelang, zog die Betriebsleitung Arbeitskräfte vom Kleinwagenbau ab.[44] Hinzu kam, dass die Stückzahlproduktion des BMW 1500 in der ersten Jahreshälfte hinter den Erwartungen zurückblieb. Die Planung sah vor, dass bis Ende August insgesamt 17 790 Fahrzeuge dieses Typs gefertigt sein sollten. Im Mai 1963 liefen pro Tag jedoch nur durchschnittlich 87 Stück vom Band. Mitte Juni wurde den Entscheidern bewusst, dass das Planziel nur dann erreicht werden konnte, wenn innerhalb weniger Wochen ein durchschnittlicher täglicher Ausstoß von 143 Stück gelang. Für die Zeit ab dem Sommer 1963 plante man, die Stückzahlen schnellstmöglich auf 175 Mittelwagen pro Tag zu erhöhen.[45]

Das Hochfahren des Mittelwagenprogramms, zu dem das Anlernen von 2400 Arbeitskräften im Jahr 1962 ebenso zählte wie kurzfristige und provisorische Personalverlagerungen innerhalb der Fertigung, führte in der Folge zu Qualitäts-

[38] BMW UA 511, Geschäftsbericht des Betriebsrats auf der Betriebsversammlung vom 9. April 1962.
[39] Bericht der Bayerische Motoren Werke Aktiengesellschaft über das 45. Geschäftsjahr 1960, S. 13.
[40] Bericht der Bayerische Motoren Werke Aktiengesellschaft über das 46. Geschäftsjahr 1961, S. 9.
[41] Bericht der Bayerische Motoren Werke Aktiengesellschaft über das 47. Geschäftsjahr 1962, S. 11–13; Zitat von S. 11. Siehe auch: Seidl: BMW, S. 273.
[42] Ebenda, S. 272–273.
[43] BMW UA 415, Niederschrift über die Sitzung des Aufsichtsrates vom 14. Juni 1963.
[44] Bericht der Bayerische Motoren Werke Aktiengesellschaft über das 48. Geschäftsjahr 1963, S. 13.
[45] BMW UA 415, Niederschrift über die Sitzung des Aufsichtsrates vom 14. Juni 1963.

problemen. Schon im März des Jahres 1963 beschloss der Aufsichtsrat, der „Qualitätsfrage [...] ganz besondere Aufmerksamkeit zu widmen, Qualität hat den Vorrang vor Quantität."[46] Zunächst fehlten dem Unternehmen jedoch Fachleute für dieses Aufgabengebiet.[47] Einen Grund für das Qualitätsproblem stellten nicht zuletzt die häufigen Planänderungen dar, denn die angesprochenen Produktionsengpässe resultierten auch aus einer teilweise unrealistischen Programmfestsetzung. So folgten allein im ersten Halbjahr 1963 drei unterschiedliche Produktionsprogramme aufeinander.[48] Die Unternehmensleitung problematisierte die kurzfristige Umstellungspolitik und forderte eine langfristige Zukunftsplanung. Der spätere Vorstandsvorsitzende Wilcke, der während der ersten Hälfte des Jahrzehnts das Amt des stellvertretenden Aufsichtsratsvorsitzenden innehatte, sprach noch im Frühjahr 1964 davon, dass man bei BMW, „soweit es sich um die Planung der Produktion handelt, von der Hand in den Mund" lebe. Dies, so Wilcke, müsse sich so schnell wie möglich ändern.[49] Auch der Aufsichtsratsvorsitzende Hermann Karoli forderte zur gleichen Zeit: „Wir müssen uns eine Planung machen, die über das Jahr 1965 hinausgeht. Auf 4–6 Jahre." Dies setze allerdings „zwangsläufig voraus, daß wir uns mit der Raumfrage befassen."[50] Die laufenden Anstrengungen, die Fertigungskapazität zu erhöhen, gestalteten sich insbesondere im Hinblick auf die räumlichen Grenzen des Milbertshofener Werks als schwierig.

Von 1963 bis 1965 erhöhte sich die Stückzahl an gefertigten Pkw von 57 880 auf 67 709 Einheiten (mit Teilesätzen).[51] Der Aufsichtsratsvorsitzende Karoli berichtete im Juli 1965, dass man Ende des Jahres 1963 149 Wagen pro Tag gefertigt und sich diese Ziffer bis Ende 1964 auf 281 Pkw erhöht hatte. Mitte 1965 waren es bereits rund 300 Stück pro Tag.[52] Da der Hauptanteil des Anstiegs auf der Herstellung von Mittelklassewagen beruhte, fiel die tatsächliche Wertzunahme deutlich höher aus, als es die Zahlen auf den ersten Blick nahelegen.[53] Im Sommer 1964 bestanden erstmals seit dem Zweiten Weltkrieg bei sämtlichen Typen Lieferfristen, die teilweise mehrere Monate betrugen.[54] Die Aufstellung einer langfristigen Zu-

[46] BMW UA 415, Niederschrift über die Sitzung des Aufsichtsrates vom 19. März 1963.
[47] BMW UA 431, Niederschrift über die Vorstandssitzung vom 3. April 1963, Protokoll Nr. 11/1963.
[48] BMW UA 415, Stenogramm der Aufsichtsratssitzung vom 21. November 1963.
[49] BMW UA 416, Niederschrift über die Sitzung des Aufsichtsrates vom 14. April 1964.
[50] Ebenda.
[51] Bericht der Bayerischen Motoren Werke über das 48. Geschäftsjahr 1963, S. 12; Bericht über das Geschäftsjahr 1965 Bayerische Motoren Werke Aktiengesellschaft München, o. S. Der Begriff „Teilesätze" bezeichnet „Teilelieferungen, die der Herstellung von Kraftwagen mit einheimischen Firmenzeichen im Ausland dienen." Moneta, Erich: Die europäische Automobilindustrie. Unternehmungen und Produktion, Baden-Baden 1963, S. 38.
[52] BMW UA 267, Niederschrift über die 45. ordentliche Hauptversammlung vom 15. Juli 1965. Der Ausdruck „Tagesproduktion" bezieht sich stets auf den Ausstoß an Werktagen.
[53] Bericht über das Geschäftsjahr 1965 Bayerische Motoren Werke Aktiengesellschaft München, o. S.
[54] BMW UA 511, Geschäftsbericht des Betriebsrats auf der Betriebsversammlung vom 20. Juli 1964.

kunftsplanung gelang dem Vorstand schließlich im Laufe des Jahres 1964, so dass ab diesem Zeitpunkt die betrieblichen „Anstrengungen [...] nicht mehr der Überwindung aktueller Schwierigkeiten" galten. Deshalb konnte man sich „verstärkt der Aufgabe zuwenden", „marktgerechte Automobile für übermorgen zu entwickeln".[55] Hatte sich die Firmenleitung, was den Ausbau der Produktionskapazitäten betraf, bisher an kurzfristigen Programmzielen orientiert, so sollte nun ein langfristiger Generalbebauungsplan als Grundlage der zukünftigen Investitionen einen Rahmen ermöglichen, innerhalb dessen das Werk „Milbertshofen Schritt für Schritt nach neuzeitlichen Fertigungsgesichtspunkten umgestaltet" werden konnte.[56] Mit dem im Jahr 1964 konzipierten Generalbebauungsplan setzte sich die Unternehmensleitung zum Ziel, „am alten Platz praktisch eine ganz neue Fabrik" zu errichten. Die Investitionsphase sollte im Jahr 1967 abgeschlossen sein und eine Tagesproduktion von zunächst 400 Einheiten ermöglichen. Mittelfristig hielt sich der Vorstand vor, je nach Nachfrageentwicklung die Fertigungskapazitäten „in relativ kurzer Zeit ohne erhebliche Mehrkosten" auf eine Tagesproduktion von 500 Einheiten auszubauen.[57]

Die Ausweitung der Kapazitäten für die Produktion setzte die Unternehmensleitung auch in den Folgejahren weiter fort. Die durchschnittliche Tagesproduktion stieg im Jahr 1966 auf 312 Fahrzeuge, weshalb im Monat Juni dieses Jahres erstmalig 6000 Pkw in einem einzigen Monat hergestellt werden konnten.[58] Insgesamt produzierte BMW im Jahr 1966 74 076 Automobile, die ausschließlich Modelle der „Neuen Klasse" waren. Damit stieg die Pkw-Produktion im Vorjahresvergleich um 9,4 Prozent.[59] Spätestens im Jahr 1966 wurde deutlich, dass die Münchner Werksanlagen bei weiteren Produktionssteigerungen endgültig an ihre Grenzen gelangen würden.[60] Seit 1959/60 konnte die Unternehmensleitung die Milbertshofener Werksfläche von 357 000 auf 418 000 Quadratmeter im Jahr 1966 erweitern. Die tatsächliche Nutzfläche erhöhte sich dabei von 258 000 auf 361 000 Quadratmeter. Da sich das Unternehmen jedoch noch immer in einer „anhaltenden Phase der Expansion" befand, war sich der Vorstand bewusst, dass der Raum für weitere Fertigungsanlagen in den Folgejahren weiter vergrößert werden musste.[61]

Auch die Rezession der Jahre 1966/67 sollte am Expansionsprozess von BMW nichts ändern. Im September 1966 bestimmte der Vorstand, dass der Tagesausstoß bis Ende des Jahres 1967 auf 380 Einheiten anzusteigen habe, was eine Jahresproduktion von knapp 90 000 Fahrzeugen bedeutete.[62] An dieser Produktionserhö-

55 BMW UA 267, Niederschrift über die 45. ordentliche Hauptversammlung vom 15. Juli 1965.
56 Ebenda.
57 BMW UA 268, Niederschrift über die 46. ordentliche Hauptversammlung vom 8. Juli 1966.
58 BMW UA 416, Niederschrift über die Sitzung des Aufsichtsrates vom 7. Juli 1966.
59 Bericht über das Geschäftsjahr 1966 Bayerische Motoren Werke Aktiengesellschaft München, S. 14.
60 Grunert u. Triebel: Unternehmen, S. 181.
61 BMW UA 268, Niederschrift über die 46. ordentliche Hauptversammlung vom 8. Juli 1966.
62 BMW UA 416, Niederschrift über die Sitzung des Aufsichtsrates vom 28. September 1966.

hung von über 15 Prozent gegenüber dem Vorjahr hielten die Verantwortlichen trotz der allgemein schwierigen Wirtschaftslage ausdrücklich fest.[63] Die zum Jahreswechsel erfolgte Übernahme der Dingolfinger Firma Hans GLAS GmbH diente neben der Möglichkeit, 3700 Arbeitskräfte für BMW zu gewinnen, nicht zuletzt dem Zweck der Raumerweiterung.[64] Die Kapazitätsgrenze des Münchner Werks bezifferte der Aufsichtsratsvorsitzende Karoli auf die Fertigung von 550 bis 600 Fahrzeugen pro Tag. Eine prospektive Überschreitung dieser Grenze, so Karoli, könne nur durch die Indienstnahme der GLAS-Werke gewährleistet werden.[65]

Ende April des Jahres 1967 musste der Vorstand allerdings konstatieren, dass sich der „steile Aufstieg verlangsamt" hatte. Grund war die Situation bei der Firma GLAS, die einen Verlust an Inlandszulassungen von 31 Prozent verbuchen musste. Damit hob die negative Absatzentwicklung des Tochterunternehmens die Zulassungszugewinne an BMW-Modellen, die sich auf den branchenweiten Spitzenwert von 49 Prozent beliefen, in beträchtlichem Maße finanziell auf.[66] Die Unternehmensleitung beschloss daraufhin, die Fertigung der GLAS-Fahrzeuge im Jahr 1968 auslaufen zu lassen. Stattdessen sollten die GLAS-Werke Dingolfing und Landshut saniert werden und in Zukunft BMW-Modelle und -Komponenten produzieren.[67] Damit schlug die Münchner Konzernführung zwei Fliegen mit einer Klappe: Zum einen stellte sie die Herstellung der GLAS-Modelle, die sich als unrentabel erwiesen hatte, ein; zum anderen nutzte sie die frei werdenden Kapazitäten in Niederbayern für die Fertigung von BMW-Modellen.

Währenddessen ging die Erneuerung des Münchner Werks weiter voran. Die Bauarbeiten, die im Rahmen des Generalbebauungsplans eingesetzt hatten, waren im Jahr 1968 abgeschlossen. Hierzu zählten Umstellungen zu Rationalisierungszwecken, Anlagenbeschaffungen und der Ausbau der Räumlichkeiten. 1966 konnten eine Halle für den Rohkarosseriebau und die Montage sowie ein neues Presswerk in Betrieb genommen werden. Zudem gelang es, die Nutzfläche auf 369 000 Quadratmeter zu erweitern.[68] Ende des Jahres 1968 erreichte das Unternehmen im Werk München einen täglichen Produktionsausstoß von 550 bis 560 Fahrzeugen. Dies entsprach einer Zunahme gegenüber dem Vorjahr von rund 50 Prozent.[69] Auf das Jahr gerechnet gelang es BMW, den Pkw-Ausstoß von 87 618 Einheiten im Jahr 1967 auf 116 547 Einheiten im Jahr 1968 zu erhöhen.[70] Die Erweiterung der Fertigungskapazitäten im Zuge der GLAS-Übernahme hatte somit Früchte getragen. Die meis-

63 BMW UA 416, Betr. Aufsichtsratssitzung am 6. Dezember 1966 – Vorbereitung der TO 3 und 5. Anlage zur Niederschrift vom 6. Dezember 1966.

64 Münchner Merkur vom 11./12. 2. 1967: „Die Bayerischen Motoren Werke haben ihre Chance voll genutzt. Merkur-Interview mit Gerhard Wilcke und Paul Georg Hahnemann".

65 BMW UA 416, Niederschrift über die Sitzung des Aufsichtsrates vom 26. April 1967.

66 BMW UA 416, Niederschrift über die Sitzung des Aufsichtsrates vom 26. April 1967.

67 Grunert u. Triebel: Unternehmen, S. 182.

68 BMW UA 416, Niederschrift über die Sitzung des Aufsichtsrates vom 6. Dezember 1967.

69 BMW UA 417, Niederschrift über die Sitzung des Aufsichtsrates vom 8. November 1968.

70 Bericht über das Geschäftsjahr 1968 Bayerische Motoren Werke Aktiengesellschaft München, S. 10.

ten Produktionsbereiche im Stammwerk waren zu diesem Zeitpunkt bereits zu 100 Prozent ausgelastet. Dennoch nahm man sich vor, die Produktionsziffern im Folgejahr erneut zu erhöhen. Für das Jahr 1969 plante die Unternehmensleitung, eine Gesamtzahl von 144 000 Automobilen zu fertigen. Der Tagesausstoß sollte 1969 durchschnittlich 625 Pkw betragen.[71] Der tatsächliche Ausstoß lag dann sogar höher, nämlich bei 144 938 Einheiten.[72]

Die Dynamik brach auch in den folgenden Jahren nicht ab. Trotz der Expansionsanstrengungen musste man im Jahr 1968 konstatieren, dass man die Kundenwünsche bei sämtlichen BMW-Modellen nur mit „erhebliche[n] Lieferfristen" bedienen konnte.[73] Aus diesem Grund war der Lagerbestand im Werk „gleich Null".[74] Es galt also, wie der Vorstandsvorsitzende Wilcke auf der Hauptversammlung des Jahres 1968 verkündete, alle Anstrengungen auch weiterhin darauf zu richten, die „Fertigungskapazitäten so schnell wie möglich auszubauen."[75] Tatsächlich sah die Langfristplanung bis 1972/75 vor, die Tagesproduktionsstückzahlen bis zum Jahr 1972 auf 750 und bis zum Jahr 1975 auf 1000 Einheiten zu erhöhen. Zwar waren sich die Verantwortlichen am Ende der 1960er Jahre zunehmend bewusst, dass die anhaltenden Expansionsbemühungen eine „fortgesetzte Anspannung aller Mitarbeiter" nach sich zog und eine Phase der Konsolidierung dringend nötig war. Dennoch sah man sich aufgrund der Marktsituation, die eine weitere Erhöhung der Stückzahlen erforderte, vorerst außerstande, eine solche Phase einzuleiten.[76]

Stattdessen erhöhte BMW weiter die Produktionsziffern, und auch die Bautätigkeit im Münchner Werk ging voran. So stellte man im Jahr 1969 die Kleinpresserei fertig. Ebenso wurden die Fundamente für eine neue Halle errichtet, die Gießerei erweitert und der Bau eines Lagergebäudes abgeschlossen. Währenddessen gingen weitere Bauarbeiten vonstatten, etwa die Erweiterung der Großpresserei um zwei neue Pressstraßen. Das rasche Vorankommen führte zu dem Entschluss, dass die in der Langfristplanung ursprünglich für 1972 bezifferte Tagesproduktion von 750 Einheiten schon für das Jahr 1970 erreicht werden sollte. Im Dezember 1969 verkündete der Vorstand, dass mit dem Erreichen dieser Zahl die angesprochene Konsolidierung erfolgen müsse.[77] Die Unternehmensleitung plante, in diesem Zeitabschnitt „das innere Wachstum der Gesellschaft dem äußeren" anzupassen, was insbesondere für das Werk München gelten sollte. Gleichzeitig hob man hervor, dass die „Konsolidierungsphase ein kontinuierliches Wachstum des Unter-

71 BMW UA 417, Niederschrift über die Sitzung des Aufsichtsrates vom 8. November 1968.

72 BMW UA 506, „1969 wieder ein erfolgreiches BMW-Jahr".

73 BMW UA 512, Geschäftsbericht des Betriebsrats auf der Betriebsversammlung vom 22. Juli 1968.

74 BMW UA 512, Geschäftsbericht des Betriebsrats auf der Betriebsversammlung vom 25. November 1968.

75 BMW UA 270, Niederschrift über die 48. ordentliche Hauptversammlung vom 14. August 1968.

76 BMW UA 417, Niederschrift über die Sitzung des Aufsichtsrates vom 10. September 1969.

77 BMW UA 417, Niederschrift über die Sitzung des Aufsichtsrates vom 17. Dezember 1969.

nehmens nicht aus[schließt]", weshalb das nächste Ziel weiterhin im Erreichen einer Tagesproduktion von 1000 Einheiten bestand. Dies wollte man – anders als bisher – allerdings „in vertretbaren Zwischenschritten" erreichen.[78]

Die Langfristplanung änderte sich nicht nur im Hinblick auf die Produktionsplanziffer für das Jahr 1972, sondern auch bezüglich derjenigen für das Jahr 1975. Den Ausstoß von 1000 Einheiten versuchte man nun ebenfalls bereits zwei Jahre früher zu erreichen. Vertriebsvorstand Hahnemann erklärte hierzu, dass eine solche Produktionssteigerung „unter dem Gesichtspunkt der fortbestehenden Selbständigkeit von BMW und vom Markt her unbedingt erforderlich" sei. Da die Kapazitätsgrenze der Münchner Werks allerdings bei 750 Pkw pro Tag lag, war diese Fertigungserweiterung nur durch die Errichtung eines neuen Werks möglich. Aus diesem Grund plante man den Bau einer Fabrik in Landshut, deren Kapazitätsuntergrenze der Vorstand mit 250 Einheiten pro Tag veranschlagte. Einen weiteren Ausbau dieses Werks für die Folgejahre behielt man sich vor.[79] Der Vorstandsvorsitzende Wicke verkündete dementsprechend auf der Hauptversammlung 1969, dass die Firmenleitung die Konsolidierungsphase vor dem Hintergrund des „stetigen weiteren Auf- und Ausbaus aller Unternehmensbereiche" zunächst aufschieben müsse.[80]

Mit dem Wechsel Eberhard von Kuenheims auf den Posten des Vorstandsvorsitzenden im Januar 1970 änderte sich die Strategie der stetigen Expansionsausweitung. Dies hatte weniger marktbezogene Gründe, denn auch in diesem Jahr überwog die Nachfrage das Angebot an BMW-Modellen beträchtlich.[81] Der Schritt gründete vorwiegend in den Raum-, Kapazitäts- und Personalengpässen. Schon im April 1970 verkündeten von Kuenheim und Hahnemann, dass sie die „ursprünglich geplante sprunghafte Expansion nicht weiter verfolgen, sondern nur an einen schrittweisen weiteren Ausbau des Unternehmens denken können." Neben „erforderlichen Bereinigungs- und Entspannungsmaßnahmen im Werk München" bedeutete dies, so von Kuenheim, dass der „stufenweise Ausbau unserer Werke im Zusammenhang mit einer inneren Konsolidierung erfolgen" müsse. Das neue Großwerk, dessen Errichtung man in Landshut beabsichtigt hatte, sollte nicht gebaut werden, sondern allenfalls als kleinerer Nebenbetrieb fungieren.[82] Hatte man im Jahr 1969 noch davon gesprochen, dass im Folgejahr eine Tagesproduktion von 750 Einheiten erreicht sein würde, so konnte BMW diese Zahl aufgrund der bewusst gezügelten Entwicklung erst im Herbst 1971 erzielen. Damit war die „Kapazitätsgrenze praktisch überschritten".[83] Die Gesamtproduktion im „Jahr der Konsolidierung"[84] lag bei 164 701 Automobilen.[85]

[78] BMW UA 417, Vorstandsbereich M – Einkauf und Materialwirtschaft. Bericht für die Aufsichtsratssitzung vom 17. Dezember 1969 (Anlage 3, 18. Dezember 1969).
[79] BMW UA 417, Niederschrift über die Sitzung des Aufsichtsrates vom 17. Dezember 1969.
[80] BMW UA 271, Niederschrift über die 49. ordentliche Hauptversammlung vom 4. Juli 1969.
[81] BMW UA 417, Bericht für die Aufsichtsratssitzung vom 6. Mai 1970 (Anlage 3, 14. April 1970).
[82] BMW UA 417, Niederschrift über die Sitzung des Aufsichtsrates vom 6. Mai 1970.
[83] BMW UA 417, Niederschrift über die Sitzung des Aufsichtsrates und Beirates vom 16./17. Dezember 1971.
[84] Bayerische Motoren Werke Aktiengesellschaft München Geschäftsbericht 1971, S. 7.
[85] BMW UA 631, „Für BMW war auch 1971 ein Erfolgsjahr".

Während der Konsolidierungsphase rückten die Sicherung der bestehenden Kapazitäten und die Verbesserung der Produktqualität ins Zentrum der Betriebspolitik. Was die Qualität betrifft, zeigten zwar Inspektionsergebnisse im Jahr 1971, dass sich das Qualitätsniveau der BMW-Fahrzeuge im Laufe der Jahre stetig verbessert hatte. Dennoch strebte der Vorstand eine Verbesserung des Garantieaufwands, der im Jahr 1971 bei 2,6 Prozent lag, hin zu 1,5 Prozent an.[86] Das Qualitätsproblem stellte, nachdem es bereits in den frühen 1960er Jahren zum Thema geworden war und im Anschluss behoben hatte werden können, ab diesem Zeitpunkt erneut das „Hauptanliegen" der Fertigung dar. Der Vorstand beschloss daher, durch „systematische Schwerpunktbildung und gezielte Maßnahmen [...], Qualitätsmängel schneller und nachhaltiger als bisher zu beseitigen."[87] Da diese Maßnahmen erfolgreich waren, konnte die Firmenleitung im Jahr 1973 verkünden, dass „die Qualität der BMW-Produkte [...] zugenommen hat und der Garantieaufwand relativ rückläufig ist."[88] Dies traf insbesondere hinsichtlich des Serienanlaufs des BMW 520 zu, dessen Qualität den Vorstellungen der Verantwortlichen von Beginn an entsprach, was mit Blick auf frühere Modellanläufe einen Fortschritt darstellte.[89]

Priorität hatte neben der Qualität allerdings auch die „Erhaltung und Sicherung der bestehenden Fertigungskapazitäten von 750 Einheiten pro Tag". Deshalb plante der Vorstand, den überwiegenden Teil der Investitionsmittel in „Maßnahmen zur Sicherung der Kapazität" fließen zu lassen. Hierbei ging es nicht zuletzt um die „Beseitigung von Engpässen, damit die Tagesproduktion ohne Überstunden, Sonderschichten und überhöhte Fremdleistungen [...] erreicht werden kann."[90] Tatsächlich stieg die Tagesleistung im Pkw-Bau nun langsamer an als zuvor. Am Ende des Jahres 1972 lag die tägliche Produktionsziffer bei 800 Einheiten.[91] Auf das Gesamtjahr gerechnet fertigte BMW 182 858 Automobile.[92] Obwohl dieser Wert die ursprüngliche Planung um rund 8600 Einheiten überstieg, reichte auch dieser Ausstoß bei weitem nicht, die Nachfrage zu bedienen.[93]

Für das Geschäftsjahr 1973 setzte sich die Unternehmensleitung zum Ziel, 200 000 Automobile zu produzieren. Während von Kuenheim noch im Frühjahr 1973 davon sprach, dass „aus Sicht der Produktion keine Anzeichen erkennbar" seien, die dieser Zielvorgabe entgegenstünden,[94] gab er im Dezember dieses Jahres zu Protokoll, dass BMW im Jahr 1973 „bewußt unter dem ursprünglich angestreb-

86 BMW UA 417, Niederschrift über die Sitzung des Aufsichtsrates vom 9. März 1971.
87 BMW UA 417, Niederschrift über die Sitzung des Aufsichtsrates und Beirates vom 16./17. Dezember 1971.
88 BMW UA 417, Niederschrift über die Sitzung des Aufsichtsrates vom 3. Mai 1973.
89 BMW UA 417, Niederschrift über die Sitzung des Aufsichtsrates vom 14. Dezember 1972.
90 BMW UA 417, Niederschrift über die Sitzung des Aufsichtsrates und Beirates vom 16./17. Dezember 1971.
91 BMW UA 417, Niederschrift über die Sitzung des Aufsichtsrates vom 14. Dezember 1972.
92 Bayerische Motoren Werke Aktiengesellschaft München Geschäftsbericht 1973, S. 1.
93 BMW UA 417, Niederschrift über die Sitzung des Aufsichtsrates vom 14. Dezember 1972.
94 BMW UA 417, Niederschrift über die Sitzung des Aufsichtsrates vom 3. Mai 1973.

ten Produktionsziel" geblieben war.[95] Insgesamt fertigte das Unternehmen nämlich nur 197 446 Einheiten.[96] Diese Wendung hatte ihren Grund in der krisenhaften wirtschaftlichen Gesamtsituation, die BMW insofern betraf, als die Monate November und Dezember 1973 von einem starken Rückgang der Nachfrage nach BMW-Modellen geprägt waren.[97] Dies gab der Unternehmensleitung Anlass zu vorausschauenden Vorsichtsmaßnahmen. So stellte sich der Vorstand auf eine rückläufige Entwicklung für das Jahr 1974 ein, weshalb man ein Fertigungsvolumen zwischen 150 000 und 170 000 Einheiten für ausreichend hielt.[98]

Diese Zahlen stellten jedoch nur einen Orientierungsrahmen dar. Vor dem Hintergrund der negativen Branchenentwicklung, deren Dynamik kaum vorauszusehen war, waren die Entscheider in ihren Prognosen alles andere als optimistisch. Der Vorstand rechnete jedenfalls am Ende des Jahres 1973 damit, dass die Zulassungsziffern für die folgenden Monate die bisherigen Planzahlen deutlich unterschreiten würden.[99] Gleichzeitig sollten „die Situation und die daraus zu ziehenden Konsequenzen täglich neu überdacht werden", weshalb man sich „ein Höchstmaß an Flexibilität" vorbehielt. Dadurch hoffte der Vorstand, „auch sehr kurzfristig Anpassungsmaßnahmen durchführen zu können." Ebenso nahm man sich vor, die Ergebnis- und Investitionspläne für das Jahr 1974 „laufend daraufhin zu prüfen, ob eine Anpassung angezeigt ist."[100] Für die Monate Februar und März 1974 ordnete der Vorstand zudem Kurzarbeit an.[101] Langfristig setzte sich die Unternehmensleitung allerdings zum Ziel, die Produktionskapazitäten auf einen Tagesausstoß von 1100 Einheiten auszubauen, um dann in einem weiteren Schritt „in die bereits jetzt vorhandene Grundkapazität von 1250 Einheiten pro Tag hineinzuwachsen."[102]

Wie sich gezeigt hat, weiteten die Bayerischen Motoren Werke ihre Fertigungskapazitäten während der 1960er und frühen 1970er Jahren immer weiter aus. Obwohl er für ein begrenztes Marktsegment produzierte, musste auch der Exklusivhersteller BMW auf die wachsende Nachfrage dieser Käufergruppe reagieren. Wie eingangs angeführt, hatten die Vorstände Hahnemann und Wilcke im Jahr 1967

95 BMW UA 417, Niederschrift über die Sitzung des Aufsichtsrates und Beirates vom 13. Dezember 1973.
96 Bayerische Motoren Werke Aktiengesellschaft München Geschäftsbericht 1973, S. 1.
97 Bayerische Motoren Werke Aktiengesellschaft München Geschäftsbericht 1973, S. 8.
98 BMW UA 417, Niederschrift über die Sitzung des Aufsichtsrates und Beirates vom 13. Dezember 1973.
99 BMW UA 851, Niederschrift über die Vorstandssitzung vom 28. November 1973, Protokoll Nr. 31/1973.
100 BMW UA 417, Niederschrift über die Sitzung des Aufsichtsrates und Beirates vom 13. Dezember 1973.
101 BMW UA 851, Niederschrift über die Vorstandssitzung vom 4. Dezember 1973, Protokoll Nr. 32/1973; BMW UA 2143–1, Bekanntmachung. Betr.: Kurzarbeit in allen Werken (9. Januar 1974). Die Kurzarbeitsanordnung für März nahm man dann allerdings wieder zurück. BMW UA 2143–1, Bekanntmachung. Betr.: Keine Kurzarbeit im März 1974 (undatiert).
102 BMW UA 417, Niederschrift über die Sitzung des Aufsichtsrates und Beirates vom 13. Dezember 1973.

das jährliche Gesamtvolumen noch zwischen 100 000 und 120 000 Automobilen als ausreichend erachtet, wobei ihnen die Exklusivität ihrer Zielkunden als Argument gedient hatte. Aufgrund der gestiegenen Gesamtnachfrage nach Pkw und der damit erfolgten relativen Zunahme auch der gehobenen, zahlungskräftigen Kundschaft waren die Bayerischen Motoren Werke allerdings ebenso wie andere Automobilhersteller während des Booms gezwungen, ihre Produktionskapazitäten stark zu erhöhen. Auf diese Weise kamen auch bei BMW, das sich Ende der 1960er Jahre „als mittleres Unternehmen" verstand,[103] Produktionsstrategien wie die Technisierung der Fertigungsabläufe, die Anwendung tayloristischer Methoden und das Fließprinzip zum Einsatz. Trotz des Umstands, dass die Stückzahlen im Vergleich etwa zu VW kleiner ausfielen, wurden „die Produkte normiert, standardisiert und spezialisiert, um Vorteile der Serienproduktion so weit wie möglich zu nutzen."[104] Auch der Qualitätshersteller BMW griff somit auf fordistische Fertigungsweisen zurück, als es galt, die Produktion in kurzer Zeit deutlich auszuweiten.

4.2 Arbeitskräftemangel und Fluktuation

Mit Blick auf die bundesdeutsche Boomphase kann von einer geradezu atemberaubenden volkswirtschaftlichen Entwicklung gesprochen werden. Allein in den 1950er Jahren verdoppelte sich das Bruttosozialprodukt, während die westdeutsche Industrieproduktion ein Wachstum von 150 Prozent verzeichnete.[105] Die Beschäftigtenzahl in der Industrie stieg zwischen 1950 und 1960 um 60 Prozent von rund 4,8 Millionen auf rund 7,6 Millionen. Der Maschinen- und Fahrzeugbau konnte gar eine Beschäftigtensteigerung von 100 Prozent verbuchen.[106] Diese Prozesse setzten sich in den 1960er Jahren fort. Im Laufe des Jahrzehnts verdoppelte sich das Bruttosozialprodukt erneut von 302 (1961) auf 601 Milliarden DM (1969).[107] Die wirtschaftliche Prosperität hatte weitreichende Konsequenzen für die bundesdeutsche Arbeitsmarktsituation. Nie zuvor in der deutschen Geschichte waren sowohl die statistisch registrierte als auch die nur schwer erfassbare verdeckte Arbeitslosigkeit so gering wie während des Booms. Lag die Erwerbslosenrate im Jahr 1950 noch bei rund zehn Prozent, so sank sie bis zum Jahr 1960 auf

103 BMW UA 412, Niederschrift über die Vorstandssitzung vom 14. Januar 1969, Protokoll 1/1969.

104 Benz-Overhage, Karin u. a.: Computereinsatz und Reorganisation von Produktionsprozessen, in: Institut für Sozialforschung (Hrsg.): Gesellschaftliche Arbeit und Rationalisierung. Neuere Studien aus dem Institut für Sozialforschung in Frankfurt am Main, Opladen 1981, S. 100–117, hier S. 107.

105 Herbert, Ulrich: Geschichte Deutschlands im 20. Jahrhundert, München 2014, S. 623; Herbert: Ausländerpolitik, S. 193–194.

106 Bührer, Werner: Technologischer Wandel, Industrie- und Beschäftigungsstruktur in der Bundesrepublik Deutschland, in: Archiv für Sozialgeschichte 35 (1995), S. 91–113, hier S. 99.

107 Statistisches Bundesamt Wiesbaden: Statistisches Jahrbuch für die Bundesrepublik Deutschland, 1969, Wiesbaden 1970, S. 490.

1,2 Prozent ab, womit von Vollbeschäftigung gesprochen werden kann. Zwischen 1960 und 1965/66 bestand eine Arbeitslosenquote von weniger als einem Prozent. Nachdem sie im Zuge der Rezession nach oben geschnellt war, fiel sie danach erneut ab, so dass sie sich im Jahr 1970 bei nur noch 0,7 Prozent bewegte.[108]

Was die wirtschaftliche Entwicklung Bayerns nach dem Zweiten Weltkrieg betraf, so zeichnete sich diese durch einen nachholenden Industrialisierungsprozess aus. Im Resultat bedeutete dies einen Strukturwandel von einer agrarisch geprägten hin zu einer industriell fortgeschrittenen Gesellschaft.[109] Während im Jahr 1950 noch 14 Prozent der Einwohner des Freistaats als arbeitslos gemeldet waren, was knapp einem Viertel aller Arbeitslosen in der Bundesrepublik entsprach, fiel die bayerische Erwerbslosigkeit schon im Laufe weniger Jahre deutlich ab, so dass sie 1955 7,4 Prozent ausmachte. Im Jahr 1960 schließlich bewegte sich die Ziffer bei nur noch 2,0 Prozent.[110] Dennoch lag die Arbeitslosenquote in Bayern in den 1960er Jahren stets über dem Durchschnitt des gesamten Bundesgebiets. Insbesondere in den strukturschwachen Regierungsbezirken Oberpfalz und Niederbayern bestanden vergleichsweise hohe Arbeitslosenraten, die im Jahr 1964 2,4 beziehungsweise 4,1 Prozent betrugen. Noch im Jahr 1970 bezifferten sich die Quoten auf 2,1 Prozent in der Oberpfalz und 3,7 Prozent in Niederbayern.[111] Allerdings galt dies nicht für die industrialisierten urbanen Zentren wie München und Nürnberg, wo die Quoten in den 1960er Jahren durchgehend unter dem bayerischen Gesamtwert lagen.[112]

Im gesamtbayerischen Kontext stellte die wirtschaftliche Entwicklung der Landeshauptstadt München ohnehin einen Ausnahmefall dar. Als „Magnet für Flüchtlinge“[113] aus den ehemaligen deutschen Ostgebieten und der DDR hatte die Stadt in den 1950er Jahren aufgrund des dadurch eingetretenen Überhangs an Erwerbspersonen zwar ebenfalls mit einer hohen Arbeitslosenrate zu kämpfen. Dies änderte sich allerdings bereits mit dem Übergang von den 1950er in die 1960er Jahre. In der Metallindustrie überstiegen die freien Stellen bereits im Jahr 1959 das Arbeitskräfteangebot deutlich. Ein durchschnittliches Wachstum von 9,6 Prozent zwischen den Jahren 1962 und 1972 absorbierte das noch vorhandene Arbeitskräftereservoir dann innerhalb kürzester Zeit. Die Vorbereitungen für die Olympi-

[108] Ambrosius u. Kaelble: Einleitung, in: Kaelble (Hrsg.): Der Boom 1948–1973, S. 17–19; Niess, Frank: Geschichte der Arbeitslosigkeit. Ökonomische Ursachen und politische Kämpfe: ein Kapitel deutscher Sozialgeschichte, Köln 1979, S. 43.

[109] Zorn, Wolfgang: Bayerns Geschichte im 20. Jahrhundert. Von der Monarchie zum Bundesland, München 1986, S. 656–657; Grüner, Stefan: Geplantes „Wirtschaftswunder“? Industrie- und Strukturpolitik in Bayern 1945 bis 1973, München 2009, S. 157.

[110] Lanzinner, Maximilian: Zwischen Sternenbanner und Bundesadler. Bayern im Wiederaufbau 1945–1958, Regensburg 1996, S. 245 u. 254.

[111] Hoffmann, Bernd-Felix, Kleinhenz, Gerhard u. Schmidt, Rainer: BMW in Ostbayern. Strukturelle Veränderungen eines Agrarraumes durch Industrieansiedlung, Passau 1991, S. 96.

[112] Bayerisches Statistisches Landesamt: Bayerns Wirtschaft gestern und heute, München 1969, S. 16.

[113] Dunkel, Franziska u. Gabriella Stramaglia-Faggion: „50 Mark für einen Italiener“. Zur Geschichte der Gastarbeiter in München, München 2000, S. 119.

schen Spiele 1972 und der damit einhergehende Bedarf an Arbeitern verschärften diese Situation zusätzlich.[114] Der überaus angespannte Münchner Arbeitsmarkt stellte auch für die Bayerischen Motoren Werke in den 1960er und frühen 1970er Jahren eine besondere Herausforderung dar. Dies war für die Betriebsleitung jedoch neu und ungewohnt, da sich die Konstellation in den 1950er Jahren für BMW genau umgekehrt dargestellt hatte. Erst mit der rapiden Expansion stellte sich eine Problematik ein, die andere Automobilhersteller bereits in den späten 1950er Jahren zu bewältigen gehabt hatten.[115] Die Situation änderte sich Ende des Jahres 1973, als die allgemeine Entspannung auf dem Arbeitsmarkt dem Problem der Arbeitskräftebeschaffung ein abruptes Ende setzte.

Das Unternehmen BMW hatte zum Ende des Jahres 1959 insgesamt 5963 Belegschaftsmitglieder. An den Umsatzzahlen und dem Produktionsumfang gemessen waren dies „eher zuviel als zu wenig Arbeitskräfte", wie der spätere stellvertretende Aufsichtsratsvorsitzende Gerhard Wilcke rückblickend feststellte.[116] Mit der Abwendung der Übernahme durch Daimler-Benz Ende 1959 und der in dessen Folge eintretenden unternehmerischen Prosperitätsphase setzte denn auch die teils allmähliche, teils sprunghafte Steigerung der Belegschaftszahlen ein. Letzteres konnte man nur unter äußersten Anstrengungen erreichen. Die größten Schwierigkeiten hatte man vor allem in den Bereichen, in denen schwere körperliche Arbeiten vonnöten waren.[117] Der Personalbedarf erstreckte sich ferner auf „weitgehend ungelernt[e] Arbeitskräft[e] fürs Fließband", wo die Arbeiter nach einer durchschnittlichen Taktzeit von rund eineinhalb Minuten stets die gleichen Handgriffe auszuführen hatten.[118]

Ein weiteres Problem, das vor dem Hintergrund der Arbeitsmarktsituation ins Gewicht fiel, bestand in der Tatsache, dass immer wieder Beschäftigte aus dem Unternehmen ausschieden, die BMW in der Folge ersetzen musste. Das äußerst knappe Angebot auf dem Arbeitsmarkt, verbunden mit der hohen allgemeinwirtschaftlichen Nachfrage nach Arbeitskräften, resultierte in hohen Fluktuationsquoten. Diese bezeichnen die Kündigungsziffern in Relation zur Belegschaftsgröße.[119]

114 Ebenda, S. 119–121; siehe auch: Schumacher, Hans: Oberbayern – Ein Strukturwandel sondergleichen, in: Heinz Flieger (Hrsg.): Bayerns Wirtschaft. Vom Werden und Wirken eines weltoffenen Landes, S. 241–264, hier S. 250.

115 So etwa der Konkurrent VW, der seine Beschäftigten bis zum Bau der Mauer 1961 hauptsächlich aus DDR-Flüchtlingen rekrutieren konnte. Ab Ende 1961 griff VW dann vor allem auf italienische „Gastarbeiter" zurück; siehe: Oswald, Anne von: Volkswagen, Wolfsburg und die italienischen „Gastarbeiter" 1962–1975, in: Archiv für Sozialgeschichte 42 (2002), S. 55–79, hier S. 56.

116 BMW UA 420, Wilcke-Memoiren.

117 BMW UA 410, Niederschrift über die Vorstandssitzung vom 22. Juni 1960, Protokoll Nr. 22/1960.

118 Karl Heinz M., ehemaliger Mitarbeiter des Personalbüros von BMW, zit. nach: Dunkel u. Stramaglia-Faggion: „50 Mark", S. 136.

119 Die Fluktuationsziffer errechnet sich nach der Formel: Effektive Abgänge mal 100, geteilt durch den Belegschaftsstand (Jahresdurchschnitt); „effektive Abgänge" stellen hierbei sowohl Austritte aufgrund Kündigung durch den Arbeitnehmer als auch aufgrund werksseitiger Kündigung dar.

Die hohen Fluktuationsquoten, die sich in der Tendenz über die 1960er und frühen 1970er Jahre immer weiter steigerten,[120] brachten vor allem hohe betriebswirtschaftliche Kosten mit sich. Die neu eingestellten Arbeitskräfte mussten jedes Mal umgeschult und angelernt werden, was insgesamt zu Mehrarbeit führte: „Der gestern erst mühsam und mit erheblichem finanziellen Aufwand Angelernte war heute bereits wieder abgewandert, und die Einarbeitung begann von neuem."[121] Der Betriebsratsvorsitzende Kurt Golda bezifferte die Kosten pro Neueinstellung im Jahr 1964 auf eine Summe zwischen 1000 und 3000 DM.[122] Im Jahr 1971 sprach Golda gar von einem Kostenpunkt von 3000 bis 5000 DM. Die hohe Fluktuation wirkte sich zudem negativ auf die Produktqualität aus, was aufgrund des Garantie- und Kulanzaufwands ebenfalls hohe Folgekosten mit sich brachte.[123] Insgesamt machten die diesbezüglichen finanziellen Belastungen für das Werk jährlich mehrere hunderttausend DM aus.[124]

Schon in den ersten drei Monaten des Jahres 1960 erhöhte sich die Belegschaft um rund 500 Arbeitskräfte, so dass die Gesamtbeschäftigtenzahl von BMW zu diesem Zeitpunkt 6455 Personen betrug.[125] In einer Aufsichtsratssitzung vom April 1960 konstatierte die Unternehmensleitung, dass die Anzahl der Mitarbeiter ausreiche, um das geplante Fertigungsprogramm durchzuführen. Gleichzeitig musste man aber feststellen, dass „derzeit Personalmangel in den mechanischen Abteilungen" bestand, der „durch Versetzung aus den übrigen Abteilungen nicht ausgeglichen werden kann."[126] Trotz der genannten Steigerung der Belegschaftsziffer fehlten dem Unternehmen also Produktionsarbeiter. Zudem bereitete die Fluktuation Sorgen, da es in einzelnen Bereichen nicht gelang, die diesbezüglichen Personalabgänge auszugleichen.[127] Dennoch führte der erfolgreiche Anlauf der „Neuen Klasse" dazu, dass BMW schon im Mai 1961 eine Beschäftigtenzahl von 7340 Personen verbuchen konnte. Von diesen waren 4127 Personen Fertigungslöhner, das heißt unmittelbar in der Produktion beschäftigte Arbeiter.[128] Die Belegschaft stieg also innerhalb von knapp eineinhalb Jahren von rund 4000 auf fast 7350, was einer Steigerung von beinahe 85 Prozent entspricht.

Bereits im Februar 1961 berichtete der für das Produktionsressort zuständige Vorstand Robert Pertuss, dass das Jahresproduktionsprogramm 1961 eine Arbeitskräftesteigerung um 500 bis 600 Personen im Laufe des Jahres erforderlich ma-

120 BMW UA 417, Niederschrift über die Sitzung des Aufsichtsrates vom 14. Dezember 1972.
121 BMW UA 266, Niederschrift über die 44. ordentliche Hauptversammlung vom 29. Juni 1964.
122 BMW UA 511, Geschäftsbericht des Betriebsrats auf der Betriebsversammlung vom 20. April 1964.
123 BMW UA 1532-1, Geschäftsbericht des Betriebsrats auf der Betriebsversammlung vom 26. April 1971.
124 BMW UA 512, Geschäftsbericht des Betriebsrats auf der Betriebsversammlung vom 22. April 1968.
125 BMW UA 415, Niederschrift über die Sitzung des Aufsichtsrates vom 21. April 1960.
126 Ebenda.
127 Ebenda.
128 BMW UA 415, Voraussichtliche Entwicklung des Belegschaftsstandes, Anlage 1 zur Niederschrift vom 18. Juli 1961.

che.[129] Ein kurz darauf unerwartet einsetzender Umsatzrückgang brachte es jedoch schon in den Frühjahrsmonaten desselben Jahres mit sich, dass die Unternehmensleitung die Fluktuation nicht ersetzte, um die Belegschaftszahl bis zum Jahresende um rund 550 auf 3560 Personen absinken zu lassen. Gleichzeitig war den Beteiligten im Unternehmen bewusst, dass das für das Folgejahr geplante Mittelwagen-Programm einen zusätzlichen Bedarf an 1800 Produktionsarbeitern schaffen würde.[130] Der Betriebsratsvorsitzende berichtete im August 1961, man plane eine mittelfristige Belegschaftssteigerung von 7000 (1. Quartal 1962) auf 9000 (4. Quartal 1963).[131] Diese Zahlen waren bewusst niedrig angesetzt, da die Unternehmensleitung bereits zu diesem frühen Zeitpunkt davon ausging, „daß wir unser gegenwärtiges Produktionsprogramm in verschiedener Hinsicht einschränken müßten, um die Zahl der notwendig werdenden Neueinstellungen nicht noch höher ansteigen zu lassen."[132]

Das Unternehmen BMW war somit bereits zu Beginn der 1960er Jahre mit einer Problematik konfrontiert, für dessen mittelfristige Behebung man keine Mittel zur Hand hatte. Die Prognosen klangen dementsprechend düster: „Wie dieses Beschäftigtenproblem gelöst werden wird, läßt sich heute noch nicht übersehen." Die „ungeheuren Schwierigkeiten", die darin lagen, „den Belegschaftsstand rechtzeitig auf die Höhe [zu] bringen, welcher Voraussetzung für eine ausgeglichene Ertragslage bildet", konnten aus Sicht des Vorstands nur durch „außergewöhnlich[e] Anstrengungen" und mithilfe „einigen Glücks" bewältigt werden. Gleichzeitig gab man die Devise aus, dass die vorhandene Belegschaftsziffer „unter eine bestimmte Zahl nicht mehr absink[en]" dürfe. Die Firmenleitung nahm sich überdies vor, an den Produktionsplanzahlen auch dann festzuhalten, wenn hiermit zusätzliche Aufwendungen verbunden sein sollten.[133]

Wie sehr die Planungen oftmals innerhalb kürzester Zeit variieren konnten, zeigen die Prognosen, welche die Verantwortlichen nur kurze Zeit später ansetzten. Hatte man die Zahl der benötigten Fertigungslöhner für das Programm des Jahres 1962 im Sommer 1961 noch mit 1800 Personen veranschlagt, so bezifferte das Vorstandsmitglied Ernst Kämpfer die Zahl kurz darauf auf 1140 Produktionsarbeiter. Allerdings plante man dafür, im Folgejahr erneut 1100 Fertigungslöhner einzustellen. Die Gesamtzunahme für die Jahre 1962 und 1963 sollte in diesem Bereich also über 2100 Produktionsarbeiter betragen. Zusätzlich benötigte das Unternehmen allerdings auch weitere „unproduktiv[e] Arbeiter und Angestellte".[134] Im April des Jahres 1962 prognostizierte der Aufsichtsrat, dass die ins Auge

129 BMW UA 415, Niederschrift über die Sitzung des Aufsichtsrates vom 16. Februar 1961.
130 BMW UA 415, Niederschrift über die Sitzung des Aufsichtsrates vom 5. Juli 1961.
131 BMW UA 511, Geschäftsbericht des Betriebsrats auf der Betriebsversammlung vom 2. August 1961.
132 BMW UA 415, Niederschrift über die Sitzung des Aufsichtsrates vom 5. Juli 1961.
133 BMW UA 415, Niederschrift über die Sitzung des Aufsichtsrates vom 5. Juli 1961.
134 BMW UA 415, Niederschrift über die Sitzung des Aufsichtsrates vom 18. Juli 1961, BMW UA 415; Voraussichtliche Entwicklung des Belegschaftsstandes, Anlage 1 zur Niederschrift vom 18. Juli 1961.

gefasste Arbeitskräftesteigerung, die im Zuge des mittlerweile angelaufenen Mittelwagen-Programms vonnöten war, „bei der gegenwärtigen Situation für aussichtslos“ zu gelten habe.[135] Dem Unternehmen fehlten nämlich rund 1500 Arbeitskräfte für die Produktion.[136] Aus diesem Grunde war zu befürchten, dass man die Fertigung des überaus erfolgreichen Kleinwagenmodells BMW 700 LS zugunsten des Mittelwagenbaus einschränken müsse. Obwohl die Firmenleitung feststellte, dass eine notwendige Ertragssteigerung „die gleichzeitige Produktion von Klein- und Mittelwagen in den vorgesehenen Stückzahlen voraussetze“,[137] erwogen die Entscheider also, eine Produktsparte zugunsten einer anderen, für die Ertragslage ebenso wichtigen, zu reduzieren.

Zu diesem frühen Zeitpunkt machte vor allem der Betriebsratsvorsitzende Kurt Golda auf die „ins Gewicht fallende Fluktuation“ aufmerksam und forderte die Personalabteilung des Unternehmens auf, in dieser Hinsicht tätig zu werden.[138] Allein zwischen September 1962 und Februar 1963 betrug die Zahl der ausscheidenden Belegschaftsmitglieder über 1000 Personen. Im gleichen Zeitraum nahm die Gesamtmitarbeiterzahl um rund 2000 Arbeitskräfte zu. Der reale Zuwachs betrug innerhalb dieser fünf Monate somit rund 3000 Personen.[139] Trotz der hohen Fluktuation war es dem Unternehmen bis hierhin möglich, die Abgänge durch Neueinstellungen auszugleichen. Da es jedoch alles andere als sicher war, ob man dies auch in Zukunft würde bewerkstelligen können, und die hohe Fluktuation die ohnehin schon schwierige Arbeitskräfterekrutierung zusätzlich verschärfte, ließ der Vorstandsvorsitzende Karl-Heinz Sonne bereits im Frühjahr 1962 eine Untersuchung einleiten, welche die Ursachen der gestiegenen Fluktuationsraten ausfindig machen sollte.[140] Auffällig ist, dass der Angestelltenbereich in weit geringerem Maße von dieser Dynamik betroffen war.[141] Es handelte sich beim Phänomen der Fluktuation um eine Problematik, die in erster Linie Lohnempfänger betraf.

Die Zahl an Produktionsarbeitern blieb trotz der allgemeinen Belegschaftssteigerung weit hinter den Zielvorgaben zurück. Wie oben angegeben, plante man in den Jahren 1962 und 1963 eine Zunahme von 2100 Fertigungslöhnern. Es sollte sich allerdings bald herausstellen, dass diese Zahl zu hoch angesetzt war. Im Dezember 1963 beschäftigte BMW 5041 Produktionsarbeiter.[142] Nimmt man die Mitte 1961 prognostizierte Zahl von rund 3500 für Ende 1961 zum Ausgangspunkt, so betrug die Steigerung nur rund 1200 Arbeiter. Insofern musste die Unternehmensleitung schon im Frühjahr 1963 feststellen, dass die ursprüngliche „Er-

135 BMW UA 415, Niederschrift über die Sitzung des Aufsichtsrates vom 17. April 1962.
136 BMW UA 511, Geschäftsbericht des Betriebsrats auf der Betriebsversammlung vom 9. April 1962.
137 BMW UA 415, Niederschrift über die Sitzung des Aufsichtsrates vom 17. April 1962.
138 Ebenda.
139 Seidl: BMW, S. 281.
140 BMW UA415, Niederschrift über die Sitzung des Aufsichtsrates vom 17. April 1962.
141 BMW UA 417, Aufsichtsratssitzung Dezember 1970, Vorstandsbereich M – Einkauf und Materialwirtschaft, 23. Oktober 1970.
142 BMW UA 519, Belegschaftsstruktur nach FRA – G – P 21 (27.11.64).

wartung größer war, als das, was wir erzielen konnten."[143] Daher beschloss der Aufsichtsrat, die Jahresplanung neu aufzustellen. Die Programmänderung beinhaltete eine Reduzierung und zeitliche Streckung der Personalerwartung um 300 Lohnempfänger bis zum Juni 1963. Zu diesem Zeitpunkt musste man allerdings ebenfalls konstatieren, dass auch die reduzierten Erwartungen „nicht zur Gänze eingetroffen" waren.[144]

Die Tatsache, dass es der Personalabteilung im Jahr 1963 erstmalig nicht gelang, die Fluktuation durch Neueinstellungen zu kompensieren, führte erneut zu Überlegungen, den Bau des Kleinwagens BMW 700 zu reduzieren, was die Unternehmensleitung dann auch tatsächlich umsetzte.[145] Ähnlich verhielt es sich im selben Jahr mit dem Großwagenprogramm. Die Unternehmensführung entschied, den Bau der Oberklassewagen BMW 501 und BMW 502 auslaufen zu lassen. Diese Schritte verbanden sich zwar auch mit marktstrategischen Gesichtspunkten. Hinzu kam jedoch, dass die Herstellung der Klein- und Großwagen zu viele Kräfte band und man Arbeiter für das Mittelwagenprogramm benötigte. So entschied man sich zu diesem Schritt trotz der Gewissheit, mit der Einstellung der Großwagenproduktion „eine feste und treue Käuferschicht enttäuschen" zu müssen.[146]

Im Jahr 1963 sprach der Betriebsratsvorsitzende davon, dass aufgrund der Arbeitskräftesituation „eine Stagnation eintreten" wird, weshalb der Aufschwung des Unternehmens gefährdet sei.[147] Diese Einschätzung gründete sich allerdings nicht nur auf die Zahl der Lohnempfänger, die hinter den personalpolitischen Soll-Zahlen zurückblieb, sondern bezog sich auch auf Qualitätsmängel.[148] Letztere führten die Verantwortlichen nicht zuletzt auf die hohen Personalschwankungen sowie die Notwendigkeit zurück, jede verfügbare Kraft einzustellen, die sich dem Unternehmen darbot. Die verstärkte Suche nach Arbeitskräften mit dem Ziel der schieren Belegschaftsvermehrung hatte offenbar zur Vernachlässigung von Qualitäts- und Gütegesichtspunkten geführt. Deshalb verlangte der Vorstandsvorsitzende Sonne im Herbst 1963 in Hinblick auf das kommende Jahr, dass weitere Beschäftigtenzugänge weniger der bloßen Belegschaftssteigerung als ihrer „qualitativen Verbesserung" dienen sollten.[149] Die Unternehmensleitung forderte daher eine vorsichtige Beschäftigtenerhöhung. So strebte man zunächst eine „gewisse Durchforstung im Hause" an, um in der Folge die Planzahlen erneut nach oben zu setzten.[150]

Die Arbeitsmarktproblematik kann zwar als allgemeines Phänomen der Boomphase gelten – die Fluktuationsrate des Münchner BMW-Betriebs lag allerdings deutlich über dem jährlichen Bundesdurchschnitt, welcher Mitte der 1960er Jahre

143 BMW UA 415, Niederschrift über die Sitzung des Aufsichtsrates vom 14. Juni 1963.
144 Ebenda.
145 Seidl: BMW, S. 281.
146 BMW UA 266, Niederschrift über die 44. ordentliche Hauptversammlung vom 29. Juni 1964.
147 BMW UA 415, Niederschrift über die Sitzung des Aufsichtsrates vom 14. Juni 1963.
148 Ebenda.
149 BMW UA 415, Niederschrift über die Sitzung des Aufsichtsrates vom 21. November 1963.
150 BMW UA 415, Stenogramm der Aufsichtsratssitzung vom 21. November 1963.

bei etwa 30 Prozent lag.[151] Der Blick auf BMW zeigt, dass allein im Jahr 1963 rund 4000 Mitarbeiter den Betrieb verließen, was einer Fluktuationsquote von beinahe 40 Prozent entsprach.[152] Im darauffolgenden Jahr kündigten ebenfalls rund 4000 Beschäftigte, was eine Fluktuationsrate von 37 Prozent bedeutete.[153] Im Jahr 1965 erhöhte sich die Ziffer auf 44,4 Prozent, während man für das Folgejahr sogar mit einem Anstieg auf 50 Prozent rechnete.[154] Der Betriebsratsvorsitzende bezifferte die Fluktuation von 1964 auf 1965 auf rund 3000 bis 4000 Personen.[155] Aufgrund dieser Zahlen beschloss die Unternehmensleitung, in Zukunft verstärkt hinsichtlich der Verhinderung von Kündigungen tätig zu werden, anstatt das Hauptaugenmerk weiter nur auf die Einstellung neuer Arbeitskräfte zu legen.[156] So strebte die Unternehmensführung im Jahr 1964 an, der hohen Fluktuationsquote mit innerbetrieblichen Maßnahmen zu begegnen, was aufgrund anderer Prioritätensetzungen zunächst allerdings kaum in Angriff genommen wurde. Dennoch wollte der Vorstand der „sehr stark[en]“ Fluktuation in Zukunft größere Aufmerksamkeit zukommen lassen.[157]

Das Dauerproblem der Arbeitskräfteknappheit hatte zur Folge, dass die Unternehmensleitung den Produktionsplan für das Geschäftsjahr 1964 „vorsichtig und real“ konzipierte.[158] Gleichzeitig musste man Produktionsumstellungen vornehmen. Die Fertigung des Kleinwagens BMW 700 im Werk München, die schon in den Jahren zuvor des Öfteren zur Disposition gestanden war, bezeichnete der Vorstand im Frühjahr 1964 als „undurchführbar“, da neben zusätzlich nötigen Investitionen die erforderlichen Arbeitskräfte nicht zu beschaffen waren. Daraufhin entschied man sich, dass das Modell im Jahr 1965 nicht mehr produziert werden sollte.[159] Im September 1964 konstatierte der Vorstand, dass das Gesamtprogramm stückzahlenmäßig revidiert oder die Ersatzteilefertigung herabgesetzt werden müssten, wenn es nicht gelingen sollte, „in kürzester Frist“ 240 Arbeitskräfte einzustellen. Die Planrevisionen erschienen den Verantwortlichen unter ökonomischen Gesichtspunkten allerdings als „nicht vertretbar“.[160] Auch im Jahr 1965 benötigte das Unternehmen mit Blick auf das Produktionsprogramm des Folgejahres 1150 Arbeitskräfte, wobei aus dem Vorjahr noch ein Überhang von

[151] BMW UA 416, Niederschrift über die Sitzung des Aufsichtsrates vom 14. April 1964.
[152] BMW UA 511, Protokoll der Betriebsversammlung vom 20. April 1964.
[153] BMW UA 81, Sozialpaket des Betriebsrates vom 4. Juli 1963 (Golda an Wilcke, 29. März 1965); Bericht der Bayerische Motoren Werke Aktiengesellschaft über das 48. Geschäftsjahr 1964, S. 16.
[154] BMW UA 411, Niederschrift über die Vorstandssitzung vom 21. April 1966, Protokoll Nr. 12/1966.
[155] BMW UA 512, Geschäftsbericht des Betriebsrats vom 18. April 1966.
[156] BMW UA 409, Niederschrift über die Vorstandssitzung vom 9. April 1964, Protokoll Nr. 8/1964.
[157] BMW UA 416, Niederschrift über die Sitzung des Aufsichtsrates vom 14. April 1964.
[158] Ebenda.
[159] Ebenda.
[160] BMW UA 409, Niederschrift über die Vorstandssitzung vom 1. September 1964, Protokoll Nr. 15/1964.

200 benötigten Personen bestand.[161] Im Februar 1966 bezifferte die Unternehmensleitung die Zahl der Arbeitskräfte, die man für das restliche Jahr zusätzlich benötigte, auf 1165 Personen.[162]

Just in den Jahren 1966 und 1967 zeichnete sich hinsichtlich der problematischen Personalsituation jedoch eine vorübergehende Entspannung ab. Dies war zum einen durch die wirtschaftliche Rezession bedingt. Obwohl die Krise die Bayerischen Motoren Werke vergleichsweise glimpflich affizierte – entgegen der allgemeinen Branchenentwicklung steigerte das Unternehmen den Absatz im Jahr 1967 um 22 Prozent –,[163] agierte das Münchner Management in dieser Situation proaktiv und umsichtig. So beschloss der Vorstand Ende 1966, im darauffolgenden Jahr die Fluktuation der Belegschaft nicht zu ersetzen beziehungsweise einen Einstellungsstopp vorzunehmen – eine Entscheidung, die er auch im Jahr 1967 bekräftigte.[164] Zum anderen führte BMW im Jahr 1966 Verhandlungen mit der Hans GLAS GmbH in Dingolfing, die schließlich in die Übernahme des niederbayerischen Konkurrenten zum 2. Januar 1967 mündeten. Die mehr als 4000 fachlich geschulten Arbeitnehmer, die in den vier GLAS-Werken – zwei in Dingolfing und jeweils eines in Pilsting und Landshut – beschäftigt waren, machten dabei eines der wichtigsten Argumente aus, die innerhalb der Unternehmensleitung für den Firmenkauf vorgebracht wurden.[165]

Da die Übernahme der GLAS GmbH mitten in die Zeit des Konjunkturabschwungs fiel und die damit verbundenen Umstrukturierungsmaßnahmen ebenfalls ihren finanziellen Tribut forderten, holten sich die beinahe ungebrochen weiter prosperierenden Bayerischen Motoren Werke mit der Dingolfinger Firma die Krise gewissermaßen ins Haus. Um die hohen und weiter steigenden Verluste von GLAS zu senken, entschieden sich die Verantwortlichen Mitte des Jahres 1967 neben der Drosselung der Produktion und der Einführung von Kurzarbeit zur Entlassung von zunächst 300 Mitarbeitern. Gleichzeitig sollte die Fluktuation nicht ersetzt und monatlich 49 Arbeitskräfte entlassen werden.[166] Im Dezember 1967 kündigte BMW 600 Lohn- und 20 Gehaltsempfängern, nachdem zuvor schon 513 Lohn- und sechs Gehaltsempfänger entlassen worden waren.[167] Auch

161 BMW UA 416, Niederschrift über die Sitzung des Aufsichtsrates vom 2. Dezember 1965.

162 BMW UA 416, Niederschrift über die Sitzung des Aufsichtsrates vom 4. Februar 1966.

163 BMW UA 270, Niederschrift über die 48. ordentliche Hauptversammlung vom 14. August 1968.

164 BMW UA 411, Niederschrift über die Vorstandssitzung vom 13. Dezember 1966, Protokoll Nr. 39/1966; BMW UA 416, Niederschrift über die Sitzung des Aufsichtsrates vom 25. Januar 1967; BMW UA 416, Niederschrift über die Sitzung des Aufsichtsrates vom 26. April 1967. Siehe auch: Triebel: Die Bayerischen Motoren Werke während der Rezession 1966/67 und der Ölkrise 1973/74, in: Tilly (Hrsg.): Automobilindustrie 1945–2000, S. 117.

165 Weitere Vorteile sah man in der Übernahme von erfolgreichen GLAS-Modellen, der Händler- und Kundendienstorganisation, der Technik- und Entwicklungsabteilung sowie in der Möglichkeit, an Bundeswehraufträge zu gelangen.

166 BMW UA 270, 48. ordentliche Hauptversammlung vom 14. August 1968; Seidl: BMW, S. 338.

167 BMW UA 416, Niederschrift über die Sitzung des Aufsichtsrates vom 6. Dezember 1967; BMW UA 541, Niederschrift über die Sitzung des Aufsichtsrates vom 16. Juni 1967.

wenn die Maßnahmen am Ende nicht vollständig durchgeführt wurden, gelang es auf diese Weise, die Dingolfinger Belegschaft innerhalb von 14 Monaten, vom 1. Januar 1967 bis zum 29. Februar 1968, von 3721 auf 2363 Personen zu verringern.[168] Die Zahlen zeigen, dass es sich bei den Entlassungen zu fast 98 Prozent um Arbeiter handelte, Angestellte also nur in Einzelfällen betroffen waren. Nicht nur im Dingolfinger, sondern auch im Münchner Werk senkte BMW im Jahr 1967 die Belegschaftszahlen. Auch hierbei handelte es sich ausschließlich um Beschäftigte in der Fertigung. Indem die Unternehmensleitung die fluktuationsbedingten Abgänge nicht ersetzte sowie die in der Regel befristeten Verträge der „Gastarbeiter" nicht verlängerte, stellte man rund 1050 Mitarbeiter frei.[169]

Dass es sich bei alldem jedoch um kurzfristige Maßnahmen handelte, die auf akute konjunkturelle Schwankungen reagierten, zeigten die folgenden Jahre. Schon im Jahr 1968 stiegen die Gesamtbelegschaftszahlen (Werke München, Dingolfing und Berlin sowie Niederlassungen) erneut rapide an, nämlich von 12 468 auf 18 040 Personen. Die Zunahme setzte sich mit fast 4400 Lohnempfängern hauptsächlich aus Arbeitern zusammen.[170] Mit der allgemeinwirtschaftlichen Erholung begannen die Schwierigkeiten der Arbeitskräftesuche allerdings von Neuem. War es BMW Mitte der 1960er Jahre durch innerbetriebliche Maßnahmen und Zusatzzahlungen zunehmend gelungen, die Fluktuationsrate auf 26 Prozent im Jahr 1968 abzusenken, womit man sich weitgehend im Bundesdurchschnitt der Automobilindustrie bewegte,[171] stieg die Fluktuationsquote in der Folgezeit erneut an und fiel auch in den beginnenden 1970er Jahren nicht ab.[172] Allein im ersten Halbjahr des Jahres 1971 gingen BMW über 2350 Arbeitskräfte verloren.[173] Auch im Vergleich mit anderen Münchner Großunternehmen war die Fluktuation bei BMW noch immer verhältnismäßig hoch.[174]

Während zu Beginn der 1970er Jahre mit Blick auf die Situation bei den Gehaltsempfängern, „keine Probleme" auftraten,[175] bestand die „Hauptsorge" und das „Hauptproblem" nach wie vor in der Gewinnung von Arbeitskräften für die Fertigung.[176] Im März 1970 betrug die Gesamtbelegschaft der Bayerischen Motoren Werke 21 848 Personen. Davon waren 8282 Mitarbeiter Fertigungslöhner und weitere 7465 Gemeinkostenlöhner, das heißt nicht unmittelbar im Fertigungsbereich tätige Arbeiter.[177] Im August 1970 waren es bei einem Gesamtpersonalstand

168 BMW UA 417, Niederschrift über die Sitzung des Aufsichtsrates vom 5. März 1968.
169 BMW UA 541, Notiz T-Vorstand, 4. Dezember 1967; BMW 411, Niederschrift über die Vorstandssitzung vom 15. Juni 1967, Protokoll Nr. 24/1967.
170 Bericht über das Geschäftsjahr 1968 an die 49. ordentliche Hauptversammlung, S. 10.
171 BMW UA 417, Niederschrift über die Sitzung des Aufsichtsrates vom 4. März 1969.
172 Ebenda; BMW UA 417, Niederschrift über die Sitzung des Aufsichtsrates vom 5. Mai 1971.
173 BMW UA 417, Niederschrift über die Sitzung des Aufsichtsrates vom 5. Juni 1971.
174 BMW UA 417, Niederschrift über die Sitzung des Aufsichtsrates vom 9. März 1971.
175 BMW UA 417, Niederschrift über die Sitzung des Aufsichtsrates vom 23. Oktober 1970.
176 BMW UA 417, Niederschrift über die Sitzung des Aufsichtsrates vom 5. Juli 1971; BMW UA 417, Niederschrift über die Sitzung des Aufsichtsrates vom 24. November 1971.
177 BMW UA 417, Niederschrift über die Sitzung des Aufsichtsrates vom 17. März 1970.

von 22 360 Arbeitskräften 8800 Fertigungslöhner, womit der zwischenzeitliche Anstieg ausschließlich auf die Zunahme dieser Belegschaftsgruppe zurückging. Zu diesem Zeitpunkt problematisierte der Vorstand erstmals das Verhältnis der Fertigungslöhner zur Gesamtbelegschaft und forderte „gezielte Maßnahmen zur Verbesserung", sprich zum Abbau dieser Belegschaftsgruppe. Gleichzeitig diagnostizierte man „ein überproportionales Wachstum der unproduktiven Belegschaft, insbesondere der Angestellten", was „zu erheblichen Kostensteigerungen geführt" habe.[178] Zur Reduzierung dieser Kosten beschloss der Vorstand „drastische Maßnahmen" für das Jahr 1971, um mit „verringertem Personal möglichst höhere Leistungen zu erbringen."[179] Unter anderem war geplant, den Personalstand um zehn Prozent zu verkleinern, was insbesondere für den „unproduktiven Bereich" galt, wo ein „totaler Einstellungsstop und der Nichtersatz der Fluktuation veranlaßt" wurde.[180]

Auch wenn es bereits im März 1971 unumgänglich war, in einzelnen Abteilungen Neueinstellungen vorzunehmen, setzte man sich weiter das Ziel, „mit weniger Personal die gleiche Leistung zu erreichen".[181] Waren für die Phase der verstärkten Expansion und des Aufbaus der betrieblichen Kapazitäten vor allem Produktionsarbeitskräfte vonnöten gewesen, so plante die Unternehmensleitung insbesondere ab dem Jahr 1970 die relative Fertigungslöhnerzahl zu senken. Dies war auch durch Rationalisierungs- und Automationsprozesse bedingt, welche die Einfacharbeitsplätze zunehmend ersetzten oder deren Produktivität so weit erhöhten, dass eine lineare Zunahme von Arbeitern nicht mehr nötig war.[182] Primäres Augenmerk legte man somit nicht mehr auf die Aufstockung von Produktionsarbeitern, sondern auf deren Abbau im Verhältnis zur Gesamtbelegschaft. BMW verzeichnete zwischen dem 30. September 1970 und dem 28. Februar 1971 einen Belegschaftsrückgang von 700 Personen. Diese Entwicklung betraf auch die Gehaltsempfänger. Deren Anzahl reduzierte sich allein im ersten Quartal 1971 um rund 250 Mitarbeiter.[183]

Was die Lohnempfänger betraf, so gelang es den Verantwortlichen, deren Anteil geringfügig zu verringern. Fielen im Jahr 1970 73,6 Prozent aller BMW-Beschäftigten in diese Gruppe, waren es im Jahr 1971 nur noch 73,2 Prozent. 1972 verringerte sich der Anteil der Lohnempfänger erneut, nämlich auf 72,5 Prozent.[184] Die Probleme blieben vorerst jedoch dieselben: Wie in den vorangegangenen Jahren musste die Unternehmensleitung konstatieren, dass die nach wie vor problematische Arbeitsmarktsituation die „Bemühungen, die Betriebsleistung zu steigern, [...] erheb-

178 BMW UA 417, Niederschrift über die Sitzung des Aufsichtsrates vom 4. September 1970.
179 BMW UA 417, Niederschrift über die Sitzung des Aufsichtsrates vom 8. Dezember 1970.
180 Ebenda.
181 BMW UA 417, Niederschrift über die Sitzung des Aufsichtsrates vom 9. März 1971.
182 Grunert u. Triebel: Unternehmen, S. 110. Siehe hierzu auch Kapitel 6.1 der vorliegenden Arbeit.
183 BMW UA 417, Niederschrift über die Sitzung des Aufsichtsrates vom 9. März 1971.
184 Bayerische Motoren Werke Aktiengesellschaft München. Geschäftsbericht 1972, S. 14; Bericht der Bayerischen Motoren Werke über das Geschäftsjahr 1974, S. 29.

lich behindert."[185] Dennoch schaffte es BMW im Jahr 1972, trotz der Bautätigkeiten für die Olympischen Spiele 1972, welche die Bindung von hauptsächlich unqualifizierten Arbeitskräften mit sich brachten,[186] die Gesamtbelegschaft (Werke München, Dingolfing, Landshut und Berlin) um 1420 Personen ansteigen zu lassen, nämlich von 21 937 auf 23 357 Personen. Der Hauptteil des Zuwachses entfiel dabei auf das Münchner Werk mit 979 Beschäftigten. Zieht man ausschließlich die Zahl der Lohnempfänger heran, so zeigte sich hier eine Zunahme von 894 Personen (Werke inklusive Niederlassungen).[187] Auch im ersten Halbjahr 1973 stieg die Mitarbeiterzahl um etwa 1000 auf rund 25 500 Personen an. Für das zweite Halbjahr plante die Unternehmensleitung ebenfalls eine Aufstockung um rund 1000 Arbeitskräfte. Im Gegensatz zu früheren Jahren wollte man die Anzahl der Fertigungslöhner jedoch nicht erhöhen. Stattdessen ging es der Unternehmensleitung nun darum, diejenigen Bereiche personell aufzustocken, die im Zuge der rapiden Expansion der Fertigungskapazitäten vernachlässigt worden waren.[188]

Die Arbeitskräfteproblematik änderte sich im Herbst 1973 grundlegend, als die Erdölpreise schlagartig in die Höhe schnellten. Die einsetzende Ölpreiskrise führte zum Anstieg der bundesdeutschen Arbeitslosigkeit, womit sich auch die Belegschaftspolitik bei BMW änderte. So hatte die Unternehmensleitung noch im Juli 1973 davon gesprochen, dass die Arbeitsmarktsituation in München „immer kritischer" werde und auch der Fluktuationsausfall kaum mehr kompensiert werden könne.[189] Bereits im Dezember konnte man jedoch feststellen, dass sich die „Personalsituation [...] wesentlich entschärft" hatte und die Fluktuation „in allen Werken stark rückläufig" geworden war. Der Anwesenheitsstand lag nun „überall über der Planung, so daß in allen Bereichen zuviele Mitarbeiter anwesend" waren.[190] Die Firmenleitung entschied sich deshalb für einen Einstellungsstopp, wobei Ausnahmen nur bei Facharbeitern und „unbedingt notwendigen Angestellten (z. B. Konstrukteuren)" vorgesehen waren. Vor dem Hintergrund der neuen Arbeitsmarktlage beschloss man zudem, sich von allen Belegschaftsangehörigen zu trennen, „die den normalen Anforderungen nicht genügen".[191] Während man in der Zeit der Arbeitskräfteknappheit gezwungen gewesen war, auch Personen einzustellen, deren Arbeitsleistung man als problematisch einschätzte, bot die geänderte Arbeitsmarktsituation nun die Möglichkeit, diese Mitarbeiter zu entlassen.

Mit dem Beginn der Ölpreiskrise zum Ende des Jahres 1973 lösten sich die strukturellen Probleme des Arbeitskräftemangels und der Fluktuation, welche die stürmische Expansion seit dem Jahr 1960 begleitet hatten. Gleichzeitig lässt sich

185 BMW UA 417, Niederschrift über die Sitzung des Aufsichtsrates vom 24. September 1971.
186 BMW UA 271, 49. ordentliche Hauptversammlung vom 4. Juli 1969; BMW UA 417, Niederschrift über die Sitzung des Aufsichtsrates vom 17. Dezember 1969.
187 Bayerische Motoren Werke Aktiengesellschaft München. Geschäftsbericht 1972, S. 14.
188 BMW UA 417, Niederschrift über die Sitzung des Aufsichtsrates vom 11. Juli 1973.
189 Ebenda.
190 BMW UA 417, Niederschrift über die Sitzung des Aufsichtsrates und des Beirates vom 13. Dezember 1973.
191 Ebenda.

sagen, dass bereits im Jahr 1970, als der Vorstand die Notwendigkeit einer Konsolidierung erkannt hatte, eine belegschaftspolitische Wende eingetreten war. Die Unternehmensleitung setzte seitdem alles daran, das Verhältnis der Fertigungslöhner zur Gesamtbelegschaft abzubauen, was wiederum zum relativen Anstieg des „unproduktiven" Belegschaftsteils führte. Diese Entwicklung entsprach einem allgemeinen Branchentrend, der durch die betrieblichen Mechanisierungs-, Rationalisierungs- und Automationsprozesse bedingt war, die bei BMW zu Beginn der 1960er Jahre eingesetzt hatten. Das Jahr 1970 markierte auch über die Automobilbranche hinaus einen Wendepunkt. In diesem Jahr hatte die Zahl der Erwerbstätigen in der Industrie seinen Höhepunkt erreicht und ging von da an zugunsten des tertiären Sektors zurück, in dem bereits zu Beginn der 1980er Jahre jeder zweite Beschäftigte seinen Arbeitsplatz fand.[192] Anfang der 1970er Jahre begann sich so erstmals abzuzeichnen, dass die Notwendigkeit, massenhaft unqualifizierte Produktionsarbeiter einzustellen, in Zukunft nicht mehr in der Dringlichkeit gegeben sein würde, wie es in den vorangegangenen Jahren der Fall gewesen war – im Gegenteil sollte diese Beschäftigungsgruppe mittelfristig verstärkt von Entlassungen betroffen sein.[193] Nach Jahren der Kapazitätsausweitung, in denen BMW auf die massenhafte Rekrutierung von Arbeitern zum Zwecke der Produktionssteigerung und der Werksausbauten dringend angewiesen gewesen war, wollte man sich nun auf den Aspekt der Qualität fokussieren. Da die Expansion jedoch noch nicht abgeschlossen war, erhöhten sich die Belegschaftszahlen auch nach dem kurzen Einstellungsstopp von 1970/71 rapide, so dass die Suche nach Arbeitskräften weiterhin eine schwerwiegende Problematik darstellte, was ebenso für die Fluktuationsthematik galt. Trotz der Rationalisierungsfortschritte und Konsolidierungsbemühungen gelang es erst im Zuge der Ölpreiskrise 1973/74 und den mit ihr einhergehenden strukturellen Veränderungen auf den Märkten, den zentralen Problemen der Boomphase, die zu diesem Zeitpunkt allerdings zugleich an ihre Ende gelangt war, Einhalt zu gebieten. Die Zeit, in denen aufgrund des Mangels an Produktionsarbeitskräften und hohen Fluktuationsraten grundlegende betriebswirtschaftliche Zielvorgaben teilweise massiv bedroht waren beziehungsweise in Einzelfällen tatsächlich modifiziert werden mussten, sollte somit zunächst vorüber sein.

192 Niess: Geschichte, S. 44; Pierenkemper, Toni: Beschäftigung und Arbeitsmarkt. Entstehung und Entwicklung der modernen Erwerbsgesellschaft in Deutschland (1800–2000), Stuttgart 2017, S. 188.

193 Das „Freisetzungsproblem" betraf in der Automobilindustrie hauptsächlich die unqualifizierten Arbeitskräfte; siehe: Kern, Horst u. Schumann, Michael: Rationalisierung und Arbeiterverhalten. Ansatz und erste Befunde einer Folgestudie zu „Industriearbeit und Arbeiterbewußtsein", in: Materialien zur Industriesoziologie. Kölner Zeitschrift für Soziologie und Sozialpsychologie, Sonderheft 24 (1982), S. 105–131, hier S. 128–129

5. Lösungsversuch I: Der „Gastarbeitereinsatz"

Nachdem im vorangegangenen Abschnitt die betrieblichen Auswirkungen der Absatz- und Arbeitsmarktdynamiken beschrieben wurden, die das betriebspolitische Handeln bei BMW in den 1960er und frühen 1970er Jahren bedingten, werden im Folgenden die Lösungsstrategien dargestellt, mit denen die Unternehmensleitung auf die Problematik des allgemeinen Arbeitskräftemangels reagierte. Das Zusammenspiel von notwendiger Produktionserhöhung und bundesweitem Personalmangel brachte es mit sich, dass BMW gezwungen war, auf ausländische Arbeitskräfte zurückzugreifen. Dabei ist von Bedeutung, dass dieser Lösungsansatz selbst neue Probleme mit sich brachte, die ihrerseits gelöst werden mussten. Der „Gastarbeitereinsatz" führte nicht nur dazu, dass sich die betriebliche Realität grundlegend veränderte, sondern auch zu Pfadabhängigkeiten, deren Konsequenzen die Verantwortlichen nur schwerlich absehen konnten. So waren „Gastarbeiter" grundsätzlich mobiler als deutsche Beschäftigte, weshalb sie weit eher als diese geneigt waren, ihren Arbeitsplatz zu wechseln. Die angeworbenen ausländischen Arbeitskräfte benötigten in der Regel zudem eine Unterbringungsmöglichkeit, während dies nur auf einen vergleichsweise geringen Teil der deutschen Beschäftigten zutraf. Gleichzeitig sah die Unternehmensleitung die Gefahr, dass die Produktqualität aufgrund des Ausländereinsatzes abnehmen könnte. Ebenso kam es zu zwischenmenschlichen Problemen mit deutschen Belegschaftsangehörigen. Zunächst wird der allgemeine gesellschaftliche und soziale Rahmen der Ausländeranwerbung und -beschäftigung beschrieben, bevor im darauffolgenden Teil der Ausländereinsatz bei den Bayerischen Motoren Werken dargestellt wird.

5.1 Die Beschäftigung ausländischer Arbeitskräfte und der Prozess der Unterschichtung

Den Beginn der „Gastarbeiterbeschäftigung" in der Bundesrepublik markierte das deutsch-italienische Anwerbeabkommen aus dem Jahr 1955. Am Ende dieses Jahres lag die bundesdeutsche Arbeitslosenquote bei 5,1 Prozent. Was das für die westdeutsche Industrie relevante Arbeitsmarktsegment betraf, hatte diese Ziffer jedoch nur einen bedingten Aussagewert, da die Zahl der männlichen Arbeitskräfte, die für die schweren körperlichen Tätigkeiten hauptsächlich benötigt wurden, bereits auf 1,8 Prozent geschrumpft war. Zudem waren regionale Differenzen gegeben, da in Gebieten mit hohem Industrialisierungsgrad weit niedrigere Erwerbslosenziffern zu verzeichnen waren als in schwach industrialisierten Regionen.[1] Zusammengenommen bedeutete dies, dass in absehbarer Zeit zu wenige mobilisierbare Arbeitskräfte verfügbar sein würden. Es waren jedoch zunächst primär Vertreter der landwirt-

[1] Herbert: Ausländerpolitik, S. 202.

schaftlichen Verbände, die sich durch die Rekrutierung von ausländischen Arbeitskräften eine Verbesserung der Arbeitsmarktlage erhofften.[2] Abgesehen davon ging die Initiative für das Abkommen von der italienischen Regierung aus.[3] Zudem waren für Bundeswirtschaftsminister Ludwig Erhard auch, wenn nicht sogar in erster Linie, handelspolitische Aspekte für den Abschluss des Vertrags auschlaggebend.[4] Es kann daher kaum verwundern, dass die unmittelbaren quantitativen beschäftigungspolitischen Effekte – vor allem im industriellen Sektor – anfangs nur gering ausfielen. Dennoch markierte das deutsch-italienische Anwerbungsabkommen einen Wendepunkt in der bundesdeutschen Arbeitsmarktpolitik. Die Öffnung des Arbeitsmarkts für ausländische Arbeitskräfte trug zu einem „langsamen Prozeß der Normalisierung der Ausländerbeschäftigung bei“[5] und diente als Vorbild für weitere bilaterale Anwerbeabkommen – 1960 mit Spanien und Griechenland, 1961 mit der Türkei und 1968 mit Jugoslawien –, deren beschäftigungspolitische Folgewirkungen weit größer sein sollten.

Die Auswirkungen, welche die „Gastarbeiterbeschäftigung“ auf die Arbeitsmarktentwicklung hatte, wurden erst in den 1960er Jahren augenfällig. Zwischen 1959 und 1965 nahm die Zahl der „Gastarbeiter“ im Bundesgebiet um eine Million zu, während die Gesamtzahl der westdeutschen Erwerbspersonen seit dem Jahr 1962 zu sinken begann.[6] Spätestens als mit dem Mauerbau 1961 der Zustrom von DDR-Flüchtlingen versiegte, blieb als einzige Alternative die verstärkte Zuwanderung von ausländischen Arbeitskräften. Öffentlichkeit, Politik sowie Arbeitgeberverbände und Gewerkschaften betrachteten den Aufenthalt der „Gastarbeiter“ in der Bundesrepublik von Beginn an als temporäres Phänomen. Als „Flexibilitätsreserve“[7] wies man den Angeworbenen primär Ersatz-, Erweiterungs- und Pufferfunktionen zu,[8] weshalb eine dauerhafte Bleibeoption gar nicht in Betracht ge-

2 Lee, Yong-Il: Die Ausländerbeschäftigung als ein Bestandteil des deutschen Produktionsregimes für die industrielle Wachstumsgesellschaft 1955–1973. Die offene Arbeitsmarktpolitik der BRD im Vergleich mit der geschlossenen Arbeitsmarktpolitik Japans, Münster 2011, S. 67–68.

3 Schönwälder, Karen: Einwanderung und ethnische Pluralität. Politische Entscheidungen und öffentliche Debatten in Großbritannien und der Bundesrepublik von den 1950er Jahren bis zu den 1970er Jahren, Essen 2001, S. 247.

4 Steinert, Johannes-Dieter: Migration und Politik. Westdeutschland – Europa – Übersee 1945–1961, Osnabrück 1995, S. 284–289. Eine Relativierung von Steinerts These, Erhards Vorgehen wäre ausschließlich reaktiv und handelspolitisch motiviert gewesen, unternimmt Sala, Roberto: Vom „Fremdarbeiter“ zum „Gastarbeiter“. Die Anwerbung italienischer Arbeitskräfte für die deutsche Wirtschaft (1938–1973), in: Vierteljahrshefte für Zeitgeschichte 55 (2007), S. 93–120, hier S. 95–98.

5 Die Beschäftigung ausländischer ArbeitskräfteDohse, Knuth: Ausländische Arbeiter und bürgerlicher Staat. Genese und Funktion von staatlicher Ausländerpolitik und Ausländerrecht. Vom Kaiserreich bis zur Bundesrepublik Deutschland, Königsstein/Ts. 1981, S. 176–177, Zitat von S. 177.

6 Herbert: Ausländerbeschäftigung, S. 194–195.

7 Herbert: Ausländerpolitik, S. 206.

8 Bade, Klaus J.: Einheimische Ausländer: ‚Gastarbeiter‘ – Dauergäste – Einwanderer, in: Ders. (Hrsg.): Deutsche im Ausland – Fremde in Deutschland. Migration in Geschichte und Gegenwart, München 1992, S. 393–401, hier S. 395; Biller, Martin: Die wirtschaftssektorale Vertei-

zogen wurde.[9] Überhaupt stand in der öffentlichen Diskussion vor allem das ökonomische Nutzenargument im Zentrum.[10] Dies galt insbesondere für Krisenzeiten, was sich etwa in der Rezession von 1966/67 bewahrheiten sollte, als Unternehmen in der Regel primär ausländischen Belegschaftsmitgliedern kündigten. Die „Gastarbeiter" erwiesen sich so als Komplemente zur deutschen Stammbelegschaft.[11] Da der Aufenthalt der ausländischen „Gäste" somit konjunkturabhängig war, musste seine Dauer unbestimmt bleiben. Verstärkt durch die Tatsache, dass eine öffentliche Debatte über dieses Thema ausblieb, befanden sich die angeworbenen Arbeitnehmer in einem permanenten Ungewissheitszustand.[12]

Der massenhafte Zuzug von ausländischen Erwerbspersonen veränderte die sozialstrukturelle und ethnische Zusammensetzung der bundesdeutschen Arbeiterschaft im Laufe der 1960er Jahre einschneidend. Zu Beginn der 1970er Jahre und damit am Ende der „Gastarbeiterära"[13] waren zwei Millionen beziehungsweise 16 Prozent aller Arbeiter in der Bundesrepublik ausländischer Herkunft.[14] Sie konzentrierten sich dabei im sekundären Sektor, in welchem im Jahr 1965 knapp 85 Prozent der ausländischen Arbeiter beschäftigt waren. Dieser Wert nahm zwischen 1965 und 1967 zwar um rund 6,5 Prozent ab, stieg nach der Rezession 1966/67 jedoch erneut an.[15] Der größte Teil der ausländischen Arbeitskräfte war im produzierenden Gewerbe beschäftigt.[16] Während der 1960er Jahre stieg die Ausländeranzahl in diesem Erwerbsbereich von 320 020 auf 1 452 649 an, was einer Zuwachsrate von 354 Prozent entspricht. Im selben Zeitraum nahm die Anzahl der deutschen Arbeitskräfte von 9 659 980 um neun Prozent auf 8 786 788 ab. Die Gesamtpersonenzahl im produzierenden Gewerbe erhöhte sich somit um 2,3 Prozent – eine Entwicklung, die allein durch die massenhafte Einstellung von „Gastarbeitern" ermöglicht wurde.[17]

Während im Jahr 1966 90 Prozent der männlichen Ausländer als Arbeiter beschäftigt waren, betrug diese Zahl bei den männlichen Deutschen nur 49 Pro-

lung der ausländischen Erwerbstätigen, in: Johannes Chr. Papalekas (Hrsg.): Die Ausländerfrage. Gastarbeiter im Spannungsfeld von Integration und Reintegration, Herford 1983, S. 23–40, hier S. 24.

9 Trede, Oliver: Gewerkschaften und Arbeitsmigration in der Bundesrepublik – zwischen Misstrauen und Integration, in: Deutschland Archiv 2016, Bonn 2017, S. 83–94, hier S. 87.

10 Knorz, Heike: Diplomatische Tauschgeschäfte. „Gastarbeiter" in der westdeutschen Diplomatie und Beschäftigungspolitik 1953–1973, Köln, Weimar u. Wien 2008, S. 33–34.

11 Bauer, Thomas u. Zimmermann, Klaus F.: Gastarbeiter und Wirtschaftsentwicklung im Nachkriegsdeutschland, München 1996, S. 24.

12 Steinert, Johannes-Dieter: Arbeit in Westdeutschland: die Wanderungsvereinbarungen mit Italien, Spanien, Griechenland und der Türkei und der Beginn der organisierten Anwerbung ausländischer Arbeitskräfte, in: Archiv für Sozialgeschichte 35 (1995), S. 197–209, hier S. 209.

13 Sala: „Fremdarbeiter", S. 200.

14 Mooser: Arbeiterleben, S. 40.

15 Lee: Ausländerbeschäftigung, S. 253–254.

16 „Produzierendes Gewerbe" bezeichnet hier alle industriellen Wirtschaftsbereiche mit Ausnahme der Bauindustrie.

17 Lee: Ausländerbeschäftigung, S. 256–257; siehe auch: Bundesanstalt für Arbeit: Repräsentativuntersuchung '72 über die Beschäftigung ausländischer Arbeitnehmer im Bundesgebiet und ihre Familien- und Wohnverhältnisse, Nürnberg 1973, S. 8.

zent.[18] Das Gros der Angeworbenen bestand aus unqualifizierten Arbeitskräften, also solchen, die zuvor keine industrielle Ausbildung absolviert hatten. Im Jahr 1966 arbeiteten 72 Prozent aller ausländischen Männer als an- oder ungelernte Arbeitskräfte.[19] Dies sollte sich auch in den Folgejahren nicht wesentlich ändern. 1972 waren knapp 70 Prozent der männlichen ausländischen Arbeitnehmer als an- oder ungelernte Kräfte tätig. Was die weiblichen Arbeitnehmer betraf, lag dieser Anteil sogar bei knapp 80 Prozent.[20] Als weitgehend unqualifizierte Produktionsarbeit war die Erwerbstätigkeit der meisten „Gastarbeiter“ von manueller Repetitivarbeit geprägt. Konkret bedeutete dies, dass ihre Tätigkeit innerhalb der Industriebetriebe im Vergleich zur deutschen Arbeitnehmerschaft sehr viel häufiger in schweren körperlichen und monotonen Verrichtungen an tendenziell schmutzigen und lärmintensiven Arbeitsplätzen bestand. Fließband-, Akkord- und Schichtarbeit waren hier weit öfter anzutreffen als an Facharbeitsplätzen, die Gefahr von Arbeitsunfällen war im Gesamtdurchschnitt etwa doppelt so hoch. Gleichzeitig waren die Aufgabenbereiche weniger sozial angesehen und die Durchschnittslöhne am niedrigsten.[21]

Das Hineindrängen der angeworbenen ausländischen Arbeiter in die niedrigste Stufe der Betriebshierarchie setzte eine soziale Verschiebung in Gang, die in der Konsequenz zu einem faktisch gespaltenen Arbeitsmarkt führte.[22] Obwohl die „Gastarbeiter“ tarif-, arbeits- und sozialrechtlich ihren deutschen Kollegen gleichgestellt waren,[23] besetzten sie überproportional häufig Arbeitsplätze, an denen Autochthone wegen der niedrigeren Löhne und der beschwerlicheren Arbeitsbedingungen zunehmend nicht mehr arbeiten wollten. Die Folge war ein Prozess, der als soziale „Unterschichtung“ bezeichnet werden kann: Die Immigranten traten „zum überwiegenden Teil in die untersten Positionen des sozialen Schichtsystems“ ein und bildeten „eine neue soziale Schicht unter der Schichtstruktur des Einwanderungskontextes“.[24] Dieser Prozess verhalf deutschen Arbeitnehmern zu

[18] Herbert: Ausländerpolitik, S. 213.

[19] Ebenda.

[20] Kühl, Jürgen: Die Bedeutung der ausländischen Arbeitnehmer für die Bundesrepublik Deutschland, in: Helga Reimann u. Horst Reimann (Hrsg.): Gastarbeiter, Berlin 1976, S. 23–42, hier S. 28.

[21] McRae, Verena: Die Gastarbeiter. Daten, Fakten, Probleme, München ^{2}1981, S. 71–74; Mehrländer, Ursula: Situation der ausländischen Arbeitnehmer und ihrer Familienangehörigen in der Bundesrepublik Deutschland. Repräsentativuntersuchung ’80, Bonn 1980, S. 223–227; Heckmann: Bundesrepublik, S. 185; Hunn, Karin: „Irgendwann kam das Deutschlandfieber auch in unsere Gegend …“. Türkische „Gastarbeiter“ in der Bundesrepublik Deutschland – von der Anwerbung bis zur Rückkehrförderung, in: Jan Motte u. Rainer Ohlinger (Hrsg.): Geschichte und Gedächtnis in der Einwanderungsgesellschaft. Migration zwischen historischer Rekonstruktion und Erinnerungspolitik, Essen 2004, S. 73–88, hier S. 78; Geiselberger, Siegmar: Schwarzbuch Ausländische Arbeiter, Frankfurt a. M. 1972, S. 28.

[22] Hinken: Gastarbeiter, S. 261.

[23] Franz, Fritz: Die Rechtsstellung der ausländischen Arbeitnehmer in der Bundesrepublik Deutschland, in: Ernst Klee (Hrsg.): Gastarbeiter. Analysen und Berichte, Frankfurt a. M. 1972, S. 36–58, hier S. 37.

[24] Hoffmann-Nowotny, Hans-Joachim: Soziologie des Fremdarbeiterproblems. Eine theoretische und empirische Analyse am Beispiel der Schweiz, Stuttgart 1973, S. 52.

einem Aufstieg in gehobene Positionen, ohne dass personelle Lücken im Produktionssektor entstanden.[25] Die „Erhöhung der [sozialen] Mobilitätschancen großer Teile der einheimischen Bevölkerung“[26] ermöglichte die Höherqualifizierung deutscher Arbeitskräfte, was bedeutete, dass diese Beschäftigtengruppe zu – ebenso dringend benötigten – Facharbeitern und (leitenden) Angestellten beziehungsweise Beamten aufsteigen konnten.[27] Während der Boomphase verringerte sich der Anteil der Lohnarbeiter an den abhängig Beschäftigten von 51 Prozent (1955) auf 48 Prozent (1960) beziehungsweise 47 Prozent (1970). Der Anteil der Angestellten und Beamten stieg im gleichen Zeitraum von 23 auf 36 Prozent.[28] In absoluten Zahlen ausgedrückt, wechselten zwischen 1960 und 1970 etwa 2,3 Millionen Deutsche von Arbeiter- in Angestelltenpositionen.[29] Was der Soziologe Helmut Schelsky als „soziale Mobilität innerhalb der deutschen Sozialverfassung“ und damit als „Entschichtungsvorgang“ begriff – als „Abbau der Bedeutung gesellschaftlicher Schichten überhaupt“ –,[30] wurde faktisch durch den Preis der Herausbildung und Fixierung einer „neuen Unterschicht“[31] innerhalb der Arbeiterschaft erreicht.

Die sozialpsychologischen und -kulturellen Auswirkungen des Unterschichtungsprozesses für die gesellschaftliche Integration der ehemals exterritorialen deutschen Arbeiterklasse[32] können in diesem Zusammenhang kaum überschätzt werden. Greift man auf die Terminologie des Soziologen Friedrich Heckmann zurück, so bezeichnet „Sozialstruktur“ nämlich nicht nur die „die objektive Gliederung der Bevölkerung, die sich aus der Stellung im Arbeits-Produktionsprozeß ergibt“, sondern darüber hinaus als zweite Dimension die soziale Lage einer Gesellschaftsgruppe. Die „soziale Lage“, die mit der ersten Bedeutungsdimension in starkem Zusammenhang steht, meint das

„Ensemble der Lebensverhältnisse außerhalb des Arbeits-Produktionsprozesses, vor allem die Einkommensverhältnisse und die soziale Sicherung der jeweiligen Bevölkerungsgruppen, ihre Wohnweise, ihre Ausbildungs-Qualifikationschancen, Familienverhältnisse, kulturelle Aktivitäten und deren institutionelle Verhältnisse, sowie, damit zusammenhängend, den Charakter und die Anzahl sozialer Verkehrskreise.“

[25] Bade: Ausländer, S. 395.
[26] Hoffmann-Nowotny: Soziologie, S. 57.
[27] Herbert, Ulrich u. Hunn, Karin: Gastarbeiter und Gastarbeiterpolitik in der Bundesrepublik. Vom Beginn der offiziellen Anwerbung bis zum Anwerbestopp (1955–1973), in: Axel Schildt, Detlef Siegfried u. Karl Christian Lammers (Hrsg.): Dynamische Zeiten. Die 60er Jahre in den beiden deutschen Gesellschaften, Hamburg 2000, S. 273–310, hier S. 276; Berger, Peter A.: Neue Erwerbsklassenbildung in der Ausweitung der Lohnarbeit, in: Klaus Tenfelde (Hrsg.): Arbeiter im 20. Jahrhundert, Stuttgart 1991, S. 665–693, hier S. 687.
[28] Schildt, Axel: Materieller Wohlstand – pragmatische Politik – kulturelle Umbrüche. Die 60er Jahre in der Bundesrepublik, in: Ders., Detlef, Siegfried u. Karl Christian Lammers (Hrsg.): Dynamische Zeiten. Die 60er Jahre in beiden deutschen Gesellschaften, Hamburg 2000, S. 21–53, hier S. 25.
[29] Herbert: Ausländerpolitik, S. 213.
[30] Schelsky: Bedeutung, S. 328.
[31] Mooser: Arbeiterleben, S. 42.
[32] Zum hier verwendeten Klassenbegriff siehe Kapitel 2.3 der vorliegenden Arbeit.

Als dritte Dimension des Sozialstrukturbegriffs nennt Heckmann die „Situation“, womit er auf Schwankungen in der sozialen Lage abhebt.[33]

Vergleicht man den ausländischen und deutschen Bevölkerungsteil hinsichtlich der drei genannten sozialstrukturellen Dimensionen, so wird deutlich, dass sich nicht nur die Erwerbs- und Arbeitsrealität, sondern auch der „Lebensstil“, begriffen als „bestimmter Ausdruck der Ungleichheit zwischen Menschen“,[34] in grundlegender Weise unterschied. Für immer größere Bevölkerungskreise innerhalb Westdeutschlands kristallisierte sich so etwas wie ein „fordistischer Lebenslauf“ als Normbiografie heraus, welche von distinkten und aufeinanderfolgenden Lebensphasen wie Schule und Ausbildung sowie Erwerbstätigkeit und Ruhestand geprägt war.[35] Es handelte sich dabei tendenziell um eine Standard-Lebensform, in welcher die – wiederum klar unterschiedenen – Sphären der Arbeit und des Konsums beziehungsweise der Freizeit in einem relativ ausgewogenen Verhältnis standen.[36] Diese „Wohlstandsbalance“[37] resultierte zum einen aus Einkommenserhöhungen und Arbeitszeitverkürzungen, die ab Mitte der 1950er Jahre wirksam geworden waren, zum anderen aus vergleichsweise homogenisierten, standardisierten und damit berechenbaren (männlichen) Erwerbsbiografien (langjährige, wenn nicht lebenslange Anstellung bei einem Betrieb) und Alltagsstrukturen (geregelte Arbeitszeiten und fester Wohnsitz).[38] Diese Entwicklung, welche die Bundesregierung durch den Ausbau des Sozialstaats flankierte, prägte auch das sozialkulturelle Leben und hier insbesondere die private und familiäre Sphäre: Die „familiengerichtet[e] Lebensweise“,[39] in welcher der Ehemann die Funktion des alleinigen „Ernährers“ qua Lohnarbeit einnahm, während die Ehefrau die Pflege des häuslich-privaten Bereichs übernahm, kann als sozialkulturell-biografisches Ideal der fordistischen Ära gelten. Die kinderreiche Familie fungierte hierbei als Leitbild.[40]

In dem Maße, in welchem die Sphäre der Erwerbstätigkeit durch Einkommenssteigerung, Arbeitszeitreduktion und Arbeitsplatzsicherheit tendenziell ih-

[33] Heckmann: Bundesrepublik, S. 143–144.

[34] Lüdtke, Hartmut: Expressive Ungleichheit. Zur Soziologie der Lebensstile, Opladen 1989, S. 19.

[35] Wirsching, Andreas: Erwerbsbiographien und Privatheitsformen. Die Entstandardisierung von Lebensläufen, in: Thomas Raithel, Andreas Rödder u. Andreas Wirsching (Hrsg.): Auf dem Weg in eine neue Moderne? Die Bundesrepublik Deutschland in den siebziger und achtziger Jahren, München 2009, S. 83–97, hier S. 85.

[36] Wirsching, Andreas: Konsum statt Arbeit? Zum Wandel von Individualität in der modernen Massengesellschaft, in: Vierteljahrshefte für Zeitgeschichte 57 (2009), S. 171–199, hier S. 171.

[37] Wirsching: Konsum, S. 172

[38] Raphael, Lutz: Arbeitsbiografien und Strukturwandel „nach dem Boom“. Lebensläufe und Berufserfahrungen britischer, französischer und westdeutscher Industriearbeiter und -arbeiterinnen von 1970 bis 2000, in: Geschichte und Gesellschaft 43 (2017), S. 32–67, hier S. 36.

[39] Deppe, Wilfried: Drei Generationen Arbeiterleben. Eine sozio-biographische Darstellung, Frankfurt a. M. u. New York 1982, S. 309.

[40] Siehe hierzu vor allem die empirischen Befunde zu jungen, nach 1945 sozialisierten Facharbeitern: Ebenda, S. 295–309.

ren physisch wie psychisch belastenden und damit alltagsprägenden Charakter verlor, entwickelte sich der ehemals von den Beschwernissen seines Klassenschicksals „niedergedrückte" und weitgehend mittellose Proletarier vergangener Tage zum kaufkräftigen Konsumbürger.[41] Der mit dem Boom einsetzende und diesen in erheblichem Maße bedingende Massenkonsum fand seine Träger nämlich nicht zuletzt in der deutschen Arbeiterschaft. Das vielbeschworene „Ende der Proletarität" vollzog sich so gesehen auch, aber nicht primär über den Bereich der Arbeit, sondern vor allem auf der Ebene der Konsumtion. „Konsum" ist hier in materieller und geistig-kultureller Hinsicht zu verstehen. So diagnostizierte Schelksy schon zu Beginn der 1950er Jahre, dass „der universale Konsum der industriellen und publizistischen Massenproduktionen" dafür sorge, dass „fast jedermann seinen Fähigkeiten angemessen das Gefühl entwickeln kann, nicht mehr ganz ‚unten' zu sein, sondern an der Fülle und dem Luxus des Daseins schon teilhaben zu können." In der „industriellen Massenproduktion von Konsum-, Komfort- und Unterhaltungsgütern" lag für Schelsky denn auch die „wirksamste Überwindung des Klassenzustandes" begründet.[42] Diese Entwicklung drückte sich nicht zuletzt auch in der Verbesserung der Wohnverhältnisse aus.[43] Indem Größe und Qualität der Wohnungen zunahmen, während sich gleichzeitig die durchschnittliche Bewohnerzahl verringerte, war die Möglichkeit des individuellen Rückzugs geschaffen, die eine Grundbedingung einer bürgerlichen Lebensweise darstellt.

Die Sozialbiografien der „Gastarbeiter" widersprachen dem fordistischen Leitbild in fundamentaler Art und Weise. Entsprechend ihrer Funktion als flexibel einsetzbare Reserve war ihre durchschnittliche Mobilitätsbereitschaft wesentlich höher als die ihrer deutschen Kollegen. So wechselten die ausländischen Beschäftigten ihren Arbeitsplatz häufiger und leisteten in Durchschnitt mehr Überstunden,[44] wobei ihre sozialstrukturellen Merkmale – sie waren überdurchschnittlich oft jung, männlich und ledig – hier begünstigend wirkten.[45] Ihre Arbeitsverträge

41 Wildt, Michael: Das Ende der Bescheidenheit. Wirtschaftsrechnungen von Arbeitnehmerhaushalten in der Bundesrepublik Deutschland 1950–1963, in: Klaus Tenfelde (Hrsg.): Arbeiter im 20. Jahrhundert, Stuttgart 1991, S. 573–610, hier S. 610. auch Wirsching: Konsum, S. 190.

42 Schelsky: Bedeutung, S. 328. Siehe auch: Ders.: Beruf und Freizeit als Erziehungsziele in der modernen Gesellschaft (1956), in: Ders.: Auf der Suche nach der Wirklichkeit. Gesammelte Aufsätze zur Soziologie der Bundesrepublik, München 1979, S. 182–206, hier insbesondere S. 198–199.

43 Kaelble, Hartmut: Sozialgeschichte Europas. 1945 bis zur Gegenwart, Bonn 2007, S. 100–101. Zu den proletarischen Wohnbedingungen zu Beginn des 20. Jahrhunderts am Beispiel am Beispiel der Stadt Dresdens siehe: Gransche, Elisabeth u. Wiegand, Erich: Zur Wohnsituation von Arbeiterhaushalten zu Beginn des zwanzigsten Jahrhunderts, in: Erich Wiegand u. Wolfgang Zapf (Hrsg.): Wandel der Lebensbedingungen in Deutschland. Wohlfahrtsentwicklung seit der Industrialisierung, Frankfurt u. New York 1982, S. 425–469.

44 Heckmann: Bundesrepublik, S. 185.

45 Pöhlmann, Hartmut: Wachstumseffekte und wachstumspolitische Beurteilung der Gastarbeiterbeschäftigung in der Bundesrepublik Deutschland, Würzburg [1974], S. 138; Dunkel u. Stramaglia-Faggion: „50 Mark", S. 35.

beliefen sich in der Regel auf ein Jahr und wurden, wenn überhaupt, nur kurzfristig verlängert. Da die ausländischen Arbeitskräfte in den meisten Fällen nicht nur regelmäßige Geldüberweisungen ins Heimatland tätigten, sondern auch mit einer baldigen Rückkehr rechneten, sparten sie mehr und konsumierten weniger, wobei Letzteres schon durch ihre durchschnittlich geringeren Einkommen bedingt war.[46] Die Familie war oftmals im Herkunftsland zurückgeblieben, weshalb ausländische Arbeitnehmer weniger in familiäre Strukturen eingebunden waren und häufig Ledigenexistenzen führten. Hinzu kommt, dass die Wohnsituation von Kleinräumigkeit und Enge geprägt war und der Wohnraum nicht selten unmittelbar an den Arbeitsvertrag der Firma, bei der sie angestellt waren, gekoppelt war. Langfristige Planungen waren kaum möglich, da die Erwerbstätigkeit von konjunkturellen und damit nur schwer berechenbaren Entwicklungen abhing.

Fanden sich ausländische Arbeitskräfte verstärkt in einer solchen Konstellation wieder, so auch deshalb, da ihre arbeits- und aufenthaltsrechtliche Situation prekär war und die ethnische und kulturelle Herkunft als weitere Differenzkategorie eine zusätzliche Dynamik entwickelte.[47] Gemeint sind kulturalisierende und rassistische Zuschreibungen, welche die problematische Arbeits- und Lebenssituation der Ausländer mit vorgeblich naturhaften, ethnisch begründeten Hierarchisierungen rechtfertigten und ideologisch fixierten. Auch Verständigungsschwierigkeiten aufgrund mangelhafter oder gänzlich fehlender Sprachkenntnisse mögen hierzu einen zusätzlichen Teil beigetragen haben. Der Blick auf die spezifische Lage der ausländischen Arbeitskräfte sollte gleichwohl nicht dazu führen, die unqualifizierten deutschen Arbeiter, die von der fordistischen Aufstiegsentwicklung ebenfalls nur in Ansätzen profitierten, unter den Tisch fallen zu lassen. Niedrig entlohnte, körperlich belastende Einfacharbeit wurde nicht nur von ausländischen Beschäftigten verrichtet, auch wenn sich diese Gruppe überproportional stark in diesem Bereich konzentrierte. Bezogen auf die Sphäre der industriellen Produktion waren die Boom-Jahrzehnte vorwiegend „goldene Jahre für Facharbeiter“.[48]

5.2 „Gastarbeiter" bei BMW

Die Lage auf dem überaus angespannten Münchner Arbeitsmarkt brachte es mit sich, dass die ansässigen Industrieunternehmen zunehmend auf ausländische Arbeitskräfte angewiesen waren. Die Statistik zeigt, dass die Münchner Ausländerbe-

[46] Heckmann: Bundesrepublik, S. 186.

[47] Zur rechtlichen Situation siehe: Rittstieg, Helmut: Grundzüge des Aufenthaltsrechts, in: Gerhard Schult (Hrsg.): Einwanderungsland Bundesrepublik Deutschland?, Baden-Baden 1982, S. 29–38, und Franz, Fritz: Ausländerrecht – Kritische Bilanz und Versuch einer Neuorientierung, in: Hartmut Griese (Hrsg.): Der gläserne Fremde. Bilanz und Kritik der Gastarbeiterforschung und Ausländerpolitik, Opladen 1984, S. 73–88.

[48] Raphael: Arbeitsbiografien und Strukturwandel „nach dem Boom, in: Geschichte und Gesellschaft 43 (2017), S. 37.

völkerung in den 1960er Jahren im Jahresdurchschnitt um neun Prozent anstieg. Starke Ausschläge sind hierbei für die Jahre 1962 und 1969/70 zu verzeichnen, in denen die Zunahmen über 20 Prozent betrugen. Während der Rezession im Jahr 1967 ging die Ausländerpopulation dagegen um sieben Prozent zurück.[49] 1970 war im Landesarbeitsamtsbezirk München jeder siebte, 1972 jeder sechste Erwerbstätige Ausländer.[50] Aufs gesamte Jahrzehnt gerechnet ergab sich folgendes Bild: Wohnten im Jahr 1961 rund 80 000 Personen ausländischer Herkunft in der Region München, so waren es zehn Jahre später bereits fast 220 000 Personen.[51] Zu beachten ist allerdings, dass hierbei rund 70 000 Ausländer aus Staaten kamen, mit denen keine Anwerbeabkommen geschlossen worden waren, der Anteil der süd- und südosteuropäischen Arbeitsmigranten beziehungsweise „Gastarbeiter“ also knapp 150 000 Personen beziehungsweise 67 Prozent aller Ausländer umfasste.[52] Aufgrund dieser demografischen Entwicklung hatte die Stadt München in den 1970er Jahren den größten Ausländeranteil der Bundesrepublik.[53] Im Jahr 1961 waren 4,1 Prozent aller Beschäftigten in München ausländischer Herkunft, vier Jahre später waren es bereits neun Prozent und im Jahr 1971 bereits 17,6 Prozent.[54]

Die Bayerischen Motoren Werke waren auch hinsichtlich der Anstellung von ausländischen Arbeitskräften ein Spätstarter. Das Münchner Unternehmen stellte erst ab Mitte des Jahres 1962 in größerem Maße „Gastarbeiter“ ein, womit es diesen Schritt erst sechs bis sieben Jahre nach dem ersten Anwerbeabkommen mit Italien vollzog. Bis zum Jahr 1960 hatte sich die Ausländerbeschäftigung in der Bundesrepublik jedoch generell im relativ niedrigen Bereich bewegt – erst ab 1961/62 nahm sie stark zu.[55] Auch bei BMW war die Zahl der ausländischen Beschäftigten mit 369 (1960) beziehungsweise 224 (1961) unmittelbar zu Beginn der 1960er Jahre äußerst gering.[56] Es ist jedoch anzunehmen, dass es sich hierbei nur

49 Landeshauptstadt München/Stadtentwicklungsreferat: Kommunalpolitische Aspekte des wachsenden ausländischen Bevölkerungsanteils in München – Problemstudie, S. 34.

50 Zorn, Wolfgang: Bayerns Gewerbe, Handel und Verkehr (1806–1970), in: Alois Schmid (Hrsg.): Handbuch der bayerischen Geschichte, *Bd. IV/2:* Das Neue Bayern. Von 1800 bis zur Gegenwart. Zweiter Teilband: Innere Entwicklung und kulturelles Leben, München 2007, S. 781–845, hier S. 841.

51 Landeshauptstadt München/Stadtentwicklungsreferat: Aspekte, S. 34. „Region München“ bedeutete hierbei das Stadtgebiet mitsamt den angrenzenden Landkreisen sowie der Stadt Freising.

52 Ebenda, S. 42 u. Tabelle 8. Zu den Zahlen der beschäftigten ausländischen Arbeitskräfte Ende der 1960er und Anfang der 1970er Jahre siehe: Huber, Peter: Ausländerbeschäftigung und Wirtschaftswachstum, Tübingen 1974, S. 33.

53 Prontera, Grazia: Munich – City of Immigration? Integration Policies and Italian Active Participation in Munich Political and Social Life through Italian Organizations in the 1970s, in: Martin Baumeister, Bruno Bonomo u. Dieter Schott (Hrsg.): Cities Contested. Urban Politics, Heritage, and Social Movements in Italy and West Germany in the 1970s, Frankfurt a. M. 2017, S. 147–166, hier S. 147–148.

54 Landeshauptstadt München/Stadtentwicklungsreferat: Aspekte, Tabelle 1.

55 Steinert: Arbeit, S. 200–205; Dunkel u. Stramaglia-Faggion: 50 Mark, S. 35 u. 41.

56 BMW UA 440, Statistiken BMW AG 1960–1969.

zu einem geringen Teil um „Gastarbeiter“ handelte, da im Jahr 1961 etwa auch rund 160 Österreicher bei BMW beschäftigt waren.[57] Von den 369 ausländischen Beschäftigten des Jahres 1960 waren erwiesenermaßen rund 150 „Gastarbeiter“. In größerem Maßstab warb BMW „Gastarbeiter“ allerdings erst im Jahr 1962 an.[58] Im November des Vorjahres hatte der Finanzvorstand Ernst Kämpfer auf einer Betriebsversammlung die Heranziehung ausländischer Arbeitskräfte angekündigt, falls die personelle Aufstockung aus dem Münchner Raum nicht gelingen sollte.[59] Da dies dann tatsächlich nicht gelang, diskutierte der Aufsichtsrat im Frühjahr 1962 die schwierige Situation auf dem Arbeitsmarkt. Die Diskussion zeigte, dass den Beteiligten schon hier weitgehend bewusst war, dass langfristig an einer verstärkten Anwerbung von ausländischen Arbeitskräften kein Weg vorbeiführen würde.[60] Aufgrund der in Angriff genommenen wirtschaftlichen Expansionsoffensive erhöhte sich die Anzahl der BMW-Mitarbeiter im Verlauf des Jahres 1962 von 224 auf 1709 Personen, bei denen es sich so gut wie ausschließlich um „Gastarbeiter“ handelte. Der Ausländeranteil an der Gesamtbelegschaft erhöhte sich damit von 3,3 auf 18,6 Prozent.[61]

Aufgrund mangelnden Quellenmaterials bleiben die Modalitäten der „Gastarbeiteranwerbung“ durch BMW weitgehend im Dunkeln. Grundsätzlich boten sich dem Unternehmen zwei legale Möglichkeiten, ausländische Arbeitskräfte anzuwerben. Der offizielle Weg bestand darin, dass ein Unternehmen der Bundesanstalt für Arbeitsvermittlung und Arbeitslosenversicherung (BAVAV) die Zahl der benötigten Arbeitskräfte meldete. Die BAVAV leitete die Anfrage anschließend an die zuständige Verbindungsstelle des Anwerbelandes weiter, die sogenannte Deutsche Kommission. Das Unternehmen musste dabei angemessene Unterkünfte bereitstellen und den sogenannten Inländerprimat berücksichtigen, der eine Bevorzugung von deutschen Personen vorsah. Zudem mussten die Arbeitsverträge den tarifrechtlichen Standards der Bundesrepublik entsprechen.[62] Daneben existierte die Möglichkeit der Einzelanwerbung qua Sichtvermerk, den deutsche Konsulate im Ausland ausstellen konnten. In der Regel handelte es sich hierbei um Arbeitssuchende, die von Freunden oder Verwandten empfohlen worden waren.[63] Während der Weg über die BAVAV im Falle von italienischen Arbeitskräften derjenige war, der am häufigsten wahrgenommen wurde, bildete die Anwerbung über die deutschen Botschaften beziehungsweise Konsulate das am meisten genutzte Verfahren, wenn es um die übrigen „Gastarbeiterländer“ ging.[64]

[57] Diese waren allerdings in der Regel nicht in niedrigen betrieblichen Positionen, sondern vor allem im höheren Angestelltenbereich tätig; siehe: Schmidhofer: Personalpolitik, S. 35.

[58] BMW UA 415, Niederschrift über die Sitzung des Aufsichtsrates vom 20. November 1962.

[59] Protokoll über die Betriebsversammlung vom 37. November 1961, S. 3, Rede Ernst Kämpfer.

[60] BMW UA 415, Niederschrift über die Sitzung des Aufsichtsrates vom 17. April 1962.

[61] BMW UA 440, Statistiken BMW AG 1960–1969.

[62] Bauer, Thomas u. Zimmermann, Klaus F.: Gastarbeiter und Wirtschaftsentwicklung im Nachkriegsdeutschland, in: Jahrbuch für Wirtschaftsgeschichte 37 (1996), H. 2, S. 73–108, hier S. 77–78.

[63] Dohse: Arbeiter, S. 181–192.

[64] Sala: „Fremdarbeiter“, S. 111.

Die Bayerischen Motoren Werke wählten für die Anwerbung hauptsächlich den ersten Weg, also denjenigen über das Arbeitsamt beziehungsweise die Deutschen Kommissionen. Die Angeworbenen trafen nach meist langer Zugreise am Münchner Hauptbahnhof ein, wo sie ein BMW-Mitarbeiter abholte, um sie ins vorgesehene Quartier zu bringen. Hierbei waren auch Dolmetscher zugegen.[65] Im Falle Griechenlands, Jugoslawiens und der Türkei sandte das Unternehmen Vertreter der Personalabteilung in die Entsendeländer, um die Arbeitssuchenden selbst zu begutachten und auszuwählen. BMW besaß hierfür eine eigene Personalabteilung, die „Abteilung für ausländische Beschäftigte“. Dabei prüften die ins Ausland gesandten BMW-Mitarbeiter, welche Qualifikationen und Arbeitserfahrungen der Bewerber besaß, ob er die deutsche Sprache beherrschte, Lese- und Schreibfähigkeiten mitbrachte und ein gewisses Alter nicht überschritt.[66] Ein Angestellter der Personalabteilung, der mehrmals in die Türkei geschickt wurde, um dort eine Begutachtung des Bewerberfelds vorzunehmen, berichtete, dass das Unternehmen auf diese Weise pro Bewerbungswoche 600 bis 800 Personen ausgewählt hatte, die dann mit einem gesonderten Zug nach Deutschland gebracht wurden.[67]

BMW stellte ausländische Arbeitskräfte auch auf Leihbasis an. So waren etwa im Jahr 1964 im Mittel 85 Arbeitnehmer in München beschäftigt, die das Unternehmen von fremden Firmen gemietet hatte.[68] Es handelte sich hierbei um eine historisch frühe Form der „internen Externalisierung“, bei welcher der Arbeitseinsatz von externen Kräften unmittelbar in den betrieblichen Kernbereichen stattfindet.[69] Die geringe Zahl von durchschnittlich 85 Beschäftigten für das Jahr 1964 zeigt allerdings, dass es sich bei den Leiharbeitern im BMW-Werk um Ausnahmefälle handelte. Der Vorteil dieser Anstellungsform lag primär darin, dass sie „ad hoc gemietet werden“ konnten.[70] Eine betriebliche „Verschlankung“ im Sinne des betriebswirtschaftlichen *Outsourcings* war also offenbar nicht intendiert. Der erhöhte Kostenaufwand für die Leiharbeiter führte dazu, dass der Vorstand im Jahr 1965 griechische „Gastarbeiter“ an Arbeitsplätzen einsetzte, an denen zuvor geliehene Beschäftigte tätig waren, womit letztere durch regulär angestellte Kräfte ersetzt wurden.[71] Auch im Jahr 1966 veranlasste der Vorstand, angemietete Beschäf-

65 Theo G., ehemaliger „Gastarbeiter“ aus Griechenland, zit. nach Dunkel u. Stramaglia-Faggion, S. 94.

66 Interview mit Herrn Füber, Personalabteilung am 3. Februar 2000, in: Schmidhofer: Personalpolitik, Anhang; Karl Heinz M., ehemaliger Mitarbeiter des Personalbüros von BMW, zit. nach: Dunkel u. Stramaglia-Faggion: „50 Mark“, S. 73.

67 Karl Heinz M., ehemaliger Mitarbeiter des Personalbüros von BMW, zit. nach: Dunkel u. Stramaglia-Faggion: „50 Mark“, S. 73.

68 BMW UA 409, Niederschrift der Vorstandssitzung vom 22. März 1965, Protokoll Nr. 7/1965.

69 Siehe zum Begriff „interne Externalisierung“: Holst, Hajo u. a.: Zwei Logiken der Externalisierung – Fragmentierte Arbeit in der Forschung & Entwicklung der Automobilindustrie, in: Hajo Holst (Hrsg.): Fragmentierte Belegschaften. Leiharbeit, Informalisierung und Soloselbständigkeit in globaler Perspektive., Frankfurt a. M. 2017, S. 33–67, hier S. 43.

70 BMW UA 409, Niederschrift der Vorstandssitzung vom 22. März 1965, Protokoll Nr. 7/1965.

71 BMW UA 409, Niederschrift der Vorstandssitzung vom 22. Juni 1965, Protokoll Nr. 13/1965.

tigte aus Kostengründen „durch normale eigene Arbeiter“ zu ersetzen.[72] Die Fälle zeigen, dass BMW Arbeitskräfte auf Leihbasis für die Produktion rekrutierte, die geliehenen Arbeitskräfte jedoch durch reguläre ersetzte, sobald dies möglich war. Die Betriebszeitung der DKP, „Die Zündung“, berichtete im Jahr 1970, dass Arbeiter, die von Leihagenturen ausgeliehen waren, von den 8,50 DM, die BMW für sie zahlte, nur einen Betrag von 4,05 DM ausgezahlt bekamen. Den Restbetrag behielt angeblich die jeweilige Agentur ein.[73]

Im Jahr 1963 stieg die Zahl der „Gastarbeiter“ nur zögerlich an. Dennoch war mit einem Belegschaftsanteil von 23,5 Prozent zum November 1963 zwischenzeitlich beinahe jeder vierte BMW-Mitarbeiter „fremdsprachliche[r]“ Ausländer (die Quote entspricht also im Großen und Ganzen derjenigen der „Gastarbeiter“, da österreichische Beschäftigte hierbei abgerechnet sind).[74] Aufgrund von starken Fluktuationsschwankungen und den befristeten Arbeitsverträgen veränderte sich der Anteil der ausländischen Beschäftigten jedoch oftmals innerhalb kürzester Zeit. So ging die Belegschaftsquote der Mitarbeiter ausländischer Herkunft bereits zum Jahresende 1963 deutlich zurück. Mit 2010 Personen entsprach sie zu diesem Zeitpunkt einem Satz von 19,9 Prozent, was einen Rückgang von 3,6 Prozent gegenüber dem prozentualen Anteil vom November 1963 entsprach. Gegenüber dem Vorjahresende hatte sich ihre Anzahl jedoch gleichzeitig um über 400 Personen erhöht.[75] Trotz der Bemühungen des Unternehmens, den Ausländeranteil zu begrenzen und vorwiegend deutsche Arbeitskräfte einzustellen,[76] stieg der Anteil der „Gastarbeiter“ bis zum Jahr 1966 deutlich an. Waren bei BMW Ende 1965 2657 Mitarbeiter und damit 24,0 Prozent ohne deutschen Pass, so betrug die Ausländerquote mit 3572 Mitarbeitern im folgenden Jahr 27,3 Prozent.[77]

Im Kontext des Personalabbaus während der Rezession von 1966/67, der hauptsächlich durch den Nichtersatz der Fluktuation bewerkstelligt wurde, verringerte sich der Ausländeranteil bei den Bayerischen Motoren Werken schlagartig. Im Laufe des Jahres 1967 ließ BMW die Belegschaftszahl insgesamt um 906 Lohnarbeiter (von 10 069 auf 9163) abfallen. Gleichzeitig verringerte sich die Anzahl der „Gastarbeiter“ um 1231 Personen,[78] was darauf hindeutet, dass die Ausländerfluktuation vorwiegend mit deutschen Kräften ersetzt worden war. Damit waren am Ende des Jahres 1967 ein Drittel weniger Ausländer bei BMW beschäftigt als ein Jahr zuvor. Der Anteil der deutschen Arbeiter stieg dagegen prozentual an. Dass die Dingolfinger Belegschaft, die von BMW im Zuge des Erwerbs der GLAS GmbH 1966/67 übernommen worden war, so gut wie ausschließlich aus deut-

[72] BMW UA 411, Niederschrift der Vorstandssitzung vom 23. Oktober 1966, Protokoll Nr. 33/1966.

[73] „Hilfsarbeiter – 8,50 pro Stunde“, in: Die Zündung, Nr. 7, Mai 1970, S. 7. Der Zeitungsbestand findet sich im Archiv der Münchner Arbeiterbewegung: AdMA, 32/10/4, Die Zündung.

[74] BMW UA 415, Stenogramm der Aufsichtsratssitzung vom 21. November 1963.

[75] BMW UA 440, Statistiken BMW AG 1960–1969, S. 11.

[76] BMW UA 415, Stenogramm der Aufsichtsratssitzung vom 21. November 1963.

[77] BMW UA 440, Statistiken BMW AG 1960–1969.

[78] Ebenda.

schen Arbeitnehmern bestand,[79] verstärkte diese Entwicklung zusätzlich. Damit zeigte sich während der Rezession 1966/67 bei BMW, was hinsichtlich des bundesdeutschen Arbeitsmarkts insgesamt zu beobachten war.[80] Das ausländische Belegschaftssegment fungierte als „personell[e] Einsatz- bzw. Abbaureserve",[81] den die betreffenden Unternehmen unter Wahrung des Betriebsfriedens und vermeintlich ohne soziale Folgekosten spontan reduzieren konnten.

Die komplementäre Reservefunktion, welche die „Gastarbeiter" auszufüllen hatten, zeigte sich in den Jahren nach 1967 dann ebenso deutlich – diesmal jedoch unter umgekehrten Vorzeichen. Nachdem die Rezession vorüber war, schnellte der Ausländeranteil erneut nach oben. In absoluten Zahlen gerechnet, erhöhte er sich im Jahr 1968 von 2341 auf 4016 Personen, was einer Steigerung von über 70 Prozent entsprach.[82] Der absolute Hauptteil fiel dabei auf das Münchner Werk, in welchem über ein Drittel der Belegschaft aus „Gastarbeitern" bestand.[83] Auch in den folgenden Jahren nahm die Beschäftigung von ausländischen Arbeitern bei BMW zu. So stieg die Gesamtbelegschaft des Unternehmens innerhalb der ersten acht Monate des Jahres 1969 um 2421 Personen an, wobei es sich ungefähr zur Hälfte um ausländische Arbeitnehmer handelte.[84] Da der Arbeitsmarkt weiter angespannt blieb, konstatierte die Firmenleitung im Frühjahr 1970, dass man zum Zwecke der Personalaufstockung weiterhin verstärkt auf Ausländer zurückgreifen müsse.[85] Aus diesem Grunde stieg der Ausländeranteil im Werk München im Februar 1971 auf rund 50 Prozent an.[86] Zum Jahresende 1972 stammte bereits über die Hälfte der Münchner Belegschaft aus dem Ausland.[87]

Verrechnet man die Anzahl der ausländischen Beschäftigten bei BMW nicht mit der Gesamtbelegschaft, sondern mit den Lohnempfängern, so wird deutlich, dass bereits zu Beginn der 1960er Jahre ein überproportional großer Teil der BMW-Arbeiterschaft „Gastarbeiter" waren. Im Jahr 1963 waren knapp ein Viertel aller BMW-Arbeiter (24,7 Prozent) ausländischer Herkunft, in den Jahren 1964 und 1965 stieg diese Zahl mit 28,2 beziehungsweise 31,1 Prozent spürbar an und belief sich schließlich im Jahr 1966 auf 35,5 Prozent, womit über ein Drittel der Lohnempfänger aus dem Ausland kamen.[88] Tatsächlich setzte das Unternehmen

79 Im Werk Dingolfing arbeiteten im Herbst des Jahres 1968 bei einer Belegschaftsstärke von 2491 Personen elf ausländische Arbeitnehmer; siehe: BMW UA 417, Niederschrift über die Sitzung des Aufsichtsrates vom 18. Dezember 1968.

80 Für VW siehe: Oswald, Anne von: „Venite a lavorare con la Volkswagen!" „Gastarbeiter" in Wolfsburg 1962–1974, in: Rosmarie Beier (Hrsg.): Aufbau West – Aufbau Ost. Die Planstädte Wolfsburg und Eisenhüttenstadt in der Nachkriegszeit, Berlin 1997, S. 199–209, hier S. 206.

81 Projektgruppe im WSI: Betriebliche Beschäftigungspolitik und gewerkschaftliche Interessenvertretung. Rationalisierung und Personalplanung als Konfliktfeld, Köln 1977, S. 168.

82 BMW UA 440 Statistiken BMW AG 1960–1969.

83 BMW UA 417, Niederschrift über die Sitzung des Aufsichtsrates vom 8. Mai 1969; BMW UA 417, Niederschrift über die Sitzung des Aufsichtsrates vom 18. Dezember 1968.

84 BMW UA 417, Niederschrift über die Sitzung des Aufsichtsrates vom 10. September 1969.

85 BMW UA 417, Niederschrift über die Sitzung des Aufsichtsrates vom 6. Mai 1969.

86 BMW UA 417, Niederschrift über die Sitzung des Aufsichtsrates vom 9. März 1971.

87 BMW UA 417, Niederschrift über die Sitzung des Aufsichtsrates vom 14. Dezember 1972.

88 BMW UA 440 Statistiken BMW AG 1960–1969; Eigene Berechnungen.

Ausländer vor allem in der Produktion ein, weshalb der Aufsichtsrat im Mai 1965 konstatierte, dass „der Anteil der Gastarbeiter bei unseren Fertigungslöhnern laufend zunimmt."[89] So sah man sich außerstande, die Personalplanung für das Jahr 1966, welche einen Bedarf von rund 1400 Produktionsarbeitern vorsah, ohne die massenhafte Rekrutierung von ausländischen Arbeitskräften zu bewerkstelligen. Deshalb sollte sich etwa die Hälfte dieser Neueinstellungen aus „Gastarbeitern" zusammensetzen.[90] Bereits im November des Jahres 1963, als deren Anteil an der Gesamtbelegschaft noch gut ein Viertel ausmachte, bezifferte das Vorstandsmitglied Wilhelm Gieschen den Ausländeranteil in der Produktion auf über 33 Prozent.[91]

Im Laufe der Jahre änderte sich diese Relation zugunsten der ausländischen Arbeitskräfte. Im Jahr 1968 waren über 50 Prozent der produktiven Arbeitskräfte bei BMW „Gastarbeiter".[92] Ein Jahr später bezifferte der Produktionsvorstand Gieschen den Ausländeranteil an den Fertigungslöhnern auf 63 Prozent.[93] Bei den in der Fertigung eingesetzten ausländischen Arbeitern handelte es sich hauptsächlich um un- beziehungsweise angelernte Kräfte, die zu einem überproportionalen Teil am Fließband arbeiteten. Die Personalabteilung berichtete im März 1965, dass „einzelne Bänder bis zu 70% mit Gastarbeitern besetzt" waren.[94] Mitte des Jahres 1967 arbeiteten in der Fertigung von Vorder- und Hinterachsteilen, in der in erster Linie angelernte Arbeitskräfte beschäftigt waren, zu 50 Prozent ausländische Arbeiter.[95] Dass ausländische Beschäftigte bei BMW primär als angelernte Kräfte angestellt waren, die zudem hauptsächlich am Fließband arbeiteten, wurde in der Aufsichtsratssitzung vom 8. November 1968 deutlich. Auf die Frage eines Aufsichtsratsmitglieds, ob angesichts der großen Anzahl von „Gastarbeitern" die Produktqualität gefährdet sei, antworteten das für den Bereich Produktion verantwortliche Vorstandsmitglied Gieschen und der Betriebsratsvorsitzende Golda, dass es hierbei keine Probleme gäbe, „weil infolge unseres 1,8-Minuten Taktes die Handgriffe weniger und die Anlernzeit kürzer geworden sind."[96]

Die *Arbeiter-Basis-Gruppen*, ein Zusammenschluss von linksradikalen BMW-Beschäftigten und nicht bei BMW angestellten „Externen", schrieben im Dezember 1969, dass „der Ausländeranteil bei den Abteilungen des Fließbandes, bei denen die physischen Anforderungen am höchsten sind", zwischen 70 und 90 Prozent liege.[97] Die *Gruppe Arbeitersache* berichtete kurze Zeit später, dass „[i]n der Lackiererei […]

[89] BMW UA 416, Niederschrift über die Sitzung des Aufsichtsrates vom 18. Mai 1965.
[90] BMW UA 416, Niederschrift über die Sitzung des Aufsichtsrates vom 16. März 1965.
[91] BMW UA 415, Niederschrift über die Sitzung des Aufsichtsrates vom 21. November 1963.
[92] BMW UA 417, Niederschrift über die Sitzung des Aufsichtsrates vom 18. Dezember 1968.
[93] BMW UA 417, Niederschrift über die Sitzung des Aufsichtsrates vom 6. Mai 1970.
[94] BMW UA 519, Aktennotiz. Betreff: Personalplanung 1966 – Schaffung von Wohnheimen und Wohnungen, 16. März 1965.
[95] BMW UA 416, Niederschrift über die Sitzung des Aufsichtsrates vom 16. Juni 1967.
[96] BMW UA 417, Niederschrift über die Sitzung des Aufsichtsrates vom 8. November 1968.
[97] IfZ-Archiv, ED 308-3-373, ABG: „Zur BMW-Betriebsstrategie oder Die Arbeit im Betrieb gut und gewissenhaft ausführen", Dezember 1969.

außer bei den Kontrollen nur Ausländer" arbeiteten. Gerade hier sei die Arbeit besonders schwer, die Arbeiter stünden „ständig unter einer Dunstglocke von Nitrodämpfen".[98] Die Unternehmensleitung sprach im September 1970 davon, dass in einzelnen Fertigungsbereichen ein Ausländeranteil von 60 bis 65 Prozent vorzufinden sei.[99] In den Jahren 1969, 1970 und 1971 berichtete der Betriebsratsvorsitzende Golda, dass in manchen Abteilungen beziehungsweise Meistereien zwischen 80 und 90 Prozent der Mitarbeiter Ausländer seien.[100] Bereits Mitte der 1960er Jahre, im Jahr 1966, hatte Golda den Ausländeranteil in bestimmten Bereichen mit 80 Prozent angegeben.[101] In einem Dokument aus dem Jahr 1969, welche das Einsatzverhältnis von Ausländern in den einzelnen betrieblichen Bereichen beziffert, liegen Anteile zwar nicht in der eben angegebenen Höhe. Die Aufstellung zeigt jedoch, dass ausländische Beschäftigte in überproportional hohem Maße in der unmittelbaren Produktion eingesetzt waren. In der Montage bewegte sich der Anteil ausländischer Mitarbeiter bei 54,9 Prozent, während es im Karosseriebau 59,2 Prozent, im Presswerk 59,3 Prozent, in der Lackiererei 60,5 Prozent, und in der Sattlerei schließlich 61,6 Prozent waren.[102] Es ist hierbei jedoch zu beachten, dass den einzelnen Bereichen auch Angestellte, Kontrolleure und Meister zugerechnet wurden, weshalb der Ausländeranteil in der unmittelbaren Produktion deutlich höher gelegen haben könnte.

Unter den ausländischen Belegschaftsmitgliedern bei BMW befanden sich sowohl männliche als auch weibliche Beschäftigte. Der Anteil letzterer kann für die Jahre bis 1968 nicht eruiert werden, weil geschlechterspezifische Angaben erst seit diesem Zeitpunkt vorliegen. Da die Personalabteilung über die Kommissionen ausschließlich männliche Arbeitskräfte anwarb, während sich Frauen selbstständig im Münchner Personalbüro bewerben mussten, ist jedoch davon auszugehen, dass ausländische Frauen bei BMW in den frühen 1960er Jahren nur in geringem Ausmaß beschäftigt waren.[103] Der Betriebsratsvorsitzende gab im November 1963 zu Protokoll, dass von rund 8000 Belegschaftsmitgliedern 1584 weiblich seien, worunter er explizit auch Ausländerinnen miteinbezog.[104] Im September 1968 waren 406 „Gastarbeiterinnen" im Münchner Werk beschäftigt, was einen Anteil von 12,1 Prozent der ausländischen Beschäftigten ausmachte.[105] Zwei Monate später,

98 IfZ-Archiv, ED 308-6, Gruppe Arbeitersache: „Verbindung von Tarifrunde und Spätschicht", undatiert.
99 BMW UA 417, Niederschrift über die Sitzung des Aufsichtsrats vom 4. September 1970.
100 BMW UA 512, Geschäftsbericht des Betriebsrats auf der Betriebsversammlung vom 28. April 1969; BMW UA 512 Geschäftsbericht des Betriebsrats auf der Betriebsversammlung vom 20. Juli 1970; BMW UA 417, Niederschrift über die Sitzung des Aufsichtsrats vom 16./17. Dezember 1971.
101 BMW UA 512, Geschäftsbericht des Betriebsrats auf der Betriebsversammlung vom 18. April 1966.
102 Nitsche: Integration, S. 50.
103 Interview mit Herrn Füber, Personalabteilung am 3. Februar 2000, in: Schmidhofer: Personalpolitik, Anhang.
104 BMW UA 415, Stenogramm der Aufsichtsratssitzung vom 21. November 1963.
105 BMW UA 417, Niederschrift über die Sitzung des Aufsichtsrates vom 8. November 1968.

im November 1968, waren es bereits 668 Frauen, was einen Anteil von 17,6 Prozent bedeutete.[106] Dieser Satz stieg bis zum Frühjahr 1971 auf 21 Prozent. Zu diesem Zeitpunkt arbeiteten 1114 „Gastarbeiterinnen“ bei BMW.[107]

Die allermeisten ausländischen Arbeitskräfte hatten keine Facharbeiterpositionen bei BMW inne. Der damalige Sachbearbeiter in der Personalabteilung und spätere Leiter dieser Abteilung (1976–1983), Eberhardt Sarfert, gab in seinem Buch über die „Kriminalität in einem Betrieb der Automobilindustrie“ an, dass nur rund drei Prozent der „Gastarbeiter“ eine Ausbildung genossen hatten, die dem eines deutschen Facharbeiters entsprach. Alle übrigen hätten „als ungelernte Kräfte mit geringerwertigen und damit schlechter entlohnten Arbeiten beauftragt werden müssen.“ Bis ins Jahr 1967 sei „noch kein Ausländer Vorarbeiter, geschweige denn Meister geworden.“[108] Legt man Sarferts Angaben zugrunde, so unterschritt BMW die Statistik für das gesamte Bundesgebiet: Im Jahr 1968 besetzten nämlich 13 Prozent der männlichen Fabrikarbeiter aus den Anwerbeländern einen qualifizierten Arbeitsplatz.[109] Ein relativ großer Teil fiel hierbei auf jugoslawische Arbeitnehmer, die im Jahr 1968 zu 55 Prozent als Facharbeiter in Westdeutschland tätig waren.[110] Auch BMW beschäftigte zu Beginn der 1970er Jahre rund 400 jugoslawische Facharbeiter, die das Unternehmen zu dieser Zeit direkt im Entsendeland ausbildete.[111] Bei den Verantwortlichen konnte die semantische Kopplung der Merkmale „ausländisch“ und „unqualifiziert“ beziehungsweise „deutsch“ und „Facharbeit“ dennoch als typisch gelten. In diesem Sinne sprach der Aufsichtsratsvorsitzende Herrmann Karoli auf der BMW-Hauptversammlung 1965 davon, dass es nicht genüge, nur „weitere Gastarbeiter zu verpflichten. Auch deutsche Fachkräfte werden benötigt.“[112]

Dass aus den Anwerbeländern nicht nur Einfacharbeitskräfte nach Deutschland kamen, sondern teilweise auch hoch spezialisierte Facharbeiter, zeigt das Beispiel einer Gruppe norditalienischer Karosseriespengler, die in den 1960er Jahren in München tätig war. Es handelte sich hierbei um Arbeiter, welche die italienischen Firmen Michelotti und Bertone nach München sendeten. Diese Kräfte sollten dort „gewisse Spezialarbeiten“ ausführen.[113] Die Bezahlung übernahm in der Regel der

[106] BMW UA 417, Niederschrift über die Sitzung des Aufsichtsrates vom 18. Dezember 1968.
[107] Schmidhofer: Personalpolitik, S. 48.
[108] Sarfert, Eberhard C.: Die Kriminalität in einem Betrieb der Automobilindustrie einer Großstadt Süddeutschlands in den Jahren 1958–1967, München 1972, S. 151. Bei dem von Sarfert untersuchten Betrieb, den der Autor nicht namentlich benennt, handelt es sich ohne Zweifel um das Stammwerk der Bayerischen Motoren Werke.
[109] Uhl: Rationalisierung, S. 359.
[110] Mattes, Monika: „Gastarbeiterinnen“ in der Bundesrepublik. Anwerbepolitik, Migration und Geschlecht in den 50er bis 70er Jahren, Frankfurt a. M. 2005, S. 202.
[111] BMW UA 417, Niederschrift über die Sitzung des Aufsichtsrates vom 16./17. Dezember 1971; Interview mit Herrn Füber, Personalabteilung am 3. Februar 2000, in: Schmidhofer: Personalpolitik, Anhang.
[112] BMW UA 267, Niederschrift über die 45. ordentliche Hauptversammlung vom 15. Juli 1965.
[113] BMW UA 521, Schreiben vom 10. Juni 1970, Betreff: Italienische Karosseriearbeiten; Umzug Barettini.

italienische Arbeitgeber, da diese formell nicht bei BMW unter Vertrag standen.[114] Aus diesem Grunde beklagte der Vorstand die „sehr komplizierte und aufwendige Entlohnung".[115] Da die italienischen Vertragsarbeiter zudem über befristete Halb- oder Einjahresverträge angestellt waren (die jedoch meist ununterbrochen verlängert wurden), bemühte sich die BMW-Personalabteilung ab 1969, „ein gleichwertiges Arbeitsteam mit eigenen Kräften" heranzubilden, um „vielleicht in 2 bis 3 Jahren auf die Italiener verzichten [zu] können."[116] Insofern als es sich dabei um spezifisch ausgebildete und begehrte Kräfte handelte, muss diese Beschäftigtengruppe allerdings als Ausnahmefall im Kontext der Ausländerbeschäftigung betrachtet werden.

Da die Betriebsleitung die ausländischen Arbeitskräfte in der Regel in Bereichen einsetzte, in denen die Lärm- und Schmutzbelastung am höchsten und die körperliche Anstrengung am belastendsten waren, verwundert es nicht, dass die Fluktuationsquote bei dieser Belegschaftsgruppe überdurchschnittlich hoch war.[117] Hinzu kamen allgemeine und strukturelle Faktoren wie Alter und Familiensituation, Sprach- und Verständigungsschwierigkeiten sowie die weitaus höhere örtliche Ungebundenheit.[118] So lag die Kündigungsquote der autochthonen Arbeitskräfte bei BMW im Jahr 1969 (April bis November) bei 14,5 Prozent, die der Ausländer dagegen bei 28,6 Prozent.[119] In den ersten acht Monaten des Jahres 1970 bezifferte sich die Quote bei Deutschen auf 15,4 Prozent, während sie bei Ausländern wiederum 25,8 Prozent betrug[120] – in beiden Fällen eine Differenz von über 10 Prozent. Ein Vergleich der Monate Januar und Februar 1971 hinsichtlich der deutschen und ausländischen Arbeitnehmer zeigt, dass die Fluktuationsrate bei Ausländern mit 7,9 Prozent mehr als fünfeinhalbmal so hoch war wie bei Inländern (1,4 Prozent).[121]

Sarfert bezifferte die unbereinigte Jahresquote der Ausländerfluktuation (ohne Berücksichtigung der Austrittsgründe) von 1962 bis 1967 auf 67 Prozent.[122] Diese Angaben entsprachen einerseits einem allgemeinen Trend, da die Fluktuation bei „Gastarbeitern" auch im Bundesdurchschnitt höher war als bei deutschen Arbeit-

114 BMW UA 521, Schreiben vom 12. April 1967, Betr.: Arbeitskräfte der Firma Michelotti.

115 BMW UA 521, Aktennotiz, Betr.: Einsatz von Mitarbeitern der Firmen Michelotti, Bertone und BMW-Italia (undatiert).

116 BMW UA 421, Schreiben Baldauf an Schneidler, Betr.: Firma Michelotti, 22. September 1969.

117 BMW UA 2204–1: „Meine lieben Mitarbeiterinnen und Mitarbeiter!", 11. 4. 1967 – Dr.Tr./ma.

118 Bundesvereinigung der Deutschen Arbeitgeberverbände: Magnet Bundesrepublik. Probleme der Ausländerbeschäftigung. Informationstagung der Bundesvereinigung der Deutschen Arbeitgeberverbände am 30. und 31. März 1966 in Bad Godesberg, Köln 1966, S. 164.

119 BMW UA 417, Belegschaft, Anlage 1 zur Niederschrift über die Sitzung des Aufsichtsrates vom 17. Dezember 1969.

120 BMW UA 417, Niederschrift über die Sitzung des Aufsichtsrates vom 4. September 1970.

121 BMW UA 417, Niederschrift über die Sitzung des Aufsichtsrates vom 9. März 1971.

122 Sarfert: Kriminalität, S. 152.

nehmern.[123] Andererseits lagen die relativen Unterschiede zwischen den beiden Belegschaftsgruppen bei BMW deutlich über den allgemeinen Durchschnittswerten. Eine Erhebung des Jahres 1963 ermittelte für das Bundesgebiet eine jährliche Quote von 23 Prozent und damit einen höheren Wert als bei Einheimischen.[124] Eine Repräsentativerhebung vom Herbst 1968 ergab wiederum, dass während ihres bisherigen Aufenthalts 61 Prozent der männlichen und 56 Prozent der weiblichen Arbeitskräfte aus den Anwerbeländern (ohne Jugoslawien) mehr als einen Arbeitgeber hatten, was bei einer durchschnittlichen Aufenthaltsdauer von rund 3,9 Jahren eine Fluktuationsrate von 15,6 Prozent bei männlichen beziehungsweise von 14,4 Prozent der weiblichen Beschäftigten ergab. Die Fluktuationsquote der Gesamtbeschäftigten des Bundesgebiets betrug im Jahr 1965 dagegen 11,8 Prozent (Männer: 12,5 Prozent; Frauen: 10,6 Prozent).[125]

Da ausländische Arbeitnehmer kaum im Angestelltenbereich tätig waren, in welchem die Fluktuation durchschnittlich geringer war,[126] können diese Zahlen allerdings nicht eins zu eins auf die Produktionsarbeiterschaft übertragen werden – vielmehr ist zu vermuten, dass die Fluktuationsquote auch bei geringqualifizierten Deutschen höher war als im Belegschaftsdurchschnitt. Dies ist auch insofern wahrscheinlich, als Vorstand und Aufsichtsrat die Fluktuation „zu einem großen Teil“ auf „die weniger attraktiven Arbeitsplätze“ zurückführten.[127] Dennoch verdeutlichen beispielsweise die Daten für die ersten vier Monate des Jahres 1971, dass die Fluktuationsquote auch innerhalb der Lohnarbeiterschaft differierte. Bei den deutschen Arbeitern lag sie in diesem Zeitraum bei 10,8 Prozent, bei den ausländischen bei 15,0 Prozent.[128] Insofern verwundert es nicht, dass die Unternehmensleitung das Fluktuationsproblem in der Regel mit dem Anstieg des Ausländeranteils in Verbindung brachte. Die hohen Fluktuationsraten bei ausländischen Arbeitern waren zur Zeit des westdeutschen Booms allerdings kein Phänomen, das sich auf BMW beschränkte. Dies zeigt ein Blick auf das Volkswagen-Werk in Wolfsburg. Hier differierten die Fluktuationsziffern von deutschen und ausländischen Lohnempfängern nämlich noch deutlicher als bei BMW. Zwischen 1962 und 1975 bewegte sich diese Ziffer bei Einheimischen im Durchschnitt um die fünf Prozent, während sie bei Ausländern durchschnittlich 57,2 Prozent betrug.[129]

[123] Stirn, Hans: Ausländer-Beschäftigung in Deutschland in den letzten 100 Jahren, in: Ders. (Hrsg.): Ausländische Arbeiter im Betrieb. Ergebnisse der Betriebserfahrung, Frechen bei Köln 1964, S. 9–69, hier S. 52–54.

[124] Bundesvereinigung der Deutschen Arbeitgeberverbände: Magnet, S. 164.

[125] Pöhlmann: Wachstumseffekte, S. 139.

[126] So betrug die Fluktuation im März 1972 bei Gehaltsempfängern 2,9 Prozent, während sie bei Lohnempfängern mit 7,2 Prozent mehr als doppelt so hoch lag; siehe: BMW UA 417, Niederschrift über die Sitzung des Aufsichtsrates vom 26. April 1972.

[127] BMW UA 417, Niederschrift über die Sitzung des Aufsichtsrates vom 9. März 1971.

[128] BMW UA 417, Niederschrift über die Sitzung des Aufsichtsrates vom 5. Mai 1971.

[129] Oswald: „Venite a lavorare con la Volkswagen!“, in: Beier (Hrsg.): Aufbau West – Aufbau Ost, S. 202. Die Krisenjahre des Unternehmens (1966, 1972 und 1974/75) sind hierbei nicht mit eingerechnet.

Vor dem Hintergrund des hohen Ausländeranteils an den Fertigungslöhnern – 63 Prozent im April 1970 – forderte die Unternehmensleitung, eine „etwas gesichertere Basis“ zu schaffen, indem Vertragsarbeiter eingestellt werden sollten, deren Verträge auf mindestens ein Jahr festgelegt waren.[130] Ganz offenbar nahmen die Verantwortlichen die im Zuge der hohen Fluktuation auftretende Planunsicherheit und Unberechenbarkeit als spezifisches Risiko der Ausländerbeschäftigung wahr. In diesem Zusammenhang berichtete auch der Betriebsratsvorsitzende Golda in der Aufsichtsratssitzung vom September 1970, dass 60 im Berliner Werk beschäftigte Jugoslawen nicht aus dem Betriebsurlaub zurückgekehrt waren,[131] was bei einer Belegschaftszahl von 800 Personen durchaus ins Gewicht schlagen musste. Ein gutes Jahr später bezog sich Golda erneut auf diesen Vorfall, als er die Beschäftigung von 400 jugoslawischen Facharbeitern problematisierte. Deren Einsatz betrachtete er als „[b]esonders kritisch“, da es „[n]ach Erfahrungen aus der jüngsten Vergangenheit [...] längerfristig nicht auszuschließen“ sei, „daß diese Mitarbeiter – möglicherweise schlagartig – zur Rückkehr in ihr Heimatland aufgefordert werden könnten.“[132] Die funktionale Fungibilität und hohe Mobilität der „Gastarbeiter“ erwies sich somit als zweischneidig: Einerseits waren ihre „Eigenschaften“ gefragt, da sich mit ihnen ein kurzfristiger Belegschaftsaufbau beziehungsweise -abbau scheinbar unproblematisch bewerkstelligen ließ; andererseits erschwerten ebendiese strukturellen Spezifika die langfristige Personalplanung.

Was die ethnische Struktur des ausländischen Belegschaftssegments betraf, so kamen im Frühjahr 1971 43,3 Prozent dieser Arbeitnehmer aus Griechenland, 32,1 Prozent aus der Türkei, 13,9 Prozent aus Jugoslawien und 5,8 Prozent aus Italien. Die übrigen 4,9 Prozent der ausländischen Beschäftigten bei BMW stammten aus weiteren 38 Ländern.[133] Sarfert sprach hinsichtlich der relativen Anteile der einzelnen Nationalitäten davon, dass von 1962 bis 1967 52 Prozent der ausländischen Arbeitnehmer aus Griechenland, 25 Prozent aus der Türkei, zehn Prozent aus Österreich und fünf Prozent aus Italien eingewandert waren.[134] Deutlich wird zum einen, dass nach dem deutsch-jugoslawischen Anwerbevertrag von 1968 Arbeitskräfte aus Jugoslawien hinzu kamen; zum anderen, dass die Zahlen des Jahres 1971 österreichische Beschäftigte ganz offensichtlich nicht berücksichtigten. Grundsätzlich steht zu vermuten, dass letztere nicht in gleichem Maße als „Ausländer“ wahrgenommen wurden wie Süd- oder Südosteuropäer. Dies bestätigte auch Sarfert mit seiner Aussage, österreichische Mitarbeiter würden „im betrieblichen Geschehen nicht als Ausländer behandelt“.[135]

Wie die betriebliche Einstellungspolitik insgesamt, so veränderte sich am Ende des Jahres 1973 der strategische Zugriff auf die „Gastarbeiter“. Der „generell[e]

130 BMW UA 417, Niederschrift über die Sitzung des Aufsichtsrates vom 5. Mai 1970.
131 BMW UA 417, Niederschrift über die Sitzung des Aufsichtsrates vom 4. September 1970.
132 BMW UA 417, Niederschrift über die Sitzung des Aufsichtsrates vom 16./17. Dezember 1971.
133 Schmidhofer: Personalpolitik, S. 40.
134 Sarfert: Kriminalität, S. 150–151.
135 Ebenda, S. 151.

Einstellstop“ sollte nämlich nicht für „Facharbeite[r] und gute deutsche Kräfte“ gelten,[136] betraf also vor allem an- und ungelernte sowie ausländische Beschäftigte. Da die Ausländer in der überwiegenden Mehrheit als Einfacharbeiter tätig waren, betraf der Einstellungsverzicht diese Beschäftigtengruppe in doppelter Weise. Hinzu kam, dass durch die seit Ende 1973 ansteigende Massenarbeitslosigkeit nun auch vermehrt deutsche Kräfte auf dem Arbeitsmarkt verfügbar waren, was die Notwendigkeit, ausländische Arbeitskräfte einzustellen, deutlich reduzierte.

5.3 Die Unterbringung der „Gastarbeiter"

Die angespannte Arbeitsmarktsituation brachte es in den 1960er Jahren mit sich, dass Unternehmen bei der Personalanwerbung auf Arbeitskräfte zurückgreifen mussten, deren Wohn- beziehungsweise Lebensmittelpunkt sich nicht am Ort des Betriebs befand. Möglich war dies zum einen, da eine zunehmende Anzahl von Berufstätigen aufgrund der in den 1960er Jahren einsetzenden Massenmotorisierung in der Lage war, längere Strecken mit dem eigenen Pkw zurückgelegen.[137] Der Blick auf BMW zeigt, dass im Jahr 1966 rund 2000 BMW-Belegschaftsmitglieder täglich nach München pendelten.[138] Das Unternehmen übernahm hierbei die gesamten Fahrtkosten bis zu den Einzugsbahnhöfen der Stadt.[139] Für Arbeitnehmer, die für ein tägliches Berufspendeln zu weit entfernt vom Betrieb wohnten, kam allerdings nur ein Wohnortwechsel in Betracht. In solchen Fällen stellte das Unternehmen, soweit es möglich war, Unterbringungsmöglichkeiten zur Verfügung. In den frühen und mittleren 1960er Jahren bezahlte BMW diesen Beschäftigten, wenn sie verheiratet waren, drei Heimfahrten in zwei Monaten; waren sie ledig, finanzierte das Unternehmen zwei Heimfahrten in drei Monaten.[140] In Zeiten des allgemeinen Arbeitskräftemangels war die Bereitstellung von unternehmenseigenen Wohnheimen und Werkswohnungen deshalb ein zentrales Steuerungsinstrument, das den Personalzugang beziehungsweise -abgang mit beeinflussen konnte. Um Arbeitskräfte auch von außerhalb rekrutieren zu können, stellte das Angebot von Wohnraum durch die Firma eine unerlässliche Bedingung dar. Daher handelt es sich bei diesem Themenkomplex um einen Teilbereich der Betriebspolitik.

Was die Wohnweise der Arbeiterbevölkerung in Westdeutschland betrifft, lassen sich drei Hauptformen unterscheiden, nämlich Privatwohnungen, Betriebsbeziehungswiese Werkswohnungen sowie betriebliche Wohnheime beziehungs-

[136] Niederschrift über die Vorstandssitzung vom 21. November 1973, Protokoll Nr. 30/1973.

[137] Schildt: Materieller Wohlstand – pragmatische Politik – kulturelle Umbrüche, in: Ders., Detlef u. Lammers (Hrsg.): Dynamische Zeiten, S. 28.

[138] BMW UA 519, Aktennotiz. Betreff: Personalplanung 1966 – Schaffung von Wohnheimen und Wohnungen, 16. März 1965.

[139] BMW UA 511, Geschäftsbericht des Betriebsrats auf der Betriebsversammlung vom 23. November 1964.

[140] Ebenda.

weise -lager. Letztere trugen hauptsächlich provisorischen Charakter.[141] Schon in den frühen 1950er Jahren, als die Bayerischen Motoren Werke aufgrund der ungünstigen Auftragslage primär bestrebt waren, einen Beschäftigtenrückgang zu vermeiden, was insbesondere für Facharbeiter galt, besaß das Unternehmen sowohl in der Nähe des Zweigwerks Allach als auch in der Nähe des Stammwerks Milbertshofen Werkswohnungen und Wohnlager. Von den rund 10 000 Belegschaftsmitgliedern beider Werke waren im Jahr 1952 insgesamt 1420 Beschäftigte in von BMW betriebenen Behausungen untergebracht. Davon wohnten 252 Personen mit Familienangehörigen in Werkswohnungen. Weitere 357 Personen mit Familienangehörigen sowie 811 alleinstehende Personen wohnten in Wohnlagern oder sonstigen werkseigenen Unterkünften.[142] Auch wenn über die Gründe für die betriebliche Unterbringung von beinahe 15 Prozent der Belegschaft keine näheren Auskünfte zu erlangen sind, sind die diesbezüglichen Ursachen aller Wahrscheinlichkeit nicht in der Arbeitsmarktsituation zu suchen. Vielmehr spricht vieles dafür, den relativ hohen Anteil an BMW-Mitarbeitern, die in den 1950er Jahren in vom Unternehmen bereitgestellten Unterkünften wohnten, im Zusammenhang mit der allgemeinen Wohnungsnot in der unmittelbaren Nachkriegszeit zu betrachten.[143]

Der betrieblichen Wohnpolitik kam in den 1960er Jahren insbesondere im Hinblick auf die „Gastarbeiterbevölkerung" starkes Gewicht zu. Die Bereitstellung von Wohnraum legten die bundesdeutschen Behörden nämlich durch spezielle Reglements, die Teil der Anwerbevereinbarungen waren, in den Verantwortungsbereich der Arbeitgeber. Sowohl bei der Anwerbung über die Kommissionen als auch auf dem konsularischen Weg waren Angaben zur künftigen Wohnsituation durch die jeweiligen Unternehmen obligatorisch. Neben der Garantie, den Zuwanderern eine angemessene Unterkunft und Verpflegungsmöglichkeiten zur Verfügung zu stellen,[144] fielen darunter Auskünfte zur Art der Unterkunft sowie zur Höhe des Mietbetrags.[145] Insofern geriet die betriebliche Wohnpolitik schon allein aufgrund der administrativen Rahmenbedingungen der „Gastarbeiterbeschäftigung" zu einem zentralen Bereich, dem Unternehmen, die ausländische Arbeitskräfte anwar-

141 Heckmann: Bundesrepublik, S. 203.
142 Bericht der Bayerische Motoren Werke Aktiengesellschaft über das 37. Geschäftsjahr 1952, S. 23.
143 Der Notstand an Wohnplätzen konnte erst Ende der 1950er Jahre behoben werden. Siehe hierzu: Schulz, Günther: Wiederaufbau in Deutschland. Die Wohnungsbaupolitik in den Westzonen und der Bundesrepublik von 1945 bis 1957, Düsseldorf 1994, S. 337.
144 Als „angemessen" galten gemäß der sogenannten Baubudenverordnung von 1959 ein Luftraum von mindestens zehn Quadratmeter, eine eigene Bettstelle inklusive Schrank, Tischplatz und Sitzgelegenheit sowie die Vorgabenerfüllung, dass sich in einem Wohnheimzimmer maximal sechs Schlafstellen befinden dürfen; siehe: Oswald von, Anne u. Schmidt, Barbara: „Nach Schichtende sind sie immer in ihr Lager zurückgekehrt …" Leben in „Gastarbeiter"-Unterkünften in den sechziger und siebziger Jahren, in: Jan Motte, Rainer Ohliger u. Anne von Oswald (Hrsg.): 50 Jahre Bundesrepublik - 50 Jahre Einwanderung. Nachkriegsgeschichte als Migrationsgeschichte, Frankfurt u. New York 1999, S. 184–214, hier S. 187.
145 Knorz: Tauschgeschäfte, S. 49.

ben, verstärkte Aufmerksamkeit zukommen lassen mussten. Dabei wurden sie ab Anfang der 1960er Jahre von der Bundesregierung unterstützt, die bis Ende 1965 finanzielle Mittel von insgesamt 260 Millionen DM als zinsgünstige Darlehen für Familienwohnungen bereitstellte.[146]

Im Jahr 1962 lebten rund zwei Drittel der westdeutschen „Gastarbeiter“ in Gemeinschaftsunterkünften, die meist von den anstellenden Betrieben, teilweise allerdings auch von Behörden, Privatpersonen oder Sozialeinrichtungen bereitgestellt worden waren.[147] Diese Zahl änderte sich allerdings im Laufe des Jahrzehnts. Der Vergleich zweier Repräsentativuntersuchungen zeigt, dass im Jahr 1968 31 Prozent der Männer und 14 Prozent der Frauen in Wohnheimen oder -lagern lebten, während es im Jahr 1972 nur noch 26 beziehungsweise acht Prozent waren.[148] Real bedeutete dies zwar ein absolutes Ansteigen der provisorischen Unterkünfte, da sich die Zahl der „Gastarbeiter“ in der Zwischenzeit stark erhöht hatte. Gleichzeitig zeigen die Zahlen aber auch eine ebenso starke Zunahme von Wohnungen, die „Gastarbeiter“ privat bezogen. Selbiges gilt für Werkswohnungen, deren Anteil sich von fünf auf acht Prozent bei Männern und von sieben auf zehn Prozent bei Frauen erhöhte.[149] Erklären lässt sich dies – vor allem was die Privatwohnungen betrifft – durch den Zusammenhang der Faktoren Verweildauer und Wohnweise: Je länger eine Person ausländischer Herkunft im Einwanderungsland lebte, desto höher lag die Wahrscheinlichkeit, dass sie eine abgeschlossene und private Wohneinheit bezog.[150]

Vor allem in der zweiten Hälfte der 1950er Jahre, der Anfangsphase der westdeutschen Ausländerbeschäftigung, stellten die anwerbenden Unternehmen den Neuankömmlingen oftmals Wohnplätze in provisorisch ausgestatteten Lagern oder Baracken zur Verfügung. Die Verhältnisse in diesen Einrichtungen waren in vielen Fällen hochproblematisch.[151] Da Staat und Arbeitgeber den Ausländereinsatz als vorübergehendes Phänomen betrachteten, erschien den Verantwortlichen diese Art der Unterbringung allerdings als annehmbar. In Zeiten der noch nicht gänzlich beseitigten Wohnungsnot priorisierten die Bundesbehörden zudem deutschen Staatsangehörige, wenn es, wie etwa beim sozialen Wohnungsbau, um die

146 Bundesvereinigung der Deutschen Arbeitgeberverbände: Magnet, S. 165.

147 Herbert: Ausländerbeschäftigung, S. 202.

148 Diese Werte können allerdings weiter differenziert werden. So lag der Anteil von ledigen beziehungsweise ohne Familie eingewanderten Männern deutlich höher (1968: 50 Prozent in Gemeinschaftsunterkünften). Auch die jeweiligen Anteile für die Gruppe der Türken, Portugiesen und Jugoslawen lag hier deutlich über dem Durchschnitt; siehe: Oswald u. Schmidt: „Nach Schichtende sind sie immer in ihr Lager zurückgekehrt …“, in: Motte, Ohliger u. Oswald (Hrsg.): 50 Jahre Bundesrepublik – 50 Jahre Einwanderung, S. 192.

149 Bundesanstalt für Arbeit: Repräsentativuntersuchung ’72, S. 102.

150 Zieris, Ernst: So wohnen unsere ausländischen Mitbürger. Bericht zur Wohnungssituation ausländischer Arbeitnehmerfamilien in Nordrhein-Westfalen, Düsseldorf 31972, S. 13.

151 Siehe etwa das Interview eines sizilianischen „Gastarbeiters“ und Barackenbewohners: O. V.: „Diese neun Monate haben wir wie Hunde gelebt“. Auszug aus einem Interview, in: Ernst Klee (Hrsg): Gastarbeiter. Analysen und Berichte, Frankfurt a. M. 1972, S. 165–168.

Zuteilung von Wohnraum ging.[152] Die Lager gerieten jedoch Anfang der 1960er Jahre in die Kritik der Öffentlichkeit – unter anderem deshalb, weil der Anblick der Baracken Erinnerungen an den Zweiten Weltkrieg hervorrief. Trotz der öffentlichen Diskussion und politischen Anstrengungen von Seiten des Bundes entstanden allerdings auch in den 1960er Jahren viele neue Barackenlager für „Gastarbeiter".[153] Die oben angesprochene lebensweltliche Differenz zwischen der aufsteigenden beziehungsweise aufgestiegenen bundesdeutschen Arbeiterschicht, deren Wohneigentum zwischen den späten 1950er und den frühen 1970er Jahren enorm anstieg,[154] und dem ausländischen Neo-Proletariat begründete sich nicht zuletzt aus der unterschiedlichen Art und Weise des Wohnens – dies umso mehr, als „Wohnverhältnisse jahrhundertelang [...] nicht nur Folge, sondern auch Bedingung sozialer Ungleichheit waren."[155]

Die Regelung, dass die Arbeitgeberseite für die Unterbringung der „Gastarbeiter" aufzukommen hatte, musste selbstredend auch finanzielle Konsequenzen nach sich ziehen. Zu den Kosten, die im Kontext des Anwerbeverfahrens anfielen, kamen somit weitere hinzu. Während bei den behördlich festgesetzten Anwerbegebühren ebenso wie bei Löhnen und Sozialleistungen kein Spielraum für Einsparungen gegeben war, nahmen sich die Dinge hinsichtlich der „Gastarbeiterunterkünfte" anders aus. Trotz der Tatsache, dass Mindeststandards eingehalten werden mussten, war den Unternehmen hier die Möglichkeit an die Hand gegeben, auf qualitativ minderwertige und damit günstige Wohneinrichtungen zurückzugreifen.[156] Zudem konnten auch die Mietpreise höher angesetzt werden, als es unter Marktbedingungen möglich war, da für die „Gastarbeiter" in der Regel zu den betrieblich bereitgestellten Unterkünften faktisch keine Alternativen gegeben waren. Tatsächlich war die Übervorteilung von Ausländern in den 1960er Jahren alles andere als ungewöhnlich.[157] Dieses Vorgehen war allerdings insofern riskant, als die „Gastarbeiter" im Falle einer für sie nur schwer erträglichen und unter Umständen zudem überteuerten Wohnsituation weit eher geneigt waren, die Arbeitsstelle zu wechseln.[158] Insofern kann ein wichtiger Grund für die deutlich höheren

152 Landeshauptstadt München/Stadtentwicklungsreferat: Aspekte, S. 133–134.

153 Oswald u. Schmidt: „Nach Schichtende sind sie immer in ihr Lager zurückgekehrt ...", in: Motte, Ohliger u. Oswald (Hrsg.): 50 Jahre Bundesrepublik – 50 Jahre Einwanderung, S. 187–188.

154 Der Anteil der Arbeiter-Hauseigentümer, der in den 1950er Jahren noch bei rund sechs bis sieben Prozent gelegen hatte, entwickelte sich ab den späten 1950er Jahren folgendermaßen: „1957 hatten 23 Prozent der Arbeiterhaushalte Wohneigentum, 1968 waren es 32 und 1972 schließlich 38 Prozent." Saldern, Adelheid von: Häuserleben. Zur Geschichte städtischen Arbeiterwohnens vom Kaiserreich bis heute, Bonn ^{2}1997, S. 270.

155 Brunhöber, Hannelore: Wohnen, in: Wolfgang Benz (Hrsg.): Die Bundesrepublik Deutschland. Geschichte in drei Bänden. Bd. 2: Gesellschaft, Frankfurt a. M. 1983, S. 183–208, hier S. 185.

156 Sonnenberger, Barbara: Nationale Migrationspolitik und regionale Erfahrung. Die Anfänge der Arbeitsmigration in Südhessen 1955–1967, Darmstadt 2003, S. 351.

157 Herbert: Ausländerbeschäftigung, S. 204.

158 Bundesvereinigung der Deutschen Arbeitgeberverbände: Magnet, S. 81.

Fluktuationsraten bei ausländischen Beschäftigten auch in der Wohnungsfrage gefunden werden.

Auch die Bayerischen Motoren Werke stellten den rund 150 „Gastarbeitern", die ab dem Jahr 1960 ins Unternehmen eintraten, zunächst provisorisch eingerichtete Baracken zur Verfügung. Diese waren ausschließlich für das ausländische Belegschaftssegment vorgesehen, da deutsche Beschäftigte, die ledig waren oder deren Familie an einem anderen Ort wohnte, in einem auf dem Werksgelände errichteten Ledigenheim untergebracht werden sollten.[159] Letzteres begriff die Unternehmensleitung als „Mittel zur Erhöhung der Belegschaft und gleichzeitig zur Verminderung der Fluktuation."[160] Die für die ausländischen Beschäftigten bestimmten Baracken sollten rund 150 Personen Platz bieten.[161] Im Jahr 1962 entschied sich die Unternehmensführung dann dafür, die ausländischen Arbeitskräfte in Wohnheimen unterkommen zu lassen. Die Gründe hierfür lagen erstens in der Tatsache, dass bereits im Jahr 1962 die Anzahl der zu beherbergenden „Gastarbeiter" stark zugenommen hatte. Der zweite Grund bestand darin, dass die überaus günstige Nachfrageentwicklung nach BMW-Modellen, die erhebliche Produktionssteigerungen erforderlich machte, zu Platz- und Kapazitätsproblemen im Milbertshofener Werk führen musste, so dass die Bereitstellung von Wohneinheiten auf dem Betriebsgelände nicht mehr als opportun erschien. Da bereits bestehende Münchner Wohnheime in der Regel schon belegt waren, mussten die von der BMW-Führung für die „Gastarbeiter" ins Auge gefassten Einrichtungen erst errichtet werden. Zu diesem Zweck beauftragte das Unternehmen externe Firmen. Die Zimmer in den Wohnheimen sollten anschließend von BMW gemietet werden.[162] Die alternative Möglichkeit, den Bau eines firmeneigenen Gebäudes in Angriff zu nehmen, verwarf die Unternehmensleitung dagegen als finanziell „ungünstig und risikovoll".[163]

Die auf diese Weise beschafften Wohnplätze reichten jedoch schon nach kurzer Zeit nicht mehr aus, so dass bereits im Herbst 1964 erkennbar wurde, dass es nötig werden würde, „ganz erhebliche Aufwendungen zur Schaffung von Wohnheimen und Wohnungen auf sich zu nehmen."[164] Die Verantwortlichen entschieden sich deshalb im Frühjahr 1965 für die „Möglichkeit, ohne eigenen Aufwand von fremden Bauherren komplette Wohnheime zu mieten",[165] nachdem die zuvor in Angriff genommene Wohnraumsuche ein halbes Jahr lang ohne Ergebnis geblieben war. Zugleich prüfte man, wie hoch die finanziellen Belastungen wären, die für die

[159] BMW UA 410, Niederschrift über die Vorstandssitzung vom 22. Juni 1960, Protokoll Nr. 15/1960.
[160] BMW UA 415, Niederschrift über die Sitzung des Aufsichtsrates vom 4. März 1960.
[161] BMW UA 410, Niederschrift über die Vorstandssitzung vom 22. Juni 1960, Protokoll Nr. 15/1960.
[162] BMW UA 415, Niederschrift über die Sitzung des Aufsichtsrates vom 5. Juni 1962.
[163] Ebenda.
[164] BMW UA 519, Aktennotiz, Betreff: Personalplanung 1966 – Schaffung von Wohnheimen und Wohnungen, 16. März 1965.
[165] Ebenda.

„Errichtung eines eigenen Wohnheims für in- und ausländische Arbeiter" anfallen würden. Die Unternehmensleitung war sich hierbei bewusst, dass die personellen Fehlbestände ohne weitere Raumbeschaffungen nicht auszugleichen waren, weshalb sie Letzteres als „einzige mögliche Lösung" bezeichnete. Dabei nahm man sich vor, pragmatisch vorzugehen, weshalb in der Folge alle denkbaren Optionen geprüft werden sollten.[166]

So beschloss der Vorstand kurze Zeit später, Verhandlungen mit Behörden und privaten Firmen aufzunehmen. Auf diese Weise wollte die Firmenleitung ein Gelände für die Erstellung von Wohnheimen beschaffen, dessen Größe man auf 8000 bis 10 000 Quadratmeter veranschlagte. Der Vorstand zog sowohl einen Kauf als auch eine Pacht in Betracht.[167] Da die Bundesanstalt für Arbeitslosenversicherung und Arbeitsvermittlung den Wohnheimbau für „Gastarbeiter" mit erheblichen Finanzierungserleichterungen unterstützte, stellte grundsätzlich auch die Errichtung firmeneigener Gebäude eine Möglichkeit dar.[168] Im Frühjahr des Jahres 1965 entschied sich der Vorstand dennoch für die bisher angewandte Vorgehensweise, nämlich die Rekrutierung von Fremdfirmen. Diese sollten Wohnheime errichten, deren Zimmer BWM in der Folge an Beschäftigte vermieten wollte.[169] Für den über externe Firmen betriebenen Wohnheimbau mussten die Bayerischen Motoren Werke teilweise einen Finanzierungsbeitrag leisten.[170] Ebenso konnte es vorkommen, dass das Unternehmen die Kosten für den Innenausbau sowie die Zimmereinrichtung übernehmen musste.[171] Da die Personalabteilung für das Jahr 1966 mit der Einstellung von mindestens 800 „Gastarbeitern" rechnete, bestand in dieser Hinsicht dringlicher Handlungsbedarf. Der Vorstand begründete sein Vorgehen deshalb auch damit, dass die Beauftragung einer externen Baufirma schneller zum Ziel führe und die eigene Verwaltung entlaste. Zudem war BMW bereits mit eigenen Bauvorhaben beschäftigt, welche im Zuge der Werksmodernisierung und -vergrößerung nötig geworden waren. Den Bau eines firmeneigenen Wohnheims wollte man sich für die Zukunft allerdings dennoch vorbehalten.[172]

Über die Kosten, für die BMW im Zuge der Bereitstellung und Unterhaltung eines Wohnheims aufzukommen hatte, gibt das Vorstandsprotokoll vom Juli 1965 Aufschluss, in dem der Vorstandsvorsitzende Wilcke über ein im Stadtzentrum

166 BMW UA 431, Niederschrift über die Vorstandssitzung vom 1. September 1964, Protokoll Nr. 15/1964.

167 BMW UA 409, Niederschrift über die Vorstandssitzung vom 26. November, Protokoll Nr. 23/1964.

168 BMW UA 519, Aktennotiz, Betreff: Personalplanung 1966 – Schaffung von Wohnheimen und Wohnungen, 16. März 1965.

169 BMW UA 409, Niederschrift über die Vorstandssitzung vom 22. März 1965, Protokoll Nr. 7/1965.

170 BMW UA 409, Niederschrift über die Vorstandssitzung vom 7. April 1965, Protokoll Nr. 8/1965.

171 BMW UA 409, Niederschrift über die Vorstandssitzung vom 20. Juli 1965, Protokoll Nr. 18/1965.

172 BMW UA 409, Niederschrift über die Vorstandssitzung vom 22. März 1965, Protokoll Nr. 7/1965.

gelegenes Wohnobjekt berichtete, in welchem zwischen 130 und 150 Personen untergebracht werden sollten. Obwohl sich dieses Objekt noch in der Bauphase befand, war Wilcke bereits in der Lage, konkrete Zahlen zu nennen. So waren für den Innenausbau und die Einrichtung des rund 800 Quadratmeter großen Gebäudes einmalig rund 120 000 DM zu bezahlen. Die laufenden Kosten inklusive der Miete an den Eigentümer beliefen sich auf einen Gesamtwert von rund 134 000 DM im Jahr. Von dieser Summe trugen die beherbergten Belegschaftsmitglieder wiederum rund 63 000 DM, was einem Monatsbetrag von rund 40 DM pro Person entsprach. BMW erklärte sich somit bereit, jährlich 71 000 DM für den Betrieb des Wohnheims zu zahlen. Zwar beurteilte der Vorstand die Immobilie als „sehr teuer“, wollte aber dennoch nicht von einer Nutzung absehen. Da es nämlich trotz „intensivster Bemühungen“ innerhalb von vier Monaten nicht gelungen war, „Unterkünfte auch nur für einen Teil der 1966 benötigten zusätzlichen Arbeitskräfte sicherzustellen“, beschloss der Vorstand, das Angebot anzunehmen.[173]

Die Monatsmiete von rund 40 DM pro Person konnte im regionalen Vergleich als günstig gelten. Auch in den Folgejahren sollten die Mieten nicht übermäßig ansteigen. Ende des Jahres 1968 bezifferte der Aufsichtsrat die durchschnittlichen Kosten für den einzelnen Beschäftigten auf 50 DM, wobei die Firma noch einmal 50 DM zuschoss. Ein Bettplatz belief sich also insgesamt auf 100 DM.[174] Das Stadtentwicklungsreferat bezifferte die üblichen Münchner Bettpreise für das Jahr 1972 auf 50 bis 150 DM, womit die Mietkosten „um oder über“ denen von vergleichbaren freifinanzierten Kleinwohnungen lagen.[175] Im Fall von „Gastarbeiterwohnheimen“ handelte es sich in der Regel um Mehrbettzimmer. Da die überwiegende Zahl dieser Wohnheime in der Region München zudem keine Gemeinschaftsräume oder Freiflächen besaß, waren Alleinsein, Ruhe und Geselligkeit nicht oder nur eingeschränkt möglich. Ein weiterer Faktor waren die oftmals rigiden Unterkunftsordnungen, deren Einhaltung häufig nicht professionelles Personal, sondern Hausmeister gewährleisteten.[176] Dennoch mussten die Verhältnisse in den Ausländerwohnheimen, die mit öffentlichen oder betrieblichen Mitteln unterhalten wurden, noch als vergleichsweise zuträglich gelten. Wohnungen, die private Zimmervermieter an Ausländer vermittelten, waren in der Regel nicht nur teurer, sondern boten aufgrund ihrer meist nur minimalen Ausstattung und schlechten Qualität oftmals noch weniger Möglichkeiten für ein bürgerliches Privatleben. Gleiches gilt für die Unterbringung in Gebäuden, die zum Abbruch vorgesehen waren und aufgrund ihrer Beschaffenheit an Deutsche nicht mehr vermietbar waren. In den geschätzt 1500 Einrichtungen dieser Art waren – trotz überdurchschnittlicher Mietforderungen – die sanitären Verhältnisse in der Regel unzureichend. Gemeinschaftsräume fehlten weitgehend.[177]

173 BMW UA 409, Niederschrift über die Vorstandssitzung vom 20. Juli 1965, Protokoll Nr. 18/1965.
174 BMW UA 417, Niederschrift über die Sitzung des Aufsichtsrates vom 8. November 1968.
175 Landeshauptstadt München/Stadtentwicklungsreferat: Aspekte, S. 129.
176 Ebenda, S. 132.
177 Ebenda, S. 129–130.

Die betriebliche Wohnpolitik der Bayerischen Motoren Werke hatte nicht nur Wohnheime zum Gegenstand, sondern auch einzelne Wohnungen. Bei deren Zuteilung hatte das Unternehmen offensichtlich zuerst deutsche Mitarbeiter im Auge, die es von außerhalb Münchens angeworben hatte beziehungsweise anwerben wollte. So konstatierte die Personalabteilung im Jahr 1966, dass die Beschaffung von Wohnungen vor allem bei Neueinstellungen von „entscheidender Bedeutung“ sei. Zudem müsse ein auswärtiger Mitarbeiter, der neu eingestellt worden ist, „in der Regel hier in München mit mehr oder weniger höheren Mieten als an seinem bisherigen Wohnort rechnen“. Um diesem Personenkreis die Entscheidung für BMW schmackhaft zu machen, bot das Unternehmen seinen Beschäftigten auch die Möglichkeit eines Wohnungsdarlehens an. Dieses Angebot, das hauptsächlich für leitende Kräfte vorgesehen war, war mit 4 Prozent verzinst, was spätestens ab dem Jahr 1966 als günstig gelten musste. Die Möglichkeit, sich durch eine Erhöhung dieses Satzes zusätzliche Einnahmen zu verschaffen, lehnte die Personalabteilung mit Blick auf mögliche negative Reaktionen von Bewerber- und Belegschaftsseite ab. Die Einsparung stünde „in keinem Verhältnis zu dem Stimmungsverlust und zu der Erschwerung von Einstellverhandlungen“.[178]

Während die Vergabe von Wohnungsdarlehen und die Bereitstellung von Einzelwohnungen primär für deutsche Beschäftigte gedacht waren, stellte die Unterbringung in Wohnheimen die gängige Praxis in Bezug auf „Gastarbeiter“ dar. Zwar wohnten auch deutsche Belegschaftsmitglieder in Heimen. War dies der Fall, waren diese Heime jedoch in den meisten Fällen speziell für Einheimische vorgesehen. Der ehemalige Mitarbeiter des Personalbüros Karl Heinz M. begründete die wohnliche Separierung von Deutschen und Ausländern in der Rückschau einerseits mit den unterschiedlichen „Lebensgewohnheiten“, die im Fall eines Zusammenlebens im gleichen Gebäude „schon immer Probleme“ verursacht hätten: „Es gelingt einfach nicht, deutsche und ausländische Leute in einem Wohnblock zu integrieren.“ Die ausländischen Bewohner seien nicht nur laut, sondern hätten auch einen anderen Lebensrhythmus und andere Kochgewohnheiten als Deutsche.[179] In diesem Sinne ist wohl auch die Bemerkung eines Aufsichtsratsmitglieds aus dem Jahr 1962 zu verstehen, dass „die Betreuung nach Feierabend, insbesondere bei Fremdarbeitern, von ausschlaggebender Bedeutung“ sei.[180] Ferner berichtete der zitierte ehemalige BMW-Mitarbeiter mit Blick auf eine mögliche Zusammenlegung von einheimischen und ausländischen Heimbewohnern, „dass sie Probleme kriegen mit Deutschen, wenn sie einen Türken reinsetzen [...]. Wir sind auch nicht ausländerfreundlicher als der Rest der Welt.“[181] Worauf sich Karl Heinz

178 BMW UA 519, Höhe der Verzinsung unserer Wohnungsdarlehen (Schneidler an Wilcke), 23. Juni 1966.

179 Karl Heinz M., ehemaliger Mitarbeiter des Personalbüros von BMW, zit. nach: Dunkel u. Stramaglia-Faggion: „50 Mark“, S. 177.

180 BMW UA 415, Niederschrift über die Sitzung des Aufsichtsrates vom 5. Juni 1962.

181 Karl Heinz M., ehemaliger Mitarbeiter des Personalbüros von BMW, zit. nach: Dunkel u. Stramaglia-Faggion: „50 Mark“, S. 177–178.

M. hier bezog, war eine generelle, von konkreten Anlässen weitgehend unabhängige Abneigung der deutschen Bewohner gegen die unmittelbare Nachbarschaft von Ausländern.

Andererseits begründete Karl Heinz M. die unterschiedliche räumliche Unterbringung mit dem Argument, dass sich die Ausländer mit einem Standard zufriedengäben, den Deutsche nicht zu akzeptieren bereit seien. In diesem Zusammenhang verglich er die „Gastarbeiterunterkünfte", in die nach seiner Aussage kaum investiert worden sei, mit den Wohnverhältnissen der Deutschen in der Zeit nach dem Zweiten Weltkrieg.[182] Die scheinbar selbstverständliche Annahme, dass die Wohnungsanforderungen bei Ausländern niedriger als bei Deutschen zu veranschlagen seien, kann dabei als typisch für die 1960er Jahre gelten.[183] Sie bestimmte auch das Denken der Verantwortlichen bei BMW. Als diese Mitte des Jahres 1964 die kurzfristige Einstellung von 240 zusätzlichen Arbeitskräften beschlossen, mussten Unterbringungsmöglichkeiten beschafft werden. Die Personalabteilung wies darauf hin, dass die Anwerbung einer größeren Anzahl deutscher Arbeitnehmer nur möglich sei, wenn „die Ausstattung des zu errichtenden Wohnheims entsprechend ist".[184] Das Beispiel zeigt, dass die Unternehmensleitung bei Deutschen und „Gastarbeitern" jeweils unterschiedliche Maßstäbe an Ausstattung und Qualität der Unterkünfte anlegte. Vorstand und Aufsichtsrat unterschieden bei der Wohnzuteilung aber nicht nur zwischen Deutschen und Ausländern, sondern hinsichtlich letzterer auch zwischen verschiedenen Nationalitäten. So berichtete Eberhard Sarfert für die Zeit bis 1967, dass die Personalabteilung Sorge getragen habe, „ein Heim möglichst nur mit einer der stärker vertretenen Nationen" zu belegen.[185]

Die betriebliche Wohnpolitik hatte in der ersten Hälfte der 1960er Jahre hohe Aufmerksamkeit erfahren, da die massenhafte Arbeitskräfterekrutierung nur mit der gleichzeitigen Bereitstellung von Wohnraum zu bewerkstelligen war. Dies änderte sich in der zweiten Hälfte des Jahrzehnts und insbesondere im Zuge der Rezession 1966/67. Die krisenbedingte Nichtersetzung der Fluktuation betraf hauptsächlich „Gastarbeiter", die ihren Wohnplatz in firmeneigenen Einrichtungen in der Folge räumen mussten. Da es hauptsächlich dieses Belegschaftssegment war, das die betrieblichen Wohnräume belegte, ging dieser Vorgang mit einer Entspannung der Unterkunftssituation bei BMW einher. Zwar waren die im November 1968 vorhandenen 2620 Bettplätze vollständig belegt. Schon für die Mitte des Jahres 1969 prognostizierte man jedoch einen Überschuss von 309 freien Plätzen.[186] Aufgrund der Tatsache, dass die jahrelangen Bemühungen um eine ausrei-

182 Ebenda.

183 Oswald u. Schmidt: „Nach Schichtende sind sie immer in ihr Lager zurückgekehrt …", in: Motte, Ohliger u. Oswald (Hrsg.): 50 Jahre Bundesrepublik – 50 Jahre Einwanderung, S. 197.

184 BMW UA 409, Niederschrift über die Vorstandssitzung vom 1. September 1964, Protokoll Nr. 15/1964.

185 Sarfert: Kriminalität, S. 152.

186 BMW UA 417, Niederschrift über die Sitzung des Aufsichtsrates vom 8. November 1968.

chende Anzahl an Unterkünften erfolgreich gewesen waren, war man nun in der Lage, ausreichend Platz für Beschäftigte, die wohnungslos nach München kamen, zur Verfügung zu stellen. Darüber hinaus war sich die Unternehmensleitung der Notwendigkeit bewusst, auch in der Folgezeit dafür zu sorgen, dass neuer Wohnraum vorhanden war. So mieteten die Bayerischen Motoren Werke im Jahr 1969 weitere Gebäude, die sich nicht wie in der Zeit zuvor über das gesamte Stadtgebiet verteilten, sondern in Werksnähe gelegen waren.[187] Auch mag die allgemeine Tendenz, dass die Arbeitsmigranten mit zunehmender Aufenthaltsdauer in private beziehungsweise abgeschlossene Wohneinheiten zogen, ihren Teil zur Entspannung der Lage beigetragen haben. Während die Unterbringung von Beschäftigten und insbesondere von „Gastarbeitern" in der Zeit bis 1966/67 eine herausragende Rolle einnahm, wenn es um die Frage ging, wie weitere Beschäftigte für BMW gewonnen werden konnten, gilt für die späten 1960er Jahre ebenso wie für die frühen 1970er Jahre, dass die Problematik weitgehend behoben worden war. Die Wohnungsfrage nahm in den Diskussionen der Verantwortlichen zu dieser Zeit deshalb nur noch eine untergeordnete Rolle ein.

5.4 Ausländer unerwünscht?

In den vorangegangenen Ausführungen standen strukturelle Aspekte wie die hohe Korrelation zwischen „Gastarbeiterstatus" und ungelernten Arbeitstätigkeiten sowie die hohen Fluktuationsraten im Fokus. Dabei wurde deutlich, dass die bei BMW beschäftigten Arbeitsmigranten im Betrieb eine untergeordnete Stellung einnahmen. Und auch außerhalb ihres Arbeitsortes waren ausländische Arbeitnehmer tendenziell schlechter gestellt als ihre deutschen Kollegen, wie der Blick auf die Zuteilungspraxis von Wohnraum unterschiedlicher Qualität an Deutsche und Ausländer zeigte. Darüber hinaus stellt sich die Frage, wie ausländische Arbeitskräfte im Betrieb wahrgenommen wurden. Betrachteten die Firmenverantwortlichen beziehungsweise die deutsche Stammbelegschaft die „Gastarbeiter" als Fremdkörper und deren Anstellung als bloße temporäre Notwendigkeit? Oder begriff man ausländische Mitarbeiter als gleichberechtigte Arbeitnehmer, deren Herkunft für die Leistung am Arbeitsplatz keine Rolle spielte? Wie zu zeigen sein wird, kann die Haltung der Unternehmensleitung ebenso wie die der deutschen Belegschaftsangehörigen weder dem einen noch dem anderen Extrem zugeordnet werden. Insgesamt gesehen, das heißt im Zeitraum zwischen 1960 und 1973, stellte sich die Wahrnehmung der beschäftigten „Gastarbeiter" als ambivalent dar. In den folgenden Ausführungen wird zunächst die Position der Unternehmensleitung untersucht, um abschließend vereinzelten Indizien hinsichtlich der Haltung der Belegschaft nachzugehen.

[187] BMW UA 412, Niederschrift über die Vorstandsitzung vom 18. März 1969, Protokoll Nr. 9/1969.

Zunächst ist es auffällig, dass die Unternehmensverantwortlichen – und als Aufsichtsratsmitglied galt dies auch für den Vorsitzenden des Betriebsrats[188] – in Besprechungen und Berichten, welche die Belegschaft zum Gegenstand hatten, stets explizit zwischen Deutschen und Ausländern unterschieden. Das Thema „ausländische Mitarbeiter“ war in den betreffenden Sitzungen zudem regelmäßig ein eigener Tagesordnungspunkt. Dabei ging es einerseits um das numerische Verhältnis der „Gastarbeiter“ zur deutschen beziehungsweise zur Gesamtbelegschaft von BMW. Andererseits diskutierten die Aufsichtsratsmitglieder Probleme und besondere Vorkommnisse, die im Zusammenhang mit dem ausländischen Beschäftigtensegment aufgetreten waren. Meistens handelte es sich hierbei um recht allgemein gehaltene Aussagen. Grundsätzlich fällt auf, dass bei allen Verantwortlichen eine offenbar prinzipiell vorhandene Skepsis zum Tragen kam, weshalb es in der Regel nicht vonnöten war, negative Beurteilungen weiter begründen zu müssen. So konnte etwa die Auffassung, dass bei BMW nur so wenige Ausländer wie möglich angestellt sein sollten, als selbstverständlich gelten.

Die Thematisierung der „Gastarbeiterbeschäftigung“ setzte zeitgleich mit deren Beginn bei BMW ein, also im Jahr 1961/62. Dabei war es insbesondere der Betriebsratsvorsitzende, in dessen Zuständigkeitsbereich die Belange der Belegschaft fielen, der immer wieder auf Probleme aufmerksam machte, die seiner Ansicht nach mit dem Ausländereinsatz einhergingen. Im April 1962 verwies Golda in einer Aufsichtsratssitzung auf die hohen Anwerbekosten für „Gastarbeiter“ und zeigte sich zuversichtlich, stattdessen deutsche Arbeitskräfte aus der Region München für das Unternehmen gewinnen zu können. Der Betriebsratsvorsitzende machte damit deutlich, dass er die Einstellung einheimischer Arbeitnehmer priorisierte.[189] Dies war auch die Meinung des Vorstandes. In einer Sitzung des Aufsichtsrats aus dem Jahr 1963 berichtete der Vorstandsvorsitzende Karl-Heinz Sonne mit Blick auf die Personalpolitik des Folgejahrs, dass man zunächst „mit deutschen Leuten aufstocken“ wolle. In der anschließenden Diskussion betonte Sonne, dass man „tunlichst keine Ausländer einstellen“ werde, „es sei denn, daß die Produktion hinterher hinkt.“ Und auch das Vorstandsmitglied Gieschen beklagte ein „ungünstiges Verhältnis“ der Anzahl von Ausländern zur gesamten Produktionsbelegschaft, das zu diesem Zeitpunkt bei 33 Prozent lag.[190]

Die Notwendigkeit der „Gastarbeiterbegrenzung“ betonten die Mitglieder des Vorstandes und des Aufsichtsrates regelmäßig aufs Neue. So machte der Aufsichtsratsvorsitzende Hermann Karoli im Jahr 1968 auf das „bedenkliche Ansteigen des Anteils ausländischer Arbeitskräfte an unserer Belegschaft“ aufmerksam. Die anschließende Diskussion über „das maximale Verhältnis von deutschen zu ausländischen Belegschaftsmitgliedern“ ergab, dass der zu diesem Zeitpunkt gegebene Anteil von 20,7 Prozent an der Gesamtbelegschaft und 50 Prozent an den Produktionsar-

188 Die Sichtweise des Betriebsrats auf die „Gastarbeiter“ wird im Folgenden zwar thematisiert, in Kapitel 8.4 der vorliegenden Arbeit aber ausführlicher dargestellt.

189 BMW UA 415, Niederschrift über die Sitzung des Aufsichtsrates vom 17. April 1962.

190 BMW UA 415, Stenogramm über die Sitzung des Aufsichtsrats vom 21. November 1963.

beitern „nicht wesentlich weiter überschritten werden sollte".[191] Wie schon zu Beginn der 1960er Jahre waren die „Bekämpfung der Fluktuation und [die] Senkung des Ausländereinsatzes"[192] auch zu diesem Zeitpunkt die vorrangigen Ziele. Da der Ausländeranteil über die Jahre dennoch anstieg, brachten die Verantwortlichen die entsprechenden Forderungen auch in den Folgejahren vor. Denn auch im Jahr 1970 galten Anteil und Anzahl der ausländischen Mitarbeiter als „problematisch".[193] Im Jahr 1971 konstatierte der Aufsichtsrat, der Ausländeranteil im Münchner Betrieb lasse „keine weitere Erhöhung zu".[194] Auch im Jahr 1972 bereitete das Verhältnis der „Gastarbeiter" zur Gesamtbelegschaft „nach wie vor große Sorge", weshalb die Verantwortlichen erneut Überlegungen anstellten, „mit welchen Maßnahmen eine weitere Zunahme des Ausländer-Anteils verhindert bzw. dessen Reduzierung erreicht werden kann."[195] Noch im Jahr 1973 bezeichnete man den Umfang der „Gastarbeiterbeschäftigung" im Unternehmen als „[a]llgemein unerfreulich".[196] Dass die Anzahl der ausländischen Mitarbeiter nicht weiter ansteigen sollte, war in der Regel kaum einer weiteren Ausführung wert.

Wenn die Verantwortlichen erläuterten, worin das „Ausländerproblem"[197] bestand, blieb dies meist sehr vage. So auch in einer Aktennotiz der Personalabteilung aus dem Jahr 1965. Darin erklärte deren Leiter, dass eine weitere Anhebung des „Gastarbeiteranteils" an der Belegschaft „aus allgemeinen Verwaltungs-, Organisations- und Sprachgründen nicht möglich" sei. Man gehe davon aus, so der Personalchef weiter, „daß unter der derzeitigen Betriebsorganisation im weitesten Sinne gesehen ein höherer Prozentsatz von Gastarbeitern nicht ‚verdaut' werden" könne. Auch wenn sich die Unternehmensleitung bewusst sei, dass die Arbeitsmarktsituation dem entgegenstehe, habe man sich zum Ziel gesetzt, die „z[ur] Z[eit] bestehende Relation [...] bei künftiger Aufstockung nicht [zu] verschlechtern."[198]

Das Thema „Gastarbeiterbeschäftigung" diskutierte die Unternehmensleitung regelmäßig unter dem Gesichtspunkt der Qualität. Die Qualitätssicherung hatte für die Bayerischen Motoren Werke eine besondere Bedeutung. Beim Exklusivhersteller BMW kam dem individuellen Können der Mitarbeiter im Rahmen des Produktionsprozesses eine wichtige Bedeutung zu. Schon im Jahr 1963, als die Zahl der Belegschaftsangehörigen innerhalb kürzester Zeit sprunghaft angestiegen war, sprach der damalige Vorstandsvorsitzende Sonne in einer Aufsichtsratssitzung davon, dass „[w]eitere Zugänge an Arbeitskräften im Frühjahr 1964 [...] vorerst

191 BMW UA 417, Niederschrift über die Sitzung des Aufsichtsrates vom 18. Dezember 1968.
192 BMW UA 417, Niederschrift über die Sitzung des Aufsichtsrates vom 8. Mai 1969.
193 BMW UA 417, Niederschrift über die Sitzung des Aufsichtsrates vom 4. September 1970.
194 BMW UA 417, Niederschrift über die Sitzung des Aufsichtsrates vom 5. Juli 1971.
195 BMW UA 417, Niederschrift über die Sitzung des Aufsichtsrates vom 14. Dezember 1972.
196 BMW UA 417, Niederschrift über die Sitzung des Aufsichtsrates vom 27. Februar 1973.
197 BMW UA 417, Niederschrift über die Sitzung des Aufsichtsrates vom 18. Dezember 1968 u. BMW UA 417, Niederschrift über die Sitzung des Aufsichtsrates vom 5. Juli 1971.
198 BMW UA 519, Aktennotiz. Betreff: Personalplanung 1966 – Schaffung von Wohnheimen und Wohnungen, 16. März 1965.

weniger der Belegschaftsvermehrung als ihrer qualitativen Verbesserung dienen“ sollten.[199] Diese Aussage war nicht zuletzt auf die Ausländerbeschäftigung gemünzt, denn der rapide Anstieg der BMW-Belegschaft ging zum größten Teil auf die Zunahme von Produktionsarbeitern zurück, von denen wiederum rund die Hälfte „Gastarbeiter“ waren. Wie oben gezeigt, erhöhte sich die Anzahl der ausländischen Mitarbeiter allein im Jahr 1962 von 224 auf 1709 Personen, womit ein Ausländeranteil an der Gesamtbelegschaft von 18,6 Prozent erreicht war.[200] Zum Zeitpunkt der genannten Aufsichtsratssitzung betrug die Quote bereits 23,5 Prozent.[201]

Einen expliziten Zusammenhang zwischen Qualitätsproblemen und der Ausländerbeschäftigung stellten die Aufsichtsratsmitglieder erneut fünf Jahre später her, nämlich in einer Diskussion im Jahr 1968. Dabei warf ein Aufsichtsratsmitglied die Frage auf, „ob die große Anzahl von Gastarbeitern nicht insbesondere unter dem Gesichtspunkt der Qualität problematisch sei.“ Dem widersprachen daraufhin das Vorstandsmitglied Gieschen sowie der Betriebsratsvorsitzende Golda. Beide erklärten, dass „wir uns hierüber keine Sorgen machen brauchen.“ Sie verwiesen darauf, dass man unter den Ausländern über „sehr gute Vertrauensleute und teilweise auch langjährige Mitarbeiter“ verfüge. Ferner sei die Qualität nicht gefährdet, „weil infolge unseres 1,8-Minuten-Taktes die Handgriffe weniger und die Anlernzeit kürzer geworden sind.“[202] Auch in der oben zitierten Aktennotiz der Personalabteilung hieß es, dass keine Besorgnis bestehe, durch einen hohen Ausländeranteil könne die Produktqualität sinken.[203]

Die Aussagen von Gieschen und Golda zeigen, dass sich die Sorge um die Qualität im Kontext des Ausländereinsatzes einerseits auf die Anlernzeiten bezog, da die Fluktuationsquote bei ausländischen höher lag als bei deutschen Mitarbeitern. Andererseits machen die Aussagen auch deutlich, dass es auch um die Arbeitsvollzüge ging: Durch die Vereinfachung der Abläufe an der Maschine, so die Argumentation, würden Fehlhandlungen unwahrscheinlicher. Dies implizierte jedoch auch einen negativen Zusammenhang von Arbeitsautonomie und Qualitätsentwicklung, sprich: je mehr Autonomie man den Arbeitenden zugesteht, desto geringer die Qualität des Endproduktes. Da die Beteiligten dieses Thema stets im Kontext der Ausländerbeschäftigung diskutierten, gingen sie offenbar davon aus, dass die Fehlerhäufigkeit bei „Gastarbeitern“ generell höher war als bei deutschen Mitarbeitern, was sie allerdings nicht belegten oder begründeten. Die Qualitätsproblematik kam erneut auf die Tagesordnung, als der Vorstand im Februar 1969

[199] BMW UA 415, Niederschrift über die Sitzung des Aufsichtsrates vom 21. November 1963.

[200] BMW UA 440, Statistiken BMW AG 1960–1969, S. 11.

[201] BMW UA 415, Stenogramm der Aufsichtsratssitzung vom 21. November 1963.

[202] BMW UA 417, Niederschrift über die Sitzung des Aufsichtsrates vom 8. November 1968. Ausländische Vertrauensleute waren in den 1960er Jahren auch im Wolfsburger VW-Werk aktiv. Dort waren etwa 2000 Italiener in dieser Position tätig; siehe: Azario, G.: Aktive italienische Vertrauensleute, in: Der Gewerkschafter, 12/1966, S. 476.

[203] BMW UA 519, Aktennotiz. Betreff: Personalplanung 1966 – Schaffung von Wohnheimen und Wohnungen, 16. März 1965.

das Verhältnis der deutschen zu den ausländischen Arbeitskräften diskutierte. Es war das Vorstandsmitglied Gieschen, das „eine weitere Verschiebung dieses Verhältnisses" zugunsten der Ausländer als „nicht vertretbar" bezeichnete und dies mit dem Argument der Qualität begründete: „Wir müssen aus Qualitätsgründen unbedingt eine Verstärkung unserer deutschen Belegschaft anstreben."[204] Warum Gieschen nach seiner Erklärung vom November 1968, man müsse sich im Kontext der Ausländerbeschäftigung hinsichtlich der Produktqualität keine Sorgen machen, drei Monate später das Gegenteil sagte, kann aufgrund des protokollarischen Charakters der Niederschriften nicht geklärt werden.

Auch im September des Jahres 1970 diskutierten die Verantwortlichen die Qualitätsfrage. Nachdem der Vorstand auf den in seinen Augen problematischen Ausländeranteil hingewiesen hatte, der sich insbesondere auf den Fertigungsbereich bezog, in dem „60 bis 65% aller Mitarbeiter" nichtdeutscher Herkunft waren, zog man erneut eine Verbindung zwischen Ausländereinsatz und Qualitätsmängeln. So konstatierte ein Vorstandsmitglied, dass die Ausländerbeschäftigung „besonderes Augenmerk" verlange, um „die Qualität unserer Erzeugnisse zu sichern und zu verbessern." An die Diskussion schloss sich eine vergleichende Darstellung der Fluktuationsquoten des deutschen und des ausländischen Beschäftigtensegments an. Die Diskutanten sahen offenbar die häufigen Belegschaftsabgänge beziehungsweise -zugänge als Grund für den negativen Zusammenhang zwischen der Höhe der Ausländeranzahl und der Qualitätsverminderung: Betrug die Fluktuation in den ersten acht Monaten des Jahres 1970 bei den Einheimischen 15,4 Prozent, so bei den Ausländern 25,8 Prozent.[205]

Im Dezember des Jahres 1971 stellte die Unternehmensleitung erneut fest, dass ein „Hauptanliegen der Fertigung das Qualitätsproblem" darstelle. So konstatierte man, dass trotz der zwischenzeitlich erreichten „Detailverbesserungen" das „Ergebnis […] noch nicht zufriedenstellend" sei. Deshalb beschlossen die Verantwortlichen, die beobachteten Qualitätsmängel durch gezielte und systematische Maßnahmen zu beseitigen. In diesem Zusammenhang stellte man zudem fest: „Ein Hemmnis ist hierbei das bereits angesprochene Gastarbeiterproblem."[206] Da die Gesprächsteilnehmer im unmittelbaren Anschluss die Fluktuation des ausländischen Belegschaftssegments diskutierten, liegt es auch hier nahe, dass das angesprochene „Hemmnis" hinsichtlich der Qualitätsverbesserung in den häufigen Arbeitsplatzwechseln beziehungsweise der hohen Fluktuationsquote zu suchen ist. Dies könnte auch die teilweise widersprüchlichen Aussagen bezüglich der Thematik erklären: Während, wie der Betriebsratsvorsitzende und der Produktionsvorstand hervorhoben, die bei BMW beschäftigten „Gastarbeiter" zur Zeit ihrer Anstellung – zumindest auf längere Frist – durchaus zur qualitativ angemessenen Arbeitsausführung fähig waren, stellten die hohen Fluktuationsraten bei ausländi-

204 UA 412, Niederschrift über die Vorstandssitzung vom 4. Februar 1969, Protokoll Nr. 4/1969.
205 BMW UA 417, Niederschrift über die Sitzung des Aufsichtsrates vom 4. September 1970.
206 BMW UA 417, Niederschrift über die Sitzung des Aufsichtsrates vom 4. Dezember 1971.

schen Arbeitnehmern ein grundlegendes Problem dar. Jeder neu eingestellte Mitarbeiter musste neu angelernt werden, was sich insofern als problematisch erwies, da die Fehlerhäufigkeit bei der Aufnahme der Arbeitstätigkeit in der Regel höher lag und erst mit fortschreitender Beschäftigtendauer abnahm. Zudem führten die Anlernprozesse bei den anlernenden Mitarbeitern dazu, dass diese neben ihrer eigentlichen Tätigkeit zusätzlich beansprucht wurden, wodurch wiederum deren Arbeitsqualität beeinträchtigt werden konnte. Deshalb kann davon ausgegangen werden, dass es primär die Folgewirkungen der hohen Fluktuation waren, welche die Skepsis bei den Unternehmensverantwortlichen erzeugten.

Eine Bemerkung des Aufsichtsratsvorsitzenden Hermann Karoli untermauert diese These. Auf der Hauptversammlung des Jahres 1964 dankte Karoli zunächst allen „Mitarbeitern, die im vergangenen Jahr durch einen großen und heute nicht überall selbstverständlichen persönlichen Einsatz die gute Entwicklung unserer Gesellschaft ermöglicht haben.“ Der Danksagung, die vordergründig an die ganze Belegschaft adressiert war, fügte er hinzu:

> „Bei der wachsenden Zahl der Belegschaft, die nur durch eine hohe Fluktuationsquote erkauft werden konnte, standen vor allem unsere Meister, Vorarbeiter und Facharbeiter, oft noch unter der Belastung der Verständigungsschwierigkeiten mit den Gastarbeitern verschiedener Nationen, vor der Aufgabe, immer wieder neue Kräfte anlernen zu müssen und immer wieder durch Mehrarbeit ausgleichen zu müssen, was an deren Leistung zunächst naturgemäß fehlte. Das verlangte wirklich ein hohes Maß an Opferbereitschaft und Glauben an die Sache ihres Betriebes.“[207]

Das Zitat zeigt, dass sich der Dank nicht an die „Gastarbeiter“ des Unternehmens richtete, sondern an die deutsche Kernbelegschaft. Dies nicht nur, weil die angesprochenen Meister, Vorarbeiter und Facharbeiter nur in den wenigsten Fällen „Gastarbeiter“ waren, sondern vor allem deshalb, weil Karoli letztere als gesonderte Gruppe erwähnte (und nicht adressierte), da sie als Teilbereich der betrieblichen Problematiken zu gelten hatte. Die hohe „Opferbereitschaft“ sowie den „Glauben an die Sache des Betriebs“ sprach Karoli den ausländischen Beschäftigten somit implizit ab. Auch sonst nahm der Rekurs auf den vorbildlichen „Stamm der Arbeiter […], denen wir auch in erster Linie die Bewältigung der anfallenden Arbeiten zu verdanken haben“,[208] die „Gastarbeiter“ in der Regel aus. Der Topos der aufopferungsvollen Produktionsmannschaft, oftmals verbunden mit dem Verweis auf die schwierigen Krisenjahre des vorangegangenen Jahrzehnts, diente wohl nicht zuletzt dazu, die Belegschaft der 1960er Jahre auf die gegenwärtigen Herausforderungen einzuschwören. Der Umstand, dass die Fluktuationsquote bei den ausländischen Beschäftigten deutlich höher lag als bei den deutschen, kann wohl nicht ausschließlich auf den Faktor „Migration“ zurückgeführt werden. Wie oben gezeigt, arbeiteten „Gastarbeiter“, von den Jugoslawen abgesehen, in den meisten Fällen in Bereichen, die in der Hierarchie der Tätigkeiten unten angesiedelt waren. Ihr durchschnittlich niedriges Qualifikationsniveau drückte sich in der Praxis

207 BMW UA 266: Niederschrift über die 44. ordentliche Hauptversammlung vom 29. Juni 1964.
208 BMW UA 417, Niederschrift über die Sitzung des Aufsichtsrates vom 23. Oktober 1970.

einerseits in schweren körperlichen, andererseits in Hilfstätigkeiten aus. Die Annahme erscheint deshalb plausibel, dass die Unzufriedenheit mit dem jeweiligen Arbeitsplatz bei „Gastarbeitern" im Allgemeinen größer war, was wiederum die Wahrscheinlichkeit, den Arbeitgeber zu wechseln, signifikant erhöhen musste.

Dass die „Gastarbeiter" nicht nur von der Unternehmensleitung, sondern oftmals auch von der deutschen Kernbelegschaft nicht als „vollwertige" Kollegen wahrgenommen wurden, thematisierte im Jahr 1970 ein Artikel der DKP-Betriebszeitung „Die Zündung", der laut Angabe von einem „Arbeiter bei BMW" stammt. Mit Blick auf die deutschen Beschäftigten berichtete der Autor, dem es um die Solidarität mit den ausländischen Kollegen zu tun war, von „Bemerkungen wie: dieses Gesindel, die gehören alle nach Hause geschickt; oder die sind ja strohdumm, Kultur haben sie auch nicht; die schlimmste Äußerung ist: die gehören ‚vergast'! Solche Bemerkungen könnte man noch weiter anführen." Die Gründe für diese feindselige Haltung sah der Verfasser in der überdurchschnittlich hohen Arbeitsbereitschaft der „Gastarbeiter". Aufgrund dessen gingen diese einerseits „jeden Samstag arbeiten; die Folge ist, die deutschen Kollegen müssen dann auch kommen, weil sie Positionen haben (z. B. Meister, Einsteller, Kontrolleure u.s.w.)". Andererseits würden die ausländischen Beschäftigten aufgrund ihres Übereifers dafür sorgen, dass die Akkordzeiten herabgesetzt werden, was in der Konsequenz die Bezahlung der gleichen Leistung in weniger Zeit bedeutete. Deshalb schafften die Ausländer, so der Autor, „böses Blut unter den [deutschen] Arbeitern".[209] Ganz ähnlich beschrieb dies auch ein Leserbrief aus dem Jahr 1971, der in der Betriebszeitung der *Gruppe Arbeitersache* abgedruckt war – mit dem Unterschied, dass der Verfasser den Unmut der deutschen Kollegen nachvollziehen konnte. Der Autor, der als Schlosser bei BMW arbeitete und politisch als links, aber nicht linksradikal eingestuft werden kann,[210] berichtete, dass die ausländischen Arbeiter „in möglichst kurzer Zeit soviel D.M. als nur möglich bei uns zu scheffeln" beabsichtigten. Das sei zwar ihr gutes Recht. Nur sollten sie dann „aber auch nicht jammern". Der Leserbriefschreiber betonte, dass die Ausländer „natürlich nicht weniger wert" seien als die Deutschen, fügte aber hinzu: „Nur: Sie […] machen sich einen Dreck daraus, ob wir Deutsche durch ihre Überstundenschieberei und Akkorddrückerei unter Druck geraten oder nicht!"[211]

209 „Gastarbeiter – auch sie sind unsere Kollegen!", in: Die Zündung, Nr. 6, April 1970, S. 5–6, hier S. 5.

210 „Leserbrief: Die Gastarbeiter", in: Arbeitersache, Nr. 11, o. Datum (vermutl. Sommer 1971), S. 5–7. Der Autor bezeichnet die *Gruppe Arbeitersache* als „ultralinks" und warnt sie vor tendenziöser Berichterstattung, die er in ihren Texten stellenweise registrierte: „Wenn Ihr so weiter macht, werdet Ihr langsam, aber sicher genauso unglaubwürdig wie jene, die Ihr (und das mit Recht) dauernd anprangert!" Ebenda, S. 6–7. Der Zeitungsbestand findet sich im Archiv der Münchner Arbeiterbewegung: AdMA, 37/2/3, Arbeitersache BMW/MAN.

211 Ebenda, S. 6. Mit dem Begriff „Akkorddrückerei" ist ein individuell übermäßiger Arbeitseinsatz in der Akkordarbeit gemeint: Der „Akkorddrücker" stelle innerhalb der festgesetzten Vorgabezeit eine überdurchschnittlich hohe Stückzahl her, was die Befürchtung der übrigen Akkordarbeiter nach sich zieht, dass der Arbeitgeber mittelfristig die Vorgabezeiten je Stück senken könnte. Dies würde wiederum mehr Arbeit bei gleichbleibendem Lohn für alle Akkordarbeiter bedeuten.

Was die Argumentation des Artikels aus der „Zündung" und des zitierten Leserbriefs betrifft, so ist hinsichtlich der dort angegebenen Gründe für die Ablehnung der „Gastarbeiter" durch die deutsche Kernbelegschaft zu konstatieren, dass ausländische Arbeitnehmer zu Beginn der 1970er Jahre im Bundesdurchschnitt tatsächlich mehr Überstunden leisteten als ihre deutschen Kollegen.[212] Die Anzahl derjenigen ausländischen Arbeitskräfte, die keine Überstunden machten, nahm mit der Höhe der Monatseinkommen zu.[213] Daraus lässt sich der Schluss ziehen, dass die erhöhte Bereitschaft der „Gastarbeiter" zur Mehrarbeit zum einen darin begründet lag, dass ihre Monatseinkommen aufgrund der Qualifikationsstufe und der dementsprechenden Lohngruppeneinstufung im Durchschnitt vergleichsweise niedrig waren. Zum anderen sahen die Arbeitsmigranten in ihrem Aufenthalt in der Bundesrepublik nicht selten primär den Zweck, sich eine Vermögensbasis aufzubauen, „um den Lebensstandard ihrer in der Heimat zurückgelassenen Familien zu erhöhen und um [...] Geld zurückzulegen, eine wirtschaftliche Existenz in ihren Heimatländern zu gründen oder zu verbessern".[214] Da sie sich aufgrund der baldigen Rückkehrperspektive überdurchschnittlich häufig auf den Gelderwerb fokussierten, waren sie weit eher bereit, auch ihre Freizeit für den Lohnerwerb zu nutzen und im Akkord- und Schichtsystem zu arbeiten.[215] Nicht zuletzt trug wohl auch ihre sozial und gesellschaftlich exterritoriale Stellung und der damit einhergehende Mangel an Freizeitgestaltungsmöglichkeiten einen nicht unerheblichen Teil zu der – in den Augen der deutschen Kollegen – zu hohen Leistungsbereitschaft bei.

Die angeblich übermäßige Fokussierung der ausländischen Beschäftigten auf die maximale Arbeitsleistung beziehungsweise den entsprechenden Verdienst lag denn auch dem Vorwurf des „Akkordbrechens" zugrunde.[216] „Akkordbrecher", „Akkorddrücker" beziehungsweise „Akkordverderber" sind „Arbeiter, die es ablehnen, die informal festgesetzte Höchstgrenze [an gefertigten Werksstücken] nicht zu überschreiten".[217] Unterstellt ist damit „ein unkollegiales Verhalten", dass in der Wahrnehmung von Industriearbeitern dann gegeben war, wenn „man die eigenen Interessen vertritt, ohne sich um Gemeinschaft bzw. um Abstimmung mit dem anderen zu bemühen, oder wenn man die Interessen des anderen nicht unterstützt, obwohl die eigenen Interessen das gestatten würden."[218] Aus diesen Gründen galt

212 Bundesanstalt für Arbeit: Repräsentativuntersuchung '72, S. 87.

213 Borris, Maria: Ausländische Arbeiter in einer Großstadt. Eine empirische Untersuchung am Beispiel Frankfurt, Frankfurt a. M. ^{2}1974, S. 89.

214 Borris: Arbeiter, S. 119. Der Autor des „Zündung"-Artikels argumentiert im Übrigen ganz ähnlich:„Fragt man einen Gastarbeiter, warum er jeden Samstag arbeiten geht, so bekommt man immer dieselbe Antwort: die Jahre, die sie hier in der Bundesrepublik sind, wollen sie möglichst viel Geld verdienen, darum Überstunden, Überstunden ...", Die Zündung, Nr. 6, April 1970, S. 6.

215 Richter u. Richter: Gastarbeiter-Welt, S. 197.

216 Mattes: „Gastarbeiterinnen", S. 232.

217 Whyte, William F. u. a.: Lohn und Leistung. Eine soziologische Analyse industrieller Akkord- und Prämiensysteme, Köln u. Opladen 1958, S. 33.

218 Wiedemann: Rationalisierung, S. 126.

es innerhalb der Akkordarbeiterschaft gewissermaßen als soziale Norm, sich untereinander abzustimmen, um gemeinsame Interessen am Arbeitsplatz vertreten zu können.[219] Ergebnis dieser Vorgehensweise war „beinahe überall, daß die Arbeiter selbst ihre Tagesleistung festsetzen und daß sie es ablehnen, über diese Grenze hinaus zu arbeiten – selbst wenn es ihnen möglich ist."[220] Die informelle Abstimmung des Akkordergebnisses durch die Produktionsbelegschaft, die erst unter den Bedingungen der verstärkten Rationalisierung an größerer Bedeutung gewann,[221] war durch den betrieblichen Ausländereinsatz insofern erschwert, als durch sprachliche Verständigungsschwierigkeiten, ethnische Gruppenbildungen sowie die spezifisch hohe Fluktuation die Voraussetzungen für die Interessenabstimmung prekär geworden waren. Vielen der deutschen Kollegen erschien ein solches Verhalten offenbar als „unsolidarisch", womit sie zugleich unterstellten, die Ausländer verhielten sich bewusst auf die beschriebene Art und Weise. Auch wenn dies bisweilen zugetroffen haben mag, ist es dennoch wichtig zu betonen, dass es den „Gastarbeitern", die in den allermeisten Fällen auf die Realität in einem industriellen Großbetrieb überhaupt nicht vorbereitet waren,[222] mit dem informellen, gleichsam unter der betrieblichen Oberfläche ablaufenden Absprachesystem in der Regel nicht vertraut waren und – vom Standpunkt des erfahrenen Industriearbeiters aus betrachtet – in naiver Weise von den Möglichkeiten des Mehrverdienstes mittels erhöhter Leistung Gebrauch machen wollten. Insofern wirkt es konsequent, dass der Verfasser des Artikels aus der „Zündung" mit der Forderung schließt, man solle mit den „Gastarbeitern" „reden und ihnen klar machen, wie sehr sie sich selber schaden."[223]

Für die Zeit von 1962 bis 1967 gab Sarfert an, dass es zwischen deutschen und ausländischen Belegschaftsmitgliedern immer wieder zu Auseinandersetzungen kam, die in 31 Fällen zu Körperverletzungen führten. Auseinandersetzungen am Arbeitsplatz traten jedoch nicht nur zwischen Deutschen und „Gastarbeitern" auf, sondern auch innerhalb des ausländischen Belegschaftssegments. Sarfert erwähnte hierbei elf Körperverletzungsdelikte, an denen nur Ausländer beteiligt waren. Diese Delikte beruhten dem Autor zufolge „entweder auf politischen Auseinandersetzungen, zwischen Griechen und Türken, auf Familienstreitigkeiten oder auf Streitereien wegen eines Mädchens." In den Augen Sarferts machten die Vorfälle

219 Ebenda, S. 125.
220 Whyte u. a.: Lohn, S. 14.
221 Wiedemann: Rationalisierung, S. 125.
222 Dies war auch dem Betriebsratsvorsitzenden Golda bewusst, siehe: BMW UA 511, Geschäftsbericht des Betriebsrats auf der Betriebsversammlung vom 10. April 1963. Eine Umfrage von Maria Borris ergab, dass 83 Prozent der befragten „Gastarbeiter" ohne jegliche Vorbereitung in die Bundesrepublik kamen. Vier Fünftel der Befragten konnten sich keine oder nur eine geringe Vorstellung davon machen, was die Beschäftigung in einem Industriebetrieb bedeutet, Borris: Arbeiter, S. 81.
223 „Gastarbeiter – auch sie sind unsere Kollegen!", in: Die Zündung, Nr. 6, April 1970, S. 5–6, hier S. 6.

deutlich, dass im Jahr 1967 die „‚soziale Integration' im Betrieb noch nicht erfolgt" war.[224]

Was die Handgreiflichkeiten und insbesondere die Zusammenstöße zwischen Deutschen und Ausländern betrifft, führte Sarfert diese auf die Tatsache zurück, dass die Arbeitsmigranten „den Belastungen des betrieblichen Zusammenlebens ganz besonders ausgesetzt" waren, „weil sie viele Maßnahmen nicht verstehen können und deswegen häufig unangenehme Entscheidungen, die der Arbeitsablauf erfordert, als gegen sie persönlich gerichtet ansehen." Hinzu komme eine „gewisse Furcht, sie würden gegenüber den deutschen Arbeitskollegen schlechter behandelt", was zu „Gegenmaßnahmen wie Unwilligkeit und Langsamkeit in der Arbeitsausführung, Hilfesuchen bei ausländischen Freunden oder mehr oder weniger deutlichem und lautem Schimpfen und Gezeter" geführt habe. Zudem nannte Sarfert „böswillig[e] Scherze von ihren deutschen Kollegen", auf welche die Ausländer „zu temperamentvoll" reagieren würden.[225] Von aufbrausendem Verhalten der „Gastarbeiter" sowie Separierungstendenzen zwischen deutschen und ausländischen Beschäftigten sprach auch der Verfasser des oben zitierten Leserbriefs aus der Betriebszeitung der *Gruppe Arbeitersache*. Er berichtete in diesem Zusammenhang, die Ausländer würden sich „abkapseln", da diese an Kontakt mit Deutschen nicht interessiert gewesen seien.[226]

Differenzierter argumentierte die Funktionärszeitschrift der IG Metall mit Blick auf die allgemeine Situation in den westdeutschen Industriebetrieben. Der Autor eines Artikels aus dem Jahre 1964 führte die gegenseitige Ablehnung und die Streitigkeiten auf die jeweils „andersartige[n] Verhaltensweisen" zurück:

> „Es ist die Mentalität und die Haltung ‚der anderen', die fremd ist, die auf jeden der Beteiligten folglich fremdartig und zuweilen auch befremdend wirkt. Kommt es zu irgendwelchen Reibungen, dann treten gewöhnlich die nationalen Schranken sofort als verstärkte nationale Vorurteile in Erscheinung."[227]

Die generellen Vorurteile der Deutschen, die sich in der Feindseligkeit gegen Ausländer innerhalb und außerhalb des Betriebs manifestierten, dürfen für die Zeit der 1960er und frühen 1970er Jahre keinesfalls unterschätzt werden. Eine Umfrage aus dem Jahr 1965 ergab, dass mehr als zwei Drittel der westdeutschen Bevölkerung bereit waren, eine Stunde pro Woche mehr zu arbeiten, „wenn dadurch ausländische Arbeitnehmer in der Bundesrepublik überflüssig würden."[228] Vor dem Hintergrund dieser Erhebung, deren Ergebnis sich im Großen und Ganzen wohl auch auf die Belegschaft von BMW übertragen lässt, wird deutlich: Während viele Deutsche den ausländischen Beschäftigten vorwarfen, mehr arbeiten zu wollen als

224 Sarfert: Kriminalität, S. 154.

225 Ebenda.

226 „Leserbrief: Die Gastarbeiter", in: Arbeitersache, Nr. 11, o. Datum (vermutl. Sommer 1971), S. 5–7, S. 6.

227 Ausländische Arbeiter und gewerkschaftliche Organisation, in: Der Gewerkschafter. Monatszeitschrift für die Funktionäre der IG Metall, Nr. 5, Mai 1962, S. 35.

228 Münchner Merkur vom 25. Februar 1965: „Sorgen wegen Gastarbeitern".

es nötig war, traf dies ebenso auf die absolute Mehrheit der deutschen zu. Der Unterschied bestand nur darin, dass ihre zusätzliche Arbeitsbereitschaft nicht auf materielle Gründe zurückzuführen war, sondern auf ideologische – in diesem Fall darauf, weniger beziehungsweise keine Ausländer im Land haben zu wollen.

Vor dem skizzierten Hintergrund wird deutlich, dass sich die „Gastarbeiter“ bei BMW aufgrund der unterschiedlichen Wahrnehmung der Unternehmensleitung und des Betriebsrats hier und der deutschen Kernbelegschaft dort mit einer Situation konfrontiert sahen, die als Dilemma bezeichnet werden muss. Vonseiten der Verantwortlichen lautete der Vorwurf, die Arbeitsleistung der Ausländer sei unzureichend und diese selbst aufgrund der gruppenbezogen durchschnittlich häufigeren Arbeitsplatzwechsel zu „sprunghaft“ beziehungsweise unzuverlässig; vonseiten offenbar nicht unerheblicher Teile der deutschen Kernbelegschaft hieß es dagegen, sie seien übereifrig und arbeiteten zu viel. Dabei ist auffällig, dass die Vorwürfe, welche die jeweilige Seite gegen die „Gastarbeiter“ vorbrachte, jeweils der anderen Seite zugutekamen. Vom inkriminierten „Akkordbrechen“ profitierten ohne Frage die betrieblichen Zeitnehmer und damit die Unternehmensleitung, da auf diese Weise die absichtliche Leistungsbeschränkung, das sogenannte „Akkordbremsen“, aufflog und in der Folge unterbunden werden konnte. Von der beanstandeten unterdurchschnittlich ausgeprägten Betriebsbindung des ausländischen Belegschaftssegments zogen im Gegenzug mittelbar und langfristig die deutschen Beschäftigten ihren Nutzen, da die nicht nur finanziellen Anti-Fluktuations-Maßnahmen alle Belegschaftsangehörigen betrafen.[229]

Zu Beginn der 1970er Jahre änderte sich der betriebspolitische Zugriff auf die „Gastarbeiter“ bei BMW.[230] Durch Integrationsmaßnahmen und Sprachkurse sollten die ausländischen Mitarbeiter, deren Beschäftigung wider Erwarten zu einer Dauererscheinung geworden war, stärker ans Unternehmen gebunden werden. Zum einen versuchte man, die hohe Fluktuationsquote zu reduzieren, die in hohem Maße durch Austritte der ausländischen Beschäftigten verursacht war. Zum anderen bestrebte die Unternehmensleitung, das Qualitätsniveau zu erhöhen. Trotz wiederholter Beteuerungen der Personalabteilung und des Betriebsrats, dass die Ausländerbeschäftigung die Produktqualität nicht beeinträchtige, diskutierten Vorstand und Aufsichtsrat das Thema des Ausländereinsatzes noch im Jahr 1973 unter dem Vorzeichen der Qualitätsproblematik. Am 13. Dezember dieses Jahres und damit genau drei Wochen nach dem Anwerbestopp, die das Bundesministerium für Arbeit und Sozialordnung im November 1973 erlassen hatte, gab die Firmenleitung mit Blick auf die veränderte Arbeitsmarktsituation zu Protokoll, dass „eine Reduzierung der Gastarbeiter und bessere Auswahlmöglichkeiten eine generelle Anhebung des Niveaus“ mit sich bringen würden.[231] Die ausländerbezogene Integrations- und Förderpolitik des Vorstands hatte so zum Ziel, diejenigen „Gast-

229 Siehe hierzu Kapitel 7.1 der vorliegenden Arbeit.
230 Siehe hierzu ausführlich Kapitel 7.2 der vorliegenden Arbeit.
231 BMW UA 417, Niederschrift über die Sitzung des Aufsichtsrates und Beirates vom 13. Dezember 1973.

arbeiter“ im Unternehmen zu halten, deren Leistung den Verantwortlichen angemessen erschien und die zudem willens waren, an innerbetrieblichen Weiterbildungs- und Qualifikationsmaßnahmen zu partizipieren. Durch dieses Vorgehen nahm die Unternehmensleitung einem Teil der „Gastarbeiter“ die Perspektive auf eine weitere Beschäftigungsmöglichkeit bei BMW. Auf der anderen Seite stellte sie es dem anderen Teil dieser Belegschaftsgruppe in Aussicht, in naher Zukunft als vollwertiges Belegschaftsmitglied akzeptiert zu werden. Der Blick auf den Freistaat Bayern zeigt denn auch, dass sich die Anzahl der beschäftigten Ausländer von 405 000 Personen im Jahr 1972 auf 293 000 Personen im Jahr 1976 reduzieren sollte.[232]

232 Roos, Bernhard: Bayern als Migrationsland – die Rolle der IG Metall bei der Integration, in: Vom Wiederaufbau zur Arbeit 4.0. IG Metall Bayern: 70 Jahre Fortschritt durch Tarifpolitik, Hamburg 2017, S. 112–114, hier S. 114.

6. Lösungsversuch II: Die Umorganisation des Fertigungsprozesses

Neben der Erhöhung der Belegschaftszahl, welche die Unternehmensleitung zu einem großen Teil über die Einstellung von „Gastarbeitern" erreichte, stellte die Umorganisation des Fertigungsprozesses den entscheidenden Ansatz dar, der rasant steigenden Absatzentwicklung in wirksamer Weise zu begegnen. Diese Umorganisation betraf zum einen die Räumlichkeiten und Produktionsanlagen des Werks, die den veränderten Marktbedingungen der 1960er Jahre angepasst, das heißt optimiert und ausgeweitet werden mussten. Vor dem Hintergrund des allgemeinen Arbeitskräftemangels galt es zum anderen, den Arbeitseinsatz der bestehenden Produktionsbelegschaft zu maximieren. Gleichzeitig musste deren kollektive Arbeitskraft so rationell und zeitsparend wie möglich verwertet sowie den einzelnen Produktionsbereichen möglichst flexibel zugeteilt werden. Dementsprechend war BMW seit Beginn der Prosperitätsphase Anfang der1960er Jahre um betriebliche Rationalisierung bemüht.

Eine Möglichkeit, zusätzliche Arbeitskräfte und Räumlichkeiten zu erlangen, sah die Unternehmensführung in der Übernahme von Fabriken anderer Automobilfirmen und dem Neubau von Zweigwerken. Das folgende Kapitel nimmt mit den Rationalisierungsprozessen und Werksübernahmen eine Analyse der beiden betriebspolitischen Strategien vor, die jeweils als relative und absolute Produktionserhöhungen begriffen werden können. Als dritte Strategie wird die Maximierung der Arbeitsleistung im letzten Abschnitt des Kapitels näher betrachtet. Diese Leistungssteigerung der menschlichen Arbeit versuchte die Unternehmensleitung zu erreichen, indem sie die Arbeitszeit so weit wie möglich erhöhte und das Arbeitstempo der Fertigungsbelegschaft so weit wie möglich beschleunigte. Gleichzeitig ging es darum, den Arbeitseinsatz der Beschäftigten weitestgehend zu flexibilisieren.

6.1 Die relative Erhöhung der Produktion: Betriebliche Rationalisierung

Für die Gesamtheit der betrieblichen Bemühungen, die BMW in den 1960er Jahren in Angriff nahm, um die Effizienz der Produktion zu erhöhen, wird im Folgenden der Begriff „Rationalisierung" verwendet. Der Begriff ist jedoch mehrdeutig. Er bezieht sich zum einen auf technische Prozesse und überschneidet sich dadurch mit den Begriffen „Mechanisierung" und „Maschinisierung". Dabei handelt es sich um die Substitution des Produktionsfaktors „menschliche Arbeit" durch den Produktionsfaktor „Kapital" beziehungsweise Maschinerie im weitesten Sinne. „Rationalisierung" kann sich zum anderen, unabhängig von technischen Innovationen, auch auf den Arbeitsprozess beziehen, womit die Verbesserung des Fertigungsflusses und die Beschleunigung der Arbeitsabläufe angesprochen sind. Hierunter sind etwa Bemühungen zu fassen, die räumliche Anordnung der Maschinen zu optimieren und die betriebsinternen Transportzeiten zu verkürzen.[1] Die ältere soziologische Forschung verwendete den Begriff zudem als Bezeichnung einer historischen Phase. Das Stadium der Rationalisierung der 1910er und 1920er Jahre unterscheide sich demnach durch industrielle Massen- und Fließproduktion von der vorhergehenden, stärker handwerklich geprägten industriellen Ära des späten 19. Jahrhunderts. Die Rationalisierungsphase sei nach 1945 wiederum durch die der Automation beziehungsweise Automatisierung abgelöst worden.[2] Friedrich Pollock definierte „Automation" in diesem Sinne als

> „eine nach dem zweiten Weltkrieg sich ausbreitende Produktions- und Informationstechnik, welche unter Anwendung des Rückkoppelungsprinzips und von Elektronenrechnern sowie einer bis an die technisch und wirtschaftlich gezogenen Grenzen getriebenen Mechanisierung und Rationalisierung die menschliche Arbeitskraft in ihren physischen und geistigen Funktionen durch Maschinen ersetzt, die selbst wieder durch Maschinen kontrolliert werden."[3]

Weiter bezeichnet Automation nach Pollock „die *Integrierung* der bisherigen diskontinuierlichen Einzelprozesse der Produktion in einen zusammenhängenden, *fließenden Gesamtprozess*", der mittels „Spezial- und Werkzeugmaschinen" ausgeführt sowie mittels „elektronischen Geräten gesteuert und überwacht" wird.[4] Insofern kann die Automationsphase als Resultat der historischen Rationalisierungs- und Mechanisierungsdynamik und damit als Konsequenz des kapitalistischen Effizienzparadigmas begriffen werden. Obwohl sie erst in dieser Zeit als solche thematisch wurden, waren betriebliche Rationalisierungsanstrengungen zum Zwecke des größtmöglichen Outputs bei möglichst geringen Selbstkosten und Zeitaufwand kein Spezifikum des 20. Jahrhunderts.[5] Zudem traten die eben erwähnten, in der Theorie voneinander geschiedenen Optimierungsformen „in der Unternehmensrealität auch als Mischformen auf", weshalb sie sich letztlich als „idealtypische Konstrukte" erweisen.[6] Nicht zuletzt klangen insbesondere im angesprochenen Drei-Phasen-Schema in die Zukunft extrapolierte, geschichtsphilosophische Deutungsmuster an, die in der Regel eine normative Grundierung aufwiesen.[7]

1 Wiedemann: Rationalisierung, S. 19.

2 Blauner, Robert: Alienation and Freedom: The Factory Worker and His Industry, Chicago 1964; Touraine, Alain: L'evolution du travail ouvrier aux Usines Renault, Paris 1955; Pollock, Friedrich: Automation. Materialien zur Beurteilung ihrer ökonomischen und sozialen Folgen, Frankfurt a. M. 1964 [Original 1956].

3 Pollock: Automation, S. 28.

4 Ebenda (Hervorhebung im Original).

5 Uhl: Rationalisierung, S. 11.

6 Kleinschmidt, Christian: Rationalisierung als Unternehmensstrategie. Die Eisen- und Stahlindustrie des Ruhrgebiets zwischen Jahrhundertwende und Weltwirtschaftskrise, Essen 1993, S. 20–21, Zitate von S. 21.

7 Siehe zur Kritik: Schelsky, Helmut: Die sozialen Folgen der Automatisierung (1957), in: Ders.: Auf der Suche nach der Wirklichkeit. Gesammelte Aufsätze zur Soziologie der Bundesrepublik, München 1979, S. 118–147, hier S. 132–144; siehe insbesondere auch: Heßler, Martina: Die Ersetzung des Menschen? Die Debatte um das Mensch-Maschinen-Verhältnis im Automatisierungsdiskurs, in: Zeitschrift für Technikgeschichte 82 (2015), H. 2, S. 109–136, hier

Insofern als Automatisierung, von der Steuerung des Gesamtprozesses durch Computer abgesehen, wesentlich „nichts Neues, sondern lediglich eine Weiterführung des Prinzips des Fließbandes und der Massenproduktion" darstellt,[8] werden die Begriffe „Rationalisierung" und „Automation" in der vorliegenden Arbeit weitgehend synonym verwendet[9] – was im Übrigen auch die Verantwortlichen bei BMW taten. Die Begriffe bezeichnen die zentralen Aspekte von großbetrieblichen Modernisierungsprozessen nach dem Zweiten Weltkrieg: die Einführung der fordistischen Fließfertigung und die Implementierung der tayloristischen Arbeits- und Zeitstudien sowie der darauf basierenden Arbeitsbewertungssysteme. Die angesprochenen Prozesse betrafen den Bereich der Fertigungstechnik, den Bereich der Arbeitsorganisation und die Sphäre des Sozialen im Betrieb.[10]

Obwohl die Automobilindustrie neben der elektrotechnischen Industrie als Kernsektor des Rationalisierungsprozesses gelten kann,[11] kann mit Blick auf einen zentralen Fertigungsbereich des Automobilbaus, nämlich die Endmontage,[12] von einer auch nur annähernd verwirklichten „vollautomatischen" Produktionsweise bis heute nicht gesprochen werden. Zwar begann mit der betrieblichen Einführung der Numerischen Steuerung (NC-Maschinen) ab Mitte der 1960er Jahre „eine breite industrielle Bewegung in Richtung auf eine automatisierte Fabrik".[13] Diese selbst wurde jedoch nie in Reinform erreicht. So zeigte Martina Heßler, dass das Management in den 1980er Jahren von der Vorstellung Abstand nahm, man könne den Menschen, von Überwachungs- und Steuerungsaufgaben einmal abgesehen, vollständig durch Roboter ersetzen. Dies lag in der Fehlerhaftigkeit und Inflexibilität der Maschinen als auch in den spezifischen Anforderungen der Endmontage begründet.[14] Gleichwohl ist festzuhalten, dass die Automationsbemühungen im Automobilbau vergleichsweise früh einsetzten und das Ideal der Vollautomatisierung bis in die

S. 113. Pollock spricht hinsichtlich der automatischen beziehungsweise vollautomatischen Fabrik bezeichnenderweise vom „logische[n] Ziel" der Automation, siehe: Pollock: Automation, S. 20.

8 O. V.: Die Unternehmer: Fortschritt ohne Ende, in: Bittorf, Wilhelm: Automation. Die zweite industrielle Revolution, Darmstadt 1959, S. 277 (Anhang: Berichte und Argumente).

9 Dieser Sachverhalt liegt nicht zuletzt darin begründet, dass bis heute nicht geklärt ist, was „Automation" technisch konkret bedeutet. Siehe zur Problematisierung des Begriffs: Radkau, Joachim: Technik in Deutschland. Vom 18. Jahrhundert bis zur Gegenwart, Frankfurt a. M. 1989, S. 332.

10 Hachtmann, Rüdiger: Industriearbeit und Rationalisierung 1900 bis 1945. Bemerkungen zum Forschungsstand, in: Jahrbuch für Wirtschaftsgeschichte (1996), H. 1, S. 211–258, hier S. 211.

11 Seitz, Dieter: Rationalisierung und Beschäftigtenentwicklung in der Serienmontage, in: WSI-Mitteilungen, 39 (1986), H. 2, S. 57–66, hier S. 57.

12 Jürgens, Ulrich: Risiken und Chancen der gegenwärtigen Umstrukturierungen in der Weltautomobilindustrie für die Arbeitnehmer, in: Dankbaar, Ben, Jürgens, Ulrich u. Malsch, Thomas (Hrsg.): Die Zukunft der Arbeit in der Automobilindustrie, Berlin 1988, 35–61, S. 38.

13 Kaiser, Walter: Technisierung des Lebens seit 1945, in: Hans-Joachim Braun u. Walter Kaiser: Propyläen Technikgeschichte. Energiewirtschaft, Automatisierung, Information. Seit 1914, Berlin u. a. 1997, S. 281–529, hier S. 416.

14 Heßler, Martina: Die Halle 54 bei Volkswagen und die Grenzen der Automatisierung. Überlegungen zum Mensch-Maschine-Verhältnis in der industriellen Produktion der 1980er-Jahre, in: Zeithistorische Forschungen, 11 (2014), H. 1, S. 56–76, hier S. 74.

1980er Jahre hinein als Leitbild fungierte.[15] Die generelle Schwierigkeit, den Fertigungsprozess von Stückgütern zu automatisieren, und der damit einhergehende niedrige Automatisierungsgrad waren jedoch schon Mitte der 1970er Jahre darauf zurückzuführen, dass „bei der Fertigung komplizierte Handhabungen und Montagevorgänge erforderlich sind, für die es bis heute noch keine technisch-wirtschaftlichen Lösungen gibt.[16] So galt auch für die Pkw-Endmontage und den Karosseriebau der mittleren 1960er Jahre, dass sich die Integration des Produktionsprozesses qua Fließfertigung bereits etabliert hatte, die „automatisierte" Fertigungsweise sich jedoch höchstens im Versuchsstadium befand.[17]

Von der Problematik des Automationsbegriffs abgesehen, resultiert die hier zugrunde gelegte allgemeine Bestimmung der Optimierungsprozesse durch den Begriff „Rationalisierung" zum einen aus der Quellensituation, die eine spezifischere analytische Differenzierung kaum zulässt. Zum anderen lassen sich die bei BMW getätigten Investitionen sowie die in Angriff genommenen Maßnahmen nur in den wenigsten Fällen auf Basis der angeführten Kategorien trennscharf unterscheiden. Gerhard Wicke, der das Amt des Vorstandsvorsitzenden von 1965 bis 1969 innehatte, stellte diesen Sachverhalt folgendermaßen dar: „Es ist nicht ohne weiteres möglich, die Investitionen nach ihrer Art und ihrem Umfang auf Maßnahmen, die der Rationalisierung, der Kapazitätserweiterung, der Qualitätsverbesserung und der Ersatzbeschaffung dienen, aufzuteilen. Denn in der Regel liegen mehrere Zwecke zugleich vor."[18] Tatsächlich richteten die Verantwortlichen von BMW ihre Modernisierungsanstrengungen mit Beginn der 1960er Jahre gleichzeitig auf unterschiedliche betriebliche Felder. Dazu zählten die Kapazitätsausweitung, Um- und Neubauten sowie die „fortgesetzte Neuanschaffung kostspieliger Produktionseinrichtungen, Maschinen und Anlagen, Transferstraßen".[19]

In den 1950er Jahren hatten Finanzengpässe, Absatzschwierigkeiten und Überkapazitätsprobleme die Situation der Bayerischen Motoren Werke geprägt. In deren Hallen herrschte eine stark handwerklich ausgerichtete Qualitätsproduktion vor. Insofern als große und gleichartige Stückzahlen die Bedingung der integrierten Fließproduktion darstellen,[20] war diese Fertigungsweise vor dem Jahr 1960

[15] Schumann, Michael: Das Jahrhundert der Industriearbeit. Soziologische Erkenntnisse und Ausblicke, Weinheim u. Basel 2013, S. 22–23.

[16] 5/IGMA 151322, Mappe T1048, „Arbeitserleichterungen durch Roboter und andere automatisierte Arbeitseinrichtungen" von Professor Dr.-Ing. Hans-Jürgen Warnecke, Stuttgart, 16. April 1975.

[17] Limon, Didier Léon: Veränderung der beruflichen Anforderungen der Automobilarbeiter, in: Automation. Risiko und Chance, Bd. II. Beiträge zur zweiten internationalen Arbeitstagung der Industriegewerkschaft Metall für die Bundesrepublik Deutschland über Rationalisierung, Automatisierung und technischen Fortschritt 16. bis 19. März in Oberhausen, Frankfurt a. M. [2]1965, S. 587–642, hier S. 621–624.

[18] BMW UA 270, Niederschrift der 48. ordentlichen Hauptversammlung vom 14. August 1968.

[19] BMW UA 420, „Wilcke-Memoiren".

[20] Hartwich, Günter: Moderne Fertigungsmethoden in der Automobilindustrie, in: Automobil – Technischer Fortschritt und wirtschaftliches Wachstum. VDA-Pressekolloquium Bad Reichenhall 9./19. Juni 1970, S. 29–43, hier S. 33.

weder notwendig noch rentabel. Erst der unternehmerische Aufschwung, der mit Beginn der 1960er Jahre eingesetzt hatte, stellte die Unternehmensleitung schlagartig vor die Aufgabe, die Pkw-Fertigung innerhalb kürzester Zeit so rationell wie möglich zu gestalten. Da die Produktionskapazitäten knapp waren, mussten sie bestmöglich genutzt werden. Unter dem Druck des Absatzmarktes, der eine deutliche Erhöhung der Produktionszahlen erforderte, trat den Verantwortlichen die Tatsache ins Bewusstsein, dass der Fertigungsablauf bisher nicht auf rationellen Gesichtspunkten aufgebaut gewesen war. Die Einführung des Fließprinzips über miteinander verkettete Transferstraßen, die der Vorstand daraufhin ins Auge fasste, kann allgemein als bedeutendste technische Entwicklung in der Automobilfertigung nach dem Zweiten Weltkrieg angesehen werden. Bis zum Ende der 1960er Jahre implementierten alle größeren westdeutschen Automobilhersteller diese Fertigungsweise. Deren wichtigsten ökonomischen Vorzug stellte die Einsparung von Lohnkosten dar, die sich bei sämtlichen Firmen bei über 20 Prozent bezifferte und effektiv sogar wesentlich höher gelegen haben dürfte. Darüber hinaus führten die automatischen Transferstraßen zu einer allgemeinen Qualitätsverbesserung der Produkte.[21]

Im Oktober 1960 stellte man im Aufsichtsrat hinsichtlich der Ausgangslage fest, dass die Bestände der Halbfabrikate und Ersatzteile in Relation zum Umsatz „viel zu hoch" seien. Die Ursache sah der Vorstand „in den für die Gesellschaft [BMW] typischen Bedingungen", mithin „in der Art der Fertigung und in der bedeutenden Aufsplitterung des Produktionsprogrammes". Die bestehende betriebliche Infrastruktur, so die Beobachtung der BMW-Führung, zöge „weit[e] Transportweg[e], die hohe Gemeinkosten verursachen", nach sich: „Vom Preßwerk über Rohbau und Lackiererei bis zur Fertigmontage besteht ein Fertigungsfluß, dagegen liegen die übrigen Abteilungen, vor allem diejenigen der spanabhebenden Fertigung, weit entfernt – ohne organischen Zusammenhang, mechanische Transporteinrichtungen fehlen."[22] Die Unternehmensleitung legte daher fest, „das Programm und den Fertigungsfluss zu vereinfachen, um die bisher entstandenen Mehrkosten und Bestandserhöhungen zu vermeiden." Die „Herbeischaffung und Bereitstellung" des Materials für die Montage wollte man zunächst provisorisch „durch die Überdachung der neben den Hallen befindlichen Werksstraßen" erreichen. Um den Fertigungsfluss in den mechanischen Werkstätten zu optimieren, sah man ferner „eine weitgehende Umstellung des Maschinenparks" vor. So sollten Transfer- und Maschinenstraßen den Zweck erfüllen, „die Bauteile mit geringstem Zeitaufwand herstellen zu können". Für diese „bei BMW bisher noch nicht angewandte Fertigungsmethode, die vor allem stückzahlabhängig ist", musste jedoch erst der benötigte

21 Forschungsprojekt des Rationalisierungs-Kuratoriums der Deutschen Wirtschaft (RKW) e. V.: Rationeller Einsatz der menschlichen Arbeitskraft durch soziale und technische Anpassung der Arbeit an den Menschen bei technischer Umstellung – Materialberichte – 10. Fahrzeugbau. Teil A. Technische Veränderungen und ihre ökonomischen Auswirkungen (Branchenbericht), o. O. 1968, S. 100.

22 BMW UA 415, Niederschrift über die Sitzung des Aufsichtsrates vom 13. Oktober 1960.

Raum geschaffen werden. Hierfür leitete der Vorstand umfangreiche Baumaßnahmen ein.[23] Tatsächlich erschien die Fließproduktion mittels Transferstraßen bis in die 1980er Jahre prinzipiell erst ab einer Größenordnung von 50 000 Einheiten pro Jahr als wirtschaftlich sinnvoll.[24] Der provisorische Charakter dieser frühen Schritte hin zum rationellen Fließbandeinsatz wurde zu Beginn des Jahres 1961 deutlich. So konstatierte man im Aufsichtsrat, dass die kalkulierten Fertigungszeiten nicht eingehalten werden konnten, „weil die Fahrzeuge vom Rohbau nicht so wie erwartet in die Produktion gelangten."[25]

Neben der Einführung der Fließfertigung plante die Unternehmensleitung, die Produktionseinheiten räumlich zu konzentrieren. Die dafür erforderlichen Baumaßnahmen, die sich in der Ausarbeitung eines Generalbebauungsplans bündelten, sahen eine rationelle Gebäudezuteilung der einzelnen Produktionsschritte vor. Die jeweiligen Fertigungsorte wollte man durch Fließbänder verbinden, um so einen Binnentransport der Einzelteile zu ermöglichen. Dafür konzentrierte man den Rohbau und die Teilefertigung für die Mittelwagen in je zwei nebeneinander gelegenen Hallen. Vorgesehen war zudem, „die gesamte Rohbaufertigung um die Lackiererei arbeitsflussgünstig zu konzentrieren". Die mechanische Fertigung sollte ebenso wie die Materiallagerung und die Allgemeinfertigung jeweils in einer einzigen Halle untergebracht werden. Die Planung sah vor, durch den Abriss mehrerer Werksgebäude und die gleichzeitige Erweiterung einzelner Hallen das Ziel zu erreichen, „die gesamte Automobilproduktion unter einem Dach unterzubringen und ein[en] sinngemässe[n] und logische[n] Arbeitsfluss herzustellen."[26] Der Hauptteil der Investitionen für die „Neuordnung des Material- und Arbeitsflusses" und die „weitgehende Umstellung der Fertigungsanlagen"[27] entfiel auf das Jahr 1962.[28]

Neben der Herstellung eines Fertigungsflusses und der räumlichen Konzentration der Produktionsschritte stellte die Anschaffung von neuen Maschinen einen weiteren Gegenstand der in Angriff genommenen Rationalisierung dar. Die Investitionen, die für die Verminderung der Herstellungskosten vorgesehen waren, bezweckten zu dieser frühen Phase weniger eine Produktionsoptimierung von bestimmten Baumustern, sondern sollten „allgemein der Rationalisierung und der Verbesserung in der Fertigung dienen". Durch dieses Vorgehen erwartete man im Jahr 1961 eine Einsparung von vier Arbeitsstunden pro Fahrzeug.[29] Was den finanziellen Aspekt betrifft, das heißt das Verhältnis von Umsatz zur Größe der Belegschaft, so schnitt BMW im Vergleich zu seinen Branchenkonkurrenten zu diesem frühen Zeitpunkt eher ungünstig ab. Der Umsatz pro Belegschaftsmitglied

[23] BMW UA 415, Niederschrift über die Sitzung des Aufsichtsrates vom 13. Oktober 1960.
[24] Seitz: Rationalisierung und Beschäftigtenentwicklung in der Serienmontage, in: WSI-Mitteilungen, 39 (1986), H. 2, S. 58.
[25] BMW UA 415, Niederschrift über die Sitzung des Aufsichtsrates vom 16. Februar 1961.
[26] BMW UA 415, Niederschrift über die Sitzung des Aufsichtsrates vom 4. Mai 1961.
[27] Bericht der Bayerischen Motoren Werke über das 47. Geschäftsjahr 1962, S. 11.
[28] BMW UA 266, Niederschrift über die 44. ordentliche Hauptversammlung vom 29. Juni 1964.
[29] BMW UA 415, Niederschrift über die Sitzung des Aufsichtsrates vom 18. Juli 1961.

betrug 1961 bei BMW 34 000 DM, bei den Großserienproduzenten Ford und VW hingegen 57 500 DM beziehungsweise 61 000 DM. Auch der Qualitätsproduzent Daimler-Benz lag zu dieser Zeit mit 43 100 DM deutlich über der Ziffer von BMW.[30] Erfreulich für das bayerische Unternehmen war hingegen die Tatsache, dass es ihm durch die oben geschilderten Maßnahmen gelang, die tarifmäßige fünfprozentige Lohn- und Gehaltserhöhung vom Oktober 1961 „durch im Laufe des Jahres erzielte Verbilligungen und betriebliche Rationalisierungserfolge“ weitgehend abzufangen. Gleichzeitig erwartete man schon für das Folgejahr weitere Lohnerhöhungen und damit einhergehende Materialverteuerungen.[31]

Im April 1964 bemerkte der Chef der Produktionsabteilung bei BMW, Wilhelm Gieschen, dass die Rationalisierungsanstrengungen die Fertigungsstunden zwischen Ende 1962 und Anfang 1964 beim Kleinwagen von rund 109 auf 99,1 Stunden und beim Mittelwagen von 160 auf 131,2 Stunden reduziert hätten.[32] Im Fall des Mittelwagens entsprach dies einer Verringerung um 28,2 Stunden in weniger als eineinhalb Jahren. Für das fortlaufende Jahr versprach man sich einen weiteren Abbau der Fertigungsstunden.[33] Im Jahr 1963 lag BMW mit einem Pro-Kopf-Umsatz von 44 900 DM noch immer unter dem bei Daimler-Benz desselben Jahres.[34] Durch die Reduktion der pro Einheit benötigten Arbeitszeit konnte BMW im Laufe des Jahres 1964 den Anteil der Arbeitskosten an der Gesamtleistung von 23,8 Prozent auf 21,8 Prozent verringern. Im Verhältnis zum Rohertrag verringerte sich dieser Anteil sogar von 62 Prozent auf 56 Prozent.[35] Diese Entwicklung ist vor dem Hintergrund zu betrachten, dass die Löhne und sonstigen Kosten vom Januar 1962 bis zum September 1964 um 35 Prozent gestiegen waren.[36]

Nachdem die Unternehmensleitung im Jahr 1962 verstärkt Investitionen tätigte und anschließend eine kurze „Atempause in der Investitionspolitik“ zugelassen hatte, investierte sie in den Jahren 1964 und 1965 erneut in den allgemeinen Werksausbau, in den Bau von Werksstraßen, in die Energieversorgungs- und Transportanlagen, in die Beseitigung von Engpässen in der Produktion sowie in „verschieden[e] Rationalisierungsvorhaben und Maßnahmen zur Qualitätsverbesserung“. Hierzu zählte auch die Einrichtung eines zentralen Ersatzteillagers, das die bisherigen, über das Werksgelände verstreuten Lagerstätten ersetzen sollte.[37] Im Zentrum der Neuordnung stand die sogenannte Strukturplanung. Diese hatte zum Ziel, die einzelnen Fertigungsabteilungen so anzuordnen, dass sie „zueinander in einem reibungslosen Fluß“ standen. Um den „Materialfluß“ zu gewährleisten, plante das Architekturbü-

[30] BMW UA 415, Niederschrift über die Sitzung des Aufsichtsrates vom 6. Dezember 1961.
[31] Ebenda.
[32] BMW UA 416, Niederschrift über die Sitzung des Aufsichtsrates vom 14. April 1964.
[33] Ebenda.
[34] BMW UA 440, Statistiken BMW AG 1960–1969; Finger, Gottfried: Das Wachstum von Unternehmen. Mit einem Beispiel aus der Automobilindustrie, Tübingen 1969, S. 67.
[35] BMW UA 266, Niederschrift über die 44. ordentliche Hauptversammlung vom 29. Juni 1964.
[36] BMW UA 431, Niederschrift über die Vorstandssitzung vom 8. September 1964, Protokoll Nr. 16/1964.
[37] BMW UA 266, Niederschrift über die 44. ordentliche Hauptversammlung vom 29. Juni 1964.

ro, das der Vorstand zu diesem Zweck beauftragt hatte, die Fahrzeugproduktion in zwei große Abschnitte zu bündeln, nämlich „in den Fluß der mechanischen Fertigung (von der Gießerei zum Motor) und in den Fluß der Blechfertigung".[38] Eine Grundbedingung dieser Neuordnung stellte die Erweiterung des Milbertshofener Werksgeländes dar, die in den Jahren 1963 und 1964 erfolgte.[39]

Die betrieblichen Rationalisierungsanstrengungen rissen auch in der zweiten Hälfte der 1960er Jahre nicht ab. Im Jahr 1965 wies das für Einkauf und Materialwirtschaft zuständige Vorstandsmitglied Karl Monz darauf hin, dass eine Modernisierung der Materiallager vonnöten sei. Durch eine „verbessert[e] Ausstattung der Lager" könne „sowohl zusätzlicher Lagerraum (damit auch evtl. zusätzliche Produktionsfläche) gewonnen" werden sowie „Einsparungen in Lohn und Aufwand bei Belieferung des Betriebes sowie Reduzierung von Arbeitskräften" erreicht werden. Die „wirtschaftliche und sinnvolle Reorganisation" betraf nicht nur die Lagerhaltung, sondern auch die Fertigung. Die Materialpreissteigerung von 1,75 Prozent und die Lohnsteigerung von 3,00 Prozent, mit welchen man bis zum Jahr 1968 rechnete, wollte der Vorstand so durch Rationalisierungsmaßnahmen im Fertigungsbereich auffangen. Für den Fall, dass die angegebenen Prozentsteigerungen überschritten werden würden, plante man, die Verkaufspreise zu erhöhen.[40]

Im Jahr 1965 betrug der Umsatz pro Kopf, bezogen auf die mittlere jährliche Belegschaftszahl, rund 56 200 DM. Dies bedeutete eine Zunahme von 12,4 Prozent gegenüber dem Vorjahr, in welchem der Pro-Kopf-Umsatz rund 50 000 DM betrug.[41] Der Rationalisierungsfortschritt, der sich in der Erhöhung der Arbeitsproduktivität niederschlug, wird vor allem im Vergleich mit dem Pro-Kopf-Umsatz des Jahres 1959 deutlich. In diesem Jahr betrug er 29 000 DM,[42] was mit Blick auf das Geschäftsjahr 1966 bedeutete, dass sich diese Ziffer innerhalb von sieben Jahren mehr als verdoppelt hatte. Überhaupt machte sich die Produktivitätszunahme in der Mitte der 1960er Jahre besonders bemerkbar. Von 1964 auf 1965 fiel die Zunahme der Belegschaftsgröße mit 252 Personen (von 10 818 auf 11 070 Belegschaftsmitglieder) beziehungsweise 2,3 Prozent vergleichsweise gering aus. Mit der nahezu gleichen Beschäftigtenzahl gelang es den Bayerischen Motoren Werken dennoch, den Umsatz von 1964 auf 1965 um 15 Prozent zu erhöhen.[43] Im Sommer 1966 konnte der Vorstand vermelden, dass es gelungen sei, die Fertigungsstunden bei den Modellen der „Neuen Klasse" „namhaft zu reduzieren". Dies hatte auch Auswirkungen auf die Personalplanung, da die ursprünglich für

[38] BMW UA 431, Niederschrift über die Vorstandssitzung vom 14. Juli 1964, Protokoll Nr. 12/1964.
[39] Bericht der Bayerischen Motoren Werke über das 49. Geschäftsjahr 1964, o. S.
[40] BMW UA 431, Niederschrift über die Vorstandssitzung vom 26. Januar 1965, Protokoll Nr. 3/1965.
[41] BMW UA 267, Niederschrift über die 45. ordentliche Hauptversammlung vom 15. Juli 1965; eigene Berechnungen.
[42] BMW 268, Niederschrift über die 46. ordentliche Hauptversammlung vom 8. Juli 1966.
[43] Ebenda.

erforderlich gehaltenen Produktionsarbeiter nicht mehr „voll benötigt“ wurden. Insgesamt handelte es sich dabei um eine Reduktion von 200 Arbeitskräften.[44]

Vom Jahr 1965 (rund 56 200 DM) auf das Jahr 1966 (rund 66 700 DM) bezifferte sich die Zunahme des Umsatzwerts pro Belegschaftsmitglied wiederum auf 18,7 Prozent.[45] Der Vorsitzende des Aufsichtsrats, Hermann Karoli, führte diese Steigerung unmittelbar auf die Rationalisierung der Fertigung zurück.[46] Die Zahl ist insofern beachtlich, als die Zunahme während der Rezession erfolgte. Mit einem Pro-Kopf-Umsatz von 66 700 DM im Jahr 1966 war es zudem gelungen, das Unternehmen Daimler-Benz zu überholen, dessen Ziffer sich zu dieser Zeit auf 59 700 DM belief.[47] Was die Rationalisierung betrifft, waren die Verantwortlichen bei BMW besonders stolz auf die Anschaffung einer elektrophoretischen Tauchlackieranlage, die Karoli bei seiner Rede auf der Hauptversammlung des Jahres 1967 ausdrücklich erwähnte und die auch im Geschäftsbericht abgebildet war.[48] Da die Elektrophorese die technisch zu dieser Zeit am weitesten fortgeschrittene Art der Grundierung darstellte,[49] bezeichnete der Aufsichtsratsvorsitzende diese Neuanschaffung als eine der „modernsten Anlagen dieser Art in der Bundesrepublik Deutschland“.[50] Im Jahr 1969 erweiterte man diese Anlage auf die doppelte Größe.[51] Die Wirksamkeit der Mittel, die BMW in die Rationalisierung der Produktion investiert hatte, machte sich auch im Jahr 1967 bemerkbar. So gelang es, die Fertigungszeiten pro Fahrzeug gegenüber dem Vorjahr um rund zehn Prozent zu senken. Der bereinigte Pro-Kopf-Umsatzwert (ohne Mitarbeiter der Niederlassungen) betrug 1967 über 70 000 DM.[52] Aufgrund dieser Zahlen konnte die Produktionsabteilung im Juni 1968 berichten, dass BMW nicht nur einen „beachtlichen Rationalisierungsgrad“ erreicht habe, sondern dass man es mittlerweile zudem geschafft habe, die benötigten Fertigungsstunden pro Einheit dem Stand anderer Automobilfabriken anzugleichen.[53] Da die betriebliche Rationalisierung jedoch einen Prozess darstellt, der prinzipiell unabschließbar ist, war die Unter-

[44] BMW UA 411, Niederschrift über die Vorstandssitzung vom 5. Juli 1966, Protokoll Nr. 20/1966.

[45] BMW UA 416, Niederschrift über die Sitzung des Aufsichtsrates vom 25. Januar 1967; eigene Berechnungen.

[46] BMW UA 269, Niederschrift über die 47. ordentliche Hauptversammlung vom 25. August 1967, S. 16.

[47] BMW UA 512, Geschäftsbericht des Betriebsrats auf der Betriebsversammlung vom 22. April 1968.

[48] BMW UA 269, Niederschrift über die 47. ordentliche Hauptversammlung vom 25. August 1967, S. 18.

[49] „‚Hochzeit‘ am laufenden Band. Eine Automobilfabrik und was dazu gehört“, in: BMW-Journal 3/1971 (Mai/Juni 1971), S. 6–9, hier S. 9.

[50] BMW UA 269, Niederschrift über die 47. ordentliche Hauptversammlung vom 25. August 1967, S. 18.

[51] BMW UA 417, Niederschrift über die Sitzung des Aufsichtsrates vom 10. September 1969.

[52] BMW UA 512, Geschäftsbericht des Betriebsrats auf der Betriebsversammlung vom 22. April 1968; BMW UA 270, Niederschrift über die 48. ordentliche Hauptversammlung vom 14. August 1968.

[53] BMW UA 417, Niederschrift über die Sitzung des Aufsichtsrates vom 11. Juni 1968.

nehmensleitung trotz aller zeitweiligen Erfolge auch in den Folgejahren gezwungen, weitere Anlagen zu erwerben und in die Verbesserung der Maschinerie zu investieren.

Die positive Einschätzung der Rationalisierungsresultate änderte sich allerdings im Jahr 1970. Der Unternehmensleitung gelang es in diesem Jahr nicht mehr, Kostensteigerungen durch die Erhöhung der Arbeitsproduktivität zu kompensieren. Vor allem die sektorenübergreifenden, kontinuierlich steigenden Lohnkosten, die sich auch negativ auf die Preise der Materialanschaffung auswirkten, veranlassten den Vorstand, die Verkaufspreise der BMW-Produkte zu erhöhen.[54] Bei den Lohnkosten hatte sich insbesondere die zum 1. Januar 1970 eingeführte Lohnfortzahlung im Krankheitsfall deutlich niedergeschlagen. Hinzu kamen empfindliche Zinssteigerungen, die ebenfalls einkalkuliert werden mussten.[55] Zwar lag der Anstieg beim Personalaufwand von rund 306 Millionen DM im Jahr 1969 auf rund 391 Millionen DM im Jahr 1970, der auch durch die zwischenzeitliche Erhöhung der Belegschaftsziffer bedingt war, im relativen Rahmen der Vorjahre. Es gelang dem Unternehmen im Jahr 1970 jedoch erstmals nicht, eine entsprechende Leistungssteigerung zu erreichen.[56] Sowohl für das Jahr 1970 als auch 1971 galt, dass die „Kostensteigerungen durch Rationalisierungsmaßnahmen bei weitem nicht mehr aufgefangen werden" konnten.[57] Der „extreme[n] Kostenentwicklung"[58] versuchte der Vorstand mit „drastische[n] Maßnahmen" zu begegnen. Diese beinhalteten unter anderem weitere Rationalisierungsanstrengungen wie die „Reduzierung der Sachkosten, insbesondere im Fertigungsbereich, um die unbedingt notwendige Verbilligung unserer Produktion zu bewirken." Des Weiteren sah man die „strenge Überwachung der Investitionen unter dem Gesichtspunkt der Rationalisierung und der Rentabilität" vor. Ferner wollte man eine „drastische Senkung der Vorräte" erreichen.[59]

Die „Aufgaben- und Zielsetzung", mit „verringertem Personal möglichst höhere Leistungen zu erbringen"[60] bedeutete in der Konsequenz, die Rationalisierung der Fertigung noch weiter voranzutreiben als bisher. Dies galt umso mehr, als eine Erhöhung der Pkw-Verkaufspreise mit Blick auf die Nachfrage nur begrenzt möglich war. Insofern plante die Unternehmensleitung, den Kapazitätsausbau zugunsten der Kostensenkung hintenanzustellen. Auch hatte die Qualitätssicherung beziehungsweise -steigerung einen zentralen Stellenwert.[61] Folglich galt es, die „Verbesserung der Produktivität" in den „Mittelpunkt der Bemühungen um die Sicherung des Unter-

[54] BMW UA 417, Niederschrift über die Sitzung des Aufsichtsrates vom 8. Dezember 1970.
[55] BMW UA 417, Niederschrift über die Sitzung des Aufsichtsrates vom 26. April 1972.
[56] BMW UA 417, Niederschrift über die Sitzung des Aufsichtsrates vom 9. März 1971.
[57] BMW UA 273, Niederschrift über die 51. ordentliche Hauptversammlung vom 7. Juli 1971.
[58] BMW UA 417, Aufsichtsratssitzung Dezember 1970, Vorstandsbereich M – Einkauf und Materialwirtschaft.
[59] BMW UA 417, Niederschrift über die Sitzung des Aufsichtsrates vom 8. Dezember 1970.
[60] BMW UA 417, Niederschrift über die Sitzung des Aufsichtsrates vom 8. Dezember 1970.
[61] BMW UA 273, Niederschrift über die 51. ordentliche Hauptversammlung vom 7. Juli 1971.

nehmens" zu stellen.[62] Im Jahr 1971 suchten die Verantwortlichen deshalb „auf allen Gebieten nach Möglichkeiten zur Kostensenkung" und setzten zu diesem Zweck sogenannte Werks-Controller ein.[63] Deren Aufgabe konzentrierte sich unter anderem auf die Erfassung und Analyse der Produktionskosten sowie die Unterstützung der Werks- und Bereichsleiter.[64]

Auf der Hauptversammlung des Jahres 1971 konnte der Vorstandsvorsitzende Eberhard von Kuenheim berichten, dass man mit „Investitionen im Preßwerk und in der Lackiererei, in der Endmontage und der Motorenfertigung [...] den Automatisierungsgrad der Produktion und gleichzeitig die Qualität" der Automobile „noch weiter gesteigert" habe.[65] Die BMW-Firmenzeitung bestätigte Kuenheims Ausführungen in einem Artikel desselben Jahres. Aus dem Inneren des Münchner Werks vermeldete sie, dass sich darin „traditionelle Fertigung [...] mit modernster Automatenfertigung [paart]". Während an den automatisierten Transferstraßen nur wenige Menschen arbeiteten, waren die Einzelfertigungen „dichter bevölkert". Automatisiert war folglich insbesondere der Fertigungsfluss:

> „Gesteuert werden die Fertigungsbänder von Magnetstreifen, die von Lesegeräten an den Förderband-Weichen entziffert werden können. Die Magnetstreifen erhalten ihre Information von einem Computer, der die gesamte Produktion steuert – an einem unscheinbaren Pult in einer Art Leitstand laufen die Fäden zusammen. Später in der Endmontage kommen genau die richtigen Motoren zur richtigen Karosserie, die Getriebe, Polster, Farben – alles macht der Computer."[66]

Spätestens zur Mitte des Jahres 1972 galt die Kostenkrise als überwunden. Die Entwicklung im ersten Halbjahr 1972 stellte sich hinsichtlich Produktion, Absatz und Umsatz besser dar als in jedem Halbjahr zuvor in der Geschichte des Unternehmens. Die Gründe für diese Wendung, die sich in einer hervorragenden Liquiditätslage niederschlug, sah von Kuenheim im Juli 1972 vor allem im geringeren relativen Personalbestand, im Erreichen von Preisnachlässen im Materialsektor, im Rückgang des Zinsaufwands und nicht zuletzt in der Tatsache, dass sich „im Frühjahr eingeleitete Rationalitätsmaßnahmen [...] voll ausgewirkt" hätten.[67] Tatsächlich gelang es den Verantwortlichen, den Umsatz je Belegschaftsmitglied im Jahr 1972 gegenüber dem Vorjahr um 17 Prozent von 82 500 DM auf 96 500 DM zu steigern.[68] An ein Ende der Optimierungsbemühungen war dennoch nicht zu denken. Weitere Rationalisierungsmöglichkeiten sah der Vorstand nämlich „in

62 BMW UA 417, Niederschrift über die Sitzung des Aufsichtsrates vom 24. September 1971.

63 BMW UA 417, Niederschrift über die Sitzung des Aufsichtsrates und Beirates vom 16./17. Dezember 1971. Werks- beziehungsweise Produktionscontrolling bezeichnet die Tätigkeit, den Produktionsprozess hinsichtlich Effizienzkriterien zu begutachten und zu überwachen.

64 BMW UA 1532–1, Rede des Vorstands auf der Betriebsversammlung vom 19. Juli 1971; BMW UA 417, Niederschrift über die Sitzung des Aufsichtsrates vom 6. Juli 1972.

65 BMW UA 273, Niederschrift über die 51. ordentliche Hauptversammlung vom 7. Juli 1971.

66 „‚Hochzeit' am laufenden Band. Eine Automobilfabrik und was dazu gehört", in: BMW-Journal 3/1971 (Mai/Juni 1971), S. 6–9, hier S. 7–8.

67 BMW UA 417, Niederschrift über die Sitzung des Aufsichtsrates vom 6. Juli 1972. Hinzu kamen die Übernahme von Außenständen der Handelsorganisation durch die Kredit GmbH und die Verzögerung der Investitionsentwicklung.

68 Bayerische Motoren Werke AG München Geschäftsbericht 1972, o. S.

der Einführung neuer Verfahrenstechniken vor allem im Lackier- und Montagebereich, durch Optimierung des Materialflusses, durch ein besseres Handling, durch bessere Lagerzuordnung zu den Fertigungsstätten und ähnliche Maßnahmen."[69] Aller Wahrscheinlichkeit nach fiel in diese Zeit auch die Anschaffung eines Industrieroboters bei BMW. Dieser wurde versuchsweise im Karosserie-Rohbau eingesetzt, sein Einsatz brachte allerdings hohe Ausfallzeiten aufgrund von Reparaturen mit sich.[70] Nichtsdestotrotz erhöhte sich auch im Jahr 1973 der Pro-Kopf-Umsatz durch die „[v]erstärkten Rationalisierungs- und Sparmaßnahmen" gegenüber dem Vorjahr um 8,4 Prozent von 96 500 DM auf 104 600 DM.[71]

Zwischen den Jahren 1960 und 1973 hatten die Bayerischen Motoren Werke beträchtliche Erfolge hinsichtlich der betrieblichen Rationalisierung erzielt, die in der Regel mit einer absoluten Erhöhung der Belegschaftszahl einhergingen. Dies galt auch für die Zeit um die Wende des Jahrzehnts. BMW stellte im Jahr 1971 mit einer um 70 Prozent höheren Belegschaft 120 Prozent mehr Fahrzeuge als im Jahr 1968 her. Auch wenn aufgrund der problematischen Arbeitsmarktsituation tendenziell alle expandierenden Automobilunternehmen gezwungen waren, den „Beschäftigungsfaktor" zu verbessern, also mit der identischen Anzahl an Arbeitskräften mehr Fahrzeuge zu produzieren,[72] zeigt ein Blick auf die Branchenkonkurrenz, dass sich die westdeutschen Automobilhersteller phasenweise unterschiedlich verhielten. Die Strategien, die sie jeweils verfolgten, unterschieden sich nämlich teilweise grundlegend, weshalb „Rationalisierung" nicht als objektiv-ökonomische Notwendigkeit betrachtet werden kann.[73] So verzichtete die Ford AG zwischen 1968 und 1971 gänzlich auf Rationalisierungen und betrieb die Ausweitung der Produktion allein durch die Einstellung von zusätzlichen Arbeitskräften und die „Aggregierung von Arbeitsmaschinen".[74] Die Opel AG erhöhte ihren Produktausstoß in diesem Zeitraum dagegen um 25 Prozent, während ihre Beschäftigtenzahl währenddessen nur geringfügig anstieg.[75] Zudem variierten die Ursachen der betrieblichen Rationalisierung. Waren es ursprünglich Kostengründe, welche das BMW-Management bewog, diese Prozesse einzuleiten, konstatierte der Vorstandsvorsitzende von Kuenheim im Frühjahr 1973 mit Blick auf die Arbeitsmarktsituation, dass „auch in den Fällen, in denen sich rechnerisch keine zusätzliche Rendite darstellen läßt", zunehmend „Ar-

69 BMW UA 417, Niederschrift über die Sitzung des Aufsichtsrates vom 17. Oktober 1972.

70 5/IGMA 151322, Mappe T 1048, BMW-Betriebsrat an die IG-Metall-Vorstandsverwaltung – Tarifabteilung v. 2. 8. 1974; Fragebogen zum Einsatz von Industrierobotern (Handhabungssysteme).

71 Bayerische Motoren Werke AG München Geschäftsbericht 1973, S. 9.

72 Hartwich: Moderne Fertigungsmethoden in der Automobilindustrie, in: Automobil – Technischer Fortschritt und wirtschaftliches Wachstum, S. 30.

73 Siehe zum politischen Aspekt der Rationalisierung: Gorz, André: Abschied vom Proletariat. Jenseits des Sozialismus, Frankfurt a. M. 1988 [Original 1980], S. 117–135.

74 5/IGMA 151197, Mappe T 951, W. Rathert an Karl Walz, Betriebsratsvorsitzender Fa. AUDI NSU Auto Union AG, Betr.: AUDI NSU – Geschäftsbericht, 5. Juli 1972; Zitat aus: Busch: Strukturwandlungen, S. 65.

75 5/IGMA 151197, Mappe T 951, W. Rathert an Karl Walz, Betriebsratsvorsitzender Fa. AUDI NSU Auto Union AG, Betr.: AUDI NSU – Geschäftsbericht, 5. Juli 1972.

beit durch Kapital, d. h. Maschinen ersetzt werden" müsse. Von Kuenheim begründete dies mit der Schwierigkeit, Arbeitskräfte anzuwerben.[76]

Als Unternehmen, das am bundesdeutschen Boom erst verspätet partizipierte, erhöhten die Bayerischen Motoren Werke ihre Belegschaftszahlen innerhalb weniger Jahre massiv und forcierten gleichzeitig die Rationalisierung der Produktion. Beide Zuwachsziffern übertrafen aufgrund der niedrigen Ausgangslage die des Unternehmens Daimler-Benz, das als Qualitätshersteller stärker als andere Automobilunternehmen in unmittelbarer Konkurrenz zu BMW stand. Zwar setzte auch der Stuttgarter Konzern zugleich auf Beschäftigtensteigerungen und Rationalisierungen. Die diesbezüglichen Werte unterschritten diejenigen von BMW jedoch deutlich.[77] Der Aufholprozess von BMW, der in den frühen 1960er Jahren begonnen hatte, war somit auch einer im Bereich der Rationalisierung. Obwohl BMW für ein gehobenes und zahlungskräftiges Kundensegment produzierte und, anders als etwa Volkswagen, eine „Kombination von Massenproduktion und handwerklicher Fertigung"[78] anwandte, ging auch für den Münchner Automobilhersteller an der Einführung der Fließfertigung, der Optimierung des Materialflusses und der räumlich rationellen Anordnung des Maschinenparks kein Weg vorbei.

6.2 Die „Achse München-Dingolfing-Landshut": Die Konzentration der Fertigung durch Werksübernahmen und -neubauten

Die Notwendigkeit, den Ausstoß an Fahrzeugen zu erhöhen, hatte in den 1960er Jahren zur Folge, dass die Unternehmensleitung der Bayerischen Motoren Werke vor zwei Problemfelder gestellt war. Diese bestanden zum einen in den bereits zu Beginn des Jahrzehnts absehbaren Kapazitätsengpässen in der Produktion und zum anderen im Arbeitskräftemangel. Die Knappheit an betrieblichen Ressourcen und Personal erforderte nicht nur eine strikte Planung, sondern führte oftmals zur Notwendigkeit, eine Priorisierung von bestimmten Modellreihen gegenüber anderen, weniger absatzstarken vorzunehmen.[79] Um die Fertigung weniger verkaufsstarker Modelle dennoch nicht aufgeben zu müssen, stellte die Auslagerung

[76] BMW UA 417, Niederschrift über die Sitzung des Aufsichtsrates vom 3. Mai 1973.

[77] So erhöhte Daimler-Benz die Belegschaft zwischen 1968 und 1971 um 30 Prozent und stellte auf dieser Basis 48 Prozent mehr Fahrzeuge her; 5/IGMA 151197, Mappe T 951, W. Rathert an Karl Walz, Betriebsratsvorsitzender Fa. AUDI NSU Auto Union AG, Betr.: AUDI NSU – Geschäftsbericht, 5. Juli 1972.

[78] Sabel: Struktureller Wandel, in PROKLA. Zeitschrift für Kritische Sozialwissenschaft 62 (1986), S. 45.

[79] BMW UA 269, Niederschrift über die 47. ordentliche Hauptversammlung vom 25. August 1967, S. 72.

bestimmter Fertigungsbereiche aus dem „wirtschaftlichen Intensivraum"[80] München eine Lösungsoption dar. Dies konnte über die (temporäre) Einbeziehung von Fremdfirmen, die Übernahme oder den Neubau von Industriebetrieben geschehen. Komplementär zum Prozess der Auslagerung erfolgte im Stammwerk in der Regel eine Konzentration von Produktionsbereichen, die sich gegenseitig ergänzten oder deren Zusammenlegung aus anderen Gründen sinnvoll war. Dieser Konzentration entsprach auf der anderen Seite die Trennung von zuvor räumlich ungünstig nebeneinander gelegenen Bereichen. Im weitesten Sinne handelt es sich bei den Auslagerungs- und Konzentrationsprozessen somit um Prozesse der Produktionsoptimierung und -rationalisierung.

Ein weiterer Aspekt, der hinsichtlich der räumlich-geografischen Erweiterung des Produktionsprozesses zu berücksichtigen ist, liegt in der Notwendigkeit, wachsende Märkte zu bedienen. Da es hierfür einer entsprechend steigenden Produktmenge bedarf, besteht für das einzelne Unternehmen ein Zwang zum kontinuierlichen, *internen Wachstum*. Demgegenüber stellt das *externe Wachstum* eine sprunghafte Erweiterung dar, die sich in der Regel in Form von Fusionen beziehungsweise Übernahmen vollzieht.[81] Mit Blick auf die Automobilindustrie gilt allgemein, dass spätestens zur Mitte der 1960er Jahre „keine wettbewerbsfähige Alternative zum Großbetrieb mehr vorhanden" war, da sich das Maß der „optimale[n] Betriebsgröße" stetig nach oben verschoben hatte.[82] Erst vor dem Hintergrund der wachsenden Märkte erschien es „möglich und rentabel [...], in größeren Serien zu produzieren und über die bei Massenproduktion resultierende Kostendegression die Stückkosten herabzudrücken."[83]

Eine frühe Form der Auslagerung, auf die BMW Anfang der 1960er Jahre zurückgriff, stellte die Delegation von Fertigungseinheiten an Fremdfirmen dar. Im weiteren Verlauf sollte sich diese Option jedoch als ungünstig erweisen. Spätestens im Jahr 1965, als das Münchner Werksgelände keine Erweiterung mehr zuließ, entschied sich der Vorstand deshalb zur Gründung von unternehmenseigenen Zweigwerken. In der Übernahme der Hans GLAS GmbH sahen die Entscheider eine Möglichkeit, die Fertigung auch in räumlich-geografischer Hinsicht nach rationellen Gesichtspunkten zu organisieren. Die von Platzmangel und Enge geprägten Milbertshofener Verhältnisse plante man so zu entlasten. Diese Art der Expansion bezweckte demnach stets eine positive Rückwirkung auf die Situation im Hauptwerk.

Für die Herstellung des Kleinwagens BMW 700 LS hatten die Bayerischen Motoren Werke bereits im Jahr 1962 auf die Unterstützung von Fremdfirmen gesetzt.[84]

[80] In Anlehnung an die Formulierung „wirtschaftliche Intensivräume" bei Zorn: Gewerbe, S. 840.

[81] Zu den Begriffen „internes" und „externes Wachstum" siehe: Borschberg, Edwin: Die Diversifikation als Wachstumsform der industriellen Unternehmung, Bern u. Stuttgart 1969, S. 33–34.

[82] Raisch, Manfred: Die Konzentration in der deutschen Automobilindustrie, Berlin 1973, S. 44–45.

[83] Ebenda, S. 9–10.

[84] BMW UA 416, Niederschrift über die Sitzung des Aufsichtsrates vom 20. November 1962.

Trotz dieser Vorgehensweise gelangte der Vorstand zwei Jahre später zu der Auffassung, dass die Fertigung des Modells aufgrund des Fehlens von 1280 Arbeitskräften nicht mehr aufrechterhalten werden konnte. Zudem wären bei einer Fortführung größere Investitionen notwendig geworden. Die Alternative, die Fertigung an eine weitere Fremdfirma zu delegieren, erörterte der Vorstand zwar, verwarf sie letztlich aber. Abgesehen von den zusätzlichen Kosten, die ein solcher Schritt erfordert hätte, war der Grund für diese Entscheidung, dass für den Bau der Grundbestandteile trotz allem ein Personalaufwand von 730 bis 860 Beschäftigten angefallen wäre.[85] Im Fall des BMW Coupé 1800 entschied man sich dennoch anders. Dieses Modell sollte die Karosseriebaufirma Karmann produzieren.[86] Schon ein Jahr später musste der Vorstand allerdings konstatieren, dass Karmann nicht in der Lage war, die vereinbarten Mengenvorgaben zu erfüllen.[87]

Eine weitaus nachhaltigere Möglichkeit, die Fertigung außerhalb des Münchner Werks zu betreiben, stellte die Gründung eigener Produktionsstandorte dar. Nachdem der Vorstand schon im Jahr 1961 eine Zusammenarbeit mit dem in die Krise geratenen Bremer Automobilhersteller Borgward erwogen hatte, um auf die dort freiwerdenden Arbeitskräfte zugreifen zu können,[88] was angesichts des Personalmangels in München dringend notwendig erschien, diskutierte man dieses Thema erst wieder im Sommer 1964. Bereits zu dieser Zeit zeichnete sich ein strukturelles Manko hinsichtlich der Münchner Räumlichkeiten ab: Das Werksgelände konnte nur mehr begrenzt erweitert werden und würde somit schon in absehbarer Zeit an seine Grenzen stoßen. Die Unternehmensleitung sah sich daher gezwungen, nach Standorten Ausschau zu halten, an denen neue Werke errichtet werden konnten, um die Produktionskapazitäten auch künftig erweitern zu können. So erörterte die Produktionsabteilung 1964, ob es sinnvoll sein könnte, eine Fabrik in der im Bayerischen Wald gelegenen Stadt Regen zu erwerben oder zu mieten. Neben der Möglichkeit der Kapazitätserweiterung erhoffte man sich dadurch den Zugriff auf rund 500 Arbeitskräfte. Zudem prüfte BMW auch andere Angebote hinsichtlich der Errichtung von Zweigbetrieben.[89] Der Betriebsratsvorsitzende Golda erwähnte in diesem Zusammenhang den niederbayerischen Ort Waldkirchen.[90] Der Blick nach Niederbayern war kein Zufall. Zum einen lebten in dem strukturschwachen Regierungsbezirk, dessen Industriedichte zu dieser Zeit den bayernweit niedrigsten Wert aufwies, überdurchschnittlich viele Arbeitslose.[91] Zum anderen war damit zu rechnen, dass durch den bereits vonstattengehenden

85 BMW UA 416, Niederschrift über die Sitzung des Aufsichtsrates vom 14. April 1964.
86 BMW UA 416, Niederschrift über die Sitzung des Aufsichtsrates vom 2. Juni 1964.
87 BMW UA 409, Niederschrift über die Vorstandssitzung vom 22. März 1965, Protokoll Nr. 7/1965.
88 BMW UA 415, Niederschrift über die Sitzung des Aufsichtsrates vom 12. Februar 1961.
89 BMW UA 416, Niederschrift über die Sitzung des Aufsichtsrates vom 2. Juni 1964.
90 BMW UA 416, Stenogramm der Sitzung des Aufsichtsrates vom 30. Juli 1964.
91 Lanzinner: Sternenbanner, S. 245.

wirtschaftlichen Strukturwandel von der Landwirtschaft zur Industrie weitere Arbeitskräfte frei werden würden.[92]

Den Plan einer „Betriebsverlagerung in den Bayrischen Wald"[93] verfolgte die Unternehmensleitung jedoch nicht weiter. Dennoch prüfte man auch in der Folgezeit immer wieder aufs Neue, „welche Fertigungsteile entweder außerhalb des Werkes München gebaut werden oder sogar komplett von auswärts bezogen werden können."[94] Auch hierbei stellte die Arbeitskräfteknappheit ebenso wie die absehbar problematische Raumsituation im Werk München das entscheidende Motiv dar. Um Arbeiter für die Pkw-Herstellung zu rekrutieren, erwog man Mitte der 1960er Jahre nicht nur, ein Berliner Industriegelände der Auto-Union zu erwerben, sondern prüfte auch die Möglichkeit der Kooperation mit einer im spanischen Baskenland gelegenen Fabrik.[95] Auch diese Überlegungen gelangten allerdings nicht über die Prüfungsphase hinaus. Fürs erste entschied man sich für die weitere Anstellung von „Gastarbeitern" und dafür, im Münchner Werk durch die werksexterne Auslagerung der Verwaltungs- und Entwicklungsabteilungen Flächen für die Fertigung zu schaffen.[96] Auch wenn die Unternehmensleitung die Planungen nicht weiter verfolgte, machen ihre Überlegungen deutlich, dass man bereits in den frühen bis mittleren 1960er Jahren die Flächen- und Personalengpässe in München als hochproblematische, strukturelle Defizite begriff, die es schnellstmöglich zu beheben galt.

Erst der im Jahr 1966 ins Auge gefasste Erwerb der Hans GLAS GmbH sollte die seit langem angestrebte Teilverlagerung von Fertigungseinheiten aus dem Münchner Werk ermöglichen. Die Vorteile, die mit der Übernahme des niederbayerischen Automobilherstellers verbunden waren, lagen zum einen im Arbeitskräftereservoir der Region um Dingolfing.[97] Allein die bestehende GLAS-Belegschaft bezifferte sich auf rund 3750 Personen. Da „es im Raume Dingolfing praktisch keine Industrie"[98] gab, hoffte man, in den Folgejahren weitere Arbeitskräfte aus der Region zu rekrutieren, was den Verantwortlichen insbesondere aufgrund der „Umstrukturierung der Landwirtschaft" wahrscheinlich erschien.[99]

[92] Ziegenfuß, Hans: Niederbayern auf dem Wege der Industrialisierung. Bezirk der Industrie- und Handelskammer für Niederbayern in Passau, in: Heinz Flieger (Hrsg.): Bayerns Wirtschaft. Vom Werden und Wirken eines weltoffenen Landes, Düsseldorf u. München 1966, S. 273–300, hier S. 275–276.

[93] BMW UA 519, Aktennotiz. Betreff: Personalplanung 1966 – Schaffung von Wohnheimen und Wohnungen, 16. März 1965.

[94] BMW UA 431, Niederschrift über die Vorstandssitzung vom 9. April 1964, Protokoll Nr. 8/ 1964.

[95] BMW UA 416, Niederschrift über die Sitzung des Aufsichtsrates vom 18. Mai 1965; BMW UA 416, Niederschrift über die Sitzung des Aufsichtsrates vom 15. September 1965.

[96] Grunert u. Triebel: Unternehmen, S. 182.

[97] BMW UA 417, Niederschrift über die Sitzung des Aufsichtsrates vom 11. Juni 1968.

[98] BMW UA 512, Geschäftsbericht des Betriebsrats auf der Betriebsversammlung vom 17. Juli 1967.

[99] BMW UA 411, Niederschrift über die Vorstandssitzung vom 4. Juli 1967, Protokoll Nr. 27/ 1967.

Zum anderen bot das rund 30 Hektar umfassende Areal der GLAS GmbH, von welchem das Unternehmen nur 6,3 Hektar tatsächlich nutzte, die Möglichkeit einer zukünftigen Werkserweiterung.[100] Da man in München „die volle Aufrechterhaltung unserer Fertigung infolge Raummangels"[101] mittelfristig als nicht mehr gesichert betrachtete, kann dieser Faktor kaum überschätzt werden. Im Geschäftsbericht des Jahres 1966 hieß es dementsprechend: „Der Erwerb der Hans Glas GmbH gewährleistet [...] die für unser Unternehmen notwendigen Möglichkeiten weiterer Expansion".[102] Weitere Gründe, die den Vorstand dazu bewogen, die niederbayerische Firma zu erwerben, waren neben der Imagesteigerung, welche die Übernahme eines schwächelnden Konkurrenten mit sich brachte, die Möglichkeit, auf das Vertriebsnetz der Firma zurückzugreifen, sowie die Chance, das eigene Pkw-Programm mit GLAS-Kleinwagen-Modellen zu erweitern.[103]

Bei den Planungen bezüglich des Zweigwerks genoss die Frage Priorität, wie sich die Betriebserweiterung auf das Münchner Werk auswirken würde. Mit Blick auf das Hauptwerk bestand das Ziel darin, die Produktion in München durch die Verlagerung von bestimmten Fertigungsbereichen zu straffen.[104] Zudem konnte man so Platz für die Parallelfertigung des Mittelwagens BMW 2000 und des Oberklassewagens BMW E 3 gewinnen.[105] Dies war insofern notwendig, als es sich bei diesen Modellen um unterschiedliche Grundbaumuster handelte, die einen weitgehend separaten Fertigungsprozess durchliefen. Insofern war die „Erzielung einer Mehrfertigung im Werk München mit der Folge der Personalaufstockung [...] Voraussetzung des Strukturplanes." Denn auf diese Weise konnte das Unternehmen „in München durch Verlagerung nach Dingolfing auf verschiedene Fertigungen verzichten."[106] Das „spezifisch[e] Kapazitätsproblem des Milbertshofener Werks"[107] und die darauf zugeschnittenen Lösungsaussichten waren für die Ausarbeitung der Erweiterungspläne daher zentral. Hinzu kam, dass eine Senkung der Fertigungskosten nur über die weitere Ausdehnung der Großserienproduktion möglich erschien, so dass die Expansion nicht zuletzt aus Rationalisierungsgesichtspunkten heraus unerlässlich war.

Die Hans GLAS GmbH, deren Betriebsklima stark patriarchalisch und autoritär geprägt war,[108] bot in diesem Zusammenhang geradezu ein gegenteiliges Bild. Rationalisierungs- und Automationsprozesse waren hier kaum implementiert, eine

[100] Günther: Markteintritt, S. 236; Bericht über das Geschäftsjahr 1966 Bayerische Motoren Werke Aktiengesellschaft München, S. 21.

[101] UA 269, Niederschrift der 47. ordentlichen Hauptversammlung vom 25, August 1967.

[102] Bericht über das Geschäftsjahr 1966 Bayerische Motoren Werke Aktiengesellschaft München, S. 21.

[103] Seidl: BMW, S. 312; Günther: Markteintritt, S. 238.

[104] Stadt Dingolfing (Hrsg.): Industriegeschichte der Stadt Dingolfing, Dingolfing 2001, S. 282.

[105] BMW UA 416, Niederschrift über die Sitzung des Aufsichtsrates vom 26. April 1967.

[106] BMW UA 416, Niederschrift über die Sitzung des Aufsichtsrates vom 14. September 1967.

[107] Seidl: BMW, S. 331.

[108] Schey, Andreas u. Baron von Thyssen-Bornemissza, Hanns-Peter: Glas-Automobile, Stuttgart 2009, S. 77–78.

auf den Gesichtspunkten der Massenproduktion basierende Programmplanung war nicht vorhanden. Die Produktpalette von GLAS zeichnete sich vielmehr durch eine „besondere Typenvielfalt“ aus, „und innerhalb dieser Typen dann auch durch eine Vielzahl an Modellen.“[109] Die Maßnahmen, die BMW im Jahr 1967 zu Sanierungszwecken ergriff, zielten vor allem auf die Reduktion dieser Typen- und Modellvielfalt, die bis hierhin gewissermaßen als das Aushängeschild von GLAS galt. Von den einzelnen Modellreihen fertigte das niederbayerische Unternehmen jeweils nur geringe Stückzahlen.[110] Diese Produkt- und Produktionspolitik ging spätestens mit der Verschärfung der Konkurrenzbedingungen auf dem Automobilmarkt zu Beginn der 1960er Jahre mit einer Kostenbelastung einher, die das Unternehmen auf sich allein gestellt nicht mehr tragen konnte.[111] Als reiner Qualitätshersteller, der die spezialisierte, handwerklich geprägte Einzelfertigung nicht durch Elemente der fordistischen Produktionsweise flankiert hatte, sah sich das Unternehmen Hans GLAS GmbH Mitte der 1960er Jahre zu einer Fusion beziehungsweise Fremdübernahme gezwungen und hielt deshalb Ausschau nach Sanierungspartnern. Der Betriebsratsvorsitzende Golda sprach mit Blick auf die Produktionspolitik bei GLAS davon, dass sich dort „dasselbe vollzogen [hat], wie bei uns bis zum Jahr 1960. Der Ausgangspunkt ist das falsche Programm und die Vielzahl der unrentablen Typen.“[112] Die Hans GLAS GmbH erschien so als Kontrastfolie zur Entwicklung bei BMW und fungierte als mahnendes Beispiel für die Notwendigkeit, die Umstrukturierung der Produktion nicht abbrechen zu lassen, sondern im Gegenteil weiter zu forcieren. Der Verweis auf den wirtschaftlichen Niedergang von GLAS diente der Unternehmensleitung und dem Betriebsrat somit nicht zuletzt dazu, auch die Belegschaft davon zu überzeugen, an der Massenproduktionsweise, deren Beginn BMW Anfang der 1960er Jahre eingeleitet hatte, festzuhalten.

Die ehemalige GLAS-Betriebsleitung setzten die Neueigentümer vorerst nicht ab – deren Rolle wandelte sich mit der Übernahme durch BMW jedoch schlagartig. GLAS war zum vollständigen Tochterunternehmen von BMW geworden, weshalb die Betriebsleitung nur noch die Verwalterin eines Werks war, deren Geschicke nun vom Vorstand aus München bestimmt wurden. Die Ausgangslage zum Jahreswechsel 1966/67 stellte sich zunächst alles andere als rosig dar. Bedingt durch die Rezessionsphase war der ohnehin schwache Absatz bei GLAS schon im zweiten Halbjahr 1966 deutlich zurückgegangen. Im ersten Quartal des Jahres 1967 verschärfte sich die Situation zusätzlich, weshalb die Neueigner aus München einen weiteren Umsatzrückgang feststellen mussten. Die ursprüngliche Hoffnung,

[109] Münchner Merkur vom 11./12. 2. 1967: „Die Bayerischen Motoren Werke haben ihre Chance voll genutzt. Merkur-Interview mit Gerhard Wilcke und Paul Georg Hahnemann“.

[110] Jagoda, Fritz: Die Produktpolitik der westdeutschen Automobilindustrie, Darmstadt 1972, S. 97.

[111] Goebel, Ralf: Die Anpassung des Pkw-Marketing an veränderte Markt- und Umweltbedingungen, Marburg 1979, S. 31.

[112] BMW UA 512, Geschäftsbericht des Betriebsrats auf der Betriebsversammlung vom 18. April 1967.

dass durch die Kooperation eine Absatzsteigerung sowie eine Verbesserung der Finanzlage des Tochterunternehmens eintreten könnten, stellte sich als zu optimistisch heraus.[113] Allein in den ersten beiden Monaten des Jahres 1967 gingen die Zulassungen im Inland für GLAS-Wagen um 31 Prozent zurück.[114]

Dass die Fertigungsanlagen in den GLAS-Werken mit denen der großen Automobilfabriken nicht auf eine Stufe zu stellen waren, war den Verantwortlichen bei BMW vor der Übernahme bewusst gewesen. Der Plan bestand deshalb darin, im Zuge des Integrationsprozesses eine Sanierung und Erneuerung der Dingolfinger Produktionsstätten vorzunehmen und dabei gleichzeitig den Fertigungsprozess zu rationalisieren.[115] Dabei war auch vorgesehen, die hohen Lagerbestände drastisch zu reduzieren.[116] Auch wenn der BMW-Unternehmensleitung die problematische wirtschaftliche Situation der GLAS GmbH bekannt war – mit dem Szenario, mit dem sie im Frühjahr 1967 konfrontiert wurde, hatte sie trotz allem nicht gerechnet. So stellte der Aufsichtsrat im April 1967 fest, dass das niederbayerische Unternehmen nach „heutigen Erkenntnissen [...] im [sic] Zeitpunkt der Übernahme durch BMW konkursreif" gewesen sei.[117] Im Oktober des Vorjahres war man noch von einem Verlust von zwei bis vier Millionen DM für das Jahr 1966 ausgegangen. Ein halbes Jahr später prognostizierten die BMW-Verantwortlichen für 1966 einen Verlust zwischen 10 und 20 Millionen DM und für 1967 einen Verlust von über 21 Millionen DM.[118]

Die Gründe für die schwierige Lage des Dingolfinger Werks erblickte der Aufsichtsrat zum einen in der mangelhaften Qualität der GLAS-Produkte, die wiederum auf die teils hochproblematischen Zustände in der Fertigung zurückzuführen waren. Der BMW-Vorstand verfolgte das Ziel, dass „die Kunden an die Glas-Automobile [...] die gleichen Qualitätsansprüche stellen können wie an unsere BMW-Fahrzeuge."[119] Eine Gruppe von Technikern und Kontrolleuren, die unmittelbar mit der Übernahme aus München nach Dingolfing gekommen war, sollte deshalb die Qualitätskontrolle im Werk verbessern. Die direkte Folge dieser im Vergleich zur vorangegangenen Zeit deutlich strengeren Produktbegutachtung war, dass Anfang Januar 1967 etwa nur knapp zehn Prozent des Produktionssolls des Modells GLAS 1304 CL die Endkontrolle passierte. Dies zeigt, dass die niedrig technisierte, manufakturell geprägte Fertigungsweise vor Einbußen in punkto Qualität alles andere als gefeit war. Im Gegenteil wies alles darauf hin, dass der umfassende Maschineneinsatz, wie er in der fordistischen Fließproduktion zum Einsatz kam, die

113 Seherr-Thoss, Hans C. Graf von: Die deutsche Automobilindustrie. Eine Dokumentation, Stuttgart ^{2}1979, S. 488, Seidl: BMW, S. 336.

114 BMW UA 416, Niederschrift über die Sitzung des Aufsichtsrates vom 26. April 1967.

115 Günther: Markteintritt, S. 236–237.

116 Stadt Dingolfing (Hrsg.): Industriegeschichte, S. 281.

117 BMW UA 416, Aktenvermerk – Streng vertraulich! Betr.: BMW-Aufsichtsratssitzung am 26. April 1967.

118 Ebenda.

119 Münchner Merkur vom 11./12. 2. 1967: „Die Bayerischen Motoren Werke haben ihre Chance voll genutzt. Merkur-Interview mit Gerhard Wilcke und Paul Georg Hahnemann".

Fehlerquote massiv absenkte.[120] Die Unternehmensleitung ließ in drei Kurzarbeitsperioden diejenigen Wagen, die zuvor beanstandet worden waren, überarbeiten.[121] Zudem organisierte man in München Umschulungskurse für niederbayerische Mitarbeiter.[122] Die Kurzarbeitswochen nutzte man zur Einrichtung, Überarbeitung und Kontrolle der bestehenden Anlagen sowie zum Abbau der Lagerbestände. Auf diese Weise gelang es bereits Ende Januar 1967, knapp die Hälfte des Produktionssolls durch die Wagenabnahme zu bringen.[123] Ende März erreichte die Dingolfinger Produktionsbelegschaft das Plansoll, so dass die BMW-Betriebszeitung im Sommer 1967 verlautbaren konnte: „Die Arbeit läuft zufriedenstellend. Die Reklamationen sind auf Normal zurückgegangen."[124] Das „Problem Dingolfing" konnte damit weitgehend als gelöst gelten.[125]

Auch die unrationelle Fertigungsweise bei GLAS stellte den BMW-Vorstand vor Probleme. Übertrage man das Verhältnis von Umsatz und Belegschaftsgröße bei GLAS auf BMW, rechnete der Aufsichtsratsvorsitzende Karoli im Frühjahr 1967 vor, „so müsste die BMW-Belegschaft etwa 23 000 Menschen umfassen."[126] In diesem Jahr betrug die Münchner Belegschaft knapp 12 500 Personen.[127] Karoli zufolge war der Fertigungsprozess im Werk München somit beinahe doppelt so effektiv wie in Dingolfing. Tatsächlich bezifferte sich auch die Relation von produktiven zu unproduktiven Arbeitskräften bei GLAS deutlich schlechter als bei BMW. Betrug dieses Verhältnis bei BMW 5600 produktive zu 3700 unproduktiven Beschäftigten, so lag es bei GLAS bei 1800 produktive zu 1450 unproduktiven. Im Vergleich zur Produktivitätsziffer von BMW beschäftigte GLAS also 250 unproduktive Kräfte zu viel.[128] Vor dem Hintergrund, dass die Nichtersetzung der Fluktuation keine Option darstellte, da die Fluktuation im Dingolfinger Werk „sehr gering" war,[129] beschloss der Vorstand im Juni 1967 die Entlassung von 300 Arbeitskräften, womit sich die Dingolfinger Belegschaft auf 3450 Personen reduzierte. Für weitere 1000 Belegschaftsmitglieder führte die Unternehmensleitung Kurzarbeit bis Ende des Jahres ein.[130] Zusätzliche Entlassungen konnte man vermeiden,

120 Forschungsprojekt des RKW: Einsatz, S. 100.
121 „In Dingolfing steigt die Produktion", in: BMW-Journal, Nr. 22, Juni 1967, S. 34–35, hier S. 34.
122 BMW UA 417, Niederschrift über die Sitzung des Aufsichtsrates vom 5. März 1968.
123 „In Dingolfing steigt die Produktion", in: BMW-Journal 1967, Nr. 22, Juni 1967, S. 34–35, hier S. 34.
124 Ebenda.
125 BMW UA 512, Geschäftsbericht des Betriebsrats auf der Betriebsversammlung vom 22. April 1968.
126 BMW UA 416, Niederschrift über die Sitzung des Aufsichtsrates vom 26. April 1967.
127 Bericht über das Geschäftsjahr 1967 Bayerische Motoren Werke Aktiengesellschaft München, S. 10.
128 BMW UA 416, Niederschrift über die Sitzung des Aufsichtsrates vom 26. April 1967.
129 BMW UA 512, Geschäftsbericht des Betriebsrats auf der Betriebsversammlung vom 17. Juli 1967.
130 BMW UA 416, Niederschrift über die Sitzung des Aufsichtsrates vom 16. Juni 1967.

was auch daran lag, dass die BMW-Unternehmensleitung bereits im Jahr 1967 eine partielle Fertigungsauslagerung von München nach Dingolfing vornahm.[131]

Ursprünglich hatte die BMW-Führung geplant, in Dingolfing und Landshut weiter GLAS-Produkte herzustellen. Angesichts der fortbestehenden problematischen Absatzsituation bei GLAS entschied sich die Münchner Unternehmensleitung jedoch dazu, die Fertigung von GLAS-Modellen zum 1. Januar 1968 auslaufen zu lassen und die Dingolfinger Fabrik als Zweigwerk ins Gesamtunternehmen zu integrieren.[132] Dieses Vorgehen hielt man „sowohl aus grundstücksmäßigen als auch aus personalmäßigen Überlegungen heraus“ für den „richtige[n] Lösungsweg.“[133] Im Zuge der Integration verkaufte BMW die Landmaschinenfabrik in Pilsting.[134] Seit Januar 1968 waren die übrigen GLAS-Werke offiziell Betriebsstätten der BMW AG. Die Dienstverträge der Dingolfinger Beschäftigten übertrug der Vorstand auf die Bayerischen Motoren Werke.[135] Der Integrierungsplan sah vor, das BMW-Werk II, wie der ehemalige GLAS-Betrieb nun hieß, in mehreren Stufen in den Fertigungsprozess des Gesamtunternehmens zu integrieren, so dass am Ende eine parallele und synchrone Produktion gewährleistet sein sollte. Zunächst ging es der Unternehmensleitung darum, alle Bereiche, die nicht unmittelbar zum Mittelwagenprogramm gehörten, aus dem Hauptwerk auszulagern. Dies betraf primär die Produktion von Motorrädern, deren Rahmenherstellung und Montage bereits Mitte Januar 1967 von München nach Berlin verlegt worden war.[136] Im Ganzen handelte es sich somit um einen räumlichen Rationalisierungsprozess, der auf der rationellen Konzentration von zusammengehörigen Fertigungseinheiten beruhte.

Die Verlagerung nach Dingolfing begann mit der Verlegung des Baus von Austauschaggregaten, luftgekühlten Motoren sowie der Motoren- und Getriebemontage. Im Sommer 1968 nahm das niederbayerische Werk die Herstellung von Vorder- und Hinterachsen sowie weiterer Motorradteile auf.[137] Mitte 1969 startete schließlich die dritte Stufe, in der die Unternehmensleitung mit Ausnahme des Automobil-Motorenbaus die gesamte Aggregat- und Austauschfertigung in Dingolfing zusammenfasste.[138] Schon zuvor, Mitte des Jahres 1967, hatten die Abrissarbeiten auf dem Dingolfinger Werksgelände begonnen. In diesem Jahr ließ BMW

[131] Günther: Markteintritt, S. 245.

[132] BMW UA 2204–1 Notiz (25. September 1967). Die Produktionseinstellung betraf alle GLAS-Modelle, mit vorläufiger Ausnahme des erfolgreichen „Goggomobils“. Im Sommer 1969 stellte man auch dieses Modell ein. Der Grund war auch hier, dass für eine Weiterfertigung „weder Produktionsflächen noch Fertigungspersonal“ vorhanden war; BMW UA 417, Niederschrift über die Sitzung des Aufsichtsrates vom 8. November 1968.

[133] BMW UA 417, Niederschrift über die Sitzung des Aufsichtsrates vom 8. November 1968.

[134] Grunert u. Triebel: Unternehmen, S. 64.

[135] Stadt Dingolfing (Hrsg.): Industriegeschichte, S. 281.

[136] BMW UA 416, Niederschrift über die Sitzung des Aufsichtsrates vom 25. Januar 1967.

[137] BMW UA 270, Niederschrift über die 48. ordentliche Hauptversammlung vom 14. August 1968; „Betreten der Baustelle erlaubt“, in: BMW-Journal 1968, Nr. 27, Juli/August 1968, S. 18–20, hier S. 19.

[138] Ebenda, S. 20.

6527 Quadratmeter und bis Februar 1968 noch einmal 4367 Quadratmeter Produktionsfläche abreißen. An deren Stelle errichteten die Neueigner bis Ende 1968 auf insgesamt 20 000 Quadratmetern zwei neue Produktionshallen.[139] Im Jahr 1967 entließ BMW überzählige Dingolfinger Beschäftigte. Diese Maßnahme, die vor dem Hintergrund des strukturellen Arbeitskräftemangels auf den ersten Blick verwunderlich scheint, erklärt sich dadurch, dass man zum einen davon ausgehen konnte, dass die Dingolfinger Beschäftigten, die man als relativ standorttreu einschätzte,[140] im Werk II vorläufig keine Verwendung fanden. Zum anderen war durch die Rezessionsphase eine kurzzeitige Änderung der Arbeitsmarktlage eingetreten, die eine einstweilige Ausstellung von Arbeitskräften kaum problematisch erscheinen ließ. Im Jahr 1968, als sich die Situation auf dem Arbeitsmarkt wieder umkehrte, wählte BMW trotz immer noch gegebener mangelnder Beschäftigungsmöglichkeiten in Dingolfing dann auch einen anderen Weg. So ließ die Unternehmensleitung während der Bauarbeiten im Zweigwerk rund 1000 Dingolfinger Belegschaftsmitglieder täglich mit Werksbussen nach München befördern und richtete auch Umschulungskurse für Dingolfinger Mitarbeiter ein. Zudem stellte die Unternehmensleitung den Hauptteil der Beschäftigten, die im Vorjahr entlassen worden waren, bereits im Frühjahr 1968 wieder ein.[141] Die Modernisierung des ehemaligen GLAS-Werks schritt auch im Jahr 1969 weiter voran. Die Neubauarbeiten ermöglichten es BMW, die Anlagen nach den fortgeschrittensten technologischen Standards einzurichten. So installierte man bereits im Jahr 1968, wie schon kurz zuvor in München, eine elektrophoretische Tauchlackieranlage.[142] Im Jahr 1969 erfolgten die Anschaffung von neuen Transferstraßen und programmgesteuerten Fertigungsmaschinen sowie der Neubau eines Ersatzteilversorgungszentrums.[143] Auf diese Weise konzentrierte man die Lagerung von Ersatzteilen vollständig in Dingolfing.[144]

Die räumlich-geografische Neustrukturierung der Fertigung beseitigte die „Raum- und Personalnot“[145] im Münchner Stammwerk trotz aller Erfolge jedoch nur kurzfristig. Schon am Ende der 1960er Jahre sah sich die Unternehmensleitung erneut vor das Problem gestellt, dass eine Erhöhung der Ausstoßziffern auf 1000 Einheiten pro Tag nicht möglich war, ohne die Werksanlagen erneut zu er-

[139] BMW UA 417, Niederschrift über die Sitzung des Aufsichtsrates vom 5. März 1968; Stadt Dingolfing (Hrsg.): Industriegeschichte, S. 281; o. V.: Baustelle, S. 19.

[140] BMW UA 270, Niederschrift über die 48. ordentliche Hauptversammlung vom 14. August 1968.

[141] Günther, Markteintritt, S. 245; BMW UA 417, Niederschrift über die Sitzung des Aufsichtsrates vom 5. März 1968; „Betreten der Baustelle erlaubt“, in: BMW-Journal, Nr. 27, Juli/August 1968, S. 18–20, hier S. 18; BMW UA 512, Geschäftsbericht des Betriebsrats auf der Betriebsversammlung vom 22. April 1968.

[142] BMW UA 417, Niederschrift über die Sitzung des Aufsichtsrates vom 8. November 1968.

[143] Stadt Dingolfing (Hrsg.): Industriegeschichte, S. 282.

[144] BMW UA 417, Niederschrift über die Sitzung des Aufsichtsrates vom 8. Mai 1969; BMW UA 417, Niederschrift über die Sitzung des Aufsichtsrates vom 10. September 1969.

[145] BMW UA 270, Niederschrift über die 48. ordentliche Hauptversammlung vom 14. August 1968.

weitern.[146] Eine derartige Erhöhung der Produktionsstückzahlen erachtete der Vorstand aus Wachstumsgründen als unerlässlich.[147] Problematisch blieb zudem die Rekrutierung von Arbeitskräften in der Region München, weshalb der Vorstand der Frage des Arbeitskräftepotenzials eine zentrale Bedeutung für die Standortentscheidung beimaß.[148] Mitte 1969 befand der Vorstand, dass der „Bau einer völlig neuen Automobilfabrik mit einer Kapazität von 350 Einheiten/d das idealste [sic] wäre.“[149] Das Ziel war eine werksübergreifende Gesamtproduktion von 1000 Fahrzeugen pro Tag, die man ab 1975 unter Einbeziehung des ehemaligen GLAS-Werks Landshut auf der „Achse München – Landshut – Dingolfing“ fertigen wollte.[150] Der rationellen Fertigungskonzentration fiel in diesem Zusammenhang die Münchner Motorradproduktion zum Opfer. Sie wurde daher in ihrer Gesamtheit in das Zweigwerk Berlin-Spandau verlegt, so dass in München und Dingolfing ausschließlich Pkw produziert werden sollten.[151]

Da die Kapazitäten trotz der GLAS-Übernahme aufs Neue an ihre Grenzen zu gelangen drohten, entschied der Vorstand im Jahr 1969, in Landshut ein neues Montagewerk zu errichten. Das Dingolfinger Werk sollte in seiner Funktion als Zulieferbetrieb bestehen bleiben. Zusätzlich zur vergleichsweise kleinen früheren GLAS-Fabrik in Landshut, die seit der Übernahme als Fertigungsstätte für Pkw-Komponenten fungierte, wollte man somit ein weiteres BMW-Großwerk bauen lassen. Dort sollten die zentralen Pkw-Fertigungsbereiche Presserei, Rohbau, Lackierei und Montage untergebracht werden. Den prospektiven Produktionsausstoß bezifferte der Vorstand auf 400 Fahrzeuge pro Tag. „Dieses zusätzliche Werk“, konstatierte der Vorsitzende der Produktionsabteilung im Jahr 1969, „würde es ermöglichen, das Werk München von einem Fahrzeugtyp, z. B. dem BMW 1600/2002[,] zu entlasten. Der Motorenbau bleibt hier, da die Verlagerung mit sehr großen Schwierigkeiten und Kosten verbunden ist: Aggregatebau und Ersatzteilwerk in Dingolfing.“[152] Diese Lösung ermöglichte es auch, im Hauptwerk eine erste Konsolidierungsphase einzuleiten, da durch den Bau eines weiteren Montagewerks, von der Erweiterung des Presswerks und des Motorenbaus abgesehen, die „bestehende Produktionskapazität nicht mehr wesentlich erhöht“ werden müsste.[153]

146 BMW UA 417, Niederschrift über die Sitzung des Aufsichtsrates vom 8. Mai 1969.

147 BMW UA 412, Niederschrift über die Vorstandssitzung vom 27. November 1969, Protokoll Nr. 38/1969.

148 BMW UA 271 Niederschrift über die 49. ordentliche Hauptversammlung vom 4. Juli 1969; BMW UA 412, Niederschrift über die Vorstandssitzung vom 6. Mai 1969, Protokoll Nr. 14/1969.

149 BMW UA 412, Niederschrift über die Vorstandssitzung vom 24. Juni 1969, Protokoll Nr. 20/1969. Das Kürzel „/d“ bedeutet „pro Tag“.

150 BMW UA 413, Konzept der langfristigen Unternehmensplanung, 27. Juni 1969.

151 Grunert u. Triebel: Unternehmen, S. 74.

152 BMW UA 412, Niederschrift über die Vorstandssitzung vom 7. Juli 1969, Protokoll Nr. 22/1969.

153 BMW UA 412, Niederschrift über die Vorstandssitzung vom 22. Juli 1969, Protokoll Nr. 23/1969.

Eine Problematik, die in der Phase der Entscheidungsfindung im Sommer und Herbst 1969 gegeben war, bestand in der Tatsache, dass es sich beim prospektiven Landshuter Werksneubau um Langfristplanungen handelte: „Die Errichtung eines neuen Landshuter Werkes stellt eine echte zusätzliche Vorleistung für die Jahre nach 1973 dar. Deshalb müssen zwangsläufig sinkende Gewinne bis zum Ende der Übergangszeit in Kauf genommen werden."[154] Das Projekt erschien daher bereits zu diesem frühen Zeitpunkt als riskant. So hing nicht zuletzt der Serienanlauf des Modells BMW E 12, der für die zweite Hälfte des Jahres 1972 geplant war, davon ab, ob es der Unternehmensleitung gelingen würde, rechtzeitig Kapazitäten freizumachen und Arbeitskräfte zu organisieren. Der Vorstand konstatierte dementsprechend im Herbst 1969: „Der Anlauf des BMW E 12 ist für die Zeit nach dem Betriebsurlaub 1972 gesichert, wenn […] die Entscheidung über die Errichtung der Fertigungsanlagen in Landshut noch in diesem Jahr getroffen wird, so daß im Frühjahr 1970 mit dem Bau begonnen werden kann." Zudem musste „die für die Fertigung von 250 Einheiten [pro Tag] erforderliche Belegschaft von rd. 4500 Personen rechtzeitig beschafft werden […]." Darin sah der Vorstand „das schwierigste Problem".[155]

Eine weitere Problematik betraf den Umstand, dass trotz des angestrebten Werkneubaus in Landshut in den Folgejahren auch in München und Dingolfing kostenintensive Investitionen fällig werden würden. Für das Hauptwerk waren umfangreiche Bereinigungsmaßnahmen nötig, um dort eine Kapazitätsausweitung auf 750 Einheiten pro Tag zu erreichen, während es sich bei den künftigen Investitionen in Dingolfing vor allem um den Ausbau des Ersatzteillagers und des Ersatzteilwerks handelte. Da man mit der Expansion zugleich das Ziel verband, dass die „Fahrzeuge in Qualität und Ausstattung einen wesentlich höheren Stand bekommen, als sie ihn bisher haben", stellten diese Planungen ein Wagnis dar, dessen Risiken nur schwer abzuschätzen waren.[156] Trotz dieser Risiken entschied sich der Vorstand am 17. Dezember 1969 schließlich für die Errichtung einer neuen Automobilfabrik in Landshut. Diese Entscheidung zeigt ebenso wie die Erweiterungsplanung insgesamt, dass die Lösung des Kapazitätsproblems auch am Ende der 1960er Jahre die absolute Priorität genoss, welche die Verantwortlichen als unerlässliche Bedingung für die langfristige Sicherung des Unternehmens betrachteten.

Die Entscheidung sollte jedoch noch einmal auf den Prüfstand gestellt werden, als zwei Wochen später ein Führungswechsel bei den Bayerischen Motoren Werken stattfand. Der zum 1. Januar 1970 eingetretene neue Vorstandsvorsitzende Eberhard von Kuenheim stand der Errichtung eines neuen Werks in Landshut nämlich skeptisch gegenüber und ließ die Entscheidung noch einmal evaluieren.

[154] BMW UA 412, Niederschrift über die Vorstandssitzung vom 18. November 1969, Protokoll Nr. 35/1969.

[155] Ebenda.

[156] BMW UA 412, Niederschrift über die Vorstandssitzung vom 27. November 1969, Protokoll Nr. 38/1969.

Zu diesem Zweck bildete er die „Kommission Strukturplanung", welche der Unternehmensleitung beratend zur Seite trat.[157] Darüber hinaus ordnete der neue BMW-Chef an, das Planungskonzept grundlegend neu zu analysieren und umfangreiche Detailuntersuchungen zu erstellen. Hierfür engagierte Kuenheim die Beraterfirma AGIPLAN.[158] Die Untersuchung der Frage, ob die „verabschiedete Lösung [...] wirklich richtig ist", resultierte in einer neu ausgearbeiteten Strukturplanung, in der die Berücksichtigung der Notwendigkeit, schnellstmöglich eine Konsolidierungsphase einzurichten, einen zentralen Stellenwert einnahm.[159] Das Ergebnis der Evaluation, das die zuständigen Gremien im Mai 1970 vorlegten, lautete, dass „der stufenweise Ausbau unserer Werke im Zusammenhang mit einer inneren Konsolidierung erfolgen muß. Die Expansion in kleinen Schritten zwingt dazu, sich von dem Gedanken, ein völlig neues Großwerk zu bauen, zu lösen." Aus diesem Grund entschied man sich schließlich dazu, das „vorhandene Werk Dingolfing zu einem zweiten Hauptwerk" auszubauen.[160] Der Vorstand ging davon aus, dass die ursprünglich angestrebte „Entkrampfung der Fertigungsverhältnisse in Milbertshofen" auch auf diese Weise zu erreichen war.[161] Auf den bereits erworbenen Grundstücken in Landshut plante man stattdessen, Nebenbetriebe zu errichten.[162]

BMW erwarb in Dingofling daraufhin eine Fläche von 600 000 Quadratmetern. Insgesamt hatte sich der Grundbesitz des Münchner Unternehmens (mit dem Werk Berlin-Spandau) damit auf über 1 Million Quadratmeter erhöht, was ungefähr der doppelten Fläche des Münchner Werks entsprach. Am 9. November 1970 legte der bayerische Ministerpräsident Alfons Goppel den Grundstein des niederbayerischen Montagewerks. Knapp drei Jahre später, am 27. September 1973, verließ das erste BMW-Fahrzeug das Band.[163] Da der Vorstand bereits im Jahr 1970 beschloss, das bestehende Zweigwerk in Landshut, das man im Jahr 1967 von der GLAS GmbH erworben hatte, auszubauen, konzentrierte sich die Automobilproduktion von BMW seit diesem Zeitpunkt auf die „Produktionsachse München – Landshut – Dingolfing".[164]

Die Entscheidung für den Ausbau des Standorts Dingolfing (und gegen den Standort Landshut) gründete nicht nur auf räumlichen, sondern auch auf personalpolitischen Erwägungen. Die Unternehmensleitung sah das größere Arbeitskräftereservoir vor allem im östlichen Niederbayern. Im industriell kaum er-

157 BMW UA 413, Niederschrift Nr. 8/70 über die Sitzung der Kommission „Strukturplanung" am 25. Mai 1970.

158 BMW UA 413, Zwischenbericht über die Arbeit der Kommission Strukturplanung, 27. April 1970.

159 BMW UA 417, Niederschrift über die Sitzung des Aufsichtsrates vom 17. März 1970.

160 BMW UA 417, Niederschrift über die Sitzung des Aufsichtsrates vom 6. Mai 1969.

161 BMW UA 417, Niederschrift über die Sitzung des Aufsichtsrates und des Beirates am 15./17. Dezember 1971.

162 BMW UA 417, Niederschrift über die Sitzung des Aufsichtsrates vom 6. Mai 1969.

163 Stadt Dingolfing (Hrsg.): Industriegeschichte, S. 285 u. 287.

164 BMW UA 273, Niederschrift über die 51. ordentliche Hauptversammlung vom 7. Juli 1971.

schlossenen Gebiet zwischen Dingolfing und der Tschechoslowakei erblickte man die Möglichkeit, die benötigte Anzahl von Facharbeitern für BMW zu gewinnen.[165] Insofern war man hier auch nicht auf den Einsatz von „Gastarbeitern" angewiesen. Die Chancen, ausländische Arbeitskräfte für den Standort Dingolfing anzuwerben, hatte die Kommission Strukturplanung in einem Zwischenbericht ohnehin als gering eingeschätzt. Die Kommission begründete dies mit „Erfahrungen aus der GLAS-Ära", die gezeigt hätten, „daß der Einsatz ausländischer Arbeitskräfte im kleinen Ort Dingolfing aus gesellschaftlichen Gründen nicht möglich ist." Demgegenüber, so der Bericht weiter, dürfte die „größere Stadt Landshut [...] diesen Problemen gewachsen sein."[166] Was der Bericht als Vorzug der Stadt Landshut gegenüber Dingolfing ausgab – die Möglichkeit, im personalpolitischen Notfall auf „Gastarbeiter" zurückzugreifen –, beurteilte die Unternehmensleitung jedoch zugleich als Problem. Die skeptische Haltung in Bezug auf die Ausländerbeschäftigung kam so auch an dieser Stelle zum Tragen.

Der „Zweigwerk-Gedanke"[167] wurde nämlich stets vor dem Hintergrund der „Ausländerproblematik" erwogen. Unmittelbar im Kontext einer Diskussion im Aufsichtsrat, in der dessen Mitglieder über das „bedenkliche Ansteigen" der „Gastarbeiterbeschäftigung" sowie das „maximale Verhältnis von deutschen zu ausländischen Belegschaftsmitgliedern" diskutierten, sprach der Vorstandsvorsitzende Wilcke davon, dass man „als Ausweichmöglichkeiten gezielte Anwerbungsmaßnahmen in landwirtschaftlichen Gebieten und die Errichtung von Zweigwerken" ins Auge fassen müsse.[168] Die Verantwortlichen waren sich dabei einig, dass die „einzige Möglichkeit zur Reduzierung des Ausländeranteils an unserer Belegschaft [...] die weitere Verlagerung verschiedener Fertigungen nach Dingolfing und Landshut" darstelle.[169] Grundsätzlich ist zu konstatieren, dass der Versuch der Unternehmensleitung, die Quantität der Belegschaft zu erhöhen, immer auch unter Berücksichtigung von normativen und „qualitativen" Gesichtspunkten einherging – die Frage war also nicht nur, *wie viele* Personen, sondern stets auch, *welche* Personen ins Unternehmen eintraten beziehungsweise eintreten sollten. Das Ziel, ausreichend Arbeitskräfte zum Zwecke der Expansion zu beschaffen, konnte also mit dem Ziel, so wenig „Gastarbeiter" wie möglich zu beschäftigen, in einen Konflikt geraten. Dies war hinsichtlich der Personalbeschaffung in München über Jahre tatsächlich der Fall. Was das neu zu gründende Zweigwerk betrifft, versuchte die Unternehmensleitung, diesen Zielkonflikt von Beginn an so weit wie möglich zu entschärfen. Überhaupt galt es, „auf jeden Fall alle Nachteile zu vermeiden, die für Milbertshofen typisch sind."[170]

[165] Stadt Dingolfing (Hrsg.): Industriegeschichte, S. 284.
[166] BMW UA 413, Zwischenbericht über die Arbeit der Kommission Strukturplanung, 27. April 1970.
[167] BMW UA 417, Niederschrift über die Sitzung des Aufsichtsrates vom 18. November 1968.
[168] Ebenda.
[169] BMW UA 417, Niederschrift über die Sitzung des Aufsichtsrates vom 4. September 1970.
[170] BMW UA 417, Niederschrift über die Sitzung des Aufsichtsrates vom 14. Dezember 1972.

Diese normative Betrachtung der anzuwerbenden Arbeitskräfte führte dazu, dass Vertreter der Leitungsebene und des Betriebsrats von BMW die Dingolfinger und die Münchner Belegschaft jeweils unterschiedlich bewerteten. Letztere fungierte dabei gewissermaßen als Negativfolie. So wertete die Tatsache, dass in der niederbayerischen Provinz so gut wie keine Ausländer lebten und im Dingolfinger Betrieb bis in die 1980er Jahre „fast ausschließlich deutsche Beschäftigte“ arbeiteten,[171] die Belegschaft des Zweigwerks in den Augen der Münchner Verantwortlichen auf. Auch, dass „dort keine Fluktuation besteht“, was finanziell kostspielige Anreize und Kompensationszahlungen nicht in dem Ausmaß nötig machte, wie es in Großstädten der Fall war, trug zum Ansehen der Dingolfinger BMW-Mitarbeiter bei.[172] Diese Sichtweise hatte die Suche nach einem Zweitstandort von Anfang an bestimmt. Schon im Kontext der Überlegungen, eine Betriebsverlagerung in den Bayerischen Wald vorzunehmen, hatte der Chef der BMW-Personalabteilung davon gesprochen, dass dort „eine bodenständige, fluktuationsarme Belegschaft gewonnen werden könnte.“[173]

In die gleiche Richtung gingen die Bemerkungen des Vorstandsvorsitzenden Wilcke auf der Hauptversammlung des Jahres 1968. Nachdem BMW den im Jahr 1967 entlassenen niederbayerischen GLAS-Mitarbeitern angeboten hatte, eine Stelle im BMW-Werk München anzutreten, sei dies nach Wilcke „zum größten Teil“ abgelehnt worden: „[N]ur wenige haben davon Gebrauch gemacht. Die meisten haben darauf verzichtet [...], sie wollten in Dingolfing bleiben. Die meisten haben etwas Landwirtschaft dabei.“[174] Den Sachverhalt, dass sich von den 457 befragten Pilstinger, Landshuter und Dingolfinger Lohnempfängern nur 82 Arbeiter für den Gang nach München entschieden,[175] führte Wilcke auf die „verhältnismäßig gesunde Struktur innerhalb der Belegschaft“ zurück, die eine von „bodenständigen [...], ortsansässigen Kräften“ sei.[176] Vor dem Hintergrund der Fluktuationsproblematik der 1960er Jahre bewertete Wilcke das mangelnde Mobilitätspotenzial der Beschäftigten seines Unternehmens also vorwiegend positiv. Was die ausländischen Belegschaftsangehörigen betraf, so berichtete die BMW-Betriebszeitung im Jahr 1971: „Karl Dompert, der Leiter des Werks II, strahlt, wenn er seinen Zuhörern so feine Sachen servieren darf wie diese: [...] Es gibt keinen Gastarbeiter.“[177]

171 Altmann, Norbert u. a.: Grenzen neuer Arbeitsformen. Betriebliche Arbeitsstrukturierung, Einschätzung durch Industriearbeiter, Beteiligung der Betriebsräte, Frankfurt a. M. u. New York, 1982, S. 347. Bei dem in der Studie untersuchten Betrieb E II handelt es sich um das BMW-Werk II in Dingolfing.

172 BMW UA 417, Niederschrift über die Sitzung des Aufsichtsrates vom 4. März 1969.

173 BMW UA 519, Aktennotiz. Betreff: Personalplanung 1966 – Schaffung von Wohnheimen und Wohnungen, 16. März 1965.

174 BMW UA 270, Niederschrift über die 48. ordentliche Hauptversammlung vom 14. August 1968.

175 BMW UA 2204-1, Zwischenbericht (14. November 1967).

176 BMW UA 270, Niederschrift über die 48. ordentliche Hauptversammlung vom 14. August 1968.

177 „BMW's schöne Tochter: ‚Dingolfing‘“, in: BMW-Journal, Nr. 35, November/Dezember 1969, S. 8–12, hier S. 12.

6.3 Ausdehnung, Intensivierung und Flexibilisierung der menschlichen Arbeit

Nachdem in den vorangegangenen Ausführungen die betriebspolitischen Maßnahmen im Zentrum standen, welche die Unternehmensleitung zum Zwecke der Rationalisierung und Konzentration des materiellen Fertigungsprozesses vornahm, werden im Folgenden Strategien behandelt, die unmittelbar auf den Produktionsfaktor „menschliche Arbeit“ zielten. Trotz der Tatsache, dass sich die Rationalisierungs- und Konzentrationsbemühungen auch auf den Arbeitsprozess auswirkten, waren die Produktionsarbeiter, die BMW in den 1960er und frühen 1970er Jahren beschäftigte, von diesen Prozessen in der Regel nur indirekt betroffen. Die Maßnahmen, die im folgenden Abschnitt im Fokus stehen, richteten sich dagegen unmittelbar auf ihre konkrete Tätigkeit am Arbeitsplatz. Die Steigerung des Fertigungsausstoßes musste phasenweise mit einer Belegschaftsstärke erreicht werden, die geringer war, als es bei idealen Arbeitsmarktbedingungen der Fall gewesen wäre. Daher wies die Unternehmens- beziehungsweise Betriebsleitung die Beschäftigten an, über das tarifliche Normalmaß hinaus zu arbeiten. Gewöhnlich ging dies zudem mit Erhöhungen des Arbeitstempos, das heißt mit Leistungsintensivierungen einher.

Ein weiteres Phänomen war die steigende Notwendigkeit zur Flexibilität. Diese bezeichnet mit Dietmar Süß „neue Formen der Personal- und Arbeitszeitpolitik, die darauf abzielen, den Arbeitskräfteeinsatz noch stärker der jeweiligen Auftragslage anzupassen“.[178] Während der Zwang zur Mehrarbeit und zur Steigerung der Arbeitsgeschwindigkeit durch die problematische Personalsituation bedingt waren, war die Zunahme der Flexibilität innerhalb der Produktion in der Regel auf andere Ursachen zurückzuführen. Zum einen brachten Marktschwankungen oftmals spontane Planänderungen mit sich. Zum anderen konnte es sich hierbei aber auch um einen Mangel an Voraussicht handeln. Da die Personalplanung bei BMW in der ersten Hälfte der 1960er Jahre nicht nach fortgeschrittenen Erkenntnissen organisiert war, handelte es sich bei den Planungen meist um kurzfristige Grobschätzungen. So konstatierte der damalige Leiter der Personalabteilung Ende des Jahres 1964, dass „wir bislang im Hause niemals eine exakte Personalplanung und eine ebenso exakte Überwachung des Einhaltens dieser Planung gekannt haben.“ Um diesen Missstand aufzuheben, stellte die Personalabteilung zu diesem Zeitpunkt erstmals Anfragen zum jeweiligen Arbeitskräftebedarf an die einzelnen Abteilungen.[179]

178 Süß, Dietmar: Der Sieg der grauen Herren? Flexibilisierung und der Kampf um Zeit in den 1970er Jahren und 1980er Jahren, in: Anselm Doering-Manteuffel, Lutz Raphael u. Thomas Schlemmer (Hrsg.): Vorgeschichte der Gegenwart. Dimensionen des Strukturbruchs nach dem Boom, Göttingen 2016, S. 109–127, hier S. 111. Süß definiert den Begriff „Flexibilisierung“ allerdings für die 1970er und 1980er Jahre.

179 BMW UA 519, Aktennotiz, Betr.: Personalplanung Angestellte, 2. Oktober 1964.

Ebenso wie die Produktionsabteilung erstellte also auch die Personalabteilung erst ab dem Jahr 1964 langfristige Planungen. Stellenweise bemühte man sich allerdings schon in den frühen 1960er Jahren, über das laufende und das folgende Jahr hinaus zu kalkulieren, wie viele Arbeitskräfte man bezüglich des vorliegenden Programms benötigen würde. Dies galt insbesondere für das im Sommer 1962 angelaufene Mittelwagenprogramm, dessen Personalbedarf die Unternehmensleitung bereits Mitte 1961 festgelegt hatte.[180] Doch auch hier bezog sich die exakte Planung lediglich auf die zwei Jahre.[181] Schon im Jahr 1963 monierte der Betriebsratsvorsitzende Kurt Golda mit Blick auf die Personalplanungen, dass „Unklarheiten in Fragen der Zuständigkeiten" existierten. Ferner kritisierte er die „mangelnde Übersicht" und das Fehlen eines Organisationsplans.[182] Die Aufstellung eines solchen Organisationsplans erfolgte erstmals im Jahr 1969. Dabei ging es darum, „die internen Probleme, die sich aus der jetzigen Größenordnung des Unternehmens und seinem weiteren Wachstum ergeben, in den Griff" zu bekommen. Der Vorstand wollte hierfür auch einen neuen Verwaltungsbereich schaffen, der „ausschließlich dafür zuständig sein muß, die Termine zu koordinieren".[183] Im Zuge der Verlagerungsplanungen Ende der 1960er Jahre schuf der Vorstand zudem eine Arbeitsgruppe, die systematische Arbeitsmarkterhebungen und Beschaffungsplanungen erstellte.[184] Im Gegensatz zu den Jahren zuvor erstreckten sich die Planungen ab diesem Zeitpunkt auf eine Spanne von mehreren Jahren. So plante man im Frühjahr 1969 bereits bis ins Jahr 1975.[185]

Als Folge der *Ad-hoc*-Personalplanung, welche insbesondere die stürmische Aufschwungphase der frühen 1960er Jahre prägte, ergab sich, dass Beschäftigte oftmals spontan Produktionsbereichen zugeordnet wurden, in denen sich ein Arbeitskräfteengpass abzeichnete. Bestand in einer Abteilung ein Mangel an Personal, so war es üblich, eine Versetzung von Mitarbeitern anderer Abteilungen vorzunehmen, was aber nicht immer im nötigen Ausmaß erreicht wurde.[186] So erkannte die Unternehmensleitung im Juni 1963, dass es nicht gelang, das Personalsoll für die Fertigung zu erfüllen. Da man zu wenige Arbeitskräfte zur Verfügung hatte, zog die Produktionsabteilung Mitarbeiter von der Fertigung des Kleinwagens ab und setzte sie innerhalb des Mittelwagenprogramms ein.[187] Das Rückfahren der Kleinwagenfertigung und die damit verbundene Planänderungen führten im Jahr 1963 außerdem dazu, dass der Vorstand den Zwei-Schicht-Betrieb rückgängig machte (womit zum Ein-Schicht-Betrieb zurückgekehrt wurde), obwohl er diese Maßnahme erst

180 BMW UA 415, Niederschrift über die Sitzung des Aufsichtsrates vom 5. Juli 1961.
181 BMW UA 415, Voraussichtliche Entwicklung des Belegschaftsstandes, Anlage 1 zur Niederschrift vom 18. Juli 1961.
182 BMW UA 415, Niederschrift über die Sitzung des Aufsichtsrates vom 19. März 1963.
183 BMW UA 412, Niederschrift über die Vorstandssitzung vom 27. Februar 1969, Protokoll Nr. 7/1969.
184 BMW UA 413, Konzept der langfristigen Unternehmensplanung, 27. Juni 1969.
185 BMW UA 413, Konzept der langfristigen Unternehmensplanung, 28. Mai 1969.
186 BMW UA 415, Niederschrift über die Sitzung des Aufsichtsrates vom 21. April 1960.
187 BMW UA 415, Niederschrift über die Sitzung des Aufsichtsrates vom 14. Juni 1963.

kurz vorher eingeführt hatte. Trotz der durch den Wechsel entstandenen Belastungen behielt es sich die Unternehmensleitung zu diesem Zeitpunkt vor, bei einer veränderten Marktentwicklung erneut auf zwei Schichten umzustellen.[188]

Die spontane Zuteilung von Produktionsarbeitskräften an Abteilungen innerhalb des Betriebs war auch deshalb vonnöten, weil die Serienfertigung des Mittelwagens BMW 1500, die im August 1963 anlief, zwölf Monate früher begann als ursprünglich vorgesehen. Zwar hatte man von diesem Modell bis zum Jahresende 1962 rund 1700 Stück fertiggestellt, was schon zu dieser Zeit nur durch eine erhöhte Leistung der Belegschaft möglich gewesen war.[189] Den genannten Output erreichte man jedoch nur durch „provisorisch[e] Vorrichtungen", weshalb im Jahr 1963 „an ihre Stelle endgültige" rücken sollten. Damit einher ging die Notwendigkeit, die „Fertigungskontrolle und -abnahme [...] zu verdoppeln". Hinzu kam, dass aufgrund der hohen Fluktuation im Münchner Werk „eine große Zahl neu eingestellter Arbeitskräfte erst umgeschult und angelernt werden" musste.[190] In diesem Zusammenhang erwähnte der Leiter der Produktionsabteilung auch die hohe Ausländerbeschäftigung, die „den Betrieb vor eine sehr schwere Aufgabe" stelle. Aus diesen Gründen beschloss die Unternehmensleitung, im „Interesse der Beruhigung des Betriebes und einer zunehmenden Konsolidierung" die Tagesproduktion an Mittelwagen im zweiten Quartal 1963 nicht zu steigern.[191]

Die Situation sollte sich über die Jahre nicht ändern. Die Bereitschaft zur Flexibilität, die das Unternehmen von seiner Produktionsbelegschaft einforderte, hatte in der Mitte der 1960er Jahre zur Folge, dass viele Beschäftigte offenbar kaum noch in der Lage waren, ihre Freizeit und ihren Urlaub zu planen.[192] Da die Arbeitgeberseite diesbezügliche Vereinbarungen oftmals kurzfristig aufhob beziehungsweise modifizierte, wusste „der einzelne oft bis kurz vor Beginn des Urlaubes nicht [...], ob er ihn antreten kann, oder nicht."[193] Im Jahr 1970 forderte der Betriebsrat, „dass die Verlagerungspläne mit sämtlichen Ressorts aus personalpolitischen Gründen rechtzeitig abgestimmt werden müssen, damit der einzelne weiß, wo sein zukünftiger Arbeitsplatz ist".[194] Der Vorstand betrachtete die „Fähigkeit, das Programm kurzfristig umzustellen", allerdings als einen „Ausdruck unserer Flexibilität, die wir nach Möglichkeit erhalten wollen."[195] Dem Zielkonflikt von größtmöglicher Flexibilität auf der einen und hoher Planungssicherheit auf der anderen

188 BMW UA 415, Niederschrift über die Sitzung des Aufsichtsrates vom 19. März 1963.

189 BMW UA 266, Niederschrift über die 44. ordentliche Hauptversammlung vom 29. Juni 1964; BMW UA 511, Geschäftsbericht des Betriebsrats auf der Betriebsversammlung vom 9. April 1962.

190 BMW UA 266, Niederschrift über die 44. ordentliche Hauptversammlung vom 29. Juni 1964.

191 BMW UA 415, Niederschrift über die Sitzung des Aufsichtsrats vom 19. März 1963.

192 BMW UA 512, Geschäftsbericht des Betriebsrats auf der Betriebsversammlung vom 18. Juni 1966.

193 BMW UA 512, Geschäftsbericht des Betriebsrats auf der Betriebsversammlung vom 22. April 1968.

194 BMW UA 512, Geschäftsbericht des Betriebsrats auf der Betriebsversammlung vom 20. April 1970.

195 BMW UA 417, Niederschrift über die Sitzung des Aufsichtsrates vom 8. November 1968.

Seite versuchte der Vorstand mit der Maxime zu begegnen, nur dann Programmänderungen vorzunehmen, wenn dies „unbedingt erforderlich" war.[196]

Die betriebliche Realität war dennoch von häufigen, oftmals kurzfristigen Programmwechseln geprägt. So kritisierte der Betriebsratsvorsitzende Golda bereits im Jahr 1963 die häufigen Umstellungen, da diese negative Auswirkungen auf die Belegschaft hätten.[197] Ende des Jahres 1968 sprach Golda davon, „dass wir praktisch alle 14 Tage eine Programmänderung haben."[198] Diese Situation änderte sich offenbar auch in der Folgezeit nicht. Ende des Jahres 1970 betrachtete der für den Bereich Einkauf und Materialwirtschaft zuständige Vorstand die „mehrmalige kurzfristige und drastische Umwandlung des Programmes" als eine Herausforderung für den Abbau der Lagerbestände.[199] Im April 1971 forderte der Betriebsrat, dass man „zu einer vernünftigen Produktionsplanung kommen" müsse und nicht „alle 8 Tage ein neues Programm" vorgeben könne.[200] Auch mit Blick auf das Jahr 1971 formulierte Golda Kritik, indem er von „einer permanenten Programmänderung" sprach.[201]

Was die Produktionsbedingungen bei BMW ab dem Jahr 1960 betraf, so ist festzuhalten, dass die räumliche und personelle Ausstattung des Werks der veränderten Auftragslage zunächst in keiner Weise angemessen war. Die Reaktion der Unternehmensleitung ging wie schon in der Frage planbarer Urlaubszeiten an den Bedürfnissen der Beschäftigten vorbei. So dehnte man zunächst die Fertigungszeiten aus, um der räumlichen und personellen Missstände Herr zu werden. Die Produktionserhöhung genoss oberste Priorität. Tatsächlich konnte man es sich, in den Worten des Aufsichtsrats- und späteren Vorstandsvorsitzenden Wilcke, während der 1960er Jahre „nie leisten", die „Produktion, die immer auf hohen und höchsten Touren laufen mußte, pro Jahr länger als für den kurzen Zeitraum der Betriebsferien zu unterbrechen."[202] Die Folge war die partielle Einführung des Zweischichtbetriebs, etwa im Jahr 1960 in der Lackiererei, die „an dem gegenwärtigen Standort nur schwer zu erweitern" war.[203] Ebenso verhielt es sich mit der mechanischen Fertigung und dem Presswerk. In diesen Bereichen führte der Vorstand „zur Behebung von Engpässen" ebenfalls 1960 die Wechselschicht für insgesamt 100 Lohnempfänger ein. Auf freiwilliger Basis sollten diese an fünf Tagen die Woche jeweils zwölf Stunden arbeiten. Die Regelung galt ab dem 22. Juni 1960 bis zum Beginn

196 Ebenda.
197 BMW UA 415, Niederschrift über die Sitzung des Aufsichtsrates vom 19. März 1963.
198 BMW UA 512, Geschäftsbericht des Betriebsrats auf der Betriebsversammlung vom 25. November 1968.
199 BMW UA 417, Aufsichtsratssitzung Dezember 1970, Vorstandsbereich M – Einkauf und Materialwirtschaft. 23. Oktober 1970.
200 BMW UA 1532-1, Geschäftsbericht des Betriebsrats auf der Betriebsversammlung vom 26. April 1971.
201 BMW UA 1532-1, Geschäftsbericht des Betriebsrats auf der Betriebsversammlung vom 21. März 1972.
202 BMW UA 420, „Wilcke-Memoiren".
203 BMW UA 415, Niederschrift über die Sitzung des Aufsichtsrates vom 13. Oktober 1960.

des Werksurlaubs am 29. Juli 1960. Den betreffenden Belegschaftsmitgliedern vergütete der Vorstand den Mehraufwand mit jeweils 3 DM pro Schicht.[204] Während diese Zulage für Beschäftigte der unteren Lohngruppen durchaus attraktiv erscheinen musste, war dies bei denjenigen der höheren Lohngruppen wahrscheinlich weniger der Fall. So betrug der nominelle Stundenlohn im Jahr 1960 in der untersten Lohngruppe 1,72 DM und in der höchsten Lohngruppe 2,73.[205]

Die Unternehmensleitung stellte immer wieder kurzfristig auf den Schichtbetrieb um, wenn sie es in einzelnen Abteilungen für nötig erachtete. Dies geschah teilweise sogar ohne Unterrichtung des Betriebsrats, dem in dieser Frage nominell ein Mitbestimmungsrecht zustand. Im April 1964 kritisierte der Betriebsratsvorsitzende, dass bereits zum zweiten Mal eine Schichtumstellung stattgefunden hätte, ohne dass dies mit dem Betriebsrat zuvor abgesprochen gewesen wäre. Golda bezeichnete dieses Vorgehen als „die äusserste [sic] Grenze dessen, was man sich überhaupt leisten kann" und forderte die Verantwortlichen auf, „auf gesetzliche Bestimmungen etwas mehr Rücksicht zu nehmen."[206] Im Jahr 1968 arbeiteten die Beschäftigten im Presswerk in drei Normalschichten (jeweils 8 Stunden), während „im Motorenbau ebenfalls drei Normalschichten oder zwei lange Schichten zu je 10 Stunden gefahren" wurden.[207] Die personellen, räumlichen und technischen Engpässe machten es in den Augen der Unternehmensleitung zudem nötig, für bestimmte Zeiträume Samstags- und Sonntagsschichten einzuführen.[208] Die Ausweitung der Schichtarbeit bei BMW im Laufe der 1960er Jahre entsprach dabei einem allgemeinen Trend in der westdeutschen Industrie: Arbeiteten im Jahr 1960 noch zwölf Prozent aller bundesweit abhängig Beschäftigten in Schichtarbeit, so waren es im Jahr 1965 bereits 14 Prozent, was einem Anstieg von 0,8 Millionen Beschäftigten entsprach.[209] 1972 waren bereits 17,5 Prozent aller Lohnempfänger im Schichtbetrieb tätig.[210]

Überstunden und Zusatzschichten prägten die betriebliche Realität innerhalb des Münchner Werks, von der Rezessionsphase 1966/67 abgesehen, über die gesamten 1960er und frühen 1970er Jahre hinweg.[211] Dieser Befund steht zunächst

[204] BMW UA 410, Niederschrift über die Vorstandssitzung vom 22. Juni 1960, Protokoll Nr. 15/1960; BMW UA 511, Geschäftsbericht des Betriebsrats auf der Betriebsversammlung vom 29. März 1961.

[205] BMW UA 2154, BMW kompakt 7'72.

[206] BMW UA 511, Geschäftsbericht des Betriebsrats auf der Betriebsversammlung vom 20. April 1964.

[207] BMW UA 417, Niederschrift über die Sitzung des Aufsichtsrates vom 8. November 1968.

[208] BMW UA 511, Geschäftsbericht des Betriebsrats auf der Betriebsversammlung vom 25. November 1963; BMW UA 512, Geschäftsbericht des Betriebsrats auf der Betriebsversammlung vom 25. November 1968.

[209] Osterland, Martin u. a.: Materialien zur Lebens- und Arbeitssituation der Industriearbeiter in der BRD, Frankfurt a. M. 1973, S. 71–72.

[210] Schudlich, Edwin: Die Abkehr vom Normalarbeitstag. Entwicklung der Arbeitszeiten in der Industrie der Bundesrepublik seit 1945, Frankfurt a. M. 1987, S. 75. Siehe auch: Mooser: Arbeiterleben, S. 64.

[211] Wenn im Folgenden von Sonderschichten die Rede ist, sind sowohl außerordentliche Werktags- und Wochenend- als auch Nachtschichten gemeint.

einmal in Kontrast zur allgemeinen Entwicklung der Arbeitszeit nach dem Zweiten Weltkrieg. Zwar bewegte sich deren tatsächliche Höhe in den 1960er und frühen 1970er Jahren durchgehend über der tariflich festgelegten.[212] Die durchschnittliche Wochenarbeitszeit von männlichen Industriearbeitern hatte sich jedoch von 48,1 Stunden im Jahr 1950 auf 45,3 Stunden im Jahr 1960 reduziert. In den 1960er Jahren nahm sie weiter ab, nämlich von 44,6 Stunden (1962) auf 43,9 Stunden (1966). Eine weitere deutliche Senkung der Durchschnittsarbeitszeit fand im Jahr 1971 auf 43,2 Wochenstunden beziehungsweise im Jahr 1972 auf 42,8 Wochenstunden statt.[213] Hinzu kam die Ausweitung des Jahresurlaubs, dessen durchschnittliche Dauer sich zwischen 1950 und 1970 von zwölf auf 21,2 Urlaubstage erhöhte.[214] Bei Arbeiterinnen fielen die Werte jeweils rund 4 Stunden geringer aus.[215] Dem allgemeinen „Trend zu einem wachsenden Quantum an freier Zeit"[216] stand, was die Bayerischen Motoren Werke betrifft, jedoch eine Ausdehnung der faktischen betrieblichen Arbeitszeit in den 1960er Jahren gegenüber.[217]

Eine Überprüfung der realen Arbeitszeiten im Fertigungsbereich, die der Betriebsrat im Jahr 1962 durchführt hatte, gelangte zu dem Ergebnis, dass eine tägliche Stundenzahl von bis zu 16,5 Stunden keineswegs die Ausnahme, sondern die Normalität darstellte.[218] Schon in den frühen 1960er Jahren arbeiteten rund 1000 Belegschaftsmitglieder regelmäßig in Sonderschichten an Samstagen, während Beschäftigte in einzelnen Abteilungen seit Jahren „laufend Überstunden" machten.[219] Der Vorstand rechtfertigte dieses Vorgehen zum einen mit der permanent gegebenen Notwendigkeit, ohne ausreichende Personalstärke die Produkti-

212 Schneider, Michael: Streit um Arbeitszeit. Geschichte des Kampfes um Arbeitszeitverkürzung in Deutschland, Köln 1984, S. 167.

213 Scharf, Günter: Geschichte der Arbeitszeitverkürzung. Der Kampf der deutschen Gewerkschaften um die Verkürzung der täglichen und wöchentlichen Arbeitszeit, Köln 1987, S. 458.

214 Pierenkemper: Beschäftigung, S. 212.

215 Remeke, Stefan: Gewerkschaften und Sozialgesetzgebung. DGB und Arbeitnehmerschutz in der Reformphase der sozialliberalen Koalition, Essen 2005, S. 390.

216 Wirsching, Andreas: Kollektiver Freizeitpark oder Burnout-Gesellschaft. Wie überlastet ist der moderne Mensch?, Wien 2016, S. 34.

217 Wie hoch die Zeit, die bei BMW in den 1960er und frühen 1970er Jahren zusätzlich gearbeitet wurde, genau zu beziffern ist, lässt sich quellenmäßig nicht feststellen. Aber auch unabhängig von der Quellensituation ist „die quantitative Erfassung der Mehrarbeitszeit nur sehr schwer möglich [...]. Divergierende Definitionen, vor allem aber Saldierungseffekte erschweren es enorm, ein genaues Bild über die Entwicklung der Mehrarbeitszeit und der Überstunden zu zeichnen. Die Verrechnung von Mehrarbeits- mit bestimmten Ausgleichszeiten läßt so zum Beispiel das in der Statistik festgehaltene Niveau der Mehrarbeit niedriger erscheinen, als es in der Realität ist." Schudlich: Abkehr, S. 71.

218 BMW UA 511, Geschäftsbericht des Betriebsrats auf der Betriebsversammlung vom 19. November 1962. Eine 16-stündige beziehungsweise 16,5-stündige Arbeitszeit entstand durch die Aufnahme von zwei Arbeitsschichten hintereinander durch einen Beschäftigten. Dass dies bei BMW durchaus regelmäßig vorkam, bestätigte die Betriebsgruppe *Gruppe Arbeitersache*, siehe: AdMA 37/2/3, Arbeitersache BMW/MAN, Flugblatt der Gruppe Arbeitersache, „Halle 32: Es ist das Band, das uns vereint!".

219 BMW UA 415, Niederschrift über die Sitzung des Aufsichtsrates vom 14. Juni 1963.

onsziffern erhöhen zu müssen.[220] Zum anderen kalkulierte die Unternehmensleitung die Möglichkeit, eine Arbeitszeitausweitung anzuordnen, teilweise bewusst mit ein, und zwar insbesondere in solchen Fällen, in denen der prospektive Output nicht exakt berechnet werden konnte. So beantragte BMW, nachdem der Betriebsratsvorsitzende Ende des Jahres 1966 noch die „seit Monaten bestehend[e] Überstundenbelastung der Belegschaft“ beklagt hatte,[221] nur wenig später aufgrund der Rezessionsentwicklung Kurzarbeit für das erste Quartal 1967. Die geplante Kurzarbeitsphase musste man aber schließlich doch nicht einführen.[222] Stattdessen verzichtete die Unternehmensleitung darauf, die Fluktuation zu ersetzen, was in der Folge einen personalbedingten Produktionsausfall von rund 1000 Fahrzeugen bedeutete. Die ausgefallenen Arbeitszeiten beabsichtigte man jedoch nachträglich durch Samstagsschichten einzuarbeiten, falls Bedarf bestehen sollte.[223] Auch im Frühjahr 1968 setzte der Vorstand fest, dass eine „etwaige Mehrproduktion durch Sonderschichten und Überstunden, also ohne Neueinstellungen, bewirkt werden soll.“[224]

Im Jahr 1968, als die Rezession sowie die negativen Folgen der GLAS-Übernahme überstanden waren, erwähnte Golda erneut die „vielen Überstunden und Sonderschichten“,[225] „sei es täglich, Samstags oder Sonntags“, die der Betriebsrat genehmigen musste, um den Anlauf des BMW E 3 nicht zu gefährden. Der Betriebsratsvorsitzende beklagte, dass die Belastungssituation langsam „als eine Art Dauererscheinung“ angesehen werde. Die „Grenze des Möglichen“ sei aber erreicht und man benötige eine „Verschnaufpause“, die erst in der „Situation einer normalen Fertigung“ gegeben sei. Wohl auch auf Druck des Betriebsrats reduzierte der Vorstand die für 1968 ursprünglich geplante Stückzahl an BMW E 3-Modellen von 3000 auf 2200 Einheiten.[226] Diese Maßnahme muss jedoch allem Anschein nach als Ausnahme gelten. Die hohe Leistungsbereitschaft der Beschäftigten erkannte auch der Vorsitzende des Aufsichtsrats Karoli an, der in der Hauptversammlung betonte, dass BMW von der „Belegschaft Außergewöhnliches verlangt“ habe.[227]

[220] BMW UA 409, Niederschrift über die Vorstandssitzung vom 5. Oktober 1964, Protokoll Nr. 19/1964.

[221] BMW UA 512, Geschäftsbericht des Betriebsrats auf der Betriebsversammlung vom 28. November 1966; siehe auch: BMW UA 81, Zusatzschichten (Schreiben Goldas an Schneidler), 1. Juni 1966.

[222] BMW UA 411, Niederschrift über die Vorstandssitzung vom 13. Dezember 1966, Protokoll Nr. 39/1966.

[223] BMW UA 416, Niederschrift über die Sitzung des Aufsichtsrates vom 25. Januar 1967.

[224] BMW UA 412, Niederschrift über die Vorstandssitzung vom 2. April 1968, Protokoll Nr. 9/1968; siehe auch: BMW UA 512, Geschäftsbericht des Betriebsrats auf der Betriebsversammlung vom 22. April 1968.

[225] BMW UA 512, Geschäftsbericht des Betriebsrats auf der Betriebsversammlung vom 22. Juli 1968; siehe auch: BMW UA 271, Niederschrift der 49. ordentlichen Hauptversammlung vom 4. Juli 1969.

[226] BMW UA 512, Geschäftsbericht des Betriebsrats auf der Betriebsversammlung vom 25. November 1968.

[227] BMW UA 271, Niederschrift der 49. ordentlichen Hauptversammlung vom 4. Juli 1969.

Ähnliche Worte bemühte auch der Betriebsratsvorsitzende, als er im Jahr 1969 davon sprach, dass die Belegschaftsleistung an ein „Wunder“ grenze. Golda forderte deshalb, die Produktion „nach Möglichkeit auf ein normales und vertretbares Maß“ zu bringen.[228] Es ginge nicht zuletzt darum, dafür zu sorgen, dass der DGB-Spruch „Samstags gehört Vati mir“ auch für BMW-Mitarbeiter gelte.[229] Um „die permanenten Überstundenleistungen auf ein gesundes Maß“[230] zu reduzieren, bat der Betriebsratsvorsitzende im Jahr 1970 ausdrücklich um eine Konsolidierungsphase, in welcher „das Überstundenwesen im Interesse unserer Belegschaft“ abgebaut werden sollte.[231] Auch zwei Jahre später, im Frühjahr 1972 monierte Golda „das ständige Fahren von Überkapazität“ sowie den „Tatbestand, daß wir gemeinsam dem Programm – koste es was es will – hinterhergelaufen sind bzw. hinterherlaufen.“[232] An der Überstundensituation hatte sich somit auch zu Beginn der 1970er Jahre nichts geändert.

Doch nicht nur die Verlängerung der Arbeitszeit verlangte den Beschäftigten viel ab, sondern auch der Anstieg der Arbeitsgeschwindigkeit. Bei der betrieblichen Intensivierung der Arbeit wird „nach wie vor die gleiche Menge lebendiger Arbeitskraft pro Stück verausgabt; diese Verausgabung wird lediglich in einem kürzeren Zeitraum zusammengedrängt.“ Die betriebspolitischen Strategien der Arbeitsintensivierung und der Arbeitszeitverlängerung haben gemeinsam, dass sie auf eine „höhere Arbeitsbeanspruchung pro Tag“ hinauslaufen und eine Alternative zur Rationalisierung der Arbeit darstellen, die im Sinne der Mechanisierung und Ökonomisierung eine Produktivitätserhöhung bedeutet.[233] Bereits im Jahr 1962 sprach Golda im Zusammenhang mit der Arbeitstempoverschärfung davon, dass die Belegschaft „sehr oft an die Grenze des Möglichen“ gelange. Nach Golda lag dies daran, dass der einzelne Beschäftigte nicht nur das machen musste, was formell festgelegt war, sondern „wesentlich mehr, bedingt durch das ständige Anlernen der neuen Kollegen“.[234] Die Intensivierung der Arbeit, die im Zusammenhang mit den Verschärfungen innerhalb der Produktionssphäre insgesamt zu stei-

228 BMW UA 512, Geschäftsbericht des Betriebsrats auf der Betriebsversammlung vom 28. April 1969.

229 BMW UA 512, Geschäftsbericht des Betriebsrats auf der Betriebsversammlung vom 24. November 1969; zum DGB-Slogan siehe: Frese, Matthias: „Samstags gehört Vati mir“. Arbeit und Freizeit von Frauen und Männern in der gewerkschaftlichen Diskussion der frühen Bundesrepublik Deutschland (1949–1965), in: Westfälische Forschungen 45 (1995), S. 73–101.

230 BMW UA 512, Geschäftsbericht des Betriebsrats auf der Betriebsversammlung vom 24. November 1969.

231 BMW UA 512, Geschäftsbericht des Betriebsrats auf der Betriebsversammlung vom 20. April 1970.

232 BMW UA 1532-1, Geschäftsbericht des Betriebsrats auf der Betriebsversammlung vom 21. März 1972.

233 Schmiede, Rudi u. Schudlich, Edwin: Die Entwicklung der Leistungsentlohnung in Deutschland. Eine historisch-theoretische Untersuchung zum Verhältnis von Lohn und Leistung unter kapitalistischen Produktionsbedingungen, Frankfurt a. M. u. New York 1978, S. 23.

234 BMW UA 511, Geschäftsbericht des Betriebsrats auf der Betriebsversammlung vom 9. April 1962.

genden Kündigungsziffern führte, war also nicht nur Ursache, sondern auch Folge der hohen Fluktuation im Münchner Werk.

Auch zwei Jahre später, im Jahr 1964, beklagte Golda, „dass bei uns immer noch ein scharfes Tempo besteht".[235] Dass hierbei vorerst keine Verbesserung eintrat, zeigen die Aussagen der Folgejahre. Im Frühjahr 1967 sprach der Betriebsratsvorsitzende davon, dass der Belegschaft, „was das Arbeitstempo anbelangt, aber wirklich nichts geschenkt" werde.[236] Das Thema sprach Golda auch im Jahr 1969 an, als er die Frage stellte: „[W]ie lange wollen und vor allem können wir das rasante Tempo durchhalten[?]"[237] Die Tatsache, dass Golda die Wendung „rasantes Tempo" auch in einer Ansprache vor der Betriebsversammlung im Jahr 1972 verwendete,[238] zeigt, dass sich in Bezug auf die Arbeitsgeschwindigkeit beziehungsweise deren Steigerung über die 1960er und frühen 1970er Jahre kaum etwas änderte. Vielmehr, so der Betriebsratsvorsitzende, habe das stetig hohe Arbeitstempo dazu geführt, „daß diese Mehrbelastung als selbstverständlich hingenommen wird."[239]

Zum Themenkomplex der Arbeitsgeschwindigkeit gehören auch die Anstrengungen der Firmenleitung, die Vorgabezeiten[240] in der Akkordarbeit herunterzusetzen. Grundsätzlich besteht im Akkordsystem durch die unterschiedliche Ausgangsbasis bei den einzelnen Arbeitern, nämlich die jeweiligen Lohngruppen,

> „die Tendenz zu einem unterschiedlichen Arbeitstempo […]. Der Arbeiter, dessen Auftrag gut bewertet ist und der deshalb in einer hohen Lohngruppe eingestuft ist, wird eher bereit sein, mit Zurückhaltung zu arbeiten, als der andere, dessen Auftrag geringer bewertet ist und der durch Zeitgewinn das herausholen möchte, was der Kollege an Arbeitsbewertung voraus hat."[241]

Demgegenüber ist derjenige Arbeiter, der aufgrund der niedrigen Kalkulation weniger Zeitreserven besitzt, gezwungen, eine größtmögliche Stückzahl herzustellen beziehungsweise zu bearbeiten. Beim Zeitakkord ist für eine bestimmte Verarbeitungsmenge ein Zeitmaß vorgegeben.[242] Gelingt es dem Arbeiter, diese Vorgabe zu unterschreiten, erhöht sich sein Verdienst.[243] Für den Arbeitgeber besteht so das

[235] BMW UA 511, Geschäftsbericht des Betriebsrats auf der Betriebsversammlung vom 23. November 1964.
[236] BMW UA 512, Geschäftsbericht des Betriebsrats auf der Betriebsversammlung vom 18. April 1967.
[237] BMW UA 512, Geschäftsbericht des Betriebsrats auf der Betriebsversammlung vom 1. September 1969.
[238] BMW UA 1532-1, Geschäftsbericht des Betriebsrats auf der Betriebsversammlung vom 21. März 1972.
[239] Ebenda.
[240] Die „Vorgabezeit" ist definiert als die „Sollzeit für von Menschen und Betriebsmitteln auszuführende Arbeitsabläufe, also für die ordnungsgemäße Erfüllung eines Auftrages bei Normalisierung in einem gegebenen Arbeitssystem und bei festgelegten Einflussgrößen." https://wirtschaftslexikon.gabler.de/definition/vorgabezeit-47823/version-271085, letzter Zugriff am 18. Juni 2020.
[241] Wiedemann: Rationalisierung, S. 135–136.
[242] Ebenda, S. 136.
[243] Bispink, Reinhard: Elemente qualitativer Tarifpolitik Nr. 43. Tarifentgelt nach Leistung und Erfolg. Regelungen in ausgewählten Tarifbereichen, in: WSI-Informationen zur Tarifpolitik, Düsseldorf 2000, S. 6, online abrufbar unter: https://www.boeckler.de/pdf/p_ta_elemente_43_2000.pdf, letzter Zugriff 30. Juni 2020.

strukturelle Interesse, die Vorgabezeiten so niedrig wie möglich zu halten, um dadurch die Output-Leistung der Beschäftigten zu erhöhen. In der Absenkung der Vorgabezeiten, der sogenannten Akkordschere, sah die IG Metall in den 1960er Jahren deshalb hauptsächlich den Versuch, „eine Leistungsverdichtung der menschlichen Arbeit" zu erreichen.[244] Vor dem Hintergrund, dass leistungs- und ergebnisbezogene Vergütungsformen seit den späten 1950er Jahren stark zugenommen hatten – 1972 wurden 38 Prozent der männlichen und 50 Prozent der weiblichen Industriearbeiter in Leistungsanreizsystemen entlohnt – kam den Akkordverschärfungen innerhalb des Betriebs großes betriebspolitisches Gewicht zu.[245]

Bei BMW arbeiteten die Beschäftigten der Endmontage im Gruppenakkord, während in anderen Bereichen der Produktion Zeitlohn gezahlt wurde.[246] Die Firmenleitung versuchte während der gesamten 1960er und frühen 1970er Jahre immer wieder, die Vorgabezeiten zu senken. Nachdem Golda bereits im Frühjahr 1961 von „Überlegungen und Versuche[n]" berichtete hatte, die „Durchschnittsverrechnung inkl. der Zuschläge [...] in die Hand zu bekommen bzw. abzubauen",[247] monierte er eineinhalb Jahre später, dass die Zeiten regelmäßig gekürzt würden, sobald sich eine Leistungssteigerung der Belegschaft nachweisen ließe. Auf diese Weise bliebe der Durchschnittsverdienst der Akkordbeschäftigten trotz einer intensiveren Arbeitsleistung derselbe. Golda warnte deshalb, dass man künftig keine Leistungserhöhung der Belegschaft mehr erwarten dürfte, da eine solche nur eintreten könne, wenn man die Bereitschaft zu erhöhter Anstrengung auch bezahle.[248] Im Jahr 1965 berichtete der Betriebsratsvorsitzende, dass in der Führungsebene permanent darüber gesprochen werde, die Akkordverrechnung zu verändern. Angesichts der Leistung und Loyalität der Belegschaft erschien es dem Betriebsratsvorsitzenden als kleinlich, „zu verhandeln, ob [ein Beschäftigter] mit 76 oder 77 Min. verrechnen darf und kann".[249] Im Juli 1965 sah sich Golda sogar gezwungen, auf das Mitbestimmungsrecht des Betriebsrats bei Änderungen der Entlohnungsmethoden hinzuweisen.[250]

Auch im Jahr 1967 berichtete Golda, dass der Betriebsrat hinsichtlich der „Senkung der Vorgabezeit in Verbindung mit der Verrechnung eine etwas spürbare Aktivität" festgestellt habe.[251] Trotz seiner Kritik stimmte der Betriebsrat diesen

244 Thesen des Vorstandes der IG Metall zur tariflichen Regelung von Arbeitsbewertungsmethoden 1960/61, in: Jürgen Peters (Hrsg.): In freier Verhandlung. Dokumente zur Tarifpolitik in der Metallindustrie 1945 bis 2002, Göttingen ²2009, S. 248–255, hier S. 249.

245 Mooser: Arbeiterleben, S. 64.

246 BMW UU-44-10, „BMW stellt sich vor".

247 BMW UA 511, Geschäftsbericht des Betriebsrats auf der Betriebsversammlung vom 29. März 1961.

248 BMW UA 511, Geschäftsbericht des Betriebsrats auf der Betriebsversammlung vom 19. November 1962.

249 BMW UA 511, Geschäftsbericht des Betriebsrats auf der Betriebsversammlung vom 12. April 1965.

250 BMW UA 511, Geschäftsbericht des Betriebsrats auf der Betriebsversammlung vom 19. Juli 1965.

251 BMW UA 512, Geschäftsbericht des Betriebsrats auf der Betriebsversammlung vom 18. April 1967.

Maßnahmen in der Regel offenbar zu. Im Jahr 1961 begründete seine Zustimmung mit „Hinblick auf das zu erzielende Ergebnis". Der Betriebsrat nahm eine Arbeits- und Leistungsverdichtung der Akkordbeschäftigten ausdrücklich in Kauf, wenn es im Gegenzug nicht zu Verdienstreduktionen komme. Überhaupt müsse die Belegschaft an einer betriebswirtschaftlichen Kostensenkung interessiert sein, weil, so Golda, „sie uns letztlich selbst wieder zugute kommt." Gleichzeitig bekundete der Betriebsratsvorsitzende, dass in seinen Augen wirkliche Leistungssteigerungen nicht durch die Stoppuhr, sondern nur durch Rationalisierungen möglich seien.[252] Die in der Forschung herausgestellte positiv-optimistische Haltung, welche die DGB-Gewerkschaften während des Booms in Bezug auf betriebliche Rationalisierungsprozesse einnahmen,[253] ergab sich für den Betriebsrat bei BMW, der diese Haltung teilte, somit nicht zuletzt vor dem Hintergrund der aus seiner Sicht problematischeren Alternative, die in der Leistungsverdichtung der Beschäftigten durch Akkorderhöhungen bestand.

Die jahrelange Mehrarbeit der Belegschaft, die insbesondere ein Phänomen innerhalb der Produktion darstellte, führte naturgemäß zu Belastungserscheinungen, was der Betriebsratsvorsitzende bereits im Jahr 1963 ansprach: „Wir können nicht kurzfristig das nachholen, was jahrzehntelang verschlafen wurde". […]. Die Belegschaft sei „einfach überfordert. Wir hören und lesen nichts mehr als nicht erreichte Stückzahlen, nicht erreichte Qualität usw. usw." Gleichzeitig, so Golda weiter, könnten

> „Vorarbeiter, Meister, Abteilungsleiter, Betriebsleiter ihre eigentliche Aufgabe gar nicht mehr wahrnehmen […]. Um den Produktionsfluss überhaupt aufrecht zu erhalten, spielen sie Hilfsarbeiter, Disponenten, Zulieferer, Programmeinhalter, Kontrolleur usw. usw. Ich wundere mich ehrlich, dass wir es trotzdem immer wieder schaffen. Es ist deshalb nicht überraschend, wenn die Erkrankungen und besonders die Verärgerungen innerhalb der gesamten Belegschaft von Tag zu Tag zunehmen."[254]

Die gesundheitlichen Folgen, die „auf Grund der Anstrengungen der letzten Jahre" aufgetreten waren, thematisierte Golda auch im Jahr 1966. Die Gesundheit der Beschäftigten betrachte er mit Sorge, weshalb er eine „vernünftig[e] und gesund[e] Politik" forderte. Man dürfe nicht übersehen, dass die Kapazitäten seit langem voll ausgeschöpft seien, weshalb „auf die Dauer […] die Belegschaft nicht mehr ohne Folgen das leisten [kann], was jeder hergegeben hat."[255] Zwei Jahre später beklagte Golda die gesteigerte Nervosität im Werk.[256] Wiederum zwei Jahre darauf monier-

[252] BMW UA 512, Geschäftsbericht des Betriebsrats auf der Betriebsversammlung vom 2. August 1961.

[253] Hachtmann, Rüdiger: Gewerkschaften und Rationalisierung: Die 1970er-Jahre – ein Wendepunkt?, in: Knut Andresen, Ursula Bitzegeio u. Jürgen Mittag (Hrsg.): Nach dem Strukturbruch? Kontinuität und Wandel von Arbeitswelten, Bonn 2011, S. 181–209.

[254] BMW UA 511, Geschäftsbericht des Betriebsrats auf der Betriebsversammlung vom 25. November 1963.

[255] BMW UA 512, Geschäftsbericht des Betriebsrats auf der Betriebsversammlung vom 18. April 1966.

[256] BMW UA 512, Geschäftsbericht des Betriebsrats auf der Betriebsversammlung vom 25. November 1968.

te er die „permanente Überbelastung der Belegschaft", die „zu einem relativ hohen Abwesenheitsstand wegen Krankheit" führe.[257] Auch der Vorstandsvorsitzende Wilcke musste eingestehen, dass „[s]ämtliche Mitarbeiter [...] durch das große Wachstum stark angespannt" seien.[258] Diese Aussagen bezogen sich vor allem auf die Produktionsbelegschaft. Der Krankenstand im Fertigungsbereich betrug Ende 1969 zwölf Prozent der Mitarbeiter, was dem Dreifachen der vorangegangenen Planungskalkulation entsprach, in der man mit einer Höhe von vier Prozent gerechnet hatte.[259]

Golda führte die erhöhten Krankheitsziffern im Jahr 1969 unmittelbar auf die „permanent[e] Überbelastung der Belegschaft" zurück: „Es kommt beim Abbau der Überstunden primär darauf an, daß die Ausfalltage durch Krankheit weniger werden. Denn damit ist keinem, noch viel weniger der eigenen Familie gedient, daß durch zu hohe Überstunden oft monatelang Pausen durch Krankheit entstehen."[260] Ein Jahr darauf sagte Golda, dass die hohe Abwesenheitsquote „auch auf die permanente Überbelastung unserer Belegschaft in den letzten drei Jahren zurückzuführen" sei.[261] Diese Einschätzung äußerte der Betriebsratsvorsitzende in ganz ähnlicher Weise auch im Jahr 1972.[262] Zieht man die verfügbaren Zahlen für das Jahr 1971 heran, so erreichte der Krankenstand bei den Lohnempfängern im Werk München im März mit 12,2 Prozent seinen höchsten und im August mit 7,6 Prozent seinen niedrigsten Wert. Im Vergleich zum Vorjahr verringerte sich die krankheitsbedingte Abwesenheitsquote im Zeitraum von Januar bis August zwar von 10,2 Prozent auf 9,9 Prozent, erreichte an einzelnen Tagen gleichzeitig jedoch ganze 16 Prozent.[263] Im Herbst 1971 lag die Krankheitsziffer bei 10,0 Prozent,[264] im ersten Quartal 1972 bei 8,6 Prozent.[265] Die hohen Abwesenheitsziffern brachten nicht nur erhebliche Folgen für die Aufrechterhaltung des Fertigungsprozesses mit sich. Seitdem das Unternehmen durch die Einführung des Gesetzes zur Lohnfortzahlung im Krankheitsfall im Jahr 1970 auch dann Löhne zahlen musste, wenn ein Beschäftigter nur wenige Tage ausfiel, erhöhten sich auch die entspre-

257 BMW UA 417, Niederschrift über die Sitzung des Aufsichtsrats vom 6. Mai 1970.
258 BMW UA 417, Niederschrift über die Sitzung des Aufsichtsrats vom 17. Dezember 1969.
259 BMW UA 412, Niederschrift über die Vorstandssitzung vom 16. Dezember 1969, Protokoll Nr. 41/1969.
260 BMW UA 512, Geschäftsbericht des Betriebsrats auf der Betriebsversammlung vom 24. November 1969. Tatsächlich besteht ein Ursachenzusammenhang zwischen Arbeitsbelastungen und Gesundheit: „Arbeitsmedizinische und industriesoziologische Untersuchungen heben stets den engen Zusammenhang zwischen belastenden Arbeitsbedingungen und gesundheitlicher Verfassung hervor." Projektgruppe im WSI: Beschäftigungspolitik, S. 355.
261 BMW UA 512, Geschäftsbericht des Betriebsrats auf der Betriebsversammlung vom 20. Juli 1970.
262 BMW UA 1532-1, Geschäftsbericht des Betriebsrats auf der Betriebsversammlung vom 21. März 1972.
263 BMW UA 417, Niederschrift über die Sitzung des Aufsichtsrats vom 24. September 1971.
264 BMW UA 417, Niederschrift über die Sitzung des Aufsichtsrats und des Beirates vom 16./17. Dezember.
265 BMW UA 417, Niederschrift über die Sitzung des Aufsichtsrats vom 26 April 1972.

chenden Kosten massiv.[266] Betrug die Krankheitsrate vor der Gesetzeseinführung 7,0 Prozent, belief sie sich danach auf 10,7 Prozent (1970).[267] Vieles spricht dafür, dass sich in der Steigerung der Krankheitsziffern nach der Gesetzeseinführung nicht nur die zunehmende Belastung der Belegschaft, sondern auch eine erhöhte Unzufriedenheit mit der Arbeit im Betrieb niederschlug.[268]

Zusammenfassend lässt sich sagen, dass die Ausdehnung der Arbeitszeit, die Verschärfung des Arbeitstempos und die Flexibilisierung des Arbeitseinsatzes betriebspolitische Versuche darstellten, der Notwendigkeit zur rapiden Fertigungsexpansion gerecht zu werden und den negativen Auswirkungen der Arbeitskräfteknappheit entgegenzuwirken. Die Problemlösungsstrategien zogen aber Folgeerscheinungen nach sich, die selbst problematisch waren. Dabei spielte insbesondere eine Rolle, dass es sich weniger um temporäre, sondern vielmehr um dauerhafte Vorgehensweisen handelte. Gleichzeitig ist zu betonen, dass die Maßnahmen trotz ihrer Verstetigung formal provisorischen Charakter trugen, was zeigt, dass die Unternehmensleitung vor dem Hintergrund der strukturellen Problemsituation hinsichtlich des Arbeits- und Absatzmarkts keine Alternative dazu sah, gewissermaßen den Mangel zu verwalten. Während es BMW durch die Maßnahmen auf der einen Seite gelang, Personalmängel und Fehlkalkulationen zu beheben, Marktschwankungen auszugleichen sowie den Produktionsausstoß zu steigern, erhöhte sich auf der anderen Seite die Belastung der Produktionsbelegschaft über die Jahre stetig. Die Firmenleitung war dabei gezwungen, die daraus folgenden zunehmenden Abwesenheitsziffern in Kauf zu nehmen. Diese Konstellation führte nicht nur zu Spannungen mit dem Betriebsrat und Qualitätsproblemen, sondern auch zu Unzufriedenheit innerhalb der Belegschaft und einer Verschlechterung des Betriebsklimas. Die hohen Fluktuationsquoten, die ja insbesondere im Bereich der Fertigung zu beobachten waren, können in nicht unerheblichem Maße auf die Belastungen zurückgeführt werden, welche die Maßnahmen mit sich brachten – ein Sachverhalt, den der Betriebsrat in seinen Ausführungen auf der Betriebsversammlung immer wieder aufs Neue herausstellte.[269] Die im folgenden Kapitel behandelten quantitativen Leistungen an die Belegschaft stellten den Versuch dar, den zusätzlichen Arbeitsaufwand der Beschäftigten finanziell zu kompensieren – und auf diese Weise der Fluktuation vorzubeugen.

[266] Siehe zu diesem Gesetz: Richardi, Reinhard: Arbeitsverfassung und Arbeitsrecht, in: Hans Günter Hockerts (Hrsg): Geschichte der Sozialpolitik in Deutschland seit 1945, Bd. 5: 1966–1974, Baden-Baden 2006, 225–276, hier S. 246–247.

[267] BMW UA 417, Niederschrift über die Sitzung des Aufsichtsrats vom 5. Mai 1971.

[268] Siehe hierzu Kapitel 9.3 der vorliegenden Arbeit.

[269] Siehe zu diesem Themenkomplex Kapitel 8.3 der vorliegenden Arbeit.

7. Personal- und sozialpolitische Strategien: Quantitativ und qualitativ ausgerichtete Zugriffe auf die Belegschaft

Die im vorangegangenen Kapitel beschriebene Umstrukturierung der Fertigung ging mit bedeutenden Mehrbelastungen für die Beschäftigten einher. BMW hätte die Inkaufnahme dieser Belastungen und den erhöhten Arbeitseinsatz von den Produktionsarbeitern nicht verlangen können, ohne sie für die Arbeitsintensivierung, die Überstunden und die an den Tag gelegte Flexibilität zu entschädigen. Von tariflich festgelegten und daher verbindlichen Arbeitszeitverkürzungen abgesehen, fanden diese Kompensationsbemühungen hauptsächlich über die Steigerung des Verdienstes statt, da ein Freizeitausgleich in der Aufholphase des Unternehmens, die bis in die frühen 1970er Jahre reichte, nicht in Frage kam. Diese Vorgehensweise stellte eine quantitative Strategie dar, die gewissermaßen eine Umrechnung der zusätzlichen Belastung in einen Geldwert vorsah. Sie kann mit Rudi Schmiede und Edwin Schudlich daher als „Monetarisierung" des verstärkten Arbeitseinsatzes bezeichnet werden, welche die Autoren als „lohnpolitische Abgeltung von Leistungsanforderungen" definierten.[1]

Grundsätzlich waren die Lohnsteigerungen in der Automobilindustrie durch Tariferhöhungen bedingt, welche die IG Metall im Rahmen von Einkommenstarifverträgen beziehungsweise Lohn- und Gehaltsrahmentarifverträgen mit den Arbeitgeberverbänden vereinbarte.[2] Die tariflich festgesetzte Verdiensthöhe stellte jedoch nur die Lohnuntergrenze dar, auf deren Basis Arbeitgeber weitere Zahlungen an die Belegschaft offerierten. Ein Blick auf die effektiven Löhne in der westdeutschen Automobilindustrie zeigt, dass diese Mitte der 1960er Jahre im Schnitt um 68 Prozent über den Margen der Tarifverträge lagen.[3] Vor dem Hintergrund der spezifischen Marktbedingungen während des westdeutschen Booms dienten die Vergütungen vor allem dem Zweck der Arbeitskräfterekrutierung. In diesem Zusammenhang ist zu konstatieren, dass die „Verknappung der Arbeitskräfte und die gleichzeitige günstige Gewinnentwicklung" dazu führten, dass „die Unternehmer, um die Arbeitskräfte zu halten oder um neue anzuwerben, häufig höhere Löhne zahlten als die tarifvertraglich vereinbarten."[4] Die quantitativ-monetäre

1 Schmiede, Rudi u. Schudlich, Edwin: Die Entwicklung von Zeitökonomie und Lohnsystem im deutschen Kapitalismus, in: Institut für Sozialforschung (Hrsg.): Gesellschaftliche Arbeit und Rationalisierung. Neuere Studien aus dem Institut für Sozialforschung in Frankfurt a. M., Opladen 1981, S. 57–99, hier S. 95.

2 Kädtler, Jürgen: Tarifpolitik und tarifpolitisches System, in: Wolfgang Schroeder (Hrsg.): Handbuch der Gewerkschaften in Deutschland, Wiesbaden ²2014, S. 425–464, hier S. 429.

3 Birke: Streiks, S. 173.

4 Bergmann, Joachim, Jacobi, Otto u. Müller-Jentsch, Walther: Gewerkschaften in der Bundesrepublik, Bd. 1: Gewerkschaftliche Lohnpolitik zwischen Mitgliederinteressen und ökonomischen Systemzwängen, Frankfurt a. M. 1976, S. 216.

Beschäftigtenpolitik des Unternehmens steht im Zentrum des ersten Teils des vorliegenden Kapitels.

Ende der 1960er und vor allem zu Beginn der 1970er Jahre wurde den Verantwortlichen bei BMW zunehmend bewusst, dass der rein monetären Abgeltung der betrieblichen Belastungen Grenzen gesetzt waren. Nicht nur war der Personalaufwand infolge der Lohnentwicklung und der freiwilligen Zahlungen an die Belegschaft enorm angestiegen – gegen Ende der 1960er Jahre stellte sich zudem heraus, dass die Fluktuationsquoten erneut nach oben gingen. Gleichzeitig bereitete es noch immer Schwierigkeiten, zusätzliche Arbeitskräfte zu gewinnen. Während die Fluktuation vor allem beim ungelernten und insbesondere ausländischen Belegschaftssegment sehr hoch war, betrafen die Probleme der Arbeitskräfterekrutierung hauptsächlich qualifizierte und deutsche Arbeiter. Bei den ungelernten und ausländischen Beschäftigten war wiederum eine erhöhte Unzufriedenheit zu beobachten, die sich etwa im gestiegenen Abwesenheitsstand dieser Beschäftigtengruppe niederschlug. Um diesen Problematiken zu begegnen, veränderte die Unternehmensleitung zu Beginn der 1970er Jahre, als das Ende der wirtschaftlichen Aufholphase zunehmend absehbar war, ihren Zugriff auf die Beschäftigten und deren Arbeitsplätze. Diese qualitativ-integrativen Maßnahmen, die im zweiten Teil der folgenden Ausführungen behandelt werden, dienten wie zuvor die quantitativ-monetäre Strategie dazu, die bestehende Belegschaft fester ans Unternehmen zu binden und die Chancen zu erhöhen, weitere Arbeitskräfte für BMW zu gewinnen.

7.1 Quantitativ-monetäre Kompensation durch Geldleistungen

Zieht man die unterste und die höchste Lohngruppe heran, so wird mit Blick auf die 1960er Jahre deutlich, dass sich die nominellen Stundenlöhne inklusive Zulagen bei BMW mehr als verdoppelten. Während das Unternehmen im Jahr 1960 Beschäftigten in der Lohngruppe I 1,72 DM Grundlohn und eine maximale Zulage von 0,52 DM auszahlte, waren es seit Herbst 1969 3,37 DM Grundlohn mit einer Zulage von höchstens 1,69 DM. In der Lohngruppe VIII bezifferte sich der Grundlohn 1960 auf 2,73 DM mit einer Zulage von 0,82 DM, ab dem Jahr 1969 auf einen Grundlohn von 5,33 DM und eine Zulagenhöhe von höchstens 2,67 DM. Zusammengenommen erhöhten sich die maximalen Gesamtlöhne somit von 2,24 DM auf 5,06 DM (Lohngruppe I) beziehungsweise von 3,55 DM auf 8,00 DM (Lohngruppe VIII).[5] Im Jahr 1971 lag der durchschnittliche Brutto-Wochenverdienst (Löhne inklusive Zulagen und freiwilligen betrieblichen Sozialleistungen) im Werk München bei 320 DM. Bewegten sich die Zeitlöhne (mit Zuschlägen) für un- und angelernte BMW-Arbeiter mit 2,24 DM zu Beginn der 1960er Jahre im

[5] BMW UA 558, Lohn-und Gehaltstabellen; Schmidhofer: Personalpolitik, S. 80.

Rahmen der entsprechenden Tarifsätze, die je nach Ortsklasse zwischen 2,08 DM und 2,29 DM lagen,[6] so ergab sich Anfang der 1970er Jahre ein anderes Bild. Dies zeigt ein Vergleich der Wochenverdienste bei BMW mit dem bayerischen wöchentlichen Durchschnittsverdienst für Lohnempfänger in der Industrie. Dieser Verdienst bezifferte sich für männliche Industriearbeiter auf 294 DM. Mit durchschnittlich 326 DM pro Mann und Woche lag BMW deutlich darüber. Ähnliches galt für die Frauenlöhne bei BMW, die mit 294 DM ebenfalls über dem bayernweiten Durchschnitt von 193 DM lagen.[7]

Im Zentrum der folgenden Ausführungen stehen weniger die Löhne als vielmehr die Zusatzzahlungen im Rahmen der betrieblichen Sozialpolitik. Grundsätzlich bot letztere Unternehmensleitungen die Möglichkeit, Beschäftigten spezifische Angebote zu eröffnen, um gegenüber konkurrierenden Firmen arbeitsmarktbezogene Vorteile zu erlangen. Dies galt sowohl für bereits angestellte Belegschaftsangehörige als auch für Arbeitskräfte, die man anzuwerben gedachte. Der Begriff „betriebliche Sozialpolitik“ kann, in der klassischen Definition von Karl Hax, als „ein Teilbereich der allgemeinen Unternehmenspolitik“ begriffen werden, der alle Maßnahmen umfasst, „die darauf gerichtet sind, den Betriebsangehörigen über das vereinbarte Arbeitsentgelt hinaus Vorteile materieller und ideeller Art zukommen zu lassen.“[8] Allgemein dient die betriebliche Sozialpolitik aus Sicht des Arbeitgebers neben der Verbesserung des Betriebsklimas vor allem der verstärkten Bindung der Beschäftigten an das jeweilige Unternehmen.[9] Nach Thomas Welskopp ruhte die betriebliche Sozialpolitik auf drei Säulen: der „Sozialleistungspolitik“, dem Einsatz von „Benefits“ wie etwa Bonuszahlungen und der enger arbeitsbezogenen, mit betrieblichen Maßnahmen und Sozialeinrichtungen verbundenen „sozialen Betriebspolitik“.[10] Im Folgenden stehen die freiwilligen Sozialleistungen und Bonuszahlungen im Fokus.[11] Dies begründet sich dadurch, dass BMW in den 1960er Jahren quantitativ-monetäre Zuwendungen gegenüber betrieblichen Sozialmaßnahmen und -einrichtungen aus unterschiedlichen Gründen priorisierte.[12]

[6] Schlemmer: Industriemoderne, S. 102.

[7] BMW UA 2154, BMW kompakt 7'72.

[8] Hax, Karl: Betriebliche Sozialordnung (III). Betriebliche Sozialpolitik, in: Erwin von Beckerath (Hrsg.): Handwörterbuch der Sozialwissenschaften, Stuttgart 1959, S. 74–82, hier S. 75.

[9] Andresen, Boy-Jürgen: Funktionen und Perspektiven betrieblicher Sozialpolitik aus Sicht der Praxis, in: Winfried Schmähl (Hrsg.): (1999). Betriebliche Sozial- und Personalpolitik, Bd. 9, Frankfurt a. M. 1999, S. 41–53, hier S. 44–46; Jirjahn, Uwe u. Stephan, Gesine: Betriebliche Sonderzahlungen. Theoretische Überlegungen und empirische Befunde, in: Bernd Frick, Renate Neubäumer u. Werner Sesselmeier (Hrsg.): Die Anreizwirkungen betrieblicher Sozialleistungen, Bd. 6, München 1999, S. 33–68, hier S. 40.

[10] Welskopp: Betriebliche Sozialpolitik im 19. und frühen 20. Jahrhundert, in: Archiv für Sozialgeschichte 34 (1994), S. 334–335.

[11] In der Literatur werden Zahlungen, die unmittelbar mit dem Produktionsprozess bzw. dem Arbeitsplatz in Verbindung stehen, etwa Prämien zum Leistungsanreiz, hierbei in der Regel ausgeklammert; siehe: Gerlach, Rüdiger: Betriebliche Sozialpolitik im historischen Systemvergleich. Das Volkswagenwerk und der VEB Sachsenring von den 1950er bis in die 1980er Jahre, Stuttgart 2014, S. 13

[12] Die betrieblichen Sozialeinrichtungen werden im Zusammenhang mit der Sozialpolitik des Betriebsrats in Kapitel 8.1 der vorliegenden Arbeit in den Blick genommen.

Bis zum Jahr 1960 überstiegen die Sozialleistungen in der Regel nicht den tariflich festgelegten Satz, was angesichts der problematischen wirtschaftlichen Lage des Unternehmens in dieser Zeit kaum verwunderlich erscheint. Eine, in den Worten des Betriebsratsvorsitzenden Kurt Golda, „anteilsmäßige Beteiligung der Belegschaft an dem Betriebsergebnis" beschloss die Unternehmensleitung erst ab 1960 beziehungsweise dem ersten Quartal 1961.[13] Hierzu gehörten die Erhöhung des Erschwernisurlaubs, die Finanzierung von Familienheimfahrten sowie ein 20-Prozent-Rabatt auf den BMW 700 für Werksangehörige.[14] Zudem stellte der Vorstand einen größeren Betrag für den Bau von Sozialeinrichtungen bereit.[15] Die im vorherigen Kapitel dargestellte Erhöhung der Arbeitsleistung ging zudem mit deutlichen betrieblichen Lohnerhöhungen einher.[16] Dem Betriebsrat, der für die Produktionserhöhung ausdrücklich Verständnis zeigte, war es in diesem Zusammenhang vor allem wichtig, die Belegschaft für ihre gesteigerte Arbeitsleistung finanziell zu entschädigen.[17]

Was die durchschnittlichen Branchenlöhne betraf, konnten die Bayerischen Motoren Werke mit diesem Vorgehen zwar den Abstand zur Konkurrenz verringern. Allerdings lag etwa VW mit jährlichen Durchschnittslöhnen von 8400 DM im Jahr 1960 dennoch klar vor BMW mit 7045 DM. Da dieser Abstand in den 1950er Jahren aber noch weit größer gewesen war, konnte Golda das Erreichte als „kleinen Erfolg" bezeichnen.[18] Die durchschnittlichen Verdienste bei BMW lagen jedoch nicht nur unter denen der übrigen großen westdeutschen Automobilhersteller, sondern auch unter den Durchschnittsvergütungen, die Münchner Großunternehmen der Metallindustrie wie MAN oder Krauss-Maffei zahlten. Da die erforderlichen finanziellen Mittel fehlten beziehungsweise den Verantwortlichen für andere Zwecke nötiger erschienen, konnte BMW in dieser Hinsicht erst Anfang der 1970er Jahre gleichziehen.[19]

Die BMW-Personalabteilung musste im Jahr 1964 konstatieren, dass „die Tariflöhne für eine der Arbeitsmarktsituation entsprechende Entlohnung" nicht ausreichten. Damit erkannte sie an, dass an außertariflichen Zulagen kein Weg vorbeiführte, wenn das Unternehmen in der Arbeitskräfterekrutierung gegenüber der Konkurrenz nicht den Kürzeren ziehen wollte. Zwar war es bis zu diesem Zeit-

[13] BMW UA 511, Geschäftsbericht des Betriebsrats auf der Betriebsversammlung vom 29. März 1961; BMW UA 511, Bericht des Vorstandes über die wirtschaftliche Lage des Werkes auf der Betriebsversammlung vom 29. März 1961.

[14] BMW UA 410, Niederschrift über die Vorstandssitzung vom 28. Oktober 1960, Protokoll Nr. 19/1960.

[15] BMW UA 511, Geschäftsbericht des Betriebsrats auf der Betriebsversammlung vom 29. März 1961.

[16] BMW UA 511, Geschäftsbericht des Betriebsrats auf der Betriebsversammlung vom 2. August 1961.

[17] BMW UA 511, Geschäftsbericht des Betriebsrats auf der Betriebsversammlung vom 23. November 1964.

[18] BMW UA 511, Geschäftsbericht des Betriebsrats auf der Betriebsversammlung vom 2. August 1961.

[19] BMW UA 420, „Wilcke-Memoiren".

punkt gelungen, trotz „sparsame[r] Lohnpolitik", die Belegschaftszahl stetig zu erhöhen. Da sich jedoch „die Diskrepanz zu den anderen Firmen laufend vergrößert" habe, forderte der Vorsitzende der Personalabteilung, dass BMW in Zukunft zu konkurrenzfähigen Löhnen gelangen müsse. Dies war aus Sicht des Personalchefs auch deshalb vonnöten, weil bei BMW in den vorangegangenen Monaten eine deutlich steigende Kündigungsziffer „wegen zu schlechter Bezahlung" zu verzeichnen hatte.[20]

Die finanziellen Anreize sollten sich insbesondere auf die Beschaffung von deutschen Arbeitskräften richten. Hierbei hing der Erfolg, wie der Vorstand im Jahr 1965 konstatierte, „weitgehend vom Lohnproblem" ab.[21] Im selben Jahr wies auch der Betriebsrat darauf hin, dass der durchschnittliche Zeitlohn, den BMW zahlte, die letzte Stelle innerhalb der Automobilbranche einnahm.[22] Tatsächlich lag das Lohnniveau bei BMW im Jahr 1968 zusammen mit der baden-württembergischen Firma NSU hinter den übrigen Unternehmen der Automobilbranche.[23] Betrug der effektive Brutto-Stundenverdienst für die gesamte Automobilindustrie im Durchschnitt des Jahres 1968 6,46 DM, so zahlte BMW im Februar 1969 lediglich 5,88 DM. Dies galt über die Branche hinaus auch mit Blick auf die übrige Industrie. Noch im Frühjahr 1969 erklärte der Vorstandsvorsitzende Wilcke, dass sich BMW hinsichtlich der Löhne „noch weit unter dem Durchschnitt der Gesamtindustrie" befand.[24]

Den Verantwortlichen im Unternehmen war bewusst, dass die Tatsache, dass BMW weniger Lohn bezahlte als andere Großbetriebe, in der Zeit des Arbeitskräftemangels einen spürbaren Nachteil bei der Anwerbung von Personal bedeutete. Dies zeigen Diskussionen, welche die Vorstandsmitglieder bereits in den frühen 1960er Jahren zu diesem Thema führten. So erwog der Vorstand im Jahr 1960 eine „gleichmäßige Anhebung des Akkordfaktors für das ganze Werk", was er mit der Arbeitsmarktsituation und „bestimmte[n] Arbeitserschwernissen", wie sie etwa im Karosserierohbau bestanden, begründete. Da die Mittel für eine allgemeine Lohnerhöhung zu Beginn der Aufschwungphase jedoch nicht vorhanden waren, versuchte man zumindest für schwere Arbeitstätigkeiten Verdiensterhöhungen einzuführen. Der Vorstand erkannte ausdrücklich an, dass „insbesondere auch im Hinblick auf die […] Situation auf dem Arbeitsmarkt […] die Notwendigkeit einer höheren Honorierung für erschwerte Arbeit" gegeben war. Ziel sei es, „die Arbeitskräfte der in Betracht kommenden Bereiche zu erhalten" und „die derzeit dort

20 BMW UA 519, Lohn- und Gehaltspolitik; hier: außertarifliche Zulagen, Schreiben Schneidlers vom 3. Dezember 1964.
21 BMW UA 431, Niederschrift über die Vorstandssitzung vom 22. März 1965, Protokoll Nr. 7/1965.
22 BMW UA 165, Schreiben Goldas an den Vorstand vom 31. August 1965.
23 BMW UA 417, Niederschrift über die Sitzung des Aufsichtsrats vom 8. November 1968.
24 BMW UA 412, Niederschrift über die Vorstandssitzung vom 27. März 1969, Protokoll Nr. 10/1969.

immer noch lebhafte Fluktuation einzudämmen", um „tunlichst zu einer Erhöhung des Personalstandes zu gelangen".[25]

Angesichts der schwierigen Arbeitskräfterekrutierung und der hohen Fluktuationsrate ging es einerseits darum, finanzielle Anreize zu schaffen, um die Beschäftigten im Betrieb zu halten. Andererseits erhoffte man sich, potenziellen Mitarbeitern eine attraktive Perspektive bieten zu können und sie so für das eigene Unternehmen zu gewinnen. In diesem Sinne kündigte das Vorstandsmitglied Ernst Kämpfer auf der Betriebsversammlung im März 1961 an, dass man es sich zur Aufgabe machen wolle, „alles zu tun, um die Menschen, die in unseren Betrieben arbeiten, zufrieden zu sehen und um für andere, die zu uns kommen wollen, einen entsprechenden Anreiz zu geben." Zwar habe man, so Kämpfer weiter, „in den vergangenen Monaten bereits eine gewisse Steigerung der Belegschaft erreicht". Dabei wisse man aber zugleich, „dass wir im Zeitpunkt des Anlaufes des Mittelwagens noch eine bedeutende Erhöhung der Belegschaft vorzunehmen haben".[26] Den Zweck, durch „Anreize", also Verdiensterhöhungen, eine Steigerung der Arbeitskräfteziffer zu erreichen, artikulierte Kämpfer somit explizit.

Eine Methode, auf welche die Unternehmensleitung zu diesem Zeitpunkt zurückgriff, war die Erhöhung der Einstelllöhne. Dies führte mitunter dazu, dass neu eingestellte Beschäftigte höhere Stundenlöhne erhielten als langjährige Belegschaftsmitglieder.[27] Da es aber nicht nur um die Anwerbung von neuen Arbeitskräften ging, sondern mit Blick auf die Fluktuationsproblematik auch um Bindungsanreize, also das Halten von Mitarbeitern im Betrieb, mussten die Verdienste auch für bereits beschäftigte Belegschaftsangehörige über kurz oder lang heraufgesetzt werden. Zu diesem Zweck regte Kurt Golda erstmals im Frühjahr 1960 an, Überlegungen anzustellen, „ob die Gesellschaft nicht durch Verbesserung ihrer sozialen Leistungen der Fluktuation entgegenwirken könnte."[28] In den Folgejahren widmeten die Verantwortlichen des Unternehmens der Frage, wie die Fluktuationsrate reduziert werden könnte, höchste Aufmerksamkeit.[29] Dabei war es vor allem der Betriebsratsvorsitzende, der sich des Themas annahm. Die Gründe dafür, dass es dem Vorstand im Jahr 1963 erstmals nicht gelang, die Fluktuation auszugleichen, sah Golda zu diesem Zeitpunkt etwa „beim Rohkarosseriebau, bei den Arbeitsplatzbedingungen beim 700er und 1500er" sowie darin, dass „große Verdienstschwankungen" gegeben waren.[30]

Ein gutes Jahr später rechnete die Unternehmensleitung aufgrund der Arbeitsmarktsituation und der – nicht zuletzt im regionalen Vergleich – besonders hohen

[25] BMW UA 410, Niederschrift über die Vorstandssitzung vom 22. Juni 1960, Protokoll Nr. 15/1960.

[26] BMW UA 511, Bericht des Vorstandes über die wirtschaftliche Lage des Werkes auf der Betriebsversammlung vom 29. März 1961.

[27] BMW UA 511, Geschäftsbericht des Betriebsrats auf der Betriebsversammlung vom 29. März 1961.

[28] BMW UA 415, Niederschrift über die Sitzung des Aufsichtsrates vom 4. März 1960.

[29] BMW UA 416, Niederschrift über die Sitzung des Aufsichtsrates vom 14. April 1964.

[30] BMW UA 415, Niederschrift über die Sitzung des Aufsichtsrates vom 14. Juni 1963.

Fluktuationsraten damit, dass eine Belegschaftsaufstockung im Jahr 1964 nicht möglich sein würde. In der betreffenden Diskussion im Aufsichtsrat nannte Golda neben der notorischen Problematik der Fehlplanungen und ihrer Auswirkungen auf die Belegschaft auch die „zu schnelle Hochspielung der ausländischen Arbeitskräfte", die dafür verantwortlich sei. Letzteres habe nämlich zur Folge, dass die deutschen Beschäftigten „neben den anderen unangenehmen Erschwernissen Verdienstschmälerungen in Kauf zu nehmen" hätten.[31] Goldas Bemerkung gründete sich darauf, dass sich im Gruppenakkord aufgrund der bei jeder Neueinstellung anfallenden Einarbeitung von „Gastarbeitern", die mit industrieller Arbeit meist keine oder nur wenig Erfahrung hatten, der Gruppenverdienst verringerte, womit auch langjährige und erfahrene Beschäftigte von Lohneinbußen betroffen waren.

Das zentrale Instrument, die negativen Folgen der Absatz- und Arbeitsmarktentwicklung zu bekämpfen, stellte die Einführung des *Produktivitätsbonus* (Bonus I) im Juli 1966 dar.[32] Ziel dieser Sonderleistung war die Angleichung der Verdienste bei BMW an die großen Münchner Industriebetriebe wie Kraus-Maffei und Südbremse, was jedoch nur für wenige Jahre gelang.[33] Aufgrund des Bonus I erhielten Zeitlöhner 15 bis 20 Pfennig und Akkordlöhner 30 Pfennig mehr pro Stunde. Im Falle der Meister betrug diese Summe 25 bis 30 Pfennig. Die Staffelung ergab sich jeweils aus den Lohngruppen. Im Jahr 1970 vereinheitlichte das Unternehmen diese Bonuszahlung, indem es sie auf 30 Pfennig festlegte. Der Produktivitätsbonus I galt zunächst allerdings ausschließlich für die Münchner Beschäftigten.[34]

An der Schwelle der 1970er Jahre lag BMW hinsichtlich des Lohnniveaus noch immer hinter den meisten anderen westdeutschen Automobilproduzenten, was insbesondere für die Akkordlöhne galt.[35] Im März 1969 konstatierte die Unternehmensleitung zudem, dass man auch gegenüber den Münchner Großunternehmen „im Lohndurchschnitt wieder zurückgefallen" sei. „Deshalb und auch um qualifizierte deutsche Arbeitskräfte zu bekommen", erschien den Verantwortlichen „eine Erhöhung des Bonus notwendig" zu sein. Golda bekräftigte dies, indem er auf die „seit Monaten anhaltende extreme Belastung der Belegschaft" aufmerksam machte. Zudem regte er an, den Steigerungsbetrag quartalsweise nachträglich auszuzahlen, damit der Bonus „tatsächlich fluktuationshemmend wirkt." Der richtige Ausdruck sei insofern der einer „Treueprämie oder ähnlich". Diese Planungen betrafen wiederum ausschließlich das Werk München. Die Werke Dingolfing und Berlin, so Golda, brauchten nicht in die Regelung einbezogen zu werden,

31 BMW UA 417, Niederschrift über die Sitzung des Aufsichtsrates vom 14. April 1964.

32 BMW UA 841, Freiwillige Leistungen 1965–1975 der BMW AG.

33 BMW UA 417, Niederschrift über die Sitzung des Aufsichtsrates vom 4. März 1969.

34 BMW UA 841, Freiwillige Leistungen 1965–1975 der BMW AG.

35 BMW UA 512, Geschäftsbericht des Betriebsrats auf der Betriebsversammlung vom 18. November 1970; „BMW, hohe Leistung, schlechter Verdienst", in: Die Zündung, Nr. 7, undatiert, S. 1–2, hier S. 1.

„weil dort keine Fluktuation besteht."[36] In einer Rede auf der Betriebsversammlung begründete Golda die Beschränkung auf das Stammwerk außerdem mit der hohen Kapazitätsauslastung in München, der permanenten Notwendigkeit von Überstunden sowie dem „Ansteigen der ausländischen Kollegen".[37] Schon im Februar 1969 konstatierte der Vorstand, dass eine „Verstärkung unserer deutschen Belegschaft" sowie der damit einhergehende Abbau des Ausländeranteils nur möglich seien, wenn entweder der Bonus um zehn bis zwanzig Prozent erhöht oder die Akkordzeiten angehoben werden.[38] Die Erhöhung des Bonus sollte somit nicht zuletzt dem Zweck dienen, ausländische durch deutsche Belegschaftsmitglieder zu ersetzen.

Anstatt den Bonus I zu erhöhen, einigte man sich in der Folge auf die Einführung einer zweiten Sonderleistung mit der Bezeichnung *„Produktivitätsbonus II"*. Die Regelung galt seit April 1969 und wiederum ausschließlich für das Werk München.[39] Die Höhe des Bonus II betrug 40 Pfennig pro geleistete Arbeitsstunde, die Anspruchsberechtigung war also an die Anwesenheit am Arbeitsplatz geknüpft. Da die Berechnung nach tatsächlich geleisteter Arbeitszeit erfolgte, womit „Krankheit, unbezahlter Urlaub u. ä. [...] ausgeklammert" waren, sah der Vorstand in dieser Herangehensweise auch die Möglichkeit, den hohen Abwesenheitsstand zu reduzieren.[40] Wie von Golda gefordert, zahlte das Unternehmen den Bonus am Ende eines jeden Kalendervierteljahres. Bedingung war allerdings, dass das Belegschaftsmitglied am Tag der Auszahlung in einem Anstellungsverhältnis mit BMW stand.[41] Dies bedeutete, dass im Fall von „Mitarbeiter[n], die zum Zahltag ausscheiden bzw. am Zahltag im gekündigten Arbeitsverhältnis stehen, [...], der Bonus der laufenden Abrechnungsperiode" entfiel. Da auf diese Weise „jeder ausscheidende Mitarbeiter einen Bonusverlust erleidet zwischen 1 und 3 Monaten", sah man die Möglichkeit, Beschäftigte in deren eigenem Interesse zumindest über das jeweils kommende Quartal an den Betrieb zu binden.[42]

Nachdem die Leistung eingeführt worden war, berichtete der Betriebsratsvorsitzende in einer Aufsichtsratssitzung vom Mai 1969, dass der Bonus II von der Belegschaft „sehr gut" aufgenommen worden sei. Golda unterstrich, er sei der Überzeugung, dass mithilfe der Sonderzahlung „das erstrebte Ziel – Bekämpfung der Fluktuation und Senkung des Ausländereinsatzes – erreicht werden kann."[43] Im

36 BMW UA 417, Niederschrift über die Sitzung des Aufsichtsrates vom 4. März 1969.
37 BMW UA 512, Geschäftsbericht des Betriebsrats auf der Betriebsversammlung vom 28. April 1969.
38 BMW UA 412, Niederschrift über die Vorstandssitzung vom 4. Februar 1969, Protokoll Nr. 4/1969.
39 BMW UA 841, Freiwillige Leistungen 1965–1975 der BMW AG.
40 BMW UA 412, Niederschrift über die Vorstandssitzung vom 27. März 1969, Protokoll Nr. 10/1969.
41 BMW UA 512, Geschäftsbericht des Betriebsrats auf der Betriebsversammlung vom 28. April 1969.
42 BMW UA 412, Niederschrift über die Vorstandssitzung vom 27. März 1969, Protokoll Nr. 10/1969.
43 BMW UA 417, Niederschrift über die Sitzung des Aufsichtsrates vom 8. Mai 1969.

September 1969 stellte sich heraus, dass Goldas Prognose richtig gewesen war. Der Vorstand berichtete, dass der Bonus II „sich sehr positiv auszuwirken“ beginne. „Er erleichtert die Anwerbung deutscher Arbeitskräfte und hemmt die Fluktuation.“[44]

Da sich die Lage im niederbayerischen Werk II hinsichtlich Fluktuation, Arbeitskräftemangel und Ausländerbeschäftigung deutlich anders darstellte als in München, sah die Unternehmensleitung nach der Übernahme der GLAS GmbH keinen Anlass, den Bonus I auch in Dingolfing einzuführen. Dies galt auch für die Angleichung der Verdiensthöhe. So war der BMW-Vorstand im Jahr 1967 nicht gewillt, eine Anpassung des Dingolfinger Lohnniveaus an das des Stammwerks vorzunehmen, wo die Löhne zwischen 15 und 20 Prozent höher lagen.[45] Weitere Gründe für dieses Vorgehen bestanden in der krisenhaften Finanzsituation der GLAS GmbH und in dem Umstand, dass man bereits plante, die Dingolfinger Belegschaft zu verkleinern.[46] Der Verzicht auf die Lohnanpassung war mit dem Dingolfinger Betriebsrat sowie dem Gesamtbetriebsrat, dessen Vorsitzender Golda war, abgesprochen.[47] Anstatt die Verdienste in Dingolfing unmittelbar anzugleichen, legte man für das Jahr 1968 die Werte zugrunde, die im Jahr 1965 in München gegolten hatten.[48]

Was den Bonus II betraf, so führte die Unternehmensleitung trotz der Tatsache, dass die Fluktuation im Werk II weit geringer ausfiel und dort kaum ausländische Beschäftigte arbeiteten, diese Leistung mit einjähriger Verzögerung, nämlich im April 1970, auch in Dingolfing ein.[49] Bereits seit dem Januar 1970 hatte der Bonus I auch für die Belegschaften in Dingolfing, Landshut und Berlin gegolten. Die Höhe des Bonus' für die Zweigwerke war mit 15 Pfennig allerdings niedriger als in München.[50] Der Bonus erhöhte sich aber ein halbes Jahr später auf 30 Pfennig. Ab dem 1. Februar 1972 erhielten die Dingolfinger Beschäftigten aufgrund einer Bonus-Anhebung sogar 5 Pfennig mehr als in München, nämlich 45 Pfennig pro Stunde. Dies lag wohl nicht zuletzt daran, dass sich zu Beginn der 1970er Jahre die Arbeitsmarktsituation auch in Dingolfing verschärfte. So merkte von Kuenheim im Sommer 1973 an, dass im Werk II das Lohnniveau angepasst werden müsse, „da Konkurrenz-Unternehmen z. T. wesentlich höhere Stundenlöhne […] zahlen.“ Die Abweichung der Konkurrenzlöhne bezifferte der Vorstandsvorsitzende auf 1,50 bis 2,00 DM.[51]

44 BMW UA 417, Niederschrift über die Sitzung des Aufsichtsrates vom 10. September 1969.
45 BMW UA 2204-1, Aktennotiz. Betreff: Übernahme von Lohnempfängern der Firma Glas GmbH in ein Arbeitsverhältnis mit der Firma BMW-AG (28. September 1967).
46 BMW UA 416, Niederschrift über die Sitzung des Aufsichtsrats vom 28. September 1966; Seidl: BMW, S. 323 u. 331.
47 BMW UA 416, Anlage 4 zur Niederschrift des Aufsichtsrats vom 6. Dezember. Einleitung zu Punkt 4 der Tagesordnung.
48 BMW UA 416, Niederschrift über die Sitzung des Aufsichtsrats vom 26. April 1967.
49 BMW UA 841, Freiwillige Leistungen 1965–1975 der BMW AG.
50 BMW 412, Niederschrift über die Vorstandssitzung vom 9. Dezember 1969, Protokoll Nr. 40/1969; BMW 412, Niederschrift über die Vorstandssitzung vom 7. Juli 1969, Protokoll Nr. 22/1969.
51 BMW UA 417, Niederschrift über die Sitzung des Aufsichtsrats vom 1. Juli 1973.

Kurze Zeit später vereinheitlichte BMW die Bonuszahlungen für die Werke, wodurch die Auszahlungshöhe auch im Münchner Werk angehoben wurde. Der Grund hierfür ist im erneuten Ansteigen der Fluktuation zu sehen. Zwar konnte der Betriebsratsvorsitzende im Frühjahr 1972 berichten, dass die Bayerischen Motoren Werke „im Raum München gegenüber vergleichbaren Unternehmen sozialpolitisch führend" seien. Aufgrund der hohen Fluktuationsrate forderte der Betriebsratsvorsitzende jedoch weitere Schritte. Eine nachhaltige Wirkung versprach er sich nur von „außerordentlichen Maßnahmen, die etwa mit dem vor einigen Jahren eingeführten Bonus-System vergleichbar sind".[52] Die Folge war eine Erhöhung des Bonus II ab dem 1. September 1972. Das Unternehmen zahlte seitdem in allen Werken einen Bonus von 60 Pfennig.[53] Der Vorstand begründete den Schritt mit den Arbeitsmarktverhältnissen, die letztlich zu diesem Schritt gezwungen hätten.[54] Vor dem Hintergrund, dass die Einführung des Bonus' II im Jahr 1969 innerhalb der Dingolfinger und Berliner Belegschaft Unruhe ausgelöst hatte, da die Leistung für die Zweigwerke vorerst keine Gültigkeit hatte,[55] ist es denkbar, dass diese Unmutsbekundungen ebenfalls einen Teil zu der Entscheidung beigetragen haben. Im Herbst des Jahres 1972 verkündete der Vorstandsvorsitzende von Kuenheim, die Maßnahmen hätten sich „insofern günstig ausgewirkt, als BMW erstmals seit langer Zeit wieder genügend Arbeitskräfte bekommt". Des Weiteren habe sich „auch die Arbeitsmoral offensichtlich gebessert" – eine Einschätzung, die der Betriebsratsvorsitzende bestätigte.[56]

Durch die Ausweitung der Bonuszahlungen über das Werk München hinaus erhöhte sich deren Empfängerkreis von 11 462 Personen im Jahr 1966 auf 20 218 Personen im Jahr 1970 und schließlich auf über 24 000 Personen im Jahr 1975. Diese Entwicklung hatte für das Unternehmen einen drastischen Anstieg der Bonus-Jahreskosten zur Folge. Während BMW im Jahr 1966 noch 2,73 Millionen DM für Bonuszahlungen aufgewendet hatte, vervierfachten sich diese Kosten zwischen den Jahren 1968 und 1970 von 5,4 auf 21,8 Millionen DM. In den Folgejahren sollten die Jahreskosten weiter ansteigen, allerdings gemächlicher: von 23,64 Millionen DM im Jahr 1971 auf (vom Unternehmen geschätzte) knapp 27 Millionen DM im Jahr 1975.[57]

Eine weitere Zusatzleistung stellte die *Schichtzulage* dar. BMW zahlte die Schichtzulage für Arbeiter in der Wechselschicht. Als „Zulage für die Spätschicht" gewährte BMW ab dem 1. Januar 1962 eine Zahlung von 10 Pfennig pro Stunde, die sich ab Dezember 1962 auf 15 Pfennig und ab Mai 1964 auf 20 Pfennig pro Stunde erhöhte, um schließlich im September des Jahres 1973 auf 60 Pfennig pro Stunde zu steigen. Im Werk Dingolfing wurde diese Spätschichtzulage allerdings

[52] BMW UA 417, Niederschrift über die Sitzung des Aufsichtsrats vom 15. März 1972.
[53] BMW UA 841, Freiwillige Leistungen 1965–1975 der BMW AG.
[54] BMW UA 417, Niederschrift über die Sitzung des Aufsichtsrats vom 17. Oktober 1972.
[55] BMW 412, Niederschrift über die Vorstandssitzung vom 7. Juli 1969, Protokoll Nr. 22/1969.
[56] BMW UA 417, Niederschrift über die Sitzung des Aufsichtsrats vom 17. Oktober 1972.
[57] BMW UA 841, Freiwillige Leistungen 1965–1975 der BMW AG.

erst ab Herbst 1973 eingeführt (30 Pfennig pro Stunde) und erst ab August 1974 an den Münchner Standard von 60 Pfennig pro Stunde angeglichen. Die Zulage gewährte BMW jedoch nicht nur Arbeitern der Spätschicht, sondern auch Lohnempfängern mit Sonderarbeitszeiten und unregelmäßigen beziehungsweise wechselnden Arbeitszeiten, wie beispielsweise Betriebsschlossern, Betriebselektrikern und Heizern.[58]

BMW zahlte zudem Schwerarbeitszulagen wie die *Rohbauzulage* und die *Bleizulage*. Was die Rohbauzulage betrifft, so entschied sich die Unternehmensleitung Ende des Jahres 1959, den Lohnempfängern im Bereich des Karosserie-Rohbaus eine Prämie von 10 Pfennig pro Anwesenheitsstunde zu bezahlen, die im Laufe der Jahre erhöht wurde.[59] Der Grund für die Einführung war die zu diesem Zeitpunkt deutlich gestiegene Tagesproduktion und vor allem die „besonders schwierig[e] Arbeit" der im Rohbau Beschäftigten.[60] Im Jahr 1963 führte der Vorstand aus ähnlichen Gründen die Bleizulage ein, die 5 Pfennig pro Stunde betrug. Im Jahr 1967 zahlte BMW auch eine Zulage für die Arbeit in der Gießerei.[61] Diese Zulagen gingen wie im Falle von anderen Sozialleistungen auf das Drängen des Betriebsrats zurück. Trotz dieser Tatsache betonte Golda im Zusammenhang mit den Schwerarbeitszulagen, dass „mit Geld allein die gesundheitlichen Gefahren nicht verbessert oder verringert werden." Deshalb forderte der Betriebsratsvorsitzende zusätzliche Schutzvorkehrungen, wobei er betonte, dass „Geld keine Rolle spielen [darf], um die Gesundheit der betroffenen Belegschaftsangehörigen im Interesse ihrer Familien sowie des Werkes zu schützen."[62]

Eine weitere Leistung stellte die *Erfolgsbeteiligung A* beziehungsweise *Weihnachtsgratifikation* dar. Sie erfuhr seit ihrer Einführung im Jahr 1964 eine stetige Progression.[63] Ab dem Jahr 1968 war die Regelung auch für die Zweigwerke gültig.[64] Grundsätzlich galt für das 13. Monatsgehalt eine Staffelung im Verhältnis zur Betriebszugehörigkeit. Im Jahr 1964 bekam ein Beschäftigter, der unter einem Jahr bei BMW angestellt gewesen war, eine Gratifikation von zehn Arbeitsstunden oder 5,6 Prozent seines Monatslohns, während bei einer Betriebszugehörigkeit zwischen einem und zwei Jahren 25 Arbeitsstunden, zwischen zwei und neun Jahren 50 Arbeitsstunden, zwischen zehn und 19 Jahren 75 Arbeitsstunden, zwischen 20 und 24 Jahren 90 Arbeitsstunden und schließlich bei 25 Jahren und darüber hinaus der Wert von 120 Arbeitsstunden ausbezahlt wurde.[65] Die äußerst hohe

58 BMW UA 841, Freiwillige Leistungen 1965–1975 der BMW AG.
59 BMW UA 511, Geschäftsbericht des Betriebsrats auf der Betriebsversammlung vom 9. April 1962.
60 BMW UA 841, Freiwillige Leistungen 1965–1975 der BMW AG.
61 BMW UA 512, Geschäftsbericht des Betriebsrats auf der Betriebsversammlung vom 13. November 1967.
62 BMW UA 511, Geschäftsbericht des Betriebsrats auf der Betriebsversammlung vom 9. April 1962.
63 BMW UA 841, Freiwillige Leistungen 1965–1975 der BMW AG.
64 BMW UA 412, Niederschrift über die Vorstandssitzung vom 15. Oktober 1968, Protokoll Nr. 23/1968.
65 BMW UA 841, Freiwillige Leistungen 1965–1975 der BMW AG und eigene Berechnungen.

Hürde für den Höchstsatz (ab 25 Jahren Betriebszugehörigkeit) wurde ab 1965 herabgesenkt, so dass zunächst 20 Jahre, dann 15 Jahre (1967), zwölf (1968), zehn (1969), acht (1970) und am Ende (ab 1971) nur noch sechs Jahre Betriebszugehörigkeit nötig waren.[66] Damit änderte sich auch die Binnenstaffelung der Sätze. Gab es im Jahr 1965 noch sechs unterschiedliche Gruppen, so reduzierten sich diese nach und nach auf nur noch drei (unter einem Jahr, ein bis fünf Jahre, sechs Jahre und mehr).[67] In den Genuss der Weihnachtsgratifikation kamen nur Beschäftigte, die am Tag der Auszahlung in einem ungekündigten Arbeitsverhältnis standen.[68]

Die *Erfolgsbeteiligung B* beziehungsweise *Gewinnbeteiligung* zahlte BMW erstmals im Juni 1969 für das vorangegangene Jahr an diejenigen Mitarbeiter, die über 25 Jahre im Betrieb beschäftigt gewesen waren. Sie betrug 150 DM. Für das Jahr 1969 entschied man sich dagegen für eine Staffelung nach Betriebszugehörigkeit: 150 DM sollten nun Belegschaftsmitglieder erhalten, die 13 bis 20 Dienstjahre bei BMW verzeichnen konnten, während diejenigen, die zwischen 20 und 25 Jahre dem Unternehmen angehört hatten, 200 DM bekommen sollten. Ab 25 Dienstjahren zahlte das Unternehmen 250 DM aus. Diese Aufschlüsselung wurde für das folgende Jahr wiederum geändert. Für das Jahr 1970 beschlossen Unternehmensleitung und Betriebsrat in einer Betriebsvereinbarung, die beiden oberen Auszahlungsklassen (Betriebszugehörigkeit von 20 bis 25 Jahren (200 DM) sowie von 25 Jahren und mehr (250 DM)) beizubehalten, die untere Klasse jedoch aufzuschlüsseln und nach unten zu erweitern: Belegschaftsmitglieder mit acht bis zehn Dienstjahren sollten 100 DM, solche mit zehn bis zwanzig Dienstjahren 150 DM erhalten. Eine weitere Betriebsvereinbarung des Jahres 1972 bestimmte die Auszahlungsmodalitäten für das vergangene Jahr 1971 wiederum neu. So erhielten Belegschaftsmitglieder bereits mit drei bis sechs Dienstjahren 100 DM und solche mit einer Firmenzugehörigkeit von sechs bis zehn Jahren 150 DM. Mitarbeiter, die zwischen zehn und 20 Jahren beziehungsweise 20 bis 25 Jahren bei BMW angestellt waren, erhielten nun 50 DM mehr, nämlich 200 DM beziehungsweise 250 DM. Für Belegschaftsmitglieder mit einer Dienstzeit von 25 und mehr Jahren erhöhte sich der Satz um 100 DM: Sie erhielten jetzt 350 DM.

Für Belegschaftsangehörige war es möglich, einmal jährlich einen achttägigen kostenlosen Aufenthalt im *Erholungshaus Ammerwald* zu buchen. Es handelte sich dabei um ein im österreichischen Tirol gelegenes Hotel, welches sich bereits in den 1950er Jahren im Besitz der BMW AG befand.[69] Bedingung war eine Firmenzugehörigkeit von 20 Jahren. Ab einer Zugehörigkeit von 40 Jahren konnten auch die Ehegatten der betreffenden Belegschaftsmitglieder dieses Angebot nutzen. Einen zweiwöchigen kostenlosen Aufenthalt mit Ehegatten konnten Mitarbeiter in

66 BMW UA 412, Niederschrift über die Vorstandssitzung vom 23. September 1969, Protokoll Nr. 30/1969.
67 BMW UA 841, Freiwillige Leistungen 1965–1975 der BMW AG.
68 BMW UA 2143-1, Bekanntmachung des Vorstandes Nr. 9/72, Betr.: Weihnachtsgratifikation 1972, 20. November.1972.
69 BMW UA 81, 50. Besprechung der Werksleitung mit dem Betriebsrat am 5. Dezember 1951.

Anspruch nehmen, die 50 Jahre bei BMW angestellt waren. Inbegriffen waren hierbei – wiederum gestaffelt nach der Dauer der Betriebszugehörigkeit – eine Verzehr-Pauschale von 40 DM beziehungsweise 80 DM pro Woche sowie die Fahrtkosten. Beschäftigte, deren Dienstzeit bei BMW unter 20 Jahren lag, erhielten Preisnachlässe, was mit Einschränkungen auch für ihre Angehörigen galt. Auch BMW-Rentner waren zu diesen Preisnachlässen berechtigt.[70] Die Möglichkeit, im Haus Ammerwald einen Urlaub zu buchen, nutze die Belegschaft offenbar nicht in dem Ausmaß, wie es sich Unternehmen und Betriebsrat vorgestellt hatten. Von insgesamt 530 Anspruchsberechtigten im Jahr 1962 meldeten sich nämlich nur rund 80 Personen an, um ihren „wohlverdienten kostenlosen Erholungsurlaub" in Anspruch zu nehmen. Kurt Golda bat daher auf einer Betriebsversammlung, von dieser Möglichkeit mehr Gebrauch zu machen.[71] Ähnlich äußerte sich Golda bereits ein Jahr zuvor.[72]

Die *Jubiläumsprämie*, die BMW zum 1. Januar 1973 einführte, diente der Würdigung von Dienstjubilaren, die 25, 40 oder 50 Jahre bei BMW beschäftigt gewesen waren. Bei einer Firmenzugehörigkeit von 25 Jahren betrug die Prämie 2000 DM, bei 40 Jahren 4000 DM und bei 50 Jahren 6000 DM. Verbunden war die Jubiläumsprämie mit einem Sonderurlaub von fünf Arbeitstagen ab dem Tag nach dem Dienstjubiläum. Neben diesen Geld- und Urlaubsleistungen ehrte das Unternehmen die Jubilare auch immateriell. Am Jubiläumstag wurde der Jubilar von einem Fahrdienst von seinem Zuhause abgeholt und im Betrieb durch die Geschäftsleitung, den jeweiligen Vorgesetzten und den Betriebsrat in der Personalabteilung begrüßt. Jubilare mit einer Firmenzugehörigkeit von 40 beziehungsweise 50 Jahren erwartete zudem eine Betriebsfeier, zu der sie 15 bis 20 Kollegen als Gäste benennen konnten.[73]

Die *Treueprämie* diente dem Lohn- und Gehaltsausgleich. Hierbei handelte es sich zunächst um die tarifliche Regelung, dass Arbeitnehmer, die das 55. Lebensjahr vollendet hatten und mindestens 20 Jahre dem Unternehmen angehörten beziehungsweise Arbeitnehmer, die das 50. Lebensjahr vollendet hatten und 25 Jahre im Unternehmen tätig waren, einen Lohnausgleich erhielten, wenn sie aus gesundheitlichen Gründen nicht mehr im Leistungslohn beschäftigt werden konnten. Dabei war der Ausgleich dergestalt bemessen, dass 90 Prozent des bisherigen Durchschnittsverdiensts erreicht werden konnten. Die BMW-Regelung ging je-

[70] BMW UA 841, Freiwillige Leistungen 1965–1975 der BMW AG.

[71] BMW UA 511, Geschäftsbericht des Betriebsrats auf der Betriebsversammlung vom 9. April 1962.

[72] BMW UA 511, Geschäftsbericht des Betriebsrats auf der Betriebsversammlung vom 29. März 1961. Die Unkenntnis über die angebotenen Sozialleistungen im Betrieb ist ein verbreitetes Phänomen. Bis heute sind einer empirischen Erhebung zufolge nur einem Fünftel der Belegschaften die Sozialmaßnahmen ihres Betriebs bekannt; siehe: Kolb, Meinulf: Sozialleistungen, betriebliche und Sozialeinrichtungen, in: Eduard Gaugler, Walter A. Oechsler u. Wolfgang Weber (Hrsg.): Stuttgart ^{3}2004, S. 1741–1753, hier S. 1750.

[73] BMW UA 2143-1, Bekanntmachung des Vorstandes Nr. 10/22. Betreff: Regelung der 25-/40-/50-jähr. Dienstjubiläen (14. Dezember 1972).

doch über die tariflich vorgeschriebenen Auflagen hinaus. Zum einen kamen Werksangehörige schon dann in den Genuss der Treueprämie, wenn sie mindestens 55 Jahre alt waren und 15 Jahre (statt 20) beziehungsweise 50 Jahre alt und 20 Jahre (statt 25) bei BMW beschäftigt waren. Die Prämie gewährte BMW also jeweils fünf Dienstjahre früher als im Tarifvertrag vorgegeben. Zudem betrug im Falle von gesundheitsbegründeten Leistungseinbußen die Ausgleichszahlung nicht 90 Prozent, sondern den vollen früheren Verdienst.[74]

Im Jahr 1965 vereinbarte der Vorstand mit dem Betriebsrat, dass Beschäftige, die nach *Erreichung der Altersgrenze* oder durch *vorzeitige dauerhafte Invalidisierung* aus dem Betrieb ausscheiden, eine Sonderzahlung erhalten. Letztere war jeweils nach der Betriebszugehörigkeit gestaffelt: Vom beginnenden sechsten bis zum vollendeten zehnten Jahr betrug die Sonderzahlung den Gegenwert von 80 Arbeitsstunden, vom elften bis zwanzigsten Jahr den von 120 Arbeitsstunden, vom 21. bis zum 30. Jahr den von 173 Arbeitsstunden und ab dem 31. Jahr den Gegenwert von 246 Arbeitsstunden. Für Akkordlöhner galt hierfür der Akkorddurchschnitt des letzten halben Jahres als Berechnungsgrundlage.[75]

Auch der außertarifliche Zusatzurlaub kann als quantitative Zulage gelten, da er eine arbeitszeitverkürzende Leistung darstellt.[76] Für BMW sind in diesem Zusammenhang der *Erschwernisurlaub* und der *Sonderurlaub* zu nennen. Von besonderem Interesse ist vor allem der Erschwernisurlaub. Dieser war tariflich festgelegt für Arbeitnehmer, die am Arbeitsplatz erhebliche Gefahren für Leben und Gesundheit gewärtigen mussten. Er betrug zwei Tage. BMW gewährte über diese Regelungen hinaus Lohnempfängern, Gießereimeistern, Kontrollmeistern im Rohbau und Meistern an Bleibändern zwei zusätzliche Tage Erschwernisurlaub. Der Sonderurlaub existierte parallel zum Tarif- und Jubiläumsurlaub und wurde Belegschaftsangehörigen abhängig von der Firmenzugehörigkeit gewährt: bis zwölf Jahre einen Tag; über 20 Jahre zwei Tage; über 25 Jahre drei Tage; über 40 Jahre fünf Tage und über 50 Jahre zehn Tage.[77]

Das Unternehmen BMW zahlte zudem Zuschüsse für die *Werksverpflegung* seiner Firmenangehörigen, weshalb die Arbeitnehmer in werkseigenen Kantinen, Cafeterien und Verkaufsständen Lebensmittel zu relativ günstigen Preisen erwerben konnten. Die Höhe des Zuschusses errechnete sich aus der Differenz zwischen dem Verkaufserlös einerseits und den Ausgaben für Nahrungsmittel, Personal und anderweitige Kosten andererseits. Da sich das Angebot über die 1960er Jahre stetig verbesserte, die Zahl der Essensteilnehmer anwuchs und die Einrichtungen vergrößert beziehungsweise modernisiert wurden, stiegen die Kosten für die Werksverpflegung stark an.[78] Betrugen die Gesamtzuschüsse im Jahr 1965 noch 1,1, Mil-

[74] BMW UA 841, Freiwillige Leistungen 1965–1975 der BMW AG.
[75] Ebenda.
[76] Kädtler: Tarifpolitik, S. 437.
[77] BMW UA 841, Freiwillige Leistungen 1965–1975 der BMW AG.
[78] BMW UA 512, Geschäftsbericht des Betriebsrats auf der Betriebsversammlung vom 22. Juli 1968.

lionen DM, so musste das Unternehmen im Jahr 1974 9,2 Millionen DM für diesen Posten veranschlagen.[79]

Eine vor allem für die Identifikation mit dem Unternehmen BMW nicht zu unterschätzende Einrichtung war der *Werksrabatt* für Belegschaftsmitglieder. Beim Kauf eines BMW-Neuwagens gewährte die Unternehmensleitung Firmenangehörigen – je nach Wiederverkaufssperrfrist – einen Rabatt von 19 beziehungsweise 21,8 Prozent. Bei Motorrädern lag er bei 20 Prozent.[80] Im Vergleich zu anderen Automobilfirmen war der Rabatt bei BMW relativ hoch. So gewährte NSU seinen Beschäftigten 15 Prozent; aber auch VW und Daimler-Benz erließen hier nur 18 Prozent der Neuverkaufssumme.[81] Der Werksrabatt galt ferner auch für Reparaturen.[82]

Durch die massive Ausweitung der freiwilligen Sozialleistungen versuchte die Unternehmensleitung von BMW, den Beschäftigten ihren gesteigerten Arbeitseinsatz monetär zu vergüten. Die Leistungen stellten eine betriebspolitische Antwort auf die Folgen dar, welche die Verschärfung der Arbeitsbedingungen im Münchner Werk nach sich zog. Indem man den Belegschaftsmitgliedern bedeutete, dass sich der erhöhte Arbeitsaufwand für sie lohne, steigerte das Unternehmen zugleich seine Attraktivität in Bezug auf das Arbeitskräfteangebot. Die quantitativ ausgerichtete Sozialpolitik von BMW diente somit erstens der Kompensation der erbrachten oder noch zu erbringenden Leistung und zweitens der Attraktion von freien Arbeitskräften auf dem Arbeitsmarkt. Die betriebliche Anreizpolitik bezog sich jedoch nicht auf alle Beschäftigtengruppen gleichermaßen. Vielmehr bezweckte sie die Verstärkung des deutschen und den komplementären Abbau des ausländischen Belegschaftssegments. Da beschäftigte Mitarbeiter im Unternehmen gehalten und Mitarbeiter, die zuvor ausgeschieden waren, zum Zweck des Fluktuationsausgleichs ersetzt werden konnten, gelang es dem Vorstand zeitweise, die Fluktuationsproblematik einzuhegen. Als am Ende der 1960er Jahre jedoch deutlich wurde, dass sich die weitere Arbeitskräfterekrutierung trotz aller monetären Anreize erneut schwierig gestaltete und die Fluktuationsraten wieder anstiegen, begann die Unternehmensleitung zu Beginn der 1970er Jahre, Alternativen zur quantitativ-monetären Kompensations- und Attraktionspolitik zu erwägen.

7.2 Qualitativ-integrative Ansätze und die „Humanisierung" des Arbeitsplatzes zu Beginn der 1970er Jahre

Die Unternehmensleitung von BMW flankierte die eben aufgeführten quantitativen betriebspolitischen Maßnahmen mit Strategien, die darauf abhoben, die Be-

[79] BMW UA 841, Freiwillige Leistungen 1965–1975 der BMW AG.
[80] Ebenda; eigene Berechnungen.
[81] BMW UA 512, Geschäftsbericht des Betriebsrats auf der Betriebsversammlung vom 20. Juni 1970.
[82] BMW UA 841, Freiwillige Leistungen 1965–1975 der BMW AG.

legschaftsangehörigen durch „qualitative“ und „integrative“ Angebote ans Unternehmen zu binden. Diese Ansätze betrafen zum einen die sogenannte betriebliche Humanisierung und die Verbesserung des Betriebsklimas. Im Gegensatz zu den freiwilligen betrieblichen Sozialleistungen zielte die Verbesserung der Situation am Arbeitsplatz weniger auf die Kompensation von betrieblichen Missständen und persönlichen Belastungen als vielmehr auf deren Abschaffung. Zum anderen schuf BMW innerbetriebliche Aufstiegs- und Partizipationsmöglichkeiten, welche die Identifikation der Beschäftigten mit dem Unternehmen fördern sollten. Dabei ist zu beobachten, dass sich der Blick der Unternehmensleitung auf die Belegschaft im Laufe der 1960er Jahre veränderte, was insbesondere zu Beginn der 1970er Jahre zum Tragen kam. Vorstand und Aufsichtsrat begannen, die Beschäftigten weniger als passive Lohn- und Gehaltsempfänger zu adressieren, die ihre Arbeitszeit zum Zwecke der Selbsterhaltung ableisteten. Vielmehr rückte das Leitbild des eigenverantwortlichen, engagierten und proaktiven Mitarbeiters, der sich mit den Unternehmenszielen identifizieren sollte, ins Zentrum.[83] Damit verbunden war die Einforderung von neuen Kompetenzen, die in sogenannten Softskills wie Kommunikationsstärke und Innovationskraft bestanden.

Dieser betriebspolitische Zugriff auf die Belegschaft, der sich auch in veränderten Führungssemantiken innerhalb der westdeutschen Unternehmensleitungen niederschlug,[84] kann mit Blick auf die neuere soziologische Forschung als „postfordistisch“ bezeichnet werden.[85] Der Begriff rekurriert auf ein Produktionsmodell, das die fordistische Massenproduktionsweise mit ihrer vergleichsweise starren und hierarchischen Betriebsorganisation ab Mitte der 1970er Jahre ablöste. Der damit verbundene Wandel der Arbeitsformen brachte es mit sich, dass sich „das Leitbild des Arbeitnehmers dem des Selbständigen und des Unternehmers annäherte“.[86] Das von der Forschung unter den Begriffen „Arbeitskraftunternehmer“[87] oder „unternehmerisches Selbst“[88] eingeführte Subjekt des postfordistischen Arbeitsprozesses zeichnet sich durch Eigenschaften aus wie Engagement, Flexibilität, Polyvalenz, Aktivität, Auto-

[83] Bei diesem Leitbild handelt es sich nicht um eine „empirisch beobachtbare Entität“, sondern um eine „Weise, in der Individuen als Personen adressiert werden, und zugleich die Richtung, in der sie verändert werden und sich verändern sollen.“, Bröckling: Selbst, S. 56. Es geht im Kontext dieses Leitbilds somit vordringlich darum, „Subjekte zu einem bestimmten Handeln zu bewegen.“, Bröckling, Krasmann, u. Lemke: Gouvernementalität, Neoliberalismus und Selbsttechnologien, in: Dies. (Hrsg.): Gouvernementalität der Gegenwart, S. 29.

[84] Dietz, Bernhard: „Von der Industriegesellschaft zur Gesellschaftsindustrie“. Wirtschaft, Wirtschaftspresse und der Wertewandel 1970–1985, in: Ders. u. Jörg Neuheiser (Hrsg.): Wertewandel in der Arbeitswelt. Arbeit, Leistung und Führung in den 1970er und 1980er Jahren in der Bundesrepublik Deutschland, Berlin u. Boston 2017, S. 179–206, hier S. 198.

[85] Siehe zum Begriff „Postfordismus“ auch Kapitel 2.1 der vorliegenden Arbeit.

[86] Pongratz, Hans J. u. Voß, Günter G.: Der Arbeitskraftunternehmer. Eine neue Grundform der Ware Arbeitskraft?, in: Ulrich Bröckling u. Eva Horn (Hrsg.): Anthropologie der Arbeit, Tübingen 2002, S. 127–156, hier S. 129.

[87] Pongratz u. Voß: Der Arbeitskraftunternehmer, in: Kölner Zeitschrift für Soziologie und Sozialpsychologie 50 (1998); dies.: Arbeitskraftunternehmer. Erwerbsorientierungen in entgrenzten Arbeitsformen, Berlin 2003.

[88] Bröckling: Selbst, S. 46–50.

nomie, Kontakt- und Risikofreudigkeit, Offenheit, Informiertheit, Toleranz, Anpassungs- und Begeisterungsfähigkeit.[89] Damit trat diese Subjektivierungsform in einen Gegensatz zu den Imperativen und Normen der funktionalistisch geprägten Industriegesellschaft.[90] Die „neue Grundform der Ware Arbeitskraft“ unterschied sich wesentlich vom „verberuflichte[n] Massenarbeitnehmer des Fordismus“.[91]

Mit Blick auf den vorliegenden Gegenstand bedarf das skizzierte Phänomen jedoch auf dreierlei Weise einer Einschränkung. Zum einen handelte es sich bei der postfordistischen Transformation der Arbeitersubjektivität um eine Entwicklung, deren Tragweite erst in den 1980er und insbesondere den 1990er Jahren voll ersichtlich werden sollte, weshalb die erwähnten Veränderungen bei BMW, die zu Beginn der 1970er Jahre Einzug erhielten, nur die *Anfänge eines Prozesses* darstellten, dessen volkswirtschaftliche Konsequenzen erst ab den 1980er beziehungsweise 1990er Jahren zur Geltung kamen.[92] Zweitens lag die Vorstellung, der Arbeiter strebe nach Selbsterfüllung, schon den betriebssoziologischen Forschungen der amerikanischen *Human-resources*-Schule in den 1950er Jahren zugrunde, die im Nachkriegsdeutschland als „Soziale Betriebsgestaltung“ bekannt wurde.[93] Auch bei diesem Ansatz ging es nicht zuletzt darum, Anreize für Beschäftigte zu schaffen.[94] Und bereits in den 1920er Jahren richtete deren Vorgänger, die *Human-relations*-Schule, ihren Blick auf die „Gefühlswelt des Arbeitnehmers und ihre Wirkungen auf die Arbeitsleistung.“[95] Gleichzeitig sollte es jedoch noch einige Jahrzehnte dauern, bis sich diese an den amerikanischen Universitäten entwickelten Auffassungen auch in der betrieblichen Praxis durchsetzen würden.[96]

[89] Boltanski u. Chiapello: Geist, S. 156–160.

[90] Ebenda, S. 184.

[91] Pongratz u. Voß: Der Arbeitskraftunternehmer, in: Kölner Zeitschrift für Soziologie und Sozialpsychologie 50 (1998), S. 147.

[92] Aus diesen Gründen lässt sich mit Antonio Gramsci für die Zeit von den mittleren 1970er Jahren bis heute von einem sozialökonomischen „Interregnum“ sprechen, „in dem das Alte noch nicht ganz tot, das Neue aber noch nicht ganz entwickelt ist.“ Staab, Philipp: Digitaler Kapitalismus. Markt und Herrschaft in der Ökonomie der Unknappheit, Berlin 2019, S. 45.

[93] Reckwitz, Andreas: Die Erfindung der Kreativität. Zum Prozess gesellschaftlicher Ästhetisierung, Berlin ^{6}2019, S. 156. Zum Konzept der „Sozialen Betriebsgestaltung“ siehe: Kaste, Hermann: Arbeitgeber und Humanisierung der Arbeit. Eine exemplarische Analyse, Opladen 1981, S. 19.

[94] Hilger: „Amerikanisierung“, S. 244.

[95] Bendix, Reinhard: Herrschaft und Industriearbeit. Untersuchungen über Liberalismus und Autokratie in der Geschichte der Industrialisierung, Frankfurt a. M. 1956, S. 391. Bei Bendix heißt es auch: „Während der zwanziger und dreißiger Jahre erfuhr die managerielle Konzeption ‚*des* Arbeiters‘ und ‚*des* Managers‘ sehr bedeutsame Veränderungen. Bis dahin hatte man den Arbeiter als ein Wesen betrachtet, das mehr oder weniger kurzsichtig war, eine unfähige Person, die im Kampf ums Überleben versagt hatte und der man es überließ, sich mit diesem Schicksal so gut und schlecht, wie sei es konnte, abzufinden. Allmählich aber kam man zu der Auffassung, er sei der Träger von Fähigkeiten und Empfindungen, die man berücksichtigen müßte, damit seine Placierung im Arbeitsprozeß für ihn und für den Betrieb zum Vorteil ausschlage.“ Ebenda, S. 404 (Hervorhebung im Original).

[96] Erste Bemühungen, die sich auf „eine Verbesserung der Arbeitsmoral und auf eine verlässlichere Integration der Beschäftigten in die Unternehmensorganisation“ richteten, waren allgemein bereits in den 1960er Jahren zu beobachten. Brandt, Gerhard: Fragen der betrieblichen

Drittens war der Industriebetrieb keineswegs das Hauptfeld dieser Transformation. Die neuen Kompetenzen und Arbeitsformen erwiesen sich vielmehr als „subjektive“ Komplemente der Wissens- und Kulturökonomie, die im Zuge des „Bedeutungsverlust[s] der materiellen Produktion“[97] seit den mittleren 1970er Jahren zu neuen Leitsektoren avancierten.[98] Dennoch veränderte sich partiell auch die Fabrikarbeit durch „Neue Produktionskonzepte“ wie flache Hierarchien, Teamarbeit, „qualitative“ Tätigkeiten und „postbürokratische“ Organisationsformen.[99] Auch wenn deren Einsatz im Industriebetrieb enge Grenzen gesetzt waren, weshalb sie nach kurzen Experimentierphasen oftmals abgeschwächt beziehungsweise zurückgenommen wurden, kann mit Lutz Raphael festgehalten werden, „dass die Nutzung und Bewertung der individuellen Wissensbestände des je einzelnen Arbeiters, der je einzelnen Arbeiterin an Bedeutung gewonnen haben. Damit war der Industriearbeiter nolens volens in die Welt des Humankapitals eingetreten“.[100]

Konkret handelte es sich bei den qualitativen Konzepten von BMW um vier Felder, nämlich erstens um Arbeitsplatzverbesserungen, welche die Unternehmensleitung als Maßnahmen zur betrieblichen „Humanisierung“ bezeichnete. Zweitens ging es um eine Verbesserung der Mitarbeiterbildung beziehungsweise -qualifikation, mit der betriebliche Karriereoptionen für die Beschäftigten verbunden waren – Strategien, welche die Forschung unter dem Begriff „Empowerment“ fasst.[101] Wesentliches Ziel waren hierbei insbesondere die Ausbildung und Verbesserung der Kommunikationskompetenz.[102] Drittens bemühte man sich um die Integration der Belegschaft, was nicht zuletzt auf die ausländischen Beschäftigten zielte. Viertens offerierte die Unternehmensleitung Identifikations- und Partizipationsmöglichkeiten, zu welchem Zweck sie Mitarbeiterbeteiligungssysteme implementierte. Wie zu zeigen sein wird, initiierte die Unternehmensleitung die ersten diesbezüglichen Ansätze bereits Mitte der 1960er Jahre. Sie können als früher Versuch interpretiert werden, die quantitativ-monetären Maßnahmen, die zur Behebung der Folgeprobleme des Arbeitskräftemangels auf den Weg gebracht wurden, durch alternative Zugänge zu flankieren.

Arbeitsgestaltung im Kontext der technisch-wissenschaftlichen Entwicklung [1987], in: Ders.: Arbeit, Technik und gesellschaftliche Entwicklung. Transformationsprozesse des modernen Kapitalismus 1971–1987, hrsg. von Daniel Bieber u. Wilhelm Schumm, Frankfurt a. M. 1990, S. 336–346, hier S. 338 Für BMW traf dies aufgrund der spezifischen Situation des Unternehmens jedoch höchstens in Ansätzen zu.

97 Abelshauser: Wirtschaftsgeschichte, S. 384.

98 Reckwitz: Die Gesellschaft, S. 182.

99 Reckwitz: Erfindung, S. 138–139.

100 Raphael: Kohle, S. 294.

101 Die Strategie des „Empowermentdiskurses besteht [...] darin, dass er eine Identität von Mitarbeiter- und Unternehmensinteressen unterstellt. Persönliches Wachstum und das der Firma, der Kampf um individuelle Autonomie und der gegen die Pleite sollen zusammenfallen“. Bröckling: Selbst, S. 211.

102 „Kommunikationsarbeit“ kann als „wesentlicher Bestandteil“ der postfordistischen Tätigkeiten gelten; Bröckling: Selbst, S. 57.

Den ersten Versuch in die genannte Richtung machte der Vorstand bereits im Jahr 1964. Der Vorstandsvorsitzende Karl-Heinz Sonne konstatierte zu diesem Zeitpunkt, dass es bei BMW keine moderne Personalpolitik gebe. Dieser Auffassung schloss sich der Vorsitzende des Aufsichtsrats, Hermann Karoli, an, indem er mit Blick auf die hohe Fluktuationsrate im Werk forderte, dass man sich „von den alten Vorstellungen lösen“ müsse. Die „innerbetriebliche[n] Maßnahmen“, die man in der Folge beschloss, beinhalteten die Aufstockung der Personalabteilung und die Einstellung eines Betriebspsychologen. Letzterer sollte die Ursachen der Fluktuation systematisch erforschen. Zudem stellte man zwei Personalkräfte ab und betraute sie mit der „speziellen Aufgabe“, die Belegschaftsmitglieder von einem Arbeitsplatzwechsel abzuhalten.“[103] Diese beiden Personen, von denen eine vom Betriebsrat bereitgestellt werden sollte, teilte man die Aufgabe zu, die Fluktuation zu beobachten und die entsprechenden Arbeitskräfte möglichst zu veranlassen, „ihren Entschluß, von der BMW AG in ein anderes Unternehmen überzuwechseln, aufzugeben.“[104] Überhaupt sollte die Personalabteilung „personell + räumlich so ausgestattet sein, daß sie ein brauchbares Instrument ist.“[105] Hierzu gehörte auch der Beschluss, Patenschaften für neu ins Unternehmen eingetretene Beschäftigte zu bilden, „damit ihnen der Anfang im Werk erleichtert wird.“ Ältere und erfahrene Belegschaftsmitglieder übernahmen daher als Paten für die ersten sechs Wochen Betreuungsaufgaben.[106]

Dass sich die Maßnahmen insbesondere auf die „Gastarbeiter“ bezogen, legt eine Aussage des Betriebsratsvorsitzenden Kurt Golda nahe. Schon im Jahr 1963 hatte Golda nämlich eine „vernünftige Personalpolitik gefordert und in diesem Zusammenhang herausgestellt, „dass wir ausländische Kolleginnen und Kollegen einfach ins Wasser stossen [sic] und von ihnen verlangen, dass sie schwimmen sollen.“ Da es die deutschen Beschäftigten seien, die die neu eingestellten Ausländer einlernen müssten, gehe dies „zum grössten [sic] Teil zu Lasten der Leistungen und damit des Verdienstes“ dieses Belegschaftssegments, was vor allem für Bereiche gelte, in denen Akkordlohn bezahlt wird. Ein weiterer Punkt, so Golda, sei die mangelnde Betreuung der „Gastarbeiter“. Da diese „von ihrer Heimat und ihren Sitten herausgenommen“ und „in einen deutschen Betrieb mit all seinen großen Schwierigkeiten“ hineingesetzt würden, müsse hier „eine tiefere Betreuung einsetzen als nur ein Dolmetscher oder der Betriebsrat.“ Letzterer sei „einfach überfordert, [...] die Sorgen und Nöten [sic] aufzugreifen und lösen zu können.“ Dies sei jedoch dringend notwendig, da eine „Nichtlösung [...] zwangsläufig wieder zu Spannungen im Betrieb mit all seinen Auswirkungen“ führen müsse.[107]

103 BMW UA 416, Niederschrift über die Sitzung des Aufsichtsrats vom 14. April 1964.

104 BMW UA 431, Niederschrift über die Vorstandssitzung vom 9. April 1964, Protokoll Nr. 8/1964.

105 BMW UA 416, Niederschrift über die Sitzung des Aufsichtsrats vom 14. April 1964.

106 BMW UA 431, Niederschrift über die Vorstandssitzung vom 9. April 1964, Protokoll Nr. 8/1964.

107 BMW UA 511, Geschäftsbericht des Betriebsrats auf der Betriebsversammlung vom 10. April 1963.

Dass es innerhalb der Leitungsebene bereits in den mittleren 1960er Jahren zu Überlegungen kam, wie man unabhängig von finanziellen Angeboten Anreize für die Beschäftigten schaffen konnte, ist weniger verwunderlich, als es auf den ersten Blick erscheinen mag. So existierten schon seit Mitte der 1950er Jahre wissenschaftliche Studien, die belegten, dass der potenzielle Mehrverdienst in den wenigsten Fällen das alleinige ausschlaggebende Motiv für einen Wechsel des Arbeitsplatzes darstellte. Unter Heranziehung einer Repräsentativ-Umfrage, die im Jahr 1955 bei der Robert Bosch GmbH durchgeführt wurde, nennt Friedrich Fürstenberg weitere Gründe, die für einen Stellenwechsel entscheidend waren: Die Arbeitsbedingungen, die Art der Arbeit, die Sozialpolitik, die Krisenfestigkeit des Unternehmens und die Aufstiegsmöglichkeiten.[108] Beschäftigte bezogen diese Punkte in der Regel mit ein, wenn sie eine Kündigung erwogen.

Dennoch waren es im Laufe der 1960er Jahre hauptsächlich monetäre Vergütungen, welche die Unternehmensleitung im Kontext der Arbeitskräftebindung und -anwerbung einsetzte. Über die quantitative Kompensation hinausgehende Ansätze diskutierten Vorstand und Aufsichtsrat erst zu Beginn der 1970er Jahre, nachdem die anfänglich positive Entwicklung in den Bereichen Personalbeschaffung und Fluktuation, die insbesondere mit der Einführung des Bonussystems im Jahr 1966 eingetreten war, nachgelassen hatte.[109] Während in der Phase, in der BMW den Anschluss an den Boom bewältigen musste und die Prioritäten in anderen Bereichen lagen, für eine Verbesserung der betrieblichen Arbeitssituation kaum Kapazitäten zur Verfügung standen, sah man mit Anbruch der Konsolidierungsphase in den frühen 1970er Jahren in dieser Hinsicht verstärkten Nachholbedarf. Dabei bestanden die Probleme nicht nur in der schwierigen Arbeitskräfterekrutierung und der hohen Fluktuationsrate, sondern auch im Abwesenheits- beziehungsweise Krankenstand, der zum Ende der 1960er Jahre massiv angestiegen war.

Steigende Arbeitsfehlzeiten stellten im Hinblick auf die Unternehmen der westlichen Industrieländer zu Beginn der 1970er Jahre eine allgemeine Tendenz dar.[110] Die arbeitsmedizinische Forschung hatte bereits in den 1960er Jahren eine Analyse der psychologischen Ursachen vorgenommen und festgestellt, dass „die affektive Einstellung zum Arbeitsplatz mitbestimmend für Gesundheit und Krankheit sein kann."[111] Empirische Studien kamen in diesem Zusammenhang zu dem Ergebnis, dass eine „echte menschliche Anteilnahme" und ein „Interesse für den Hergang und Ablauf der Krankheit" entscheidend dazu beitragen können, die Fehlzeiten zu reduzieren.[112] Die Arbeitsunfähigkeit betraf nicht alle Beschäftigtengruppen

[108] Fürstenberg, Friedrich: Probleme der Lohnstruktur. Die wirtschaftliche und soziale Bedeutung der Lohnunterschiede, Tübingen 1958, S 42–43.

[109] BMW UA 417, Niederschrift über die Sitzung des Aufsichtsrats vom 5. Mai 1971.

[110] Boltanski u. Chiapello: Geist, S. 220–221.

[111] Sopp, Hellmut: Das Betriebsklima als Ursachenfaktor für Krankheiten und Unfälle, in: Hans Stirn u. Helmut Paul (Hrsg.): Der Aussagewert des Krankenstandes, Köln 1963, S. 95–98, hier S. 95.

[112] Jungbluth, Adolf: Maßnahmen zur Normalisierung des Krankenstandes aus betrieblicher Sicht, in: Hans Stirn u. Helmut Paul (Hrsg.): Der Aussagewert des Krankenstandes, Köln 1963, S. 99–106, hier S. 104.

gleichermaßen. Es waren nämlich insbesondere un- und angelernte Arbeiter ohne Berufsausbildung, welche die meisten Fehltage aufwiesen. Dies lag daran, dass

> „Beschäftigte in Positionen der unteren hierarchischen Ebene durch den erhöhten Anteil restriktiver Arbeit mit nur geringem Handlungsspielraum nicht nur besonders belastet sind, sondern schon bei geringfügigen gesundheitlichen Einschränkungen den Arbeitsanforderungen nicht mehr in vollem Umfang nachkommen können, und sich dementsprechend krankschreiben lassen müssen.“[113]

Ein weiterer Grund, der das BMW-Management zu qualitativen Maßnahmen greifen ließ, lag in den Personalkosten, die im Laufe der 1960er Jahren immer weiter angestiegen waren. Um das Jahr 1970 erhöhten sich diese Kosten aufgrund der Entwicklung der Tariflöhne und -gehälter sowie der freiwilligen betrieblichen Sozialleistungen so weit, dass den Verantwortlichen weitere Personalinvestitionen nicht ratsam erschienen. Insbesondere im Jahr 1970 wuchs der Aufwandsposten „Personal“ in Relation zur Belegschaftsgröße deutlich. Stiegen die Personalkosten, vom Jahr 1967 abgesehen, bis hierhin weitgehend im Verhältnis zur Belegschaft an, so entkoppelte sich der Personalaufwand ab dem Jahr 1970 von dieser Ziffer.[114] Im Jahr 1970 stiegen die Kosten in diesem Bereich um 92 Millionen DM beziehungsweise 29,6 Prozent an.[115] Ähnlich verhielt es sich im Jahr 1971.[116] Im Jahr 1972 erhöhten sich die Aufwände für Löhne und Gehälter, soziale Abgaben sowie Unterstützungsleistungen schließlich um 87,8 Millionen DM beziehungsweise 19,4 Prozent auf 539,6 Millionen DM, was einer durchschnittlichen Pro-Kopf-Erhöhung um 14,8 Prozent entsprach.[117] Für die Unternehmensleitung gestaltete sich insbesondere die Tatsache problematisch, dass diese Steigerung über den Produktivitätszuwachs hinausging.[118] Vor dem Hintergrund dieser Entwicklung scheint es verständlich, dass die BMW-Führung weiteren freiwilligen Verdiensterhöhungen skeptisch gegenüberstand.

Da die betrieblichen Probleme zudem keineswegs gelöst waren und Arbeitskräfte ebenso im Betrieb gehalten wie neue rekrutiert werden mussten, lag es nahe, alternative Lösungswege einzuschlagen. So kamen Aufsichtsrat und Vorstand im Frühjahr 1971 zu der Ansicht, dass „die Fluktuation bei BMW zu einem großen Teil durch die weniger attraktiven Arbeitsplätze bedingt ist.“[119] Dass dieser Miss-

113 Hauß, Friedrich u. Oppen, Maria: Krankenstand als Ergebnis von Definitions- und Aushandlungsprozessen in Gesellschaft und Betrieb, in: Frieder Naschold (Hrsg.): Arbeit und Politik. Gesellschaftliche Regulierung der Arbeit und der sozialen Sicherung, Frankfurt a. M. u. New York 1985, S. 339–365, S. 342.

114 Bericht über das Geschäftsjahr 1970 Bayerische Motoren Werke Aktiengesellschaft München, S. 22.

115 BMW UA 273, Niederschrift über die 51. ordentliche Hauptversammlung vom 7. Juli 1971.

116 Bayerische Motoren Werke Aktiengesellschaft München, Geschäftsbericht 1972, S. 15

117 Ebenda, S. 14; BMW UA 2150, Ansprache von Dr. Rolf Draeger, Vorsitzender des Aufsichtsrats, anlässlich der Hauptversammlung der Bayerischen Motoren Werke AG am 12. Juli 1973.

118 Bericht über das Geschäftsjahr 1970 Bayerische Motoren Werke Aktiengesellschaft München, S. 21.

119 BMW UA 417, Niederschrift über die Sitzung des Aufsichtsrats vom 9. März 1971.

stand auch auf die interne Kommunikation, das unbefriedigende Betriebsklima[120] sowie den gegenseitigen Umgang im Betrieb zurückzuführen war, machte zu Beginn der 1970er Jahre insbesondere der Betriebsratsvorsitzende immer wieder in seinen Ansprachen auf der Betriebsversammlung deutlich. So vertrat Golda die

> „Auffassung, der Meister oder Abteilungsleiter sollte in einem richtig geführten Unternehmen auch einmal die Zeit haben, sich um seine eigenen Leute kümmern zu können. Ferner gehört es zum guten Ton, daß man wenigsten [sic] ein Mal [sic] im Jahr mit ihnen über das beabsichtigte Programm, seinen [sic] Engpässen und Schwierigkeiten diskutiert."

Vor dem geschilderten Hintergrund mahnte Golda an, man dürfe „deshalb nicht überrascht sein, wenn wir uns eines Tages Reaktionen gegenübersehen, mit denen wir nicht gerechnet haben." Ferner forderte der Betriebsratsvorsitzende, „dem Informationsfluß etwas mehr Aufmerksamkeit [zu] schenken."[121]

Auch in Bezug auf die Mitarbeiterführung und den Umgangston in den Werken fand Golda deutliche Worte: „In Richtung Fluktuationseindämmung sollte ruhig einmal der gesamte Vorgesetzten-Apparat [...] sich auf die Schulbank setzen, um über den Begriff Menschenführung zu diskutieren." Explizit nannte der Betriebsratsvorsitzende „solche ungeschickten, ich hätte bald dummen Äußerungen gesagt, [...] wie: wenn es Ihnen nicht paßt, dann können Sie ja gehen. Das ist für mich kein Führungsstil [...]."[122] Ähnlich wie schon im Jahr 1963 hinsichtlich der „Gastarbeiter" sah Golda im Jahr 1971 ein Problem in der mangelnden Betreuung von – ausländischen *und* deutschen – Mitarbeitern, die neu ins Unternehmen eingetreten waren:

> „Vorgesetzte sollten neben der Befähigung Menschen leiten zu können, in ihre Aufgabe auch deshalb zurückgeführt werden, damit nicht nur die permanente Betreuung ihrer Mitarbeiter gesichert ist, sondern ebenfalls Zeit vorhanden sein muß, die Neueingestellten besser als wie bisher zu betreuen, um nicht das Gefühl des Alleinseins in einem so großen Werk aufkommen zu lassen. Leider führt dieses Gefühl des Alleinseins sehr oft zur Kündigung."

Was das Betriebsklima betraf, sprach Golda davon, dass es den Führungskräften „gut anstehen würde, für eine erbrachte Bereitschaft und gute Leistung eines einzelnen, auch einmal ein ehrliches Danke auszusprechen. Dieses Danke kostet nicht viel und wenn es noch dazu ehrlich gemeint ist, trägt es zu einer besseren und engeren Zusammenarbeit bei."[123]

Eine Lösungsstrategie, welche die Unternehmensleitung hinsichtlich des Betriebsklimas und der „weniger attraktiven Arbeitsplätze" in Angriff nahm, bestand zum einen darin, eine langfristige Personalplanung zu erstellen, „um unnötige Belastun-

[120] „Betriebsklima" sei hier zeitgenössisch definiert als die Ganzheit „aller affektiven Vollzüge, der Einstellungen, der Vorurteile, der Stereotypien, der Ressentiments, der Gruppenkohäsion, der Leistungsbestätigung, der Geborgenheit, kurz gesagt aller der inneren Erlebnisse, die wir nicht im Kopf, sondern im Herzen zu lokalisieren gewöhnt sind, bezogen auf den Beruf und die Berufsarbeit." Sopp: Betriebsklima, S. 95.

[121] BMW UA 1532-1, Geschäftsbericht des Betriebsrats auf der Betriebsversammlung vom 26. April 1971.

[122] Ebenda.

[123] Ebenda.

gen der Belegschaft nach Möglichkeit zu vermeiden".[124] Zum anderen bot BMW Weiterbildungs- und Qualifikationskurse an. Sass, Schmidt und Weltz nennen drei Gründe, die industrielle Unternehmen in dieser Zeit zu Qualifikationsangeboten veranlassten. Erstens, dass aufgrund technischer Fortschritte in bestimmten Arbeitsbereichen Zusatzqualifizierungen für Facharbeiter notwendig geworden waren. Zweitens die Entdeckung der Facharbeiter als Rekrutierungsreservoir für untere Vorgesetztenpositionen und drittens das allgemeine gesellschaftliche Bedürfnis nach Weiterbildung, das zu entsprechenden Erwartungen geführt hatte.[125] Grundsätzlich stellten die Qualifikationsangebote zudem Anreize dar, um Arbeitskräfte für das eigene Unternehmen zu rekrutieren sowie unzufriedenen Beschäftigten Zukunftsperspektiven zu eröffnen.[126]

Im Jahr 1971 beschloss der Vorstand, innerbetriebliche Mitarbeiterschulungen „auf Meisterebene u. a. mit dem Ziel durch[zuführen], die Fluktuationsentwicklung positiv zu beeinflussen."[127] Es handelte sich bei diesen Angeboten um „Programme zur Unterweisung des Führungspersonals".[128] Die Maßnahmen erstreckten sich jedoch auch auf Beschäftigte, die nicht in Führungspositionen tätig waren. Nachdem der Vorstand bereits im Jahr 1966 die Abteilung „Innerbetriebliche Fortbildung" eingerichtet hatte,[129] entschied er im Jahr 1968, „verdiente[n] Lohnempfänger[n]" die Möglichkeit zu bieten, in eine Angestelltenposition aufzurücken.[130] Für die Dingolfinger Belegschaft bot das Unternehmen im Jahr 1969 „Umschulungskurse, Meisterkurse und auch Kurse für Ungelernte an", welche die Stadt Dingolfing kofinanzierte. Aufgrund der Fördermaßnahmen konnten sich, wie es im *BMW-Journal* hieß, „Lehrlinge bis zum Ingenieur hocharbeiten, Arbeiter bis zum Vorarbeiter, Hilfsarbeiter zum Facharbeiter und Angestellte bis zur Führungskraft."[131]

Kurse, die der „Fortbildung und Weiterbildung der Mitarbeiter" dienten, ließ BMW zum Ende der 1960er Jahre auch in München anlaufen. Durch eine „Fortsetzung der Ausbildung zur Vertiefung des fachlich beruflichen Wissens" sollte eine Erweiterung der beruflichen Bildung „über den Bereich des fachlichen Spezialwissens hinaus" erreicht werden. Zudem ging es darum, das „Bildungsniveau" im Betrieb zu heben sowie das „Problembewußtsei[n]" und die „Kooperationsfähigkeit der Mitarbeiter" zu fördern. Die Kurse dienten auch dem Zweck, „zur all-

124 BMW UA 417, Niederschrift über die Sitzung des Aufsichtsrats vom 5. Mai 1971.
125 Sass, Jürgen, Schmidt, Gert u Weltz, Friedrich: Facharbeiter im Industriebetrieb. Eine Untersuchung in metallverarbeitenden Betrieben, Frankfurt a. M. 1974, S. 89.
126 Ebenda, S. 90.
127 BMW UA 417, Niederschrift über die Sitzung des Aufsichtsrats vom 9. März 1971.
128 BMW UA 417, Niederschrift über die Sitzung des Aufsichtsrats vom 16./17. Dezember 1971.
129 BMW UA 411, Niederschrift über die Vorstandssitzung vom 3. März 1966, Protokoll Nr. 6/1966.
130 BMW UA 412, Niederschrift über die Vorstandssitzung vom 14. Mai 1968, Protokoll Nr. 14/1968.
131 „BMW's schöne Tochter: ‚Dingolfing'", in: BMW-Journal, Nr. 35, November/Dezember 1969, S. 8–12, hier S. 12.

gemeinen Förderung und Persönlichkeitsentwicklung aller Mitarbeiter bei[zu]tragen".[132] Im Jahr 1971 nahmen 760 BMW-Beschäftigte an internen Kursen mit insgesamt 1700 Unterrichtsstunden teil.[133] Aufgrund der erzielten Erfolge gründete das Unternehmen im Jahr 1973 ein Bildungszentrum, dessen Kurse und Seminare sowohl die Wissensvermittlung als auch die Vorbereitung für neue betriebliche Aufgabenstellungen und Entscheidungspositionen zum Inhalt hatten.[134] Im Rahmen des betrieblichen Bildungsprogramms bot BMW zudem Umschulungskurse an. Dadurch versuchte die Unternehmensleitung, „den Anteil qualifizierter Mitarbeiter in der Fertigung zu erhöhen."[135]

Trotz dieser Maßnahmen musste der Vorstandsvorsitzende Eberhard von Kuenheim auch im Frühjahr 1973 feststellen, dass BMW „auf dem gesamten Personalsektor zunehmende Schwierigkeiten hat." Die Ursache sah er in Bezug auf die Lohnempfänger nicht in der Bezahlung, sondern in den „schlechten Arbeitsbedingungen in Milbertshofen." Von Kuenheim schloss daraus, dass die einzige Möglichkeit für eine Besserung der Lage darin bestand, „erhebliche Mittel für die Verbesserung der Arbeitsplätze zur Verfügung zu stellen und der betrieblichen Aus- und Weiterbildung erhöhte Aufmerksamkeit zu widmen."[136] Die ersten Schritte, die Arbeitsverhältnisse in den BMW-Werken zu verbessern, taten die Verantwortlichen schon in der zweiten Hälfte der 1960er Jahre. Dabei handelte es sich vornehmlich um Sicherheits- und Gesundheitsbelange. So sah der Investitionsplan für das Jahr 1967 erstmals Investitionen in die „Einrichtung von Schutzvorkehrungen" beziehungsweise „zur Erhöhung der Sicherheit am Arbeitsplatz" vor.[137] Im Jahr 1969 stellte die Unternehmensführung einen zweiten Werksarzt ein. Die Tatsache, dass sich der Vorstand dadurch auch eine Verringerung der Abwesenheitsquote versprach,[138] zeigt, dass die Verantwortlichen skeptisch waren, ob alle Krankgeschriebenen auch tatsächlich arbeitsunfähig waren. Als erfolgreich erwiesen sich die Anstrengungen jedenfalls in Bezug auf die Unfallquote. Die Anzahl der Unfälle ging 1970 im Vergleich zum Vorjahr von 2022 auf 1807 zurück, wobei insbesondere der Anteil der schweren Unfälle abnahm.[139]

Für die Optimierung der Verhältnisse im Fertigungsbereich stellte der Vorstand im Jahr 1973 insgesamt rund sieben Millionen DM an sogenannten Sozialinvestitionen zur Verfügung.[140] Im Dezember 1973 konnte der für den Bereich „Produktion" zuständige Vorstand berichten, dass rund 70 Prozent der vorgesehenen

[132] BMW UA 2154, Teil II. Rahmenplan der Personalentwicklung (Stand 23. 12. 1969).
[133] BMW UA 417, Niederschrift über die Sitzung des Aufsichtsrats vom 16./17. Dezember 1971.
[134] Grunert u. Triebel: Unternehmen, S. 114.
[135] BMW UA 417, Niederschrift über die Sitzung des Aufsichtsrats vom 3. Mai 1973.
[136] Ebenda.
[137] BMW UA 416, Anlage 4 zur Niederschrift der Sitzung des Aufsichtsrats vom 6. Dezember 1966.
[138] BMW UA 412, Niederschrift über die Vorstandssitzung vom 6. Mai 1969, Protokoll Nr. 14/1969; BMW UA 417, Niederschrift über die Sitzung des Aufsichtsrats vom 17. Oktober 1972.
[139] BMW UA 417, Niederschrift über die Sitzung des Aufsichtsrats vom 5. Mai 1971.
[140] BMW UA 417, Niederschrift über die Sitzung des Aufsichtsrats vom 3. Mai 1973.

Maßnahmen bereits durchgeführt worden waren: „In allen Werken wird daran gearbeitet, um auf dem Weg zur ‚Humanisierung der Arbeitswelt' weiterzukommen. Erste Schritte sind bereits getan."[141] Da der Vorstand Anfang der 1970er Jahre durch betriebliche Erhebungen zu dem Ergebnis gekommen war, dass „nicht allein die Arbeitsplatzbedingungen, sondern in erster Linie die sehr vielschichtigen Erwartungsenttäuschungen Hauptursache der Fluktuation" seien, was insbesondere für die „Gastarbeiter" zutreffe, sollten auch in dieser Hinsicht Vorkehrungen getroffen werden.[142] Außerdem schlug der Betriebsratsvorsitzende vor, ein Versetzungsbüro bei der Personalabteilung einzurichten, „damit der Fluktuation wirksam begegnet werden kann".[143]

Alle diese Ansätze zielten stets auch auf die „Gastarbeiter" im Betrieb. Bereits im Jahr 1965 stellte die Personalabteilung erste Überlegungen an, den Umgang mit den ausländischen Beschäftigten zu verändern, um eine verstärkte Integration zu erreichen. Der Personalchef forderte mit Blick auf die Personalplanung des Jahres 1966, die Betriebsorganisation umzugestalten „mit dem Ziele, auch geeignete Gastarbeiter insoweit zu schulen, daß sie Aufgaben übernehmen können, die bislang ausschließlich von deutschen Arbeitskräften erledigt wurden." Zum einen sollten ausländische Mitarbeiter, die der deutschen Sprache mächtig waren, für Dolmetscherdienste eingesetzt werden. Ausländer, die schon zwei Jahre oder länger bei BMW angestellt waren, sollten auf diese Weise den Arbeitsfluss in Abteilungen aufrechterhalten, in denen besonders viele „Gastarbeiter" tätig waren. Zum andern wollte man „[t]üchtige Gastarbeiter" für „untere Führungsaufgaben als Vormänner oder Untergruppenführer [sic] mit entsprechend höherem Lohn" einsetzen. Zudem schlug der Personalchef „Sprachkurse für Gastarbeiter mit unteren Führungsaufgaben" und „besondere Meisterschulung zum Thema Beschäftigung von Gastarbeitern u. a." vor.[144]

Es sollte einige Jahre dauern, bis sich der Vorstand anschickte, die Empfehlungen der Personalabteilung in die Tat umzusetzen. Nachdem man im Jahr 1969 mit Blick auf das „Führungsproblem bei unseren Lohnempfängern, insbesondere bei den Ausländern", beschloss, die „unter[e] Führungsschicht" zu verstärken, begann man zu Beginn der 1970er Jahre, die „Gastarbeiter" durch Integrationsmaßnahmen stärker an den Betrieb zu binden. Der Bedeutungszuwachs von Wissen und Kommunikation innerhalb der Werke betraf insofern auch die ausländischen Kollegen. So sollte die „Durchführung neuartiger Sprachprogramme für Gastarbeiter"[145] dazu dienen, die Verständigung innerhalb der Belegschaft zu verbessern. Ganz grundlegend ging es bei dieser Initiative darum, die „Betreuung der auslän-

141 BMW UA 417, Niederschrift über die Sitzung des Aufsichtsrats und des Beirats vom 13. Dezember 1973.

142 BMW UA 417, Niederschrift über die Sitzung des Aufsichtsrats vom 9. März 1971.

143 BMW UA 417, Niederschrift über die Sitzung des Aufsichtsrats vom 3. Mai 1973.

144 BMW UA 519, Aktennotiz. Betreff: Personalplanung 1966 – Schaffung von Wohnheimen und Wohnungen, 16. März 1965.

145 BMW UA 417, Niederschrift über die Sitzung des Aufsichtsrats vom 3. Mai 1973.

dischen Arbeitnehmer im weitesten Sinne" zu gewährleisten.[146] Obwohl es die Akteure bei BMW in diesem Zusammenhang nicht explizit ansprachen, diente die Verbesserung des Sprachniveaus der „Gastarbeiter" aus der Sicht von Firmenleitungen in der Regel nicht zuletzt dem Zweck, Arbeitsunfällen vorzubeugen, die man allgemein auch auf sprachliche Verständigungsschwierigkeiten im Betrieb zurückführte.[147] Die Sprachkurse können daher auch mit der Zielsetzung in Verbindung gebracht werden, die Unfall- und Krankheitsquote zu reduzieren und nicht nur eine Verbesserung des Produktionsablaufs zu erreichen.

Nachdem Sprachkurse im Betrieb zunächst nur vereinzelt organisiert worden waren, verstetigte und institutionalisierte BMW diesen Ansatz mit dem Projekt „Lernstatt Sprache". Dieses Projekt stellte ab dem Jahr 1973 einen zentralen Versuch dar, Sprachschwierigkeiten abzubauen und die Kommunikation im Betrieb zu verbessern. In der „Lernstatt" brachte ein eigens zu diesem Zweck ausgebildeter deutscher BMW-Beschäftigter mit firmenintern entwickeltem Lehrmaterial in Sechser- bis Achtergruppen seinen ausländischen Kollegen die deutsche Sprache und insbesondere arbeitsplatzbezogene Fachtermini bei. Die Lerngruppe gehörte nach Möglichkeit derselben betrieblichen Abteilung an. Die Kurse fanden über eine Dauer von drei Monaten jeden Arbeitstag statt und hatten eine Dauer von einer Stunde.[148]

In die Bereiche „Information und Kommunikation" sowie „Integration der Gastarbeiter" fiel auch die Einführung einer modernen Werkszeitung. Der *bayernmotor* erschien erstmals im Dezember 1973 mit einer Auflage von 25 000 Stück.[149] Auf acht Seiten in deutscher und acht Seiten in türkischer, jugoslawischer, serbokroatischer und italienischer Sprache berichtete die Zeitung über die Geschehnisse in den Werken und der Belegschaft sowie über das Produktionsprogramm. Zudem fanden sich Berichte über das betriebliche Sozialwesen und Motorsportereignisse sowie Leserbriefe und Anzeigen. BMW-Mitarbeiter waren dazu aufgerufen, der Redaktion Informationen und Fragen zukommen zu lassen. So sollte der „bayernmotor" eine Zeitung werden, „die über alles redet, was das Leben und die Arbeit bei BMW interessant macht."[150] Aus dem ursprünglich als Anhang konzipierten, fremdsprachigen Teil der Zeitung gestaltete die Redaktion sieben Jahre später, im Jahr 1980, eine eigenständige und speziell auf die Bedürfnisse der ausländischen Mitarbeiter ausgerichtete Werkszeitung, den *bayernmotor international*.[151]

Die Humanisierung des Arbeitsplatzes zielte auf die Abfederung der Härten, die im Kontext der Fließbandarbeit auftraten. Ausdrücklich erwähnte der Aufsichts-

[146] BMW UA 417, Niederschrift über die Sitzung des Aufsichtsrats vom 12. September 1973.

[147] Kleinöder, Nina: Unternehmen und Sicherheit. Strukturen, Akteure und Verflechtungsprozesse im betrieblichen Arbeitsschutz der westdeutschen Eisen- und Stahlindustrie nach 1945, Stuttgart 2015, S. 104–106.

[148] Wetzel, Juliane: Integration im Großbetrieb – das Beispiel BMW, in: Wolfgang Benz (Hrsg.): Integration ist machbar. Ausländer in Deutschland, München 1993, S. 93–108, hier S. 98–99.

[149] Wetzel: Integration, S. 100.

[150] „Liebe Leserin, lieber Leser", in: bayernmotor, Nr. 1, Dezember 1973, S. 4.

[151] Wetzel: Integration, S. 100.

ratsvorsitzende Draeger in diesem Zusammenhang das Ziel, die „Entfremdung zu mildern und schließlich zu überwinden".[152] Zwar wollte und konnte man auf Fließbänder keineswegs verzichten. Da die Automatisierung der Produktion in den Augen der Unternehmensleitung jedoch auch dazu dienen sollte, die Arbeit zu erleichtern,[153] versuchte sie, Arbeitsplätze auf Gruppen- und Einzelmontagen umzustellen, wenn sich hierzu die Möglichkeit bot. Auf diese Weise sollte beispielsweise in der Sattlerei ein Pkw-Sitz an einem einzigen Arbeitsplatz hergestellt werden. Des Weiteren sah man vor, die Taktzeiten auf zwei bis sechs Minuten zu erhöhen und dabei mehrere, vorher getrennt einsetzende Arbeitsschritte zusammenzulegen. Die Taktzeiten gestalteten sich damit im Vergleich mit denen im Wolfsburger VW-Werk, die dort durchschnittlich bei eineinhalb Minuten lagen, tatsächlich äußerst großzügig.[154] Auch bei BMW waren die Taktzeiten jedoch wenige Jahre zuvor noch deutlich geringer, so im Jahr 1968 bei 1,8 Minuten.[155] Ferner ging es den Verantwortlichen bei BMW darum, „Pufferschleusen" bei geradlinigen Fließbändern einzurichten sowie die Montage auf zwei bis drei parallel laufende Bänder aufzuteilen, um den individuellen Arbeitsdruck zu reduzieren. Arbeitsplatzwechsel innerhalb der Gruppe sollten die jeweiligen Tätigkeiten zudem weniger monoton und daher interessanter machen. Generell sollten die Mitarbeiter besser über die Vorgänge im Betrieb informiert werden, um dem Unternehmen dadurch die Möglichkeit zu geben, „alle geeigneten Kräfte in den Prozess der Entscheidungsfindung einbauen zu können."[156]

Dass die angestrebte Modernisierung der Personalarbeit Ende 1973 noch keineswegs abgeschlossen war, zeigte eine Diskussion des Aufsichtsrats in einer Sitzung vom Herbst desselben Jahres. In dieser besprachen die Aufsichtsratsmitglieder die personalpolitischen Ziele für den Zeitraum 1974 bis 1979. Den Verantwortlichen war bewusst, dass eine „intensive, langfristig orientierte Personalpolitik" den Einsatz beträchtlicher finanzieller Mittel voraussetzte. Da es sich bei dieser Aufgabe jedoch um eine „Nachholarbeit" handelte, „die im Zuge des Wiederaufbaus zwangsläufig vernachlässigt werden mußte", beschlossen Vorstand und Aufsichtsrat, an dieser Stelle nicht zurückzutreten. Die Aufsichtsratsmitglieder sahen in der genannten Sitzung weiterhin besonderen Handlungsbedarf im Bereich der Fluktuations- und Abwesenheitsquote, die mithilfe einer weiteren „systematische[n] Erforschung der Ursachen" reduziert werden sollte. Auch sollte eine „Entlastung der Meister" erreicht werden, um „eine echte Führung der zugeordneten Mitarbeiter" zu ermöglichen Die Unternehmensführung schickte sich demnach an, Forderungen umzusetzen,

152 BMW UA 2150, Ansprache von Dr. Rolf Draeger, Vorsitzender des Aufsichtsrats, anlässlich der Hauptversammlung der Bayerischen Motoren Werke AG am 12. Juli 1973.

153 BMW UA 1532–1, Rede des Vorstands auf der Betriebsversammlung vom 19. Juli 1971.

154 „Das Fließband menschlicher machen", in: bayernmotor, Nr. 1, Dezember 1973, S. 3.

155 BMW UA 417, Niederschrift über die Sitzung des Aufsichtsrates vom 8. November 1968.

156 BMW UA 2150, Ansprache von Dr. Rolf Draeger, Vorsitzender des Aufsichtsrats, anlässlich der Hauptversammlung der Bayerischen Motoren Werke AG am 12. Juli 1973 (Zitat von ebenda); „Das Fließband menschlicher machen", in: bayernmotor, Nr. 1, Dezember 1973, S. 3.

die der Betriebsrat bereits einige Jahre zuvor erhoben und seitdem immer wieder bekräftigt hatte. Weitere Verbesserungen erstrebte die Firmenleitung in Bezug auf die Arbeitsplätze in der Produktion. Ein Mittel stellte die weitere Mechanisierung von manuellen Tätigkeiten dar, um letztere so weite wie möglich überflüssig zu machen. In diesem Zusammenhang wollte man auch eine Anhebung des sozialen Status der Facharbeiter erreichen. Um „Irreführungen" in der Belegschaft hinsichtlich dieser Veränderungen zu vermeiden, wollte man die Beschäftigten regelmäßig über die Entwicklungen sowie insbesondere über die „Möglichkeiten und Grenzen des Ersatzes der Fließbandarbeit" unterrichten. Ferner prüfte der Aufsichtsrat die oben angesprochenen, zu diesem Zeitpunkt bereits eingeführten Bildungsmaßnahmen „unter dem Aspekt der Förderungswilligkeit der einzelnen Mitarbeiter und der Wirtschaftlichkeit". Dabei ging es vordringlich um die Frage, ob ein „Rückfluß der Personalinvestitionen" gesichert sei und inwieweit diese Investitionen für das Unternehmen rentabel sein würden.[157]

Eine weitere Maßnahme, die der langfristigen Mitarbeiterbindung dienen sollte, war die Einführung der anteilsmäßigen Erfolgsbeteiligung für die BMW-Belegschaft im Jahr 1973, die sogenannten Namens-Gewinn-Schuldverschreibungen. Das Prämienmodell sah vor, dass sich die Verzinsung der Wertpapiere an der Höhe der Dividende orientierte, wobei BMW eine Mindestausschüttung von sieben Prozent garantierte. Dabei bestand kein Kursrisiko.[158] Die Schuldverschreibungen waren zu 50 DM und 100 DM gestückelt und hatten eine Laufzeit von sechs Jahren. Bezugsrecht hatten alle BMW-Beschäftigten, die in einem ungekündigten Arbeitsverhältnis standen und bereits ein Jahr bei der Firma angestellt waren.[159] Schon im Jahr 1972 hatte der Vorstand eine Art Vorläufermodell ins Leben gerufen, nämlich eine dividendenabhängige Erfolgsprämie, deren Höhe ebenfalls an den Gewinn gebunden war.[160]

Bei diesen Vermögensbildungssystemen handelte es sich zwar insofern um quantitativ-monetäre Strategien, als die Beschäftigten hierdurch Geldleistungen erhielten. Da diese aber an die Entwicklung des Unternehmensgewinns gekoppelt waren, zielten die Gewinn-Schuldverschreibungen auf unternehmerische Identifikation und Verantwortung. Die Beschäftigten waren als aktive Teilhaber und „Investoren" angesprochen, deren individuelle Vermögensbildung unmittelbar an den wirtschaftlichen Erfolg der Firma gebunden war. Die eigene Arbeitsleistung sollte ihnen so als Grundlage einer positiven Unternehmensentwicklung ins Bewusstsein treten, womit sie „zu unternehmerischem Denken und Handeln in ihrem jeweiligen Aufgabenbereich angehalten" waren.[161] Die Unternehmensleitung erklärte ausdrücklich, dass sie durch den „systematischen Ausbau von Eigentum in

157 BMW UA 417, Niederschrift über die Sitzung des Aufsichtsrats vom 12. September 1973.
158 „Mitverdienen am Gewinn von BMW", in: bayernmotor, Nr. 1, Dezember 1973, S. 1–2.
159 BMW UA 2143–1, Bekanntmachung des Vorstandes Nr. 3/73. Betr.: Einführung einer Erfolgsbeteiligung (7. Juni 1973).
160 Grunert u. Triebel: Unternehmen, 114.
161 Ebenda.

Arbeitnehmerhand“ das Ziel verfolge, „die Freude an der Arbeit zu heben und das Bewußtsein bei jedem Einzelnen zu entwickeln, daß der Erfolg des Unternehmens auch sein Erfolg ist.“[162] Für den einzelnen Produktionsarbeiter bedeutete dies, dass ein erhöhter Arbeitseinsatz über den regulären Verdienst hinaus als lohnend erschien, was sich am Arbeitsplatz etwa durch die Bereitschaft geltend machen sollte, länger, intensiver und achtsamer zu arbeiten.

Die Aufwertung der Arbeitsplätze, die Mitarbeiterschulungen und -beteiligungssysteme sowie die Versuche, die „Gastarbeiter“ durch Sprachprogramme und Informationsangebote in die Belegschaft zu integrieren, flankierte die Unternehmensleitung im Frühjahr 1973 durch den Versuch, „in zunehmenden Maße Arbeit durch Kapital, d. h. Maschinen zu ersetzten.“ Dieses Vorgehen im Sinne der Rationalisierungslogik war auch in den 1960er Jahren üblich, um höhere Gewinne zu erzielen. Insofern als sich der Personalabbau nun aber auch dann vollziehen sollte, wenn „sich rechnerisch keine zusätzliche Rendite darstellen läßt“,[163] kam zu Beginn der 1970er Jahre jedoch ein anderer Gesichtspunkt zum Tragen. Dem Vorstand ging es nämlich vorwiegend darum, der Problematik der Arbeitskräftesuche, die dem Unternehmen seit dem Beginn der 1960er Jahre schwer zu schaffen gemacht hatte, durch den größtmöglichen Abbau von unqualifizierten Arbeitsplätzen endgültig Herr zu werden. Dazu gehörte die weitere Optimierung der Fertigungsmethoden, ein größerer Kapitaleinsatz und die Verbesserung der Qualifizierung der Mitarbeiter – eine Entwicklung, die sich keineswegs nur auf BMW beschränkte, sondern auch bei anderen Automobilproduzenten zu beobachten war.[164]

Die nur kurze Zeit später eintretende Massenarbeitslosigkeit, welche die Unternehmensleitung zu diesem Zeitpunkt naturgemäß nicht voraussehen konnte, sollte an dieser, noch in der Phase der Vollbeschäftigung eingeschlagenen Kursausrichtung nichts mehr ändern. Der Abbau von unqualifizierten Arbeitsplätzen war jedoch nur die eine Seite dieser Entwicklung. Die andere Seite stellte die allgemeine Aufwertung der Beschäftigten durch Mitarbeiterkurse und Umschulungsmaßnahmen sowie die betrieblich-soziale Höherstellung des Facharbeiterberufs dar. Diese Aufwertungsbemühungen können als Reaktion auf einen Wandel der unqualifiziert-manuellen Arbeit begriffen werden, deren Stellenwert innerhalb der Automobilfertigung nach Jahren verstärkter Rationalisierungsbemühungen abzunehmen begonnen hatte. Vor dem Hintergrund der Automationsprozesse ergaben sich „neue Anforderungsprofile“ wie Überwachungs-, Umrüstungs- und Instandhaltungstätigkeiten, die sich „grundsätzlich von den deterministischen Arbeitsabläufen und repetitiven Handgriffen der manuellen Massenfertigung“ unterschieden.[165] Während

162 BMW UA 2150, Ansprache von Dr. Rolf Draeger, Vorsitzender des Aufsichtsrats, anlässlich der Hauptversammlung der Bayerischen Motoren Werke AG am 12. Juli 1973.

163 BMW UA 417, Niederschrift über die Sitzung des Aufsichtsrats vom 3. Mai 1973.

164 Hartwich, Günter: Moderne Fertigungsmethoden in der Automobilindustrie, in: VDA: Automobil – Technischer Fortschritt und wirtschaftliches Wachstum. VDA-Pressekolloquium Bad Reichenhall 9./10. Juni 1970, S. 29–43, hier S. 30.

165 Dohse, Jürgens u. Malsch: Fertigungsnahe Selbstregulierung oder zentrale Kontrolle, in: Naschold (Hrsg.): Arbeit und Politik, S. 76.

die Automatisierung diese Arbeitsbereiche aufwertete beziehungsweise erst erschaffen hatte, waren die Arbeitsplätze derjenigen Beschäftigten, die un- und angelernte Tätigkeiten verrichteten, durch denselben Prozess tendenziell bedroht. Ausdrücklich verband die Firmenleitung mit dem Abbau der Härten und „Entfremdungstendenzen" am Arbeitsplatz die Zielsetzung, „eintönig[e] Routinearbeiten an Maschinen und Automaten" zu übertragen.[166] Insofern verwundert es nicht, dass die Unternehmensleitung im Zuge der Qualifizierungsoffensive, die in den frühen 1970er Jahren einsetzte, auch eine „Reduzierung der Gastarbeiter" bei BMW anstrebte, um eine „generelle Anhebung des Niveaus zu erreichen."[167] Die Aufwertung des Arbeitsplatzes betraf im Resultat daher nur einen Teil der Beschäftigten.

Betrachtet man die innerbetrieblichen Weiterbildungsangebote im Zusammenhang mit dem Wandel der Arbeit ab den 1970er Jahren, so können sie auch als frühe Reaktion auf neue Imperative betrachtet werden, welche die betriebliche Sphäre in der Folgezeit zunehmend bestimmen sollten. Die Tendenz, dass die Subjekte im Kontext der postfordistischen Arbeitswelt „primär nach vorweisbaren Arbeitsergebnissen- und -erfahrungen [...] und weniger nach ihren Berufsabschlüssen" beurteilt werden,[168] ging mit dem Bedeutungsverlust von „überbetrieblichen", standardisierten Formalqualifikationen einher. Indem BMW seine Mitarbeiter gezielt auf die spezifischen Anforderungen des eigenen Betriebs hin ausbildete, generierte das Unternehmen bereits in den 1970er Jahren „individuelle Fähigkeits- und Erfahrungsprofile", welche an „die Stelle des Berufs als hoch regulierte ‚Arbeitskraft-Schablone'" traten. Damit partizipierte BMW frühzeitig an einem allgemeinen Trend, der darin bestand, dass sich die persönliche Identität der Beschäftigten „eher aus Leistungen und Erfahrungen sowie ihrem individuellen Muster unterschiedlicher Tätigkeiten als aus Bildungstiteln" ergab.[169] Die qualitativ-integrativen Maßnahmen waren vor diesem Hintergrund zentraler Bestandteil einer Modernisierung des Unternehmens BMW.

166 BMW UA 2150, Ansprache von Dr. Rolf Draeger, Vorsitzender des Aufsichtsrats, anlässlich der Hauptversammlung der Bayerischen Motoren Werke AG am 12. Juli 1973.

167 BMW UA 417, Niederschrift über die Sitzung des Aufsichtsrats vom 13. Dezember 1973.

168 Pongratz u. Voß: Der Arbeitskraftunternehmer, in: Kölner Zeitschrift für Soziologie und Sozialpsychologie 50 (1998), S. 148.

169 Ebenda.

8. Der BMW-Betriebsrat zwischen Belegschaftsvertretung und Unternehmensinteressen

Innerhalb der Diskussionen und Entscheidungsprozesse der betrieblichen Maßnahmen, die in den vorangegangenen Kapiteln dargestellt wurden, nahm der BMW-Betriebsrat eine wichtige Rolle ein. Dies galt auch für die Durchführung und Überwachung dieser Maßnahmen. Als Mitglied des Aufsichtsrats seit dem Jahr 1957 bezog die Unternehmensleitung den Betriebsratsvorsitzenden Kurt Golda in die Verhandlung von Fragen mit ein, welche die Belange der Belegschaft betrafen: die Anstrengungen zur Belegschaftsexpansion, die betriebliche Rationalisierung, die Ausweitung, Intensivierung und Flexibilisierung der Arbeit sowie allem voran die betriebliche Sozialpolitik. Golda bekleidete das Amt des Vorsitzenden seit dem Jahr 1949 und prägte von diesem Zeitpunkt an das kooperative Verhältnis zwischen Betriebsrat und Vorstand bis zu seinem Ausscheiden aus dem Unternehmen im Jahr 1988.[1] Die Zusammenarbeit von Betriebsrat und Unternehmensleitung war, wie der Vorstandsvorsitzende Paul G. Hahnemann einmal bemerkte, „nahezu sprichwörtlich."[2] Dies galt insbesondere mit Blick auf die Beziehung Goldas zum BMW-Großaktionär Herbert Quandt, die seit den 1950er Jahren von gegenseitigem Vertrauen geprägt war.[3] Quellenmäßig ist der Betriebsrat bei BMW, von den Diskussionsbeiträgen Goldas im Aufsichtsrat und einzelnen Bekanntmachungen abgesehen, vor allem durch seine Geschäftsberichte fassbar, die der Betriebsratsvorsitzende auf den Betriebsversammlungen vortrug. Golda, der als gelernter Schlosser im Jahr 1949 im BMW-Werk Allach seine Beschäftigung aufnahm, wechselte 1956 ins Stammwerk nach München-Milbertshofen. Dort wurde er noch im selben Jahr zum Betriebsratsvorsitzenden gewählt, nachdem er bereits im Jahr 1950 in den Betriebsrat eingetreten war.[4] Seit dem Jahr 1967 war Golda auch Vorsitzender des Gesamtbetriebsrats, der sich aus dem Betriebsrat des Münchner Stammwerks und dem des Dingolfinger Zweigwerks zusammensetzte.[5]

Wie an dieser Stelle bereits vorweggenommen werden kann, wirkte sich das grundsätzliche Vertrauensverhältnis von Firmenleitung und Betriebsrat auch auf die alltägliche Verhandlungskultur aus. Trotz der Tatsache, dass die Betriebsrats-

1 Grunert u. Triebel: BMW, S. 82.

2 BMW UA, Bericht des Vorstandes auf der Betriebsversammlung vom 17. Juli 1967.

3 Schoch, Manfred: Der BMW-Betriebsrat als treibende Kraft, Innovator und Garant für gute Arbeit. Stark und erfolgreich mit der IG Metall, in: IG Metall Bayern (Hrsg.): Vom Wiederaufbau zur Arbeit 4.0. IG Metall Bayern: 70 Jahre Fortschritt durch Tarifpolitik, Hamburg 2017, S. 105–107, S. 105.

4 BMW UU, 3032, Kurt Golda. Zur Vollendung des 60. Lebensjahres. Rede von Eberhard von Kuenheim, Vorstandsvorsitzender der BMW AG.

5 Die Zeit vom 17. Februar 1984: „Neues BMW-Modell? In München wird über die 36-Stunden-Woche nachgedacht".

partizipation primär durch formale Reglements bestimmt ist, die sich durch das Betriebsverfassungsgesetz, die Rechtsform des Unternehmens und Betriebsvereinbarungen definieren, kommt der Verhandlungskultur als „Netzwerk informeller Beziehungsregeln zwischen Management und Betriebsrat“[6] eine bedeutende Rolle für die praktische Mitgestaltung des Betriebsgeschehens durch die betriebliche Arbeitnehmervertretung zu.[7] In der Forschung werden in der Regel zwei idealtypische Pole des Betriebsratshandelns unterschieden, zwischen denen jeweils unterschiedliche Mischformen bestehen. Diese beiden grundlegenden Funktions- beziehungsweise Rollenmodelle können mit Juri Hälker als „Gegenmacht“ und „Co-Management“ bezeichnet werden. Während der Betriebsrat als Gegenmacht eine „traditionelle Schutzfunktion“ hinsichtlich der Belegschaft einnimmt, zeichnet sich das betriebliche Co-Management durch die kooperationsorientierte Wahrnehmung von Gestaltungsfunktionen aus.[8] „Co-Management“ bezeichnet ferner die „Übernahme von oder die Beteiligung an Managementaufgaben“,[9] womit der Betriebsrat tendenziell als „Mit-Unternehmer“ agiert.[10]

Die Forschung registrierte einen Trend zum Typus des kooperativen Betriebsrats seit den 1980er Jahren. Insbesondere in der Automobilindustrie war diese Entwicklung durch Konzentrations- und Internationalisierungsprozesse bedingt, die einen zunehmenden Kostendruck und eine Verschärfung des Produktivitätswettbewerbs nach sich zogen.[11] Die Interaktionskultur zwischen Management und Betriebsrat war seit dieser Zeit von „einem Prozeß der Entpolitisierung und Versachlichung“ bestimmt.[12] Durch die (partielle) unternehmerische Verantwortungsübernahme sowie eine an ökonomischen und technologischen Logiken orientierte Politik der betrieblichen Interessenvertretungen wurde der klassische Gegensatz von Arbeit und Kapital im Verhältnis zum Management zudem weitgehend überwunden.[13] Der „Rollenwandel der Betriebsratsarbeit“[14] bewegte sich allerdings innerhalb des Rahmens des historisch entstandenen bundesdeutschen Sozialpartnerschaftsmodells, das nach dem Zweiten Weltkrieg implementiert wor-

[6] Gaedeke, Oliver K.: Industrielle Beziehungen in Veränderung. Neue Formen der Betriebsratsarbeit, München und Mering, 2001, S. 65.

[7] Zum formalrechtlichen Rahmen siehe auch: Behruzi, Daniel: Wettbewerbspakte und linke Betriebsratsopposition. Fallstudien in der Automobilindustrie, Hamburg 2015, S. 92–98.

[8] Hälker, Juri: Betriebsräte in Rollenkonflikten. Betriebspolitisches Denken zwischen Co-Management und Gegenmacht, München u. Mering ^{2}2005, S. 11.

[9] Bundesmann-Jansen u. Frerichs: Betriebspolitik, S. 96.

[10] Hälker: Betriebsräte, S. 11.

[11] Betz, Heinrich u. Fritsch, Uwe: Sachzwänge contra Beschäftigteninteressen. Zur Situation der Interessenvertretung in der Automobilindustrie, in: Udo Klitzke, Heinrich Betz u. Mathias Möreke (Hrsg.): Vom Klassenkampf zum Co-Management? Perspektiven gewerkschaftlicher Betriebspolitik. Wolfgang Klever zum 60. Geburtstag, Hamburg 2000, S. 66–99, hier S. 66.

[12] Bosch, Aida: Vom Interessenkonflikt zur Kultur der Rationalität. Neue Verhandlungsbeziehungen zwischen Management und Betriebsrat, München und Mering 1997, S. 185.

[13] Bürger, Michael: Zur Alltagstypik von Betriebsratshandeln. Eine Fallstudie, Münster 1996, S. 40.

[14] Roth, Siegfried: Rollenwandel der Betriebsratsarbeit, Frankfurt a. M. 2000, S. 1.

den war – weshalb es sich bei den Wandlungstendenzen „weniger um einen radikalen Bruch der Interaktionskultur als vielmehr eine Weiterentwicklung und Ausdifferenzierung“[15] dieses Modells handelte. Die institutionalisierte Struktur des dualen Systems der Arbeitnehmerinteressenvertretung „förderte, konditionierte, erzwang Strategien und Politiken der beteiligten Akteure, die den sozialen Konsens verstärkten und zu einem niedrigen Konfliktniveau und hoher Produktivitätsrate beitrugen.“[16]

Vor diesem Hintergrund kann es kaum verwundern, dass Formen der pragmatisch-kooperativen Betriebspolitik bereits während des Booms zu beobachten waren. Nicht nur die betrieblichen Interessenvertretungen, sondern auch die bundesdeutschen Gewerkschaften verfolgten seit etwa Mitte der 1950er Jahre eine Politik, welche die „konjunkturell wechselnden Stabilitäts- und Wachstumsbedingungen der kapitalistischen Wirtschaft“ respektierte „und ihre Forderungen den jeweiligen Konzessionsspielräumen des ökonomischen Systems“ anpasste.[17] Die produktivitätsorientierte Lohn- und Gehaltspolitik der Gewerkschaften verband auf diese Weise Arbeitnehmeransprüche mit makroökonomischen Wachstumsargumenten.[18] Dies resultierte in einer „Einbindung der Gewerkschaften in eine gesamtwirtschaftlich begründete Einkommens- und Stabilitätspolitik“.[19] Der in den 1960er Jahren zwischen Gewerkschaften, Arbeitgeberverbänden und Staat bestehende, „wenn auch prekär[e] Konsens über die ‚Produktivitätsregel‘ als generelle Verteilungsformel“[20] stellte auch die Basis für die Politik des Betriebsrats bei BMW dar, der sich durchgehend aus der Einheits- beziehungsweise Gemeinschaftsliste der IG Metall konstituierte. Generell darf die Gewerkschaftsbindung der Betriebsräte in der Automobilindustrie jedoch keinesfalls überschätzt werden. Gleiches gilt für den Einfluss der gewerkschaftlichen Vertrauensleute auf die betriebspolitischen Einstellungen und Handlungen des Betriebsrats, der in der Regel äußerst gering ausfiel.[21] Was das Verhältnis zu den Gewerkschaften betraf, so zeichnete sich während des Booms vielmehr „eine gewisse Vormachtstellung und

[15] Bosch: Interessenkonflikt, S. 185.

[16] Müller-Jentsch: Prüfstand, S. 18.

[17] Bergmann, Joachim, Jacobi, Otto u. Müller-Jentsch, Walther: Gewerkschaften in der Bundesrepublik, Bd. 2: Gewerkschaftliche Lohnpolitik im Bewußtsein der Funktionäre, Frankfurt a. M. 1977, S. 7.

[18] Bergmann, Jacobi u. Müller-Jentsch: Gewerkschaften, Bd. 1, S. 203. Es handelt sich bei der produktivitätsorientierte Lohn- und Gehaltspolitik um die sogenannte „Produktivitätsregel“ beziehungsweise „Meinhold-Formel“. Mit dieser wurde „die angemessene Beteiligung der Arbeitnehmer am Produktivitätszuwachs, d. h. ein vermehrtes Einkommen unter Anerkennung der gegebenen Verteilungsverhältnisse“ angestrebt. Siehe: Kädtler: Tarifpolitik, S. 435.

[19] Bispinck, Reinhard: Schwerpunktthema „50 Jahre Tarifvertragsgesetz – Stationen der Tarifpolitik von 1949–1999“, in: WSI-Tarifarchiv (Hrsg.): WSI-Tarifhandbuch 1999, Frankfurt a. M. 1999, S. 111–128, hier S. 115.

[20] Bergmann, Jacobi u. Müller-Jentsch: Gewerkschaften, Bd. 2, S. 10.

[21] Schmidt, Rudi u. Trinczek, Rainer: Der Betriebsrat als Akteur der industriellen Beziehungen, in: Walther Müller-Jentsch (Hrsg.): Konfliktpartnerschaft. Akteure und Institutionen der industriellen Beziehungen, München u. Mering ^{3}1999, S. 103–128, S. 108.

Verselbstständigung der Betriebsräte" ab, was zu einer „Stärkung der Position der betrieblichen gegenüber der gewerkschaftlichen Interessenvertretung führte."[22]

8.1 Das „Menschliche" im Betrieb: Die Sozialpolitik des Betriebsrats

Der Betriebsrat verfolgte seit Beginn der Aufschwungphase im Jahr 1960 das Ziel, „die Belegschaft verdienstmäßig an die übrige Automobilindustrie heranzuführen."[23] Insofern stellte die in Kapitel 7.1 skizzierte Ausweitung der Verdienste und Sozialleistungen ein zentrales Aufgabenfeld dar, dem sich der Betriebsrat über die gesamte Untersuchungszeit hinweg widmete. Zwar war es letztlich die Unternehmensleitung, die über die finanziellen Mittel verfügte und daher über die Einführung und das Ausmaß der Regelungen entschied. Indem die Arbeitnehmervertretung jedoch die Forderungen vorbrachte und regelmäßig auf deren Anpassung an die Umsatz- und Gewinnentwicklung insistierte, kann der Betriebsrat als die treibende Kraft in dieser Konstellation gelten. Hinzu kam, dass er oftmals auch an der konkreten Ausgestaltung der Maßnahmen mitwirkte und an der nachträglichen Begutachtung und Bewertung von deren Auswirkungen beteiligt war. Die primäre Fokussierung auf die Forderung nach einer Erhöhung der Verdienste und Sozialleistungen, deren Erfüllung durch den wirtschaftlichen Aufstieg des Unternehmens möglich geworden war, ließ die Politik des Betriebsrats zudem als erfolgreich erscheinen – was bei einer alternativen politischen Schwerpunktsetzung nicht unbedingt wahrscheinlich gewesen wäre. Dies galt umso mehr, als die finanzielle Beteiligung der Belegschaft am Erfolg von BMW auch im Interesse der Firmenleitung stand, da vor dem Hintergrund der hohen Fluktuationsraten und des Arbeitskräftemangels eine Verdienstanpassung an die Branche beziehungsweise über deren Durchschnitt hinaus unabdingbar war.

Die Verdienstsituation war aber nur einer der Themenbereiche, mit denen sich der Betriebsrat in den 1960er und frühen 1970er Jahren befasste. Sie stellte zudem eine Materie dar, deren Missstände sich in Zeiten hoher Gewinne vergleichsweise einfach beheben ließen. Und tatsächlich erreichte man es über die 1960er Jahre, die Verdienste bei BMW an den Branchendurchschnitt heranzuführen. Zu Beginn der 1970er Jahre konnten sogar überdurchschnittliche Werte erzielt werden.[24] Auf

[22] Owetschkin: Verteilen, S. 100–101. Dessen ungeachtet kamen Werner Kudera u. a. in einer empirischen Erhebung des Jahres 1974 zu dem Ergebnis, dass „[f]ast allen Befragten [...] die weitgehende Gleichsetzung von Betriebsrat und Gewerkschaft gemeinsam [ist]. [...] Die institutionelle Interessenvertretung im Betrieb erscheint als Filiale der Gewerkschaft mit allenfalls besonderen Geschäftsbedingungen." Kudera, Werner u. a.: Gesellschaftliches und politisches Bewußtsein von Arbeitern. Eine empirische Untersuchung, Frankfurt a. M. 1979, S. 163.

[23] BWM UA 511, Geschäftsbericht des Betriebsrats auf der Betriebsversammlung vom 2. August 1961.

[24] BMW UA 2154, BMW kompakt 7'72.

anderen betrieblichen Gebieten gestaltete sich die Situation jedoch nicht in dieser Weise. Die stürmische Ausweitung der Fertigung und die damit einhergehende Erhöhung der Belegschaftsziffer führten im Laufe der 1960er Jahre nämlich oftmals dazu, dass die Unternehmensleitung betriebliche Bereiche, die nicht der Produktionsausweitung dienten, vernachlässigte. Dem Betriebsrat kam so die Rolle zu, die Aufmerksamkeit des Vorstands und des Aufsichtsrats auf diese Felder zu lenken, um hier notwendig gewordene Investitionen zu tätigen – notwendig insofern, als es sich hauptsächlich um Belange der Belegschaft handelte, die zwar nicht als unmittelbar produktionsbezogen gelten konnten, die aber dennoch unerlässliche Bedingungen darstellten, um den Fertigungsablauf aufrechtzuerhalten.

Über die gesamten 1960er und frühen 1970er Jahre lag die Priorität der Betriebsratspolitik darin, den Vorstand für Investitionen in betriebliche Sozialeinrichtungen zu gewinnen. Schon im Jahr 1962 beklagte Golda, dass die Unternehmensleitung „vor lauter Einhaltung der Produktions- und [...] Umsatzplanung über die tagtäglichen Probleme hinweg[gegangen]"[25] sei. Ein Jahr später bat der Betriebsratsvorsitzende den Vorstand, „Sozialleistungen, wie Waschräume, sanitäre Anlagen, Kantinen, Parkplätze usw." in die Investitionsplanung des Folgejahres 1964 mit einzubeziehen.[26] Ganz ähnlich äußerte sich Golda auch 1969, als er mit Blick auf die „tagtäglichen Sorgen in den Kantinen, Waschräumen, Toiletten, Parkplätze usw." davon sprach, dass BMW hierbei „mit dem Programm nicht Schritt halten" könne. Golda forderte, auch in diesen Bereichen rechtzeitig die nötigen Gelder breitzustellen, um Ausstattung und Größe der Einrichtungen an die gestiegene Belegschaftsziffer anzupassen.[27] Dass sich aus Sicht des Betriebsrats bis zum Beginn der 1970er Jahre eine diesbezügliche Besserung nur bedingt eingestellt hatte, zeigen Aussagen Goldas aus dem Jahr 1971. Im Hinblick auf eine Konsolidierungsphase sah es Golda als dringlich an, „neue Schwerpunkte, die zum Teil in der Vergangenheit aus anderen Überlegungen heraus versäumt wurden, zu setzen."[28]

Im Jahr 1962 bezeichnete Golda die Situation der Parkplätze, Kantinen, Waschräume und Brotzeitstände als „katastrophal" und sprach von einer „akuten Notsituation". Die Erklärungen der zuständigen Vorgesetzten, dass sich die Probleme aufgrund Platz-, Personal- und Geldmangels nicht lösen lassen würden, wollte Golda nicht akzeptieren. Vor dem Hintergrund der erfolgten Erhöhung der Belegschaftsgröße forderte der Betriebsratsvorsitzende, auch die betrieblichen Sozialeinrichtungen adäquat auszuweiten: „Wir können bei der Zusammensetzung sowie des laufenden Anwachsens der Belegschaft – heute haben wir bereits knapp

25 BWM UA 511, Geschäftsbericht des Betriebsrats auf der Betriebsversammlung vom 19. November 1962.

26 BMW UA 511, Geschäftsbericht des Betriebsrats auf der Betriebsversammlung vom 30. Juli 1963.

27 BMW UA 512, Geschäftsbericht des Betriebsrats auf der Betriebsversammlung vom 24. November 1969.

28 BMW UA 1532-1, Geschäftsbericht des Betriebsrats auf der Betriebsversammlung vom 19. Juli 1971.

9000 Belegschaftsangehörige – nicht einfach so tun, als hätten wir noch 6000." Bei einer Mittagspause von einer halben Stunde sei ein störungsfreier Ablauf nicht gesichert, wenn „der Einzelne eine viertel Stunde [sic] warten muss, bis er sein Essen bekommt." Die aufgestellten Automaten seien keine Alternative, da diese „zum Teil minderwertige Ware beinhalten und obendrein eine Sparbüchse für die jeweiligen Firmen darstellen." All dies verursache Verärgerungen innerhalb der Belegschaft, die zu „unangenehmen Überraschungen" führen könnten. Überhaupt nütze es nichts, so Golda, „wenn wir zwar das personalpolitische Soll für die Produktion u. U. erreichen, aber in beiden Kantinen nicht weiterkommen und das vorhandene Personal mit seinem bescheidenen Verdienst einfach nicht mehr leisten kann, als es sowieso schon der Fall ist."[29]

Es sollte jedoch noch bis ins Jahr 1965 dauern, bis sich der Vorstand zur Errichtung einer neuen Kantine bereit erklärte. Bezeichnenderweise musste die Essensausgabe dafür für mehrere Monate in eine neu hergerichtete Baracke ausweichen. Aufgrund der Kapazitätsengpässe stellte die Unternehmensleitung den freigewordenen Raum nämlich unmittelbar der Produktion zur Verfügung.[30] Im Frühjahr 1966 war die neue Kantine, für die Investitionen von über 2 Millionen DM aufgewendet worden waren, bezugsfertig.[31] Die Probleme, auf die der Betriebsratsvorsitzende im Jahr 1962 hinsichtlich der Wartezeiten bei der Essensausgabe hingewiesen hatte, schienen jedoch auch sechs Jahre später noch zu bestehen. Denn auch auf einer Betriebsversammlung des Jahres 1968 klagte Golda, dass häufig „nur 3 von 6 Schaltern geöffnet sind und der Letzt[e] 1/4 Std. nach Beginn der Mittagspause sein Essen bekommt." Deshalb forderte der Betriebsrat, dass man „wegen dieses unhaltbaren Zustandes, wenn notwendig, aus personalpolitischen Gründen auf den Betrieb" zurückgreifen müsse. Notfalls solle die Personalabteilung also Beschäftigte aus anderen Bereichen für die Essensausgabe abziehen. In diesem Zusammenhang erwähnte Golda auch die Tatsache, dass innerhalb der Belegschaft hinsichtlich der Qualität der Mahlzeiten Unzufriedenheit herrsche.[32]

In den Augen Goldas waren es die „schlechten Bedingungen" in der Werksküche, unter denen die dort Beschäftigten täglich rund 7000 Speisen zubereiteten, die zwangsläufig zu einer minderen Essensqualität führen mussten.[33] In der Betriebsversammlung vom Frühjahr 1969 konnte der Betriebsratsvorsitzende jedoch berichten, dass BMW ein Gelände von der Stadt München erworben hatte, um

[29] BWM UA 511, Geschäftsbericht des Betriebsrats auf der Betriebsversammlung vom 19. November 1962.

[30] BWM UA 511, Geschäftsbericht des Betriebsrats auf der Betriebsversammlung vom 12. April 1965; BMW UA 511, Geschäftsbericht des Betriebsrats auf der Betriebsversammlung vom 19. Juli 1965.

[31] BMW UA 512, Geschäftsbericht des Betriebsrats auf der Betriebsversammlung vom 18. April 1966.

[32] BMW UA 512, Geschäftsbericht des Betriebsrats auf der Betriebsversammlung vom 22. Juli 1968.

[33] BMW UA 512, Geschäftsbericht des Betriebsrats auf der Betriebsversammlung vom 20. April 1970.

dort eine neue Großküche zu errichten. Gleichzeitig plante man, die bestehende Werksküche mitsamt der Kantine bis Ende des Jahres 1969 auszubauen. Da es in der Kantine nicht genügend Sitzplätze gab, versprach sich der Betriebsrat durch die genannten Maßnahmen auch in dieser Hinsicht Erleichterung.[34] Gleichzeitig wollte man durch die neue, modern eingerichtete Großküche auch eine Verbesserung der Essensqualität erreichen. Eine endgültige Lösung der Sitzplatzproblematik in der Kantine erreichte BMW erst mit der Errichtung des Hauptverwaltungsgebäudes am Petuelring. Der im Jahr 1972 fertiggestellte und ein Jahr später eröffnete „BMW-Turm“ beherbergte nämlich mehrere Kantinen für Angestellte. Mit dem Umzug des Großteils der Gehaltsempfänger in das neue Verwaltungsgebäude besserte sich auch die Lage hinsichtlich der Essensausgabe für die Arbeitskräfte im Hauptwerk.[35]

Die Möglichkeit, dass es zu einem „unangenehme[n] Erwachen“ kommen könnte, sah der Betriebsrat im Jahr 1962 auch in Hinsicht auf den Zustand der Mitarbeiterparkplätze. Diese seien mit Schlaglöchern übersät und „bei Regen nur mit Gummistiefeln betretbar“. Da Beschäftigte ihr Auto deshalb außerhalb des Werksparkplatzes abstellten, kam es immer wieder zu Ordnungswidrigkeiten wegen Falschparkens.[36] Erst knapp zwei Jahre später konnte Golda verkünden, dass die Unternehmensleitung die „langsam unhaltbare Situation des Parkplatzes“ in Angriff nahm. So trat der Vorstand in Kaufverhandlungen mit der Stadt München ein, um eine weitere Parkfläche zu erwerben.[37] Zunächst sollte jedoch keine Besserung eintreten. Im Jahr 1965 berichtete der Betriebsrat von Diebstählen und Beschädigungen an Autos von Belegschaftsmitgliedern auf dem Firmenparkplatz.[38] Obwohl man, so Golda noch im Jahr 1968, „in den letzten Monaten erkennbare Anstrengungen gemacht“ habe, seien die Bemühungen letztlich „nur Tropfen auf den [sic] heißen Stein“ gewesen. Zwar habe der Vorstand „investitionsmässig [sic] zum Teil weit in die Zukunft geplant, aber bei der Parkplatzfrage sind wir stehen geblieben und überrollt worden.“ Golda befürchtete, „dass es hier zu einer Katastrophe kommen kann“.[39]

Im April 1969 konnte Golda schließlich bekanntgeben, dass der Vorstand ein Parkhaus für 1000 Fahrzeuge errichten werde und ein weiteres Parkhaus mit ebenfalls 1000 Stellplätzen bereits in Planung sei. Ende des Jahres 1970 sollten so für

34 BMW UA 512, Geschäftsbericht des Betriebsrats auf der Betriebsversammlung vom 28. April 1969.

35 BMW UA 512, Geschäftsbericht des Betriebsrats auf der Betriebsversammlung vom 20. April 1970.

36 BMW UA 511, Geschäftsbericht des Betriebsrats auf der Betriebsversammlung vom 19. November 1962.

37 BMW UA 511, Geschäftsbericht des Betriebsrats auf der Betriebsversammlung vom 20. Juli 1964.

38 BMW UA 511, Geschäftsbericht des Betriebsrats auf der Betriebsversammlung vom 19. Juli 1965.

39 BMW UA 512, Geschäftsbericht des Betriebsrats auf der Betriebsversammlung vom 22. April 1968.

insgesamt 2800 Fahrzeuge Parkplätze zur Verfügung stehen. In einer zweiten Phase plante die Unternehmensleitung die Errichtung weiterer Parkhäuser, was dann eine Anzahl von insgesamt 4000 Parkplätzen ergeben würde.[40] Bis dahin mussten viele Mitarbeiter ihr Auto im Freien abstellen, was auch für die Wintermonate galt.[41] Wie die Ausführungen deutlich machen, existierten bis Ende der 1960er Jahre nur 800 firmeneigene Parkplätze bei einer Belegschaftsgröße im Stammwerk von über 16 350 Personen im Jahr 1969.[42] Die drastischen Warnungen Goldas erscheinen also alles andere als unberechtigt gewesen zu sein.

Wie bereits angeführt, kritisierte der Betriebsrat nicht nur die Kantinen- und die Parkplatzsituation, sondern auch die Beschaffenheit der sanitären Anlagen. Ein weiterer Kritikpunkt betraf den Zustand in den Umkleideräumen. In Bezug auf die Toiletten und Waschräume sprach Golda Anfang der 1960er Jahre von „untragbaren Zustände[n] [...], die vielleicht im Osten noch angebracht sind". Der Betriebsratsvorsitzende verlangte daher, auch hier Investitionen zu tätigen. Diese Forderung bezog er ebenso auf die Umkleide- beziehungsweise Garderoberäume.[43] Da sich an den „tatsächlichen Engpässen"[44] hinsichtlich der sanitären und sozialen Anlagen im Laufe der Jahre offenbar nur wenig änderte, forderte Golda im Jahr 1968 ein weiteres Mal, dass der Vorstand die „Überholung der Umkleideräume" einleiten solle. Zwar sei sich der Betriebsrat darüber im Klaren, „dass man aus diesem alten Bunker keine modernen Sozialeinrichtungen schaffen kann". Dennoch sollte die Unternehmensleitung alles dafür tun, „in diesen Umkleideräumen Verhältnisse zu schaffen, die einigermaßen tragbar für unsere Belegschaft sind."[45] Auch die Situation in den Waschräumen für die Produktionsarbeiter änderte sich zunächst nicht. Wie bei der Frage des Parkplatzes und der Kantine gelangte das Unternehmen hierbei erst zu Beginn der 1970er Jahre zu einer Lösung. So konnte man Ende 1970 einen weiteren Waschraum in Betrieb nehmen, der für rund 2000 Beschäftigte ausgelegt war. Parallel zu diesem Vorgehen sollte der alte Waschraum saniert werden. Eine endgültige Lösung stellte Golda jedoch erst für Mitte 1972 in Aussicht.[46]

40 BMW UA 512, Geschäftsbericht des Betriebsrats auf der Betriebsversammlung vom 28. April 1969.

41 BMW UA 512, Geschäftsbericht des Betriebsrats auf der Betriebsversammlung vom 20. April 1970.

42 Bericht über das Geschäftsjahr 1969 Bayerischen Motoren Werke Aktiengesellschaft München, S. 19; BMW UA 512, Geschäftsbericht des Betriebsrats auf der Betriebsversammlung vom 28. April 1969.

43 BMW UA 511, Geschäftsbericht des Betriebsrats auf der Betriebsversammlung vom 29. März 1961.

44 BWM UA 511, Geschäftsbericht des Betriebsrats auf der Betriebsversammlung vom 19. November 1962.

45 BMW UA 512, Geschäftsbericht des Betriebsrats auf der Betriebsversammlung vom 22. April 1968.

46 BMW UA 512, Geschäftsbericht des Betriebsrats auf der Betriebsversammlung vom 20. April 1970.

Der Betriebsrat kümmerte sich aber nicht nur um die Qualität der sozialen Infrastruktur im Betrieb, sondern auch um die Arbeitsverhältnisse. Von den bereits an anderer Stelle beleuchteten Problematiken wie Arbeitszeiterhöhungen und Arbeitstempoverschärfungen abgesehen,[47] war es im Juli 1963 die Temperatur in den Hallen, die den Betriebsrat zu einer ungewohnt scharfen Kritik veranlasste. Wenige Wochen zuvor hatte der Betriebsrat eine Anfrage mit 500 Unterschriften aus der Belegschaft mit der Bitte erhalten, sich der „Be- und Entlüftungsfrage in den Hallen" anzunehmen. Nachdem er sich daraufhin an den zuständigen Vorstand gewendet und noch Wochen später keine schriftliche Antwort erhalten hatte, sprach Golda die Situation auf der Betriebsversammlung vom Frühjahr 1963 an. Golda sagte, dass er vor lauter Ärger nicht wisse, wen er „zuerst angreifen soll." Das, was man sich in den betreffenden Hallen „geleistet hat, spottet nicht nur jeder Beschreibung, sondern das ist in meinen Augen für die Menschen, die dort arbeiten müssen, der Gipfel der Frechheit." Diejenigen, die die Verantwortung für den Bau der Hallen tragen, „sollte man jeden Tag zwingen, solange in der Halle zu arbeiten, bis ihnen klar wird, in was für unhaltbaren Zuständen unsere Belegschaft dort arbeiten muss."[48]

Die Kritik Goldas am Vorstand bezog sich zu einem großen Teil auf die in seinen Augen umständliche und bürokratische Herangehensweise, welche die Verantwortlichen in dieser Frage an den Tag legten. Der Vorstand begründete seine abwartende Haltung damit, dass zunächst geklärt werden müsse, welche Stelle die Schuld für das Versäumnis trägt. Gleichzeitig hatte er versichert, dass im Investitionsplan eine Summe von 240 000 DM für die Belüftung der Hallen vorgesehen sei. Golda akzeptierte diese Antwort aber nicht und verlangte stattdessen „die sofortige Behebung dieser unentschuldbaren Fehler." Ansonsten werde der Betriebsrat „Beschlüsse fassen, die man bis zum Grossaktionär [sic] verspüren wird." Er fügte mit Blick auf die angeblich bürokratische Entscheidungsfindung hinzu, „dass auch ohne Gutachten die Beheizung der Hallen für den Winter heute bereits Anlass zu Überlegungen sein sollte und nicht erst im Sommer 64; denn da benötigen wir bereits wieder Kaltluft." Während in Bezug auf viele andere Angelegenheiten, etwa bei Überstundengenehmigungen, ein flexibles und unbürokratisches Vorgehen zu beobachten sei, nehme sich dies bei den Sozialeinrichtungen anders aus. Diese Fragen gehörten für den Betriebsrat jedoch „genau so [sic] gelöst, wie die Anschaffung von Fertigungsstrassen [sic] oder Maschinen." In den Augen Goldas wolle der Vorstand jedoch „nur immer neue Arbeitsplätze schaffen, um damit den Umsatz zu steigern."[49] Ein Jahr später, im Sommer 1964, hatte die Unternehmensleitung die zugesagte Summe bereits investiert und das Problem der Hallenbelüftung beziehungsweise -entlüftung behoben.[50]

[47] Siehe zu diesen Problematiken Kapitel 6.3 der vorliegenden Arbeit.
[48] BMW UA 511, Geschäftsbericht des Betriebsrats auf der Betriebsversammlung vom 30. Juli 1963.
[49] Ebenda.
[50] BMW UA 511, Geschäftsbericht des Betriebsrats auf der Betriebsversammlung vom 20. Juli 1964.

Der Betriebsrat betrachtete die geschilderten Probleme als Ausdruck einer „immer noch nicht bewältigte[n] Vergangenheit".[51] Damit bezog er sich auf die Krisenzeit der 1950er Jahre, die von „Anstrengungen, Sorgen und harter Arbeit"[52] geprägt gewesen seien. Den Verweis auf die 1950er Jahre bemühte Golda über die 1960er und frühen 1970er Jahre immer wieder aufs Neue, um darauf hinzuweisen, dass der Belegschaft nach Jahren der Entbehrung eine sowohl materielle als auch immaterielle Würdigung ihrer „Loyalität" zustehe. Der Betriebsrat und die Belegschaft hätten nämlich „in den bittersten Stunden der BMW die Treue gehalten".[53] Man habe zu jener Zeit alles getan, um das Unternehmen zu festigen, „ohne nach einem angemessenen Stundenlohn oder akzeptablen Sozialleistungen zu fragen". Dabei habe die Belegschaft ständig die Sorge gehabt, ob „der Verkauf das absetzen [kann], was wir produziert haben, damit Kurzarbeit oder Massenentlassung vermieden wird."[54] Insofern als „der beste Bilanzposten bei BMW die Treue der Belegschaft" sei, dürfe die Unternehmensleitung diejenigen nicht vergessen, „denen wir den guten Ruf und die Existenz von BMW zu verdanken haben."[55] Deshalb stehe die Unternehmensleitung denjenigen gegenüber in der Pflicht, „die die härtesten Zeiten bei BMW durchmachen mussten". Golda forderte daher, dass „der Beweis [...] angetreten wird, dass Treue honoriert und nicht nur mit einem Lippenbekenntnis abgetan wird."[56] Es verwundert deshalb nicht, dass der betrieblichen, sozialen und finanziellen Situation der Beschäftigten mit einer langjährigen BMW-Zugehörigkeit für Golda eine hohe Bedeutung zukam.[57] Dies galt auch für die Meinung dieser Belegschaftsgruppe. So beantwortete Golda Anfragen von Mitarbeitern in Betriebsversammlungen bevorzugt, wenn sie von Beschäftigten stammten, die sehr lange im Betrieb tätig gewesen waren.[58]

Noch zu Beginn der 1970er Jahre verwies der Betriebsratsvorsitzende darauf, dass ohne die Mühen der Beschäftigen in den Nachkriegsjahren für die heutigen Vorgesetzten „weder ein Posten noch ein dementsprechendes Gehalt oder ein Pen-

[51] BMW UA 511, Geschäftsbericht des Betriebsrats auf der Betriebsversammlung vom 10. April 1963.
[52] BMW UA 512, Geschäftsbericht des Betriebsrats auf der Betriebsversammlung vom 18. April 1966.
[53] BMW UA 511, Geschäftsbericht des Betriebsrats auf der Betriebsversammlung vom 20. Juli 1964.
[54] BMW UA 512, Geschäftsbericht des Betriebsrats auf der Betriebsversammlung vom 18. April 1966.
[55] BMW UA 511, Geschäftsbericht des Betriebsrats auf der Betriebsversammlung vom 30. Juli 1963.
[56] BMW UA 512, Geschäftsbericht des Betriebsrats auf der Betriebsversammlung vom 25. November 1968.
[57] BMW UA 511, Geschäftsbericht des Betriebsrats auf der Betriebsversammlung vom 19. November 1962; BMW UA 511, Geschäftsbericht des Betriebsrats auf der Betriebsversammlung vom 25. November 1963; BMW UA 512, Geschäftsbericht des Betriebsrats auf der Betriebsversammlung vom 18. April 1967.
[58] BMW UA 511, Geschäftsbericht des Betriebsrats auf der Betriebsversammlung vom 25. November 1963.

sionsvertrag möglich“[59] gewesen wären. Da der Betriebsrat bewiesen habe, „dass wir in den Zeiten, wo es BMW verdammt schlecht gegangen ist, bereit waren, mit die Verantwortung zu tragen“, verlangte er von der Unternehmensleitung, auch in Zeiten der Prosperität als gleichberechtigter Sozialpartner gewürdigt zu werden: „Der Betriebsrat wird um keinen Zentimeter von dem zurückweichen, was er sich in der Krisenzeit bei BMW an echter und sachlicher Mitsprache errungen hat.“[60] Die moralische Argumentation des Betriebsratsvorsitzenden, die sich auf Loyalität, Opferbereitschaft und harte körperliche Arbeit der Belegschaft stützte, diente der Begründung des eigenen Vorgehens und kam nicht zuletzt in der Legitimierung der Forderung nach einer „gerechte[n] Entlohnung“[61] zum Ausdruck. Die Problematik des Begriffs „gerechter Lohn“ reflektierte der Betriebsratsvorsitzende dabei ebenso wenig wie dessen ideologische Implikationen. Indes ist festzuhalten, dass es kein allgemeingültiges Kriterium für die Bestimmung eines solchen Lohnsatzes geben kann. Vielmehr ist der „als ‚gerecht‘ empfundene Lohn [...] immer nur der jeweils auf dem Wege des Kompromisses von den Interessenten festgesetzte Lohnsatz.“[62]

Da in Verhandlungen mit dem Vorstand „beim Unterbreiten von Wünschen automatisch die Gegenfrage kommt, wo steht das im Gesetz, welches Gesetz ziehen Sie [her]an“, fragte Golda rhetorisch, ob BMW den Aufstieg geschafft hätte,

> „wenn wir nicht in den Jahren 56 bis 61 zum Teil das Gesetz beiseitegelegt hätten. Damals ergab sich nur die gemeinsame – ich betone die gemeinsame – Sorge, was können wir noch unternehmen, um der Belegschaft und dem Werk zu helfen. Leider konnten wir damals in kein Gesetz hineinsehen, das uns diese Frage beantwortet hätte.“[63]

Wie in der Vergangenheit, so Golda weiter, sollten Betriebsrat und Unternehmensleitung „nur die Interessen der Belegschaft und des Werkes sehen.“ Nur so diene man dem Unternehmen und damit letztlich beiden Partnern gleichermaßen.[64]

Die skizzierte Argumentation verband sich mit einer Auffassung des Wirtschaftens, die den Menschen als dessen Zentrum betrachtet. So warnte Golda vor der Vorstellung, Unternehmen müssten nach ökonomischen und nicht „nach sozialen Gesichtspunkten geleitet werden.“[65] Für den Betriebsratsvorsitzenden war „Kapital oder Wert ohne Menschen [...] ein totgeborenes Kind, also wirtschaftspolitisch nicht diskutabel.“[66] Dies begründete Golda vor dem Vorstand folgendermaßen:

[59] BMW UA 1532-1, Geschäftsbericht des Betriebsrats auf der Betriebsversammlung vom 19. Juli 1971.
[60] BMW UA 511, Geschäftsbericht des Betriebsrats auf der Betriebsversammlung vom 29. März 1961.
[61] BMW UA 511, Geschäftsbericht des Betriebsrats auf der Betriebsversammlung vom 1. August 1962.
[62] Fürstenberg: Probleme, S. 104.
[63] BMW UA 511, Geschäftsbericht des Betriebsrats auf der Betriebsversammlung vom 23. November 1964.
[64] Ebenda.
[65] BMW UA 511, Geschäftsbericht des Betriebsrats auf der Betriebsversammlung vom 10. April 1963.
[66] BMW UA 512, Geschäftsbericht des Betriebsrats auf der Betriebsversammlung vom 25. November 1968.

„Menschen sind keine Maschinen, die man beliebig versetzen oder verschieben kann und vergessen Sie nicht, dass Sie durch diese Menschen überhaupt die heutige Position erreichen und noch bekleiden können."[67] Die Abgrenzung der Lohnempfänger von den „leitenden Herren" – eine Wendung, die der Betriebsratsvorsitzende häufig verwendete, um die Führungsschicht im Unternehmen anzusprechen – begründete Golda zudem damit, dass der einzelne Arbeiter „sein ganzes Leben lang mit seinen Händen [...] gearbeitet hat, was andere leider oft nicht tun und trotzdem erhalten sie wesentlich mehr."[68] Auf die konkrete betriebliche Situation bezogen bedeutete dies für Golda, dass der „Mensch [...] nicht im Mittelpunkt [steht], wenn er auf Grund seiner tatsächlichen Leistung um eine Lohn- oder Gehaltserhöhung bitten muss."[69] Ferner forderte Golda, dass man „nicht in Richtung Gewinnerwirtschaftung, koste es was es will, sehen, sondern sich seiner volkswirtschaftlichen Stellung bewußt sein" müsse, denn „Wachstum um jeden Preis ist ein gefährliches Pokerspiel, dessen [...] sich einige Manager bewußt werden" sollten.[70] Vor diesem Hintergrund appellierte Golda an die Verantwortung der Unternehmensleitung „kraft ihres Vertrages" für die Belegschaftsmitglieder und ihre Familienangehörigen.[71]

Indem der Betriebsrat sich der menschlich-sozialen Verhältnisse im Betrieb annahm, bemühte er sich gewissermaßen darum, den betrieblich-sozialen Rahmen zu schaffen, um die reibungslose Bereitstellung der menschlichen Arbeitskraft zu gewährleisten. Damit lieferte er einen wesentlichen betriebspolitischen Beitrag zum wirtschaftlichen Aufstieg der Bayerischen Motoren Werke in den 1960er Jahren. Angemessene Küchen- und Speiseräume, Wasch- und Umkleidegelegenheiten, sanitäre Einrichtungen und Parkplätze waren für die Bereitstellung der menschlichen Arbeitskraft zum Zwecke der Produktion essentiell, da sie deren Voraussetzung darstellten. Ebenso verhielt es sich im Hinblick auf erträgliche Arbeitsbedingungen. Dies galt umso mehr, als dem Vorstand die „menschlichen" Belange im Kontext der massiven Ausweitung der Fertigungsziffern und des Umsatzes zunehmend aus dem Blick gerieten. Darüber hinaus war es dem Betriebsratsvorsitzenden wichtig, die Zusammenarbeit zwischen Firmenleitung und Betriebsrat beziehungsweise Belegschaft ebenso wie das Arbeiten und Wirtschaften allgemein zu legitimieren. Dabei fungierten das Sozialpartnerschaftsmodell sowie ein spezifischer Arbeitsethos, in welchem die körperliche Arbeit eine hervorragende Stellung einnahm, als weltanschauliche Grundlage.

[67] BMW UA 511, Geschäftsbericht des Betriebsrats auf der Betriebsversammlung vom 10. April 1963.
[68] Ebenda.
[69] BMW UA 512, Geschäftsbericht des Betriebsrats auf der Betriebsversammlung vom 22. April 1968.
[70] BMW UA1532–1, Geschäftsbericht des Betriebsrats auf der Betriebsversammlung vom 22. November 1971.
[71] BMW UA1532–1, Geschäftsbericht des Betriebsrats auf der Betriebsversammlung vom 19. Juli 1971.

Der Betriebsrat kümmerte sich somit um die „menschlichen“ Belange im Betrieb, die im Zuge der forcierten Produktions- und Belegschaftserhöhung seiner Auffassung nach zu kurz gekommen waren. Dies ging mit einer Kritik der Versachlichung der menschlichen Arbeitskraft einher, die eine allgemeine Tendenz der fordistischen Massenproduktion darstellte. Dazu gehörte auch die Mahnung an den Vorstand, die Arbeitsleistung, Loyalität und Opferbereitschaft der Belegschaft anzuerkennen. Bei all dem war sich der Betriebsratsvorsitzende jedoch bewusst, dass die Vernachlässigung des Sozialen aus einer Marktdynamik herrührte, die man zu Beginn der 1960er Jahre so nicht zu antizipieren vermocht hatte. Im Jahr 1969 formulierte Golda diesen Sachverhalt folgendermaßen:

> „[V]ereinfacht begründet hätte man vor 8 Jahren, wenn man die stürmische Entwicklung von BMW voraussehen hätte können, entscheiden sollen, dass hier in Milbertshofen kein Pfennig mehr investiert wird und dafür für über 1 Milliarde DM ein neues Werk zu errichten ist. Unter diesem Gesichtspunkt hätten wir die Mißstände, die wir heute in Kauf nehmen müssen, zweifelsohne nicht mehr.“[72]

Der Konflikt zwischen ökonomischen auf der einen und sozialen Imperativen auf der anderen Seite verschärfte sich im Laufe der 1960er Jahre, da die betrieblichen Ressourcen Zeit und Raum knapper wurden und eine Konsolidierungsphase zwar in Aussicht stand, bis zum Beginn der 1970er Jahre aber nicht erreicht werden konnte.

8.2 Partnerschaft und Verantwortungsübernahme: Das kooperative Selbstverständnis des Betriebsrats

Obwohl die betrieblichen Sozialeinrichtungen sowie die Erhöhung der Verdienste und Sozialleistungen wichtige Funktionsfelder des Betriebsrats darstellten, hatte ein anderer, noch grundlegenderer Bereich für ihn Priorität. In den Worten Goldas: „Die oberste Aufgabe des Betriebsrates ist nicht allein die Sozial-, Lohn- und Gehaltspolitik, sondern die Sicherung der Arbeitsplätze der gesamten Belegschaft“.[73] Da dieses Ziel mit einer positiven wirtschaftlichen Entwicklung des Unternehmens verbunden war, ging es dem Betriebsrat bei allem Einsatz für die spezifischen Bedürfnisse der Belegschaft immer auch um „das Werk und letztlich um dessen Zukunft.“[74] Dies implizierte in den 1960er Jahren die Anerkennung der betriebswirtschaftlichen Notwendigkeit, die Belegschaftszahl zu erhöhen, den Produktionsausstoß zu maximieren sowie eine möglichst rationelle Fertigungsweise herbeizuführen. Dadurch, dass der Betriebsrat das übergeordnete Ziel aus-

[72] BMW UA 512, Geschäftsbericht des Betriebsrats auf der Betriebsversammlung vom 28. April 1969.
[73] BMW UA 511, Geschäftsbericht des Betriebsrats auf der Betriebsversammlung vom 20. April 1964.
[74] BMW UA 511, Geschäftsbericht des Betriebsrats auf der Betriebsversammlung vom 10. April 1963.

gab, „in erster Linie die Sicherheit der Arbeitsplätze“ zu gewährleisten,[75] war eine grundlegende Interessenübereinstimmung mit der Unternehmensleitung gegeben, da eine gefestigte Marktstellung die Bedingung dieser Bestrebung darstellte. Dies galt umso mehr, als der Betriebsrat das Ausmaß der freiwilligen betrieblichen Sozialleistungen explizit an die Gewinnhöhe des Unternehmens koppelte. Diese Konstellation führte zuweilen dazu, dass der Betriebsratsvorsitzende die Arbeitszeitausweitungen und Leistungsverdichtungen positiv beurteilte. So sprach Golda Ende des Jahres 1964 davon, dass man durch „die immer noch anhaltende günstige Absatzsituation […] erfreulicherweise gezwungen“ sei, „auf keine ausfallende Produktionsstunde verzichten zu können.“ Die Aussage verband er mit dem Hinweis auf die 1950er Jahre, in denen die Sorge des Betriebsrats genau umgekehrt darin bestanden hatte, dass aufgrund der schwankenden Auftragslage Arbeitsplätze in der Produktion abgebaut werden könnten.[76] In einem Rückblick auf das bisher Erreichte verwies der Betriebsratsvorsitzende zu Beginn der 1970er Jahre dementsprechend nicht nur auf die gestiegenen Verdienste und Sozialleistungen, sondern auch auf die Produktions-, Umsatz- und Investitionsziffern.[77]

Das Verhältnis des Betriebsrats zum Vorstand in den 1960er und frühen 1970er Jahren kann als kooperativ bezeichnet werden, auch wenn in einzelnen Sachfragen oftmals Uneinigkeit bestand. Diese Fragen betrafen allerdings hauptsächlich die Verfahrensweise, mit der man die gemeinsamen Ziele zu erreichen gedachte. Sie richteten sich damit auf das Mittel und nicht auf den Zweck, der sowohl für den Betriebsrat als auch für die Unternehmensleitung die wirtschaftliche Festigung des Unternehmens darstellte. In den Augen Goldas war es die Aufgabe des Betriebsrats, als „ewige[r] Mahner“[78] den Vorstand auf die Probleme hinzuweisen, die sich während der unternehmerischen Aufstiegsphase der 1960er Jahre ergaben, was insbesondere in Bezug auf die Belegschaft galt. Da deren Größe, Qualifikation und Einsatzbereitschaft für die erfolgreiche Durchführung des Produktionsprogramms zentral waren, kam der Rolle des Betriebsrats eine hohe Bedeutung im Unternehmen zu. Dies äußerte sich darin, dass der Vorstand, etwa anlässlich der Anordnung von Samstagsschichten im Herbst 1963, „die Überredungskünste von Herrn Golda“ als notwendig erachtete, um möglichen Widerständen in der Belegschaft zu begegnen.[79] Und bereits im Frühjahr desselben Jahres hatte der Vorstand auf die Mitwirkung des Betriebsratsvorsitzenden zählen können, als es sich um die zeitweilige Einführung des Zweischichtbetriebs handelte.[80] Auch über die Belange der Belegschaft hinaus sah sich der Betriebsrat in der Verantwortung, etwa

[75] BMW UA 511, Geschäftsbericht des Betriebsrats auf der Betriebsversammlung vom 23. November 1964.
[76] Ebenda.
[77] BMW UA 1532–1, Geschäftsbericht des Betriebsrats auf der Betriebsversammlung vom 19. Juli 1971.
[78] BMW UA 511, Geschäftsbericht des Betriebsrats auf der Betriebsversammlung vom 20. April 1964.
[79] BMW UA 415, Niederschrift über die Sitzung des Aufsichtsrats vom 14. Juni 1963.
[80] BMW UA 415, Niederschrift über die Sitzung des Aufsichtsrats vom 19. März 1963.

wenn es darum ging, die Produktqualität trotz Personalmangel und Kapazitätsengpässen aufrechtzuerhalten.[81]

Vor diesem Hintergrund kann es kaum verwundern, dass der Gedanke der „Partnerschaft“ einen zentralen Stellenwert für den Betriebsrat einnahm. „Partnerschaft“ betrachtete der Betriebsratsvorsitzende als ein „sinnvolle[s] Geben und Nehmen“[82] von Unternehmensleitung und Arbeitnehmervertretung. Auf der Basis der Partnerschaft sei es die Aufgabe beider Seiten, einen gerechten Ausgleich anzustreben,[83] was nur durch eine „echte verantwortungsbewusste Zusammenarbeit“ möglich sei.[84] Für den Betriebsrat handelte es sich um den Versuch, eine „Basis des gegenseitigen Verstehens, Vertrauens und damit der Partnerschaft für die Gesellschaft im Sinne der Festigung“ zu erreichen. Zu dieser Festigung konnte man nach Golda „nur in einer gemeinsamen Zusammenarbeit und in einem echten Team-Work“ gelangen.[85] Daher forderte der Betriebsrat, die „gemeinsame Zusammenarbeit [...] im Interesse der Zukunft und Sicherung von BMW“ aufrechtzuerhalten, „wie sie jahrzehntelang gewachsen ist“.[86] Die „Partnerschaftsbasis“ stellte für Golda auch die Grundlage für die betriebliche Mitbestimmung dar. Diese konnte nach Auffassung des Betriebsratsvorsitzenden nämlich nicht allein durch Gesetze geregelt werden.[87] Für Golda bedeutete Mitbestimmung zudem auch „Mitverantwortung“. Dabei sah er „das unternehmerische Denken“ als Voraussetzung für die Mitbestimmung an.[88]

Zwar erwähnte Golda immer wieder, dass die wirtschaftliche Stellung, die BMW im Laufe der 1960er Jahre erlangt hatte, „Ausdruck einer echten Teamarbeit“[89] von Betriebsrat und Vorstand gewesen sei, da sich beide Partner ehrlich bemühten, „nach Möglichkeit mit offenen Karten zu spielen, um ein gemeinsames Bild über die Situation der Gesellschaft zu bekommen.“[90] Häufiger waren allerdings die kritischen Bemerkungen. Trotz ihres affirmativen, auf Kooperation zie-

[81] BMW UA 511, Geschäftsbericht des Betriebsrats auf der Betriebsversammlung vom 10. April 1963.
[82] BMW UA 511, Geschäftsbericht des Betriebsrats auf der Betriebsversammlung vom 1. August 1962.
[83] BMW UA 512, Geschäftsbericht des Betriebsrats auf der Betriebsversammlung vom 25. November 1968.
[84] BMW UA 511, Geschäftsbericht des Betriebsrats auf der Betriebsversammlung vom 12. April 1965.
[85] BMW UA 512, Geschäftsbericht des Betriebsrats auf der Betriebsversammlung vom 20. April 1970.
[86] BMW UA 512, Geschäftsbericht des Betriebsrats auf der Betriebsversammlung vom 25. November 1968.
[87] BMW UA 512, Geschäftsbericht des Betriebsrats auf der Betriebsversammlung vom 25. November 1968.
[88] BMW UA 512, Geschäftsbericht des Betriebsrats auf der Betriebsversammlung vom 1. September 1969.
[89] BMW UA 512, Geschäftsbericht des Betriebsrats auf der Betriebsversammlung vom 13. November 1967.
[90] BMW UA 512, Geschäftsbericht des Betriebsrats auf der Betriebsversammlung vom 17. Juli 1967.

lenden Bedeutungsgehalts, verwendete der Betriebsratsvorsitzende die Begriffe „Partnerschaft“ und „Mitverantwortung“ nämlich auch in kritischer Absicht, und zwar gegen den Vorstand beziehungsweise die Vorgesetzten gerichtet. Er tat dies dann, wenn letztere in seinen Augen nicht im Sinne der genannten Prinzipien handelten. Der Verweis auf das gemeinsame verantwortliche und partnerschaftliche Handeln diente in solchen Fällen der Ermahnung und Kritik der Unternehmensleitung. Während Golda etwa im Herbst 1968 darauf hinwies, dass er sich „unter dem Gesichtspunkt der Mitbestimmung nicht mehr Verantwortungsübernahme vorstellen“ könne, „als dies in den letzten Monaten der Fall war“,[91] sah er ein solches kooperatives Vorgehen bei der Firmenleitung oftmals nicht gegeben. Die Gegenüberstellung der jeweiligen Verantwortungsbereitschaft implizierte die Aufforderung an den Vorstand, sich am Beispiel des Betriebsrats ein Vorbild zu nehmen.

Im Zusammenhang mit den laufenden Beihilfen für Belegschaftsangehörige, die er als „bescheiden“ bezeichnete, forderte der Betriebsratsvorsitzende den Vorstand im Jahr 1963 auf, hier nicht nach „kaufmännischen“ Gesichtspunkten, sondern „auf Grundlage des Partnerschaftsgedankens“ zu handeln. Ein „kaufmännisches“ Vorgehen laufe nämlich Gefahr, „das vorhandene Gleichgewicht [zu] stören.“[92] Ähnlich äußerte sich der Betriebsratsvorsitzende im Jahr 1969, als er forderte, „wieder zu einer geschlossenen Gemeinschaft“ zu finden. Da man bei BMW „im Augenblick auf dem besten Wege“ sei, „vor lauter Umsatz und Erfolg auseinanderzugehen“, sah Golda den Erfolg des Unternehmens bedroht. Deshalb sollten sowohl der Betriebsrat als auch der Vorstand „gemeinsame Wege beschreiten, bis wir unser Ziel – die endgültige Sicherung von BMW – erreicht haben.“[93] An dieser Stelle wird das Ansinnen des Betriebsrats deutlich, das Ziel des wirtschaftlichen Unternehmenserfolgs, das auch er sich auf die Fahnen geschrieben hatte, durch ein „soziales“, das heißt nicht-marktwirtschaftliches Vorgehen zu erreichen. Er forderte dies jedoch weniger aufgrund prinzipieller Einwände gegen die kapitalistische Profitmaximierung. Die Forderung nach gemeinschaftlichem Handeln diente vielmehr genau diesem Zweck, da der Betriebsrat ansonsten eine Gefährdung der betriebswirtschaftlichen Zielsetzungen befürchtete.

Ein Schlüsselbegriff, den Golda in diesem Kontext immer wieder verwendete, war der Begriff „Teamarbeit“ beziehungsweise „Teamwork“. Schon zu Beginn der 1960er Jahre mahnte der Betriebsratsvorsitzende, dass man ohne „echte Teamarbeit“ eine sichere wirtschaftliche Grundlage der Bayerischen Motoren Werke nicht erreichen könne.[94] Deshalb müsse man sich der Tatsache bewusst werden, „dass

[91] BMW UA 512, Geschäftsbericht des Betriebsrats auf der Betriebsversammlung vom 25. November 1968.

[92] BMW UA 511, Geschäftsbericht des Betriebsrats auf der Betriebsversammlung vom 30. Juli 1963.

[93] BMW UA 512, Geschäftsbericht des Betriebsrats auf der Betriebsversammlung vom 24. November 1969.

[94] BMW UA 511, Geschäftsbericht des Betriebsrats auf der Betriebsversammlung vom 27. November 1961.

wir wirklich in einem Boot sitzen und eine echte gemeinsame Teamarbeit anstreben". Die unternehmerische Leitungsebene solle sich, so die Aufforderung des Betriebsrats im Jahr 1963, aus diesem Grunde „ihres Vertrages bewusst" werden, „denn für Intrigen und das Kochen der eigenen Suppe" werde keiner bei BMW bezahlt. Eine unsolidarische Vorgehensweise sei gefährlich, da man dadurch wieder in die Krise geraten könne.[95] Was der Betriebsratsvorsitzende mit dem Rekurs auf den Teamwork-Begriff anstrebte, war somit eine gemeinsame Rückbesinnung auf die Einsicht, dass der Erfolg von BMW von der Bereitschaft beider Sozialpartner abhänge, in den entscheidenden Fragen zusammenzufinden. Golda verkündete deshalb, dass man sich von demjenigen trennen werde, der glaubt, „bei BMW seine eigene Suppe kochen zu müssen".[96]

Rund zehn Jahre später, zu Beginn der 1970er Jahre, sah sich Golda erneut gezwungen, auf die Thematik zurückzukommen. So forderte er, dass „wir wieder zu einem gemeinsamen Denken und Handeln kommen müssen, damit wir schnellstens in die Lage versetzt werden, die vor uns liegenden Probleme im Interesse aller zu lösen." Golda kritisierte auch die Art und Weise des gegenseitigen Umgangs zwischen einzelnen Angehörigen der Firmenleitung und einzelnen Betriebsräten, da man sich seit längerem gegenseitig die Schuld für angebliche Fehler und Versäumnisse zuschiebe. Für den Betriebsrat gehe es jedoch nicht darum, „die Schuldigen zu suchen oder zu finden, sondern es geht im Interesse der Rentabilitätsverbesserung in den nächsten Jahren darum, wieder zu einem Team-Work zurückzufinden, um dann richtige und vor allem vernünftige Entscheidungen treffen zu können."[97] Deshalb forderte Golda, dass das „Ressortdenken unterbunden" werden und an dessen Stelle ein „Unternehmensdenken" treten müsse. Es sei „zu kleinkariert, daß, wenn man in der Verantwortung steht und eine Gefahr heraufkommen sieht, dieser dann nicht begegnet, weil dafür ein anderes Ressort zuständig ist." Entscheidend sei die Verantwortung für das ganze Unternehmen und damit auch für die Belegschaftsangehörigen und deren Familien.[98]

Konkret bedeutete „Teamwork" für den Betriebsrat vor allem die „Aufgabenverlagerung und Verantwortungsdelegierung".[99] Es sei, so Golda im Jahr 1971, überholt, die „Frage des Managements in der heutigen Zeit allein im Vorstand zu sehen". Vielmehr müsse man die Verantwortung „auf den gesamten Vorgesetztenapparat übertragen", da letzterer ansonsten in die Rolle von „Erfüllungsgehilfen"

95 BMW UA 511, Geschäftsbericht des Betriebsrats auf der Betriebsversammlung vom 10. April 1963.

96 BMW UA 511, Geschäftsbericht des Betriebsrats auf der Betriebsversammlung vom 27. November 1961.

97 BMW UA 512, Geschäftsbericht des Betriebsrats auf der Betriebsversammlung vom 20. April 1970.

98 BMW UA 1532-1, Geschäftsbericht des Betriebsrats auf der Betriebsversammlung vom 19. Juli 1971.

99 BMW UA 1532-1, Geschäftsbericht des Betriebsrats auf der Betriebsversammlung vom 21. März 1973.

herabgedrückt werde. Deshalb heiße „Teamwork“ auch, die innerbetriebliche Kommunikation zu fördern:

„Das bedeutet Informationsfluß bzw. ein echtes Gespräch. So gesehen stellen wir uns vor, daß spätestens vor der Aufstellung des Investitionsplanes in einzelnen Ressorts das neue Jahresprogramm mit allen Vorgesetzten, hier meinen wir wirklich alle Vorgesetzten des Werkes, besprochen und diskutiert wird. Das Ziel dieses Gesprächs muß sein, die Fertigungsengpässe [und] damit [die] Investitionsschwerpunkte noch besser zu erkennen, um dann die notwendigen Entscheidungen beim Aufsichtsrat herbeizuführen.“[100]

Aus der gemeinsamen Verantwortung für BMW folgte für den Betriebsrat auch die Bemühung, im gegenseitigen Umgang sachlich zu bleiben. Konstruktive Kritik im Interesse des Werks sei nicht möglich, wenn sich der Kritisierte persönlich angegriffen fühle.[101] Es gehe nicht darum, „wer letztlich der Sieger oder Verlierer ist“,[102] sondern um die „Basis einer sachlichen Argumentation“.[103] Problematisch werde es immer dann, wenn „persönliche Motive eine Rolle spielen.“[104]

Bereits zu Beginn der 1960er Jahre forderte der Betriebsratsvorsitzende die „Weglassung der persönlichen Streitigkeiten oder eines ungesunden Ehrgeizes“. Dabei dürften „Einzelpersonen und dessen [sic] Schicksal keine Rolle spielen.“[105] Der Betriebsrat werde sich, so Golda zwei Jahre später, „wie in der Vergangenheit“ bemühen, „den Boden der Sachlichkeit nicht zu verlassen. Zumindest ist keinem von beiden Seiten gedient, wenn einer von uns die Tür hörbar zuschlägt. So ein Schritt muss dem Unternehmen nur schaden.“ Vorstand und Betriebsrat sollten sich deshalb „bemühen, das Persönliche von der Sache zu trennen“, um „objektiv zu bleiben“, denn nur so sei die „Erreichung eines gemeinsamen Zieles“ möglich.[106] „Prestigedenken“ führe in dieser Situation nicht weiter.[107] Das Ziel des Betriebsrats sei die „Erreichung einer echten BMW-Gemeinschaft“. Von Vorgesetzten, die sich diesem Vorhaben verweigerten, wolle man sich lieber trennen, „als dass die Gemeinschaft zerstört wird.“[108]

Aus seiner Bereitschaft, sich unter Absehung von persönlichen Motiven für die übergeordneten Ziele des Unternehmens einzusetzen, legitimierte der Betriebsrat

[100] BMW UA 1532–1, Geschäftsbericht des Betriebsrats auf der Betriebsversammlung vom 19. Juli 1971.

[101] BMW UA 512, Geschäftsbericht des Betriebsrats auf der Betriebsversammlung vom 20. April 1970.

[102] BMW UA 512, Geschäftsbericht des Betriebsrats auf der Betriebsversammlung vom 18. April 1966.

[103] BMW UA 512, Geschäftsbericht des Betriebsrats auf der Betriebsversammlung vom 25. November 1968.

[104] BMW UA 511, Geschäftsbericht des Betriebsrats auf der Betriebsversammlung vom 25. November 1963.

[105] BMW UA 511, Geschäftsbericht des Betriebsrats auf der Betriebsversammlung vom 27. November 1961.

[106] BMW UA 511, Geschäftsbericht des Betriebsrats auf der Betriebsversammlung vom 25. November 1963.

[107] BMW UA 512, Geschäftsbericht des Betriebsrats auf der Betriebsversammlung vom 20. April 1970.

[108] BMW UA 512, Geschäftsbericht des Betriebsrats auf der Betriebsversammlung vom 22. April 1968.

nicht zuletzt seinen Anspruch auf Verdiensterhöhungen und Sozialleistungen. Dies begründete er auch damit, dass man sich in der Vergangenheit in diesen Fragen zurückgehalten hätte, als die finanzielle Situation des Unternehmens es noch nicht erlaubt habe, in diesem Bereich hohe Forderungen zu stellen. So konstatierte Golda im Jahr 1967, „dass der Betriebsrat noch niemals in den vergangenen 11 Jahren unserer Amtszeit einen Weg in der Lohn-, Gehalts- sowie Sozialpolitik eingeschlagen hat, der das Unternehmen eines Tages gefährden würde."[109] Da der Unternehmenserfolg auch das Ziel des Betriebsrats war, zeigte sich Golda mit Blick auf die Sicherung der Arbeitsplätze nicht nur in den 1950er Jahren, sondern noch im Jahr 1962 bereit, „grosse [sic] Schwierigkeiten und Anstrengungen" auf sich beziehungsweise die Belegschaft zu nehmen, „um endlich einmal an dem sogenannten Wirtschaftswunder teilnehmen zu können."[110] Vor diesem Hintergrund forderte der Betriebsrat auch die Belohnung beziehungsweise Kompensation des Einsatzes, welche die Beschäftigten des Unternehmens an den Tag gelegt hatten. Der Betriebsrat wolle „nichts geschenkt haben, noch weniger sind wir Allmosenempfänger [sic], sondern wir wollen [...] einen gerechten Anteil an dem von uns erzielten Ergebnis." Dies sollte für den Verdienst der Belegschaftsangehörigen ebenso wie für betriebliche Sozialleistungen gelten.[111] Insbesondere letztere müssten „in erster Linie unter dem Gesichtspunkt der grossen [sic] Anstrengung und damit der Leistung der gesamten Belegschaft gesehen werden."[112]

Im Jahr 1963, als sich die Finanzlage bei BMW aufgrund des wirtschaftlichen Erfolgs deutlich verbessert hatte und der Aufsichtsrat deshalb die Frage einer möglichen Dividendenausschüttung – der ersten seit Kriegsende – diskutierte, forderte Golda, „dass es hier zwei Gruppen zu berücksichtigen gilt, und zwar die Belegschaft und die Herrn [sic] Aktionäre."[113] Zwei Jahre später erklärte Golda, dass er zwar nichts gegen die Ausschüttung einer Dividende einzuwenden habe, sondern im Gegenteil von deren Notwendigkeit überzeugt sei. Genauso überzeugt sei er jedoch davon, „dass diejenigen, die diese Leistung überhaupt erarbeitet haben, nicht leer ausgehen dürfen." Bei BMW hätte nämlich „nicht nur der Aktionär harte Tage mitmachen müssen, sondern die Belegschaft hat harte und manchmal recht bittere Jahre hinter sich."[114] Im Jahr 1966 drohte Golda, er werde eine Ableh-

109 BMW UA 512, Geschäftsbericht des Betriebsrats auf der Betriebsversammlung vom 18. April 1967. Ganz ähnlich äußerte sich Golda bereits im Jahr 1962, als er sagte, der Betriebsrat hätte in seiner „Amtszeit den Beweis erbracht, dass unsere Forderungen und Wünsche im Rahmen der wirtschaftlichen Situation der Gesellschaft liegen." BMW UA 511, Geschäftsbericht des Betriebsrats auf der Betriebsversammlung vom 9. April 1962.

110 BMW UA 511, Geschäftsbericht des Betriebsrats auf der Betriebsversammlung vom 1. August 1962.

111 BMW UA 511, Geschäftsbericht des Betriebsrats auf der Betriebsversammlung vom 10. April 1963.

112 BMW UA 511, Geschäftsbericht des Betriebsrats auf der Betriebsversammlung vom 9. April 1962.

113 BMW UA 511, Geschäftsbericht des Betriebsrats auf der Betriebsversammlung vom 10. April 1963.

114 BMW UA 511, Geschäftsbericht des Betriebsrats auf der Betriebsversammlung vom 12. April 1965.

nung der Forderung des Betriebsrats, im Folgejahr eine Bonuszahlung zu gewähren, nicht akzeptieren, wenn gleichzeitig eine Dividende für die Aktionäre ausgeschüttet werde. Golda konstatierte erneut, dass „beide Seiten[,] Belegschaft wie Aktionäre[,] recht bittere Jahre hinter sich haben[,] und dass für beide Seiten ein echter Nachholbedarf vorhanden ist." Eine Bevorzugung der Anteilseigner sei deshalb „gefährlich und müsste zwangsläufig zur Störung des Gleichgewichts führen".[115] Die Ausführungen des Betriebsratsvorsitzenden zeigen, dass seine Einforderung von Partnerschaft und Teamarbeit keinesfalls rein ideeller Natur war, sondern vor allem der Legitimierung von materiellen beziehungsweise finanziellen Ansprüchen der Belegschaft diente.

Für den Betriebsrat ließen sich Verdiensterhöhungen und Sozialleistungen „nur aus dem jeweils erzielten Ergebnis eines Unternehmens beantworten".[116] Die betrieblichen Sozialleistungen sollten sich in den Augen Goldas grundsätzlich zwischen 1,4 und 1,6 Prozent des Gesamtumsatzes bewegen. Diesen Prozentsatz betrachtete der Betriebsratsvorsitzende als gemäßigt, da er den Rahmen des Möglichen nicht übersteige.[117] Golda ging dabei so weit, Sozialleistungen als „Dividendenbeteiligung an die Belegschaft" zu bezeichnen.[118] Auch sprach er davon, dass man die genannten Posten als „Ausschüttung einer Gewinnbeteiligung [...] unter dem Gesichtspunkt der Mitbestimmung" begreifen müsse.[119] Der Betriebsratsvorsitzende sah Verdiensterhöhungen und vor allem die betrieblichen Sozialleistungen also als eine Art Gewinnausschüttung für die Beschäftigten des Unternehmens, da diese dessen Profit erarbeitet hätten. Die Tatsache, dass er die Belegschaft damit den Inhabern von Unternehmensanteilen gleichstellte, verdeutlicht auch, dass Golda die Belegschaftsangehörigen gewissermaßen als Teilhaber an den Bayerischen Motoren Werken verstand. Dies kann kaum verwundern, da Golda mithin so weit ging, wirtschaftliche Interessen des Unternehmens mit denen der Beschäftigten in eins zu setzen. So sprach Golda in einer Rede aus dem Jahr 1961 davon, dass betriebswirtschaftliche Kostensenkungen auch im Interesse der Belegschaft seien, da „sie uns letztlich selbst wieder zugute" kämen.[120]

Diese Auffassung, die der Betriebsrat erstmals im Jahr 1963 im Rahmen einer Betriebsversammlung zum Ausdruck gebracht hatte, kam denn auch in der Einführung der belegschaftlichen Beteiligungssysteme Anfang der 1970er Jahre zum

115 BMW UA 512, Geschäftsbericht des Betriebsrats auf der Betriebsversammlung vom 18. April 1966.

116 BMW UA 512, Geschäftsbericht des Betriebsrats auf der Betriebsversammlung vom 1. September 1969.

117 BMW UA 511, Geschäftsbericht des Betriebsrats auf der Betriebsversammlung vom 20. Juli 1964.

118 BMW UA 512, Geschäftsbericht des Betriebsrats auf der Betriebsversammlung vom 18. April 1966.

119 BMW UA 512, Geschäftsbericht des Betriebsrats auf der Betriebsversammlung vom 1. September 1969.

120 BMW UA 512, Geschäftsbericht des Betriebsrats auf der Betriebsversammlung vom 2. August 1961.

Tragen. Mit der dividendenabhängigen Erfolgsprämie von 1972 und insbesondere den Namens-Gewinnschuldverschreibungen von 1973, welche die Höhe der Ausschüttungen an den Unternehmensgewinn koppelten, führte der Vorstand Auszahlungsverfahren ein, in welchen die Belegschaftsmitglieder formal tatsächlich die Stellung eines Teilhabers einnahmen. Bereits in den Jahren 1968 und 1969 hatte der Vorstand eine Gewinnbeteiligung für die Jubilare eingeführt. Dieser Kreis umfasste diejenigen Belegschaftsmitglieder, die mindestens 25 Jahre im Dienste von BMW gestanden waren.[121] Insofern konnte der Betriebsratsvorsitzende im Rahmen der Vorbereitungen dieser Regelungen festhalten, dass „das Ziel einer echten Gewinnbeteiligung [...] nicht neu“ sei, da der Betriebsrat bereits seit langem der Auffassung gewesen sei, „daß die Belegschaft genauso an dem Ergebnis, zu dem sie letztlich wesentlich beigetragen hat, beteiligt werden soll, wie unsere Herren Aktionäre.“[122]

Die Prinzipien der Verantwortung und Partnerschaft hatten andererseits auch zur Konsequenz, dass der Betriebsrat sich zurücknahm, wenn die wirtschaftliche Situation des Unternehmens die Erfüllungen seiner Forderungen nicht gestattete. Dies war insbesondere in den Jahren 1961 und 1962 der Fall, als der Aufstieg von BMW eben erst eingesetzt hatte und eine Sicherung noch nicht erreicht war. So sprach Golda im Frühjahr 1961 davon, dass der Betriebsrat zwar alles unternehmen werde, „um die Belegschaft an dem Betriebsergebnis positiv zu beteiligen“. Zugleich müsse er jedoch den finanziellen „Rahmen der Gegebenheiten“ berücksichtigen. So gäbe es Phasen, in denen Vereinbarungen zugunsten der Belegschaft betriebswirtschaftlich nicht möglich seien. Im Frühjahr 1961 sah Golda diese Konstellation gegeben, was er damit begründete, dass die finanziellen Auswirkungen der „vorhergehende[n] Vereinbarungen zu stark in das laufende bzw. kommende Geschäftsjahr hereinstrahlen.“ Es sei vor diesem Hintergrund die Aufgabe des Betriebsrats, „innerhalb der Sozial- und Lohnpolitik auf die Sicherung der Arbeitsplätze zu achten und nicht nur Forderungen zu stellen, die eines Tages dazu beitragen, daß die Arbeitsplätze gefährdet werden können.“ Deshalb überzeuge sich der Betriebsrat stets rechtzeitig über die wirtschaftliche Situation des Unternehmens und zeige sich, falls die Beurteilung negativ ausfallen sollte, hinsichtlich der „Nichtrealisierung bei diesem oder jenem Wunsch“ verständnisvoll.[123]

Der Betriebsrat begründete seine Zurückhaltung hinsichtlich der Forderungen nach höheren Verdiensten und Sozialleistungen zu Beginn der 1960er Jahre damit, dass diese „nach Möglichkeit keine einmalige Leistung“ darstellen, sondern langfristig gesichert sein sollten. So zeigte sich Golda im Jahr 1961 bereit, auf eine Anpassung der Lohngruppenfindung fürs erste zu verzichten, da für diese eine

[121] BMW UA 512, Geschäftsbericht des Betriebsrats auf der Betriebsversammlung vom 25. November 1968.

[122] BMW UA 512, Geschäftsbericht des Betriebsrats auf der Betriebsversammlung vom 20. April 1970.

[123] BMW UA 511, Geschäftsbericht des Betriebsrats auf der Betriebsversammlung vom 29. März 1961.

Summe von rund 1 Million DM erforderlich gewesen wäre, was wiederum die Arbeitsplätze bei BMW gefährdet hätte. Sollte sich die Situation des Werks jedoch bessern, so kündigte Golda an, „beeindruckt uns diese Million auf keinen Fall.“[124] Ebenso verhielt es sich im darauffolgenden Jahr. Da das Jahr 1962 aufgrund des Anlaufs des BMW 1500 aller Wahrscheinlichkeit mit einem „naturgemässen [sic] Verlust“ abschließen würde, stand der Betriebsrat der Möglichkeit von zusätzlichen Sozialleistungen zunächst „abwartend gegenüber“.[125] Auch an dieser Stelle kündigte Golda an, dass der Betriebsrat in dem Moment, in dem sich die Lage ändern sollte, den der Belegschaft „zustehenden Anteil“ fordern werde. Der Betriebsrat beschloss daher, die Forderung nach einer Verdienst- beziehungsweise Leistungserhöhung fürs Erste auf das Folgejahr zu verschieben.[126]

Im Frühjahr 1967 erklärte der Betriebsratsvorsitzende angesichts der Rezession von 1966/67, dass er sich, was seine Forderungen betrifft, „von der allgemeinen wirtschaftlichen Situation […] nicht beeinflussen“ lassen werde, da für ihn einzig das Ergebnis der Bayerischen Motoren Werke entscheidend sei. Dennoch werde sich der Betriebsrat „wie in der Vergangenheit nur von einer gesunden und langfristigen Politik leiten lassen und nicht eine Tagespolitik betreiben.“[127] Sozialpolitik, so Golda, „soll man in Verbindung mit der Gesamtsituation eines Unternehmens machen und vor allem sollte man sich gerade auf diesem Gebiet davor hüten, Augenblickserfolge zu erzielen.“[128] Im Jahr 1968, als sich die Belastungen, welche die Übernahme der Hans GLAS GmbH mit sich gebracht hatte, finanziell auszuwirken begannen, musste sich der Betriebsrat erneut an seinen Appellen an die gemeinsame Verantwortung messen lassen. Zwar erklärte der Betriebsratsvorsitzende, dass man bezüglich der freiwilligen Sozialleistungen stagniere und auch in der entsprechenden Planung nicht voran komme. Dies sei jedoch nicht darauf zurückzuführen, dass sich der Vorstand unkooperativ zeige, „sondern dass wir selbst wegen der Übernahme der gesamten Glas-Belegschaft im Augenblick nicht die Voraussetzungen erkennen, um einen sicheren Schritt weitergehen zu können“. Nichtsdestotrotz wollte man am Jahresende „die gesamte Situation […] sehr genau beobachten“, um im Falle einer positiven Aussicht auf diesem Gebiet tätig zu werden.[129]

124 BMW UA 511, Geschäftsbericht des Betriebsrats auf der Betriebsversammlung vom 2. August 1961.

125 BMW UA 511, Geschäftsbericht des Betriebsrats auf der Betriebsversammlung vom 9. April 1962.

126 BMW UA 511, Geschäftsbericht des Betriebsrats auf der Betriebsversammlung vom 1. August 1962.

127 BMW UA 512, Geschäftsbericht des Betriebsrats auf der Betriebsversammlung vom 18. April 1967.

BMW UA 511, Geschäftsbericht des Betriebsrats auf der Betriebsversammlung vom 1. August 1962.

128 BMW UA 512, Geschäftsbericht des Betriebsrats auf der Betriebsversammlung vom 13. November 1967.

129 BMW UA 512, Geschäftsbericht des Betriebsrats auf der Betriebsversammlung vom 22. April 1968.

Insgesamt wird deutlich, dass die Politik des Betriebsrats trotz des meist sehr selbstbewussten Auftretens seines Vorsitzenden stark partnerschaftlich und kooperationsbereit ausgerichtet war. Auch wenn an dieser Stelle vorausgegriffen werden muss, da die Kritik des Betriebsrats am Vorstand erst im folgenden Abschnitt dargestellt wird, kann bereits hier festgehalten werden, dass die Gemeinsamkeiten der Sozialpartner die Gegensätze bei weitem überwogen. Ohne die zahlreichen Kritikpunkte in Detailfragen, die der Betriebsrat in seinen Geschäftsberichten auf der Betriebsversammlung regelmäßig behandelte, zu unterschlagen, entsprach das Vorgehen des Betriebsrats alles in allem eindeutig einer „friedvolle[n] und kompromißhaft gestaltete[n] Praxis der Interessenvertretungspolitik ohne spektakuläre Konflikte."[130] Dieses Urteil Günther Kochs über die Politik des VW-Betriebsrats trifft auch auf den Betriebsrat bei BMW zu. Auch hier galt: „Pragmatisches Handeln strukturierte die Beziehungen ebenso wie Kompromißbereitschaft unter Respektierung der unterschiedlichen Interessenlagen und Legitimationszwänge."[131]

Der BMW-Vorstand beurteilte die kooperative und verständnisvolle Politik des Betriebsrats erwartungsgemäß positiv. So erkannte der Vorstandsvorsitzende Gerhard Wilcke in ihr „einen Beweis der Verantwortung für das Ganze" und attestierte Golda einen „tiefen Einblick in die Zusammenhänge des wirtschaftlichen Geschehens".[132] Auch der Vorsitzende des Aufsichtsrats, Hermann Karoli, lobte auf der Hauptversammlung des Jahres 1969, dass es der Betriebsrat „immer verstanden hat, sich wirkungsvoll für die Interessen unserer Mitarbeiter einzusetzen und diese Interessen gegen die Belange des Unternehmens abzuwägen." Damit habe der Betriebsrat nicht nur wesentlich zum Unternehmenserfolg beigetragen, „sondern auch zum sozialen Frieden" im Werk.[133] Innerhalb der Belegschaft wiederum waren allem Anschein nach vereinzelt kritische Stimmen zu vernehmen. So forderte der Betriebsratsvorsitzende im Jahr 1968, dass „manche, die zu dieser Frage angeblich berufen sind[,] Erklärungen" abzugeben, lieber „vorsichtig in der Formulierung" bleiben sollten. Golda erwähnte Bemerkungen aus der Belegschaft, die dem Betriebsrat eine überhöhte Vorsicht und ein zu kooperatives Vorgehen vorwarfen. Die Antwort Goldas lautete, man sei „deshalb so vorsichtig, weil die Entscheidungen, die heute getroffen werden, für die Zukunft abgesichert sein müssen." Zudem gebiete es die Mitverantwortung, eine „vernünftige, gesunde und verantwortungsbewusste Politik" anzustreben.[134]

Auch an anderer Stelle kam Golda auf Kritik aus der Belegschaft angesichts des kooperativen Kurses des Betriebsrats zu sprechen. So begegnete Golda im Jahr 1963 „irrigen" Einwänden, die den Eindruck erwecken würden, „als ob es zwi-

130 Koch: Arbeitnehmer, S. 14

131 Ebenda, S. 100.

132 BMW UA 2204–1: „Meine lieben Mitarbeiterinnen und Mitarbeiter!", 11. 4. 1967 – Dr.Tr./ma.

133 BMW UA 271, Niederschrift der 49. ordentlichen Hauptversammlung vom 4. Juli 1969.

134 BMW UA 512, Geschäftsbericht des Betriebsrats auf der Betriebsversammlung vom 22. April 1968.

schen Vorstand und uns keine Meinungsverschiedenheiten" gäbe. Der Betriebsratsvorsitzende fühlte sich genötigt, den „Irrtum" auszuräumen, „dass wir nur zur Werksleitung oder zum Vorstand gehen brauchen, um das sofort zu bekommen, was wir für die Belegschaft erwarten". Dem hielt Golda entgegen, dass oft „monatelang hart gerungen" werde, bis es zu einer Einigung zwischen Unternehmensleitung und Betriebsrat komme. Dabei stünden vielmals „eiskalte Überlegungen auf beiden Seiten im Raume".[135] Auch im Jahr 1965 kritisierten Belegschaftsangehörige, der Betriebsrat verhielte sich „zu zahm".[136] Das „oft verständliche Luftmachenwollen" betrachtete Golda jedoch als gefährlich, da es zu Situationen führen könne, „die letztlich dem Werk und damit der Belegschaft schaden."[137] Um den Eindruck zu zerstreuen, der Betriebsrat kooperiere über das nötige Maß hinaus mit der Unternehmensleitung, betonte Golda, er sehe seine Aufgabe darin, „eiskalt nach dem kaufmännischen Prinzip den Anteil für die Belegschaft beim Vorstand im Verhandlungswege freizumachen und sinnvoll anzulegen."[138]

Die Bereitschaft des Betriebsratsvorsitzenden, den Aushandlungsprozess mit der Unternehmensleitung trotz seiner kooperativen Grundhaltung in derart drastischen Worten zu beschreiben – insbesondere der Verweis auf „kaufmännische" Prinzipien widersprach explizit Aussagen an anderer Stelle –, zeigt, dass das Kooperations- und Partnerschaftsprinzip in Richtung des Vorstandes eine Gratwanderung darstellte. Tatsächlich resultierte diese Konstellation aus der spezifischen Rolle des Betriebsrats, die auf seine intermediäre Grenzstellung zwischen Belegschaft, Management und Gewerkschaften zurückgeht.[139] Das „institutionell begründet[e] echt[e] Dilemma"[140] bestand dabei darin, dass die Bezeugung der betrieblichen Interessenvertreter, im Geiste der „Mitverantwortung" zusammenarbeiten zu wollen, wozu es faktisch kaum eine Alternative gab, bei den Vertretenen einen bisweilen zu affirmativen Eindruck erwecken konnte. Bei BMW war ein solcher Eindruck insbesondere in den 1960er Jahren unvorteilhaft, da die betrieblichen Probleme und Schieflagen – vor allem für die betroffenen Beschäftigten selbst – kaum zu leugnen waren. Wie im Folgenden zu zeigen sein wird, war der Betriebsrat als gewählte Interessenvertretung der Belegschaft daher stets gezwungen, die Missstände im Werk aufzugreifen und einer Lösung zuzuführen. Trotz seiner partnerschaftlichen Ausrichtung stand der Betriebsrat durch seine institutionelle Rolle als Arbeitnehmerorgan deshalb immer *auch* in Opposition zum Vorstand.

[135] BMW UA 511, Geschäftsbericht des Betriebsrats auf der Betriebsversammlung vom 25. November 1963.

[136] BMW UA 511, Geschäftsbericht des Betriebsrats auf der Betriebsversammlung vom 12. April 1965.

[137] BMW UA 511, Geschäftsbericht des Betriebsrats auf der Betriebsversammlung vom 9. April 1962.

[138] BMW UA 511, Geschäftsbericht des Betriebsrats auf der Betriebsversammlung vom 20. Juli 1964.

[139] Müller-Jentsch, Walther: Strukturwandel der industriellen Beziehungen. ‚Industrial Citizenship' zwischen Markt und Regulierung, Wiesebaden 2007, S. 59.

[140] Fürstenberg, Friedrich: Grundfragen der Betriebssoziologie, Köln u. Opladen 1964, S. 154.

8.3 Die Kritik des Betriebsrats an der Politik der Unternehmensleitung

Auf den ersten Blick läge es nahe, die angesprochene Gradwanderung, die der Betriebsrat zwischen den Interessen der Belegschaft und denen des Vorstandes vornahm, als Ausdruck der am Anfang des Kapitels skizzierten Polarität von „Gegenmacht" und „Co-Management" zu deuten. Wie die folgenden Ausführungen deutlich machen, greift eine solche Gegenüberstellung angesichts der Haltung des Betriebsrats bei BMW in den 1960er und frühen 1970er Jahren allerdings zu kurz. Bei genauerem Hinsehen erwies sich dessen Kritik an den Handlungen und Beschlüssen des Vorstands nämlich als sachbezogen, vorausschauend und lösungsorientiert. Zwar lag die Leitung des Unternehmens in den Händen des Managements. Die Beweggründe, die dessen Entscheidungen zugrundelagen, waren aber nicht (vollumfänglich) mit den Interessen der ihm untergebenen Personengruppen identisch. Indem der Betriebsrat dem Vorstand ermahnend, fordernd und warnend gegenübertrat, ermöglichte er diesem die Berücksichtigung und anschließende Vermittlung der Interessen der Belegschaft. Diese setzten sich selber wiederum aus unterschiedlichen Bedürfnissen und Forderungen einzelner Belegschaftsgruppen zusammen, so dass der Betriebsrat an dieser Stelle insofern gewissermaßen eine Filterfunktion einnahm, als er die differierenden Partialinteressen unterhalb der Belegschaftsebene sammelte, gewichtete und miteinander ins Verhältnis setzte.[141] Von „oben" betrachtet – wenn man so will: auf der unternehmerischen Makroebene – kann das Vorgehen des Betriebsrats somit als die Gegensätze vermittelnde, konstruktive *Selbstkritik* des Unternehmens betrachtet werden, welche die Transformation beziehungsweise Aufhebung seiner disparaten Glieder in die „organische" Einheit der Unternehmensorganisation erst ermöglichte.

Trotz der oben beschriebenen Legitimierung seines Vorgehens durch die Prinzipien Opferbereitschaft, Loyalität, Partnerschaft und Verantwortung begründete der Betriebsrat seine Forderungen durchaus auch pragmatisch, was im Kontext des Betriebs vor allem bedeutete: rationell und betriebswirtschaftlich. Im Zentrum dieser diskursiven Strategie stand die Bekämpfung der Fluktuation. Von der Sozialpolitik abgesehen, thematisierte der Betriebsrat die internen Kommunikationshindernisse, die anhaltende Belastungssituation, das in seinen Augen problematische Betriebsklima sowie die angeblich mangelnde Eignung von einzelnen Führungskräften. Der Betriebsrat sah zum einen die Gefahr, dass eine Vernachläs-

[141] Auch Aida Bosch erwähnt in ihrer grundlegenden Arbeit die Filterfunktion des Betriebsrats, wobei sie richtigerweise hinzufügt: „Der Betriebsrat ist jedoch keineswegs ein neutraler ‚Filter': Erstens ist es wahrscheinlich, daß die Dichte seiner Kommunikation mit *bestimmten* Belegschaftsgruppen und Abteilungen besonders groß ist und diese Gruppen damit auch seine Wahrnehmung stärker prägen – dies ist jedoch eine Frage, die erst empirisch genauer zu klären ist. Zweitens leiten den Betriebsrat bzw. verschiedene Betriebsratsfraktionen möglicherweise auch eigene besondere Interessen, die die Wahrnehmung beeinflussen". Bosch: Interessenkonflikt, S. 35 (Hervorhebung im Original).

sigung beziehungsweise Nichtbeachtung dieser Bereiche zu unmittelbaren Problemen in der Fertigung führen konnte. Zum anderen galt insbesondere mit Blick auf das Sozialklima, dass die Zufriedenheit und Motivation der Mitarbeiter sowie deren Identifikation mit den Unternehmenszielen einem reibungslosen Arbeitsablauf entgegenkamen. Der Fokus auf die „psychische Struktur der Organisationssubjekte“[142] war insbesondere in einer Situation bedeutsam, die von improvisatorischem und flexiblem Handeln geprägt war, da die Nachfrage ab dem Jahr 1960/61 innerhalb kürzester Zeit anstieg und die Anpassung der betrieblichen Produktionsbedingungen dieser Entwicklung hinterherhinkte. Gewichtiger allerdings wog der Sachverhalt, dass soziale Schieflagen im Betrieb und damit einhergehende Unzufriedenheiten innerhalb der Belegschaft wegen des angespannten Arbeitsmarkts zwangsläufig eine erhöhte Fluktuation nach sich ziehen mussten.

Die Ausgabe des Ziels, die Fluktuation zu reduzieren, ermöglichte es, die Unternehmensleitung für die Forderungen des Betriebsrats empfänglich zu machen. Es sei unwiderlegbar, so der Betriebsratsvorsitzende im Jahr 1966, dass die jährliche Fluktuation das Unternehmen „Millionen kostet, ohne dass ich die Summe berücksichtige, die durch eine erhöhte Leistung der gesamten Belegschaft ausgeglichen wird.“ Vor diesem Hintergrund stellte Golda die Frage, was BMW unternehmen könne, „um einen Teil der sinnlos herausgeworfenen Millionen sinnvoll zur Fluktuationseindämmung einzusetzen.“ Die Antwort des Betriebsrats war zum einen eine „bessere Lohn- und Gehaltspolitik“. Es könne nämlich nicht sein, so Golda, „dass wir den Einzelnen veranlassen, das Arbeitsverhältnis bei uns zu lösen, damit er wo anders die von uns abgelehnten 10 Pfg. pro Stunde mehr bekommt.“[143]

Neben den Verdiensten der Belegschaft sah der Betriebsrat eine weitere Ursache der hohen Fluktuation in der mangelhaften betrieblichen Kommunikation. Was bei BMW fehle, sei „das gegenseitige Verstehen bzw. das Gespräch zwischen dem Vorgesetzten und dem Belegschaftsangehörigen“. Golda zeigte sich „überzeugt, dass viele Fehler vermieden werden könnten und dass vor allem die Fluktuation auf ein gesundes Maß […] eingedämmt werden könnte, wenn wir den Weg der Unterrichtung und des kurzen Gesprächs wenigstens einmal suchen würden.“ Nur auf diese Weise sei es möglich, „die alltäglichen Sorgen und Probleme der einzelnen Meister für weitere Entscheidungen kennen zu lernen.“ Im Hinblick auf die wirtschaftliche Sicherung des Unternehmens bezeichnete Golda dieses Vorgehen als „ein[e] der entscheidendsten Voraussetzungen überhaupt.“[144] Da die Meister als direkte Vorgesetzte fungierten, weshalb sie mit den Arbeitenden in unmittelbaren Kontakt standen und über die Missstände und Unzufriedenheiten in den einzelnen Abteilungen am besten informiert waren,[145] schien ein solcher Ansatz in

142 Reckwitz: Erfindung, S. 157.
143 BMW UA 512, Geschäftsbericht des Betriebsrats auf der Betriebsversammlung vom 18. April 1966.
144 Ebenda.
145 Wiedemann: Rationalisierung, S. 141–142.

der Tat sinnvoll zu sein. Als dritte Möglichkeit, die Fluktuation zu bekämpfen, nannte der Betriebsratsvorsitzende schließlich die belegschaftliche Gewinnbeteiligung.[146]

Die Verdienstsituation der Belegschaft kritisierte der Betriebsratsvorsitzende bereits im Jahr 1961, als er die im Zuge der verstärkten Anwerbung von Arbeitskräften etablierte Praxis thematisierte, Neueingestellten höhere Löhne beziehungsweise Gehälter zu zahlen als denjenigen Belegschaftsmitgliedern, die schon längere Zeit bei BMW beschäftigt waren. Der Betriebsrat forderte daher, „eine Korrektur der übrigen Verdienste der Belegschaft vorzunehmen", da langjährige Mitarbeiter schon aus Loyalitätsgründen den Anspruch hätten, „denselben Stundenlohn zu bekommen [...] wie der Neueingestellte."[147] Trete hier keine Änderung ein, dann laufe es, so Golda im Jahr 1962, darauf hinaus, „dass ich kündige und durch eine Wiedereinstellung dann erst mehr Geld bekommen kann."[148] Auch im Jahr 1965 kritisierte der Betriebsratsvorsitzende, dass es nicht sein könne, dass die höheren Gehälter und Löhne, die durch den angespannten Arbeitsmarkt notwendig geworden waren, ausschließlich den Neueingestellten zugute kämen. Ein Jahr darauf forderte Golda erneut, „auf Grund der hohen Fluktuation den Versuch einer Verdienstverbesserung für die Belegschaft [zu] unternehmen." Der Vorstand solle daher „in Verbindung mit den Neueinstellungen die bisherigen Löhne und Gehälter [...] korrigieren."[149]

Die Forderung nach höheren Verdiensten wiederholte der Betriebsratsvorsitzende im Jahr 1971, indem er konstatierte, dass man sich nicht wundern dürfe, wenn langjährige Mitarbeiter kündigten, da das Unternehmen ihnen hinsichtlich Lohn und Gehalt nicht entgegenkomme. Zudem seien bei BMW kaum innerbetriebliche Aufstiegschancen gegeben. Daher sei es „ein ganz natürlicher und verständlicher Prozeß, daß beispielsweise eines Tages unabhängig vom Verdienst ein junger Mann die Nase voll hat und etwas Neues machen möchte, damit er weiterkommt." Aufgrund bürokratischer Hürden und insbesondere der Notwendigkeit der strikten Programmerfüllung werde solcherart Anfragen von den Vorgesetzten in der Regel jedoch kein Verständnis entgegengebracht. In diesem Zusammenhang prangerte Golda auch die Nachlässigkeit an, die der Vorstand seines Erachtens angesichts der Fluktuation an den Tag legte. Dabei nannte er eine weitere Ursache, die den hohen Kündigungsziffern zugrunde liege, nämlich das Prinzip „Umsatz[,] koste es was es will". In diesem Punkt forderte Golda daher „sinnvoll[e] Gegenmaßnahmen", um zukünftige Kündigungen zu reduzieren. Nötig seien Investitionen „in Richtung Fertigungsablauf" sowie eine „bessere Arbeitsplatzgestaltung".

146 BMW UA 512, Geschäftsbericht des Betriebsrats auf der Betriebsversammlung vom 18. April 1966.

147 BMW UA 511, Geschäftsbericht des Betriebsrats auf der Betriebsversammlung vom 29. März 1961.

148 BMW UA 511, Geschäftsbericht des Betriebsrats auf der Betriebsversammlung vom 1. August 1962.

149 BMW UA 512, Geschäftsbericht des Betriebsrats auf der Betriebsversammlung vom 18. April 1966.

Aufgrund der permanenten betrieblichen Ausnahmesituation innerhalb des Werks könnten etwa die Meister ihre eigentliche Aufgabe nicht mehr wahrnehmen, da sie als hauptsächlich als „bessere Hilfskräfte und Programmerfüller" tätig seien. Auch die Kommunikation beziehungsweise der „Informationsfluß" innerhalb des Betriebs ließ in den Augen des Betriebsratsvorsitzenden noch immer zu wünschen übrig. Golda forderte, „daß man wenigstens ein Mal im Jahr [...] über das beabsichtigte Programm, seine Engpässen und Schwierigkeiten diskutiert."[150]

Vor allem in der Überbelastung der Belegschaft sah der Betriebsrat in den 1960er und frühen 1970er Jahren ein schwerwiegendes Problem. Auch wenn Golda die Verbindung mit der Fluktuation bei der Behandlung dieses Themas oftmals nicht explizit herstellte, sprachen seine Ausführungen bezüglich der Programmplanung für sich. So konstatierte der Betriebsratsvorsitzende im Jahr 1963, dass BMW aufgrund der Überforderung der Beschäftigten auf dem besten Wege sei, „das wertvollste, was wir haben, nämlich die Treue unserer Belegschaft zu dem weiß-blauen Zeichen[,] zu erschüttern." Dies liege nicht zuletzt daran, dass man „nichts anderes mehr" höre und lese „als nicht erreichter Umsatz, nicht erreichte Stückzahlen, nicht erreichte Qualität usw. usw."[151] Auch Ende der 1960er Jahre erklärte Golda, dass „das, was hier abverlangt wurde und wird, [...] an die Grenze des Möglichen überhaupt" gehe. Da die „augenblickliche Kapazität des Werkes voll ausgeschöpft wurde", brauche man „langsam wieder die Situation einer normalen Fertigung." Die Belegschaft könne „auf die Dauer [...] nicht mehr ohne Folgen das leisten, was jeder hergegeben hat."[152] Obwohl die Beschäftigten, so der Betriebsratsvorsitzende im Jahr 1969, bereits bei einer Fertigungsvorgabe von 750 Einheiten pro Tag „Sorgen und manchen Kummer haben", plane der Vorstand eine Erhöhung der Fertigungsziffer auf 1000 Stück. Dagegen schien es Golda „vernünftiger zu sein, [...] im Augenblick lieber Untersoll zu fahren, bis sich die Belegschaft eingespielt hat." Erst dann sei es möglich „wieder auf Soll zu gehen oder[,] wenn die Kapazität es erlaubt[,] meinetwegen Übersoll zu fahren."[153]

Das „ständige Fahren von Überkapazität" diente aus Sicht des Betriebsrats nicht den Interessen der Bayerischen Motoren Werke, da sich dieser Zustand, von der Fluktuationsproblematik einmal abgesehen, zwangsläufig negativ auf die Fahrzeugqualität und damit zum Nachteil des Unternehmens auswirken müsse. Es handelte sich somit auch hierbei um eine immanente Kritik, die sich den grundlegenden Unternehmenszielen verpflichtet sah. Dies galt auch für das Argument, dass aufgrund der „permanenten Überbelastung der Belegschaft" die Abwesenheitsquote ansteige. Insbesondere die hohen Überstundenleistungen, so der Be-

150 BMW UA 1532-1, Geschäftsbericht des Betriebsrats auf der Betriebsversammlung vom 26. April 1971.

151 BMW UA 511, Geschäftsbericht des Betriebsrats auf der Betriebsversammlung vom 25. November 1963.

152 BMW UA 512, Geschäftsbericht des Betriebsrats auf der Betriebsversammlung vom 25. November 1968.

153 BMW UA 512, Geschäftsbericht des Betriebsrats auf der Betriebsversammlung vom 28. April 1969.

triebsratsvorsitzende, würden oftmals zu monatelangen krankheitsbedingten Ausfällen führen. Dennoch, kritisierte Golda, werde von den Verantwortlichen die „Mehrbelastung als selbstverständlich hingenommen."[154] Der Vorschlag des Betriebsrats bestand in diesem Zusammenhang darin, die Personalplanung zu verbessern, „um nach Möglichkeit Überstunden, Sonderschichten, damit Überlastungen der Belegschaft, zu vermeiden."[155]

Bereits im Jahr 1961 verkündete Golda, der Betriebsrat werde Überstundengenehmigungen in Zukunft strenger prüfen. Er begründete dies zum einen mit der gesundheitlichen Belastung der Beschäftigten. Zum anderen verwies Golda aber auch auf das „hinausgeschmissene Geld für sinnlose", da „zum Teil unwirtschaftliche Überstunden".[156] Zudem musste der Betriebsrat feststellen, dass „gesetzlich[e] Bestimmungen und deren Durchführung" von den Vorgesetzten oftmals nicht eingehalten würden, was „besonders in der Überstundenfrage" der Fall sei.[157] So kam es immer wieder dazu, dass Vorgesetzte den Betriebsrat nicht oder nur unzureichend über Überstundenanordnungen informierten beziehungsweise diese nicht genehmigen ließen, obwohl sie dazu gesetzlich verpflichtet waren.[158] Aus diesem Grund drohte Golda im Jahr 1962 mit einer Anzeige beim Gewerbeaufsichtsamt, falls sich die Situation nicht ändere.[159] An der Praxis, Überstunden anzuordnen, ohne die vorherige Genehmigung des Betriebsrats einzuholen, änderte sich in den folgenden Jahren offenbar dennoch kaum etwas. So klagte Golda auch in den Jahren 1965 und 1966, dass einzelne Vorgesetzte die gesetzlichen Bestimmungen oftmals umgingen.[160] Der Betriebsrat betonte in diesem Zusammenhang erneut, dass er kein Verständnis dafür habe, „wenn da und dort der Bereichsbetriebsrat mangelhaft oder überhaupt nicht unterrichtet wird."[161]

Die Anspannung, welche die Notwendigkeit zur rapiden Stückzahlerhöhung bei gleichzeitiger Aufrechterhaltung von Qualitätsstandards innerhalb des Werks erzeugte, spiegelte sich vor allem in den Ausführungen Goldas zum Betriebsklima. Der Betriebsrat behandelte dieses Thema bereits im Herbst 1961 in einem Brief

154 BMW UA 512, Geschäftsbericht des Betriebsrats auf der Betriebsversammlung vom 24. November 1969.

155 BMW UA 1532–1, Geschäftsbericht des Betriebsrats auf der Betriebsversammlung vom 19. Juli 1971.

156 BMW UA 511, Geschäftsbericht des Betriebsrats auf der Betriebsversammlung vom 29. März 1961.

157 BMW UA 511, Geschäftsbericht des Betriebsrats auf der Betriebsversammlung vom 1. August 1962.

158 Hierbei handelte es sich um eine Vorgehensweise vonseiten des Unternehmens, die auch bei im Braunschweiger Volkswagenwerk nicht unüblich war. Der Betriebsrat von VW klagte ebenfalls häufig über die schlechte Informationspolitik des Vorgesetztenapparats; siehe hierzu: Andresen: Mitbestimmen, S. 21.

159 BMW UA 511, Geschäftsbericht des Betriebsrats auf der Betriebsversammlung vom 19. November 1962.

160 BMW UA 511, Geschäftsbericht des Betriebsrats auf der Betriebsversammlung vom 19. Juli 1965.

161 BMW UA 512, Geschäftsbericht des Betriebsrats auf der Betriebsversammlung vom 28. November 1966.

an den Vorstand, in welchem er die Verhandlungen zur Neuregelung der Arbeits- und Pausenzeiten bewertete, die Anfang dieses Jahres bereits abgeschlossen waren. Die Betriebsvereinbarung, in welche die Verhandlungen der beiden Sozialpartner mündeten, galt ab dem 1. Januar 1962. In dem Schreiben an die Unternehmensleitung hob der Betriebsrat hervor, dass es den Verhandlungspartnern darauf angekommen sei, durch die Einführung einer bezahlten Pause „die laufenden Umstimmigkeiten [sic] zwischen Vorgesetzten und Belegschaftsangehörigen" zu beseitigen. Bis zu dieser Vereinbarung sei es „laufend" zu „Schwierigkeiten – um nicht zu sagen Auseinandersetzungen zwischen Vorgesetzten und unserer Belegschaft, besonders mit unseren Facharbeitern" gekommen. Durch die Einigung habe man deshalb, „ein[en] wesentliche[n] Schritt zur Verbesserung des Betriebsklimas" getan.[162] Wie die Ausführungen des Betriebsratsvorsitzenden in den folgenden Jahren zeigen sollten, stellte die Neuregelung der Pausenzeiten jedoch nur einen ersten Schritt dar. Es dauerte nicht lange, bis Golda dieses Thema erneut auf die Tagesordnung brachte.

Denn schon eineinhalb Jahre später, im April 1963, sprach der Betriebsratsvorsitzende erneut über das Betriebsklima innerhalb der Münchner Werkshallen. Golda bekannte, dass ihn der Umgangston, der bei BMW herrsche, „sehr nachdenklich" stimme. Zwar sei man nicht empfindlich und wisse, dass in einem großen Werk notwendigerweise auch ein rauerer Ton angeschlagen werden müsse, aber dieser solle „zumindest herzlich sein." Dies sei bei BMW nicht der Fall: „Das, was wir im Augenblick feststellen, ist […] weit von dem entfernt, was wir unter herzlich verstehen." Die Vorgesetzten dürften trotz der unglücklichen Programmplanung sowie allen Schwierigkeiten und Belastungen „nicht vergessen, dass der Mensch im Mittelpunkt steht." Deshalb werde der Betriebsrat in Zukunft „jeden Vorgesetzten, auch wenn er die besten fachlichen Qualifikationen hat, dann ablehnen, sobald ihm die menschlichen Führungseigenschaften fehlen." Die Kritik verband Golda mit dem Hinweis auf die angestiegene Fluktuation. Diese habe aus seiner Sicht nämlich auch aufgrund des gegenseitigen Umgangs im Betrieb bedenkliche Ausmaße angenommen. Zwar sei der Umgangston dafür nicht die einzige Ursache, „aber er ist ein wesentlicher Bestandteil neben der Verdienstfrage usw."[163]

Ein gutes halbes Jahr später kritisierte Golda die Belastung der Belegschaft in Zusammenhang mit dem vorherrschenden Betriebsklima. Der Betriebsratsvorsitzende sagte, dass man bei BMW „vor lauter Sollzahlen" nicht einmal mehr die Zeit habe, „über dieses Wort zu lächeln." „Vorarbeiter, Meister, Abteilungsleiter oder Betriebsleiter" seien aufgrund der Kapazitäts- und Personalprobleme als „Hilfsarbeiter, Disponenten, Zulieferer, Programmeinhalter, Kontrolleur[e] usw." tätig. Die geschilderte Situation habe zu Verärgerungen innerhalb der gesamten Beleg-

[162] BMW UA 511, Geschäftsbericht des Betriebsrats auf der Betriebsversammlung vom 27. November 1961.

[163] BMW UA 511, Geschäftsbericht des Betriebsrats auf der Betriebsversammlung vom 10. April 1963.

schaft geführt, die von Tag zu Tag zunähmen.[164] Die Beschäftigten, so Golda weiter, seien unzufrieden, da es „trotz Überstunden-, Samstags-, Sonntags- und Nachtarbeit nicht gelingt, die Planung zu erreichen." Aus diesen Gründen werde „zwangsläufig überlegt, wo liegt der Fehler und wo ist ein Schuldiger." Vonnöten war in den Augen des Betriebsratsvorsitzenden deshalb eine gemäßigtere Programm- und Ergebnisplanung, damit die Belegschaftsangehörigen „die Freude an der Arbeit wieder zurückgewinnen" könnten. Bleibe der Vorstand hier untätig, so erreiche das Unternehmen „das Gegenteil von dem[,] was wir erreichen wollen.[165]

Auch im Jahr 1968 sah sich der Betriebsrat gezwungen, auf das in seinen Augen problematische Betriebsklima hinzuweisen. Golda ging so weit, hinsichtlich des Gebarens einzelner Vorgesetzter von einem „neue[n] Hofstil" zu sprechen. Die betreffenden Personen würden auch vor Beleidigungen von Mitarbeitern nicht zurückschrecken.[166] Der „schlechte Stil", der sich etwa in Wendungen von Führungspersönlichkeiten wie „meine Untergebenen" ausdrücke, trug in den Augen Goldas dazu bei, „dass sich die Fronten verhärten und nicht entspannen werden." Ursächlich hierfür sei unter anderem die in den 1960er Jahren allgegenwärtige Belastung und Nervosität aufgrund des Ergebnisses, die „da und dort zu harten Worten Anlass gegeben" hätten. Auch seien „einzelne aus der Rolle" gefallen. Der Betriebsratsvorsitzende forderte daher einen freundlicheren Umgang im Betrieb, wozu etwa gehöre, dass „man für eine nachweisbare echte Leistung auch einmal danke sagt."[167] Der Umgangston war für Golda in nicht unerheblichem Maße für die hohen Fluktuationsraten verantwortlich. Wenn im Werk die menschliche Würde verletzt werde, so Golda, könne man „eine echte Gemeinschaft, die bereit ist, auch in schwierigen Zeiten auszuhalten", niemals erreichen.[168] Denn trotz aller Belastung und Nervosität müsse man bemüht sein, sich auf der „Basis einer sachlichen Argumentation zu begegnen", um die anstehenden Probleme lösen zu können.[169]

Noch deutlicher stellte der Betriebsratsvorsitzende den Zusammenhang zwischen Betriebsklima, Umgangston und Führungsstil auf der einen und der Fluktuationsproblematik auf der anderen Seite zu Beginn der 1970er Jahre heraus. So bezeichnete Golda abwertende Äußerungen von Vorgesetzten gegenüber den Mitarbeitern ihrer Abteilung als „schlechten Stil", was insbesondere vor dem Hintergrund „des immer noch bestehenden Personalmangels und der vorhandenen teu-

164 BMW UA 511, Geschäftsbericht des Betriebsrats auf der Betriebsversammlung vom 25. November 1963.
165 Ebenda.
166 BMW UA 512, Geschäftsbericht des Betriebsrats auf der Betriebsversammlung vom 22. April 1968.
167 BMW UA 512, Geschäftsbericht des Betriebsrats auf der Betriebsversammlung vom 25. November 1968.
168 BMW UA 512, Geschäftsbericht des Betriebsrats auf der Betriebsversammlung vom 22. April 1968.
169 Ebenda.

ren Fluktuation" zuträfe.[170] Man dürfe sich über die hohe Kündigungsziffer nicht wundern, wenn Belegschaftsmitgliedern erklärt würde „wenn es Ihnen nicht passt, dann können Sie ja gehen." Golda forderte polemisch, in „Richtung Fluktuationseindämmung sollte ruhig einmal der gesamte Vorgesetzten-Apparat, und zwar vom Direktor angefangen bis zum Meister[,] [...] sich auf die Schulbank setzen, um über den Begriff Menschenführung zu diskutieren." Einzelne Vorgesetzte seien unfähig, an die Kosten zu denken, die bei einer Kündigung beziehungsweise der dadurch notwendigen Neueinstellung anfielen. Dieses Verhalten habe daher zur „Kostenexplosion", die Anfang der 1970er Jahre eingetreten sei, beigetragen. Schuld an der Fluktuation sei jedoch nicht nur das Verhalten der Vorgesetzten, sondern auch die Tatsache, dass die Betreuung der Mitarbeiter und insbesondere der Neueingestellten vernachlässigt werde. Dies liege vor allem an der Problematik, dass die Vorgesetzten ihrer Führungsaufgabe kaum nachkommen könnten, weshalb bei den Beschäftigten ihrer Abteilung schnell das „Gefühl des Alleinseins" aufkomme. Letzteres führe dann „sehr oft zur Kündigung".[171]

Mit seiner Kritik am autoritär-patriarchalischen Führungsgebaren bestimmter Vorgesetzter trug der Betriebsrat bei BMW seinen Teil zum „Fortschritt zum Menschlichen" innerhalb der betrieblich-sozialen Beziehungen bei, der seit den 1950er Jahren in vielen industriellen Großbetrieben der Bundesrepublik zu beobachten war. Die betrieblichen Arbeitnehmervertretungen hatten einen wesentlichen Anteil an dieser Entwicklung, indem sie ein modernes und humanes Betriebsklima einforderten. Dies betraf allerdings bei weitem nicht alle westdeutschen Betriebe. Insbesondere Vorgesetzte in mittelständischen Unternehmen hielten oftmals auch über die 1960er Jahre hinaus einen herrschaftlichen Umgangsstil gegenüber ihren Mitarbeitern aufrecht.[172] Dass es sich bei der Kritik des BMW-Betriebsrats am autoritären Umgang um den Ausdruck eines allgemeinen Trends dieser Zeit handelte, zeigt der Fall VW. Auch der dortige Betriebsrat kritisierte immer wieder das Verhalten von einzelnen Vorgesetzten, die Beschäftigte als bloße Befehlsempfänger behandelten und zu Ausfällen und Beschimpfungen neigten.[173] Mit Blick auf die Unternehmen BMW und VW erscheint es als wahrscheinlich, dass in Betrieben mit einflussreichen und anerkannten Arbeitnehmervertretungen die überlieferten Formen der Kommandowirtschaft und Herr-im-Haus-Attitüde[174] früher verschwanden als in solchen, in denen keine oder politisch marginalisierte Betriebsräte tätig waren.

Einen weiteren Kritikpunkt, den der Betriebsratsvorsitzende während der 1960er Jahre immer wieder anführte, stellten die finanziellen Ausgaben für die hö-

170 BMW UA 512, Geschäftsbericht des Betriebsrats auf der Betriebsversammlung vom 20. April 1970.

171 BMW UA 1532-1, Geschäftsbericht des Betriebsrats auf der Betriebsversammlung vom 26. April 1971.

172 Milert, Werner u. Tschirbs, Rudolf: Die andere Demokratie – Betriebliche Interessenvertretung in Deutschland. 1848 bis 2008, Essen 2012, S. 428.

173 Andresen: Mitbestimmen, S. 23.

174 Milert u. Tschirbs: Demokratie, S. 428.

heren Vorgesetzten dar. Insbesondere bei dieser Thematik wird deutlich, dass sich der Betriebsrat die betriebswirtschaftlichen Vorgaben der Unternehmensleitung zum eigenen Maßstab gemacht hatte. Golda wandte die ökonomisch begründete Richtlinie der Unternehmensleitung, Kosten zu sparen, nämlich auf die Vorstandsmitglieder selbst an. So forderte der Betriebsratsvorsitzende bereits im Frühjahr 1961, man solle „im Rahmen einer gesunden Lohn- und Gehaltspolitik“ die Gehälter der Vorgesetzten überprüfen. Überhaupt stellte sich für den Betriebsrat die Frage, ob man den „Kreis der leitenden Herren, bis zum Aufsichtsrat, nicht [...] ohne weiteres verkleinern“ könne. Dieser Kreis dürfe keinesfalls „unter Naturschutz stehen“.[175] Wenige Monate später machte Golda deutlich, dass er diese Forderung auch aufgrund des Unvermögens vorbrachte, die einzelne Führungspersonen an den Tag legen würden, womit er insbesondere die vielen Programmänderungen im Sinn hatte. Vorstand und Aufsichtsrat müssten sich daher „dazu durchringen, dass dieser oder jener [...] ausgewechselt wird.“ Die Gremien müssten dringend prüfen, „ob die richtigen Leute am richtigen Platz eingesetzt sind“.[176]

Auch im Folgejahr brach die Kritik am „Naturschutzpark der leitenden Herren“ nicht ab. Der Betriebsratsvorsitzende sprach davon, dass „verschiedene Herren ihre Lebensexistenz darin sehen, Dienstreisen zu machen und die Schicht der leitenden Herren statt zu verkleinern[,] eine Erweiterung mit allen möglichen Titeln und Ehrungen anstreben.“ Der Betriebsrat, so Golda weiter, sei kaum bereit, auf weitere Sozialleistungen zu verzichten, wenn in dieser Frage keine Fortschritte erzielt würden.[177] Wiederum rund ein Jahr später forderte Golda, BMW solle „etwas vorsichtiger bei der Auswahl, Einstellung und Ernennung von leitenden Herrn [sic] sein.“ Obwohl der Betriebsrat seit Jahren auf diesen Punkt, den Golda „das heisseste [sic] Eisen bei uns überhaupt“ nannte, hingewiesen hätte, sei bis auf Einzelfälle noch immer keine nennenswerte Änderung festzustellen.[178] Kurz darauf bat Golda den Vorstandsvorsitzenden Karl-Heinz Sonne, „die Aufgabenstellung und deren Erfüllung dieses oder jenes Herrn zu überprüfen.“ Er fügte hinzu, dass der Vorstand mit „den Erhebungen in den Adelsstand etwas vorsichtiger“ sein solle, „denn mit einer stattlichen Zahl von Direktoren, Prokuristen, Ober-Ingenieuren und sonstigen Titeln, die ja letztlich mit Verpflichtungen für die Gesellschaft [BMW] verbunden sind“, sei dem Unternehmenserfolg nicht gedient. Golda verband die Kritik an der betrieblichen Führungsebene immer wieder mit dem Verweis auf die harte Arbeit und die deutlich geringeren Verdienste der übrigen Belegschaftsangehörigen.[179]

175 BMW UA 511, Geschäftsbericht des Betriebsrats auf der Betriebsversammlung vom 29. März 1961.

176 BMW UA 511, Geschäftsbericht des Betriebsrats auf der Betriebsversammlung vom 2. August 1961.

177 BMW UA 511, Geschäftsbericht des Betriebsrats auf der Betriebsversammlung vom 1. August 1962.

178 BMW UA 511, Geschäftsbericht des Betriebsrats auf der Betriebsversammlung vom 10. April 1963.

179 BMW UA 511, Geschäftsbericht des Betriebsrats auf der Betriebsversammlung vom 30. Juli 1963.

Im Herbst 1963 kam zur Beanstandung der Verdienste und des angeblichen Unvermögens der „leitenden Herren“ ein weiterer Punkt hinzu, nämlich die Kritik der Arbeitsweise dieses Personenkreises. Der Betriebsratsvorsitzende kritisierte „Einstellungen und [...] Einsatz dieser Herrn [sic] auf manchem Gebiet“, da er beobachte, dass sie den Beschäftigten, „die sowieso schon nicht mehr wissen, wo sie zuerst hingreifen sollen, schöne Ratschläge“ gäben oder „Erklärungen für einen Bericht, den sowieso kein Mensch liest“, verfassten. Es sei „besser und sinnvoller, selbst hinzufassen, als den Leuten, die mehr wie überlastet sind, die Zeit mit Ratschlägen oder Erklären zu stehlen. Statt dem Vorstand Berichte zu schreiben“, sollte der betreffende Personenkreis mithelfen, die Fehler abzustellen.[180] Im Jahr 1970 bemerkte Golda im Zusammenhang mit der Frage, wie das Unternehmen Geld sparen könnte, dass es ihm nicht einleuchte, warum „wir bei BMW über 500 Dienstfahrzeuge haben müssen.“ Mit Blick auf den Gehalt der Besitzer dieser Wagen sei zu fragen, ob sich diese nicht ein eigenes Fahrzeug leisten könnten. Ähnlich stehe es mit den Dienstreisen „und den damit verbundenen Ausgaben“.[181]

Die Frontstellung des Betriebsrats gegen die unternehmerische Leitungsebene verknüpfte Golda mit dem Versprechen an die Belegschaft, dass „diejenigen, die für die BMW ohne Rücksicht auf ihre Person durch alle Tiefen gegangen sind“, auf „keinen Fall auf der Strecke“ bleiben dürften. Unmittelbar im Anschluss daran formulierte der Betriebsratsvorsitzende die Frage an den Vorstand, ob dieser seine „Gehaltspolitik mit ruhigem Gewissen vor den Belegschaftsangehörigen verantworten“ könne, „die bis zur Stunde ihre Arbeit ehrlich und anständig gemacht haben“.[182] Ebenso konfrontierte Golda den Vorstand damit, dass ein Ungleichgewicht in Anbetracht der Aufstiegschancen im Unternehmen bestehe. Bei Vorgesetzten fördere der Vorstand den betrieblichen Aufstieg, während sich dies bei einfachen Beschäftigten anders gestaltete. Zudem unterstellte Golda, dass es der Vorstand bei Einstellungen von Führungskräften oftmals mit Menschen zu tun habe, die „manchmal mit etwas Glück ins Rampenlicht kam[en].“ Es sei jedoch gerade die Aufgabe der Verantwortlichen, „auch den zu sehen, der tagein, tagaus nur eines vor Augen hatte und hat, nämlich BMW über den Berg zu helfen.“ Die „Treue und Anständigkeit“ der Belegschaft müsse man deshalb „rechtzeitig und [...] spürbar anerkennen“.[183]

Die Kritik des Betriebsrats richtete sich Mitte der 1960er Jahre auch gegen die negativen Folgen des Modernisierungs- und Optimierungsprozesses, der im Zuge des unternehmerischen Aufstiegs eingesetzt hatte und dessen Zweck es war, die Rentabilität zu erhöhen sowie unproduktive Stellen im Betrieb ausfindig zu ma-

180 BMW UA 511, Geschäftsbericht des Betriebsrats auf der Betriebsversammlung vom 25. November 1963.

181 BMW UA 512, Geschäftsbericht des Betriebsrats auf der Betriebsversammlung vom 18. November 1970.

182 BMW UA 511, Geschäftsbericht des Betriebsrats auf der Betriebsversammlung vom 25. November 1963.

183 BMW UA 511, Geschäftsbericht des Betriebsrats auf der Betriebsversammlung vom 12. April 1965.

chen und zu beseitigen. Zwar verschließe man sich, so der Betriebsratsvorsitzende, nicht dem Fortschritt und sei „für jeden Rat und Hinweis auf kollegialer Basis dankbar." Die Forderung der Leitungsebene nach „frische[m] Wind" dürfe jedoch nicht bedeuten, dass ältere und weniger leistungsfähige Belegschaftsangehörige entlassen werden. Der Betriebsrat habe kein Verständnis „für die Auffassung, die da heisst [sic]: Der ist schon solange [sic] bei uns und auch nicht mehr der Jüngste, den kann man, da es uns immer noch nicht gut geht, übersehen".[184] In der Rezessionsphase 1966/67, als die Unternehmensleitung einen Einstellungsstopp beschloss, beobachtete der Betriebsrat, dass sich einzelne Vorgesetzte „der allgemeinen wirtschaftlichen Situation und der damit verbundenen Arbeitslage bedient haben, um arbeitsrechtlich schärfer durchgreifen zu können." Golda warnte davor, „mit einem ungesunden Ehrgeiz in eine sogenannte Säuberungsaktion einzutreten, um vielleicht den Beweis erbringen zu wollen, ‚wie tüchtig ich bin'".[185] Doch auch nach der Rezession sah sich der Betriebsratsratsvorsitzende gezwungen, vor Verschärfungen zu warnen, welche die Belegschaft betrafen. So betonte er im Jahr 1970, dass er es für das „ungeeignetste Instrument" halte, „Sparmaßnahmen beim Einkommen der Belegschaft anzusetzen."[186]

Alles in allem kann festgehalten werden, dass die Kritik des Betriebsrats am Vorgehen der Unternehmensleitung darauf zielte, die negativen Folgeerscheinungen der Produktionsausweitung auf die Beschäftigten so gering wie möglich zu halten. Dass die Kritik trotz der in den 1960er Jahren massiv gestiegenen Verdienste und Sozialleistungen nicht abbrach, ist auch ein Hinweis darauf, dass die Unzufriedenheit innerhalb der Belegschaft durch quantitativ-monetäre Kompensationsleitungen zwar gemäßigt, nicht jedoch gänzlich abgestellt werden konnte. Dies traf zum einen auf die Kritik der „leitenden Herren" zu, die der Betriebsratsvorsitzende in oftmals polemischer Weise als privilegiert, unproduktiv, überzählig und auf eigene Interessen hin orientiert charakterisierte, womit er wohl nicht zuletzt auch Animositäten gegen Führungskräfte entgegenkam, bei denen davon ausgegangen werden kann, dass sie innerhalb der Belegschaft vorhanden waren.[187] Zum anderen betraf dies auch die Forderungen nach einer vorausschauenden, langfristigen Programm- und Personalplanung, einer Entlastung der Belegschaft sowie einer Verbesserung des Betriebsklimas, die der Betriebsrat mit dem warnenden Verweis auf die hohe Fluktuation und deren betriebswirtschaftliche Kosten ver-

[184] BMW UA 511, Geschäftsbericht des Betriebsrats auf der Betriebsversammlung vom 12. April 1965.

[185] BMW UA 512, Geschäftsbericht des Betriebsrats auf der Betriebsversammlung vom 18. April 1967.

[186] BMW UA 512, Geschäftsbericht des Betriebsrats auf der Betriebsversammlung vom 18. November 1970.

[187] Damit ist auf Gerechtigkeitsvorstellungen angespielt, die insbesondere auch unter Arbeitern weit verbreitet waren. So weisen Kudera et al. darauf hin, dass bei 95 Prozent der befragten Lohnempfänger ihrer Studie eine ungebrochene (52 Prozent) beziehungsweise eingeschränkte Leistungsorientierung (43 Prozent) als Leitmaßstab ihrer Lohnvorstellungen vorlag. Kudera u. a.: Bewußtsein, S. 113–117.

band. Da auch der Vorstand stark an einer Fluktuationseindämmung interessiert war, war der Betriebsrat aufgrund der problematischen Arbeitsmarktsituation während der Boomphase in der Lage, die monetären und arbeitsplatzbezogenen Bedürfnisse der Belegschaft mit betriebswirtschaftlichen Zielvorstellungen zu verbinden. Ohne dem Betriebsrat an dieser Stelle ein taktisch motiviertes Vorgehen zu unterstellen, ist festzuhalten, dass es ihm nur vor dem Hintergrund der historisch-ökonomischen Gesamtsituation möglich war, seine Forderungen mit dem Verweis auf das übergeordnete Interesse am Unternehmenserfolg zu legitimieren. Gleichzeitig war der Betriebsrat aufgrund dieser Konstellation nicht gezwungen, eine Entweder-oder-Entscheidung zwischen Belegschafts- und Vorstandsinteressen zu treffen. In den frühen 1970er Jahre sollte sich schließlich zeigen, dass die Kritik des Betriebsrats insbesondere am Betriebsklima, an der Arbeitsplatzsituation und an den individuellen Aufstiegsmöglichkeiten beim Vorstand auf fruchtbaren Boden gefallen war. Wie in Kapitel 7.2 beschrieben, nahm sich die Unternehmensleitung in der Phase der Konsolidierung ab dem Jahr 1970 dieser Problematiken, die sie bis dahin oftmals vernachlässigt hatte, durch Maßnahmen an, deren zentraler Zweck in der Arbeitskräftebeschaffung und Fluktuationseindämmung bestand.

8.4 Eine betriebspolitische „Vertretungslücke"? Der Betriebsrat und die „Gastarbeiter"

Die folgenden Ausführungen stellen die Betriebsratspolitik in Bezug auf die „Gastarbeiter" dar. Trotz der Tatsache, dass der BMW-Betriebsrat weitgehend unabhängig von der Gewerkschaft beziehungsweise IG Metall agierte, kann die Stellung des Betriebsrats zu den ausländischen Beschäftigten im BMW-Werk nicht verstanden werden ohne den geistig-ideologischen Hintergrund, der die westdeutsche Arbeiterbewegung und damit die gewerkschaftlichen Arbeitnehmerorganisationen in der Nachkriegszeit prägte. Zum Zeitpunkt der einsetzenden „Gastarbeiteranwerbung" in den mittleren 1950er Jahren nahm der Deutsche Gewerkschaftsbund (DGB), unter dessen Dach auch die IG Metall organisiert war, eine skeptische bis ablehnende Haltung in Bezug auf die Ausländerbeschäftigung ein. Dabei spielten arbeitsmarktpolitische Erwägungen ebenso wie die Sorge vor Nachteilen für die einheimische Arbeitnehmerschaft eine Rolle.[188] Aus diesen Gründen bestanden die Gewerkschaften auf der prinzipiellen Vorrangigkeit der inländischen Beschäftigten gegenüber den „Gastarbeitern", deren Aufenthalt sie als vorübergehendes

[188] Fiebich, Kurt: Das deutsche Arbeitskräftepotential, in: Gewerkschaftliche Monatshefte 10/1956, S. 604–611; Richter, Heinz (Deutscher Gewerkschaftsbund): Der DGB und das Gastarbeiterproblem, in: Althammer, Walter (Hrsg.): Das Gastarbeiterproblem – Rotation? Integration? Arbeitsplatzverlagerung? Jugoslawien, Griechenland, Türkei. Ergebnisse einer Fachtagung, München 1975, S. 44–99.

Phänomen begriffen.[189] Vereinzelte Stimmen innerhalb der Gewerkschaften und insbesondere der IG Metall, die eine gezielte Betreuung der „Gastarbeiter“ sowie deren Einbindung in die gewerkschaftliche Organisationsarbeit forderten, waren bis in die 1960er Jahre nicht mehrheitsfähig.[190]

Erst in den 1970er Jahren, als sich bereits abgezeichnet hatte, dass die Ausländerbeschäftigung in der Bundesrepublik ein dauerhaftes Phänomen sein würde, begannen die Gewerkschaften, ihre Haltung hinsichtlich der ausländischen Beschäftigten zu ändern. Dabei kam der IG Metall eine Vorreiterrolle zu.[191] In einem Beschluss auf dem Gewerkschaftstag 1968 thematisierte die IG Metall das erste Mal das Ausländerrecht und forcierte in der Folge auch im DGB die kritische Auseinandersetzung mit der rechtlichen und lebensweltlichen Situation der „Gastarbeiter“. Diese Bemühungen führten dazu, dass die DGB-Gewerkschaften die Forderung nach der „gesellschaftspolitische[n] Integration der ausländischen Arbeitnehmer“ in ihre Leitsätze von 1971 aufnahmen.[192] Den Gewerkschaften ging es jedoch vorrangig um die soziale und rechtliche Lage der Ausländer – weniger um ihre betriebliche Situation, deren Verbesserung aus ihrer Sicht primär in den Bereich der Betriebsräte fiel.

Was die betriebliche Ausländerpolitik der Betriebsräte betrifft, kann für die Zeit der 1960er Jahre von einem „partielle[n] Nebeneinander der Interessenvertretungspolitik und der Situation der Ausländer im Betrieb“ gesprochen werden. Diese Konstellation wirkte sich am Ende der 1960er und in den frühen 1970er Jahren auch auf die Betriebsratswahlen aus.[193] Hierbei spielte insbesondere die Novellierung des Betriebsverfassungsgesetzes vom Januar 1972 eine Rolle. Hatte Beschäftigten ohne deutsche Staatsangehörigkeit vor der Novellierung, von begründeten Ausnahmen abgesehen, nur das aktive Wahlrecht zugestanden,[194] so entfiel in der Neufassung des Gesetzes die Einschränkung des passiven Wahlrechts auf deutsche Staatsangehörige. Ausländische Arbeitnehmer durften nun auch ohne Ausnahmegenehmigung zu Betriebsratswahlen antreten.[195] Dies hatte Folgen für die betriebliche Vertretungspolitik: Waren bei den Betriebsratswahlen des Jahres 1968 bayernweit nur neun Betriebsräte ausländischer Herkunft gewählt worden, so waren

189 Hunn, Karin: Türkische „Gastarbeiter“ zwischen Heimat und Fremde, in: Archiv für Sozialgeschichte 42 (2002), S. 145–172, hier S. 161.

190 Trede, Oliver: Zwischen Misstrauen, Regulation und Integration. Gewerkschaften und Arbeitsmigration in der Bundesrepublik und in Großbritannien in den 1960er und 70er Jahren, Paderborn 2015, S. 63–64.

191 Ulucay, Bekir: Die Ausländerpolitik der Gewerkschaften in der Bundesrepublik Deutschland: Eine kritische Darstellung ihrer Entwicklung seit den 50er Jahren unter besonderer Berücksichtigung der Industriegewerkschaft Metall (Unveröffentl. Magisterarbeit, Universität Freiburg i. Br.), o. J., S. 52.

192 Die deutschen Gewerkschaften und die ausländischen Arbeitnehmer (vom Bundesvorstand des DGB verabschiedet am 2. 11 1971) – Auszug, in: Gewerkschaftliche Monatshefte 1/1974, S. 63–71, Zitat von S. 70.

193 Trede: Misstrauen, S. 125.

194 § 7 Abs. 1 BetrVG 1952.

195 § 8 Abs. 1 BetrVG 1972.

es bei den Betriebsratswahlen des Jahres 1972 bereits 180 Ausländer, was zwei Prozent aller Mandate in Bayern entsprach. Von diesen 180 gewählten ausländischen Betriebsräten waren 24 Prozent türkischer, 21 Prozent jugoslawischer, 19 Prozent griechischer und 13 Prozent italienischer Herkunft.[196]

Im Frühjahr 1972 und damit kurz nach der Novellierung des Betriebsverfassungsgesetzes trat auch bei BMW erstmals eine ausländische Liste zu den Betriebsratswahlen an. Es handelte sich um eine Ein-Personen-Liste des türkischen Montagearbeiters Mehmet S. Von 9773 abgegebenen gültigen Stimmen erhielt diese Vorschlagsliste beachtliche 1151 Stimmen, womit Mehmet S. in den Betriebsrat gewählt wurde. Zu berücksichtigen ist jedoch, dass sich auf der von Kurt Golda angeführten Gemeinschaftsliste der IG Metall, die insgesamt 80 Listenplätze besaß, offenbar ebenfalls ausländische Belegschaftsmitglieder befanden. Es scheint sich dabei um drei griechische und vier türkische Beschäftigte gehandelt zu haben, die allesamt als Anlernkräfte arbeiteten.[197] Davon wurden allerdings nur zwei, nämlich jeweils ein Türke und ein Grieche, tatsächlich auch in den Betriebsrat gewählt.[198]

Als das für Belegschaftsfragen zuständige Aufsichtsratsmitglied war der Betriebsratsvorsitzende auch der erste Ansprechpartner, wenn es um die Ausländerbeschäftigung ging. So äußerte sich Golda bereits im Frühjahr 1962 in einer Aufsichtsratssitzung zu der Frage, ob man die neugeschaffenen Arbeitsplätze in der Produktion durch deutsche oder ausländische Arbeitskräfte besetzen wollte. Er wies in diesem Zusammenhang auf „Schwierigkeiten und die hohen Aufwendungen (DM 500,-- je Mann und Jahr) bei der Beschäftigung von Ausländern“ hin. Da das anwerbende Unternehmen für die Kosten der Anwerbung aufkommen musste, war die Einstellung eines „Gastarbeiters“ tatsächlich teurer als die eines einheimischen Arbeitnehmers. Gleichzeitig war Golda optimistisch, was die Gewinnung von Mitarbeitern aus der Region betraf.[199] Die eindeutige Priorisierung von deutschen gegenüber ausländischen Mitarbeitern kam auch in Goldas im Jahr 1963 vorgebrachter Forderung zum Ausdruck, für das Folgejahr keine weiteren „Gastarbeiter“ mehr anzuwerben. Der Betriebsrat forderte deshalb „einen Einstellungsstopp für ausländische Arbeitskräfte.“ Golda begründete diesen Schritt mit gruppenakkordbedingten Lohneinbußen bei den deutschen Belegschaftsmitgliedern, Qualitätsproblemen und dem hohen finanziellen Aufwand, den die „Gastarbeiteranwerbung“ nach sich zog.[200]

[196] Roos: Bayern, S. 113–114.

[197] BMW UA 2143–2, Bekanntmachung des Wahlvorstands vom 5. April 1972. Da auf den Listen keine Angaben zur Nationalität verzeichnet sind, fand die Feststellung der Nationalität über die – zugegebenermaßen durchaus nicht unproblematische – Auswertung der Vor- und Nachnamen statt.

[198] BMW UA 2143–2, Bekanntmachung des Wahlvorstands vom 25. April 1972.

[199] BMW UA 415, Niederschrift über die Sitzung des Aufsichtsrates vom 17. April 1962.

[200] BMW UA 511, Geschäftsbericht des Betriebsrats auf der Betriebsversammlung vom 10. April 1963.

In seiner Rede auf der Betriebsversammlung vom Frühjahr 1963 erklärte der Betriebsratsvorsitzende, dass die Leistungsdifferenzen im Gruppenakkord zwischen deutschen und ausländischen Belegschaftsmitgliedern „nicht mehr verantwortet werden können.“ Die Problematik bestand darin, dass die niedrigere Leistung der Neueingestellten im Gruppenakkord aufgrund der Durchschnittsverrechnung auf diejenigen Beschäftigten zurückwirkte, die bereits länger bei BMW angestellt und deshalb „eingespielt“ waren. Dies, so Golda, gehe „zu Lasten des Verdienstes unserer deutschen Kolleginnen und Kollegen“. Obwohl Golda eine Lohnerhöhung für die Personengruppe forderte, die von den Verdiensteinschränkungen betroffen war und betonte, dass der neueingestellte „Gastarbeiter“ „nichts dafür kann“, ethnifizierte er das Problem, indem er seinen Ausführungen nicht die Unterscheidung zwischen neuen beziehungsweise unerfahrenen und eingespielten Belegschaftsmitgliedern zugrundelegte, sondern zwischen ausländischen und deutschen.[201]

Die genannte Differenzierung nahm Golda jedoch auch deshalb vor, weil in seinen Augen nicht nur die mangelnde Arbeitserfahrung und die damit einhergehende niedrigere Leistung der Neueingestellten eine Schwierigkeit darstellte. Der Betriebsratsvorsitzende thematisierte nämlich auch sprachliche und kulturelle Probleme, welche die Ausländerbeschäftigung im BMW-Werk nach sich zog. So kritisierte Golda neben den sich ergebenden „Sprachschwierigkeiten“,[202] dass für die „Gastarbeiter“, die „von ihrer Heimat und ihren Sitten herausgenommen wurden“, außer Dolmetschertätigkeiten keine „tiefere Betreuung“ vorgesehen war: „Es geht nicht an, dass wir ausländische Kolleginnen und Kollegen einfach ins Wasser stoßen und von ihnen verlangen, dass sie schwimmen sollen.“ Deshalb sei die Belegschaft gezwungen, die „Sorgen und Nöte“ aufzugreifen und zu lösen, da es ansonsten zwangsläufig zu Spannungen im Betrieb „mit all seinen Auswirkungen“ komme.[203] Golda spielte hier wohl zum einen auf verbale und körperliche Auseinandersetzungen zwischen deutschen und ausländischen Belegschaftsangehörigen an. Zum anderen zielten die Ausführungen auf die Produktqualität, die durch die „Gastarbeiterbeschäftigung“ gefährdet sei, wobei nicht zuletzt sprachliche Verständigungsschwierigkeiten eine Rolle spielen würden.[204] Deshalb forderte Golda eine Verstärkung der Kontrollmaßnahmen, um die Qualität der Erzeugnisse bereits zwischen den einzelnen Arbeitsschritten zu prüfen. Diesbezügliche Investitionen wären „hinsichtlich der Qualität und des Betriebsklimas“ sinnvoller als

201 BMW UA 511, Geschäftsbericht des Betriebsrats auf der Betriebsversammlung vom 10. April 1963.

202 BMW UA 512, Geschäftsbericht des Betriebsrats auf der Betriebsversammlung vom 28. April 1969.

203 BMW UA 511, Geschäftsbericht des Betriebsrats auf der Betriebsversammlung vom 10. April 1963.

204 BMW UA 512, Geschäftsbericht des Betriebsrats auf der Betriebsversammlung vom 28. April 1969; zu den innerbelegschaftlichen Auseinandersetzungen und der Diskussion der Produktqualität im Kontext des Ausländereinsatzes vgl. Kapitel 5.4 der vorliegenden Arbeit.

Investitionen in die Anwerbung ausländischer Arbeitskräfte, die Golda als „herausgeworfene[s] Geld" bezeichnete.[205]

Im Jahr 1964 erklärte der Betriebsratsvorsitzende, dass er sich von einer Erhöhung der Belegschaftsverdienste mehr verspreche als vom „Schritt zum ausländischen Arbeitsmarkt".[206] Auch im Jahr 1965 thematisierte der Betriebsratsvorsitzende die Kosten, welche die Anwerbung von „Gastarbeitern" mit sich brachte. Zwar betonte Golda, er habe „nicht im geringsten [sic] etwas gegen einen ausländischen Kollegen." Die Tatsache, „dass man arbeitsvertraglich bei ausländischen Kollegen vereinbart, dass wir nach 1 Jahr BMW-Dienstzeit im Falle der Rückkehr die Heimreisekosten plus Tagesgeld von 30.– DM bezahlen", widersprach in den Augen Goldas jedoch dem „Gleichbehandlungsgrundsatz".[207] Noch im Jahr 1970 bezeichnete es Golda als „paradox, daß wir auf der einen Seite nach Griechenland, Italien und in die Türkei laufen, um neue Arbeitsplätze zu bekommen[,] und auf der anderen Seite lassen wir bewährte Kräfte durch eigene Kündigung oder aus Arbeitsplatzgründen gehen."[208] Den Arbeitskräftemangel im BMW-Werk betrachtete Golda somit primär als Folge der hohen Fluktuation, deren Ursache er wiederum in der Lohn- und Gehaltssituation verortete, die seiner Ansicht nach verbessert werden müsse. Bevor man „Gastarbeiter" anwerbe, solle man zunächst „gemeinsam einen denkbaren Weg zur Eindämmung der Fluktuation versuchen".[209] Die Ausländerbeschäftigung interpretierte Golda jedoch nicht nur als Folge, sondern auch als Ursache der hohen Fluktuationsrate. In einer Aufsichtsratssitzung vom Frühjahr 1964 nannte Golda hierbei die „zu schnelle Hochspielung der ausländischen Arbeitskräfte". Der Betriebsratsvorsitzende hatte dabei die Fluktuation der deutschen Belegschaftsangehörigen im Sinn. Die deutschen Mitarbeiter hätten aufgrund des hohen Ausländeranteils an der Belegschaft nämlich „neben den anderen unangenehmen Erschwernissen Verdienstschmälerungen in Kauf zu nehmen."[210]

Einen Einstellungsstopp forderte der Betriebsrat auch im Jahr 1966. Auf einer Betriebsversammlung bezeichnete Golda dieses Vorgehen als „Vorsichtsmaßnahme zur Sicherung der jetzt bestehenden Gesamtarbeitsplätze der Belegschaft."[211] Ähnlich verhielt es sich zwei Jahre später. Als der Vorstand im Sommer 1968 beschloss, 400 „Gastarbeiter" einzustellen, lehnte der Betriebsrat eine Erhöhung

205 BMW UA 511, Geschäftsbericht des Betriebsrats auf der Betriebsversammlung vom 10. April 1963.

206 BMW UA 511, Geschäftsbericht des Betriebsrats auf der Betriebsversammlung vom 23. November 1963.

207 BMW UA 511, Geschäftsbericht des Betriebsrats auf der Betriebsversammlung vom 12. April 1965.

208 BMW UA 512, Geschäftsbericht des Betriebsrats auf der Betriebsversammlung vom 20. April 1970.

209 BMW UA 511, Geschäftsbericht des Betriebsrats auf der Betriebsversammlung vom 23. November 1963.

210 BMW UA 416, Niederschrift über die Sitzung des Aufsichtsrates vom 14. April 1964.

211 BMW UA 512, Geschäftsbericht des Betriebsrats auf der Betriebsversammlung vom 28. November 1966.

über diese Zahl hinaus ab. Laut Golda waren es „Sicherheitsgründ[e]", die den Betriebsrat zu diesem Schritt bewogen hatten, was wohl damit zu tun hatte, dass die neueingestellten Ausländer aufgrund der oftmals vorliegenden Unkenntnis von Regeln und Anweisungen ein erhöhtes Risiko hinsichtlich der Sicherheit am Arbeitsplatz darstellten. Gleichzeitig betonte der Betriebsratsvorsitzende, dass die Zahl von 400 Arbeitskräften nicht ausreichen werde, um das geplante Programm zu erfüllen. Um eine weitere Beschäftigung von „Gastarbeitern" zu verhindern, bat Golda auf einer Rede auf der Betriebsversammlung, die Belegschaft möge „die Bemühungen des Einstellbüros dahingehend [...] unterstützen, dass in Freundeskreisen für BMW geworben wird."[212] Schon im Frühjahr 1968 hatte Golda an die Vorgesetzten des Werks die Bitte gerichtet, den Betriebsrat in seinen Bemühungen zur Fluktuationseindämmung zu unterstützen, „um so wenig wie möglich neue Kontrakte mit ausländischen Kollegen schließen zu müssen."[213] Die Anzahl der „Gastarbeiter" abzusenken beziehungsweise nicht weiter zu erhöhen, stellte daher ein wichtiges Ziel des Betriebsrats dar, das er durch den Kampf gegen die Fluktuation zu erreichen versuchte.

Wie oben ausgeführt, war die Fluktuationsrate beim ausländischen Belegschaftssegment aus unterschiedlichen Gründen höher als beim deutschen.[214] Deshalb läge es nahe, die Gründe für die negative Haltung des Betriebsrats gegenüber den „Gastarbeitern" in der Fluktuationsproblematik zu suchen. Eine diesbezügliche Bemerkung findet sich in den Quellen jedoch nur ein einziges Mal, nämlich im Jahr 1970. In einer Aufsichtsratssitzung dieses Jahres sprach Golda im Zusammenhang mit dem Ausländeranteil, den er mit 63 Prozent als „sehr hoch" bezeichnete, davon, dass „wenigstens in der Weise eine etwas gesicherte Basis geschaffen werden [muss], daß wir Vertragsarbeiter bekommen, die mindestens 1 Jahr bei uns bleiben."[215] Von diesem Fall abgesehen, ist es auffällig, dass der Betriebsratsvorsitzende die unterschiedliche Fluktuationsrate bei Ausländern und Deutschen gerade nicht thematisierte. So verwies Golda im Juli des Jahres 1971 auf die hohe Fluktuationsquote sowie auf den Verlust von 2350 Arbeitskräften im vorangegangenen Halbjahr, um dann unmittelbar fortzufahren: „*Im übrigen* wird die Belastung in den Betrieben – insbesondere aufgrund des hohen Ausländeranteils – immer größer."[216] Die massenweise Ausländerbeschäftigung stellte für den Betriebsrat also für sich selbst, das heißt ganz unabhängig von der hohen „Gastarbeiterfluktuation", ein Problem dar.

Der Betriebsratsvorsitzende sah teilweise auch in den hohen Abwesenheitsquoten, die der Unternehmensleitung zum Ende der 1960er Jahre zu schaffen

212 BMW UA 512, Geschäftsbericht des Betriebsrats auf der Betriebsversammlung vom 22. Juli 1968.

213 BMW UA 512, Geschäftsbericht des Betriebsrats auf der Betriebsversammlung vom 22. April 1968

214 Siehe hierzu Kapitel 5.2 der vorliegenden Arbeit.

215 BMW UA 417, Niederschrift über die Sitzung des Aufsichtsrates vom 6. Mai 1970.

216 BMW UA 417, Niederschrift über die Sitzung des Aufsichtsrates vom 5. Juli 1971, Hervorhebung des Verfassers.

machte, eine Folge des hohen Ausländeranteils an der Belegschaft. In seiner Sitzung vom Mai 1970 thematisierte der Aufsichtsrat die Folgen der zum Jahresanfang eingeführten gesetzlichen Lohnfortzahlung im Krankheitsfall.[217] Das diesbezügliche Gesetz bestimmte, dass Arbeiter bei krankheitsbedingter Arbeitsunfähigkeit einen unabdingbaren Anspruch auf Lohnfortzahlung für die Dauer von sechs Wochen erhielten. Die Auswirkungen dieser Neuerung bereitete den Unternehmensverantwortlichen Sorgen, da der Abwesenheitsstand nach der Gesetzeseinführung deutlich höher lag als zuvor. In diesem Zusammenhang sprach der Betriebsratsvorsitzende zwar auch die hohe Belastung im Betrieb an, welche die hohe Abwesenheitsquote mit bedinge. Er betonte aber gleichzeitig, dass „gerade auch die Ausländer regen Gebrauch von den gesetzlichen Möglichkeiten wie z. B. Lohnfortzahlung, Kindergeld etc. machen."[218] Ganz offenbar insinuierte der Betriebsratsvorsitzende hierbei, dass die Immigranten die angesprochenen gesetzlichen Möglichkeiten ausnutzen würden beziehungsweise diese auch dann in Anspruch nähmen, wenn es gar nicht nötig wäre.

In eine ähnliche Richtung ging die Einschätzung Goldas vom Mai 1969, es existiere ein „Führungsproblem" bei den „Gastarbeitern". Dabei sprach er zwar von einem „Führungsproblem bei unseren Lohnempfängern" insgesamt, betonte jedoch, dass dieses „insbesondere [bei] den Ausländern" vorliege.[219] Im September 1969 sprach er dieses Thema erneut an, dieses Mal allerdings ausschließlich mit Blick auf die ausländischen Mitarbeiter.[220] Was mit der etwas kryptischen Rede vom „Führungsproblem" genau gemeint war, bleibt offen, da weitere Ausführungen nicht vorliegen. Da er jedoch davon sprach, dass man der Problematik „durch eine Verstärkung der unteren Führungsschicht begegnen"[221] könne, könnte diese Problematik in der Arbeitsdisziplin der „Gastarbeiter" bestanden haben, die man im Unternehmen offenbar als unzureichend beurteilte. Gleichzeitig könnte Golda die vergleichsweise hohe Affinität der Ausländer zu den bei BMW agierenden linksradikalen Betriebsgruppen im Sinn haben, die er auch an anderer Stelle erwähnte.[222]

Die ausländischen Arbeitskräfte bei BMW entstammten unterschiedlichen Nationen, was dazu führte, dass der Betriebsratsvorsitzende in Einzelfällen die spezifische Herkunft der „Gastarbeiter" thematisierte. Er tat dies insbesondere dann, wenn sich die politische Lage in den betreffenden Herkunftsländern auf die Situation im Betrieb auswirkte. Nachdem 60 jugoslawische BMW-Arbeiter des Berliner Werks nicht aus dem Jahresurlaub 1970 zurückgekehrt waren,[223] nahm Golda den

[217] Siehe zu diesem Gesetz: Richardi, Reinhard: Arbeitsverfassung und Arbeitsrecht, in: Hans Günter Hockerts (Hrsg.): Geschichte der Sozialpolitik in Deutschland seit 1945, Bd. 5: 1966–1974, Baden-Baden 2006, S. 225–276, hier S. 246–247.

[218] BMW UA 417, Niederschrift über die Sitzung des Aufsichtsrates vom 6. Mai 1970.

[219] BMW UA 417, Niederschrift über die Sitzung des Aufsichtsrates vom 8. Mai 1969.

[220] BMW UA 417, Niederschrift über die Sitzung des Aufsichtsrates vom 10. September 1969.

[221] BMW UA 417, Niederschrift über die Sitzung des Aufsichtsrates vom 8. Mai 1969.

[222] BMW UA 417, Niederschrift über die Sitzung des Aufsichtsrates vom 15. März 1972.

[223] BMW UA 417, Niederschrift über die Sitzung des Aufsichtsrates vom 4. September 1970.

Vorfall im darauffolgenden Jahr zum Anlass, vor einer weiteren Beschäftigung von Jugoslawen zu warnen. Letztere sei „[b]esonders kritisch“ zu sehen, da „nicht auszuschließen [sei], daß diese Mitarbeiter – möglicherweise schlagartig – zur Rückkehr in ihr Heimatland aufgefordert werden könnten.“[224] Ein anderes Mal war es die politische Lage in Griechenland, die den Betriebsratsvorsitzenden bewog, Stellung zu beziehen. Da fast alle griechische Belegschaftsangehörige einer Betriebsversammlung fern blieben, die der Betriebsrat ausschließlich für griechische BMW-Mitarbeiter in ihrer Landessprache ausrichtete, strengte der Betriebsrat eine Untersuchung über die Gründe dieses Verhaltens an. Die Untersuchung kam zu dem Ergebnis, dass im Werk Vertrauensleute der griechischen Regierung tätig waren, die den Auftrag bekommen hatten, „alles zu melden, was ihrer Meinung nach nicht legal ist“. Darunter fielen etwa der Besuch einer Betriebsversammlung und die Mitgliedschaft in einer Gewerkschaft. Der Betriebsratsvorsitzende erklärte daraufhin, es dürfe nicht sein, dass ein Belegschaftsangehöriger aufgrund des Besuchs einer Betriebsversammlung Repressalien zu befürchten habe. Er kündigte „scharfen Gegendruck“ an und drohte, denjenigen Beschäftigten, die im Auftrag der griechischen Regierung tätig waren, mit der sofortigen Kündigung und dem Entzug der Arbeitserlaubnis.[225]

Dass sich der Betriebsrat durchaus an die Seite der ausländischen Beschäftigten stellen konnte, wenn es um die Interessen des Werks ging, bewies er auch im Zuge der GLAS-Übernahme im Jahr 1967. Nachdem der Präsident des Landesarbeitsamtes vorgeschlagen hatte, rund 1000 ausländische Arbeitskräfte des Münchner Werks zu entlassen, um für GLAS-Beschäftigte aus Dingolfing Arbeitsplätze zu schaffen, lehnte Golda dies ab. Der Betriebsratsvorsitzende führte dazu im Herbst 1967 aus, dass man zwar alles tun werde, um der Belegschaft von GLAS zu helfen. Dies bedeute aber nicht, dass der Betriebsrat zu diesem Zweck der Kündigung von Münchner Belegschaftsangehörigen zustimmen werde. Dem Betriebsrat gehe es vielmehr um die „Schaffung von echten Arbeitsplätzen“.[226] Tatsächlich hatte Golda bereits im Frühjahr 1967 angekündigt, dass seine Unterstützung für die GLAS-Belegschaft zur Bedingung habe, „dass die Arbeitsplätze hier in München weder heute noch in der Zukunft gefährdet werden dürfen.“ Dies bezeichnete Golda als die „Aufgabe Nr. 1“, weshalb der Betriebsrat sämtliche Schritte genau prüfen wolle.[227] Die Tatsache, dass es Golda verweigerte, ausländische BMW-Mitarbeiter, die im Münchner Werk beschäftigt waren, durch deutsche GLAS-Belegschaftsmitglieder zu ersetzen, zeigt, dass der Betriebsrat in den „Gastarbeitern“ trotz aller Kritik an deren spezifischen Anwerbe- und Einsatzbedingungen primär Angehörige des

224 BMW UA 417, Niederschrift über die Sitzung des Aufsichtsrates vom 16./17. Dezember 1971.

225 BMW UA 512, Geschäftsbericht des Betriebsrats auf der Betriebsversammlung vom 1. September 1969.

226 BMW UA 512, Geschäftsbericht des Betriebsrats auf der Betriebsversammlung vom 13. November 1967.

227 BMW UA 512, Geschäftsbericht des Betriebsrats auf der Betriebsversammlung vom 18. April 1967.

Werks sah. Während der Betriebsrat innerhalb der Werksbelegschaft die Interessen der deutschen Kernbelegschaft höher gewichtete als die der Ausländer, setzte er sich für die Arbeitsplätze letzterer ein, wenn es darum ging, Bedrohungen von außerhalb abzuwehren. In diesem Fall spielte die Nationalität der Beschäftigten keine ausschlaggebende Rolle.

9. Neue Akteure und neue Kritik am Ende des Booms: Operaistische Betriebsgruppen bei BMW 1969–1973

Hier ist nun der Ort, einen Blick auf die Akteure beziehungsweise Akteursgruppen der Neuen Linken zu werfen, die sich seit dem Ende der 1960er Jahre innerhalb der Münchner Werkshallen von BMW politisch betätigten, denn diese Gruppierungen stellten das bewährte, auf sozialem Ausgleich beruhende Vorgehen des Betriebsrats prinzipiell in Frage. Auf Basis marxistischer Theoriebildung unterzogen die neokommunistischen Betriebsgruppen nicht nur das etablierte Arbeitnehmervertretungsorgan, sondern auch die Unternehmensleitung einer scharfen und oftmals polemischen Kritik. In ihren Augen diente die Organisation des Produktionsprozesses der Ausbeutung der Arbeiterschaft durch das Kapital, weshalb sie die revolutionäre Überwindung der bürgerlich-kapitalistischen Eigentumsordnung forderten. Diese marxistisch grundierte Kapitalismuskritik war der ideologische Hintergrund aller linksradikalen Betriebsgruppen bei BMW – in ihrem politischen Vorgehen unterschieden sich diese Gruppen jedoch deutlich, was insbesondere hinsichtlich Organisations- und Bündnisfragen galt. Die heftig miteinander konkurrierenden Betriebsgruppen, die zu Beginn der 1970er Jahre innerhalb der Bundesrepublik existierten, lassen sich in drei Kategorien einteilen: Einerseits die Betriebsgruppen beziehungsweise „Betriebszellen" der neo-marxistisch-leninistischen oder maoistischen K-Gruppen, sodann die Betriebsgruppen der traditionsmarxistisch-leninistischen DKP und schließlich die spontaneistisch-aktionistischen, vom italienischen *Operaismo* beeinflussten „Sponti"-Gruppen.[1]

Neben dem betrieblichen Publikationsorgan der *Gruppe Arbeitersache* und der Zeitung *Lotta Continua* der gleichnamigen italienischen operaistischen Betriebsgruppe zirkulierten zu Beginn der 1970er Jahre mehrere Betriebszeitungen innerhalb des Münchner Werks: „Der Rote Anlasser" der *BMW-Betriebsgruppe der Kommunistischen Partei Deutschlands/Marxisten-Leninisten (KPD/ML)*, „Der Motor" der *Arbeiterbasisgruppen für den Wiederaufbau der KPD* (ab Frühjahr 1973: *Arbeiterbund für den Wiederaufbau der KPD*) sowie „Die Zündung" der *BMW Betriebsgruppe der Deutschen Kommunistischen Partei (DKP)*. Wie bei anderen großen Industriebetrieben kam es so auch bei BMW in München dazu, „dass sich zu besonderen Anlässen wie Betriebsversammlungen regelrechte Verteilerspaliere vor den Werkstoren [...] einfanden."[2]

Über die Gründe, die Linksradikale Ende der 1960er bis Anfang der 1970er Jahre dazu bewogen, ihre politische Tätigkeit vollständig oder teilweise in die Fa-

1 Einen Überblick über die K-Gruppen der 1970er Jahre gibt: Benicke, Jens: Von Adorno zu Mao. Über die schlechte Aufhebung der antiautoritären Bewegung, Freiburg 2010, S. 119–127. Zu den „Spontis" siehe umfassend: Kasper, Sebastian: Spontis. Eine Geschichte antiautoritärer Linker im roten Jahrzehnt, Münster 2019.

2 Arps: Frühschicht, S. 80.

brik zu verlagern, gibt die im Jahr 1971 erschienene „Betriebsfibel. Ratschläge für die Taktik am Arbeitsplatz“ Aufschluss. Die Broschüre gibt die persönlichen Erfahrungen eines linksradikalen Gewerkschafters und Industriearbeiters mit der „revolutionären Betriebsarbeit“ wieder und enthält vor allem Ratschläge für Gleichgesinnte. Der Autor konstatiert, dass die politische Arbeit im Betrieb insbesondere „[b]eim gegenwärtigen Arbeitskräftemangel [...] kein Problem“ darstelle. Da die revolutionäre Umgestaltung der kapitalistischen Verhältnisse vom Proletariat, sprich den Arbeitern auszugehen habe, sei die betriebliche Subversion „nötig und sinnvoll“.[3] Eine Hauptaufgabe der Fabrikintervention sah der Autor darin, die „im Betrieb schwelende[n] Konflikte aufzugreifen. Sie müssen der Belegschaft bewußt werden, damit sie nicht verschleiert und unterdrückt, sondern ausgetragen werden können.“[4] Als Ziel der Betriebsarbeit gibt das Buch die Abschaffung des „ganze[n] herrschende[n] System[s] von Unterdrückung und Herrschaft, von Ausbeutung und Privilegierung“ aus.[5]

Die allgemeinen Vorgehensweisen und Zielsetzungen, welche in der „Betriebsfibel“ genannt wurden, lagen der betriebspolitischen Tätigkeit *aller* linksradikalen Gruppierungen bei BMW zugrunde. Die Ausführungen der folgenden Kapitel befassen sich jedoch nur mit der operaistischen *Gruppe Arbeitersache* (und, soweit es zum Verständnis notwendig ist, mit der ebenfalls operaistischen Gruppe *Lotta Continua*). Die Beschränkung der Untersuchung auf diese Gruppierung(en) rechtfertigt sich dadurch, dass der Betrieb für die Operaisten – im Gegensatz zu anderen neokommunistischen Gruppen – der zentrale Ort ihrer politischen Aktivitäten war. Es kann daher auch kaum verwundern, dass die *Gruppe Arbeitersache* deutlich einflussreicher als ihre Konkurrenten war. Sie erregte durch ihre ungleich zahlreicheren Publikationen, darunter auch viele Flugblätter, nicht nur mehr Aufmerksamkeit bei der Unternehmensleitung, dem Betriebsrat und der Belegschaft, sondern reflektierte ihre Erfahrungen, Erfolge und Rückschläge in gruppeninternen Diskussionen, die sie meist schriftlich festhielt. Als Vertreter des Operaismus entstammten sie zudem einer Strömung der Linken, die sich im Kontext der italienischen Arbeitskämpfe der frühen 1960er Jahre und somit in unmittelbarer Reaktion auf die betrieblichen Folgen der fordistischen Massenproduktion herausgebildet hatte. Verglichen mit anderen, eher traditionsmarxistisch orientierten Akteuren sind die entsprechenden Gruppen aus diesem Grund für die in dieser Arbeit diskutierte innerbetriebliche wie gesamtgesellschaftliche Konstellation in besonderer Weise relevant.

Für die Analyse der Betriebsintervention der *Gruppe Arbeitersache* wird nun in einem ersten Schritt eine Darstellung der Theorie des Operaismus vorgenommen, wobei insbesondere auf die theoretische Auseinandersetzung mit der Arbeitsmigration und den Arbeitsmigranten ausführlich eingegangen wird. Im Anschluss

3 Kelb, Berni: Betriebsfibel. Ratschläge für die Taktik am Arbeitsplatz, hrsg. von Syndikalismus.tk, o. O. 2010, S. 4.
4 Ebenda, S. 9.
5 Ebenda, S. 5.

daran werden Geschichte, Selbstverständnis und Vorgehen der operaistischen BMW-Betriebsgruppen *Gruppe Arbeitersache* und *Lotta Continua* skizziert. In einem weiteren Schritt wird die Kritik der *Gruppe Arbeitersache* an den fordistischen Arbeits- und Produktionsverhältnissen, an den Lebensbedingungen in den Wohnheimen und am Betriebsrat dargestellt. Da es die Quellenlage in der Regel nicht erlaubt, die Kritik mit der tatsächlichen Situation bei BMW abzugleichen und sie dadurch auf ihre Validität zu prüfen, wird keine Bewertung dieser Kritik vorgenommen – die Ausführungen sollen auch weniger der Beschreibung der betrieblichen Wirklichkeit dienen als vielmehr Aufschluss über die Haltung und Vorgehensweise der *Gruppe Arbeitersache* geben. Gleichzeitig ist kaum zu bestreiten, dass vieles von dem, was die Gruppe an den Arbeits- und Produktionsbedingungen im Werk kritisierte, trotz aller Übertreibungen und Zuspitzungen sachlich fundiert war. Darauf deutet nicht nur die Kritik des Betriebsrats an den betrieblichen Verhältnissen hin, die im vorangegangen Kapitel skizziert wurde und oftmals ähnlich gelagert war, sondern insbesondere die Tatsache, dass zu Beginn der 1970er Jahre auch innerhalb der Produktionsbelegschaft eine zunehmende Unzufriedenheit zu beobachten war.[6] Im letzten Abschnitt des Kapitels wird schließlich die Reaktion des Betriebsrats und der Unternehmensleitung auf die betrieblichen Aktivitäten der linksradikalen Gruppierungen analysiert.

9.1 Die unqualifizierten Arbeitsmigranten als „neues revolutionäres Subjekt" in der operaistischen Theorie

Die operaistische Theorie entstand zu Beginn der 1960er Jahre in Norditalien im Umfeld der 1961 gegründeten kommunistischen Zeitschrift *Quaderni Rossi*. Auf deren Entstehung sowie die im Laufe der Jahre erfolgten Abspaltungen, die jeweils mit theoretischen Differenzen und Schwerpunktverschiebungen einhergingen, kann an dieser Stelle nicht näher eingegangen werden.[7] Stattdessen sollen hier lediglich die wesentlichen Theoriebestandteile sowie der ökonomisch-gesellschaftliche Kontext, in dem sich der Operaismus entwickelte, skizziert werden. Dabei ist vor allem von Bedeutung, dass sich der *Operaismo* als radikaler Gegenentwurf zur Nachkriegspolitik der Kommunistischen Partei Italiens (PCI) sowie der großen italienischen Gewerkschaften verstand. Die operaistische Kritik entzündete sich

6 Diese Fragen werden in Kapitel 10 der vorliegenden Arbeit noch einmal aufgegriffen, in dem den Unzufriedenheiten und Verweigerungen innerhalb der Belegschaft nachgegangen wird.

7 Zur Entstehungsgeschichte der *Quaderni Rossi* siehe: Rieland, Wolfgang: Organisation und Autonomie. Die Erneuerung der italienischen Arbeiterbewegung, Frankfurt 1977, S. 119–137. Zu Genese und Entwicklung des Operaismus siehe v. a.: Wright, Steve: Den Himmel stürmen. Eine Theoriegeschichte des Operaismus, Berlin 2005, sowie: Birkner, Martin u. Foltin, Robert: (Post-)Operaismus. Von der Arbeiterautonomie zur Multitude. Geschichte und Gegenwart, Theorie und Praxis. Eine Einführung, Stuttgart ^{2}2010, S. 11–51.

zum einen an der „klassenversöhnlerischen und abwiegelnden Haltung"[8] der PCI sowie der integrierten und systemstabilisierenden Rolle der großen Gewerkschaften. Aus diesen Gründen, so die Operaisten, handelten sowohl die PCI als auch die Gewerkschaften nicht im (marxistisch gesprochen: „objektiven") Interesse der Arbeitnehmer, das zu vertreten sie vorgaben.[9] Zum anderen warfen die meist jungen Kritiker den etablierten Arbeitnehmerorganisationen eine antiquierte Sicht auf die kapitalistischen Produktionsverhältnisse und damit zusammenhängend eine falsche Klassenanalyse vor. Hinzu kam das tendenziell positive gewerkschaftliche beziehungsweise parteikommunistische Bild von (Industrie-)Arbeit, das die Operaisten ablehnten. Sie sahen in letzterer dagegen vor allem Entfremdung, Ausbeutung und Plackerei.[10]

Die Forderungen nach einer Revision der tradierten orthodox-marxistischen Annahmen in Bezug auf die kapitalistische Produktionsweise, die Arbeiterklasse und die Organisationsfrage resultierten aus einer Analyse der gesellschaftlichen Situation in Italien zu Beginn der 1960er Jahre. Im Zentrum dieser Neubeschäftigung stand das fordistische Produktionsregime, das innerhalb der großen Automobilfabriken Norditaliens implementiert worden war. In den Augen der Operaisten ging der Nachkriegsfordismus einher mit einer immer stärkeren Auslastung der Produktion, was sich in der zunehmenden Rationalisierung und Maschinisierung, der Erhöhung des Arbeitstempos sowie der immer härteren Disziplinierung innerhalb der Fabrik auswirke.[11] Dieser Prozess habe auch zu einer Polarisierung der Arbeiterschaft in immer besser ausgebildete und bezahlte Facharbeiter auf der einen Seite und unqualifizierte, niedrig entlohnte Fließbandarbeiter auf der anderen Seite geführt – zu einer historisch neuen „Klassenzusammensetzung" also.[12] Die am stärksten ausgebeutete Gruppe, die der sogenannten Massenarbeiter, bestehe hauptsächlich aus süditalienischen und fungiblen Binnenmigranten. Daher sahen die Operaisten in den Migranten und nicht in der italienischen Arbeiterklasse als Ganzes das Subjekt einer kommenden sozialen Revolution. Im Zentrum der operaistischen Analyse stand die Kraftfahrzeugbranche, was etwa in einer von operaistischen Gruppen einberufenen internationalen Konferenz zum Ausdruck

8 Azzellini, Dario: La lotta continua. Kommunisten und radikale Linke in Italien. Eine Antwort auf Gerhard Feldbauer. Folge II: Die sechziger Jahre, in: Junge Welt, 22./23. März 1997.

9 „Die Gewerkschaft ist das wesentliche Instrument, um den Klassenkampf innerhalb der Regeln der kapitalistischen ökonomischen Entwicklung gefangenzuhalten, so wie die parlamentarischen sogenannten Arbeiterparteien das wesentliche Instrument sind, um den antikapitalistischen Kampf auf die bürgerlich-demokratischen Spielregeln der *Erhaltung* des Systems zu reduzieren." Sofri, Adriano u. Mea, Luciano Della: Zur Strategie und Organisation von „Lotta Continua", in: Internationale Marxistische Diskussion 18 (1971), S. 16–87, hier S. 38 (Hervorhebung im Original).

10 Birkner u. Foltin: (Post-)Operaismus, S. 32.

11 Moroni, Primo u. Balestrini, Nanni: Die goldene Horde. Arbeiterautonomie, Jugendrevolte und bewaffneter Kampf in Italien, Berlin 1994, S. 86–87.

12 Viale, Guido: Die Träume liegen wieder auf der Straße. Offene Fragen der deutschen und italienischen Linken nach 1968. Mit einem Beitrag von Thomas Schmid: Über Linke und ihren Anteil am technokratischen Prozeß, Berlin 1979, S. 111.

kam, welche 1973 in Zürich stattfand und die Situation in der Automobilindustrie zum Thema hatte.[13]

Die Entstehung und Entwicklung des Operaismus hing weiterhin unmittelbar mit den norditalienischen Arbeitskämpfen der 1960er und 1970er Jahre zusammen. Zu nennen sind hierbei vor allem die großen Streiks und Arbeiterrevolten des Jahres 1962 in Turin. Im Kontext von Tarifkämpfen traten dort Anfang 1962 die Belegschaften der Metallindustrie in den Streik. Im Juni 1962 legten rund 250 000 Menschen ihre Arbeit nieder. Der Streik entglitt den Gewerkschaften jedoch innerhalb kürzester Zeit und mündete in Straßenschlachten mit der Polizei. Das Besondere der Demonstrationen auf der Turiner *Piazza Statuto* sahen die Operaisten in deren antigewerkschaftlichem und parteiunabhängigem Charakter: Die Streikenden wandten sich gegen die Abschlüsse der Gewerkschaften mit dem Fiat-Konzern, die in ihren Augen nicht ausreichten, und erhoben neben Forderungen nach Lohnerhöhungen auch solche nach Veränderungen der Arbeitszeit, des Akkordrhythmus und der Fabrikdisziplin.[14] Sowohl die Gewerkschaften als auch die PCI standen den Ausschreitungen verständnislos und ablehnend gegenüber.[15] Die Spontaneität und parteipolitische Unabhängigkeit der Demonstranten, die auch die Arbeitskämpfe der folgenden Jahre charakterisieren sollten, fanden ihren theoretischen Ausdruck im zentralen operaistischen Konzept der „Arbeiterautonomie“.

Der Begriff „Arbeiterautonomie“ bezeichnet die Ablehnung jeglicher „Stellvertreterpolitik“ durch Parteien oder Gewerkschaften.[16] Die selbstgesetzte Aufgabe der operaistischen Aktivisten bestand demnach darin, die „autonomen Bedürfnisse“ der Arbeiter, die ohnehin die Tendenz nach Überschreitung der kapitalistischen Produktionsverhältnisse in sich tragen würden, zu artikulieren und weiterzutreiben.[17] Die Avantgarde sollte sich also aus den klassenbewussten Arbeitern selbst konstituieren. Die Frankfurter Gruppe *Revolutionärer Kampf* brachte dies so zum Ausdruck: „Das revolutionäre Bewußtsein wird nicht in die Massen hineingetragen, die Massen werden es aus sich selbst schöpfen.“[18] Die „Arbeiterau-

13 Lange, Dietmar: Konferenz betriebsinterventionistischer Gruppen der europäischen radikalen Linken in Paris im April 1973. Ein zeitgenössischer Bericht, in: Arbeit, Bewegung, Geschichte 15 (2016), H. 1, S. 91–99, hier S. 93.

14 Azzellini, Dario: La lotta continua. Kommunisten und radikale Linke in Italien. Eine Antwort auf Gerhard Feldbauer. Folge II: Die sechziger Jahre, in: Junge Welt, 22./23. März 1997.

15 Hausmann, Frederike: Kleine Geschichte Italiens. Von 1943 bis zur Ära nach Berlusconi, Berlin 2006, S. 80.

16 Lotta Continua: Nein zu den Delegierten der Gewerkschaft, in: Rieland, Wolfgang (Hrsg.): Fiat-Streiks. Massenkampf und Organisationsfrage, München 1970, S. 123–129; Ebbinghaus, Angelika: Die „andere“ Arbeiterbewegung. Operaistische Strömungen in den 1970er Jahren, in: Arno Klönne, Karl A. Otto u. Karl Heinz Roth (Hrsg.): Fluchtpunkte. Das soziale Gedächtnis der Arbeiterbewegung, Hamburg 2003, S. 240–249, hier S. 248.

17 Tolomelli, Marica: „Repressiv getrennt“ oder „organisch verbündet“. Studenten und Arbeiter 1968 in der Bundesrepublik Deutschland und in Italien, Opladen 2001, S. 223; Arps: Frühschicht, S. 52.

18 Revolutionärer Kampf: „Heisser Februar. Der Hoesch-Streik“, in: Wir wollen Alles, Nr. 1, 12. März 1973, S. 1–2. Der Zeitungsbestand findet sich im Archiv der Münchner Arbeiterbewegung: AdMA, 37/2/1, Wir wollen alles.

tonomie" war konzipiert als unmittelbares Gegenstück zur Avantgarde-Partei der neuen und alten Marxisten-Leninisten. Bei diesen war es die Partei, die als Vorhut fungiert, da es die progressivste Position vertritt und diese daher in den „Massen" verankern solle.[19] Während hierbei Theorie und Bewusstsein von außen an die Arbeiter herangetragen werden sollten, wollten die Operaisten die bestehenden betrieblichen Kämpfe so weit radikalisieren, dass sie die kapitalistischen Klassenverhältnisse von sich aus transzendieren.[20]

Trotz dieser vermeintlichen Prozessoffenheit war auch den Operaisten bewusst, dass sie als Theoretiker und Intellektuelle gegenüber den Arbeitern einen – wie sie es nannten – „Bewusstheitsvorsprung" hatten. Die Auseinandersetzungen um die Notwendigkeit einer revolutionären Partei beziehungsweise die Fragen nach Zentralisierung, Delegierung und Leitung waren daher bezeichnend für die operaistische Bewegung Italiens und bargen Konfliktpotential, weshalb sie denn auch immer wieder zu Polemiken und Spaltungen führten.[21] Zentral für das Organisationskonzept aller Operaisten war jedoch das aktivistisch-spontaneistische „Vom-Klassenkampf-aus-Denken"[22] sowie die Ablehnung einer Trennung der Ebenen Ökonomie (Gewerkschaft) und Politik (Partei).[23] Beide Konzepte standen in diametralem Gegensatz zur Praxis der PCI und den italienischen Gewerkschaften.

Da die Operaisten nicht von parteioffiziellen, klassisch marxistischen Vorstellungen in Bezug auf das Proletariat und den Klassenkampf, sondern von der „Wirklichkeit im Betrieb" ausgehen wollten, verlagerten sie ihre politische Tätigkeit in die Fabriken. Indem sie zwischen qualifizierten und unqualifizierten, nicht-immigrierten und immigrierten Arbeitern unterschieden, hoben sie sich durch eine weitaus differenziertere Analyse der Belegschaften von den mit ihr konkurrierenden (neo-)kommunistischen Betriebsgruppen ab, welche die „Arbeiterklasse" tendenziell als homogene Einheit betrachteten. Die Operaisten unterschieden sich darüber hinaus durch ihr Konzept der „Arbeiteruntersuchung". Der Begriff bezeichnet den Versuch, durch Gespräche und Beobachtungen innerhalb der Fabrik das reale Bewusstsein, die soziale Zusammensetzung der Belegschaften („Klassenwirklichkeit") sowie die reale betriebliche Situation der Arbeiter zu erfassen.[24] Es handelt sich somit um eine empirische Analyse der Klassenzusammensetzung und den Versuch, potenzielle Konfliktfelder und Widersprüche ausfindig zu machen.

[19] Das Konzept der Avantgarde-Partei nimmt seinen Ausgang bei Lenin, Wladimir I.: Was tun? Brennende Fragen unserer Bewegung [1902], in: Werke, Bd. 5, Berlin 1955, S. 355–549, hier S. 386.

[20] Birkner u. Foltin: (Post-)Operaismus, S. 22.

[21] Lotta Continua: Vorschläge für die Organisation unserer politischen Arbeit. Vorgelegt und diskutiert auf dem nationalen Kongreß von Lotta Continua, Turin 25. und 26. Juli 1970, in: Internationale Marxistische Diskussion 18 (1971), S. 88–102, hier S. 91–95.

[22] Birkner u. Foltin: (Post-)Operaismus, S. 24.

[23] Ebenda, S. 31–32; Kasper, Sebastian: Unter der Parole „Kampf gegen die Arbeit!" Die Betriebsintervention der frühen Sponti-Bewegung, in: Arbeit, Bewegung, Geschichte 15 (2016), H. 1, S. 49–62, hier S. 56.

[24] Wright: Himmel, S. 60–62.

Des Weiteren sollten dadurch Möglichkeiten und Grenzen für betriebliche Agitations- und Aktionsformen ausgelotet werden.[25]

Ein weiterer Aspekt, den die Operaisten im Gegensatz zum orthodoxen Marxismus in ihre Kritik miteinbezogen, war die Rolle der Technologie und das darauf beruhende Produktionsregime. Die in der Fabrik zur Anwendung kommende Maschinerie und Technik betrachteten die Operaisten nicht als neutral, sondern als Mittel der Disziplinierung und Ausbeutung: „[D]ie Produktionsverhältnisse liegen in den Produktivkräften, die Produktivkräfte tragen den ‚Stempel' des Kapitals."[26] Mit ihrer Technikkritik und ihrer grundsätzlichen Ablehnung des Fabriksystems erwiesen sich die Operaisten als äußerst radikal – radikaler als andere kommunistische Richtungen ihrer Zeit. Während letztere vor allem eine Veränderung der *Form* – der Produktions- beziehungsweise Eigentumsverhältnisse – anstrebten, ging es den Operaisten auch um eine Kritik des *Inhalts* – der Industriearbeit und des Produktionsprozesses selbst. In allen diesen Punkten drückte sich immer auch die Kritik am „falschen" beziehungsweise „entfremdeten" Leben aus, das man *in nuce* im süditalienischen Arbeitsmigranten zu erkennen glaubte:

> „Die Verzweiflung dessen, für den die Arbeit bei Fiat und das Leben in Turin das höchste ist, was die Gesellschaft einem Proletarier zu bieten hat; die Einsamkeit eines entwurzelten Lebens, ohne Freunde, oft auch ohne Verwandte und Bekannte; die Verkrüppelungen einer gewaltsamen Geschlechtertrennung – denn die Frauen sind entweder unerreichbar oder Hunderte von Kilometern entfernt: dieses Leben, diese Emigration ist die Grundlage kapitalistischer Profite. Das ist die Erfahrung der Arbeiter: der Emigrant ist – in der Fabrik und draußen – nicht mehr als eine billige Arbeitskraft."[27]

Die Anziehungskraft, die der italienische Operaismus nicht nur auf junge italienische, sondern, wie sich zeigen sollte, auch auf junge deutsche Arbeiter und Studenten ausüben sollte, liegt in diesem „kommunistischen Wertewandel" begründet. Der Operaismus bot die Möglichkeit, den Marxismus materialistisch zu radikalisieren und gleichzeitig neuen, im Zuge von „1968" aufgekommenen Lebensformen Raum zu geben. Die Abgrenzung von den – in den Worten des Operaisten Karl-Heinz Roth – „historisch überholten oder auch diskreditierten Manifestationsformen der Arbeiterbewegung"[28] erlaubte es den jungen Aktivisten, nicht nur neue Analysen anzustellen, sondern auch ungewohnte Kampfformen zu begründen. Die Gruppe *Lotta Continua* („Fortwährender Kampf" beziehungsweise „Der Kampf geht weiter"), die als direkter Abkömmling der italienischen Arbeiter- und Studentenbewegung betrachtet werden kann, und die *Gruppe Arbeitersache* versuchten diese Kampfformen in Westdeutschland, unter anderem bei BMW in München, anzuwenden.

[25] Arps: Frühschicht, S. 85.

[26] So der italienische Operaist Raniero Panzieri im Jahr 1972, zit. n. Foltin u. Brikner: (Post-)Operaismus, S. 17.

[27] Viale: Träume, S. 85.

[28] Betriebsintervention und Internationalismus Anfang der 1970er-Jahre. Interview mit Karl Heinz Roth, in: Arbeit, Bewegung, Geschichte 15 (2016), H. 1, S. 100–107, hier S. 103.

Die Verhältnisse in der Bundesrepublik Deutschland stellten sich jedoch anders dar als die in Norditalien. Hier waren es neben den Süditalienern auch Arbeitsmigranten aus anderen Ländern, die als un- und angelernte Kräfte in den Betrieben tätig waren. Den zahlenmäßigen Anstieg der unqualifizierten Arbeiter im Produktionsprozess der 1960er Jahre betrachteten die Operaisten als Ausdruck einer Transformation des westeuropäischen und namentlich westdeutschen Kapitalismus. Ein Thesenpapier mehrerer operaistischer Gruppierungen aus den frühen 1970er Jahren thematisierte die Durchsetzung der „Massenproduktion [...] auf breiter Ebene", durch die „der Arbeitsprozeß parzelliert und homogenisiert" und „die Facharbeiter [...] endgültig in großem Umfang dequalifiziert" worden seien. Aus diesen Gründen, so die Autoren der Thesen, „wird der mobile, über ein beschränktes Arsenal sensomotorischer Fähigkeiten verfügende ‚angelernte' Arbeiter zur Haupttendenz in der Zusammensetzung der westdeutschen Arbeiterklasse." Die unqualifizierte Schicht setze sich zum einen aus weiblichen, zum anderen aus ausländischen Arbeitern zusammen. Die „kapitalistische Initiative zur sozialen Neuzusammensetzung der Arbeiterklasse" habe es zum einen ermöglicht, die Löhne der deutschen Facharbeiter mittelfristig zu steigern; zum anderen habe es dieser Prozess mit sich gebracht, dass durch „Kontrollfunktionen und die Aufrechterhaltung oder Neuschaffung von technologisch überholten Facharbeiterstellen" ein sozialer Aufstieg der qualifizierten Beschäftigten eingeleitet werden konnte.[29]

Die Autoren des Thesenpapiers konstatierten, dass durch die kapitalistische Entwicklung der 1960er Jahre an der „Basis der Pyramide der europäischen Arbeitskraft eine neue, objektiv einheitliche Arbeiterschicht" entstanden sei, „die von einer homogenen Masse unqualifizierter Arbeitskraft gebildet wird und deren Hauptcharakteristiken ihre überwiegende Herkunft aus den Gebieten der Unterentwicklung an der Peripherie oder innerhalb des Systems ist." Die angesprochene Schicht sei durch „einen extrem hohen Grad von Mobilität gekennzeichnet [...], die häufigeren Verlagerungen von einem Sektor in den anderen, von einer Region in die andere, ausgesetzt ist." Neben ihrer „absoluten Disponibilität innerhalb eines Arbeitsmarkts" sahen die Operaisten in den betreffenden Arbeitskräften diejenigen, „die die direkt produktive Arbeit in den großen Massenproduktionen der führenden Sektoren der Wirtschaft" verrichteten.[30] Es handle sich dabei um eine Arbeit,

> „die längst jeglicher beruflicher Qualifizierung, jeder Aufstiegschance entkleidet und zu einem bloßen Zwangsverhältnis zur Erlangung eines Einkommens, auf dem Recht zum Überleben, reduziert und einheitlich geworden ist: einheitlich in seiner gesellschaftlichen Lage als ewig Entwurzelter, als ein von den Wohltaten der Entwicklung, des produktiven und technologischen Prozesses [...] ausgeschlossener."[31]

[29] PAB, Ordner „Proletarische Front", Zirkular Probleme des Arbeiterkampfs, 2. Jg. 1973, H. 14, 23. April 1973, Thesen über die Entwicklung der Arbeitskämpfe und der Arbeiterorganisation in Europa, S. 13.
[30] Ebenda, S. 52.
[31] Ebenda, S. 52–53.

Den beschriebenen Standpunkt übernahmen auch die Münchner Operaisten für ihre politische Betriebsarbeit. So konstatierte die *Gruppe Arbeitersache*: „In den untersten Schichten des Proletariats kulminieren die Widersprüche des Systems".[32] Aus Sicht der Operaisten hatten die unqualifizierten Arbeiter – im Gegensatz zu den betrieblich gut integrierten Facharbeitern – aufgrund der schlechten Arbeits- und Lebensbedingungen am wenigsten zu verlieren. Die ungelernten Arbeiter seien deshalb „objektiv am stärksten an der radikalen Umwälzung der gesellschaftlichen Verhältnisse interessiert, sowie an der unmittelbaren Verbesserung ihrer Arbeits- und Lebensbedingungen."[33] Den gewerkschaftlich-organisierten, sozialdemokratischen Facharbeitern attestierte die *Gruppe Arbeitersache* dagegen eine „mangelhaft[e] Risikobereitschaft".[34]

Da sich innerhalb des unqualifizierten Belegschaftssegments besonders viele ausländische Beschäftigte befanden, bezeichnete die *Gruppe Arbeitersache* ihre Betriebsarbeit von Beginn an als „multinational". Sie reflektierte damit auf die heterogene nationale Zusammensetzung der Industriearbeiterschaft zu Beginn der 1970er Jahre. Zwar stellte die Gruppe einerseits fest, dass die „ausländischen Arbeiter [...] zum integralen Bestandteil der deutschen Arbeiterklasse geworden" und damit „weder eine Nebensache noch ein jederzeit abstoßbarer Arbeitsmarktpuffer" seien.[35] Gleichzeitig betonte sie immer wieder die spezifische Situation, in der sich die migrantischen Beschäftigten befanden:

„Die ausländischen Arbeiter leiden am meisten unter der verschärften Arbeitshetze; ihre Löhne wachsen langsamer; die Entlassungswelle im Krisenfall erfaßt hauptsächlich die ungelernten ausländischen Arbeiter, die obendrein in den krisenanfälligsten Industrien überrepräsentiert sind (Bau-, Automobilindustrie)."[36]

Hinzu komme die „Verschärfung der Widersprüche im Reproduktionsbereich",[37] womit der oftmals prekäre rechtliche Status sowie die damit zusammenhängende Wohn- und Alltagssituation der Migranten angesprochen waren.

Für die *Gruppe Arbeitersache* folgte hieraus, dass „es bei den Ausländern notwendig ist, die Agitation auf die ganze Lebenssituation zu beziehen und nicht nur auf die Fabrik". Sie betrachtete ihre politische Arbeit im Betrieb deshalb zugleich als „Ausländerarbeit".[38] Ihre politische Aufgabe sah die Gruppe darin, die unterschiedlichen, strukturell erzeugten „Widersprüche", welche die Migranten am eigenen Leib erfuhren und die „in steigendem Maß Kampfe hervorbringen werden", zu bündeln und zu verallgemeinern.[39] Dem operaistischen Theorieansatz entspre-

[32] Gruppe Arbeitersache: Was wir brauchen müssen wir uns nehmen. Multinationale Betriebs- und Regionsarbeit der Gruppe Arbeitersache München, München 1973, S. 29.
[33] Ebenda.
[34] Ebenda, S. 30.
[35] Ebenda, S. 17.
[36] Ebenda, S. 19.
[37] Ebenda, S. 27.
[38] Ebenda, S. 38.
[39] Ebenda, S. 34.

chend ging es also darum, die etablierte Trennung von politischem und ökonomisch-betrieblichem Engagement zu überwinden.

Dieser Ansatz entwickelte sich jedoch erst über die Jahre heraus. Zu Beginn ihrer politischen Aktivität bei BMW, so bemerkte die *Gruppe Arbeitersache* im Nachhinein selbstkritisch, sei ihre Arbeit zu sehr auf den Betrieb beschränkt gewesen. In dieser frühen Phase ging die Gruppe davon aus, dass ein kampfbereites Klassenbewusstsein, wenn nicht ausschließlich, so doch maßgeblich am Arbeitsplatz entstünde. Den Grund für diese Perspektivverengung sah die *Gruppe Arbeitersache* darin, dass sie zu diesem Zeitpunkt zu sehr darauf bedacht gewesen sei, sich von konkurrierenden politischen Gruppierungen abzugrenzen. Das Avantgarde-Konzept der marxistisch-leninistischen Kleinparteien und deren Primat der politischen gegenüber der ökonomischen Sphäre hatten bei den Münchner Operaisten zunächst dazu geführt, dass sie im Gegenzug auf Politik weitgehend verzichten wollten. Erst danach hatte sich die Erkenntnis durchgesetzt, dass die Fokussierung auf die Betriebsarbeit einen politischen Zugriff auf die außerbetriebliche Lebenswelt nicht gänzlich ausschließen dürfe.[40]

Um sich auf die migrantischen Arbeitnehmer zu fokussieren, bedurfte es einer Differenzierung zwischen deutschen und migrantischen Belegschaftsmitgliedern hinsichtlich des Merkmals „Proletarität".[41] Da die *Gruppe Arbeitersache* dieses Merkmal den deutschen Beschäftigten nicht oder nur in Ansätzen attestierte, sprach sie von der „reale[n] Spaltung" der Belegschaft und setzte dieser deren „fiktiv[e] Einheit" entgegen.[42] Insofern hielt die Gruppe Polarisierungen für unvermeidlich. Diese Differenzierung ist jedoch selbst in doppelter Hinsicht zu differenzieren beziehungsweise zu relativieren.[43] Auf der einen Seite nahm die *Gruppe Arbeitersache* die „zu Facharbeitern arrivierten ‚linken' Ausländer", die „zum großen Teil Aufsteigerpositionen ein[nehmen]", von ihrer Analyse aus. Migrantische Facharbeiter seien „im Reproduktionsbereich [...] stärker ‚integriert' als ihre Landsleute. Sie leben in deutschen Neubausiedlungen und sprechen überdurchschnittlich gut deutsch."[44] Diesen Migranten schrieb die *Gruppe Arbeitersache* we-

[40] Ebenda, S. 11.

[41] Zum Begriff „Proletarität" siehe Kapitel 2.3 der vorliegenden Arbeit.

[42] Gruppe Arbeitersache: Was wir brauchen, S. 33.

[43] Eine Differenzierung, die bei Bojadžijev: Die windige Internationale, S. 191–196, weitgehend unterbleibt. Die Fokussierung auf den migrantischen Belegschaftsteil ist nicht antirassistisch oder identitätspolitisch motiviert, sondern ökonomisch-sozial. Sie rekurriert also primär auf die Stellung im Produktionsprozess und damit einhergehende Ausbeutungsmechanismen, und nicht beziehungsweise erst sekundär auf die Diskriminierungen oder Ausgrenzungen qua Herkunft beziehungsweise Ethnie. In diesem Sinne schrieb die *Gruppe Arbeitersache* über die Situation von unqualifizierten deutschen und ausländischen Arbeitern: „Der italienische Arbeiter als EWG-Arbeiter ist juristisch weitaus bessergestellt als der Türke. Die soziale Realität – Wohnbereich, Schulbereich, von der Arbeit ganz zu schweigen – ist grundsätzlich gleich. Und diese teilt er mit den jungen Österreichern oder Deutschen, die im Wohnheim leben (Der Rassismus als Komponente kommt zwar hinzu, aber es geht darum, die *Grund*komponenten zu bezeichnen.)". Gruppe Arbeitersache: „10 Thesen zur Multinationalität", in: Wir wollen alles, Nr. 5, Juni 1973, S. 6–8, hier S. 6 (Hervorhebung im Original).

[44] Gruppe Arbeitersache: Was wir brauchen, S. 30.

der eine hohe Kampfbereitschaft noch ein revolutionäres Bewusstsein zu. Auf der anderen Seite begriff die Gruppe auch deutsche Arbeiter, so sie denn dem unqualifizierten Belegschaftssegment zugerechnet werden konnten, als Teil der „unterprivilegierte[n] Schicht schlechthin“.[45] Sie forderte deshalb, genau zu untersuchen, „welche Teile der Deutschen objektiv bereits ebenfalls dem dequalifizierten Massenarbeiter angehören. Deren gemeinsame Interessen mit Ausländern stellen einen wichtigen Ausgangspunkt dar.“[46]

Dennoch: Für die *Gruppe Arbeitersache* stand fest, dass im unqualifizierten *und* migrantischen Belegschaftsteil die höchste Bereitschaft zu Arbeitskämpfen zu finden sei. Im Gegensatz zu ihren betriebs- und arbeitsplatzbezogenen Analysen, die in vielen Fällen einer gewissen Plausibilität und empirischen Grundlage nicht entbehrten, verstieg sich die Gruppe an dieser Stelle jedoch weitgehend in Projektionen. So sprach sie davon, dass, anders als in der Bundesrepublik, „die Klassenkampftradition in den europäischen Peripherieländern ungebrochen“ sei. Arbeiter aus diesen Ländern, sofern es sich um Industriearbeiter handle, hätten im Gegensatz zu ihren deutschen Kollegen Streikerfahrung und stünden auf einem „soliden Klassenstandpunkt. Sie stammen aus proletarischen Vierteln, in denen sich eine autonome proletarische Kultur noch gehalten hat.“[47]

9.2 „Wir wollen leben“ – *Gruppe Arbeitersache* und *Lotta Continua* bei BMW

Im Winter 1970/71 nahmen Mitglieder der italienischen Gruppe *Lotta Continua* Kontakt zur *Gruppe Arbeitersache* auf, die zu diesem Zeitpunkt schon ein Jahr bei BMW politisch aktiv war.[48] *Lotta Continua* war im Herbst 1969, zur gleichen Zeit wie die *Gruppe Arbeitersache*, in Turin gegründet worden.[49] Die Gruppe konstituierte sich während des sogenannten Heißen Herbstes innerhalb des Fiat-Werkes in Mirafiori, also zu der Zeit, als die italienische Studentenbewegung an ihrem Höhepunkt angelangt war. Tatsächlich entstand *Lotta Continua* aus den Versammlungen von Arbeitern und Studenten, die während der Arbeiterproteste bei Fiat im Jahr 1969 einberufen worden waren.[50] Zum Zeitpunkt ihrer Gründung hatte die Gruppe keine spezifische Ideologie, Organisationsstruktur oder Führung.

45 Ebenda, S. 29.
46 Ebenda, S. 34.
47 Ebenda, S. 32–33.
48 Gruppe Arbeitersache: Was wir brauchen, S. 58.
49 Hampel, Adolf: s. v. Lotta Continua, Italien-Lexikon. Schlüsselbegriffe zu Geschichte, Gesellschaft, Wirtschaft, Politik, Justiz, Gesundheitswesen, Verkehr, Presse, Rundfunk, Kultur und Bildungseinrichtungen, Berlin 1995, S. 457.
50 Lenz, Antonio: Die Entstehung der italienischen revolutionären Linken am Beispiel von „Il Manifesto“ und „Lotta Continua“, in: Arbeit, Bewegung, Geschichte 15 (2016), H. 1, S. 13–32, hier S. 21.

Auch kann sie nicht als Abspaltung einer bestehenden Arbeiterorganisation oder -partei begriffen werden:

„‚Lotta continua' lebt als eine Art ‚Stimmung' und als ‚praktische Kampferfahrung', die Gruppe lebt in der Art, wie sich die überwältigende Mehrheit der Mirafiori-Arbeiter mit den Flugblättern identifiziert, die tagtäglich vor den Fabriken verteilt werden."[51]

Aus diesen Flugblättern, die von Studenten vor den Werkstoren und innerhalb der Fabrik verteilt wurden, entwickelte sich bald eine Zeitung, die den Namen *Lotta Continua* trug und ab November 1969 wöchentlich erschien. Schon im darauffolgenden Jahr erreichte sie eine Auflage von 50 000 Stück; seit dem Frühjahr 1972 erschien sie täglich. Ableger der Gruppe *Lotta Continua* bestanden in rund 150 italienischen Städten, wobei ihr Einfluss in Norditalien, vor allem in Turin und Mailand, am höchsten war.[52] Auch wenn sich die Aktivitäten von *Lotta Continua* nicht auf die Fabrikintervention beschränkten, da sich die Gruppe etwa auch in Hausbesetzungen, Mietstreiks und der Organisation von „studentisch-proletarischen" Festen engagierte – Aktivitätsfelder, die im Laufe der Jahre noch zunehmend an Bedeutung gewinnen sollten –, bezeichnete sie „die revolutionäre Arbeit in den Betrieben" als ihr „primäres Tätigkeitsfeld". Hiervon ausgehend handelte es sich darum, so die Devise, „den proletarischen Lebensbereich in seiner Gesamtheit in die revolutionäre Massenarbeit miteinzubeziehen".[53]

Die Mitglieder von *Lotta Continua* waren in ihren politischen Positionen gefestigter als die der *Gruppe Arbeitersache*. Dies lag nicht nur daran, dass die Italiener im Gegensatz zu ihren deutschen Genossen in ihrem Heimatland an Streiks partizipiert hatten und damit über mehr praktische Erfahrung mit Arbeitskämpfen und der politischen Tätigkeit im Betrieb verfügten. Der Grund ist auch darin zu sehen, dass die Mitglieder von *Lotta Continua* eine theoretisch entschiedenere Perspektive auf die wesentlichen politischen Fragen hatten, was sich ihrer Nähe zum italienischen kommunistischen Diskurs verdankte.

Lotta Continua verstand sich als internationalistische Organisation. Es verwundert daher nicht, dass sich die Gruppe auch in Ländern engagierte, in denen italienische Emigranten lebten und arbeiteten. Da in Westdeutschland besonders viele italienische Einwanderer beschäftigt waren, kam es gerade in der Bundesrepublik zu einer verstärkten politischen Initiative. Im Herbst 1970, kurz vor dem Beginn der Betriebsintervention bei BMW durch *Lotta Continua*, befanden sich 381 840 italienische Arbeitnehmer in der Bundesrepublik.[54] Die Gruppe versuchte, diesen Sachverhalt politisch zu nutzen, indem sie mit undogmatischen linksradikalen Betriebs-

[51] Viale: Träume, S. 142.

[52] Jansen, Christian: „Nehmen wir uns die Stadt" – Die italienische Neue Linke entdeckt urbane Konflikte als Feld revolutionärer Mobilisierung, in: Informationen zur modernen Stadtgeschichte (2017), H. 2, S. 79–89, hier 83.

[53] Lotta Continua u. Gauche Proletarienne: Tragt den Klassenkampf in die Armee! Obwohl Heer aus dem Volk/Kein Heer des Volkes/Sondern Heer gegen das Volk. Beiträge der Gauche Proletarienne und von Lotta Continua zum antimilitaristischen Kampf, München 1971, S. 5.

[54] Geiselberger: Schwarzbuch, S. 16.

gruppen in Westdeutschland Kontakte knüpfte. Gleichwohl ging es den Operaisten nicht ausschließlich um die italienischen Arbeiter, sondern darum, die „Betonung auf die gleichartigen Bedürfnisse aller Emigranten zu legen und auf die Notwendigkeit eines Kampfes auf einer gemeinsamen Ebene“.[55] Die langjährigen Erfahrungen mit den süditalienischen „Massenarbeitern“ versuchte man so auch in anderen europäischen Ländern zu nutzen.

Die Themen Migration und Ausländerbeschäftigung hatten für die Aktivisten von *Lotta Continua* nicht nur praktische, sondern auch theoretische Relevanz. In der „massenhafte[n] Einwanderung aus den unterentwickelten Gebieten des Mittelmeerraumes“[56] sah die Gruppe ein „Spaltungsinstrument“ zur Ausübung der kapitalistischen Klassenherrschaft. Während sich das „kapitalistische Wachstum ohne wesentliche Widersprüche von der Nachkriegszeit bis zu den 60er Jahren“ entwickelt habe,[57] sei die Masseneinwanderung unqualifizierter Arbeiter in die hoch entwickelten Länder ein „neue[r] Markstein erster Ordnung in der Geschichte des Proletariats in Deutschland“:[58]

> „[D]ie Ausländerbeschäftigung dient [...] insgesamt in vielfältiger Weise zur Klassenspaltung, so daß die Arbeitsmigranten gegenüber der deutschen Arbeiterklasse objektiv – unabhängig von ihrem Willen – als Brecher der Klasseneinheit funktionieren und deren Kampf- und Verhandlungsstärke einschränken; zugleich sind die Ausländer solange von der Möglichkeit des aktiven Eingreifens in den Klassenkampf in Deutschland ausgeschlossen, als sich ihre Gesamtposition und ihre stabile Zugehörigkeit zum Proletariat Deutschlands nicht verstärken. In dieser Phase verändert also die Einwanderung von Arbeitern aus dem Süden Europas radikal die Zusammensetzung des Proletariats in Deutschland [...]. Man kann sagen, daß sich die gewaltsame Neuzusammensetzung der Arbeiterklasse in der BRD in dieser Periode der Immigration vorderhand gänzlich zugunsten der Kapitalisten auswirkt, denen es auf diese Weise gelingt, Rationalisierungsprozesse und Umstrukturierungen der Produktion vorzunehmen: Fabrik für Fabrik bedeutet der Eintritt ausländischer Arbeiter eine starke Erhöhung der Arbeitsrhythmen – ausgehend von den Emigranten, aber bald auf alle ausgedehnt – und Neuorganisierung der Arbeit auf ihrem Rücken.“[59]

Die historisch neue Entwicklung betraf in den Augen der Gruppe also nicht nur die „Gastarbeiter“, sondern erfasste in Gestalt von Lohnkürzungen und weitreichenden organisatorischen Umstrukturierungen zum Zwecke der Produktivitätssteigerung auch die autochthone Arbeiterschaft: „Intensivierung der Arbeit für alle“ sei daher ebenso die Folge wie „die Einführung einer neuen Stufe der technologischen Entwicklung (hohe Mechanisierung, Parzellierung der Arbeitsleistungen usw.) und neu[e] Lohnsysteme“.[60] Aufgrund dieses Prozesses, so die optimistische Prognose von *Lotta Continua*, näherten sich

[55] Lotta Continua: Diskussionspapier der Lotta Continua München, in: Gruppe Arbeitersache: Was wir brauchen müssen wir uns nehmen. Multinationale Betriebs- und Regionsarbeit der Gruppe Arbeitersache München, München 1973, S. 153–161, hier S. 160.

[56] Lotta Continua: Arbeiterautonomie in Westdeutschland. Diskussionsbeitrag von Lotta Continua zu den Klassenkämpfen in der BRD, Gaiganz 1974, S. 39.

[57] Ebenda, S. 38.

[58] Ebenda, S. 39.

[59] Ebenda, S. 40 (Hervorhebung im Original).

[60] Ebenda, S. 42.

„deutsche und eingewanderte Arbeiter einander wesentlich mehr an und die Präsenz der Ausländer erweist sich nunmehr als stabil und nicht etwa bloß konjunkturbedingt; die Arbeiterklasse Deutschlands ist nun wirklich und beständig multinational und integriert – wenn auch mit zahlreichen Schwierigkeiten und Widersprüchen […].“[61]

Die ebenfalls konstatierte „Schwächung in Bezug auf Lohn, Ausbeutung und Gesamtverhältnis zur staatlichen Organisation des Kapitalismus“,[62] welche die Arbeiterschaft erlitten habe, könne am Ende durch den Klassenkampf beziehungsweise die soziale Revolution überwunden werden.

Eine wichtige Aufgabe im politischen Kampf sah *Lotta Continua* in der Vereinigung von Arbeitern und Studenten, denn im Vergleich zu Italien und Frankreich, wo dies erreicht werden konnte, blieb eine derartige politische Zusammenarbeit in der Bundesrepublik aus:

„Die schwerwiegenden Folgen des Fehlens einer solchen Massenbeziehung […] können leichter erklären, wieso die Arbeiterbewegung in Deutschland in diesen Jahren sich so schwer aus einer gewissen Isolierung herausreißen kann, und wie sehr dem Wiederaufschwung der antikapitalistischen Massenbewegung in der BRD gerade ein entsprechender Resonanzboden an den Schulen und Universitäten fehlt.“[63]

In der Hinwendung zur Fabrik durch *Lotta Continua* und die *Gruppe Arbeitersache* ging es genau darum: Die Ermöglichung einer politischen Zusammenarbeit von Arbeitern und Studenten.

Die oben beschriebene politische Offenheit von *Lotta Continua* – der Dachorganisation, nicht der Betriebsgruppe in München – wich schon nach kurzer Zeit einer disziplinierten Organisationsstruktur. Gleiches gilt für ihre ideologische Entwicklung. So formierte sich *Lotta Continua* im Laufe der 1970er Jahre zunehmend zu einer leninistischen Kaderpartei.[64] Nachdem die Studenten- und Arbeiterproteste nach 1969 ihren Zenit überschritten hatten, wandte sich die Gruppe immer mehr der außerbetrieblichen Sphäre zu. Die Kampagne „Nehmen wir uns die Stadt“[65] von 1972, die auf die Wohnungsproblematik in italienischen Großstädten und Mieterproteste gerichtet war, leitete diese auch innerhalb der Gruppe nicht unumstrittene Abwendung von der Fabrik ein.[66] *Lotta Continua* löste sich im Jahr 1976 offiziell auf und bestand als Zeitungsredaktion für drei Jahre weiter. Ein Teil der ehemaligen Mitglieder schloss sich dem „bewaffneten Kampf“ in Italien an.[67]

Anders als im Fall von *Lotta Continua* lagen die Ursprünge der *Gruppe Arbeitersache* nicht in Arbeitskämpfen, Demonstrationen und Streiks, sondern im sozialpolitischen Engagement für gesellschaftliche Randgruppen. Die späteren Mitglieder der Gruppe hatten sich nämlich im Rahmen der sogenannten Heimkampagne

[61] Ebenda.
[62] Ebenda, S. 43.
[63] Ebenda, S. 47 (Hervorhebung im Original).
[64] Birkner u. Foltin: (Post-)Operaismus, S. 37.
[65] Lotta Continua: Nehmen wir uns die Stadt! Klassenanalyse, Organisationspapier, Kampfprogramm. Beiträge der Lotta Continua zur Totalisierung der Kämpfe, München 1972.
[66] Jansen, Stadt, S. 85.
[67] Hausmann: Geschichte, S. 100.

betätigt. Im Zentrum dieser im Jahr 1968 einsetzenden und hauptsächlich von Studenten getragenen Bewegung stand die Kritik an den Zuständen der geschlossenen Jugendfürsorge in der Bundesrepublik. Die Aktivisten sahen in den Heimzöglingen eine deklassierte, der institutionellen Repression in besonderem Maße ausgelieferte Gruppe – weshalb diese, so die Folgerung im Sinne des „Randgruppentheorems",[68] für gesellschaftliche Veränderungen besonders aufgeschlossen sei.[69] Aus diesem Grunde beschränkten sich die Aktivisten nicht auf die Kritik am Fürsorgesystem, sondern unterstützten die jugendlichen Heimbewohner bei der Flucht aus den Institutionen, beschafften ihnen Unterkünfte in studentischen Wohngemeinschaften und versuchten, sie politisch zu organisieren.[70]

In München war es die *Aktion Südfront*, die in der Heimbewegung aktiv war und die in weiten Teilen aus den Mitgliedern der später gegründeten *Gruppe Arbeitersache* bestand. Die *Aktion Südfront* wurde im Mai/Juni 1969 gegründet und bestand aus etwa 60 Personen.[71] Die Gruppe agitierte in Erziehungsanstalten, wo sie die Bewohner dazu aufrief, die Heime zu verlassen und sich in Kommunen niederzulassen – womit vor allem die Wohngemeinschaften der Aktivisten gemeint waren. Die Gruppe meldete dabei jeden einzelnen Ausbrecher dem Münchner Jugendamt. Dieses tolerierte das Zusammenleben der ehemaligen Heiminsassen mit den *Südfront*-Aktivisten weitgehend.[72] Nach offizieller Außendarstellung der Gruppe sollten die Jugendlichen resozialisiert und therapiert werden.[73] Neben der Befreiung aus den tatsächlich oftmals sehr restriktiv organisierten Anstalten ging es jedoch stets darum, die Ausbrecher zu politisieren beziehungsweise politisch mit ihnen zu arbeiten.[74]

Wie die Heimkampagne insgesamt, so scheiterte auch die *Aktion Südfront* in ihrem politischen Bemühen um die Jugendlichen der Erziehungsanstalten. Auf einer im Februar 1970 in Berlin abgehaltenen „Randgruppenkonferenz" mussten sich die Aktivisten, die sich in der Kampagne engagiert hatten, ihren Misserfolg eingestehen. Die Konferenzteilnehmer ließen ihre ursprüngliche Annahme fallen, dass Heimjugendliche für gesellschaftliche Emanzipationsbestrebungen besonders empfänglich seien. Aufgrund ihrer Erfahrungen kamen sie nun zum gegenteiligen

[68] Das „Randgruppentheorem" geht zurück auf Marcuse, Herbert: Der eindimensionale Mensch. Studien zur Ideologie der fortgeschrittenen Industriegesellschaft, Neuwied u. Berlin 1967.

[69] Ahlheim, Rose u. a.: Gefesselte Jugend. Fürsorgeerziehung im Kapitalismus, Frankfurt a. M. ⁵1978, S. 153 u. 292.

[70] Köster, Markus: Holt die Kinder aus den Heimen! – Veränderungen im öffentlichen Umgang mit Jugendlichen in den 1960er Jahren am Beispiel der Heimerziehung, in: Matthias Frese, Julia Paulus u. Karl Teppe (Hrsg.): Demokratisierung und gesellschaftlicher Aufbruch. Die sechziger Jahre als Wendezeit der Bundesrepublik, Paderborn 2003, S. 667–681, hier S. 672–673.

[71] Über die Aktion Südfront ist folgendes bekannt geworden. Bayerisches Staatsministerium des Innern 8 München 22, den 14. November 1974 (online unter: http://protest-muenchen.sub-bavaria.de/artikel/1809, letzter Zugriff am 30. Juni 2020).

[72] Der Spiegel vom 30. September 1969: „An der Südfront".

[73] Ebenda.

[74] Gruppe Arbeitersache: Was wir brauchen, S. 8.

Schluss: Gerade die Demoralisierung, Isolation und Verwahrlosung seien der Grund, weshalb ein gemeinsames politisches Engagement scheitern musste. Tatsächlich zeigten die ehemaligen Heiminsassen in der Regel für die revolutionären Theorien der Studenten keinerlei Interesse und erwiesen sich deshalb für die Rolle des „revolutionären Subjekts" als untauglich.[75] Aus diesem Grund löste sich die *Aktion Südfront* bereits ein halbes Jahr nach ihrer Gründung, im Herbst 1969, wieder auf. Ihre Nachfolgerin, die *Gruppe Arbeitersache* sprach in der Rückschau von einem „politischen Schlüsselereignis" und einem „Lernprozess", der durch das Scheitern der Zusammenarbeit mit „psychisch sehr ‚angeschlagenen' Fürsorgekindern und Trebegängern" eingeleitet worden war.[76]

Anstatt auf sozial randständige Heimjugendliche verlegten die Mitglieder der Münchner *Gruppe Arbeitersache* ihre Agitation in der Folge auf die „eigentlich proletarisch[e] Schicht",[77] nämlich die Industriearbeiterschaft. Hierfür waren die Studenten in einzelnen Fällen bereit, ihr Studium aufzugeben und im Industriebetrieb zu arbeiten. Dass die Entscheidung auf die Bayerischen Motoren Werke fiel, hatte zunächst keinen politischen, sondern einen pragmatischen Grund: Die Aktivisten waren mit mehreren griechischen BMW-Arbeitern bekannt, die an einer Gruppengründung Interesse zeigten.[78] Neben Studenten und BMW-Arbeitern waren auch griechische Intellektuelle an der Gruppengründung beteiligt.[79]

Obwohl die Konstitution der *Gruppe Arbeitersache* unabhängig erfolgte, beschlossen ihre Gründungsmitglieder, sich mit den *Arbeiterbasisgruppen* (ABG) zu assoziieren.[80] Der Grund hierfür war, dass die neugegründete Gruppe den Arbeitern die Möglichkeit geben wollte, sie einer bestehenden Organisation zuordnen zu können. Die Zusammenarbeit mit den ABG war jedoch von Beginn an problematisch. Der *Gruppe Arbeitersache* war schon zum Zeitpunkt ihrer Gründung bewusst, dass es „politische Unterschiede" zwischen den beiden Gruppen gab.[81] Für die ABG war die *Gruppe Arbeitersache* so etwas wie ein „ungeliebtes Stiefkind", was sich schon daran zeigte, dass die BMW-Betriebszeitung der spontaneistischen Gruppe im Gegensatz zu allen anderen Betriebszeitungen nie im ABG-Zentralorgan erwähnt wurde.[82] Während die *Gruppe Arbeitersache* sich immer stärker dem Operaismus zuwandte – eine Entwicklung, die in der Zusammenarbeit mit *Lotta Continua* ihren Abschluss fand – entwickelten sich die ABG zunehmend zu einer K-Gruppe. Die Trennung war deshalb nur eine Frage der Zeit. Sie erfolgte im März/April 1971.[83]

[75] Almstedt, Matthias u. Munkwitz, Barbara: Ortsbestimmung der Heimerziehung. Geschichte, Bestandsaufnahme, Entwicklungstendenzen, Weinheim u. Basel 1982, S. 37–39.
[76] Gruppe Arbeitersache: Was wir brauchen, S. 9.
[77] Ebenda.
[78] Ebenda, S. 10.
[79] Arps: Frühschicht, S. 56.
[80] Gruppe Arbeitersache: Was wir brauchen, S. 10.
[81] Ebenda.
[82] Schröder, Jürgen: Ideologischer Kampf vs. regionale Hegemonie. Ein Beitrag zur Untersuchung der ‚K-Gruppen', Berlin 1990, S. 60.
[83] Ebenda.

Die *Gruppe Arbeitersache* bestand aus deutschen und ausländischen BMW-Belegschaftsmitgliedern („Interne") sowie Arbeitern aus anderen Betrieben und aktiven Studenten („Externe"). Im Gegensatz zu anderen operaistischen Zusammenschlüssen in Westdeutschland stand die *Gruppe Arbeitersache* dem Engagement von Studenten im Betrieb skeptisch bis ablehnend gegenüber. Deren „wissenschaftlichen" Zugang zu betriebspolitischen Fragen betrachtete sie als kontraproduktiv; die größere politische Wirksamkeit von Studenten sah man in der außerbetrieblichen Agitation.[84] Auch im Münchner Werk der Firma MAN gründete sich ein Jahr später ein Ableger der Gruppe. Beim Münchner Siemenskonzern war die *Siemens Frauengruppe* mit der *Gruppe Arbeitersache* assoziiert.[85] Noch während der Zusammenarbeit mit den ABG gab die *Gruppe Arbeitersache* eine BMW-Betriebszeitung heraus. Die erste Ausgabe erschien im Juni 1970 in deutscher, griechischer, türkischer und serbokroatischer Sprache.[86] Im Herbst 1971 berichtete die *Gruppe Arbeitersache*, dass sie die Herstellung ihrer Betriebszeitung selbst finanziere, was sie pro Ausgabe rund 250 DM koste. Die Auflage pro Zeitung betrug angeblich 5000 Stück, wobei kleinere Auflagen in nicht-deutscher Sprache hinzuzurechnen waren.[87] Neben ihrer Betriebszeitung verteilte die Gruppe auch Flugblätter, die meistens einem aktuellen betrieblichen Thema gewidmet waren. Die *Gruppe Arbeitersache* hatte bis Mitte der 1970er Jahre 150 bis 200 Mitglieder.[88]

Wie die Operaisten insgesamt, so wollten auch die Mitglieder der *Gruppe Arbeitersache* „als Intellektuelle nicht die Führung der Arbeiterklasse beanspruchen",[89] sondern eine lediglich unterstützende, Widersprüche artikulierende Funktion einnehmen. Zu diesem Zweck übernahm die *Gruppe Arbeitersache* auch das zentrale operaistische Konzept der „Arbeiteruntersuchung". Praktisch realisiert wurde es in Gesprächen mit Beschäftigten während der Arbeitszeit. Die Handlungsmaxime bestand zunächst darin, „immer wieder mit den Kollegen am Arbeitsplatz [zu] diskutieren, auch mit den ausländischen Kollegen, auch wenn die Diskussion zuerst nichts hergibt." Dabei sollte insbesondere die gleichnamige Betriebszeitung der Gruppe dazu dienen, einen Diskussionsprozess anzuregen, in welchem man die Beschäftigten von der revolutionären Sache zu überzeugen versuchte. Hierfür riefen die Aktivisten auch zum Schreiben von Leserbriefen auf und organisierten Diskussionsveranstaltungen in Kneipen, die in Werksnähe gelegen waren.[90]

Seit Herbst 1972 betrieb die *Gruppe Arbeitersache* ein „Zentrum in der Region". Es stellte ihren „erste[n] Versuch" dar, „so etwas wie einen kulturellen und politischen Bezugspunkt für die Region zu schaffen." Die Gruppe betrachtete ihr Zen-

[84] Gruppe Arbeitersache: Was wir brauchen, S. 89.
[85] Ebenda, S. 8; Arps: Frühschicht, S. 56; Bojadžijev: Internationale, S. 174 u. 178.
[86] Ebenda, S. 174.
[87] „Wer bezahlt die Arbeitersache?", in: Arbeitersache, Nr. 12, September 1971.
[88] Ebenda, S. 174.
[89] AdMA, 37/2/3 Arbeitersache München allg. II, Primat der Betriebsarbeit (internes Dokument der *Gruppe Arbeitersache*, undatiert (vermutlich Ende 1970/Anfang 1971)).
[90] „‚Allein kann man nichts machen' – Gemeinsam sind wir stärker", in: Arbeitersache, Nr. 6, Februar 1971, S. 1–2, hier S. 1.

trum als Ort „der ständigen Diskussion und Information, der ständigen gemeinsamen Freizeitgestaltung, der ständigen Initiative und Aktion". Insbesondere sollten „proletarische Feste" dazu dienen, der bürgerlichen eine „proletarische Kultur" entgegenzusetzen, welche die Aktivisten als „eine jugendliche, multinationale, spontane, ein bißchen subkulturelle" vor Augen hatten.[91] Die Ausrichtung von Festen hatte eine genuin politische Funktion, da sich die *Gruppe Arbeitersache* schon früh eingestehen musste, dass sie ihr Ziel, die Belegschaft zu agitieren, auf diese Weise weit eher erreichen konnte als über Flugblätter, Diskussionen und Zeitungsartikel:

> „Viele Arbeiter sind nicht durch unsere Agitation am Fabriktor zu uns gestoßen, sondern durch die Feste, die wir veranstaltet haben. Wir haben damit ein konkretes Bedürfnis, vor allem der Ausländer, angesprochen. Für sie war es eine erste Möglichkeit, aus ihrer Abkapselung und Langeweile herauszubrechen, Kontakte zu anderen Nationalitäten zu knüpfen. Das haben wir von den italienischen Genossen gelernt, die mit ihrer Spontaneität, ihrer Emotionalität und Kollektivität, ihren Liedern, ihren Festen und ihren gemeinsamen Essen mehr erreichten, als wir durch monatelange Agitation vor der Fabrik."[92]

Beim gemeinsamen Feiern kam es allerdings auch zu Problemen mit den „Gastarbeitern". Dies betraf hauptsächlich das Verhältnis von männlichen Ausländern und weiblichen Aktivistinnen. Da sich letztere „anders als die gut behüteten Mädchen aus einem anatolischen Dorf" benahmen und die ausländischen Arbeiter „auch ein sexuelles Bedürfnis" hatten, seien die Genossinnen, so die *Gruppe Arbeitersache*, „von den sexualmoralisch vorbelasteten und meist abstinent lebenden Wohnheimproletariern oft als Freiwild betrachtet" worden. In diesem Zusammenhang musste man konstatieren, dass einige „Gastarbeiter" die Feste ausschließlich aus sexuellen Gründen besuchten. Die „liebeshungrigen jungen Arbeiter" versuchten ihr Glück jedoch meistens erfolglos. „Konflikt und Frustration" waren deshalb kaum zu vermeiden.[93]

Der politische Lernprozess, den die *Gruppe Arbeitersache* intendierte, sollte auch die Gruppenmitglieder selbst erfassen. Im „gemeinsamen Kampf um proletarische Inhalte und Widerstandsformen" sahen die Aktivisten nicht zuletzt die Möglichkeit, sich selbst zu „proletarisieren".[94] Die Kluft zwischen studentisch-intellektueller und „proletarischer" Sozialisation sollte so überwunden werden. An dieser Stelle wird die antiautoritäre Haltung der operaistischen Betriebsgruppen besonders deutlich, ging es ihnen doch um einen wechselseitigen Austausch beziehungsweise um einen „gemeinsame[n] Prozeß politischer Erfahrung von Arbeitern und Intellektuellen".[95]

Trotz ihrer vorgeblich ergebnisoffenen Vorgehensweise betonte die *Gruppe Arbeitersache* im Rückblick, dass sie nicht „ohne jegliche Zielvorstellung, ohne Er-

[91] Gruppe Arbeitersache: „Wir wollen leben! Regionsarbeit in München-Nord", in: Wir wollen alles, Nr. 2, 19. März 1973, S. 6–8, hier S. 7.
[92] Ebenda.
[93] Ebenda, S. 8.
[94] Ebenda, S. 44.
[95] Frauengruppe im „Revolutionären Kampf", zit. n. Kasper: Parole, S. 53.

wartung und ohne vorgeprägte Meinung an die politische Praxis herangegangen" sei.[96] Vielmehr nahm sie die fortschrittlichste Position für sich selbst in Anspruch. Dies sah sie insofern als notwendig an, als nur auf diese Weise eine Bewertung der unterschiedlichen Bewusstseinslagen vorgenommen werden konnte:

> „Es kommt [...] darauf an, diese Meinungen von der progressivsten Position her zu interpretieren und unter diesem Gesichtspunkt auch die Agitation zu betreiben. [...] ‚Aus den Massen schöpfen' heißt nicht, sich im Proletariat vorhandenen Ängsten und falschen Meinungen unterzuordnen."[97]

Dass die *Gruppe Arbeitersache* durchaus offensiv auftrat, zeigen Texte in ihrer Betriebszeitung, die eine öffentliche Denunziation von Meistern, Vorgesetzten und auch Betriebsräten unternahmen. Die Gruppe kündigte an, sie werde „jedes Auftreten, das uns nicht gefällt, öffentlich bekannt geben."[98] Unter den Titeln „Die Schweinejagd geht los" und „Die Schweinejagd geht weiter" publizierte sie in diesem Zusammenhang Fotografien von Meistern, die sie auch namentlich nannte.[99] Ein Foto zeigte das Auto eines Meisters, das mit der Parole „Kampe sofort die alte Stückzahl" beschrieben war. Dem Ereignis waren Auseinandersetzungen über eine Stückzahlerhöhung und anschließende Strafmaßnahmen gegen aufmüpfige Beschäftigte durch einen Meister vorangegangen, dessen Nachname Kampe lautete.[100] Dass auch einfache und sogar ausländische Belegschaftsmitglieder ins Fadenkreuz der Gruppe geraten konnten, zeigt die Denunziation eines türkischen Arbeiters. Unter der Überschrift „Allah sei dir gnädig, oh Mustafa nimm dich in acht" bezeichnete die *Gruppe Arbeitersache* den Kollegen, der zuvor vom Betriebsrat zum Vertrauensmann ernannt worden war, als „Verräter". Ohne ins Detail zu gehen, diffamierten ihn die Autoren als „das Ohr" seines Meisters, dessen „Liebling" er sei. Die Belegschaft müsse sich vor dem Mitarbeiter in Acht nehmen, hieß es.[101]

Beide Gruppen, *Lotta Continua* und *Arbeitersache*, können, obwohl sie hauptsächlich von Intellektuellen getragen wurden, als organisatorische Versuche begriffen werden, eine praktisch-politische Synthese aus Arbeiter- und Studentenschaft zu ermöglichen. Während *Lotta Continua* seit ihrer Gründung in Norditalien in den Belegschaften der großen Industriebetriebe verankert war, konnten ihre deutschen Genossen dergleichen über sich selbst nicht behaupten. Doch auch die italienische Gruppe musste sich am Ende die Isolation eingestehen, in der sie sich in München die längste Zeit befand.[102] Dennoch setzten beide Gruppierungen alles daran, mit

96 Gruppe Arbeitersache: Was wir brauchen, S. 38.
97 Ebenda, S. 42–43.
98 „Kontrollieren wir die Meister", in: Arbeitersache, Nr. 12, 15. September 1971, S. 6.
99 „Die Schweinejagd geht los", in: Wir wollen alles. BMW-Betriebszeitung Arbeitersache, o. Nr., Oktober 1973, S. 3; „Die Schweinejagd geht weiter", in: Wir wollen alles. BMW-Betriebszeitung Arbeitersache, o. Nr., November 1973, o. S.
100 Ebenda.
101 „Salem aleikum, Allah sei dir gnädig, oh Mustafa nimm dich in acht", in: Wir wollen alles. BMW-Betriebszeitung Arbeitersache, o. Nr., November 1973, o. S.
102 Lotta Continua: Diskussionspapier, S. 155.

BMW-Belegschaftsangehörigen, und hier vor allem mit den Migranten, Kontakte zu knüpfen, diese auszubauen sowie die Verhältnisse im Münchner Betrieb einer Kritik zu unterziehen. Für die *Gruppe Arbeitersache* bedeutete die Zusammenarbeit mit *Lotta Continua* ab dem Winter 1970/71 hierbei einen Einschnitt, der ihre Betriebsarbeit zusätzlich politisieren sollte – tatsächlich kann erst zu diesem Zeitpunkt von einer operaistischen Ausrichtung der Gruppe gesprochen werden.

Die Abwendung der *Gruppe Arbeitersache* von den Heimjugendlichen und die Fokussierung auf die „Arbeiterklasse" lassen sich kaum als grundsätzliche Aufgabe des Randgruppentheorems interpretieren. Ganz im Gegenteil ist zu konstatieren, dass sie das Konzept vielmehr von der Gesamtgesellschaft auf die Belegschaften übertrug. Auch nach dem Misserfolg der Heimkampagne setzten die Aktivisten die Suche nach dem neuen „revolutionären Subjekt" fort, das sie kurz darauf in den ausländischen Arbeitern der großen Industriebetriebe zu finden glaubten. Schon die politische Arbeit mit den Heimzöglingen resultierte aus der Annahme, dass die deutsche Arbeiterschaft ihr Potential zu gesellschaftlicher Veränderung durch „demokratischen Schein" und „Konsumideologie" verloren habe.[103] Das Engagement für das unqualifizierte Belegschaftssegment und hier besonders für dessen migrantischen Teil – der Bezug auf die „Deklassierten" innerhalb der Belegschaft also – resultierte so vor allem aus der empirischen Beobachtung, dass es sich bei den mehrheitlich ungelernten „Gastarbeitern" um eine „Rand- und Minderheitengruppe" handelte, welche die „sozialen Härten des Systems" am deutlichsten zu spüren bekam.[104]

Der Gang in den Industriebetrieb war insofern ideologisch ebenso konsequent wie der damit einhergehende Bezug auf den Operaismus, der den Aktivisten das theoretische Rüstzeug bereitstellte, das sie für ihr betriebliches Engagement benötigten. Auch wenn sich die Operaisten in theoretischer Hinsicht auf den Maoismus beriefen,[105] waren sie durch einen deutlich weniger dogmatischen und auf die marxistischen „Klassiker" fixierten Zugang in der Lage, betriebliche und innerbelegschaftliche Transformationsprozesse wahrzunehmen und zu reflektieren. Anhand der beiden aus dem italienischen operaistischen Diskurs übernommenen Begriffe „Klassenzusammensetzung" und „Untersuchung" sollte eine zeitgemäße Analyse der konkreten betrieblichen Situation erfolgen. Die Operaisten gingen zwar ganz traditionsmarxistisch davon aus, dass der Widerspruch zwischen Kapital und Arbeit in der kapitalistischen Gesellschaft im Produktionsprozess konstituiert werde. Dabei sei es aber vonnöten, so ihre auf die Empirie zielende Forderung, die *realen* Arbeitsverhältnisse und die *reale* soziale Struktur der Belegschaften zu untersuchen. Vor diesem Hintergrund war es den operaistischen Aktivisten im Gegensatz zu ihren marxistisch-leninistischen Antipoden möglich,

[103] Almstedt u. Munkwitz: Ortsbestimmung, S. 30.
[104] Gruppe Arbeitersache: Was wir brauchen, S. 19.
[105] Wiemheuer, Felix: Einleitung: Die vielen Gesichter des Maoismus und die Neue Linke nach 1968, in: Sebastian Gehrig, Barbara Mittler u. Felix Wiemheuer (Hrsg.): Kulturrevolution als Vorbild? Maoismen im deutschsprachigen Raum, Frankfurt a. M. 2008, S. 7–23, hier S. 7.

sowohl ethnische und qualifikationsspezifische Schichtungsprozesse der „multinationalen" Arbeiterklasse als auch technologische Transformationen zu reflektieren.[106] Es ist aber hervorzuheben, dass sich die Operaisten trotz ihrer theoretischen Offenheit an marxistischen Begriffen orientierten und am Konzept der revolutionären Überwindung der kapitalistischen Gesellschaft festhielten.

Die „Spontis", wie die operaistisch-spontaneistischen Aktivisten später genannt werden sollten, zielten mit ihrer antikapitalistischen Kritik auf eine „Befreiung" der Bedürfnisse, deren Befriedigung ihnen innerhalb der bestehenden Strukturen nicht möglich erschien. Als direkte Abkömmlinge der 68er-Bewegung brachen sie mit den Werten und Vorstellungen nicht nur der bundesdeutschen Nachkriegsgesellschaft, sondern auch der realsozialistischen Gesellschaften beziehungsweise der etablierten kommunistischen Parteien sowie der neokommunistischen K-Gruppen, deren gesellschaftskulturelle Zukunftsvorstellungen durch die industrielle Massenarbeit geprägt waren.[107] Nachdem die *Gruppe Arbeitersache* zum 1. Mai 1973 den Spruch „Tag gegen die Arbeit – wir wollen leben" ausgerufen hatte, rief dies „unter organisierten Genossen anderer Gruppen eine geradezu hysterische Kritik hervor". Die *Gruppe Arbeitersache* begründete diese Reaktion damit, dass „das Ideal vom hehren und arbeitsamen Kommunisten der 30er Jahre [...] noch in vielen Köpfen herum[spukt]."[108] Demgegenüber kann die Betriebsintervention der Operaisten vor allem als ein Engagement gegen die Fabrikarbeit schlechthin begriffen werden.

9.3 Die Kritik der *Gruppe Arbeitersache* an den fordistischen Arbeitsbedingungen und am Betriebsrat

Die *Gruppe Arbeitersache* sah ihre Rolle im Betrieb darin, auf Probleme aufmerksam zu machen, die ihrer Auffassung nach vom Betriebsrat und den gewerkschaftlichen Vertrauensleuten totgeschwiegen wurden. Dabei ging es ihr jedoch weniger um die Verbesserung der Arbeitsverhältnisse als vielmehr um die politische Agitation der Beschäftigten. Bei diesen wollte die Gruppe einen Bewusstseinswandel anstoßen, den sie als Voraussetzung für den Schritt zur revolutionären Praxis betrachtete. Im Gegensatz zu marxistisch-leninistischen Gruppierungen tat sie dies gewöhnlich nicht unter Verwendung marxistisch-orthodoxer Terminologie, sondern gewissermaßen über den Umweg der betrieblichen Realität. Deshalb finden sich in den veröffentlichten Texten der *Gruppe Arbeitersache* so gut wie nie Aufrufe zur Revolution, dafür aber viele zum Streik. Ebenso hielten sich die Aktivisten mit allgemein-theoretischen Ausführungen über die kapitalistische Produktions-

106 Arps: Frühschicht, S. 45–54.
107 Herbert: Geschichte Deutschlands, S. 861.
108 Gruppe Arbeitersache: „1. Mai. Tag gegen die Arbeit. Wir wollen leben", in: Wir wollen alles, Nr. 4, Mai 1973, S. 4–5, hier S. 4.

weise zurück. Stattdessen stellten sie die konkreten und alltäglichen Probleme und Konflikte ins Zentrum ihrer Publikationen. Die Kritik des Akkordsystems und der „Arbeitshetze", der Ausweitung der Arbeitszeit, der Gesundheits- und Sicherheitsrisiken sowie des Lebens im Wohnheim stellten dabei die Kernpunkte ihrer Interventionen dar.

Anders als der Betriebsrat betrachtete die *Gruppe Arbeitersache* das Verhältnis der Belegschaft zur Firmenleitung nicht als partnerschaftlich und komplementär, sondern als antagonistisch. Deshalb bringe der wirtschaftliche Erfolg des Unternehmens für die Situation der Beschäftigten keine bedeutende Verbesserung:

> „Ob es der BMW ‚gut' geht oder nicht, uns geht es immer schlecht: in ‚guten' Zeiten müssen wir mehr arbeiten, in ‚schlechten' kürzen sie uns den Lohn noch mehr. Wie wir uns verhalten, hängt deshalb nicht davon ab, ob die Unternehmer ihre Autos verkaufen können oder nicht – unsere Knochenarbeit für wenig Geld und bei hohen Preisen bleibt. Was wir fordern müssen, ist von ihren Erfolgen oder Verlusten unabhängig: wir wollen alles, was wir brauchen und was uns zusteht."[109]

Da es sich bei dem infiltrierten Unternehmen, den Bayerischen Motoren Werken, um ein äußerst erfolgreiches handelte, lag der Fokus der Kritik auf den betrieblichen Folgeerscheinungen der wirtschaftlichen Prosperität. Die Steigerung der Produktion konnte aus Sicht der Gruppe nur „durch die Verschärfung der Arbeitsbedingungen" erreicht werden: „Rationalisierung, Steigerung des Arbeitstempos, Herabsetzung der Akkordzeiten, Steigerung der Bandgeschwindigkeit, Überstunden, Sonderschichten (also Verlängerung der Arbeitszeit)."[110]

Was die Ausdehnung der Arbeitszeit bei BMW betrifft, waren es insbesondere die Sonderschichten an Samstagen, welche die Operaisten bekämpften. Da „mehr Absatz [und] mehr Profit für die BMW [...] mehr Arbeit für die Arbeiter"[111] bedeute, gerate der Unternehmenserfolg zum Nachteil der Belegschaft. In den Augen der Linksradikalen nutzte der Vorstand „jede Möglichkeit, die Arbeitszeit zu erhöhen, um die Produktion zu steigern und damit ihre Profite zu erhöhen." Dem stellte die *Gruppe Arbeitersache* die Interessen der Belegschaft gegenüber. Es gelte, „jede Minute freie Zeit [zu] verteidigen, in der wir der täglichen Mühle im Betrieb nicht ausgeliefert sind!"[112] Die Ausweitung der Arbeitszeit über die Fünf-Tage-Woche beziehungsweise den Acht-Stunden-Tag hinaus begriff die Gruppe als „Angriff auf unsere Gesundheit, auf unser Leben."[113] Die Tatsache, dass BMW überhaupt in der Lage war, Beschäftigte zu Überstunden oder Samstagsarbeit zu bewegen, interpretierte die *Gruppe Arbeitersache* als Ausdruck der Ungleichheit

109 „‚BMW liegt hervorragend im Rennen'. Die Quandts, Hahnemänner und wir Arbeiter", in: Arbeitersache, Nr. 14, 9. November 1971, S. 6.

110 „Keine Produktionssteigerung auf Kosten der Arbeiter!!", in: Arbeitersache, Nr. 1, Juni 1970, o. S.

111 Gruppe Arbeitersache: „Sonderschicht – du siehst uns nicht!", in: Wir wollen alles, Nr. 5, Juni 1973, S. 4–5, hier S. 5.

112 „Sonderschichten!!!", in: Arbeitersache, Nr. 1, Juni 1970, S. 1.

113 Gruppe Arbeitersache: „Sonderschicht – du siehst uns nicht!", in: Wir wollen alles, Nr. 5, Juni 1973, S. 4–5, hier S. 4.

innerhalb der Belegschaft. Da sich die Deutschen oftmals weigerten, am Wochenende ins Werk zu kommen, waren es hauptsächlich ausländische Beschäftigte, die in den Zusatzschichten arbeiteten. Für die Operaisten lag dies vor allem an den niedrigen Löhnen der „Gastarbeiter", die es mit sich brachten, dass letztere auf die Zuverdienste finanziell angewiesen waren.[114] Zudem wüssten die Ausländer ohnehin nicht, wie sie ihre Freizeit im Wohnheim sinnvoll verbringen könnten.[115] Die *Gruppe Arbeitersache* forderte daher eine Abschaffung der unteren Lohngruppen. Erst wenn kein Belegschaftsmitglied die Überstunden benötige, um sein Einkommen aufzubessern, sei die subjektive Möglichkeit der massenhaften Verweigerung von Zusatzschichten oder Überstunden gegeben.[116]

Die Kritik der Operaisten zielte nicht nur auf die Ausweitung der Arbeit, sondern auch auf deren Intensivierung. In diesem Zusammenhang stand namentlich die Akkordarbeit im Fadenkreuz der Polemiken, bei welcher der einzelne Arbeiter die größtmögliche Anzahl an Werksstücken in möglichst kurzer Zeit anzufertigen versucht, da er dadurch Lohnsteigerungen erzielen kann. Die *Gruppe Arbeitersache* bezeichnete den Akkord deshalb als „Waffe" der Unternehmer, „um aus uns das letzte herauszuholen."[117] Durch regelmäßig vorgenommene Herabsetzungen der Zeitvorgaben wolle die Firmenleitung die Beschäftigten zwingen, „immer mehr für dasselbe Geld zu arbeiten."[118] Zudem versuche die Unternehmensleitung durch das Akkordsystem, die Belegschaft gegeneinander auszuspielen und zu spalten: „Im Akkord findet ein dauernder Kampf zwischen körperlich Starken und körperlich Schwachen statt. Die Schwachen werden schließlich ausgeschieden, die Starken werden zum Maßstab für das Bewertungssystem gemacht." Dies gelte insbesondere für den bei BMW vorherrschenden Gruppenakkord, in welchem nicht die Leistung des Einzelnen, sondern der Gruppe abgerechnet wird: „Wenn einer am Band nicht spurt, gerät er in Konflikt mit den anderen Kollegen." Die *Gruppe Arbeitersache* war sich indessen darüber bewusst, dass nicht wenige Belegschaftsmitglieder den Akkord- gegenüber dem Zeitlohn präferierten, weil im Akkord durch eine hohe Leistungsbereitschaft mehr zu verdienen war. Diese Haltung bezeichnete die Gruppe trotz ihrem Eingeständnis, dass dies „zum Teil stimmt", als „Selbsttäuschung: [die] Erhöhung des Akkords durch die Kapitalisten, die betrügerischen Mess- und Bewertungsmethoden, die Undurchsichtigkeit des ganzen Vorgangs beweisen das Gegenteil."[119]

114 „Lassen wir die BMW am Samstag auf uns warten!", in: Arbeitersache, Nr. 12, 15. September 1971, S. 1–4, hier S. 2.
115 Gruppe Arbeitersache: „Sonderschicht – du siehst uns nicht!", in: Wir wollen alles, Nr. 5, Juni 1973, S. 4–5, hier S. 4.
116 „Lassen wir die BMW am Samstag auf uns warten!", in: Arbeitersache, Nr. 12, 15. September 1971, S. 1–4, hier S. 2.
117 „Ein Betriebsarzt zum Akkord", in: Arbeitersache, Nr. 9, Mai 1971, S. 2–4, hier S. 2.
118 „Lassen wir die BMW am Samstag auf uns warten!", in: Arbeitersache, Nr. 12, 15. September 1971, S. 1–4, hier S. 2.
119 „Ein Betriebsarzt zum Akkord", in: Arbeitersache, Nr. 9, Mai 1971, S. 2–4, hier S. 3.

Das Hauptargument der *Gruppe Arbeitersache* gegen den Akkord bestand in dessen Auswirkungen auf die Gesundheit der Beschäftigten. So seien die teilweise höheren Löhne, welche die Arbeit im Akkord ermöglichte, nur über die Inkaufnahme gesundheitlicher Nachteile zu erlangen.[120] Da die Bezahlung im Akkordsystem nach Leistung erfolgt, seien die dort beschäftigten Arbeiter dazu angehalten, so schnell wie möglich einen maximalen Output zu produzieren, weshalb sich der Verschleiß der menschlichen Arbeitskraft hier in besonders heftiger und rapider Form vollziehe. Aus diesen Gründen, so die Gruppe, hätten viele Beschäftigte

> „mit 30 oder 40 Jahren schon Angst, in einigen Jahren ‚nicht mehr mitzukommen'. […] Solange der Arbeiter eine gesunde Arbeitskraft verkaufen kann, wird er eingestellt und bekommt seinen Lohn, und es wird ihm noch mehr Lohn versprochen, wenn er noch schneller arbeitet. Wenn seine Arbeitskraft verbraucht ist, bekommt er einen schlechter bezahlten Arbeitsplatz oder wird entlassen und durch jüngere Arbeitskräfte ersetzt, denen es dann genauso geht."[121]

Die Gruppenmitglieder berichteten, dass immer mehr Arbeiter, um die Vorgabezeiten einhalten beziehungsweise unterschreiten zu können, „in den Pausen arbeiten müssen, da sie vor der Pause in Rückstand geraten."[122] Auch werde oftmals schon vor Arbeitsbeginn vorgearbeitet.[123] Zum Zwecke der schnellstmöglichen Durchführung der jeweiligen Arbeitstätigkeit verzichteten viele Akkordbeschäftigte zudem auf Schutzkleidung beziehungsweise entsprechende Vorrichtungen, etwa Masken oder Handschuhe. Dies werde von den Meistern und Sicherheitsbeauftragen stillschweigend geduldet, weil auch sie wüssten, dass die Akkordvorgaben anders nicht zu schaffen seien.[124]

Das Akkordsystem stellte für die *Gruppe Arbeitersache* geradezu den Inbegriff der Ausbeutung innerhalb des kapitalistischen Verwertungszusammenhangs dar. Dies zeige sich vor allem in der Anwendung der Technologie im Arbeitsprozess: „Sämtliche technischen Veränderungen wurden ebenso dazu benutzt, direkt oder auf Umwegen die Zeiten herabzusetzen."[125] Das Leistungslohnsystem mache es den Unternehmern ferner möglich, bei den Mess- und Bewertungsmethoden zu betrügen, da der Abrechnungsmodus für den Akkordbeschäftigten im Großen und Ganzen undurchsichtig bleibe.[126] Hinzu komme der Einsatz der Kalkulatoren beziehungsweise Zeitnehmer, die jeden Kollegen aufspüren würden, „der bei der Zeitnahme langsamer arbeitet, um sich und die Kollegen, die nach ihm am Ar-

[120] Ebenda.
[121] „Kampf gegen den Akkord = Kampf für die Arbeitskraft", in: Arbeitersache Nr. 9, Mai 1971, S. 6–7, hier S. 6.
[122] „‚Allein kann man nichts machen' – Gemeinsam sind wir stärker", in: Arbeitersache, Nr. 6, Februar 1971, S. 1–2, hier S. 2.
[123] „Leserbrief: Einstellungsstop – Entlassungen", in: Arbeitersache, Nr. 6, Februar 1971, S. 3.
[124] Gruppe Arbeitersache: „Laster raus; weg mit dem Gestank. BMW macht die Leute krank", in: Wir wollen alles, Nr. 6, 27. Juli 1973, S. 1–4, hier S. 2.
[125] „Kampf gegen den Akkord = Kampf für die Arbeitskraft", in: Arbeitersache Nr. 9, Mai 1971, S. 6–7, hier S. 6.
[126] AdMA 37/2/3, Arbeitersache BMW/MAN, Flugblatt der Gruppe Arbeitersache, „Bei BMW wird der Akkord schon stimmen das macht ja der Computer!".

beitsplatz stehen, vor dem hohen Arbeitstempo zu retten."[127] Der Akkord, so konstatierte die Gruppe, sei aufgrund der „notwendigerweise mit ihm verbundene[n] Arbeitshetze" sowie der Kontroll- und Bewertungsmethoden „schlechthin menschenunwürdig."[128] Aus diesen Gründen war die Ablehnung des Akkords für die Aktivisten gleichbedeutend mit dem Kampf gegen den Kapitalismus überhaupt. Deshalb fochten sie nicht für einen „‚gerechteren' Akkord, sondern für die Abschaffung des Akkords".[129]

Die Gesundheitsrisiken im Betrieb thematisierte die *Gruppe Arbeitersache* auch unabhängig vom Akkordsystem. Von den Verrechnungsmodi abgesehen, hätten viele der Arbeiten im BMW-Werk aufgrund der materiellen Fertigungsbedingungen gesundheitsschädliche Auswirkungen: „In der Lackiererei die Dämpfe, im Preßwerk der Lärm, in den Hallen die Abgase von den Staplern". Die Folge sei, dass etliche Arbeiter bei der Arbeit krank würden.[130] So behaupteten die Operaisten, „der ganze Streß, die wahnsinnige Hetze, der Lärm, die Lackdämpfe und Gase, die Hitze, die pausenlose Arbeit machen uns langsam aber sicher krank und kaputt."[131] Wie bereits im Kontext ihrer Kritik am Akkordsystem stellte die *Gruppe Arbeitersache* auch hier die physisch schwächeren Belegschaftsmitglieder in den Fokus. Neben älteren seien es weibliche Beschäftigte am Fließband, die besonders schwer unter den Arbeitsbedingungen in der Produktion zu leiden hätten.[132] Tatsächlich arbeiteten im Jahr 1972 zwei von drei weiblichen Beschäftigten bei BMW im Akkordsystem.[133] Ein Artikel der Betriebszeitung, der insbesondere die Situation von schwangeren Arbeiterinnen hervorhob, beinhaltete die Forderung: „Wir dürfen es nicht mehr zulassen, daß manche schwangeren Frauen bis zum letzten Tag arbeiten müssen." Auch die Doppelbelastung vieler Kolleginnen, die aus der gleichzeitigen Notwendigkeit von Lohnarbeit und Kinderbetreuung resultierte, fand Erwähnung. So seien Frauen mit Kindern dazu gezwungen, sich mit ihren Ehemännern in der Schichtarbeit abzuwechseln. Überhaupt kümmere sich BMW

[127] „Keine Produktionssteigerung auf Kosten der Arbeiter!!", in: Arbeitersache, Nr. 1, Juni 1970, o. S. Wiedemann: Rationalisierung, S. 24, weist darauf hin, dass „die Arbeiter in den meisten Betrieben den Zeitnehmer als ihren Gegner ansehen, dessen Anwesenheit in der Abteilung zu fürchten ist. Man glaubt, daß seine Absichten und Ziele denen der Arbeiter entgegengesetzt sind, und daß ihm darum seine Tätigkeit möglichst erschwert werden muß."

[128] „Ein Betriebsarzt zum Akkord", in: Arbeitersache, Nr. 9, Mai 1971, S. 2–4, S. 3. Die erhöhte Kontrolle der Arbeit, wie sie im Akkord- im Gegensatz zum Zeitlohnsystem gegeben war, ergab sich daher, dass „ohne Leistungsüberwachung kein Leistungslohn möglich ist. […] Sie ist logisch notwendig, wenn sich der Lohn nach der Leistung richten soll, dann muß zunächst die Leistung und ihre Veränderung überwacht werden." Kupke, Erich: Beiträge zur Frage des Leistungsgrades und der Vorgabezeit, München 1951, S. 8.

[129] „Ein Betriebsarzt zum Akkord", in: Arbeitersache, Nr. 9, Mai 1971, S. 2–4, hier S. 3.

[130] „Lassen wir die BMW am Samstag auf uns warten!", in: Arbeitersache, Nr. 12, 15. September 1971, S. 1–4, hier S. 3.

[131] „Wer ist schuld am Tod von Michael G.?", in: Wir wollen alles. BMW-Betriebszeitung Arbeitersache, o. Nr., Oktober 1973, S. 1–2, hier S. 2.

[132] Gruppe Arbeitersache: „Frauen klagen die BMW an", in: Wir wollen alles, Nr. 10, November 1973, o. S.

[133] UA 2154-1, BMW kompakt 7'72.

um diese Fragen „einen Dreck" und behandle Frauen, die besonders häufig an niedrig bezahlten Arbeitsplätzen tätig waren, „wie ein Stück Arbeitsvieh".[134]

Im Gegensatz zum Betriebsrat lehnte die *Gruppe Arbeitersache* eine monetäre Vergütung der Risiken prinzipiell ab, da sie nicht gewillt war, die Gesundheit der Beschäftigten zu „verkaufen". Vielmehr forderte sie die Abschaffung der gesundheitsschädlichen Arbeitsplätze.[135] Da diese Maximalforderung der Belegschaft allerdings kaum zu vermitteln war, da sie faktisch die Kompletteinstellung der Produktion bedeutet hätte, widmete sich die Gruppe zunächst dem Kampf um eine Verlängerung der bezahlten Pausen. Diese betrugen bei BMW jeweils zehn Minuten.[136] Die *Gruppe Arbeitersache* forderte stattdessen Pausen von 20 Minuten: „Zehn Minuten Pause reichen nicht! Denn in zehn Minuten hat man weder Zeit, aufs Klo zu gehen und in aller Ruhe eine Zigarette zu rauchen, geschweige denn zu essen." Die Unternehmensleitung habe an einer Ausweitung der Pausenzeiten jedoch kein Interesse, da ihr die Bedürfnisse der Beschäftigten gleichgültig seien. Vielmehr wäre es ihr am liebsten, der Belegschaft „auch noch diese 10 Minuten zu nehmen".[137]

Einen Gegenstand der Kritik stellte auch der Zustand der sanitären Einrichtungen dar. Die *Gruppe Arbeitersache* bezeichnete die Toiletten in den Werkshallen als „stinkende Kloaken", in denen Klopapier, Seife und Handtücher fehlten.[138] Die WCs seien kaum zu benutzen: „Wasser läuft aus einem kaputten Rohr durchs ganze Klo. Es gibt für den halben Rohbau (Halle 33, 34) nur ein Klo."[139] Wie die BMW-Betriebsgruppe der DKP berichtete, kam es immer wieder zu Verstopfungen in den Einrichtungen, da die Arbeiter aufgrund des fehlenden Toilettenpapiers oftmals zu Zeitungspapier greifen müssten.[140] Beschwerden beim Betriebsrat oder Meister wurden nach Angaben der *Gruppe Arbeitersache* in der Regel ignoriert. Wohl auch aus diesem Grund hatten Beschäftigte im Herbst 1973 mit roter Farbe „Hier stinkt's! 2. Toilettenanlage! Klopapier!" an die Wand der Toiletten geschrieben. Der Spruch wurde am nächsten Tag entfernt, während sich an der Anzahl und Ausstattung der sanitären Anlagen zunächst offenbar nichts ändern sollte.[141]

[134] Gruppe Arbeitersache: „Frauen klagen die BMW an", in: Wir wollen alles, Nr. 10, November 1973, o. S.

[135] „Lassen wir die BMW am Samstag auf uns warten!", in: Arbeitersache, Nr. 12, 15. September 1971, S. 1–4, hier S. 3.

[136] Wie oft diese Pausen am Arbeitstag stattfanden, konnte nicht eruiert werden. Es ist jedoch zu vermuten, dass es sich – die deutlich längere Mittagspause nicht eingerechnet – um jeweils eine Pause am Vormittag und eine am Nachmittag handelte.

[137] „BMW-Arbeiter fordern: Mindestens 20 Minuten bezahlte Pausen – wie in anderen Fabriken!", in: Arbeitersache, Nr. 14, 9. November 1971, S. 4.

[138] „Leserbrief: Einstellungsstop – Entlassungen", in: Arbeitersache, Nr. 6, Februar 1971, S. 3.

[139] „Hier stinkt's", in: Wir wollen alles. BMW-Betriebszeitung Arbeitersache, o. Nr., Oktober 1973, S. 4.

[140] „Weltfirma ohne Klopapier", in: Die Zündung, Nr. 5, 1970, S. 7.

[141] „Hier stinkt's", in: Wir wollen alles. BMW-Betriebszeitung Arbeitersache, o. Nr., Oktober 1973, S. 4. Bei diesen und anderen Sachbeschädigungen und Sabotageakten ist nicht klar, ob die Mitglieder der *Gruppe Arbeitersache* an ihnen selbst beteiligt waren – was keinesfalls unwahrscheinlich ist – oder ob sie sie nur dokumentierten.

Die Kritik der *Gruppe Arbeitersache* an der Situation im Betrieb zielte nicht nur auf die Unternehmensleitung, sondern ebenso auf den Betriebsrat und das Sozialpartnerschaftsmodell. Das Betriebsverfassungsgesetz, auf dem Letzteres beruhte, bezeichnete die Gruppe als „arbeiterfeindlich".[142] Der „SPD-Betriebsrat"[143] bei BMW spiele ebenso wie die Gewerkschaft ein „doppelte[s] Spiel", das die Gruppe zu entlarven und zu verhindern trachtete.[144] Die Verlautbarungen und Zielsetzungen des Betriebsrats, so die Gruppe weiter, würden ausschließlich dem wirtschaftlichen Erfolg des Unternehmens dienen, weshalb er „keine Arbeiterinteressen" vertrete.[145] Den Betriebsräten wurde vorgeworfen, keine Arbeiter mehr sein zu wollen, weshalb sie sich schon rein äußerlich von den übrigen Kollegen absetzen würden. So berichtete die Betriebszeitung der *Gruppe Arbeitersache*, dass die Mitglieder des Betriebsrats in der Kantine an schöneren Tischen als die restliche Belegschaft säßen, „mit Servietten und allem Drum und Dran."[146]

Für die *Gruppe Arbeitersache* stand das kooperativ-kompromissbereite Vorgehen des Betriebsrats für einen Kurs, welcher der Beschwichtigung der Belegschaft diente. Die vom Betriebsratsvorsitzenden immer wieder angesprochene Aufforderung zur „Teamarbeit" sahen die Linksradikalen als Ausdruck davon, dass der Betriebsrat in Wirklichkeit auf der Seite des Vorstands stehe.[147] Die Gruppe stellte fest, dass der Betriebsrat den Arbeitszeitausweitungen in Gestalt von Sonderschichten und Überstunden so gut wie immer zustimme. Dessen „Gewäsch von ‚Sicherung der Arbeitsplätze'", diene bloß dazu, „jede Art von Arbeitshetze und Leistungssteigerung, die die Profite der Kapitalisten erhöh[en]", durchzuwinken.[148] Obwohl der Betriebsratsvorsitzende Golda auf der Betriebsversammlung selbst davon gesprochen hatte, dass Überstunden eingeschränkt werden müssten und Produktionssteigerungen nicht auf Kosten der Belegschaft gehen dürften, habe der Betriebsrat „seit Jahren […] nichts getan." Dies bedeutete für die *Gruppe Arbeitersache*, dass der Betriebsrat „nicht unsere Interessen gegen die Betriebsleitung durchgesetzt [hat], sondern umgekehrt".[149] Ebenso verhalte es sich mit den Akkordkürzungen, bei denen der Betriebsrat gleichermaßen untätig geblieben sei.[150] Insgesamt, so die Operaisten, kümmere sich der Betriebsrat „einen Dreck um unsere Arbeitsplätze, ob sie sicher sind, ob gesundheitsschädlich. Er kümmert sich einen Dreck darum, daß wir uns im Akkord kaputt machen, daß die Stück-

142 „Bonus II + Sonder-Schichten = höhere Abzüge", in: Arbeitersache, Nr. 2, 20. Juli 1970, S. 1–2, hier S. 2.
143 Ebenda, S. 1.
144 Ebenda, S. 2.
145 „Vertrauensleutesitzung", in: Arbeitersache, Nr. 12, 15. September 1971, S. 5 u. 7, hier S. 7.
146 „Betriebsrat", in: Arbeitersache, Nr. 6, Februar 1971, S. 6.
147 „Bonus II + Sonder-Schichten = höhere Abzüge", in: Arbeitersache, Nr. 2, 20. Juli 1970, S. 1–2, hier S. 2.
148 „‚Erfolge' des Betriebsrats? Was steckt hinter den übertariflichen Löhnen?????", in: Arbeitersache, Nr. 2, 20. Juli 1970, S. 5.
149 „Sonderschichten!!!", in: Arbeitersache, Nr. 1, Juni 1970, S. 1.
150 „Leserbrief: Betr. Arbeitersache vom 18.5.71", in: Arbeitersache, Nr. 9, Mai 1971, S. 6.

zahlen dauernd erhöht werden. Er kümmert sich einen Dreck um Entlassungen."[151] In ihrer Betriebszeitung und ihren Flugblättern berichteten die Operaisten mehrmals von Fällen, in denen das Unternehmen Mitarbeitern aufgrund zu geringer Arbeitsleistung, gehäufter Fehlzeiten oder Aufmüpfigkeit gekündigt hatte, was der Betriebsrat in der Folge stets absegnete.[152]

Die Ablehnung der Politik des Betriebsrats bezog sich auch auf die Verdiensterhöhungen und freiwilligen betrieblichen Sozialleistungen. Das Unternehmen zahle die übertariflichen Leistungen nur deshalb, so die *Gruppe Arbeitersache*, „weil jede Arbeitskraft dringend gebraucht wird". Da „Arbeitskräfte im Augenblick Mangelware" seien, versuche BMW, durch die Maßnahmen Beschäftigte aus andern Betrieben abzuwerben und gleichzeitig zu verhindern, dass BMW-Mitarbeiter kündigten, um woanders besser zu verdienen: „Die Betriebsvereinbarungen über Bonus I und Bonus II haben den Betriebsrat keinen Kampf gekostet – auch wenn er mit angeblichen Kämpfen und ‚Erfolgen' für die Belegschaft immer so angibt: Die Kapitalisten sind heute gezwungen, höhere Löhne zu zahlen."[153] Die Gruppe stellte heraus, dass die Bonuszahlungen ausschließlich für Arbeitstage ausgeschüttet wurden, an denen die prospektiven Empfänger im Betrieb anwesend waren:

> „[Der] Anwesenheitsbonus […] hat ganz besondere Vorteile für die Betriebsleitung. Er wird vierteljährlich ausbezahlt, und er fällt weg, wenn man krank oder beurlaubt ist, oder wenn man gekündigt hat. Das heißt: […] bei diesen 40 Pfennigen pro Arbeitsstunde kann die Betriebsleitung die Lohnfortzahlung im Krankheitsfall umgehen; […] mit diesen 40 Pfennigen pro Stunde sichert sich BMW die volle Auslastung jeder Arbeitskraft; […] denn jeder Arbeiter überlegt es sich, ob er mit Grippe zuhause bleibt, denn das bedeutet: Lohnkürzung, Lohnverlust!!!"

Aus diesen Gründen forderte die *Gruppe Arbeitersache*: „Monatliche Bonuszahlung! – Bonus II auch bei Krankheit – Statt Bonus feste Lohnerhöhung!!"[154] Sie prognostizierte zudem, dass es aufgrund einer Änderung der wirtschaftlichen Konjunkturlage in kürzester Zeit zu einer Reduzierung der Sonderzulagen kommen könnte: „Sobald die Lage auf dem Arbeitsmarkt sich ändert […] und kein Arbeitskräftemangel mehr herrscht, kann BMW es sich leisten, die übertariflichen Zulagen wie Bonus und Sonderzulagen zu streichen."[155]

Doch nicht nur die betriebliche Sphäre stellte einen Gegenstand der Kritik der Operaisten bei BMW dar, sondern auch das Leben außerhalb der Fabrik und ins-

151 AdMA 37/2/3, Arbeitersache BMW/MAN, Flugblatt der Gruppe Arbeitersache, „Wir wollen nicht ewig wählen, wir müssen kämpfen".

152 „Kündigung. Betriebsrat Bitter, warum bist du nicht Personalchef?", in: Wir wollen alles. BMW-Betriebszeitung Arbeitersache, o. Nr., Oktober 1973, S. 4; AdMA 37/2/3, Arbeitersache BMW/MAN, Flugblatt der Gruppe Arbeitersache, „BMW schmeißt deutschen Kollegen wegen Krankheit raus, Betriebsrat lehnt seinen Einspruch ab"; AdMA 37/2/3, Arbeitersache BMW/MAN, Flugblatt der Gruppe Arbeitersache, „Schweinestall".

153 „‚Erfolge' des Betriebsrats? Was steckt hinter den übertariflichen Löhnen?????", in: Arbeitersache, Nr. 2, 20. Juli 1970, S. 5

154 „Der Trick mit dem Bonus II!!!", in: Arbeitersache, Nr. 2, 20. Juli 1970, S. 4.

155 „‚Erfolge' des Betriebsrats? Was steckt hinter den übertariflichen Löhnen?????", in: Arbeitersache, Nr. 2, 20. Juli 1970, S. 5.

besondere das Leben im Wohnheim. Die Wohnheime begriff die *Gruppe Arbeitersache* als Fortschreibung der Ausbeutung und Fremdbestimmung in die Freizeit hinein. In einem Flugblatt, dessen Text nach Angabe der Gruppe ein junger BMW-Arbeiter verfasst hatte, hieß es dementsprechend: „Die Wohnheime sind nicht für unsere Bedürfnisse eingerichtet, sondern für die der Unternehmer, die uns gerade noch schlafen, essen und trinken lassen, damit wir am nächsten Tag wieder arbeiten können." Die Firma hole auf diese Weise auch aus der Erholung der Arbeiter „ihre Profite heraus." Der Autor bezeichnete die Wohnheime als „Gefängnisse", in denen man zu viert „auf engstem Raum zusammengepfercht" leben müsse: „Oft arbeiten die Zimmergenossen in verschiedenen Schichten, so daß man sich zwar kaum kennt, aber dauernd gegenseitig stört." Der Eingang der Wohnanlage sei bewacht, Besuch von Freunden oder Frauen verboten.[156] Ein weiterer Kritikpunkt betraf die Tatsache, dass BMW für die Betten einen Teil des Lohns einbehalte: „Ein Bett kostet 65–80 Mark, und das bei winzigen Zimmern". Zudem seien die Zimmer sowie die Gemeinschaftsräume zu dreckig, um ein angenehmes Wohnen zu gewährleisten.[157]

Auffällig ist, dass Forderungen nach höheren Verdiensten in den Publikationen der *Gruppe Arbeitersache* eher am Rande zur Sprache kamen. Zwar forderten auch die Operaisten Lohnerhöhungen für die Belegschaftsangehörigen. Der Fokus ihrer Interventionen lag jedoch vielmehr auf der Reduktion der Arbeitszeit. Dabei ging es ihr weniger um eine rein quantitative Ausweitung der Freizeit der Beschäftigten, sondern mehr noch um eine Steigerung der Lebensqualität. Die Operaisten setzten der Industriearbeit die Parole „Wir wollen leben" entgegen, womit sie im Sinn hatten, „eine sinnvolle Freizeit zu verbringen." Gemeint war ein „Leben im umfassenden Sinn", womit der „gesamt[e] Lebenszusammenhang" angesprochen war: „Wohnheime, Wohnungen, Mieten, Kindergärten, Luftverschmutzung, Lärm, Grünflächen, Freizeiteinrichtungen, Sexualität."[158] In diesem Zusammenhang stellte die Arbeit in der Fabrik für die *Gruppe Arbeitersache* das Gegenteil ihrer eigenen Zielvorstellungen dar. Die Gruppe verlautbarte: „Wir haben nicht dieselbe Logik wie die Firmenleitung. Unsere Logik heißt: Weniger Arbeit".[159] Die Operaisten wollten „leben, nicht um zu arbeiten", stattdessen müsse man aber „arbeiten, um zu leben und dafür sind 2 Tage in der Woche schon wenig genug."[160]

Neben der Forderung nach radikalen Arbeitszeitverkürzungen waren es vor allem die angeführten qualitativen, arbeitsplatzbezogenen Forderungen, welche sich die *Gruppe Arbeitersache* auf die Fahnen schrieb. Die „Entfremdung" des Arbei-

156 Das Flugblatt wurde nachgedruckt in: Wir wollen alles, Nr. 2, 19. März 1973, S. 7.
157 „‚Allein kann man nichts machen' – Gemeinsam sind wir stärker", in: Arbeitersache, Nr. 6, Februar 1971, S. 1–2, hier S. 2.
158 Gruppe Arbeitersache: „1. Mai. Tag gegen die Arbeit. Wir wollen leben", in: Wir wollen alles, Nr. 4, Mai 1973, S. 4–5, hier S. 4.
159 „Drückeberger, Faulpelze, Blaumacher raus!", in: Arbeitersache, Nr. 7, März 1971, S. 3.
160 AdMA 37/2/3, Arbeitersache BMW/MAN, Flugblatt der Gruppe Arbeitersache, „Wir fahren keine Sonderschicht".

ters, „der in seiner Arbeit keinerlei Möglichkeit zur Identifikation mehr findet, der auf Stumpfsinn und physische Erschöpfung reduziert ist", war aus Sicht der Gruppe so weit fortgeschritten, dass Verbesserungen auf Basis der betrieblichen Mitbestimmung obsolet geworden seien.[161] Daher ging es den Mitgliedern der Gruppe nicht um konstruktive Kritik, sondern um die radikale Reduzierung und letztlich um die Abschaffung der Fabrikarbeit. Eine Kompensation der Arbeitsbelastungen durch höhere Verdienst und Sozialleistungen war für sie daher keine Alternative: „Unser Ziel heißt nie ‚mehr Geld' sondern ‚Mehr [sic] Geld und weniger Arbeit'. Deswegen werden wir unsere Lohnforderungen immer verbinden mit Forderungen gegen die Arbeitshetze, gegen die Sonderschichten, Überstunden, ja, gegen die Schichtarbeit überhaupt."[162]

Die *Gruppe Arbeitersache* verband ihre qualitativen Forderungen mit einer Kritik der etablierten Arbeitnehmervertretungsorgane:

> „Auf diesem Feld tut die Gewerkschaft überhaupt nichts – sondern sie sagt, wenn die Produktion gesteigert wird, dann haben die Unternehmer mehr Lohn zu zahlen. Produktionssteigerung bedeutet aber für uns, gesundheitsschädliche Arbeit und Hetze und damit eine kürzere Lebenserwartung."[163]

Die Aufforderung zur „Arbeitsverweigerung, nicht nur am Samstag, auch am Montag und am Mittwoch",[164] bildete daher einen zentralen Bestandteil ihrer betrieblichen Agitation. Die Operaisten stellten sich auf diese Weise grundlegend gegen die Produktionsweise innerhalb des fordistischen Industriebetriebs, deren zentrales Charakteristikum die größtmögliche Ausweitung und Intensivierung der menschlichen Arbeitsleistung darstellte.

9.4 Die Unternehmensleitung und der Betriebsrat gegen die Linksradikalen

Die folgenden Ausführungen befassen sich mit der Frage, wie der Betriebsrat und die Unternehmensleitung auf die Aktivitäten der linksradikalen Betriebsgruppen im Werk reagierten. Im Zentrum des Interesses steht dabei die Argumentationsstrategie der beiden Sozialpartner. Vorweg ist darauf hinzuweisen, dass die Äußerungen vornehmlich, aber nicht ausschließlich auf die *Gruppe Arbeitersache* zielten – vielmehr betrafen sie in der Regel auch andere linksradikale Gruppierungen, die im und vor dem Werk aktiv waren. Insbesondere wird der Frage nachgegan-

[161] Gruppe Arbeitersache: „10 Thesen zur Multinationalität", in: Wir wollen alles, Nr. 5, Juni 1973, S. 6–8, hier S. 6.

[162] „Lohnerhöhungen bei BMW. Ein Ergebnis unserer Kampfbereitschaft und ein Schachzug der Unternehmer", in: BMW-Betriebszeitung Arbeitersache, o. Nr., 13. November 1972, S. 1–2, hier S. 2.

[163] Ebenda, S. 1.

[164] Gruppe Arbeitersache: „Sonderschicht – du siehst uns nicht!", in: Wir wollen alles, Nr. 5, Juni 1973, S. 4–5, hier S. 4.

gen, ob sich die Verantwortlichen bei bestimmten Inhalten konzessionsbereit zeigten oder ob sie jegliches Zugeständnis an die Aktivisten prinzipiell verweigerten. Die Tatsache, dass sich Betriebsrat und Vorstand überhaupt genötigt sahen, sich ausführlich mit den Betriebsgruppen auseinanderzusetzen und deren Auftreten öffentlich zu thematisieren, zeigt, dass sie die betriebliche Agitation der Linksradikalen durchaus als neuartige Bedrohung wahrnahmen, die der Aufrechterhaltung der Produktion gefährlich werden konnte. Mit Blick auf die westdeutsche Wirtschaft allgemein war seit den 1960er Jahren zu beobachten, dass sich Unternehmensleitungen in ihrer Kommunikationspolitik gegenüber den Erwartungen der Öffentlichkeit zunehmend öffneten, was nicht zuletzt „mit der Modernisierung der Unternehmensführung und liberalisierten gesellschaftspolitischen Überzeugungen in Zusammenhang stand".[165] Wie zu zeigen sein wird, war dies Anfang der 1970er Jahre auch bei BMW der Fall: Der Firmenleitung war nicht daran gelegen, sich dem gewandelten gesellschaftlichen Meinungsbild zu verschließen. Vor dem Hintergrund der fordistischen Arbeitsorganisation und Fabrikdisziplin mussten ihr die Partizipations-, Selbstbestimmungs- und Gerechtigkeitsvorstellungen, die von den Ideen der 68er-Bewegung geprägt waren und in diesem Wandel zum Ausdruck kamen, jedoch gleichzeitig als diskursive Herausforderungen erscheinen.

Ihre erste öffentliche Erwähnung vonseiten des Betriebsratsvorsitzenden Kurt Golda fanden die linksradikalen Gruppierungen im November 1970 im Rahmen einer Rede auf der Betriebsversammlung. In seinem Geschäftsbericht stellte Golda klar, dass sich der Betriebsrat bei seiner Aufgabenerfüllung „von einer sog. Kritik oder angeblichen Ratschlägen irgendwelcher Gruppen, die glauben, jede Woche ein Flugblatt an die Belegschaft verteilen zu müssen, nicht beirren lassen" werde. Die linksradikalen Gruppen würden zwar Kritik üben und Ratschläge erteilen, „aber wenn es um die Verantwortungsübernahme geht, dann haben wir im günstigsten Fall eine Deckadresse." Golda hielt fest, dass der Betriebsrat nicht die Absicht habe, „sich mit einer dieser Gruppen in puncto erreichbarer Sozial- und Einkommenspolitik der Belegschaft von BMW auseinanderzusetzten." Man sei „im eigenen Haus stark genug, unser Ziel unter Wahrung der Arbeitsplatzsicherheit erreichen zu können." Hierfür brauche man, so Golda, „von außen am allerwenigsten Unterstützung." An anderer Stelle derselben Rede thematisierte Golda das Betriebsklima und die in seinen Augen ebenso notorische wie problematische Suche nach Schuldigen für innerbetriebliche Missstände. Dabei hob er hervor, dass ein solcher Umgang nicht weiter helfe, denn, so Golda sarkastisch, „wer entscheiden muß, macht zwangsläufig Fehler, außer man ist bei der Arbeiterbasisgruppe angestellt."[166]

Im Sommer 1971 nutzte der Betriebsratsvorsitzende seinen Geschäftsbericht erneut, um „ein paar Worte in Richtung KPD, sprich Zündung und chines[ische]

165 Hilger: „Amerikanisierung", S. 277.
166 BMW UA 512, Geschäftsbericht des Betriebsrats auf der Betriebsversammlung vom 18. November 1970.

Kommunisten bzw. Arbeiterbasisgruppen zu sagen."[167] Golda zeigte sich trotz der „zum Teil miserablen Flugblätter - was ihren Inhalt und Stil betrifft" - zwar grundsätzlich bereit, in eine Diskussion mit den Linksradikalen zu treten. Gleichzeitig sei er es jedoch „leid, primitive Aussagen entgegen zu nehmen und damit unsere Zeit zu verschwenden." In diesem Zusammenhang erläuterte Golda den Auftrag, den der Betriebsrat von der Belegschaft qua Wahl erhalten habe: „Sicherung der Arbeitsplätze, Verbesserung, damit Mitbestimmung am Ergebnis bei Lohn-, Gehalts- und Sozialleistungen." Dabei nannte Golda als grundlegende Maxime der Betriebsratspolitik, dass die Sicherung der Arbeitsplätze nur durch den wirtschaftlichen Erfolg des Unternehmens erreicht werden könne. Vor diesem Hintergrund sprach Golda den Linksradikalen „das Recht ab, im Namen der Belegschaft oder von unserem Werk zu sprechen." Er stellte überdies die Frage, wo die linksradikalen Aktivisten waren, als man in den Nachkriegsjahren „tagtäglich um BMW, damit um die Arbeitsplätze der Belegschaft bei einer hohen Arbeitslosenquote, mit Erschütterungen jedes Jahr, sei es durch Kurzarbeit, Massenentlassungen und keinen Sozialleistungen, ringen mußt[e]." Golda fragte sodann, wo „diese Herren [waren], wenn [sic] wir in den Jahren 1956–1960 bei der damaligen wöchentlichen Lohnzahlung manchmal am Freitagvormittag nicht wußten, wo wir das Geld herbekamen, um es nachmittags zur Auszahlung in die Lohntüte geben zu können." Seither habe man vieles erreicht, und das, so Golda weiter, wolle man sich von linksradikalen Gruppen „nicht zerschlagen lassen."[168]

Die Argumentation des Betriebsratsvorsitzenden ging also dahin, den Linksradikalen vorzuwerfen, sie seien nicht lange genug bei BMW beschäftigt, um Forderungen stellen zu können, deren destruktive Tendenzen die über die Jahre erreichten Erfolge überdies zu gefährden drohten. Insofern als es sich bei den Gruppenmitgliedern wahrscheinlich zum allergrößten Teil um jüngere Belegschaftsmitglieder handelte,[169] die aufgrund ihres Alters größtenteils erst ab den 1960er Jahren ins Unternehmen eingetreten waren, zeugte die Kritik Goldas von einer gewissen Hilflosigkeit. Die Aussagen legten den Schluss nahe, dass sich nur beschweren dürfe, wer bereits seit den 1950er Jahren im Werk beschäftigt war. Da dies zu Beginn der 1970er Jahre nur noch für den kleinsten Teil der Belegschaft zutraf, kam im Verweis auf die Krisenzeit die von Golda auch an anderen Stellen herausgestellte hohe Wertschätzung zum Ausdruck, die der Betriebsrat der alteingesessenen Stammbelegschaft entgegenbrachte. Beschäftigten, die ihre Arbeit bei BMW nach 1960 aufgenommen hatten, musste es auf diese Weise zwangsläufig erscheinen, als besäßen ihre Forderungen für den Betriebsrat deutlich weniger Gewicht als die von Kollegen, deren Betriebszugehörigkeit bis in die 1950er Jahre zurückreichte.

167 Mit „Zündung" ist die Betriebszeitung der DKP-Betriebsgruppe, „Die Zündung", gemeint.

168 BMW UA 1532-1, Geschäftsbericht des Betriebsrats auf der Betriebsversammlung vom 19. Juli 1971.

169 Dass es sich bei linksradikalen Belegschaftsangehörigen hauptsächlich um jüngere Personen handelte, bestätigte die „Betriebsfibel" in ihren Ratschlägen zur politischen Taktik am Arbeitsplatz: „Unter jüngeren Kollegen sind häufig welche, die außerhalb des Betriebes schon Kontakt zur sogenannten ApO hatten oder haben." Kelb: Betriebsfibel, S. 17.

Weitere Ausführungen Goldas zeigen, dass sich der Betriebsrat mit den Schriften und Flugblättern der linksradikalen Betriebsgruppen eingehend befasst hatte. Deren marxistische Prognosen, die bundesdeutsche Wirtschaft im Allgemeinen und BMW im Besonderen würden in die Krise geraten, bezeichnete Golda als „billig[e] Phrasen und billig[e] Voraussagen." Weder sei nämlich ein Produktionsrückgang eingetreten, noch habe das Unternehmen Massenentlassungen oder eine Kürzung der Sozialleistungen vorgenommen. Der Betriebsratsvorsitzende stellte deshalb die Frage: „Was ist eigentlich von dem, was Sie vorausgesagt haben[,] [...] tatsächlich eingetreten?" Die Antwort nahm Golda vorweg: „Tatsache ist, daß weder der Aufsichtsrat noch der Vorstand, auch nur andeutungsweise, mit dem Betriebsrat über den Abbau der Leistungen gesprochen haben." Deshalb forderte Golda, seine Gegner müssten ehrlicherweise gestehen, dass sie sich geirrt hätten, oder aber zugeben, dass sie „die Belegschaft nur aufhetzen und für dumm verkaufen" wollten. Aus den Publikationen der Linksradikalen sprächen „Unvermögen und zum Teil Unverantwortlichkeit". Ihr Bestreben ginge dahin, „Bestehendes zu zerstören ohne zu sagen, wie es weitergehen soll." Darüber hinaus sei ihnen das Schicksal der Beschäftigten und ihrer Familien gleichgültig.[170]

Trotz seines bereits erwähnten Diskussionsangebots behauptete Golda in seiner Rede wiederholt, ihm sei seine Zeit zu schade, um sich mit den Forderungen der linksradikalen Gruppen näher zu beschäftigen. Ebenso erklärte er, man sei ausschließlich der Belegschaft Rechenschaft über seine Arbeit schuldig, keinesfalls jedoch „einer Arbeiterbasisgruppe oder einer kommunistischen Partei." Der Betriebsratsvorsitzende ließ es sich dennoch nicht nehmen, den Angriffen von links „die Bilanz der letzten 10 Jahre" entgegenzuhalten, deren Erfolg sich der Betriebsrat zugutehielt. Golda führte die jeweiligen Summen des Produktionsausstoßes, der Umsatzentwicklung, des Exportanteils, der Investitionen, der Materialkosten und nicht zuletzt des Personalaufwands mitsamt Löhnen, Gehältern und Sozialleistungen an. Im Anschluss erklärte der Betriebsratsvorsitzende, die Zahlen sprächen „für sich und bedürfen keiner Kommentierung."[171] In den Augen des Betriebsratsvorsitzenden reichte es im Prinzip also offenbar aus, auf die Entwicklung der Unternehmensbilanz seit den frühen 1960er Jahren zu verweisen, um der linksradikalen Kritik den Wind aus den Segeln zu nehmen.

Dabei war es freilich genau diese betriebswirtschaftliche Logik, welche die Gruppierungen kritisierten, da die genannten Zahlen beziehungsweise deren Steigerungen „auf Kosten der Arbeiter" erreicht würden.[172] Den Erfolgen des Betriebsrats, welche die Erhöhung der Verdienste und Sozialleistungen betrafen, hielt die *Gruppe Arbeitersache* entgegen, dass sie nur aufgrund der spezifischen Arbeitsmarktlage während des Booms zustande gekommen seien. Das bereits an anderer

170 BMW UA 1532–1, Geschäftsbericht des Betriebsrats auf der Betriebsversammlung vom 19. Juli 1971.

171 Ebenda.

172 „Keine Produktionssteigerungen auf Kosten der Arbeiter!!", in: Arbeitersache, Nr. 1, Juni 1970, S. 2.

Stelle angeführte Argument lautete: „Um die Arbeitskräfte bei anderen Betrieben abzuwerben und um zu verhindern, daß Arbeiter bei BMW kündigen, weil sie woanders besser verdienen – deshalb zahlt BMW heute Bonus und Sonderzulagen." Die Gruppe betonte in diesem Zusammenhang die Widerruflichkeit der Regelungen.[173] In einem Artikel ihrer Betriebszeitung vom November 1971 griff die *Gruppe Arbeitersache* auch das Thema der Fertigungserhöhungen auf, in dem sie ohne Genehmigung die durchgestochenen Sollzahlen für die Monate Oktober, November und Dezember 1971 veröffentlichte.[174] Die Gruppe begründete diesen Schritt damit, dass die Unternehmensleitung die Zahlen vor der Belegschaft bewusst geheim halte. Mit Blick auf die Erhöhung der Produktionszahlen behaupteten die Autoren des Artikels, dass mit dieser Erhöhung keine ausreichende Verstärkung der Produktionsbelegschaft einhergehe. Diese Prognose ergab sich für die Autoren aus den Erfahrungen der Vergangenheit: „Wenn die Produktion gleichbleibt, versuchen sie immer Arbeiter abzuziehen, sodaß der einzelne viel mehr machen muß. Steigt die Produktion[,] stellen sie kaum neue Leute ein."[175] Deshalb, so die Autoren weiter, stehe „hinter diesen Zahlen [...] unsere ganze Situation als Arbeiter, die ihre ganze Kraft für die Ziele der Unternehmer geben sollen." Die gesteigerten Sollzahlen, auf die der Betriebsratsvorsitzende mit Stolz hinwies, stellten deshalb gerade einen zentralen Kritikpunkt der *Gruppe Arbeitersache* dar: „Das, was wir jeden Tag produzieren, gehört uns nicht [...]. Deshalb lehnen wir ihre Produktionsziele ab und bekämpfen sie."[176]

In der Betriebsversammlung, welche auf die Veröffentlichung folgte, nahm Golda die Aktion zum Anlass, um seinen linksradikalen Opponenten erneut einen Mangel an Verantwortung vorzuwerfen. Die *Gruppe Arbeitersache* habe, so Golda, der Belegschaft mit der Publikation „in Richtung Öffentlichkeit und Konkurrenz [...] einen schlechten Dienst erwiesen." Das Vorgehen der Gruppe sei daher nicht im Interesse der Belegschaft gewesen. Der Betriebsratsvorsitzende nutzte den Zwischenfall, um einmal mehr darauf hinzuweisen, dass der Betriebsrat im Gegensatz zu den Linksradikalen alles dafür tue, um „Schaden von der Belegschaft und dem Unternehmen fernzuhalten."[177] In der darauffolgenden Betriebsversammlung vom Frühjahr 1972 verwies Golda auf die Bilanz des Jahres 1971, um den Zusammenhang zwischen dem Erfolg des Unternehmens und der Sozialpolitik des Betriebsrats hervorzuheben. Mit Blick auf die Verdienste und

[173] „‚Erfolge' des Betriebsrats?", in: Arbeitersache, Nr. 2, 20. Juli 1970, S. 5.

[174] Auch die „Betriebsfibel" forderte ihre Leser in diesem Sinne dazu auf, „‚facts', nackte, kommentarlose Informationen" bekanntzugeben: „Hängt nach Möglichkeit gerade das an die große Glocke, was die Gegenseite gern verschweigen möchte. Alles, was geheimgehalten und vertuscht werden soll. Stellt bei jeder Gelegenheit Öffentlichkeit her, wo gemauschelt wird. Sagt alles, ‚was man nicht sagt'." Kelb: Betriebsfibel, S. 24.

[175] „Die Produktionszahlen für November und Dezember! Benutzen wir sie als Mittel unseres Widerstands", in: Arbeitersache, Nr. 4, 9. November 1971, S. 1.

[176] Ebenda, S. 2.

[177] BMW UA 1532-1, Geschäftsbericht des Betriebsrats auf der Betriebsversammlung vom 22. November 1971.

Sozialleistungen seien die „nicht widerlegbaren Zahlen“ nur deshalb möglich gewesen, „weil sie Ausdruck einer echten Partnerschaft sind.“ Diese Partnerschaft sei allerdings gefährdet durch das Agieren der Betriebsgruppen und ihre „unverantwortlichen Flugblätter“. Eine erfolgreiche Mitbestimmungspolitik sei nicht möglich, „wenn wir uns gegenseitig als ‚Schweine‘ und dergl. bezeichnen.“ Golda beendete die Ausführungen mit einem Appell an die Belegschaft, sich von den linksradikalen Gruppierungen nicht „in eine Situation drängen zu lassen, die für das Unternehmen und damit für uns alle gefährlich werden könnte.“[178]

Der politischen Herausforderung durch die kommunistischen Betriebsgruppen begegnete der Betriebsrat also, indem er den Gedanken der Sozialpartnerschaft und die damit einhergehende Verantwortung betonte. Er nahm die Angriffe von linker Seite zum Anlass, um der Belegschaft seine Verbundenheit mit dem Vorstand zu demonstrieren. Nur durch diese Verbundenheit, so das Credo des Betriebsrats, sei es möglich gewesen, die Beschäftigten am wirtschaftlichen Ergebnis von BMW finanziell teilhaben zu lassen, weshalb der Erfolg des Unternehmens, vermittelt über die Sozialpolitik, auch im Interesse der Belegschaft sei. Dies traf nach Ansicht des Betriebsrats insbesondere auf die Sicherheit der Arbeitsplätze zu. Obwohl auch Golda im Zusammenhang mit der eben ausgeführten Präsentation der Bilanz davon sprach, dass man „manche Schwierigkeit und bittere Stunden vergessen“ müsse,[179] griff der Betriebsratsvorsitzende die Kritik der Gruppierungen nicht auf – etwa um zu versichern, dass sich der Betriebsrat um die Vorwürfe kümmern werde. Ebenso wenig versuchte er, unzufriedene Beschäftigte etwa durch die Hervorhebung seiner oppositionellen Stellung im Unternehmen, die er ja trotz seiner kooperativen Grundhaltung zumindest formell innehatte, auf seine Seite zu ziehen.

Angesichts dieser Haltung des Betriebsrats ist es wichtig, festzuhalten, dass es gerade die über die Jahre immer auch von Golda erwähnten kritikwürdigen Zustände waren, welche die linksradikalen Gruppen ins Zentrum ihrer Betriebsarbeit stellten. Im Unterschied zum Betriebsrat waren ihnen finanzielle Kompensationsleitungen allerdings nicht genug. Vielmehr forderten sie, von Eigentumsfragen einmal abgesehen, radikale Veränderungen am Arbeitsplatz. Dass die Kritik der Linksradikalen durch den Verweis auf Verantwortung, Partnerschaft und Sozialleistungen nicht verstummte, konnte daher nicht verwundern. Dies galt auch für die Auswirkungen ihrer Agitation auf Teile der Beschäftigten, was insbesondere für das ausländische Belegschaftssegment zutreffen musste. In einer Aufsichtsratssitzung vom 15. März bekundete der Betriebsratsvorsitzende, dass, wenn auch „vereinzelt“, eine „Radikalisierung der Gastarbeiter“ bereits zu beobachten sei. Um die „Aktivität der Basisgruppen in Grenzen zu halten“, empfahl Golda dem Vorstand, die Fluktuation zu verringern.[180] Golda führte dies nicht weiter aus. Es

178 BMW UA 1532–1, Geschäftsbericht des Betriebsrats auf der Betriebsversammlung vom 21. März 1972.
179 Ebenda.
180 BMW UA 417, Niederschrift über die Sitzung des Aufsichtsrates vom 15. März 1972.

liegt jedoch nahe, dass sich der Betriebsratsvorsitzende auf die fehlende Betriebsloyalität bei Belegschaftsmitgliedern bezog, die erst kürzlich eingestellt worden waren. Zudem standen vor allem ausländische Beschäftigte im Fokus der linksradikalen Agitationsbemühungen – und diese Belegschaftsgruppe machte das Gros der neueingestellten Lohnempfänger aus.

Die Auseinandersetzung zwischen Betriebsrat und Linksradikalen, die bis dahin vergleichsweise friedlich ausgetragen wurde, eskalierte auf einer Betriebsversammlung im November 1971. Es kam zu Tumulten und heftigen Wortwechseln zwischen vornehmlich ausländischen Belegschaftsangehörigen auf der einen und Mitgliedern des Betriebsrats sowie dem Werkschutz auf der anderen Seite.[181] Einzelne Beschäftigte hielten Transparente hoch, auf denen Forderungen nach längeren Pausen, einem Stopp der Akkorderhöhungen, mehr Urlaub und einer Mark mehr für alle Belegschaftsangehörigen abgedruckt waren.[182] Nachdem anwesende „Gastarbeiter" durch Zwischenrufe zudem lautstark einen Übersetzter gefordert hatten, wies ein zur Betriebsversammlung eingeladener IG Metall-Funktionär dies in seiner Rede mit dem zweifelhaften Argument zurück, dass unter den Ausländern einzelne „sehr gut deutsch" sprächen, weshalb Übersetzer nicht nötig seien. Der Gewerkschafter forderte die protestierenden ausländischen Belegschaftsangehörigen auf, sie sollten „[m]ehr aufpassen als randalieren, damit sie morgen ihren Kollegen erzählen können, was in der Betriebsversammlung los war." Er verband dies mit dem Hinweis, dass sich die IG Metall der Sorgen der ausländischen Beschäftigten bereits annehme.[183] Da die Zwischenrufe in der Folge nicht verstummten und Belegschaftsangehörige in ihren Redebeiträgen die Unternehmensleitung und auch den Betriebsrat scharf kritisierten, ließ Golda die Betriebsversammlung abbrechen, obwohl noch mehrere Anwesende auf der Rednerliste standen.[184] Aufgrund der Auseinandersetzungen entließ das Unternehmen drei Belegschaftsmitglieder fristlos. Neben einer deutschen Arbeiterin und einem deutschen Arbeiter betraf dies einen italienischen Beschäftigten, der bereits mehrere Jahre bei BMW angestellt gewesen war. Allen dreien wurde vorgehalten, Transparente gezeigt und die Betriebsversammlung durch Zwischenrufe gestört zu haben.[185]

Die *Gruppe Arbeitersache* behauptete im Nachgang, sie hätte die „Betriebsversammlung von einer Versammlung der Unternehmer in eine Arbeiterversammlung umgewandelt", womit sie sich ausdrücklich zur Verantwortung für die Ereignisse bekannte.[186] Die Gruppe bewertete die Aktion positiv, da „[e]inige hundert

181 Bekanntmachung des Betriebsrats Nr. 6/71 vom 23. November 1971, abgedruckt in: Arbeitersache, Nr. 15, 16. Dezember 1971, S. 2 u. 5.

182 „Wer bei BMW allein laut denkt, der fliegt – denken wir alle laut!", in: Arbeitersache, Nr. 15, 16. Dezember 1971, S. 3.

183 BMW UA 1532–1, Diskussionsbeitrag des Koll. Laus, IG-Metall München, auf der Betriebsversammlung vom 22. November 1971.

184 AdMA 37/2/3, Arbeitersache BMW/MAN, Flugblatt der Gruppe Arbeitersache, „Betriebsversammlung: Man kann doch etwas machen!".

185 „Entlassungen", in: Arbeitersache, Nr. 15, 16. Dezember 1971, S. 4.

186 Ebenda.

Kollegen […] Einheit und Entschlossenheit" an den Tag gelegt hätten.[187] Der Betriebsrat sah in einer Bekanntmachung vom darauffolgenden Tag dagegen „ein paar Hitzköpfe" am Werk, die „von außen unter Gewinnung einzelner Belegschaftsangehöriger, also von Nichtbelegschaftsangehörigen gesteuert" gewesen sei. Des Weiteren sprach er von einer „in Erscheinung getretene[n] Spannung zwischen ausländischen und deutschen Kollegen" und warnte vor einer „Disharmonie" innerhalb der Belegschaft. Trotz seiner Feststellung, dass „die Art und Weise des Vorbringens [der] Wünsche bzw. Forderungen […] erschreckend" gewesen sei, ging der Betriebsrat in dem Aushang auf die Anliegen der Protestierenden ein. So erklärte er, dass die Frage der Arbeitsplatzgestaltung „nach wie vor bei uns im Mittelpunkt stehen" werde. Man habe ferner „bis zur Stunde keinen Hehl daraus gemacht, dass neben dem Geleisteten noch viel zu tun ist." Gleichzeitig wies der Betriebsrat jedoch darauf hin, dass die bereits beschlossenen Investitionen zur Arbeitsplatzgestaltung erst in den Folgejahren geleistet werden könnten.[188] Die Erklärung griff somit einzelne inhaltliche Aspekte der Kritik auf, was der Betriebsratsvorsitzende in seinen Reden auf der Betriebsversammlung bis dahin unterlassen hatte. Damit gestand der Betriebsrat ein, dass die Gründe, die zu der Unzufriedenheit der hauptsächlich ausländischen Beschäftigten führten, zumindest bis zu einem gewissen Grad nachvollziehbar waren.

Nicht nur der Betriebsrat äußerte sich zu den linksradikalen Gruppierungen, die im BMW-Werk politisch tätig waren. Dies tat auch die Unternehmensleitung. Der Vorsitzende des Aufsichtsrats, Rolf Draeger, erklärte in einer Rede auf der Hauptversammlung des Jahres 1973, dass wöchentlich „über die Belegschaften deutscher Unternehmen große Mengen von verbalem Schmutz ausgegossen" würden. Er verwies dabei auf die gesellschaftsschädigenden Folgen, „wie sie an [den] Universitäten bereits zu beobachten sind". Auch mit Blick auf die Unternehmen sah Draeger eine „Verschmutzung des sozialen Terrains, auf dem wir leben, durch Wort, Bild und Schrift." Mit dem „Vokabular niedrigsten Vulgärmarxismus" werde „Neid und Missgunst" gesät, „klassenkämpferische[r] Hass" geweckt und zur Sabotage angestiftet. Die Betriebsgruppen wollten „das System zerstören[,] und gleichzeitig weiß niemand zu sagen, wie es danach dann aussehen und weitergehen soll." Zur Illustration von Draegers Ausführungen ließ die Unternehmensleitung im Vortragssaal Flugblätter aushängen, welche die Linksradikalen in den vorangegangen Monaten im BMW-Werk verteilt hatten.[189]

Der Aufsichtsratsvorsitzende ging weit mehr noch als der Betriebsratsvorsitzende inhaltlich auf die linksradikale Kritik ein, wobei er sich auch konzessionsbereit zeigte. So sprach Draeger davon, dass er keineswegs die Auffassung vertrete, alle

187 AdMA 37/2/3, Arbeitersache BMW/MAN, Flugblatt der Gruppe Arbeitersache, „Betriebsversammlung: Man kann doch etwas machen!".

188 Bekanntmachung des Betriebsrats Nr. 6/71, vom 23. November 1971, abgedruckt in: Arbeitersache, Nr. 15, 16. Dezember 1971, S. 2 u. 5.

189 BMW UA 2150, Ansprache von Dr. Rolf Draeger, Vorsitzender des Aufsichtsrats, anlässlich der Hauptversammlung der Bayerischen Motoren Werke AG am 12. Juli 1973.

Probleme seinen gelöst. Insbesondere in der „Entfremdung der Arbeitenden von ihrer Arbeit“ sah er eines der „Kernprobleme“, das „mit jeder industriellen Massenproduktion verknüpft ist“. Der Aufsichtsratsvorsitzende kündigte in diesem Zusammenhang an, dass BMW „mit allen uns gegebenen Möglichkeiten bestrebt“ sei, „diese Entfremdung zu mildern und schließlich zu überwinden“. Zum einen werde man versuchen, monotone Tätigkeiten so weit wie möglich auf Maschinen zu übertragen. Zum anderen verfolge man „durch systematischen Ausbau von Eigentum in Arbeitnehmerhand“ das Ziel, „die Freude an der Arbeit zu heben und das Bewußtsein bei jedem Einzelnen zu entwickeln, daß der Erfolg des Unternehmens auch sein Erfolg ist.“[190] Draeger gestand also ein, dass die Arbeitsverhältnisse innerhalb der westdeutschen Automobilfabriken verbesserungswürdig waren. Die Planungen, die darauf zielten, die Monotonie und „Entfremdung“ im Betrieb zu verringern und die Arbeitsfreude zu steigern, sollten für den Aufsichtsratsvorsitzenden jedoch dem wirtschaftlichen Erfolg von BMW dienen. Daher können Draegers Zugeständnisse mit Luc Boltanski und Ève Chiapello als „partielle Verinnerlichung“ der linksradikalen Kritik begriffen werden, die ab den frühen 1970er Jahren „zur Entschärfung der antikapitalistischen Kräfte beigetragen“ hat.[191]

Die Bayerischen Motoren Werke waren allerdings nicht nur einer marxistischen Kritik ausgesetzt, welche die Ausbeutung und Entfremdung innerhalb der Betriebe anprangerte. Als Automobilhersteller stand BMW auch verstärkt im Fokus der Ökologiebewegung, die sich im Kontext der Neuen Sozialen Bewegungen seit „1968“ herausgebildet hatte und ihre Aufmerksamkeit auf die fortschreitende Umweltverschmutzung und die Zerstörung der natürlichen Lebensgrundlagen richtete. Damit verbunden war eine Kritik, die ihren Ausdruck nicht zuletzt im breit rezipierten Bericht des Club of Rome von 1972 fand, der die „Grenzen des Wachstums“ thematisierte. Da insbesondere das Auto als Verursacher der Umweltverschmutzung begriffen wurde, stellten diese Entwicklungen für die bundesdeutsche Automobilindustrie nicht zu unterschätzende Herausforderungen dar. Obwohl der Bewusstseinswandel, der die öffentliche Meinung ergriffen hatte, bis dahin kaum politische oder ökonomische Folgen gezeitigt hatte, sah sich die Unternehmensleitung von BMW zu einer Reaktion genötigt.

Der Vorstandsvorsitzende von Kuenheim scheute sich vor diesem Hintergrund nicht, in seiner Rede auf der bereits genannten Hauptversammlung „ein nachdrückliches Bekenntnis zur sozialen Marktwirtschaft“ abzulegen. Von Kuenheim bestritt dabei „keineswegs die Notwendigkeit von Erörterungen über die richtige Qualität und Dimension des Wachstums.“ Dem Vorstandsvorsitzenden erschien

> „Kritik an unserer wirtschaftlichen Grundordnung und damit an den Unternehmen […] umso weniger verständlich, als das marktwirtschaftliche Ordnungsprinzip seine größere ökonomische und soziale Leistungsfähigkeit […] nachhaltig unter Beweis gestellt hat.“

[190] Ebenda.
[191] Boltanski u. Chiapello: Geist, S. 68.

In der gesellschaftlichen Diskussion werde gegen diese Fähigkeit jedoch vorgebracht, dass „sie zu einem vordergründigen, materialistischen Denken und ökonomisch zu einem Wachstumsfanatismus führe." Von Kuenheim erkannte in den diskursiven Wandlungsprozessen, die sich seit den späten 1960er Jahren bemerkbar gemacht hatten, ideologische „Veränderungen", in denen sich zunehmend „Angriff[e] gegen unsere Wirtschafts- und Gesellschaftsordnung abzeichnen". Der Vorstandsvorsitzende beobachtete zudem eine „sozial[e] Abwertung unternehmerischer Tätigkeit, wie sie in der bloßen Duldung privatwirtschaftlichen Unternehmertums zum Ausdruck kommt".[192] In einer Aufsichtsratssitzung des Jahres 1972 sagte von Kuenheim auch, dass ihm „die anhaltenden Eingriffe der Massenmedien und der Politik gegen das Auto" neben den „zunehmenden Kosten (Treibstoff, Kfz-Versicherung, Anschaffungspreise), die der Auto-Kunde zu tragen hat", Sorgen bereiten würden. An anderer Stelle sprach von Kuenheim davon, dass „[n]eben den Unternehmen im allgemeinen" auch „die Automobilindustrie und ihre Erzeugnisse im besonderen in jüngster Zeit einer Kampagne ausgesetzt" seien. Überdies sei in den Diskussionen um den Umweltschutz eine gewisse „Hysterie" zu beobachten.[193] Der Aufsichtsratsvorsitzende Draeger sprach sogar von einem „Kreuzzug gegen das Auto". Er erwähnte hierbei auch „Extremisten-Gruppen, die lauthals nach Verbesserung der Umweltbedingungen schreien".[194]

Die Unternehmensführung bediente sich also einer scharfen Rhetorik – und wendete durchaus auch handfeste repressive Methoden an, um der neokommunistischen Subversion im eigenen Betrieb Herr zu werden. Dies galt insbesondere für die Flugblattverteilung vor dem Münchner Werk. So berichtete die *Gruppe Arbeitersache* im Frühjahr des Jahres 1972, dass die Betriebsleitung und der Betriebsrat die Polizei gerufen hatten, als mehrere Studenten unterschiedlicher politischer Gruppierungen am Tag einer Betriebsratswahl Flugblätter und Betriebszeitungen an Belegschaftsmitglieder ausgehändigt hatten. Die Studenten trugen Transparente mit sich und benutzten zudem ein Megafon, um ihre Forderungen zu verbreiten. Nach Angaben der Gruppe rückte die Polizei mit 40 Kräften an, um acht anwesende Verteiler abzuführen.[195] Nachdem die Betriebsleitung laut einem Artikel der *Gruppe Arbeitersache* zuvor mehrmals versucht hatte, die Betriebszeitungen aufzukaufen,[196] sah die Gruppe in der Verhaftung der Studenten den Versuch, die Diskussion und den Widerstand nicht nur innerhalb, sondern auch außerhalb der Fabrik zu unterbinden:

192 BMW UA 2150, Ansprache von Herrn Eberhard v. Kuenheim, Vorsitzender des Vorstandes der Bayerischen Motoren Werke AG, anlässlich der Hauptversammlung am 12. Juli 1973.

193 BMW UA 273, Niederschrift über die 51. ordentliche Hauptversammlung am 7. Juli 1971.

194 BMW UA 2150, Ansprache von Dr. Rolf Draeger, Vorsitzender des Aufsichtsrats, anlässlich der Hauptversammlung der Bayerischen Motoren Werke am 12. Juli 1973.

195 AdMA 37/2/3, Arbeitersache BMW/MAN, Flugblatt der Gruppe Arbeitersache, „Betriebsratswahl: Die Polizei war auch dabei".

196 [„In der Nummer …"], in: Arbeitersache Nr. 2, 20. Juli 1970, S. 1.

„Wir können schließlich nicht selbst vor der Fabrik stehen und Flugblätter verteilen, weil man uns dann sofort entläßt. Nicht einmal auf der Betriebsversammlung sind wir berechtigt, unsere Forderungen auszusprechen. Der Betriebsrat schließt uns aus oder streicht uns von der Rednerliste. Wenn einer zufällig zu Wort kommt, dann muß er damit rechnen[,] gefeuert zu werden […].“[197]

Weit davon entfernt, die Aktivitäten der linksradikalen Gruppierungen kleinzureden oder gar zu ignorieren, betrachtete die Unternehmensleitung sie also als eine Bedrohung für den Betriebsfrieden, die ihrerseits Reaktionen erfordere. Wie die Reden des Aufsichtsratsvorsitzenden Draeger und des Vorstandsvorsitzenden von Kuenheim zeigten, stellten die Verantwortlichen das Auftreten der Linksradikalen in einen größeren Zusammenhang. In den Betriebsgruppen sahen sie die radikalen Ausläufer eines breiteren gesellschaftlichen Bewusstseinswandels, der mit der Studentenbewegung des Jahres 1968 eingesetzt und sich um die Wende des Jahrzehnts innerhalb der Bevölkerung verallgemeinert hatte. Mit ihren Forderungen nach Mitwirkung, Selbstbestimmung und Demokratie auch jenseits von etablierten, rechtlich kodifizierten Teilhabe- und Entscheidungsprozessen[198] brachten die linksradikalen Betriebsgruppen Ideen in eine betriebliche Sphäre, die zu Beginn der 1970er Jahre noch von vergleichsweise starren Hierarchien, oftmals autoritär geprägten Umgangsweisen und einem hohen Disziplinierungsgrad geprägt war. Der Unternehmensleitung war bewusst, dass sich die antiautoritären ebenso wie die ökologischen sowie wachstums- und konsumkritischen Invektiven insbesondere gegen das Automobil und seine Hersteller richten mussten.

Während sie sich unter diesem Zugzwang zu Zugeständnissen bereiterklärte und sogar den marxistischen Begriff der „Entfremdung der Arbeit“ adaptierte, um Gegeninitiativen wie die betriebliche „Humanisierung“ und neue Teilhabesysteme für die Belegschaft anzuführen, zeigte sich der Betriebsratsvorsitzende in der Regel weniger gewillt, auf die linksradikalen Belange einzugehen. Für den Betriebsrat stellten die Betriebsgruppen eine – wenn auch informelle – unmittelbare Konkurrenz auf dem betriebspolitischen Feld der Arbeitnehmervertretung dar. Ihren Aufstieg, der seine Legitimität bedrohte, was insbesondere hinsichtlich der ausländischen Beschäftigten galt, musste er deshalb schon aus politischem Eigeninteresse zu verhindern versuchen. Gleichzeitig zeigte die Reaktion des Betriebsratsvorsitzenden, dass zwischen dem Betriebsrat und den neokommunistischen Aktivisten eine weltanschauliche Lücke klaffte, die zu überbrücken ihm nicht ohne Weiteres möglich war. Dies galt insbesondere für den Operaismus der *Gruppe Arbeitersache*, der mit den Paradigmen der industriellen Massenproduktion weitgehend gebrochen hatte und sich daher mehr noch als andere Strömungen der Neuen Linken auch gegen die traditionellen ideologischen Grundpfeiler der sowohl sozi-

197 AdMA 37/2/3, Arbeitersache BMW/MAN, Flugblatt der Gruppe Arbeitersache, „Betriebsratswahl: Die Polizei war auch dabei“.

198 Maier, Charles S.: Two Sorts of Crisis? The „long“ 1970s in the West and the East, in: Hans Günther Hockerts (Hrsg.): Koordinaten deutscher Geschichte in der Epoche des Ost-West-Konflikts, München 2004, S. 49–62; Gilcher-Holtey, Ingrid: Die 68er Bewegung. Deutschland – Westeuropa – USA, München ^{2}2003, S. 113.

alistisch-kommunistischen als auch sozialdemokratisch-gewerkschaftlichen Arbeiterbewegung richtete.

Als geistiges Kind der fordistischen Massenproduktion hielt der Betriebsratsvorsitzende den hauptsächlich qualitativen und arbeitsplatzbezogenen Forderungen der Linksradikalen denn auch ausgerechnet die Bilanzzahlen der Unternehmensentwicklung entgegen, neben denen er freilich auch die Verdienste und Sozialleistungen für die Belegschaft anführte, die über die Jahre stark angestiegen waren. Der Betriebsrat zeigte sich auf diese Weise entweder nicht gewillt oder aber nicht in der Lage, die grundlegende inhaltliche Differenz zu den Sichtweisen seiner Antipoden zu erkennen, was sicherlich auch mit dem aggressiven Gebaren, das letztere an den Tag legten, zu tun hatte. Problematisch war dieser Unwille beziehungsweise diese Unfähigkeit insofern, als die linksradikale Agitation bei Teilen der Belegschaft Erfolge verbuchen konnte, da die Aktivisten betriebsinterne Missstände thematisierten, die in den offiziellen Verlautbarungen von Firmenleitung und Betriebsrat in der Regel außen vor blieben. Zu Beginn der 1970er Jahre, die „als Jahrzehnt der ‚Durchbruchskrise' neuer Rechtfertigungslogiken des Wirtschaftssystems und als Vorgeschichte eines Neuen Geist' des Kapitalismus" begriffen werden können,[199] trafen so zwei grundverschiedene Auffassungen der fordistischen Massenproduktion aufeinander, die auf diskursiver Ebene zu diesem Zeitpunkt nur schwerlich zu vermitteln waren. Der Streik des Frühjahrs 1972, in welchem sich die Unternehmensleitung und der Betriebsrat auf der einen und Operaisten und radikalisierte „Gastarbeiter" auf der anderen Seite gegenüberstanden, kann vor diesem Hintergrund durchaus auch als *praktische* Austragung grundsätzlich antagonistischer Geisteshaltungen interpretiert werden.

[199] Reitmayer u. Rosenberger: Unternehmen, S. 27.

10. Gegen den fordistischen Arbeitsalltag bei BMW: Unzufriedenheiten, Verweigerungen und „Ausländerstreiks" zu Beginn der 1970er Jahre

Die Kritik der Operaisten an den Arbeitsbedingungen in der Automobilindustrie und ihre Hervorhebung der spezifischen politökonomischen Stellung der Arbeitsmigranten in der Phase des Fordismus war keineswegs das Resultat bloßer Theorie. Vielmehr reflektierte der Operaismus immer auch Erfahrungen, die seine Vertreter aus der Beobachtung der tatsächlichen Bedingungen innerhalb der Fertigung gewonnen hatten. Dass die operaistische Kritik nicht gänzlich aus der Luft gegriffen war, legen nicht zuletzt Hinweise nahe, die auf Unzufriedenheiten innerhalb der Belegschaft schließen lassen. Diesen soll im Folgenden nachgegangen werden. Obwohl den Beobachtungen und Forderungen, welche die Aktivisten vorbrachten, ein Sachgrund kaum in Abrede gestellt werden kann, waren sie für die Beschäftigten jedoch nur bis zu einem gewissen Punkt nachvollziehbar. Der Anspruch, die Empirie der betrieblichen Sphäre zum kritisch-theoretischen Ausdruck zu bringen, verband sich nämlich mit ideologisch grundierten Vorannahmen. Dass die Widersprüche und Konflikte in der Fabrik Symptome des antagonistisch verstandenen Klassengegensatzes im Kapitalismus seien, stand für die Neokommunisten ebenso fest wie die finale Notwendigkeit der sozialen Revolution. Dies galt auch für die *Gruppe Arbeitersache*. Wenn im Folgenden also Manifestationen von Unzufriedenheiten und Verweigerungstendenzen im Fokus stehen und dabei die Texte der Gruppe als primäre Quellengrundlage herangezogen werden, gilt es, zwischen empirisch validen Beobachtungen und politisch-ideologischen Interpretationen zu unterscheiden.

Im Frühjahr 1972 kam es, abgesehen von einer sehr kurzen Arbeitsniederlegung im Herbst 1970, zum ersten „wilden", das heißt gewerkschaftlich nicht unterstützten Streik in der Nachkriegsgeschichte der Bayerischen Motoren Werke. Wie es die Operaisten theoretisch vorweggenommen hatten, waren es weniger „das Proletariat" oder „die Arbeiter", die streikten, sondern *ausländische* Beschäftigte. Bevor der Streik und seine Folgen analysiert werden, soll im ersten Teil der folgenden Ausführungen zunächst Anzeichen von verstärkter Unzufriedenheit und Verweigerungen innerhalb der Produktionsbelegschaft von BMW nachgegangen werden. Im Anschluss daran steht der „Italienerstreik" von 1972 im Mittelpunkt der Darstellung, wobei das Handeln der zentralen betriebspolitischen Akteure, sprich Unternehmensleitung, Betriebsrat und *Gruppe Arbeitersache*, im Fokus stehen wird.

10.1 Passive Renitenz, Disziplinierungen und der Kurzstreik in der Lackiererei 1970

Luc Boltanski und Ève Chiapello trugen für ihr Buch „Der neue Geist des Kapitalismus" etliche Belege für ihre These zusammen, dass in den frühen 1970er Jahren die Konflikte innerhalb französischer Industriebetriebe zugenommen hatten. Zu den Manifestationen der Unzufriedenheit rechnen die Autoren neben Streiks, Sabotageakten und offenen Ausschreitungen am Arbeitsplatz, die insbesondere in der Automobilindustrie zu beobachten waren, erhöhte Arbeitsfehlzeiten, Kündigungswellen, Verspätungen, Aufmüpfigkeit, Desinteresse an der Arbeit und eine Verminderung der Arbeitsleistung, was zu hoher Fehlproduktion und entsprechenden Ausschusszahlen geführt habe. Dies habe die Unternehmen dazu veranlasst, „den Ausschuss und die Fehlproduktion als Folge nachlassender Arbeitsqualität, die Rohstoffverschwendung und die sozialen Kosten der herrschenden Unzufriedenheit" in ihre Kostenrechnung mit einzubeziehen.[1] Unter Heranziehung der französischen Wirtschaftsgeschichte konstatieren Boltanski und Chiapello vor diesem Hintergrund einen Funktionswandel der zu Beginn der 1970er Jahre forcierten betrieblichen Rationalisierung: „Während jedoch die Rationalisierung der Arbeit in den 50er Jahren mit nicht unbeträchtlichen Produktivitätsgewinnen einhergeht, kehrt sich dieses Verhältnis in den 70er Jahren um." Dieser Zeitraum sei dadurch gekennzeichnet, dass an der Taylorisierung festgehalten wurde und die Produktivitätsgewinne gleichzeitig absanken.[2]

Für die Autoren gingen die Verweigerungshaltungen der Belegschaften auf die Unzufriedenheit mit den monotonen und gesundheitsgefährdenden Arbeitsplätzen sowie auf das Streben nach persönlicher Autonomie zurück. Insgesamt seien die heteronomen und taylorisierten Arbeitsabläufe nicht mehr mit dem im Laufe der 1960er Jahre angestiegenen Bildungsniveau innerhalb der Arbeitnehmerschaft zu vereinbaren gewesen.[3] Boltanski und Chiapello führen zudem Autoritätskonflikte an, welche die Disziplinierung der Beschäftigten zum Gegenstand hatten. Das Aufbegehren nicht unbeträchtlicher Teile der Belegschaften begreifen die Autoren als

> „Infragestellung der in den Unternehmen herrschenden Disziplinformen, die im Großen und Ganzen auf einem Kompromiss zwischen der industriellen Logik (feste Arbeitszeiten, Leistungsvorgaben etc.) und der familienweltlichen Logik (enge Kontrollstrukturen, Respekt vor den Vorgesetzten und vor der Autorität der älteren Mitarbeiter) beruhten".[4]

Ruft man sich die im vorangegangenen Kapitel skizzierte Kritik der operaistischen Betriebsgruppe *Gruppe Arbeitersache* an den Produktions- und Arbeitsbedingungen bei BMW ins Gedächtnis, so wird deutlich, dass es genau diese Infragestellung der „fordistischen Logiken" war, die ihre politische Agenda bestimmte. Insofern als die betrieblichen Missstände und Belastungen, welche die Gruppe Anfang der 1970er Jahre anprangerte, oftmals nicht von der Hand zu weisen waren, liegt die Vermutung nahe, dass auch innerhalb des Münchner BMW-Werks eine verstärkte Unzufriedenheit innerhalb der Belegschaft aufgetreten ist.

1 Botanski u. Chiapello: Geist, S. 221 u. 238, Zitat von S. 221; siehe auch: Raphael: Kohle, S. 383–384.
2 Botanski u. Chiapello: Geist, S. 224.
3 Ebenda, S. 219 u. 224–225.
4 Ebenda, S. 228.

Untersucht man die aufgeworfene Frage hinsichtlich der betrieblichen Realität bei BMW, so ist zunächst darauf hinzuweisen, dass sich dies aufgrund der Quellenlage als äußerst schwierig gestaltet. Als gewissermaßen subkutane Phänomene sind Stimmungen innerhalb der Belegschaft naturgemäß nur schwer greifbar, zumal sie sich bei BMW im untersuchten Zeitraum nur äußerst selten in offenen Auseinandersetzungen manifestierten. Dennoch weist vieles darauf hin, dass zu Beginn der 1970er Jahre auch innerhalb der Werkshallen von BMW die Arbeitszufriedenheit der Produktionsbelegschaft zurückging, während Verweigerungen zunahmen. Da diese Tendenzen insbesondere im unqualifizierten und ausländischen Beschäftigtensegment, also in der Randbelegschaft anzutreffen waren,[5] kann es vor dem Hintergrund der politischen Ausrichtung des Betriebsrats nicht verwundern, dass dieser in seinen offiziellen Verlautbarungen kaum darauf einging. Gerade aber das Ignorieren der objektiven Missstände und subjektiven Unzufriedenheiten durch die offiziellen Organe der Arbeitnehmervertretung stellte einen zentralen Bestandteil der Problematik dar, der die angesprochenen Unzufriedenheiten mitverursachte beziehungsweise weiter verstärkte. Aus diesen Gründen wird im Folgenden verstärkt auf Texte der BMW-Betriebsgruppe *Gruppe Arbeitersache* zurückzugreifen sein, da diese es sich Anfang der 1970er Jahre zur Aufgabe gemacht hatte, den in der Produktionsbelegschaft vorfindlichen Stimmungen nachzugehen, die auf Verweigerungspotenziale schließen ließen. Die Operaisten sahen im Kontext ihrer betrieblichen „Untersuchungstätigkeit" zu dieser Vorgehensweise keine Alternative. Gleichzeitig war ihnen bewusst, dass es sich bei der „Stimmung" um eine schwer zu greifende und damit „zweifelhaft[e] Kategorie" handelte.[6]

Einen Hinweis darauf, dass die Unzufriedenheit bei den Beschäftigten zum Ende der 1960er Jahre angestiegen war, geben die hohen Fluktuationsquoten bei BWM. Letztere können mit Werner Plumpe als „vegetatives Konfliktverhalten" interpretiert werden: „Was auf der Verhandlungsebene nicht zu erreichen war, suchten zahlreiche Arbeitskräfte durch Arbeitsplatzwechsel zu erzielen: eine Verbesserung des Lohnes und der Arbeitsbedingungen."[7] Tatsächlich stieg die bereits zuvor hohe Fluktuationsrate bei BMW nach 1968 stark an und fiel auch in den frühen 1970er Jahren nicht ab.[8] Die Quote war nicht nur im Branchenvergleich, sondern auch verglichen mit anderen Münchner Großunternehmen sehr hoch.[9] Auf den Sachverhalt, dass die hohen Kündigungsraten vonseiten der Beschäftigten

5 Ebenda, S. 223–224.

6 AdMA 37/2/3, Arbeitersache BMW/MAN, Betriebsgruppe bei BMW: Grundlagen für eine Betriebspolitik bei BMW. Kritik der „Arbeitersache" (internes Dokument der *Gruppe Arbeitersache*, undatiert (vermutlich Ende 1972)), S. 32.

7 Plumpe: Industrielle Beziehungen, in: Ambrosius, Petzina u. Plumpe (Hrsg.): Moderne Wirtschaftsgeschichte, S. 398–399.

8 BMW UA 417, Niederschrift über die Sitzung des Aufsichtsrates vom 4. März 1969; BMW UA 417, Niederschrift über die Sitzung des Aufsichtsrates vom 5. Mai 1971.

9 BMW UA 417, Niederschrift über die Sitzung des Aufsichtsrates vom 9. März 1971. Siehe hierzu auch Kapitel 4.2 der vorliegenden Arbeit.

nicht zuletzt auf die zuweilen problematischen Arbeitsbedingungen im Unternehmen zurückgingen, verwies der Betriebsrat immer wieder aufs Neue in seinen Geschäftsberichten.[10] Und auch der Vorstandsvorsitzende Eberhard von Kuenheim führte die Schwierigkeiten im Personalsektor, zu denen die Fluktuationsproblematik wesentlich gehörte, vor allem auf die „schlechten Arbeitsbedingungen in Milbertshofen"[11] zurück. Ebenso konstatierte die *Gruppe Arbeitersache*, dass es die spezifischen Fertigungsverhältnisse bei BMW seien, die viele Beschäftigte dazu bewegen würden, zu kündigen: „Die Arbeitshetze ist vielen unerträglich, die machen nicht mehr mit und hauen ab."[12] Dieses Urteil bezog sich insbesondere auf die Arbeiter am Fließband: „Fast jeder am Band will ganz abhauen, kündigen."[13]

Ein weiteres Anzeichen für vegetatives Konfliktverhalten der Beschäftigten stellen die hohen Abwesenheitsquoten dar. Auch diese stiegen gegen Ende der 1960er Jahre stark an. Zwar konnten durch die Einführung der Bonuszahlung im Jahr 1969, deren Höhe an die Anwesenheit am Arbeitsplatz geknüpft war, die Ausfallzahlen reduziert werden.[14] Letztere stiegen jedoch ab dem Jahr 1970 erneut an, was die Unternehmensleitung vor allem auf die Einführung der Lohnfortzahlung im Krankheitsfall zurückführte.[15] Der Betriebsrat sah in den hohen Abwesenheitsquoten hauptsächlich eine Folge der „permanente[n] Überbelastung"[16] der Belegschaft und der vielen Überstunden, durch welche „oft monatelang Pausen durch Krankheit entstehen."[17] Die *Gruppe Arbeitersache* berichtete Anfang der 1970er Jahre, dass in manchen Abteilungen teils bis zu einem Drittel der Beschäftigten krankgeschrieben seien. Die Ursache sah die Gruppe in den Arbeitsbedingungen und vor allem in der Akkordarbeit.[18] Sie wies jedoch darauf hin, dass keinesfalls alle krankgeschriebenen Mitarbeiter auch tatsächlich erkrankt seien. Vielmehr sei eine steigende Tendenz zum „Krankfeiern" zu beobachten, die auf ein „kumpelhaftes Einverständnis" zurückgehe, „daß man sich mit allen Mitteln vor der Arbeit zu drücken hat".[19] Das Fernbleiben vom Arbeitsplatz war offenbar

[10] Siehe zur Kritik des Betriebsrats am Vorstand hinsichtlich der Fluktuationsproblematik Kapitel 8.3 der vorliegenden Arbeit.

[11] BMW UA 417, Niederschrift über die Sitzung des Aufsichtsrats vom 3. Mai 1973.

[12] „Lohnerhöhungen bei BMW. Ein Ergebnis unserer Kampfbereitschaft und ein Schachzug der Unternehmer", in: BMW-Betriebszeitung Arbeitersache, o. Nr., 13. November 1972, S. 1–2, hier S. 1.

[13] AdMA 37/2/3, Arbeitersache BMW/MAN, Flugblatt der Gruppe Arbeitersache, „Halle 32: Es ist das Band, das uns vereint!".

[14] BMW UA 417, Niederschrift über die Sitzung des Aufsichtsrats vom 17. Oktober 1972. Siehe hierzu auch Kapitel 7.1 der vorliegenden Arbeit.

[15] BMW UA 417, Niederschrift über die Sitzung des Aufsichtsrats vom 5. Mai 1971. Siehe hierzu auch Kapitel 6.3 der vorliegenden Arbeit.

[16] BMW UA 512, Geschäftsbericht des Betriebsrats auf der Betriebsversammlung vom 20. Juli 1970.

[17] BMW UA 512, Geschäftsbericht des Betriebsrats auf der Betriebsversammlung vom 24. November 1969.

[18] AdMA 37/2/3, Arbeitersache BMW/MAN, Flugblatt der Gruppe Arbeitersache, „Wir fahren keine Sonderschicht".

[19] Gruppe Arbeitersache: „1. Mai. Tag gegen die Arbeit. Wir wollen leben", in: Wir wollen alles, Nr. 4, Mai 1973, S. 4–5, S. 4.

insbesondere bei Sonderschichten nicht selten.[20] Die *Gruppe Arbeitersache* nannte mehrere „Fälle von kollektiver Schichtverweigerung" in unterschiedlichen Abteilungen: „Kleinere Reparaturabteilungen (Facharbeitergruppen von ca. 6 Mann) sprechen sich ab und kommen alle nicht. Oft ist Samstags [sic] der Vorarbeiter allein." Trotz der Tatsache, dass „die Meister mit Lohnkürzungen, Urlaubssperre, schlechterer Arbeit drohen", verweigerten viele Beschäftigte die Samstagsschicht. Manche würden „aus Wut über die Sonderschicht gleich eine ganze Woche krank" machen.[21]

Die *Gruppe Arbeitersache* wies darauf hin, dass es vor allem „Gastarbeiter" waren, die sich zur Samstagsarbeit bereit erklärten, während sich viele Deutsche gegen die Sonderschichten wehren würden, indem „sie einfach wegbleiben; dieses Mittel haben sie, weil sie auf die Extragelder nicht so angewiesen sind wie die Arbeiter der unteren Lohngruppen (obwohl dabei auch noch Deutsche sind)."[22] Neben der Notwendigkeit, den niedrigen Lohn durch Zuverdienste aufzubessern,[23] sah die *Gruppe Arbeitersache* einen weiteren Grund für die Bereitschaft der ausländischen Beschäftigten zur Mehrarbeit darin, dass diese größere Angst hätten, entlassen zu werden.[24] Dennoch registrierte die Gruppe auch hinsichtlich der ausländischen Arbeiter eine zunehmende Neigung, die Zusatzschichten zu verweigern: „Aber beim letzten Mal haben uns zum ersten Mal auch viele Ausländer gesagt: ‚Wir arbeiten nicht mehr am Samstag. Wir lassen uns den Samstag nicht für ein paar Mark nehmen. Wir wollen uns ausruhen.'"[25]

Nach Angaben der *Gruppe Arbeitersache* war es „die Repression der Meister und nicht etwa ein Arbeitsethos, was die Leute am Samstag in die Fabrik zwingt."[26] Es sei mit „handfester Repression der Meister zu rechnen, wenn die Produktion nicht läuft." Die Gruppe berichtete von Entlassungen in Fällen, in denen Beschäftigte die Mehrarbeit verweigert hatten. Dies geschehe „besonders in Abteilungen, wo die Leute leicht ersetzbar sind, weil sie eine geringe Qualifikation haben."[27] Ebenso seien immer wieder Beschäftigte entlassen worden, weil sie zu oft beziehungsweise zu lange aufgrund von Krankschreibungen ausfielen:

20 „Sonderschichten!!!", in: Arbeitersache, Nr. 1, Juni 1970, S. 1.
21 Gruppe Arbeitersache: „Sonderschicht – du siehst uns nicht!", in: Wir wollen alles, Nr. 5, Juni 1973, S. 4–5, hier S. 4.
22 „Lassen wir die BMW am Samstag auf uns warten!", in: Arbeitersache, Nr. 12, 15. September 1971, S. 1–4, hier S. 1.
23 AdMA 37/2/3, Arbeitersache BMW/MAN, Flugblatt der Gruppe Arbeitersache, „Nach den Sonderschichten hast Du mehr vom Urlaub!".
24 AdMA 37/2/3, Arbeitersache BMW/MAN, Flugblatt der Gruppe Arbeitersache, „Die Devise der Unternehmer: Teile die Arbeiter – und Du beherrschst sie!".
25 „Lassen wir die BMW am Samstag auf uns warten!", in: Arbeitersache, Nr. 12, 15. September 1971, S. 1–4, hier S. 1.; AdMA 37/2/3, Arbeitersache BMW/MAN, Flugblatt der Gruppe Arbeitersache, „Halle 32: Es ist das Band, das uns vereint!".
26 Gruppe Arbeitersache: „1. Mai. Tag gegen die Arbeit. Wir wollen leben", in: Wir wollen alles, Nr. 4, Mai 1973, S. 4–5, S. 4.
27 „Gruppe Arbeitersache: „Sonderschicht – du siehst uns nicht!", in: Wir wollen alles, Nr. 5, Juni 1973, S. 4–5, hier S. 4.

„Es war immer ein Problem erster Rangordnung, daß so viele krank gefeiert haben, daß viele versuchten an allen möglichen Stellen die Arbeit zu verweigern. Damit brachten sie ihren begrenzten Protest gegen die unmenschliche Arbeitshetze, die zu geringe Belohnung, die Schweinereien der Meister zum Ausdruck."

Die „starke Disziplinierung der Arbeiter" habe vor allem die ausländischen Beschäftigten betroffen.[28] Die *Gruppe Arbeitersache* berichtete jedoch auch von deutschen Arbeitskräften, die BMW zur „Strafe für Krankheit" entlassen hätte: „Ständig werden Kollegen wegen Krankheit entlassen – mit Zustimmung des Betriebsrats." Die Opfer seien „Kranke und Alte: wirst Du nicht mehr gebraucht, wirst Du weggeschmissen."[29]

Die Unzufriedenheit der Beschäftigten machte die *Gruppe Arbeitersache* nicht nur für die Kündigungen und Abwesenheiten verantwortlich. Auch innerhalb des Betriebs beobachtete sie Tendenzen der Verweigerung, welche die Gruppe auf das „gestörte Verhältnis [...], das heute die meisten Arbeiter zu ihrer Arbeit haben", zurückführte. So sei neben „Sex [...] die ‚Scheißarbeit' das Thema am Arbeitsplatz."[30] Im Frühjahr 1973 konstatierte die Gruppe: „Betrachtet man das Verhältnis z. B. [...] zum Trödeln, die Identifikation mit den Kapitalisten überhaupt, dann muß man blind sein, wenn man die Veränderung seit den letzten Jahren nicht zur Kenntnis nimmt."[31] Die *Gruppe Arbeitersache* berichtete in diesem Zusammenhang, dass sich an den Fließbändern im Motorenbau die ganze Abteilung geweigert habe, mehr als 330 Motoren pro Schicht zu fertigen, obwohl der Meister wiederholt eine Erhöhung auf 340 Einheiten gefordert hätte.[32] Ebenso hätten etliche Arbeiter am Fließband aufgrund des erhöhten Arbeitstempos absichtlich Stücke durchlaufen lassen, ohne sie zu bearbeiten.[33] Auch an anderen Stellen im Betrieb würde erhöhter Ausschuss produziert, also fehlerhafte Erzeugnisse beziehungsweise Erzeugnisteile.[34] Die Arbeiter „schlampen, wo sie können. Sie lassen mal Wägen durch. Und manche schmeißen Eisenstücke ins Band, damit es endlich mal steht." Nach Angaben der Gruppe habe BMW aufgrund dieser Vorkommnisse eine Untersuchungskommission eingerichtet, um den Gründen für die hohen Ausschusszahlen nachzugehen.[35] Ein weiteres Anzeichen dafür, dass die Beleg-

28 „Lohnerhöhungen bei BMW. Ein Ergebnis unserer Kampfbereitschaft und ein Schachzug der Unternehmer", in: BMW-Betriebszeitung Arbeitersache, o. Nr., 13. November 1972, S. 1–2, hier S. 1.

29 AdMA 37/2/3, Arbeitersache BMW/MAN, Flugblatt der Gruppe Arbeitersache, „Schweinestall".

30 Gruppe Arbeitersache: „1. Mai. Tag gegen die Arbeit. Wir wollen leben", in: Wir wollen alles, Nr. 4, Mai 1973, S. 4–5, S. 4.

31 Ebenda.

32 AdMA 37/2/3, Arbeitersache BMW/MAN, Flugblatt der Gruppe Arbeitersache, „Kampf gegen Mehrarbeit".

33 AdMA 37/2/3, Arbeitersache BMW/MAN, Flugblatt der Gruppe Arbeitersache, „Unsere Geduld ist zu Ende. Das machen wir nicht mehr mit".

34 AdMA 37/2/3, Arbeitersache BMW/MAN, Flugblatt der Gruppe Arbeitersache, „Halle 32: Es ist das Band, das uns vereint!".

35 Gruppe Arbeitersache: „Wir wollen leben! Regionsarbeit in München-Nord", in: Wir wollen alles, Nr. 2, 19. März 1973, S. 6–8, hier S. 6. Zur betreffenden Untersuchungskommission konnte in den Quellen keine Auskunft erlangt werden.

schaft von den Arbeitsverhältnissen bei BMW genug habe, sahen die Aktivisten darin, dass die Beschäftigten in der Produktion massenhaft Aufkleber im Werk anbrachten, auf welchen die Parolen „20 Minuten bezahlte Pausen" und „keine Akkorderhöhungen" geschrieben standen.[36]

Neben den vielen Beispielen, welche die *Gruppe Arbeitersache* anführte, um ihre These von der Aufmüpfigkeit der Beschäftigten zu untermauern, berichtete sie auch von Anzeichen, die das Gegenteil nahelegten. Die Kündigungen vonseiten des Unternehmens, die insbesondere Fertigungsarbeiter betrafen, deren Produktivität niedrig eingeschätzt wurde, kritisierten nämlich nicht alle Belegschaftsangehörigen. Die *Gruppe Arbeitersache* zitierte Kommentare aus der Belegschaft, die davon zeugten, dass viele Beschäftigte den Entlassungen zustimmten. In den Worten der Gruppe laute die Argumentation in diesen Fällen folgendermaßen: „Das sind nur die Faulpelze und Krankmacher, die ständig blau gemacht haben. Die Firma hat ganz recht, wenn sie solche Leute rausschmeisst!"[37] Die Identifikation mit dem Unternehmen, die nicht unbeträchtliche Teile der Belegschaft an den Tag legten, zeigte sich in den Augen der Aktivisten auch darin, dass Arbeiter regelmäßig Aufkleber der *Gruppe Arbeitersache*, die zuvor im Werk angebracht worden waren, abrissen.[38]

Die Operaisten interpretierten die in ihren Augen unkritische Haltung gegenüber dem Unternehmen, die sie hauptsächlich bei autochthonen Beschäftigten feststellten, als Teil einer spezifisch deutschen Mentalität:

> „Gerade die deutschen Arbeiter haben immer ein besonders starkes Arbeitsethos gezeigt, nach dem Zweiten Weltkrieg hervorgebracht durch die Mischung von Facharbeiterideologie mit „Wiederaufbaupathos". Diese Arbeitsauffassung hat sicher nie bedeutet, daß die Arbeit als positiv und befriedigend empfunden wurde, sondern eher, daß über Schule und andere Institutionen ein sehr starkes Pflichtbewußtsein erzeugt worden war, gekoppelt mit der Illusion, durch Fleiß lasse sich etwas erreichen."[39]

Trotz dieser eher pessimistischen Einschätzung hielt die *Gruppe Arbeitersache* auch mit Blick auf die deutschen Arbeiter zu Beginn der 1970er Jahre fest, dass „für einen Teil der Arbeiter diese Arbeitsideologie zerbröckelt ist."[40]

Es waren jedoch nicht deutsche, sondern ausländische BMW-Arbeiter der Lackiererei, die sich im Herbst des Jahres 1970 weigerten, die Sonderschicht an einem Samstagnachmittag anzutreten. Während rund 60 Beschäftigte gar nicht erst zur Samstagsarbeit erschienen waren, diskutierte eine kleine Gruppe griechischer und türkischer Belegschaftsangehöriger vor dem Werkstor Flugblätter, in denen

36 AdMA 37/2/3, Arbeitersache BMW/MAN, Flugblatt der Gruppe Arbeitersache, „Die BMW wird immer frecher: Im Januar mehr Arbeit – und weniger Lohn!".

37 „Drückeberger, Faulpelze, Blaumacher raus!", in: Arbeitersache, Nr. 7, März 1971, S. 3.

38 AdMA 37/2/3, Arbeitersache BMW/MAN, Flugblatt der Gruppe Arbeitersache, „BMW-Arbeiter ziehen Bilanz".

39 Gruppe Arbeitersache: „1. Mai. Tag gegen die Arbeit. Wir wollen leben", in: Wir wollen alles, Nr. 4, Mai 1973, S. 4–5, S. 5.

40 Ebenda.

die *Gruppe Arbeitersache* zum Streik aufgerufen hatte.[41] Bereits acht Tage zuvor hatte eine halbstündige spontane Arbeitsniederlegung in der beinahe vollständig mit „Gastarbeitern" besetzten Lackiererei stattgefunden, deren Anlass Lohnabrechnungsfragen dargestellt hatten.[42] Die Griechen und Türken, die sich eine gute Woche später zusammenfanden, entschieden, der Arbeit fernzubleiben und gingen in ein dem Werk gegenüberliegendes Café.[43] Nach Angaben der DKP-Betriebsgruppe richtete sich die Aktion der Streikenden gegen die Zusatz- beziehungsweise Spätschicht sowie ihre niedrige Lohngruppierungseinstufung.[44] Der für die Abteilung zuständige Betriebsrat versuchte die Beschäftigten in der Folge zu überreden, an ihren Arbeitsplatz zu kommen, was allerdings erfolglos blieb.[45] Offenbar wurde das Fernbleiben der Mitarbeiter innerhalb des Werks kaum bemerkt, was auch daran lag, dass die Streikenden ihr Vorgehen nicht mit ihren anwesenden Kollegen absprachen.[46]

Als die betreffenden Beschäftigten am darauffolgenden Montag in den Betrieb kamen, wurden sie nicht an ihren Arbeitsplatz gelassen, sondern in einem separierten Raum von Mitgliedern des Betriebsrats und des Werksschutzes verhört. Im Anschluss kündigte BMW drei Türken und drei Griechen fristlos, was der Betriebsrat unterstütze.[47] In einer Mitteilung verurteilte der Betriebsrat die Vorkommnisse einstimmig „auf das Schärfste". Er sprach von „Einzelaktionen", die „auf die verschärfte Aktivität der Arbeiterbasis- bzw. Studentengruppen" zurückzuführen seien. Bei der Arbeitsverweigerung habe es sich um

> „Maßnahmen gehandelt, die dazu geführt hätten, die gesamte Fertigung des Werks am Samstag und am Montag zum Erliegen zu bringen, wenn es nicht dankenswerterweise gelungen wäre, durch Kollegen unseres Werkes die Arbeitsplätze und damit Aufrechterhaltung der Gesamtfertigung zu gewinnen [sic]."

Die Mitteilung schloss mit der Bitte an die Belegschaft, sich „von den unverantwortlichen Flugblättern" der linksradikalen Betriebsgruppen nicht beeinflussen zu lassen. Die Forderungen der Streikenden nach Lohnerhöhungen und Abschaffung der Sonderschichten ließ die Verlautbarung unerwähnt.[48]

Alles spricht dafür, dass es sich bei den angeführten Verweigerungen im Betrieb sowie dem Kurzstreik in der Lackiererei nicht um politische Aktionen, die von

41 AdMA 37/2/3, Arbeitersache BMW/MAN, Arbeitsbericht der BMW-Gruppe/Sept. bis Dez. 1970, S. 9.

42 Ebenda, S. 8.

43 Ebenda, S. 9; AdMA 37/2/3, Arbeitersache BMW/MAN, Flugblatt der Gruppe Arbeitersache, „6 Kollegen wegen Streik entlassen".

44 „Streik bei BMW", in: Die Zündung, Nr. 12, November 1970, S. 6.

45 Ebenda; AdMA 37/2/3, Arbeitersache BMW/MAN, Flugblatt der Gruppe Arbeitersache, „6 Kollegen wegen Streik entlassen".

46 AdMA 37/2/3, Arbeitersache BMW/MAN, Arbeitsbericht der BMW-Gruppe/Sept. bis Dez. 1970, S. 9.

47 „Streik bei BMW", in: Die Zündung, Nr. 12, November 1970, S. 6.

48 AdMA 37/2/3, Arbeitersache BMW/MAN, Mitteilung des Betriebsrats. Betrifft: Fristlose Entlassung von 3 griechischen und 3 türkischen Belegschaftsangehörigen in unserem Werk, 23. Oktober 1970.

einem entsprechenden ideologischen Bewusstsein getragen waren, sondern vor allem um Manifestationen von konkreten arbeitsplatzbezogenen Unzufriedenheiten handelte. Dies legt etwa die Tatsache nahe, dass es sich bei den Griechen, die an der Arbeitsniederlegung beteiligt waren, nach Informationen der *Gruppe Arbeitersache* um Anhänger des rechtskonservativen und antikommunistischen Politikers Konstantinos Karamanlis handelte.[49] Und auch an anderen Stellen mussten sich die operaistischen Aktivisten eingestehen, dass bei den meisten Belegschaftsangehörigen, selbst wenn sie unzufrieden waren oder eine kritische Haltung einnahmen, eine Diskrepanz zwischen dem Frust, der von greifbaren Missständen innerhalb des Betriebs herrührte, und ihrer außerbetrieblichen politischen Urteilsbildung festzustellen war. Während ein größerer Teil der Belegschaft die Kritik beispielsweise an den Sonderschichten und an der Arbeitsintensivierung durchaus positiv aufnahm, konstatierte die *Gruppe Arbeitersache*, dass die allermeisten Beschäftigten ihre „politische Argumentation und Propaganda" nicht übernommen und in der Regel nicht einmal diskutiert hatten.[50] Ein Schlosser, dessen Leserbrief die *Gruppe Arbeitersache* in ihrer Betriebszeitung abdruckte, brachte diesen Sachverhalt so zum Ausdruck: „Ihr sollt uns sachlich, wahrheitsgemäß und rücksichtslos über möglichst viele Mißstände informieren. Dafür sind wir euch dankbar. Aber weiter nichts! Möglichst keine tendenziöse Propaganda! Davon haben wir nichts. Im Gegenteil!"[51] Diese Erfahrungen machten auch andere Betriebsgruppen in der Bundesrepublik. Die linksradikalen Verlautbarungen jeglicher Provenienz fanden meist nur dann Aufmerksamkeit, wenn sie konkrete Probleme aus dem jeweiligen Werk zum Gegenstand hatten.[52]

Auch wenn man den stellenweise äußerst optimistischen Beschreibungen und Urteilen der Operaisten nicht in jeder Hinsicht Glauben schenken möchte: *Dass* es bei BMW zu Beginn der 1970er Jahre zu einer gesteigerten Unzufriedenheit in der Belegschaft kam, ist wenig zweifelhaft. Unabhängig von den Beobachtungen der Linksradikalen genügt hier ein Blick auf die Betriebspolitik bei BMW seit dem Amtsantritt von Kuenheims als Vorstandsvorsitzender im Jahr 1970. Von Kuenheims Bestrebung, den Anteil der Fertigungslöhner durch „drastische Maßnahmen" abzusenken,[53] ging mit der ausdrücklichen Zielsetzung einher, mit „verringertem Personal möglichst höhere Leistungen zu erbringen."[54] Die Notwendigkeit zur „unbedingt notwendige[n] Verbilligung [der] Produktion" [55] sah die Unternehmensführung nicht zuletzt aufgrund der Höhe der Produktionskosten gege-

49 AdMA 37/2/3, Arbeitersache BMW/MAN, Arbeitsbericht der BMW-Gruppe/Sept. bis Dez. 1970, S. 9.
50 Ebenda, S. 10.
51 „Leserbrief: Die Gastarbeiter", in: BMW-Betriebszeitung Arbeitersache, Nr. 11, o. Datum (vermutlich Sommer 1971), S. 5–7, hier S. 7.
52 Arps: Frühschicht, S. 80.
53 BMW UA 417, Niederschrift über die Sitzung des Aufsichtsrates vom 4. September 1970. Siehe hierzu und zum Folgenden auch Kapitel 4.2 der vorliegenden Arbeit.
54 BMW UA 417, Niederschrift über die Sitzung des Aufsichtsrates vom 8. Dezember 1970.
55 Ebenda.

ben, die seit dem Ende der 1960er Jahre stark angestiegen waren. Dabei bereitete der Firmenleitung insbesondere der relativ hohe Anteil der Personalkosten Sorgen.[56] Aufgrund dieser Maßnahmen, in deren Zuge BMW den Beschäftigtenstand in der Produktion so weit wie möglich verringerte,[57] kam es nicht nur zu Arbeitsintensivierungen, sondern auch zur Ausdehnung der Arbeitszeit für die im Werk verbliebenen Produktionsbeschäftigten. Daher erschiene es eher verwunderlich, wenn eine zumindest passiv-unterschwellige Reaktion letzterer gänzlich ausgeblieben wäre, weshalb den Ausführungen der *Gruppe Arbeitersache* prinzipiell durchaus eine Plausibilität zugesprochen werden kann. Die Tatsache, dass der Betriebsratsvorsitzende bereits im Jahr 1969 davon gesprochen hatte, dass es ein „Führungsproblem bei [den] Lohnempfängern" und insbesondere bei den „Gastarbeitern" im Betrieb gebe,[58] unterstützt diese Annahme.

Von Kuenheims Eingeständnis vom Frühjahr 1973, dass BMW „keine andere Wahl" habe, „als erhebliche Mittel für die Verbesserung der Arbeitsplätze zur Verfügung zu stellen und der betrieblichen Aus- und Weiterbildung erhöhte Aufmerksamkeit zu widmen", begründete sich zwar primär mit den Schwierigkeiten, mit denen das Unternehmen auf dem Feld der Personalrekrutierung konfrontiert war.[59] Vor dem Hintergrund der verstärkten Verweigerungshaltungen, die in den vorangegangen Jahren innerhalb der Belegschaft zu beobachten waren, erscheint es wohl nicht zu weit hergeholt, die Aussage auch mit den Problemen in Verbindung zu bringen, die der „Ungewissheitsfaktor Mensch" für die Aufrechterhaltung beziehungsweise Ausweitung der Fertigung Anfang der 1970er Jahre mit sich brachte. Dies gilt ebenso für die Bemerkung des Vorstandsvorsitzenden, dass BMW in steigendem „Maße Arbeit durch Kapital, d. h. Maschinen" ersetzen müsse, „und zwar auch in den Fällen, in denen sich rechnerisch keine zusätzliche Rendite darstellen läßt."[60] In diesem Zusammenhang sei an die eingangs vorgestellten Thesen Boltanskis und Chiapellos erinnert, die darauf abheben, dass die betriebliche Rationalisierung ab den 1970er Jahren primär eine Reaktion auf die sozialen Kosten dargestellt habe, welche die zunehmende Arbeitsunlust und die damit einhergehende Unzuverlässigkeit der Arbeitskräfte mit sich brachten. Dieses grundlegende Problem der Disziplinierung, welche die „Transformation von Arbeitskraft in Arbeitsleistung"[61] *eo ipso* aufwarf, erledigte sich durch die Ersetzung von menschlicher Arbeitskraft durch Maschinen gewissermaßen von allein. Zwar mag

[56] Bericht über das Geschäftsjahr 1970 Bayerische Motoren Werke Aktiengesellschaft München, S. 22; BMW UA 273, Niederschrift über die 51. ordentliche Hauptversammlung vom 7. Juli 1971; Bayerische Motoren Werke Aktiengesellschaft München, Geschäftsbericht 1972, S. 15; BMW UA 2150, Ansprache von Dr. Rolf Draeger, Vorsitzender des Aufsichtsrats, anlässlich der Hauptversammlung vom 12. Juli 1973.

[57] BMW UA 417, Niederschrift über die Sitzung des Aufsichtsrates vom 8. Dezember 1970.

[58] BMW UA 417, Niederschrift über die Sitzung des Aufsichtsrates vom 8. Mai 1969.

[59] BMW UA 417, Niederschrift über die Sitzung des Aufsichtsrats vom 3. Mai 1973.

[60] Ebenda.

[61] Pongratz u. Voß: Der Arbeitskraftunternehmer, in: Kölner Zeitschrift für Soziologie und Sozialpsychologie 50 (1998), S. 147.

dieser Faktor für die Entscheidungsfindung nicht ausschlaggebend gewesen sein, doch die zunehmende Automatisierung hatte im Mindesten einen aus unternehmerischer Sicht erwünschten Nebeneffekt: Im Gegensatz zum Einsatz des Produktionsfaktors „Mensch“, mit dem sich notwendig ein „Spannungsfeld zwischen Kontrolle und moralischer Integration“[62] auftut, besteht bei Maschinen und Robotern weder das Risiko von Verweigerungen noch die Notwendigkeit zur finanziell aufwändigen Kompensation von Belastungen.

10.2 Ausländer und Linksradikale vereint? Der „Italienerstreik" und die „Wohnheimaktion" im Frühjahr 1972

Waren es zwei Jahre zuvor griechische und türkische Arbeiter, die streikten, so standen während der ungleich spektakuläreren Arbeitsniederlegung vom Frühling 1972 die italienischen „Gastarbeiter“ im Mittelpunkt des Geschehens. Blickt man auf die Verteilung der ausländischen Arbeiter bei BMW nach Nationalitäten, so war der Anteil der Italiener im April 1971 mit 5,8 Prozent relativ gering.[63] Was sich in der Zeit vom 29. Mai bis zum 10. Juni 1972 in den Münchner Produktionshallen, vor dem Werksgelände und in einem Arbeiterwohnheim von BMW ereignete, zog für die beteiligten Akteure jeweils unterschiedliche und teilweise überraschende Konsequenzen nach sich. Dies betraf die Unternehmensführung, den Betriebsrat und den gewerkschaftlichen Vertrauenskörper ebenso wie die operaistischen Gruppen *Arbeitersache* und *Lotta Continua* sowie nicht zuletzt die streikenden Arbeiter selbst.

Innerhalb der BMW-Belegschaft befanden sich im Jahre 1972 rund 40 italienische Vertragsarbeiter, die, nachdem sie in Italien eine einjährige Umschulung zum Facharbeiter in der Automobilfertigung absolviert hatten, von BMW übernommen worden waren. In ihren Verträgen war den noch recht jungen Arbeitern nach Ablauf einer dreimonatigen Probezeit eine ihrer Ausbildung angemessene Tätigkeit in der Produktion sowie eine Lohnerhöhung zugesichert worden. Die Versetzung an einen anspruchsvolleren Arbeitsplatz mit entsprechender Entlohnung fand nach Ablauf der Probezeit jedoch nicht statt.[64] Die Italiener mussten stattdessen am Fließband oder in der Schmelzerei arbeiten, Tonnen zertreten und andere „Schwerarbeiten“ ausführen, „die mit dem Zeugnis in keinerlei Verbindung ste-

62 Pfister u. Plumpe: Einleitung, in: Westfälische Forschungen 50 (2000), S. 9.

63 Schmidhofer: Personalpolitik, S. 40.

64 Goeke, Simon: „Wir nehmen unsere Sache jetzt selbst in die Hand“ – Von protestierenden Gästen und multinationalen Revolutionär/innen, in: Zara S. Pfeiffer (Hrsg.): Auf den Barrikaden. Proteste in München seit 1945. Im Auftrag des Kulturreferats der Landeshauptstadt München, München 2011, S. 117–126, hier S. 122.

hen."[65] Zudem sahen sie sich durch häufige, kurzfristige Tätigkeitswechsel gegenüber den deutschen Arbeitern benachteiligt.[66] Die Konzernleitung begründete die nicht eingelöste Höherstufung später damit, dass die italienischen Arbeiter aufgrund der kurzen Ausbildungszeit von nur einem Jahr ihren deutschen Facharbeiterkollegen, die eine dreimal so lange Ausbildungszeit durchlaufen hatten, nicht gleichgestellt werden konnten.[67]

Zum Unmut aufgrund ihrer betrieblichen Arbeitssituation, die durch die Unterschreitung des in Italien versprochenen Stundenlohns um 33 Pfennig noch verstärkt wurde,[68] kam die Unzufriedenheit mit den Wohnverhältnissen hinzu: Entgegen ihren Erwartungen und den Zusagen, die man ihnen in ihrem Heimatland gemacht hatte, waren die Italiener innerhalb der BMW-Werkswohnheime in Mehrbettzimmern untergebracht.[69] Nachdem es einzelnen Betroffenen zuvor gelungen war, durch Beschwerden und punktuelle Arbeitsverweigerungen individuelle Verbesserungen zu erreichen, gründeten die betroffenen Arbeiter daraufhin eine lose organisierte, selbstständige Basisgruppe, um ihre Interessen gemeinsam zu vertreten.[70] Dabei handelte es sich weniger um einen Zusammenschluss mit fest umrissenen politischen Positionen, sondern eher um eine „lockere Ansammlung von Leuten, die sich um eine [...] Forderung geschart hatten."[71]

Nachdem die Mitglieder der italienischen Basisgruppe zunächst unter sich bleiben und eine Einmischung der beiden Betriebsgruppen *Lotta Continua* und *Gruppe Arbeitersache* vermeiden wollten, sollte es schließlich doch zu einer Zusammenarbeit mit den Operaisten kommen. In der Woche, die dem Streik vorausging, verfassten mehrere italienische Arbeiter ein Schreiben an die Betriebsleitung, in dem sie neben der Versetzung an die Arbeitsplätze, die ihnen vertraglich zustanden, typisch operaistische Forderungen stellten: bezahlte Pausen von zwanzig statt zehn Minuten, eine Zurücknahme der Akkorderhöhungen sowie eine Mark mehr Lohn.[72] Das Schreiben war mit einem 5-tägigen Ultimatum verbunden – spätes-

65 DOMiD, FL 0988, Flugblatt, „Erklärung der italienischen Arbeiter", undatiert (vermutlich Mitte/Ende Mai 1972).

66 Süddeutsche Zeitung vom 31. Mai 1972: „Polizei bei BMW: Krach zwischen Gastarbeiter und Firma"; DOMiD, FL 0988, Flugblatt, „Erklärung der italienischen Arbeiter", undatiert (vermutlich Mitte/Ende Mai 1972).

67 Süddeutsche Zeitung vom 2. Juni 1972: „Krawalle bei BMW: Werksleitung nimmt Stellung".

68 DOMiD, FL 0988, Flugblatt, „Erklärung der italienischen Arbeiter", undatiert (vermutlich Mitte/Ende Mai 1972).

69 Arbeitersache: Was wir brauchen müssen wir uns nehmen. Multinationale Betriebs- und Regionsarbeit der Gruppe Arbeitersache München, München 1973, S. 138; Goeke: Sache, S. 122.

70 Goeke, Simon: Transnationale Ökonomien, in: Natalie Bayer u. a. (Hrsg.): Crossing Munich. Beiträge zur Migration aus Kunst, Wissenschaft und Aktivismus, München 2009, S. 151–155, hier S. 153; Goeke: Sache, S. 122.

71 AdMA 37/2/3, Arbeitersache BMW/MAN, Betriebsgruppe bei BMW: Grundlagen für eine Betriebspolitik bei BMW. Kritik der „Arbeitersache", S. 31.

72 DOMiD, FL 0988, Flugblatt, „Erklärung der italienischen Arbeiter", undatiert (vermutlich Mitte/Ende Mai 1972). Insbesondere die „1-DM-Parole", d. h. die Forderung „nach einer Mark mehr", ging auf die italienische Gruppe *Lotta Continua* zurück. Sie wurde ebenso im Opelwerk in Frankfurt erhoben, Arps: Frühschicht: S. 90.

tens drei Tage später erwarteten die Antragssteller eine Antwort.[73] Die Betriebsleitung reagierte jedoch nicht, da für diese Angelegenheiten, wie sie im Nachhinein erklärte, die Tarifvertragspartner zuständig seien. Ferner führte sie aus, dass sie den Forderungen „aus Gründen der Stabilität der heute über 23 000 Arbeitsplätze bei BMW" nicht stattgeben könne,[74] was auf die Befürchtung verweist, dass sich im Falle einer Zusage weitere Teile der Belegschaft den Protestierenden anschließen beziehungsweise eigene Ansprüche stellen könnten. Im Übrigen seien die Forderungen „völlig unrealistisch".[75] Daraufhin verteilten die Protestierenden Flugblätter im Werk, in denen sie die oben genannten Punkte wiederholten. Die Forderung nach „einer Mark mehr" sollte, nachdem sie zunächst offenbar nur auf die Italiener selbst begrenzt worden war, explizit „für alle", also für die gesamte Belegschaft gelten.[76]

Überhaupt versuchte die Gruppe ihre Forderungen zu verallgemeinern, um Anschlüsse weiterer Belegschaftsangehöriger zu ermöglichen. Eine nach dem Streik ausgegebene Erklärung prangerte vor allem die Arbeitsbedingungen im BMW-Werk an. Dieses Flugblatt wurde im Gegensatz zu den meisten anderen Flugschriften allem Anschein nach nicht von der *Gruppe Arbeitersache*, sondern tatsächlich von den Italienern selbst geschrieben. Insbesondere anhand der Akkorderhöhungen beziehungsweise des Akkordtempos versuchten die Aktivisten die – wie sie es nannten – „bestialischen Arbeitsbedingungen" zu veranschaulichen. So wiesen sie darauf hin, „dass während im Vorjahr 35 Autos der Serie BMW 3000/2800 in der Halle 17/18 (Endfertigung) täglich übers Band liefen, es heute 82 sind. Innerhalb von drei Tagen wurde der Akkord vor Monaten von 35 auf 60 hochgeschraubt."[77] Des Weiteren verwiesen die Verfasser auf die Lohnentwicklung, indem sie darlegten, dass die „Lohnerhöhung, die durch den letzten Tarifvertrag ausgehandelt wurde, [...] durch die Erhöhung der Produktion in der Praxis in absurder Weise unterboten" worden sei.[78] Ferner forderten die Italiener unter Verweis auf eine entsprechende Regelung bei VW 20 Minuten bezahlte Pausen für BMW-Bandarbeiter. Man müsse bedenken,

> „dass man in einer Pause [...] all das machen muss, was einem die Akkordarbeit während der Arbeit nicht ermöglicht: also etwa ein Brötchen essen, in die Zeitung schauen und auf die Toilette gehen, wo man aber lange Schlangen antrifft, so dass es häufig vorkommt, dass man, bevor man ‚dran' ist, schon zum Arbeitsplatz zurück muss. Will man während der Arbeitszeit die Toilette aufsuchen, erfordert dies die Erlaubnis des Meisters."[79]

73 AdMA 37/2/3, Arbeitersache München allg. II, Flugblatt der Gruppe Arbeitersache, „Streik bei BMW"; AdMA 37/2/3, Arbeitersache BMW/MAN, Betriebsgruppe bei BMW: Grundlagen für eine Betriebspolitik bei BMW. Kritik der „Arbeitersache" (internes Dokument der *Gruppe Arbeitersache*, undatiert (vermutlich Ende 1972)), S. 28.
74 BMW UA 1243-1, Mitteilung an Münchner Lokalredaktionen der BMW Presseabteilung. Betr.: Störaktion italienischer Gastarbeiter bei BMW, undatiert (vermutlich Anfang Juni 1972).
75 Ebenda.
76 DOMiD, FL 0988, Flugblatt, „Erklärung der italienischen Arbeiter", undatiert (vermutlich Mitte/Ende Mai 1972)
77 Ebenda.
78 Ebenda.
79 Ebenda.

Während die ursprüngliche Motivation für den Protest also eine spezifische Benachteiligungssituation darstellte, nämlich die Vorenthaltung der im Heimatland zugesicherten Arbeitsbedingungen, erweiterte die Gruppe ihre Forderungen, so dass sie für alle oder zumindest die meisten Arbeiter in der Produktion bei BMW anschlussfähig waren.

Neben den Forderungen nach „einer Mark mehr", 20-minütigen Pausen, der Zurücknahme der Akkorderhöhungen und angemessenen Arbeitsplätzen für die betreffenden italienischen Vertragsarbeiter gab die Italienergruppe in den Flugblättern auch bekannt, dass man, wenn es bei der Verweigerung von Zugeständnissen von Seiten der Firmenleitung bleibe, in den Streik treten wolle. Eine nennenswerte Unterstützungstätigkeit durch die Gruppen *Lotta Continua* und *Gruppe Arbeitersache* bei der Verteilung der Flugblätter fand nicht statt.[80] Für Montag, den 29. Mai 1972, war offenbar ursprünglich geplant, sich mit griechischen Arbeitern zur Mittagszeit gemeinsam in der Werkskantine zu treffen, um von dort aus einen „Informationszug" durch die Werkshallen zu organisieren. Die griechischen Arbeiter kamen jedoch nicht oder zu spät zu dem Treffen.[81] Bevor sich die versammelten Italiener in die Hallen begaben, suchten sie allerdings noch einmal den Kontakt zur Betriebsleitung: „Wir sind dann zu 26 ins Personalbüro gegangen und haben diskutiert und gefragt, was aus dem brief [sic] geworden ist. Aber es ist nichts dabei herausgekommen." Dem Bericht des hier zitierten italienischen Arbeiters zufolge versuchte die Betriebsleitung mit einzelnen Protestierenden zu verhandeln, was die Gruppe aber nicht zulassen wollte. Daraufhin marschierten die Italiener durch die Werkshalle 7, wobei sie Parolen riefen und ihre Kollegen zum Streik aufforderten.[82] Da sie die Sprechchöre in italienischer Sprache vortrugen, blieben sie den meisten Kollegen unverständlich.[83]

Dennoch schlossen sich dem Protest mehrere Dutzend Arbeiter an. Während des Demonstrationszugs durch die Halle, an dem etwa 70 bis 80 Personen teilnahmen,[84] fanden körperliche Auseinandersetzungen zwischen Vorarbeitern und Meistern auf der einen und den streikenden Arbeitern auf der anderen Seite statt. Von welcher Gruppe die Übergriffe ausgingen, kann nicht abschließend geklärt werden. Da sich beide Seiten im Nachhinein gegenseitig beschuldigten, mit den Aggressionen begonnen zu haben, sind die Angaben über die Vorkommnisse widersprüchlich.[85] Es ist jedoch anzunehmen, dass es von beiden Gruppen ausgehend zu Rangeleien und

[80] Goeke: Transnationale Ökonomien, S. 154.

[81] AdMA 37/2/3, Arbeitersache München allg. II, Flugblatt der Gruppe Arbeitersache, „Streik bei BMW".

[82] Ebenda.

[83] AdMA 37/2/3, Arbeitersache BMW/MAN, Betriebsgruppe bei BMW: Grundlagen für eine Betriebspolitik bei BMW. Kritik der „Arbeitersache" (internes Dokument der *Gruppe Arbeitersache*, undatiert (vermutlich Ende 1972)), S. 28.

[84] „Ein ‚wilder Streik' ist nicht immer ‚wild'!", in: Wir wollen alles, BMW-Betriebszeitung Arbeitersache, o. Nr., Oktober 1973, S. 2–3, hier S. 3.

[85] BMW UA 1243–1, Bericht der BMW-Betriebsleitung, 30. Mai 72; AdMA 37/2/3, Arbeitersache München allg. II, Flugblatt der Gruppe Arbeitersache, „Streik bei BMW".

Handgreiflichkeiten kam. Der Werkschutz und einige Meister verriegelten die Eingänge zu den umliegenden Hallen, wobei sie teils barrikadenähnliche Absperrungen errichteten.[86] Im Zuge der allgemeinen Verwirrung, die der Demonstrationszug und das Einschreiten der Vorarbeiter und Meister auslösten, wurden die Fließbänder für etwa 20 Minuten angehalten. Doch auch während die Bänder liefen, wurde aufgrund des Tumults offenbar nicht oder nur stellenweise gearbeitet. Außerdem versammelten sich mehrere hundert Beschäftigte auf dem Werkhof.[87] Vermutlich handelte es sich hierbei vereinzelt um sympathisierend-solidarische, zum größten Teil aber wohl einfach um neugierige beziehungsweise an den Vorgängen interessierte Beschäftigte, die sich vor dem Hintergrund der tumultartigen Szenen nicht zum Weiterarbeiten imstande sahen. Dafür spricht auch, dass die Versammlung während des Schichtwechsels stattfand und der Arbeitsablauf daher ohnehin unterbrochen war.[88] Dass eine kurzzeitige Produktionsstörung eintrat, steht fest. Ob die Arbeitsunterbrechung aber tatsächlich dazu führte, dass „34 Wagen weniger durch[liefen]", wie ein Flugblatt der *Gruppe Arbeitersache* später behauptete,[89] muss offen bleiben.

Obwohl oder gerade weil es kaum zur „aktive[n] Solidarisierung"[90] mit den Streikenden durch die übrige Belegschaft kam – auch ausländische Arbeiter schlossen sich dem Demonstrationszug nur in wenigen Einzelfällen an – versuchten die Italiener in die benachbarte Halle 18 zu gelangen. Dies gelang ihnen jedoch nicht, da sie vom Werkschutz und der Feuerwehr daran gehindert wurden. Auch hierbei kam es zu Handgreiflichkeiten. Der Versammlung auf dem Werkhof hatten sich in der Zwischenzeit auch der Betriebsrat und die Betriebsleitung zugesellt. Während der Betriebsrat die Beschäftigten mehrfach dazu aufrief, wieder an die Arbeit zu gehen, erklärte sich die Betriebsleitung zu Einzelgesprächen beziehungsweise Gesprächen in kleineren Gruppen bereit. Dies lehnten die Streikenden jedoch ab, wie ein im Nachgang erschienenes Flugblatt festhielt: „Nein, das wollen wir nicht, alle müssen hören[,] was diskutiert wird, Wir [sic] sind bereit, im Hof zu diskutieren, vor allen anderen."[91] Die Betriebsleitung betonte die Notwendigkeit, den Produktionsablauf aufrechtzuerhalten, da man sich Unterbrechungen nicht leisten könne. Im Übrigen verwies sie die Streikenden auf die Gewerkschaft, da es ausschließlich in deren Aufgabenbereich falle, über Arbeitsniederlegungen zu entscheiden.[92]

86 Arbeitersache: Was wir brauchen, S. 145.
87 Goeke: Sache, S. 122; AdMA 37/2/3, Arbeitersache München allg. II, Flugblatt der Gruppe Arbeitersache, „Montag: Streik bei BMW. Heute: Polizeiüberfall auf BMW-Wohnheim".
88 AdMA 37/2/3, Arbeitersache BMW/MAN, Betriebsgruppe bei BMW: Grundlagen für eine Betriebspolitik bei BMW. Kritik der „Arbeitersache" (internes Dokument der *Gruppe Arbeitersache*, undatiert (vermutlich Ende 1972)), S. 28–29.
89 AdMA 37/2/3, Arbeitersache München allg. II, Flugblatt der Gruppe Arbeitersache, „Das war nur der Anfang. Wir machen weiter".
90 Arbeitersache: Was wir brauchen, S. 138.
91 AdMA 37/2/3, Arbeitersache München allg. II, Flugblatt der Gruppe Arbeitersache, „Streik bei BMW".
92 Ebenda.

Nachdem sich in der Folge die Versammlung nach und nach aufgelöst hatte, da die versammelten Beschäftigten mit der Spätschicht begannen beziehungsweise nach Hause gingen, verließen auch die streikenden Italiener das Werk. Als sich die für den Streik Verantwortlichen am nächsten Tag an ihre Arbeitsplätze begeben wollten, verhinderten dies der Werkschutz und offenbar auch Zivilpolizisten. Stattdessen mussten sie ihre Betriebsausweise abgeben und im Einzelfall ihre Kündigung entgegennehmen. Die Personalleitung und der Betriebsrat sprachen in der Folge 28 Belegschaftsangehörigen die fristlose Kündigung aus. Fünf weitere, offenbar nur peripher Beteiligte erhielten einen Verweis.[93] Die Zeit von Beginn der Aktion am Montag bis zur Wiederaufnahme der Arbeit am Dienstag sollte ihnen zudem nicht bezahlt werden.[94] Vereinzelt stellte die Betriebsleitung auch Strafanzeigen wegen Körperverletzung und Sachbeschädigung.[95] Obwohl der Betriebsrat in Bezug auf die Kündigungen nur von *italienischen* Arbeitern sprach, war offenbar auch eine Person mit griechischer Nationalität unter den Entlassenen.[96] Noch an den beiden darauffolgenden Tagen wirkten die Ereignisse im Betrieb nach. Am Mittwoch fanden tagsüber sowohl am Werkstor als auch innerhalb des Werks zum Schichtwechsel spontane und hauptsächlich von ausländischen Beschäftigten besuchte Versammlungen statt, an denen sich auch einige Studenten beteiligten. Auch am Mittwochabend und am Donnerstag versammelten sich rund 200 Arbeiter und Studenten vor dem Werkstor.[97] Es ist davon auszugehen, dass es den versammelten Personen vor allem darum ging, sich über die Geschehnisse zu informieren und auszutauschen. Um offensive Solidaritäts- oder Protestaktionen, die an die Ereignisse vom Montag anknüpfen sollten, handelte es sich hierbei trotz der starken Beteiligung von politisierten Studenten mit Sicherheit nicht.

Während die Dynamik der Geschehnisse auf dem Betriebsgelände relativ rasch abebbte, verlagerte sie sich in der Folge auf das Wohnheim, in dem ein Teil der italienischen Vertragsarbeiter untergebracht war. Die Unternehmensleitung kündigte bereits einen Tag nach dem Streik den Verantwortlichen nämlich nicht nur die Arbeits-, sondern auch die Mietverträge, da sie das Wohnrecht im BMW-Wohnheim als an den Arbeitsplatz gekoppelt betrachtete.[98] Da die Betroffenen – es handelte sich um zwanzig Arbeiter italienischer Nationalität – sich jedoch weigerten, ihre Wohnungen aufzugeben und offenbar auch handgreiflich wurden, verständigte der BMW-Werkschutz die Polizei. Die Wohnungen wurden darauf-

93 BMW UA 1243–1, Bekanntmachung des Betriebsrates Nr. 7/72, 30. Mai 1972.

94 Ebenda.

95 BMW UA 1243–1, Bericht der BMW-Betriebsleitung, 30. Mai 72; AdMA 37/2/3, Arbeitersache München allg. II, Flugblatt der Gruppe Arbeitersache, „Das war nur der Anfang. Wir machen weiter".

96 AdMA 37/2/3, Arbeitersache München allg. II, Flugblatt der Gruppe Arbeitersache, „Das Geschäft mit der Angst und der Lüge".

97 BMW UA 1243–1, Mitteilung an Münchner Lokalredaktionen der BMW Presseabteilung. Betr.: Störaktion italienischer Gastarbeiter bei BMW, undatiert (vermutlich Anfang Juni 1972); Arbeitersache: Was wir brauchen, S. 139.

98 BMW UA 1243–1, Bericht der BMW-Betriebsleitung vom 30. Mai 1972.

hin von Mitgliedern des Werkschutzes und Polizeibeamten geräumt, wobei es erneut zu körperlichen Auseinandersetzungen kam.[99] Die BMW-Führung begründete die Einschaltung der Polizei auch damit, dass die Gekündigten „von außerhalb des Werkes stehenden roten Gruppen aufgewiegelt wurden".[100]

Der Polizeieinsatz hatte allerdings einen weiteren Grund. Da ein italienischer Bewohner des Heims, dem der Mietvertrag gekündigt worden war, angeblich eine Bombendrohung ausgesprochen hatte, alarmierte der Werkschutz die Polizei, die ihn und einen weiteren Bewohner verhaftete und deren Wohnräume durchsuchte.[101] Daraufhin versammelten sich am Dienstagabend eine größere Gruppe von Studenten und Arbeitern unterschiedlicher Nationalität vor dem Wohnheim – die *Gruppe Arbeitersache* sprach in einem Flugblatt von insgesamt 200 Personen. Diese bildeten unmittelbar vor dem Eingang des Gebäudes eine Protestdemonstration, hielten Transparente hoch und riefen politische Parolen.[102] Auch dieses Mal war die Polizei präsent, die jedoch nicht eingriff. Die Aktion der Aktivisten war offenbar erfolgreich, da die Gekündigten anschließend wieder ins Wohnheim gelassen wurden.[103] Die Behauptung des Betriebsrats, das Wohnheim sei von den Aktivisten „gestürmt" und „belagert" worden,[104] stellt in diesem Zusammenhang ganz offensichtlich eine Übertreibung dar.

Die Ereignisse rund um das BMW-Wohnheim nahm die *Gruppe Arbeitersache* zum Anlass, neben den Versammlungen an den Werkstoren auch eine Veranstaltung im Münchner Hofbräukeller sowie ein „Teach-In" an der Universität zu organisieren.[105] Obwohl beide Versammlungen offenbar gut besucht gewesen waren und die versammelten „Arbeiter ihre Kampfbereitschaft und Solidarität" ausgedrückt hätten, musste die *Gruppe Arbeitersache* konstatieren: „Aber die konkreten organisatorischen Möglichkeiten bleiben gering."[106] Da die Aktionen und Versammlungen keine greifbaren Ergebnisse nach sich zogen, beschlossen die Italiener, denen der Arbeits- und Mietvertrag gekündigt worden war, sich kurz darauf an das italienische Konsulat zu wenden. Sie bekamen eine kleine finanzielle Beihilfe und die Möglichkeit, ihr Anliegen im italienischen Programm des Bayerischen Rundfunks vorzustellen. Nichtsdestotrotz weigerte sich BMW weiterhin, die Ent-

99 AdMA 37/2/3, Arbeitersache München allg. II, Flugblatt der Gruppe Arbeitersache, „Montag: Streik bei BMW. Heute: Polizeiüberfall auf BMW-Wohnheim".

100 BMW UA 1243–1, Mitteilung an Münchner Lokalredaktionen der BMW Presseabteilung. Betr.: Störaktion italienischer Gastarbeiter bei BMW, undatiert (vermutlich Anfang Juni 1972).

101 BMW UA 1243–1, Bericht der BMW-Betriebsleitung, 30. Mai 72; Arbeitersache: Was wir brauchen, 138–139.

102 AdMA 37/2/3, Arbeitersache München allg. II, Flugblatt der Gruppe Arbeitersache, „Das Geschäft mit der Angst und der Lüge".

103 Ebenda.

104 BMW UA 1243–1, Bekanntmachung des Betriebsrates Nr. 8/72, undatiert (vermutlich zwischen 31. Mai u. 2. Juni 1972)

105 AdMA 37/2/3, Arbeitersache München allg. II, Flugblatt der Gruppe Arbeitersache, „teach-in zum Kampf der Arbeiter bei BMW"; Arbeitersache: Was wir brauchen, S. 139.

106 Ebenda; Goeke: Transnationale Ökonomien, S. 154.

lassungen rückgängig zu machen.[107] Zurücknehmen musste das Unternehmen allerdings die Kündigung der Mietverträge für das Wohnheim. Dies bestimmte wenige Tage nach dem eben geschilderten Vorfall ein Münchner Gericht. Die fristlose Kündigung der Wohnungen war rechtswidrig, weshalb die entlassenen Italiener weitere vier Wochen im Wohnheim bleiben durften.[108]

10.3 „Revolutionäre Subjekte" oder „gesteuerte Marionetten"? Die Einschätzung der Geschehnisse durch die betrieblichen Akteure

Im vorliegenden Abschnitt wird dargelegt, wie die zentralen betrieblichen Akteure beziehungsweise Akteursgruppen den Streik und die Vorfälle im BMW-Wohnheim wahrnahmen und bewerteten. Was die die Einschätzung der Unternehmensleitung betrifft, gibt darüber eine Auseinandersetzung mit Journalisten der *Süddeutschen Zeitung* (*SZ*) Aufschluss, die über den Streik im Nachgang berichtete. In der Mittwochsausgabe vom 30. Mai 1972 schilderte die *SZ* die Geschehnisse unter dem Titel: „Polizei bei BMW: Krach zwischen Gastarbeiter und Firma". Sie tat dies jedoch, ohne vorher mit der Presseabteilung von BMW über die Ereignisse gesprochen zu haben: „Die BMW-Pressestelle verweigerte auf Anfrage jede Stellungnahme zu den Vorgängen."[109] Der Beitrag legte die Anliegen der Streikenden dar und berichtete davon, dass in „zwei Hallen [...] 2000 Leute eineinhalb Stunden nicht gearbeitet" hätten. Weiter hieß es, dass „[n]ach Angaben der Arbeiter [...] Leute des Werkschutzes auf einzelne Arbeiter eingeschlagen und diese zurückgeschlagen haben."[110] Nach Darstellung der *SZ* seien die Aggressionen also vom Werkschutz ausgegangen, während die Streikenden sich lediglich dagegen gewehrt hätten.

Die BMW-Pressestelle reagierte sehr empfindlich auf den angeführten Artikel. Zwei Tage nach dessen Erscheinen wandte sich der Leiter der Presseabteilung von BMW, Klaus Bandow, in einem Brief an den Chefredakteur der *Süddeutschen Zeitung*, in dem er die Veröffentlichung als „geradezu desavouierend für die Presseabteilung der Bayerischen Motoren Werke und ihre Mitarbeiter" bezeichnete. Die Sekretärinnen seiner Pressestelle hätten keine Auskünfte gegeben, weil sie dazu angewiesen worden seien. Dennoch konstatierte Bandow: „Auf keinen Fall kann doch eine – aus welchen Gründen auch immer – nicht sofort gegebene Auskunft die Redaktion veranlassen von einer Auskunftsverweigerung zu sprechen oder auch wegen bevorstehenden Umbruch-Termines [sic] – eilig, eilig – falsche Mel-

107 Goeke: Sache, S. 122–123; Arbeitersache: Was wir brauchen, S. 139.
108 Goeke: Sache, S. 122; AdMA 37/2/3, Arbeitersache München allg. II, Flugblatt der Gruppe Arbeitersache, „Das Geschäft mit der Angst und der Lüge".
109 Süddeutsche Zeitung vom 2. Juni 1972: „Krawalle bei BMW: Werksleitung nimmt Stellung".
110 Ebenda.

dungen zu verbreiten."[111] Hinsichtlich der Angaben der *SZ* über das Ausmaß des Streiks schrieb Bandow: „Diese Informationen können nur aus einem der ominösen Flugblätter stammen, die jetzt so zahlreich erscheinen. Unserer Meinung nach sollte man Informationen, an deren Wahrheitsgehalt man berechtigte Zweifel hat, besser nicht veröffentlichen."[112] Bandow vermutete also, dass die *SZ*-Redaktion ihre Informationen aus den Flugschriften der linksradikalen Gruppen bezog. Damit habe sich die Zeitung von den Linksradikalen täuschen lassen, die Bandow als „geschulte Agitatoren" bezeichnete. Am Ende des Briefs schlug Bandow dem *SZ*-Redakteur eine Recherche über die linksradikalen Aktivitäten im BMW-Werk vor und bot ihm entsprechende Unterlagen an.[113]

Das Schreiben blieb nicht unerwidert. Am 21. Juni antwortete der Leiter des Münchner Lokalteils der *Süddeutschen Zeitung*, Franz Freisleder, auf die Vorwürfe. Freisleder gab an, dass die BMW-Pressestelle, als man sie um eine Erklärung geboten hatte, diese schlicht verweigert habe. Auch weitere Versuche, eine Reaktion der BMW-Pressestelle zu erhalten, seien fehlgeschlagen, da trotz wiederholter Anrufe niemand ans Telefon gegangen sei.[114] Weiter kritisierte Freisleder, dass die Presseabteilung in ihrer offiziellen Stellungnahme, die am 31. Mai 1972 und damit zwei Tage nach dem Streik erschienen war, zu dessen Verlauf und Dauer keine Angaben beziehungsweise Richtigstellungen gemacht habe. Tatsächlich zogen es die Verantwortlichen bei BMW offenbar vor, auf die Behauptungen und Anschuldigungen der linksradikalen Betriebsgruppen von Anfang an nicht einzugehen – auch wenn sie in der *Süddeutschen Zeitung* abgedruckt waren. Die diskursive Strategie des Ignorierens war in diesem Fall jedoch nicht aufgegangen.

Kritik übte auch der *Public Relations Report*, ein wöchentliches Informationsblatt für Führungskräfte, welches den *SZ*-Artikel schon einen Tag nach Erscheinen aufgriff: „Merkwürdig nur, wie sich die Presseabteilung der Firma [BMW] verhielt. Sie liess [sic] schlicht den Vorhang herunter […]." Die Rede war von einer „schroffen Absage an die Presse", einer „Vogel-Strauß-Politik" und davon, dass BMW sich nicht wundern dürfe, wenn Journalisten in einem solchen Fall auf einseitige beziehungsweise zweifelhafte Quellen zurückgriffen. Am Ende des Artikels stellte der Verfasser die sarkastische Frage, ob es sich bei der Presseabteilung „in den Augen der Geschäftsführung um ein Schönwetter-Departement" handle, „das nur zum höheren Ruhm der weiss-blauen [sic] Chrom-Schmauferl tätig wird".[115] Auch in diesem Fall sah sich die Presseabteilung von BMW gezwungen, sich beim Leiter des *Public Relations Report* mit deutlichen Worten zu beschweren: „Anstatt einmal bei uns anzufragen und dabei festzustellen, ob wir wirklich so bescheuert sind, wie es eine junge Reporterin der SZ dargestellt hat, haben Sie das Süppchen genüß-

111 BMW UA 1243–1, Klaus Bandow an Dr. Hans Heigert, 2. Juni 1972.
112 Ebenda.
113 Ebenda.
114 BMW UA 1243–1, Franz Freisleder an Klaus Bandow, 21. Juni 1972.
115 BMW UA 1243–1, Public Relations Report. Der Wöchentliche Informationsdienst für Führungskräfte. Nr. 339, 31. Mai 1972.

lich auch in Ihrem Dienst gekocht." Ferner baten die Verantwortlichen bei BMW um den Abdruck einer Klarstellung.[116]

Es ist im Nachhinein nur schwer aufzulösen, ob die Darstellung der *Süddeutschen Zeitung* zutreffend ist, BMW habe die Kommunikation trotz mehrerer Anfragen verweigert – die Presseabteilung des Unternehmens leugnete dies bis zum Schluss. Dennoch fällt auf, mit welcher Vehemenz die Verantwortlichen bei BMW das Thema der linksradikalen Aktivitäten im Betrieb behandelten. Dass die *SZ* auf Informationen aus linksradikalen Flugblättern zurückgriff, weil sie von BMW nicht beziehungsweise nicht ausreichend oder rechtzeitig informiert worden war, sah die Presseabteilung als hochproblematisch an. Allem Anschein nach hatte man ein solches Vorgehen nicht für möglich gehalten. Die verantwortlichen Stellen gingen offenbar davon aus, dass sich die Münchner Zeitungen in ihrer Berichterstattung ohnehin an einer späteren offiziellen Darstellung der Ereignisse durch das Unternehmen orientieren würden. Im Falle einer Verzögerung seien die zuständigen Redakteure eben zum Abwarten angehalten. Da die Kommunikation mit anderen Münchner Zeitungen – trotz der späten Stellungnahme – wie gewohnt reibungslos funktionierte und es nur die „Süddeutsche Zeitung" war, die unabhängig von unternehmensoffiziellen Vorgaben recherchierte und berichtete,[117] scheint es sich hierbei um eine für die Verantwortlichen neue Entwicklung gehandelt zu haben. Das Ereignis kann als eine – wenn auch verzögerte – Auswirkung des „Übergang[s] vom Konsensjournalismus zur ‚Zeitkritik'"[118] innerhalb der westdeutschen Medienlandschaft der 1960er Jahre interpretiert werden. Ein Übergang, den das Unternehmen BMW durch den Umstand, dass ihm die Kommunikations- und Diskurskontrolle schlagartig entglitten war, unfreiwillig zu spüren bekam.

Die oben angeführte Antwort des *SZ*-Redakteurs Freisleder leitete die BMW-Presseabteilung schließlich sogar an den Vorstand weiter, und zwar mit der handschriftlichen Randnotiz, dass dieser die Chefredaktion der *SZ* fragen solle, ob sie „eigentlich keine Ahnung [hat], um was es hier wirklich geht? (Rote Unterwanderung der Belegschaften etc.)".[119] Daraufhin nahm sich ein Mitglied des Vorstandes der Sache an.[120] In einem erneut an die Chefredaktion der *SZ* gerichteten Brief beklagte die BMW-Führung noch einmal die Bereitschaft der Redaktion, „nachgewiesen[e] Unwahrheiten, deren Quelle irgendwelche obskuren Flugblätter sind", zu verbreiten.[121] Über den Journalisten, der über den BMW-Streik und die Auseinandersetzungen im Wohnheim berichtete, schrieb der Autor des Briefs:

[116] BMW UA 1243-1, Zentzytzki/Merl an Dieter Zimpel, 15. Juni 1972.

[117] BMW UA 1243-1, Mitglied des BMW-Vorstands an Dr. Hans Heigert, undatiert (vermutlich Anfang Juni 1972).

[118] Hodenberg, Christina von: Die Journalisten und der Aufbruch zur kritischen Öffentlichkeit, in: Ulrich Herbert (Hrsg.): Wandlungsprozesse in Westdeutschland. Belastung, Integration, Liberalisierung 1945–1980, Göttingen 2002, S. 278–311, hier S. 309.

[119] BMW UA 1243-1, Franz Freisleder an Klaus Bandow [Randnotiz].

[120] Wahrscheinlich handelt es sich hierbei um den Vorstandsvorsitzenden Eberhard von Kuenheim.

[121] BMW UA 1243-1, Mitglied des BMW-Vorstands an Dr. Hans Heigert.

„Vielleicht sieht Ihr Mitarbeiter wirklich nicht, worauf es ankommt, vielleicht will er es gar nicht sehen. Auf jeden Fall aber fördert er mit dieser seiner Arbeitsweise die umstürzlerischen Kräfte, die in der BRD immer stärker in Erscheinung treten, immer dreister werden und, nach allen Regeln organisiert – gefährliche Aktivitäten entwickeln. Daß damit die staatliche Ordnung getroffen werden soll, daß die Sicherheit der Arbeitsplätze in Gefahr gerät, daß man die Wirtschaft überhaupt zu unterminieren beabsichtigt – solches muß dem wachen Beobachter klar sein. Und solchen Tendenzen kann man gar nicht früh genug entgegen treten, in unser aller Interesse, bevor es zu spät ist."[122]

An dieser Stelle wird erneut deutlich, dass die Verantwortlichen im Unternehmen die linksradikalen Aktivitäten sehr ernst nahmen und zudem in einen größeren gesellschaftlichen Kontext stellten. Das frühe und vehemente Entgegentreten jeder Art von linksradikaler Agitation im Betrieb begründete der BMW-Vorstand nicht in erster Linie mit Eigeninteressen. Vielmehr verband er den Kampf gegen die betriebliche Agitation der Linksradikalen mit dem Hinweis auf gesamtgesellschaftliche politische Veränderungsprozesse, denen es vorzubeugen gelte. Mit dem Verweis auf „unse[r] aller Interesse" versuchte die Unternehmensleitung aber auch, die Anliegen der italienischen Basisgruppe, die zu einem nicht unerheblichen Teil auch die eines Großteils der ausländischen Beschäftigten waren, zu delegitimieren. Überhaupt fällt auf, dass die Firmenleitung im Kontext des Arbeitskampfs beinahe ausschließlich über die linksradikalen Gruppen sprach, während sie die betriebliche Situation und die Rolle der am Streik beteiligten Beschäftigten nicht thematisierte. Dies war insofern konsequent, als BMW deren Forderungen als „von außerhalb des Werks hereingetrage[n]"[123] betrachtete. Die Streikenden seien durch „Flugblattaktionen"[124] und „agitatorische Maßnahmen anarchistischer Gruppen, wie z. B. ‚Lotta Continuar [sic]'"[125] aufgewiegelt worden.

Während das rigorose Auftreten des Werkschutzes, welcher der Betriebsleitung unterstellt ist und zum Zeitpunkt des Streiks als deren ausführendes Organ operierte, durch die angeführten Stellungnahmen der BMW-Verantwortlichen erklärt werden kann, stellen sich die Fragen nach dem Verhalten des Betriebsrats, des gewerkschaftlichen Vertrauenskörpers und der linksradikalen Betriebsgruppen *Gruppe Arbeitersache* und *Lotta Continua*. Bei der Beantwortung dieser Fragen wird es auch darum gehen, Aufschlüsse über die politische Haltung der Belegschaftsangehörigen zu erlangen.

Der BMW-Betriebsrat versuchte während des Streiks, die vor den Hallen versammelten Beschäftigten per Megafon und mit Hilfe von Dolmetschern zu einer Wiederaufnahme der Arbeit zu bewegen. Da er nach dem Betriebsverfassungsge-

122 Ebenda.

123 BMW UA 1243–1, Mitteilung an Münchner Lokalredaktionen der BMW Presseabteilung. Betr.: Störaktion italienischer Gastarbeiter bei BMW, undatiert (vermutlich Anfang Juni 1972).

124 BMW UA 1243–1, Bekanntmachung des Vorstands Nr. 5/72, 30. Mai 1972.

125 BMW UA 1243–1, Mitteilung an Münchner Lokalredaktionen der BMW Presseabteilung. Betr.: Störaktion italienischer Gastarbeiter bei BMW, undatiert (vermutlich Anfang Juni 1972).

setz zum Betriebsfrieden verpflichtet war,[126] blieb dem Betriebsrat in diesem Zusammenhang kaum etwas anderes übrig – höchstens hätte er sich neutral zurückhalten können. Möglichkeiten der Intervention boten sich allerdings vor dem Streik. Denn obwohl nicht der Betriebsrat, sondern die Betriebs- beziehungsweise Unternehmensleitung der Adressat des Protestschreibens war, dessen Nichtbeachtung den unmittelbaren Anlass des Streiks darstellte, kritisierten die Italiener in einem Flugblatt der *Gruppe Arbeitersache* nachträglich die Passivität des Betriebsrats in Bezug auf die Forderungen. Ob die Behauptung des Betriebsratsvorsitzenden Golda, er hätte erst am Streiktag von dem Brief erfahren, den Tatsachen entspricht, kann nicht aufgeklärt werden.[127] Auf der einen Seite ist es durchaus denkbar, dass die Betriebsleitung den Betriebsrat trotz des Ultimatums und der Vehemenz, mit der die Italienergruppe ihre Forderungen vorgetragen hatte, nicht einschaltete: Die Erfüllung der Forderungen kam für die Unternehmensleitung schon allein aus dem Grund, dass sie „betriebsfremde" Gruppen am Werk sah, ohnehin nicht in Frage. Auf der anderen Seite ist es aber ebenso möglich, dass der Betriebsrat zwar unterrichtet wurde, aufgrund einer ähnlichen Sicht auf die Dinge aber beschloss, die Sache ebenfalls zu ignorieren. Mit Blick auf die Bekanntmachungen, in denen der Betriebsrat die Auseinandersetzungen interpretierte, kann diese Erklärung durchaus als wahrscheinlich gelten.

In einer nur in deutscher Sprache verfassten und einen Tag nach dem Streik ausgehangenen Bekanntmachung verurteilte der Betriebsrat das „Vorgehen der Störung des Betriebsfriedens und den tätlichen Angriff einstimmig auf das Schärfste."[128] Ebenso wie die Unternehmensleitung identifizierte auch der Betriebsrat die Gruppen *Lotta Continua* und *Gruppe Arbeitersache* als Verursacher des Streiks. Des Weiteren berichtete er, dass man den fristlosen Entlassungen ausdrücklich die Zustimmung erteilt hatte. In der Bekanntmachung zitierte er nicht nur einen Aufruf eines kurz nach dem Streik zirkulierenden Flugblatts, sondern antwortete auch darauf: „Wenn in dem heutigen Flugblatt davon gesprochen wird, ‚das war nur der Anfang, wir machen weiter', sollte es unsere gemeinsame Aufgabe sein, diesen Herren ein klares *Nein* entgegenzusetzen." Abschließend bat der Betriebsrat die Belegschaftsangehörigen einmal mehr, „sich von den Flugblattschreibern nicht beeinflussen zu lassen, sondern zur Wahrung des Betriebsfriedens im Interesse der Arbeitsplatzsicherheit von uns allen beizutragen."[129]

126 § 74 Abs. 2 BetrVG 1972: „Maßnahmen des Arbeitskampfes zwischen Arbeitgeber und Betriebsrat sind unzulässig […]. Arbeitgeber und Betriebsrat haben Betätigungen zu unterlassen, durch die der Arbeitsablauf oder der Frieden des Betriebs beeinträchtigt werden." In der vorhergehenden Gesetzesfassung fand sich die entsprechende Bestimmung in § 49 Abs. 2 BetrVG 1952.

127 AdMA 37/2/3, Arbeitersache München allg. II, Flugblatt der Gruppe Arbeitersache, „Das Geschäft mit der Angst und der Lüge".

128 Ebenda; BMW UA 1243-1, Bekanntmachung des Betriebsrates Nr. 7/72, 30. Mai 1972.

129 BMW UA 1243-1, Bekanntmachung des Betriebsrates Nr. 7/72, 30. Mai 1972 (Hervorhebung im Original).

Von dieser Interpretation rückte der Betriebsrat auch in seiner einige Tage später veröffentlichten zweiten Bekanntmachung nicht ab. Die Streikenden bezeichnete er als „gesteuerte und aufgewiegelte Gruppe", unter denen sich „Leute befinden, die in Mailand von der ‚Lotta continua' (Der Kampf geht weiter) auf die Situation, wie sie sich am Montag ergeben hat, vorbereitet wurden." Diese Situation machten sich die *Gruppe Arbeitersache* und „mit ihr linksradikale Gruppen einschließlich der APO (Außerparlamentarische Opposition) [...] zu eigen". Den Streik führte der Betriebsrat auf die „seit Monaten anhaltend[e] permanent[e] Flugblattaktion" zurück. Wie zuvor, versuchte er die Aktivisten auch an dieser Stelle als Außenseiter darzustellen, die erst seit kurzer Zeit im Unternehmen beschäftigt seien: „Wo waren diese Herren, als BMW vor dem Konkurs stand und 7000 Belegschaftsangehörige mit ihren Familien um ihre Arbeitsplätze und damit um ihre Zukunft bangen mußten?" Der Verweis auf „das, was wir seit Jahrzehnten unter Entbehrungen aufgebaut haben", also die krisenhafte Phase für BMW vor 1960, zielte zum einen auf die Bloßstellung junger Arbeiter, aus deren Kreis die linksradikalen Verfasser oder Zuarbeiter der Flugblätter in den meisten Fällen kamen und die aufgrund ihres Alters in den 1950er Jahren noch nicht bei BMW gearbeitet hatten. Zum anderen betraf dies auch die ausländischen Beschäftigten, da bei BMW in den 1950er Jahren keine „Gastarbeiter" tätig waren. Zweck dieser Argumentationsstrategie war es offenkundig, die seit Jahren im Betrieb beschäftigte Kernbelegschaft anzusprechen und gegen die stark fluktuierende und oftmals schlechter gestellte Randbelegschaft – junge sowie insbesondere ausländische Beschäftigte – zu vereinnahmen.

Die Münchner IG-Metall-Geschäftsstelle und ihre Vertrauensleute bei BMW schlossen sich dem Vorgehen des Betriebsrats an. Nachdem der rund 120 Personen umfassende Vertrauenskörper den Streik in einer Sitzung besprochen hatte, stimmte er dem Beschluss des Betriebsrats einstimmig zu. Somit segneten auch die Vertrauensleute die Entlassung der 28 Arbeitskräfte, die maßgeblich am Streik beteiligt gewesen waren, ab. Die *Gruppe Arbeitersache* deutete das Abstimmungsergebnis als Ausdruck davon, dass „es keine organisatorische Linke unter den Vertrauensleuten gibt (wie es etwa bei Opel der Fall zu sein scheint)."[130] In diesem Zusammenhang sprach die Gruppe auch davon, dass der Vertrauenskörper von der Belegschaftsbasis völlig isoliert sei, da „die meisten Arbeiter ihre Vertrauensleute entweder nicht kennen oder ihnen nicht vertrauen".[131]

Auch die Interpretation der Vorfälle durch die IG-Metall stimmte im Wesentlichen mit der des Betriebsrats überein. Die Italiener, die den Streik initiiert hatten, bezeichnete ein IG-Metall-Mitglied auf der folgenden Betriebsversammlung als „Marionetten", die von „irgendwo im ausländischen Bereich" sitzenden Akteuren gesteuert seien. Deren Ziel sei es gewesen, „eine politische Eskalation herbeizuführen zwischen deutschen und ausländischen Arbeitnehmern." Weder sei die Aktion

130 Arbeitersache: Was wir brauchen, S. 146.
131 Ebenda, S. 148.

von den Italienern, die im Münchner Werk arbeiteten, geplant und organisiert worden, noch ginge es in Wirklichkeit um Arbeitsbedingungen oder Arbeitnehmerinteressen. Vielmehr sei die Münchner Basisgruppe von *Lotta Continua* aus Mailand „im Grunde genommen benützt worden“. *Lotta Continua* habe die Entlassungen von Anfang an bewusst in Kauf genommen, da „diese Opfer dazu benützt werden sollten, die politische Konfrontation hier in der BRD – ausgehend von BMW – zu entwickeln.“[132] Vor diesem Hintergrund konnte die Gewerkschaft folgerichtig kein Interesse daran haben, die Anliegen der unzufriedenen Italiener aufzugreifen beziehungsweise zu vertreten. Hinzu kam aus Sicht des Gewerkschafters, dass die Vertrauensleute von den Italienern nicht kontaktiert worden waren sowie die Tatsache, dass die betreffenden Arbeitnehmer keine Gewerkschaftsmitglieder waren und die IG-Metall „nicht dazu da [ist], Probleme gewerkschaftlich nichtorganisierter Arbeitnehmer zu lösen.“[133]

Diese Sichtweise war auch die des Betriebsratsvorsitzenden. Bereits Mitte der 1960er Jahre äußerte Golda, dass in seinen Augen ein Belegschaftsangehöriger, der nicht gewerkschaftlich organisiert ist, „nicht das geringste Recht hat, von uns etwas zu fordern.“ Der Betriebsratsvorsitzende machte deutlich, dass er gar nicht daran denke, mit seinem „Gewerkschaftsbeitrag für den etwas durchzusetzen oder zu erkämpfen, der es nicht einmal für nötig hält, seine zuständige Gewerkschaft zu unterstützen, aber auf der anderen Seiter Nutzniesser [sic] des Erreichten sein will.“ Golda ging dabei so weit, zu fordern, dass derjenige, der „sich weigert, der Gewerkschaft beizutreten“, auch „die Errungenschaften der Gewerkschaft, wie beispielsweise Lohn- und Gehaltserhöhung, Arbeitszeitverkürzung, Urlaub und Urlaubsgeld, um nur ein paar Tatsachen zu sagen, ablehnen“ sollte.[134] Diese Ausführungen verdeutlichen, dass der Betriebsrat Forderungen, die von Beschäftigten, die keine Gewerkschaftsmitglieder waren, aus prinzipiellen Gründen keine Aufmerksamkeit schenken wollte. Die Frage nach dem Inhalt der Forderungen und ob diese angemessen und berechtigt waren, spielte dabei offenbar nur eine untergeordnete Rolle.

Eine Verbindung der italienischen Basisgruppe mit *Lotta Continua* ist nicht von der Hand zu weisen. Die Forderung nach „einer Mark mehr“ propagierten die italienischen Operaisten schon seit dem Jahr 1971, etwa während der Tarifauseinandersetzungen bei Opel in Rüsselsheim.[135] Die politischen Aktivisten bei BMW versuchten mit diesem Punkt die zunächst auf die italienischen Vertragsarbeiter begrenzten Forderungen zu verallgemeinern.[136] Dennoch schien die Auflehnung der italienischen Basisgruppe gegen die in ihren Augen unzumutbaren Arbeits-

[132] BMW UA 1532–1, Rede des Koll. Fischer, IG-Metall München, auf der Betriebsversammlung vom 7. August 1972.

[133] Ebenda.

[134] BMW UA 511, Geschäftsbericht des Betriebsrats auf der Betriebsversammlung vom 12. April 1965.

[135] Arps: Frühschicht, S. 90.

[136] So auch die *Gruppe Arbeitersache*, in: Was wir brauchen, S. 140.

und Wohnbedingungen ursprünglich ohne größeren äußeren Einfluss motiviert gewesen zu sein. Die Linksradikalen waren vom Ablauf der Ereignisse jedenfalls nicht weniger überrascht als die übrigen Akteure. Die Tatsache, dass die italienische Basisgruppe die externen Aktivisten offenbar bewusst von den Diskussionen und Vorbereitungen ausschloss – ein Sachverhalt, den die *Gruppe Arbeitersache* in ihrer Analyse immer wieder selbstkritisch hervorhob – untermauert diese Einschätzung.

Zwar versuchten sowohl *Lotta Continua* als auch die *Gruppe Arbeitersache*, so schnell wie möglich Einfluss auf die Italiener zu nehmen, was ihnen jedoch erst gelang, nachdem die Betriebsleitung die Beschwerden der Betroffenen ignoriert hatte.[137] Bis zu diesem Zeitpunkt war die italienische Basisgruppe nicht nur zu Gesprächen mit ihren Vorgesetzten bereit – vielmehr stellte der friedliche Ausgleich das Ziel ihres Vorgehens dar. Dass weder die Betriebsleitung noch der Betriebsrat oder der Vertrauenskörper vermittelnd eingriffen oder in sonstiger Weise mit der italienischen Gruppe kommunizierten, nachdem diese ihren Brief geschrieben hatte, trieb die Protestierenden in die Arme der linksradikalen Gruppen – und dies nicht unbedingt zu ihrem eigenen Vorteil. Da sich den Italienern niemand sonst annahm und eine Repräsentationsinstanz ihrer Interessen fehlte, weshalb sie sich innerhalb des Betriebs als isoliert begreifen mussten, mündeten die Ereignisse in eine kurzfristige, situative Interessenallianz mit den operaistischen Gruppen, die es den betrieblich institutionalisierten Arbeitnehmergremien ermöglichte, die Streikenden aufgrund dieses Bündnisses zu diffamieren.

Sowohl der Betriebsrat als auch die IG-Metall und ihre Vertrauensleute identifizierten die „eigentlich“ Schuldigen und Verursacher in betriebsfremden (*Gruppe Arbeitersache*) und aus dem Ausland agierenden (*Lotta Continua*) linksradikalen Gruppen. Durch diese monokausale Interpretation sprachen die betrieblichen Arbeitnehmervertreter den Protestierenden von vornherein nicht nur die Rechtmäßigkeit ihrer Kritik und ihrer Forderungen ab, sondern letztlich sogar den eigenen Willen. Der von der *Gruppe Arbeitersache* in Bezug auf die Auseinandersetzung im Wohnheim erwähnte Vorwurf Goldas, die Italiener seien von ihr und *Lotta Continua* „besoffen gemacht worden […], um den Mut zu haben, ins Wohnheim zurückzukehren“,[138] passt ebenfalls in dieses Bild. Indem Betriebsrat und Gewerkschaft die BMW-Belegschaftsangehörigen zum Spielball fremder Mächte abstempelten, wehrten sie die Tatsache ab, dass es – selbst dann, wenn man die Behauptung der externen Einflussnahme akzeptiert – Gründe gegeben haben musste, die dazu führten, dass die Gruppe der italienischen Beschäftigten für diese Agitations-

[137] Dies behauptete auch ein von der *Gruppe Arbeitersache* zitierter italienischer Aktivist und Kollege: „Wir geben durchaus zu, dass die ‚Arbeitersache‘ und ‚Lotta Continua‘ diesen Streik von innen und aussen [sic] mit allen Mitteln unterstützen. Aber sie waren nur ein Instrument der Arbeiter.“, in: AdMA 37/2/3, Arbeitersache München allg. II, Flugblatt der Gruppe Arbeitersache, „gestern abend: 25 Italiener erobern ihre Schlafstellen!“.

[138] AdMA 37/2/3, Arbeitersache München allg. II, Flugblatt der Gruppe Arbeitersache, „Das Geschäft mit der Angst und der Lüge“; Arbeitersache: Was wir brauchen, S. 146.

bemühungen empfänglich waren. Dies ist insofern von Bedeutung, als sich in der Erklärung der Italiener und aller Wahrscheinlichkeit auch in ihrem Brief an die Betriebsführung keine gesellschafts- oder kapitalismuskritischen Kampfansagen finden ließen. Im Gegensatz zu den Schriften der linksradikalen Aktivisten bezog sich ihre Kritik einzig auf die konkrete betriebliche Situation. Der Betriebsrat und die Vertrauensleute gingen jedoch auf die angeführten Missstände und Forderungen – wie schon in der Phase vor dem Streik – mit keinem Wort ein.

Die *Gruppe Arbeitersache* konnte im Zuge der Auseinandersetzungen scheinbar gewisse Erfolge für sich verbuchen. Zu nennen sind die den Streikenden wohlgesinnte anfängliche Berichterstattung der *Süddeutschen Zeitung*, die zum größten Teil auf Flugblätter der *Gruppe Arbeitersache* zurückgehen dürfte, sowie der Umstand, dass es überhaupt zu Arbeitskämpfen kam. Da die Gruppe schon seit ihrer innerbetrieblichen Verankerung bei BMW knapp zwei Jahre zuvor auf eine offene Konfrontation zwischen Arbeiterschaft und Unternehmensleitung drängte, konnte sie den „Italienerstreik" – optimistisch interpretiert – als Frucht und erste Etappe ihrer Agitationsarbeit ansehen:

> „Bisher war unsere Politik […] ein ‚Dialog' zwischen *Arbeitersache* und den Arbeitern. Es ist immer unser Ziel gewesen, den politischen Diskussions- und Entscheidungsprozeß in die Arbeiterklasse selber zu verlagern. Das ist bei der Aktion der Italiener auf jeden Fall gelungen."[139]

Die öffentlichen Entgegnungen des Betriebsrats und des Vertrauenskörpers verschafften der *Gruppe Arbeitersache* schließlich eine Aufmerksamkeit, von der sie bis zu diesem Zeitpunkt nur hatte träumen können: „Bis zum Rundbrief des Betriebsrats[,] der die ‚Arbeitersache' zum Marionettenspieler der gesamten Vorkommnisse machte, war unsere Organisation bei diesem Streit kaum im Gespräch. Es ging um die Italiener, den Werksschutz und die Polizei."[140]

Was die *Gruppe Arbeitersache* ebenfalls als positiv einstufen konnte, war eine „Politisierung des Betriebsklimas" im BMW-Werk. So sei „die Bedeutung der Diskussion unter den Arbeitern nicht zu unterschätzen, sie war in der Tat eine Vorstufe zur Bildung von Klassenbewusstsein."[141] Hieraus sprach die Hoffnung, dass aufgrund der Niederlage ein theoretischer, „weitergehender Lernprozess" einsetzen könne,[142] der die Arbeitssubjekte für zukünftige Auseinandersetzungen rüste. Darüber hinaus erhoffte sich die Gruppe positive Auswirkungen auf den „betriebsstrategischen Zusammenhang", womit sie die politische Feindbestimmung innerhalb des Betriebs im Sinne hatte: „Die Fronten sind klarer geworden als je zuvor. Die Selbstentlarvung des Betriebsrats konnte nicht krasser sein."[143] Da die *Gruppe Arbeitersache* die „sinnlich[e] Erfahrung" im Betrieb als Basis und Ausgangspunkt für politische Diskussionsprozesse unter den Arbeitern betrachtete, hoffte sie, dass der Streik und damit die politische „Praxis" zu theoretischen Refle-

139 Ebenda, S. 143.
140 Ebenda.
141 Ebenda.
142 Arbeitersache: Was wir brauchen, S. 144.
143 Ebenda, S. 144.

xionen und Erkenntnissen führen könnten.[144] Auf diese Weise war es ihr möglich, den Ereignissen Positives abzugewinnen.

Bei genauerem Hinsehen konnte die Aktion trotz dieser Befunde dennoch nur schwerlich als Erfolg bezeichnet werden – auch und gerade aus der Perspektive der *Gruppe Arbeitersache*. Während fabrikinterne Auseinandersetzungen in der operaistischen Theorie zu politischen und sozialrevolutionären Entwicklungen führen sollten,[145] ist im Fall des „Italienerstreiks" zu konstatieren, dass die Arbeitskämpfe schon binnen kürzester Zeit abebbten und dass an deren Ende die fristlose, irreversible Entlassung von 28 Belegschaftsangehörigen stand. Dadurch hatte man gerade diejenigen Kräfte für die politische Betriebsarbeit verloren, die am ehesten bereit waren, sich autonom und spontan für Verbesserungen am Arbeitsplatz einzusetzen. Für die unbeteiligten, zögerlichen oder mit einer Verwarnung davongekommenen Beschäftigten musste das Signal, das dadurch ausgesendet wurde, verheerend wirken: Wer sich bei BMW unabhängig von den offiziellen Arbeitnehmervertretungen an Arbeitskämpfen beteiligte oder diese gar initiierte, hatte mit einer Kündigung, wenn nicht gar mit einer Strafanzeige zu rechnen. Eine fortgesetzte Agitation in diesem Sinne, sprich die Aufforderung zu weiteren Arbeitsniederlegungen, wäre unter diesen Umständen mindestens fahrlässig gewesen. Dem entsprach im Wesentlichen auch die Kritik, welche die DKP-Betriebsgruppe am Streikgeschehen übte. Dieses bezeichnete die DKP-Gruppe als „Tat einiger mutiger Einzelgänger", die keine „Aussicht auf Unterstützung durch die BMW-Arbeiter und -Angestellten" gehabt habe. Aus diesen Gründen seien die Mitglieder der *Gruppe Arbeitersache* nichts als „Möchtegernrevolutionäre und Abenteurer, denen es nur um solche spektakuläre[n] Aktionen meist ohne Aussicht auf Erfolg" gehe.[146]

Der Streik bei BMW vom Frühjahr 1972 leitete das Ende der betriebszentrierten politischen Ausrichtung der *Gruppe Arbeitersache* ein.[147] In den internen Diskussionen, die der Auseinandersetzung folgten, stellte die Gruppe fest, dass „in ihr so zahlreiche politische und organisatorische Schwächen zutage traten, so viele unverarbeitete Dinge, daß es Monate brauchte, bis wieder eine einigermaßen stabile Situation hergestellt war."[148] Die Rede war zudem von einem „ungeheuren Verantwortungsdruck" aufgrund der Entlassungen, „der zu großen Spannungen nach innen und außen führte."[149] Selbstkritisch musste man sich daher eingestehen:

> „In dem Bedürfnis, bestehende Situationen zu radikalisieren, ist uns entgangen, wie isoliert wir in Wirklichkeit sind, wie wenig wir den wachsenden Ansprüchen, die die politische Arbeit an uns stellt, gewachsen sind (und da wir diese Ansprüche erst jetzt klar erkennen, scheinen sie uns noch viel größer)."[150]

144 Ebenda, S. 143.
145 Wright, Steve: Storming Heaven. Class Composition and Struggle in Italian Autonomist Marxism, London u. a. 2002, S. 122.
146 „Zur Streikaktion italienischer Kollegen", in: Die Zündung, Nr. 6, Juni/Juli 1972, S. 7–8, hier S. 7.
147 Goeke: Sache, S. 123.
148 Arbeitersache: Was wir brauchen, S. 151.
149 Ebenda, S. 151.
150 Arbeitersache: Was wir brauchen, S. 155.

Der Misserfolg der Aktionen sowie die nachträgliche, im Großen und Ganzen doch realistische Einschätzung der eigenen Möglichkeiten innerhalb des Betriebs sollten in der Folge eine allmähliche Verschiebung des politischen Schwerpunkts der Gruppe hin zur sogenannten Regionsarbeit nach sich ziehen. Der Begriff „Regionsarbeit" bezeichnet die außerbetriebliche politische Tätigkeit, deren Fokus auf die Freizeit der Arbeiterschaft gerichtet war. Diese Neuausrichtung auf den „Reproduktionsbereich" schlug sich in Stadtteilinitiativen (Milbertshofen und Giesing) sowie in der Annäherung an die Frauenbewegung nieder.[151] Ganz ähnlich erging es der Gruppe *Lotta Continua*. In einem Diskussionspapier stellten die italienischen Genossen fest, dass der Arbeitskampf bei BMW „innerhalb unserer Gruppen derartige Widersprüche [hat] auftreten lassen, daß L.C. in einen Zustand der Unbeweglichkeit und politischen Ohnmacht festgefahren war."[152]

10.4 Zwischen Sympathie und Ablehnung: Die Reaktion der Belegschaft auf den „Italienerstreik"

Die wesentliche Ursache für die Desorientierung der linksradikalen Betriebsgruppen kann in der mangelnden Beteiligung und fehlenden aktiven Solidarisierung der Belegschaft gesehen werden. Die folgenden Ausführungen gehen den Fragen nach, wie die Beschäftigten, die nicht am Streik beteiligt waren, auf die Arbeitsniederlegung reagierten und warum die Aktion schließlich scheiterte. Auch wenn die *Gruppe Arbeitersache* in ihren nachträglichen Analysen viel über strategische und organisatorische Mängel sprach,[153] so kann doch nichts über die Tatsache hinwegtäuschen, dass die übergroße Mehrheit der BMW-Arbeiterschaft den Streik nicht sichtbar unterstützte. Im Rückblick schrieb die Gruppe in diesem Sinne, dass „bei einer Unterstützung anderer Arbeiter die Chose ganz anders gelaufen wäre."[154] Denn trotz der immer wieder getätigten Einschätzung, die in der bestreikten Halle beschäftigten Arbeiter stünden sowohl den Forderungen als auch dem Streik positiv gegenüber, musste sich die Gruppe eingestehen, dass während des Demonstrationszugs „kaum aktive Solidarisierung" vonseiten der Kollegen festzustellen war und somit die „Erwartung, daß sich die Massen spontan anschließen, [...] wieder fehl[schlug]."[155] Zwar verwiesen die Aktivisten auf der einen Seite immer wieder auf Sympathie- und Solidaritätsbekundungen aus der Belegschaft. So behauptete

151 Arps: Frühschicht, S. 104–106.

152 Arbeitersache: Was wir brauchen, S. 154.

153 AdMA 37/2/3, Arbeitersache München allg. II, Flugblatt der Gruppe Arbeitersache, „Das war nur der Anfang. Wir machen weiter"; Arbeitersache: Was wir brauchen, S. 142.

154 Ebenda, S. 145.

155 Ebenda, S. 154. So auch die Beurteilung in: AdMA 37/2/3, Arbeitersache BMW/MAN, Betriebsgruppe bei BMW: Grundlagen für eine Betriebspolitik bei BMW. Kritik der „Arbeitersache" (internes Dokument der *Gruppe Arbeitersache*, undatiert (vermutlich Ende 1972)), S. 31.

die *Gruppe Arbeitersache*, dass die „Aktion der Italiener von keiner der Fraktionen des Proletariats eindeutig als negativ qualifiziert wurde".[156] Auf der anderen Seite war die Weigerung der ausländischen und deutschen Kollegen, sich der Demonstration durch die Halle anzuschließen oder die Aktion durch Handlungen zu unterstützen, kaum wegzudiskutieren. Auch in Bezug auf die Folgen des Streiks, nämlich die Entlassungen und die Aussperrung aus dem Wohnheim, musste sich die *Gruppe Arbeitersache* eingestehen: „Die Arbeiter haben sie nicht als eine Unterdrückung, die sie alle angeht, erfahren."[157]

Dieser Befund traf auch auf die Arbeiter am Fließband zu. Obwohl die Forderungen nach längeren Pausen und dem Akkord-Stopp der *Gruppe Arbeitersache* zufolge „durch mehrere Bandarbeiterversammlungen legitimiert"[158] gewesen waren und die Italiener in ihrem Protest insbesondere die Situation am Fließband skandalisierten, schlossen sich ihre Kollegen am Band nicht an. Zwar schrieb die Gruppe: „Ein Großteil der Bandarbeiter billigte die Forderungen und war auch der Meinung[,] ‚man muß endlich etwas tun'."[159] Dennoch reichte es nicht zur aktiven und tatkräftigen Solidarisierung. Folgt man der Argumentation der *Gruppe Arbeitersache*, so lag dies in der politischen Organisierung nach Nationalitätszugehörigkeit sowie der spezifischen Situation der italienischen Vertragsarbeiter: „Sowohl die Tatsache, daß die Aktion fast ausschließlich von Italienern durchgeführt wurde, als auch die Forderung nach einem besseren Arbeitsplatz gaben den Bandarbeitern die Möglichkeit, den Kampf immer wieder als Problem der Italiener von sich abzuwehren."[160] Dies ist insofern verständlich, als andere Bandarbeiter eben in den meisten Fällen keinen Vertrag hatten, der ihnen formal einen besseren Arbeitsplatz zusicherte und auf den sie hätten verweisen können. Die im Falle der streikenden Italiener vorliegende Diskrepanz zwischen vertraglicher Vereinbarung und faktischem Arbeitseinsatz, die als Betrug wahrgenommen wurde, lag hier also nicht vor. Hinzu kam, dass der Zeitpunkt des Streiks offenbar mit einem Nachlassen der Akkorderhöhungen zusammenfiel – was, wie die *Gruppe Arbeitersache* feststellen musste, das „Spannungsklima in der Fabrik" möglicherweise dämpfte.[161]

Die Analyse benannte auch das „relativ geringe Risiko, das die jungen Italiener im Gegensatz etwa zu Arbeitern mit Familien auf sich nahmen, da sie sowieso unter den vorgefundenen Bedingungen nicht weiter arbeiten wollten."[162] Hiermit war die Sorge um den Arbeitsplatz angesprochen und damit die Frage, was die potenziellen Arbeitskämpfer zu verlieren hatten: „Das Moment der Angst bleibt selbstverständlich. Es wurde nicht durch das Moment der Solidarität aufgeho-

156 Arbeitersache: Was wir brauchen, S. 143.
157 Ebenda, S. 143.
158 Ebenda, S. 140.
159 Ebenda, S. 144.
160 Ebenda, S. 140–141.
161 Ebenda, S. 142.
162 Ebenda, S. 141.

ben."[163] Obwohl sich die Gruppe positiv zugestand, dass sie intensiv über die Situation innerhalb des Wohnheims berichtet hatte, musste sie feststellen, dass die meisten Arbeiter auch von der Protestaktion am Wohnheim fortblieben: „Sie haben Angst, sich zu exponieren, wir bleiben weitgehend unter uns."[164] Nachdem sich der Betriebsratsvorsitzende Golda auf der Vertrauensleutesitzung bei den griechischen und türkischen Belegschaftsmitgliedern bedankte, da sie ruhig geblieben waren und sich dem Streik nicht angeschlossen hatten, zitierte die *Gruppe Arbeitersache* zwar einen griechischen Arbeiter, der die Passivität mit der organisatorischen Schwäche der übrigen Nationalitätengruppen erklärte. Andererseits konstatierte die Gruppe aber auch: „Die Türken und Griechen haben sicher mehr Angst als die Italiener, denn wenn sie ausgewiesen werden, erwartet sie oft in ihrem Heimatland das Gefängnis."[165]

Es ist in diesem Zusammenhang wichtig, eine Unterscheidung zu treffen zwischen den italienischen Aktivisten, also der italienischen Basisgruppe, die den Streik initiierte und durchführte, und der *Gruppe Arbeitersache*, welche die Auseinandersetzungen propagandistisch und analytisch begleitete. Wichtig ist dies insofern, als die *Gruppe Arbeitersache* gewissermaßen als Sprachrohr der am Streik beteiligten Italiener auftrat, etwa durch das ausführliche Zitieren von „italienischen Kollegen" in ihren Flugblättern. Betrachtet man die Erklärung, welche die Streikgruppe selbst abgab und in der sie ihr Vorgehen begründete, so können argumentative und diskursive Differenzen zwischen den beiden Akteursgruppen ausfindig gemacht werden. Zum einen fokussierte sich die Italienergruppe auf die konkrete Arbeitssituation. Ihre zentrale Forderung bestand darin, an einen ihrer Qualifikation angemessenen Arbeitsplatz versetzt zu werden – eine Forderung, welche die *Gruppe Arbeitersache* im Nachhinein als kaum verallgemeinerbar und „prinzipiell rückschrittlich" kritisierte.[166] Die weiteren, spezifisch linksradikalen Forderungen nach Pausenverlängerung, Zurücknahme der Akkordzeiten und „einer Mark mehr für alle" hatten die operaistischen Gruppen, wie die *Gruppe Arbeitersache* nachträglich eingestand, der ursprünglichen Forderung gewissermaßen „angeklebt",[167] um eine Solidarisierung weiterer Belegschaftsteile zu erreichen. Die *Gruppe Arbeitersache* und *Lotta Continua* hatten auf diese Weise versucht, dem Anliegen der Italienergruppe den „[k]orporative[n] Geruch" zu nehmen.[168] Zum anderen ist ein unterschiedliches Vorgehen in Bezug auf die innerbetrieblichen Kontrahenten festzustellen. Zwar hielten sich auch die Italiener nicht mit Anschuldigungen und Vorwürfen zurück, etwa wenn sie im Nachhinein behaup-

163 Ebenda, S. 145.
164 Ebenda, S. 139.
165 AdMA 37/2/3, Arbeitersache München allg. II, Flugblatt der Gruppe Arbeitersache, „Das Geschäft mit der Angst und der Lüge".
166 AdMA 37/2/3, Arbeitersache BMW/MAN, Betriebsgruppe bei BMW: Grundlagen für eine Betriebspolitik bei BMW. Kritik der „Arbeitersache" (internes Dokument der *Gruppe Arbeitersache*, undatiert (vermutlich Ende 1972)), S. 30.
167 Ebenda, S. 31.
168 Ebenda.

teten, sie seien geschlagen und „wie Kriminelle“ behandelt worden.[169] Während die *Gruppe Arbeitersache* in ihren Flugblättern jedoch sowohl den Betriebsrat („Kapitalistenvertreter“, „Lügner Golda“) als auch die Betriebsleitung („BMW-Bonzen“) in harschem, polemischem Ton angriff und deren Reaktion als „Kriegserklärung“ bezeichnete, die man annehme,[170] finden sich solche Angriffe in der Erklärung der italienischen Arbeiter nicht. Die Zurückhaltung hinsichtlich diffamierender und verallgemeinernd-unsachlicher Angriffe lässt sich sogar in den Stellungnahmen der „italienischen Kollegen“ in den Flugblättern der *Gruppe Arbeitersache* ausmachen.

Zusammenfassend ist festzustellen, dass die übrigen Beschäftigten bei BMW offenbar kein bis wenig Interesse an einer Solidarisierung mit den streikenden Italienern hatten. Dies traf auch auf italienische Belegschaftsangehörige zu, die sich offenbar nicht solidarischer verhielten als Beschäftigte anderer Nationalitäten, sondern sich vielmehr zu einem großen Teil von den Protestierenden distanzierten.[171] Während die *Gruppe Arbeitersache* immer wieder hervorhob, dass bei den ausländischen Beschäftigten trotz aller Passivität zumindest Sympathien für die Streikenden erkennbar waren, konstatierte sie im Hinblick auf die deutschen Arbeiter, dass sich diese „neutral“ gezeigt hätten.[172] So seien während der Streikwoche bei einer Versammlung von BMW-Arbeitern, auf der ein „optimistisches Kampfklima“ geherrscht habe, zwar relativ viele Beschäftigte erschienen. Dabei seien aber nur wenige Deutsche anwesend gewesen. Da auch der Betriebsrat in seiner oben zitierten Mitteilung mit dem Verweis auf Tradition und Aufbauleistung vor allem die deutsche Kernbelegschaft ansprach, spricht viel für die These, dass die Distanz zu den streikenden Italienern bei den deutschen Arbeitern am größten war. Dies galt offenbar auch für politisierte Belegschaftsmitglieder. So sprach die *Gruppe Arbeitersache* davon, dass „viele deutsche Genossen die Bedeutung und Auswirkungen, die der Aktion möglicherweise zukommen konnten, nicht so recht ernst nahmen“.[173] Zudem sei „zwischen der deutschen und der Italienergruppe eine zeitweilige Entfremdung“ eingetreten. Die Aussagen bezogen sich, da von „Genossen“ und „Gruppen“ die Rede ist, offenbar auf politisch weit links stehende BMW-Beschäftigte, so dass sogar bei diesen eine gewisse Skepsis vorlag. Deshalb kam die *Gruppe Arbeitersache* zu dem Schluss: „Es wurde klar, daß die Bedingungen des Heimatlands, die Repression, der kulturelle Hintergrund, die nationale Kommunikation, die Lage als Immigrant *insgesamt* das Verhalten der Arbeiter bestimmten.“[174] Tatsächlich scheint gerade dieser Befund auf die Ereig-

169 DOMiD, FL 0988, Flugblatt, „Erklärung der italienischen Arbeiter“, undatiert (vermutlich Mitte/Ende Mai 1972).

170 AdMA 37/2/3, Arbeitersache München allg. II, Flugblatt der Gruppe Arbeitersache, „Das Geschäft mit der Angst und der Lüge“.

171 Bayernkurier vom 15. Juli 1972: „Versuchsobjekte für Zerstörungsarbeit. Kommunistischer Terror bei BMW“.

172 Arbeitersache: Was wir brauchen, S. 139.

173 Ebenda, S. 142.

174 Ebenda, S. 152 (Hervorhebung im Original).

nisse bei BMW zuzutreffen, da es sich hinsichtlich der zentralen Forderung der italienischen Basisgruppe, nämlich der Versetzung an einen vertraglich angemessenen Arbeitsplatz, um eine migrationsspezifische Forderung handelte, welche mit der Anerkennung ihrer Facharbeiterausbildung in Italien im Zusammenhang stand und damit die Modalitäten der Anwerbung betraf. Selbiges gilt für die Situation im Wohnheim. Auch hiervon waren zwar nicht nur, aber vor allem ausländische Beschäftige betroffen, denen aus unterschiedlichen Gründen die Suche nach einer privaten Wohnung erschwert beziehungsweise verschlossen war.

Die Situation der „Gastarbeiter" war jedoch noch weiter zu differenzieren. Die *Gruppe Arbeitersache* stellte fest, dass die Diskussionen während des Streiks „nach Nationalitäten getrennt" verliefen. Grundsätzlich konstatierte sie, „daß die Genossen auch persönlich Schwierigkeiten entwickelten, zu kommunizieren."[175] Es zeigte sich also, dass sich die unterschiedlichen nationalen Gruppen schwer taten, sich auszutauschen, zu diskutieren und die Interessen der jeweils anderen als die eigenen zu verstehen. Hinsichtlich des Streiks bei BMW wurde diese Problematik besonders zu Beginn des Geschehens deutlich, als es der italienischen Basisgruppe nicht gelang, größere Teile der Restbelegschaft über ihre Beweggründe und Forderungen sowie die geplanten Schritte in ausreichendem Maße zu informieren.[176]

Sympathien vonseiten ihrer Kollegen erzeugten die Streikenden offenbar vor allem aufgrund ihres Vorgehens gegen die Meister und andere Vorgesetzte. Die *Gruppe Arbeitersache* behauptete etwa, die Meister seien während der Arbeitsniederlegung als „direkter Ordnungsdienst" aufgetreten, „der sich vom Werkschutz nur durch den Grad der Bewaffnung unterscheidet. Ansonsten übernehmen die Meister alle seine Aufgaben, von der Prügelei bis zur Festnahme."[177] Die Analyse der *Gruppe Arbeitersache* hielt zudem fest, dass die Streikaktion insbesondere gezeigt habe, „wie verhaßt viele Meister sind. Nach Aussagen einiger Genossen wurde es den Italienern vor allem zugutegehalten, daß sie mehrere Meister verprügelt haben."[178] Angesichts der Tatsache, dass die Interaktion mit den Meistern im Industriebetrieb tatsächlich oftmals Verstimmungen bei einfachen Arbeitern auslöste, wie es etwa Untersuchungen zur Hüttenindustrie der 1950er Jahre herausgestellt haben,[179] kann es durchaus als wahrscheinlich gelten, dass die Beobachtung der *Gruppe Arbeitersache* zutraf. Es sollte hierbei jedoch nicht übersehen werden, dass es sich bei dieser „Solidarisierung" gegen Meister und andere Personen, die eine gehobene Stellung innerhalb der betrieblichen Hierarchie innehatten, wohl weniger um einen Ausdruck politischer Positionierung und Interessenartikulation handelte, sondern weit eher um emotionale Regungen, die sich hauptsächlich aus

[175] Ebenda, S. 152.
[176] AdMA 37/2/3, Arbeitersache BMW/MAN, Betriebsgruppe bei BMW: Grundlagen für eine Betriebspolitik bei BMW. Kritik der „Arbeitersache" (internes Dokument der *Gruppe Arbeitersache*, undatiert (vermutlich Ende 1972)), S. 31.
[177] Arbeitersache: Was wir brauchen, S. 147.
[178] Ebenda.
[179] Popitz u. a.: Gesellschaftsbild, S. 50–51.

Ressentiments speisten. Dies macht nicht zuletzt die folgende Aussage deutlich: „Was stattfand, war spontane Sympathie und Schadenfreude wegen der verdroschenen Meister; die Frage[,] ob bei dem Spektakel mitzumachen sei, haben [...] die Arbeiter negativ beantwortet."[180] Da es sich bei dieser Schadenfreude eher um ein Ressentiment als um ein Resultat politischer Urteilsbildung handelte, konnten sich die Aggressionen auch gegen die Studenten richten, die sich vor dem Werk versammelten.[181] Selbiges galt offenbar auch für die streikenden Italiener, die vereinzelt vor Angreifern aus der Belegschaft durch die Betriebsleitung beziehungsweise den Werkschutz geschützt werden mussten.[182]

Insgesamt ergibt sich somit ein ambivalentes Bild. Was die ausländischen Beschäftigten im Münchner BMW-Werk betrifft, so standen diese dem Streik und dem Wohnheimprotest in großen Teilen sicherlich nicht selten sympathisierend bis solidarisch gegenüber. Dafür sprechen nicht nur die Einschätzungen der *Gruppe Arbeitersache*, sondern ebenso die Tatsache, dass die Streikwelle, die im Jahr 1973 andere westdeutsche Automobilproduzenten erfasste, zum allergrößten Teil von „Gastarbeitern" ausgefochten wurde.[183] Neben Sprach- und Integrationsproblemen innerhalb und außerhalb des Betriebs sowie der Unterbringung in Wohnheimen war es nicht zuletzt die betriebliche Arbeitssituation, welche dazu führte, dass sich die Erfahrungen ausländischer Industriearbeiter oftmals ähnelten. Trotz dieser „strukturellen" Affinitäten zwischen den ausländischen Beschäftigten zeigt der „Italienerstreik" bei BMW, dass es zwischen den unterschiedlichen Nationalitäten zum einen Kommunikationsprobleme und Berührungsängste gab, die ein gemeinsames Handeln wenn nicht verhinderten, so doch erschwerten. Zum anderen existierten Unterschiede, was den jeweiligen formellen und faktischen Status der Gruppen innerhalb des Betriebs betraf. Die italienischen Vertragsarbeiter waren nämlich insofern in einer besonderen Situation, als sie *de facto* von der Betriebsleitung einerseits wie andere „Gastarbeiter" behandelt wurden, während ihnen *de jure* eine Facharbeiterstellung und damit eine privilegierte oder zumindest der deutschen Kernbelegschaft gleichgestellte Position im Betrieb zustand. In dieser Hinsicht teilten andere Migranten bei BMW das Schicksal der Italienergruppe gerade nicht. Wie die *Gruppe Arbeitersache* richtig konstatierte, war die von der italienischen Basisgruppe vorgebrachte Forderung „Jeder an den seiner Qualifika-

180 AdMA 37/2/3, Arbeitersache BMW/MAN, Betriebsgruppe bei BMW: Grundlagen für eine Betriebspolitik bei BMW. Kritik der „Arbeitersache" (internes Dokument der *Gruppe Arbeitersache*, undatiert (vermutlich Ende 1972)), S. 31.

181 Zu dem Bericht, einzelne BMW-Arbeiter wollten die Studenten vor den Werkstoren verprügeln, siehe: Arbeitersache: Was wir brauchen, S. 146.

182 Bayernkurier vom 15. Juli 1972: „Versuchsobjekte für Zerstörungsarbeit. Kommunistischer Terror bei BMW".

183 Siehe zu den „Ausländerstreiks" des Jahres 1973 v. a.: Birke: Streiks, S. 278–292 u. Müller-Jentsch, Walther u. Keßler, Rainer: Spontane Streiks in der Bundesrepublik, in: Kritische Justiz 6 (1973), S. 361–384. Zu den Streiks bei Pierburg in Neuss siehe: Pierburg-Autorenkollektiv: Pierburg – Neuss: „Deutsche und ausländische Arbeiter – ein Gegner – ein Kampf", o. O. 1974.

tion entsprechenden Arbeitsplatz" allenfalls „für Einzelindividuen oder eine kleine Gruppe von Arbeitern durchzusetzen, was aber daran scheitert, daß für so etwas keine Massenbasis möglich ist."[184]

Vor diesem Hintergrund ist es mehr als wahrscheinlich, dass die übrigen Bandarbeiter, ob deutsch oder ausländisch, an einer Solidarisierung auch dann kein Interesse gezeigt hätten, wenn die Aktion im Vorfeld besser organisiert gewesen wäre. Während sich die italienischen Streikenden zum Ziel gesetzt hatten, den Arbeitsplatz am Band kollektiv zu verlassen, das heißt eine Versetzung an einen besseren erstrebten, waren ihre niedrig qualifizierten Kollegen am Fließband auf Erleichterungen und Verbesserungen *an* diesem Arbeitsplatz angewiesen. Trotz der Tatsache, dass die italienische Basisgruppe versuchte, ihre Forderungen zu verallgemeinern und ihren Protest damit tendenziell zu dem aller Arbeiter bei BMW zu machen, konnten sich diese mit dem Arbeitskampf der Italiener nicht identifizieren. Abgesehen von den erwähnten Differenzen zwischen den Nationalitäten lag dies auch darin begründet, dass die Interessen der Akteure, welche die Forderungen artikulierten, grundsätzlich andere waren als die der übrigen Bandarbeiter – nämlich die Beförderung zum Facharbeiter.

Die deutsche Kernbelegschaft schließlich befand sich gleich in doppelter Distanz zu den Streikenden. Nicht nur manifestierte sich im Verhältnis der deutschen Facharbeiter zu den Italienern die „Nationalitätendifferenz" mit all ihren inner- und außerbetrieblichen Implikationen besonders deutlich – auch die Interessen, die sich aus den jeweiligen Stellungen innerhalb der Betriebshierarchie ergaben, waren kaum zu vermitteln. Während die italienische Basisgruppe für eine betriebliche Position kämpfte, die Facharbeiter längst innehatten, konnten diese mit der Kritik der Akkorderhöhungen und der Pausenregelungen am Fließband nur wenig anfangen (nur die Forderung nach „einer Mark für alle" hatte zumindest das Potenzial zur Identifikation). Diese Unvereinbarkeit der Interessen traf aus naheliegenden Gründen insbesondere mit Blick auf (untere) Vorgesetzte und Meister zu, die sich in den Auseinandersetzungen denn auch am Deutlichsten gegen die Streikenden positionierten.

Trotz dieser Befunde war der Unternehmensleitung ebenso wie dem Betriebsrat die Befürchtung anzumerken, dass sich größere Teile der Belegschaft den Protesten anschließen könnten. Da die Billigung des Streiks allem Anschein nach bei den ausländischen Belegschaftsangehörigen am größten war, war diese Sorge nicht unberechtigt. Bei rund 6000 ausländischen BMW-Mitarbeitern im Münchner Werk beziehungsweise einem „Gastarbeiter"-Anteil an der Gesamtbelegschaft von 31 Prozent zu Beginn der 1970er Jahre[185] wäre eine breite Solidarisierung der ausländischen Beschäftigten über die Nationalitätsgrenzen hinweg tatsächlich zu ei-

[184] AdMA 37/2/3, Arbeitersache BMW/MAN, Betriebsgruppe bei BMW: Grundlagen für eine Betriebspolitik bei BMW. Kritik der „Arbeitersache" (internes Dokument der *Gruppe Arbeitersache*, undatiert (vermutlich Ende 1972)), S. 30.

[185] Grunert u. Triebel: Unternehmen, S. 109; BMW UA 1243–1, Zentzytzki/Merl an Dieter Zimpel, 15. Juni 1972.

nem massiven Problem für die Unternehmensleitung geworden. Insofern wird in diesem Zusammenhang auch verständlich, weshalb die Verantwortlichen bei BMW die linksradikale Agitation mit aller Vehemenz bekämpften. Wie sehr die Unternehmensführung alarmiert war und wie ernst sie die Entwicklungen nahm, zeigen der „Barrikadenbau zwischen den Abteilungen durch die Meister“[186] während des Streiks ebenso wie die Reaktion auf die Berichterstattung der *Süddeutschen Zeitung*. Dies macht wiederum deutlich, dass man sich der Loyalität der Beschäftigten im Unternehmen alles andere als sicher war.

186 Arbeitersache: Was wir brauchen, S. 145.

11. Fazit

Im Streik der italienischen BMW-Beschäftigten des Frühjahrs 1972 kam eine grundlegende Unzufriedenheit mit der Betriebspolitik der Unternehmensleitung zum Ausdruck. Diese Unzufriedenheit bezog sich zwar in erster Linie darauf, dass die Italiener entgegen anderslautender Vereinbarungen niedrig bezahlte Hilfstätigkeiten ableisten mussten, die ihrer Facharbeiterausbildung nicht angemessen waren. Zu dieser spezifischen Ursache kamen allerdings weitere hinzu. So war der Unmut der Italienergruppe über ihre soziale Stellung im Betrieb und im Wohnheim auch auf Erfahrungen zurückzuführen, die mit ihrem Status als „Gastarbeiter" zusammenhingen. Außerdem standen die betrieblichen Folgen der stetigen Produktionssteigerungen im Fokus ihrer Kritik. Die Rationalisierungs- und Konzentrationsmaßnahmen sowie die Intensivierung und zeitliche Ausweitung des Arbeitsprozesses, mit denen das Unternehmen die Ausstoßerhöhungen bewerkstelligte, hatten sich unmittelbar auf die Zustände an den Arbeitsplätzen und insbesondere am Fließband ausgewirkt. Die Kritik der Streikenden zielte damit nicht zuletzt auf die Konsequenzen, welche die Implementierung der fordistischen Massenproduktionsweise bei BMW zu Beginn der 1960er Jahre mit sich gebracht hatte.

Zur Einführung der standardisierten Fließ- und Großserienfertigung sahen die Entscheider im Münchner Unternehmen keine Alternative, als es item Jahr 1960/61 galt, die unerwartet deutliche Nachfragesteigerung nach BMW-Modellen zu nutzen, um sich als eigenständiges Automobilunternehmen langfristig am Markt zu etablieren. Kurz zuvor, im Dezember 1959, hatte sich die Lage noch gänzlich anders gestaltet: Die Übernahme durch Daimler-Benz war bereits beschlossen worden, so dass das Ende der wirtschaftlichen Selbstständigkeit endgültig besiegelt schien. Nachdem die Aktionärsversammlung die Fusion gerade noch hatte abwenden können, bewirkte das Eingreifen des Großaktionärs Herbert Quandt im Jahr 1960 eine Verbesserung der finanziellen Lage. Als sich überdies der eben auf den Markt gebrachte Kleinwagen BMW 700 als Verkaufsschlager entpuppte, waren die grundlegenden Weichen für den Aufstieg des Unternehmens gestellt. Hinsichtlich der Umsatz-, Absatz- und Gewinnentwicklung implizierte dies, dass der Abstand zu prosperierenden Branchenkonkurrenten wie VW und Daimler-Benz aufgeholt werden musste. Im Gegensatz zu BMW hatten diese bereits in den 1950er Jahren am westdeutschen Boom partizipiert. Während es die Auftragslage beim Münchner Unternehmen nicht zugelassen hatte, die Produktionsanlagen auszulasten und die Belegschaft ausreichend mit Arbeit zu versorgen, modernisierten andere bundesdeutsche Automobil-Großhersteller ihre Fertigungsanlagen und stellten massenhaft Arbeitskräfte ein, um die hohe Nachfrage zu bedienen. Mit der Überwindung der Dauerkrise im Jahr 1960/61 kam schließlich auch BMW im „Wirtschaftswunder" an.

Der Anschluss an den Boom gestaltete sich alles andere als einfach. Die rapide steigende Nachfrage auf dem Absatzmarkt und die damit verbundenen hohen Verkaufs- und Gewinnaussichten erforderten es, die Fertigungszahlen massiv zu erhöhen. Mehr noch als für „klassische" Massenproduzenten wie VW oder Opel bestand für BMW als Hersteller von hochpreisigen Exklusivprodukten zudem gleichzeitig die Notwendigkeit, der Frage der Güterqualität verstärkte Aufmerksamkeit zu widmen. Die Unternehmensleitung griff mit der Technisierung der Fertigungsabläufe, der Anwendung tayloristischer Erkenntnisse und dem Einsatz des Fließbands einerseits auf fordistische Produktionsmethoden zurück, da es nur auf diese Weise möglich war, die exorbitante Steigerung des Outputs zu gewährleisten und die Kosten dabei so gering wie möglich zu halten. Obwohl in den Augen des Vorstands an der Großserienfertigung kein Weg vorbeiführte, war man aufgrund marketingstrategischer Gesichtspunkte, die mit dem Image der Marke BMW verbunden waren, andererseits gezwungen, vielfältige Typenreihen anzubieten, um den speziellen Kundenwünschen entgegenzukommen. Den Zielkonflikt von Quantität und Qualität versuchte die Unternehmensleitung durch einen Kompromiss zwischen fordistischer Massenproduktionsweise und handwerklich geprägten Fertigungsmethoden zu lösen: So fertigte BMW von Anfang der 1960er bis in die frühen 1970er Jahre zwei bis drei standardisierte Grundmodelle nach dem Baukastenprinzip, die als Basis für die Herstellung der unterschiedlichen Typen fungierten. Trotz dieser produktionsstrategischen Grundentscheidung kam es insbesondere während der stürmischen Expansionsphase der frühen 1960er Jahre zu Qualitätsproblemen, weshalb der Vorstand der Sicherung der Güterqualität zeitweise höchste Priorität einräumte.

War die Erhöhung des Fertigungsausstoßes bis 1963 nur stockend vorangegangen, steigerte sich dieser in der Folgezeit rasant. Dennoch bestanden bereits Mitte der 1960er Jahre bei sämtlichen BMW-Modelltypen Lieferfristen, die teilweise mehrere Monate betrugen. Den Verantwortlichen war schon zu dieser Zeit bewusst, dass die Kapazitäten des Münchner Werks bei weiteren Ausstoßsteigerungen, die man allerdings für unumgänglich hielt, mittelfristig an ihre Grenzen gelangen würden. Um die Nutzfläche des Werks zu erweitern, investierte der Vorstand ab 1964 gezielt in den Ausbau der Fertigungskapazitäten. Die daraufhin einsetzenden Baumaßnahmen prägten die betriebliche Situation bis zum Ende der 1960er Jahre. Neben der Neuanschaffung von Anlagen betraf dies insbesondere die Ausweitung der Räumlichkeiten. Die Versuche, die Produktion so platzsparend wie möglich zu organisieren, konnten jedoch nicht über den grundlegenden Umstand hinwegtäuschen, dass das in den 1920ern in Betrieb genommene Münchner Werksgelände nicht auf Fertigungsstückzahlen ausgelegt war, wie sie seit den mittleren 1960er Jahren notwendig geworden waren. Die (prospektiven) Engpässe, welche die Unternehmensleitung hinsichtlich der Raum- und Kapazitätsfrage zu gewärtigen hatte, stellten ab den frühen 1960er Jahren eine dauerhafte Problematik dar, die auf die Notwendigkeit zurückging, die Angebotsmenge rapide zu erhöhen, um die hohe Nachfrage auf dem Absatzmarkt zu bedienen. Auch wenn der Vorstand im Jahr 1970 beschloss, eine Phase der Konsolidierung einzuleiten, in der man von der sprunghaften zur schrittweisen Expansion übergehen wollte, blieb die Erhöhung des Produktionsausstoßes auch zu diesem Zeitpunkt eine zentrale Zielsetzung.

Zum Zweck der Fertigungssteigerung waren jedoch nicht nur neue Maschinen und Anlagen vonnöten, sondern auch Produktionsarbeiter. Die Erfüllung der überaus ehrgeizigen Programmziele war nur möglich, wenn es gelang, genügend Arbeitskräfte zu beschaffen. Angesichts der Arbeitsmarktsituation war die Herausforderung, neue Beschäftigte zu rekrutieren, kaum zu überschätzen. Dieser Sachverhalt erklärte nicht zuletzt auch die hohen Fluktuationsquoten: Der Gang zu einem konkurrierenden Unternehmen gestaltete sich aufgrund der allgemeinen Arbeitskräftenachfrage als vergleichsweise unproblematisch, so dass eine freiwillige Kündigung in der Regel nicht zur Arbeitslosigkeit führte. Die Neueinstellungen, die BMW in den 1960er und frühen 1970er Jahren vornahm, dienten somit neben der Belegschaftsverstärkung immer auch der Kompensation der Kündigungen von Beschäftigten. Im Betrieb zogen die hohen Fluktuationsquoten handfeste Probleme nach sich: Für die Einarbeitung, die bei jeder Neueinstellung eines Arbeiters notwendig wurde, musste die Unternehmensleitung zusätzliches Personal abstellen. Da die Arbeitsleistung, welche die Neueingestellten zu Beginn erbrachten, in aller Regel deutlich geringer war als die ihrer Kollegen mit langjähriger Betriebszugehörigkeit, stiegen die Kosten für das Unternehmen an. Zugleich wirkte sich die starke Fluktuation auf die Produktqualität aus. Die hohe Kündigungsrate stellte neben der schwierigen Arbeitskräfterekrutierung eine weitere grundlegende Herausforderung dar, welche die Verantwortlichen während der Prosperitätsphase zu bewältigen hatten.

Die Notwendigkeit, in großem Rahmen Fertigungspersonal einzustellen und gleichzeitig die Fluktuation zu reduzieren, bestimmte die Politik der Unternehmensführung vom Beginn der Phase des Aufschwungs bis zum Herbst 1973, als sich die Angebot-Nachfrage-Konstellation auf dem Arbeitsmarkt im Zuge der Ölpreiskrise mit einem Schlag umkehrte. Insbesondere für die frühen 1960er Jahren war zu beobachten, dass die Arbeitsmarktsituation deutliche Auswirkungen auf die Organisation der Produktion hatte. So gelang es oftmals nicht, genügend Arbeiter für die Fertigung bereitzustellen, was zur Konsequenz hatte, dass die Programmplanung abgeändert werden musste. Und auch in der Folgezeit bestimmte die Befürchtung, aufgrund des betrieblichen Arbeitskräftemangels die Produktion zurückfahren zu müssen, das betriebspolitische Vorgehen der Unternehmensführung in fundamentaler Weise. Dennoch ist hinsichtlich der Personalpolitik ein Wandel festzustellen, der sich mit dem Eintritt in die Konsolidierungsphase im Jahr 1970 vollzog. Zwar prägte die Arbeitskräfteproblematik auch zu Beginn der 1970er Jahre die Diskussionen in Vorstand und Aufsichtsrat. Nachdem im Vorjahrzehnt allerdings der absoluten Erhöhung der Produktionsbelegschaft Priorität eingeräumt worden war, problematisierte man nun den Anteil der Lohnempfänger an der Gesamtbelegschaft. Mit Blick auf die gestiegenen Personalkosten sowie die Resultate der betrieblichen Rationalisierungs- und Automationsprozesse, die Einfacharbeitsplätze zunehmend ersetzten, konstatierte der Vorstand, dass die Erhöhung der Zahl insbesondere unqualifizierter Arbeiter nicht mehr in dem Maße vonnöten war, wie es zuvor der Fall gewesen war. Auch wenn es sich hierbei um Planungen und Zielvorgaben handelte, die aufgrund der noch immer problematischen Arbeitsmarktlage nicht unmittelbar umsetzbar waren – die am Beginn der Konsolidierungsphase ausgegebene Devise, mit weniger Personal die gleiche oder gar eine höhere Leistung zu erreichen, markierte gegenüber den Jahren der unbedingten Fertigungs- und Belegschaftsexpansion einen Kurswechsel. Ab diesem Zeitpunkt zielte man verstärkt auf eine Änderung der Belegschaftszusammensetzung.

Die Boom-Dynamiken des Absatz- und Arbeitsmarkts stellten das Unternehmen BMW vor grundlegende Herausforderungen, die darin bestanden, die Produktionskapazitäten und die Belegschaftszahl massiv zu erhöhen. Hinsichtlich der Organisation des Produktionsprozesses wirkten diese Dynamiken in den 1960er und frühen 1970er Jahren als die zentralen Handlungs- und Entscheidungsdeterminanten für das Agieren der Unternehmensleitung. Die jeweiligen Angebot-Nachfrage-Konstellationen auf den Märkten, die auf der makroökonomischen Ebene außerordentlich positiv erschienen, zeitigten in der betrieblichen Sphäre vordringlich negative Auswirkungen, zu deren Bewältigung die Verantwortlichen spezifische Lösungsstrategien entwickeln mussten. Hinsichtlich der Notwendigkeit, trotz der allgemeinen Arbeitskräfteknappheit die Beschäftigtenzahl in der Produktion zu erhöhen, griff BMW ab dem Jahr 1960 auf den Einsatz von „Gastarbeitern" zurück. Um die Ausstoßmenge trotz der Kapazitäts- und Personalengpässe zu steigern, begann BMW zum selben Zeitpunkt, den Fertigungsprozess grundlegend umzuorganisieren. Dazu gehörte die betriebliche Rationalisierung, die Konzentration von Produktionsbereichen durch die räumlich-geografische Auslagerung von Fertigungseinheiten sowie die Ausdehnung, Intensivierung und Flexibilisierung der menschlichen Arbeit.

Da sich die Situation auf dem Arbeitsmarkt während des Booms nicht nur auf BMW, sondern auf die westdeutsche Industrie insgesamt auswirkte, war der Einsatz von süd- und südosteuropäischen Arbeitsmigranten ein Verfahren, das auch andere Großunternehmen wählten, um die Belegschaft aufzustocken. Durch die allgemeine „Gastarbeiterbeschäftigung" veränderte sich die bundesdeutsche Beschäftigtenstruktur fundamental. Das massenhafte Hineindrängen ausländischer Arbeitskräfte füllte eine Lücke innerhalb der Betriebe, die durch den Aufstieg eines Großteils der deutschen Beschäftigten in gehobenere Positionen entstanden war – ein Vorgang, der als „Unterschichtung" bezeichnet werden kann. Die „Gastarbeiter" unterschieden sich zudem lebensweltlich von der einheimischen Bevölkerung. Neben das fordistische Leitbild der konsumkräftigen, wohlstandsgesättigten sowie familien- und ortsgebundenen Lebensweise, das in der Nachkriegszeit zunehmend auch das der bundesdeutschen Arbeiterschaft geworden war, trat eine neue soziale Schicht von hauptsächlich niedrig bis unqualifizierten Arbeitsmigranten, deren Sozialbiografie und Lebenswirklichkeit sich gänzlich anders gestaltete. Bedingt durch ihre konjunkturelle Puffer- und Reservefunktion waren die überdurchschnittlich oft jungen und ledigen „Gastarbeiter", die in den meisten Fällen mit ihrer baldigen Rückkehr ins Heimatland rechneten, mobiler und flexibler als die überwiegende Mehrheit der deutschen Arbeitskräfte. Da sie sozial stark separiert waren, länger arbeiteten und zudem mehr sparten als die durchschnittliche Bevölkerung, partizipierten sie kaum an den Konsum-, Komfort- und Unterhaltungsangeboten der sogenannten Freizeitgesellschaft.

Ab dem Jahr 1960 warb auch BMW „Gastarbeiter“ an. Abgesehen von der Rezessionsphase 1966/67, in der das Unternehmen hauptsächlich ausländische Belegschaftsangehörige entließ, erhöhte sich deren Anteil an der Gesamtbelegschaft über die 1960er und frühen 1970er Jahre stetig. Vor allem im Münchner Stammwerk stieg der Ausländeranteil stark an. Zu Beginn der 1970er Jahre war bereits mehr als die Hälfte der Münchner Belegschaft ausländischer Herkunft. In der Produktion war dieser Anteil sogar noch höher: Dort waren rund zwei Drittel der Beschäftigten „Gastarbeiter“, von denen bis Ende der 1960er Jahre nur ein verschwindend geringer Anteil eine Facharbeiterausbildung absolviert hatte. Innerhalb des Produktionsbereichs arbeiteten die „Gastarbeiter“ überdurchschnittlich häufig in Bereichen, in denen Bedingungen vorherrschten, die von Lärm, Hitze und körperlich anstrengenden Tätigkeiten geprägt waren – in manchen dieser Bereiche waren neun von zehn Arbeitern Ausländer. Dass die durchschnittliche Fluktuationsquote beim ausländischen Belegschaftssegment deutlich höher lag als bei den deutschen Beschäftigten, war insbesondere auf diese Konstellation zurückzuführen.

Unterschiede zwischen Ausländern und Deutschen zeigten sich auch bei der Wohnsituation. Die Bereitstellung von Wohnraum stellte eine unerlässliche Bedingung dar, um die Erhöhung der Belegschaftszahl zu gewährleisten, die zum überwiegenden Teil auf die Rekrutierung von „Gastarbeitern“ zurückging. Arbeitgeber, die diese anwarben, waren nämlich gesetzlich verpflichtet, Unterkünfte bereitzustellen. Darüber hinaus bot BMW auch nicht-ortsansässigen Deutschen, deren Wohnort zu weit vom Arbeitsort entfernt gelegen war, als dass ein tägliches Pendeln in Frage kam, provisorischen Wohnraum an. Die betriebliche Wohnpolitik, der die Verantwortlichen vor allem in der ersten Hälfte der 1960er Jahre verstärkte Aufmerksamkeit widmeten, hatte jedoch hauptsächlich die „Gastarbeiter“ zum Gegenstand. In Bezug auf die Ausstattung und Qualität der jeweiligen Unterkünfte legte die Unternehmensleitung unterschiedliche Maßstäbe an. Investitionen in die Verbesserung der Ausländerwohnheime hielt man kaum für nötig, da man davon ausging, dass sich die „Gastarbeiter“ ohnehin mit einem niedrigen Standard zufriedengäben.

Diese Praxis hing nicht zuletzt damit zusammen, dass die Verantwortlichen bei BMW das ausländische Belegschaftssegment bis in die frühen 1970er Jahre als Fremdkörper im Betrieb wahrnahmen. Seit Beginn des Ausländereinsatzes diskutierten Vorstand und Aufsichtsrat regelmäßig Mittel und Wege, um die Anzahl der „Gastarbeiter“ zu reduzieren. Das Ziel bestand darin, möglichst viele ausländische durch deutsche Beschäftigte zu ersetzen, was im Untersuchungszeitraum jedoch, von der Rezessionsphase 1966/67 abgesehen, nicht gelang – ganz im Gegenteil nahm der Ausländeranteil über die Jahre stetig zu. Die Vorstands- und Aufsichtsratsmitglieder begründeten ihre deutlich negativ geprägte Haltung gegenüber den „Gastarbeitern“ zum einen mit den vergleichsweise hohen Fluktuations- und Abwesenheitsquoten in diesem Belegschaftssegment. Zum anderen verwiesen sie regelmäßig darauf, dass mit dem Ausländereinsatz gehäuft Qualitätsprobleme aufgetreten seien, obwohl in den Sitzungen immer wieder auch Aussagen zu vernehmen waren, die eine Korrelation von Ausländeranzahl und Qualitätsabnahme bestritten. Insgesamt fällt auf, dass eine konsistente Problembestimmung gemeinhin ausblieb, weshalb angenommen werden kann, dass bei den Verantwortlichen eine generelle, von konkreten Umständen weitgehend unabhängige Abneigung gegen „zu viele" Ausländer im Betrieb vorherrschte. Was das Verhältnis der deutschen Belegschaftsmitglieder zu den ausländischen Kollegen betrifft, war ebenfalls eine prinzipielle Antipathie festzustellen, die mitunter auch zu körperlichen Auseinandersetzungen führen konnte. Viele Deutsche beargwöhnten in diesem Zusammenhang vor allem die hohe Leistungsbereitschaft, welche die „Gastarbeiter" an den Tag legten.

Mittels des Ausländereinsatzes gelang es BMW, die Belegschaftsziffer trotz der allgemeinen Arbeitskräfteknappheit massiv zu erhöhen. Um dies auch hinsichtlich des Fertigungsausstoßes zu erreichen, nahm die Unternehmensleitung eine strukturelle Transformation der betrieblichen Produktionssphäre in Angriff. Ihre Maßnahmen zielten auf die Erhöhung sowohl der absoluten als auch der relativen Arbeitsproduktivität. Die Ausweitung der Produktion flankierte das Unternehmen ab dem Jahr 1961 durch betriebliche Rationalisierungsprozesse zur Effizienzsteigerung der Produktion. Hierzu gehörte zum einen die Einführung des Fließprinzips, damit ein größtmöglicher Material- und Fertigungsfluss innerhalb der Produktionsabteilungen gewährleistet werden konnte. Hinzu kamen räumliche Umstellungsmaßnahmen, deren Zweck es war, die Werksfläche so rationell wie möglich zu nutzen. Zum anderen erwarb die Unternehmensführung neue Maschinen, um die Fertigungsabläufe zu optimieren und den Automatisierungsgrad zu steigern. Durch forcierte Investitionen in die betriebliche Rationalisierung gelang es, den Umsatz pro Belegschaftsmitglied in den 1960er Jahren stetig zu erhöhen, so dass BMW im Jahr 1968 hinsichtlich des Pro-Kopf-Umsatzes mit anderen erfolgreichen bundesdeutschen Automobilfabriken gleichziehen konnte. Für das Jahr 1970 musste man allerdings feststellen, dass es im Gegensatz zu den Vorjahren nicht gelungen war, die aufgrund von regelmäßigen Tariferhöhungen stark angestiegenen Lohnkosten durch Produktivitätserhöhungen zu kompensieren. Daraufhin entschloss man sich, die Rationalisierungs- und Automationsbemühungen noch weiter zu forcieren, wobei nicht zuletzt auch beim Materialverbrauch gespart werden sollte.

Eine Lösung für die Kapazitätsproblematik stellte die Übernahme von Fremdwerken dar. Diese sollten es erlauben, im Sinne der Produktionsoptimierung Fertigungsbereiche aus dem Münchner Werk auszulagern. Nachdem die Unternehmensführung bereits Anfang der 1960er Jahre die Möglichkeit erörtert hatte, Fabriken im nahegelegenen ländlichen Raum zu erwerben oder zu mieten, übernahm sie im Jahr 1966 den niederbayerischen Automobilhersteller Hans GLAS GmbH. Das Dingolfinger Unternehmen, dessen Produktionspolitik sich durch geringe Stückzahlen, manufakturell geprägte Fertigungsweisen und eine hohe Typenvielfalt auszeichnete, war Mitte der 1960er Jahre in eine Krise geraten, die es auf sich allein gestellt nicht bewältigen konnte. Neben der Zugriffschance auf die rund 3750 Personen zählende GLAS-Belegschaft war es vor allem die mit den Dingolfinger Werksanlagen gegebene Möglichkeit, die Kapazitäten in München zu entlasten, die BMW zur Übernahme des kriselnden Konkurrenten bewog. Es folgte eine massive Umstrukturierung der gesamten Produktionsorganisation. Während man das neuerworbene Zweigwerk zu einer modernen Automobilfabrik aus- und umbaute, schuf man im Münchner Stammwerk die räumlich-materielle Grundlage für weitere Erhöhungen des Fertigungssaustoßes. Was die Dingolfinger Belegschaft betraf, so sah die Unternehmensleitung nicht nur Vorteile hinsichtlich ihrer Größe, sondern auch ihrer Sozialstruktur. Insbesondere die Tatsache, dass in der niederbayerischen Provinz keine „Gastarbeiter" beschäftigt waren, beurteilten die Verantwortlichen als ausgesprochen positiv.

Unmittelbar auf die Produktionsbelegschaft zielten Maßnahmen, welche die Ausdehnung, Intensivierung und Flexibilisierung der menschlichen Arbeit zum Gegenstand hatten. Versuche der Unternehmensführung, durch die Senkung der Akkordzeiten eine Leistungsverdichtung zu erreichen, setzten bereits in den frühen 1960er Jahren ein und brachen über die gesamte Untersuchungszeit nicht ab. Trotz der Rationalisierungserfolge senkte man die Zeitvorgaben und erhöhte damit die Arbeitsgeschwindigkeit weiter, sobald dies möglich erschien. Mit Ausnahme der Rezessionsphase galt dies ebenso für die Anordnung von Überstunden und Sonderschichten. Obwohl man bis Mitte der 1960er Jahre die Personal- und Programmplanung verbessern konnte, änderte sich bis in die frühen 1970er Jahre kaum etwas an der Praxis, den einzelnen Produktionsbereichen oftmals sehr kurzfristig Arbeitskräfte zuzuteilen. Mit den steten Arbeitszeitausweitungen, Tempoverschärfungen und Flexibilisierungen gingen Belastungen der Produktionsbelegschaft einher, die sich im Rückgang der Güterqualität, in steigenden Krankheitszahlen und in erhöhten Fluktuationsraten niederschlugen. Der hohe Abwesenheitsstand und die hohe Fluktuation führten wiederum dazu, dass sich die Personalnot im Produktionsbereich zusätzlich vergrößerte. Die betriebspolitischen Anstrengungen, die Fertigung rapide zu expandieren und den negativen Auswirkungen der Arbeitskräfteknappheit entgegenzuwirken, brachten so Folgeerscheinungen mit sich, die wiederum selbst problematisch waren. Trotz des Umstands, dass die Verantwortlichen die Maßnahmen als Übergangslösung betrachteten, verstetigten sich diese über den Untersuchungszeitraum hinweg. Festgehalten werden kann also, dass die ursprünglich provisorischen Vorgehensweisen während der Prosperitätsphase zunehmend zur betrieblichen Normalität wurden.

Um den hohen Kündigungsraten von Belegschaftsseite vorzubeugen und zudem neue Arbeitskräfte für BMW zu gewinnen, erhöhte die Unternehmensleitung die Löhne und freiwilligen betrieblichen Sozialleistungen in den 1960er und frühen 1970er Jahren stetig. Zu Beginn der 1960er Jahre hatten sich die Verdienste bei BMW nicht nur unter denen der übrigen großen westdeutschen Automobilhersteller bewegt, sondern auch unter dem Durchschnitt anderer großer Münchner Metallunternehmen. Langfristig änderte sich dies erst zu Beginn der 1970er Jahre. Die Firmenleitung nutzte das monetäre Instrument der Verdienst- und Sozialleistungssteigerung gezielt zur Behebung der Folgewirkungen, welche die strukturellen Problematiken mit sich gebracht hatten. Vor dem Hintergrund der hohen Unternehmensgewinne fungierten die Verdiensterhöhungen einerseits als Anreiz,

Arbeitskräfte zum Einstieg ins Unternehmen zu bewegen. Andererseits stellten sie ein Mittel dar, die arbeitsplatzbezogenen Belastungen der Belegschaft finanziell zu kompensieren. Insbesondere die Einführung des Bonussystems im Jahr 1966 zielte ausdrücklich auf die Reduktion der Fluktuationsquote, da die vierteljährliche Zahlung nur beanspruchen konnte, wer zum Auszahlungszeitpunkt in einem ungekündigten Arbeitsverhältnis mit BMW stand. Zudem bezweckten die Bonusleistungen, die im Jahr 1969 ausgebaut wurden, einen Abbau des angestiegenen Krankenstands, indem sie an die tatsächliche Anwesenheit am Arbeitsplatz geknüpft waren. Durch die Verdienststeigerungen versprach man sich ferner die Rekrutierung weiterer einheimischer Arbeitskräfte. Die damit verbundene Hoffnung, auf diese Weise eine Reduktion des Ausländeranteils zu erreichen, benannten die Verantwortlichen explizit.

Da die Fluktuationsproblematik nur vorübergehend behoben werden konnte, die Suche nach neuen Arbeitskräften noch immer mit Schwierigkeiten verbunden war und auch die Abwesenheitsquote zu Beginn der 1970er Jahre wieder anstieg, flankierte die Unternehmensleitung die quantitativ-monetäre Strategie durch qualitativ-integrative Konzepte, die weniger der Kompensation der betrieblichen Missstände und Belastungen dienten als vielmehr deren Beseitigung. Der Grund für diesen Schritt bestand nicht zuletzt darin, dass die Unternehmensführung aufgrund der über die 1960er Jahre stetig angestiegenen Personalkosten ihren Spielraum für weitere Geldleistungserhöhungen als ausgeschöpft betrachtete. Durch die betriebliche „Humanisierung" nahm man nun die Verbesserung der Arbeitsbedingungen in Angriff – so etwa durch regelmäßige Tätigkeitswechsel und die Erhöhung der Taktzeiten am Fließband. Zudem initiierte der Vorstand Mitarbeiterschulungen und Beteiligungssysteme, Verbesserungsmaßnahmen hinsichtlich der innerbetrieblichen Kommunikationsstruktur und des Betriebsklimas sowie Sprach- und Weiterbildungskurse, die der betrieblich-belegschaftlichen Integration der ausländischen Beschäftigten dienen sollten. Die Bemühungen zielten außerdem auf die Aufwertung des Facharbeiterberufs, der durch die betriebliche Qualifikationsoffensive nun auch un- und angelernten Arbeitskräften eine neue Perspektive eröffnen sollte. Dies hatte vordringlich damit zu tun, dass der Stellenwert der unqualifiziert-manuellen Arbeit in der Automobilproduktion abgenommen hatte, da betriebliche Rationalisierungs- und Automationsprozesse die betreffenden Tätigkeiten zunehmend durch Maschinen ersetzten. Zum Zeitpunkt der frühen 1970er Jahre war somit eine scheinbar paradoxe Entwicklung zu beobachten: Die Inangriffnahme der Personalreduzierung bei gleichzeitiger Leistungsverdichtung, was mehr Arbeit für weniger Arbeiter bedeutete, ging mit der Verbesserung der Arbeitsverhältnisse einher.

Der neue Zugriff auf die Beschäftigten zu Beginn der 1970er Jahre markierte eine Wende in der Betriebspolitik der Leitungsebene. Diese setzte mit einer innerbetrieblichen Weiterbildungsoffensive verstärkt auf anforderungsspezifische Tätigkeitsprofile, während formale Qualifikationsstandards zunehmend in den Hintergrund treten sollten. Mit dieser Entwicklung war die Aufwertung von „Softskills" wie Kommunikationsstärke, Innovativität und Eigenverantwortlichkeit verbunden.

Die Verantwortlichen strebten ausdrücklich eine positive Veränderung des Bewusstseins an, das die Beschäftigten bei ihrer Arbeit hatten. Durch die betriebliche „Humanisierung" und die Eröffnung von individuellen Aufstiegsperspektiven bezweckte man, die emotionale Identifikation mit dem Unternehmen zu erhöhen und die Freude an der Arbeit zu steigern. Vom Erfolg dieser Maßnahmen versprach man sich nicht nur einen Abbau der Fluktuationsrate und eine Erleichterung der Arbeitskräfterekrutierung. Es ging zudem darum, jeden einzelnen Mitarbeiter zu unternehmerischem Denken und Handeln in seinem jeweiligen Arbeitsbereich anzuhalten, wodurch man sich eine Verbesserung des Betriebsergebnisses erhoffte. Zu Beginn der 1970er Jahre setzte somit eine Entwicklung ein, in der die Subjektivität der zuvor als tendenziell passiv-funktionell begriffenen Arbeitskräfte in den Vordergrund rückte. In Bezug auf die Beschäftigten ist für die Endphase des Booms ein Wandel von einem fordistischen zu einem „postfordistischen" Leitbild festzustellen, der mit den veränderten Prioritätensetzungen innerhalb der Produktionspolitik ab dem Jahr 1970 korrespondiert.

Dass diese Veränderungen keineswegs aus dem Nichts kamen, sondern aufgrund der problematischen Bedingungen im Fertigungsbereich spätestens mit dem Eintritt der Konsolidierungsphase notwendig geworden waren, zeigt ein Blick auf die Forderungen des Betriebsrats, die dieser seit dem Einsetzen des Aufschwungs von BMW im Jahr 1960 vorbrachte. Diese Forderungen betrafen zunächst die betrieblichen Sozialeinrichtungen im Werk, die aufgrund des Umstands, dass die Unternehmensleitung in den 1960er Jahren ihre Prioritäten auf die Steigerung der Fertigungs- und Belegschaftszahlen gelegt hatte, vernachlässigt worden waren. Dem Betriebsrat kam so die Aufgabe zu, die Aufmerksamkeit auf die betrieblich-soziale Infrastruktur wie Parkplätze, Waschräume, Kantinen und Sozialräume zu lenken. Die Verbesserung oder Erneuerung dieser Einrichtungen durch spezifische Investitionen stellte in den 1960er Jahren ein Kernanliegen des Betriebsrats dar. Dessen Funktion bestand aus dieser Perspektive somit darin, die betrieblich-sozialen Rahmenbedingungen zu schaffen, um die reibungslose Bereitstellung der menschlichen Arbeitskraft für den Fertigungsprozess zu gewährleisten.

Die vordringlichste Aufgabe seiner Politik sah der Betriebsratsvorsitzende Kurt Golda in der Sicherung der Arbeitsplätze. Die grundlegende Bedingung hierfür stellte für Golda der wirtschaftliche Erfolg von BMW dar. Damit konvergierten die wesentlichen Interessen des Betriebsrats mit denen der Unternehmensleitung. Entsprechend orientierte sich der Betriebsrat hinsichtlich des Ausmaßes seiner Forderungen nach höheren Verdiensten und freiwilligen betrieblichen Sozialleistungen, die er als „Dividende" für die Belegschaft verstand, ausdrücklich an der Gewinnentwicklung des Unternehmens. Trotz seiner kooperativ und partnerschaftlich ausgerichteten Grundhaltung schreckte Golda vor scharfen Worten nicht zurück, wenn es darum ging, Verbesserungen für die Belegschaft zu erreichen. Die Kritik richtete sich vornehmlich auf die Belastung der Produktionsarbeiter, die im Zuge der forcierten Fertigungsexpansion stetig zugenommen hatte. Dies betraf zum einen die häufigen kurzfristigen Programmänderungen sowie die Maßnahmen zur Arbeitsausweitung, -intensivierung und -flexibilisierung. Zum anderen zielte die Kritik auf den Führungsstil einzelner Vorgesetzter und das aus Sicht des Betriebsrats unzureichende Betriebsklima. Der Betriebsratsvorsitzende monierte zudem, dass es kaum Aufstiegsmöglichkeiten im Unternehmen gebe und auf die individuellen Interessen der Mitarbeiter nur selten Rücksicht genommen werde. Indem er auf diese Weise auch die immateriellen Missstände und ihre Auswirkungen auf die Arbeitskräfte thematisierte, rückte der Betriebsrat das emotionale und psychische Wohlbefinden der Beschäftigten ins Blickfeld der Unternehmensleitung. Damit verwies er diese bereits seit den frühen 1960er Jahren auf die Notwendigkeit, die monetäre Kompensationsstrategie durch qualitativ-integrative Maßnahmen zu ergänzen. Mit deren Implementierung zu Beginn der 1970er Jahre erfüllte der Vorstand also nicht zuletzt langjährige Forderungen des Betriebsrats.

Der Betriebsrat begründete seine Forderungen vor allem mit dem Ziel, die Fluktuation und die damit verbundenen betriebswirtschaftlichen Kosten zu reduzieren. Die häufigen Kündigungen seitens der Beschäftigten deutete er als Ausdruck einer gestiegenen Unzufriedenheit innerhalb der Produktionsbelegschaft, der es im Interesse des Unternehmenserfolgs abzuhelfen gelte. Primär war seine Betriebspolitik auf die Erhöhung der Verdienste und Sozialleistungen ausgerichtet, doch auch die Verbesserung der Arbeitsbedingungen innerhalb der Produktion stellte ein zentrales Anliegen des Betriebsrats dar. Dabei versetzte ihn die spezifische Arbeitsmarktsituation während der Boomphase in die vorteilhafte Lage, seine sowohl monetären als auch arbeitsplatzbezogenen Forderungen mit den wirtschaftlichen Interessen der Firmenleitung in Einklang bringen zu können. Vor dem Hintergrund der überaus günstigen Entwicklung auf dem Absatzmarkt und den damit verbundenen Gewinnmargen war es dem Betriebsrat zudem möglich, die zur Erfüllung seiner Forderungen nötigen finanziellen Investitionen als „rechtmäßigen" Anteil für die Belegschaft darzustellen. Die strukturellen Marktbedingungen des Booms bestimmten somit nicht nur die Betriebspolitik der Unternehmensführung, sondern auch das politische Vorgehen des Betriebsrats.

Die institutionell bedingte, aufgrund seiner kompromissorientierten Grundhaltung aber noch verstärkte Notwendigkeit, beständig zwischen den oftmals gegensätzlichen Interessenlagen der Belegschaft und der Unternehmensleitung zu vermitteln, führte indessen dazu, dass der Betriebsrat die spezifischen Interessen der ausländischen Beschäftigten nicht im gleichen Maße berücksichtigte wie die der langjährigen deutschen Stammbelegschaft. Während der Betriebsrat den Ansprüchen letzterer eine hohe Bedeutung beimaß, kann dies hinsichtlich der „Gastarbeiter" nicht behauptet werden. Obwohl die ausländischen Arbeitskräfte weit überdurchschnittlich oft Arbeitsplätze besetzten, an denen die Lärm- und Schmutzauswirkungen besonders hoch und die betrieblichen Belastungen, die mit den Verschärfungen der Produktionsbedingungen einhergingen, am deutlichsten zu spüren waren, thematisierte der Betriebsrat die Probleme der ausländischen Kollegen kaum. Abgesehen davon, dass die bereits erwähnte grundsätzlich ablehnende Haltung gegenüber Ausländern auch beim Betriebsratsvorsitzenden zu beobachten war, lag dies wohl vor allem daran, dass der Betriebsrat die „Gastarbeiter" zeittypisch als bloß temporäre Komplemente betrachtete, deren Problemen daher weniger Gewicht beizumessen sei. Die hohen Fluktuationsraten innerhalb des ausländischen Belegschaftssegments, die es mit sich brachten, dass ein großer Teil der „Gastarbeiter" nur für kurze Zeit bei BMW beschäftigt war, mussten ihm dabei als Bestätigung seiner Auffassung erscheinen. Hinzu kam, dass ausländische Beschäftigte nur in geringem Ausmaß Mitglieder der Gewerkschaft waren. Da der Betriebsratsvorsitzende gewerkschaftlich unorganisierten Beschäftigten explizit das Recht absprach, Forderungen an den Betriebsrat zu stellen, ließ er die Situation innerhalb der Tätigkeitsbereiche, in denen kaum Deutsche arbeiteten, in seinen kritischen Ausführungen auf der Betriebsversammlung in der Regel außen vor. Wenn er die „Gastarbeiter" in seinen Reden thematisierte, dann fast nur, um auf die angeblichen Nachteile aufmerksam zu machen, die der Ausländereinsatz für die *deutschen* Beschäftigten hatte.

Während der Betriebsratsvorsitzende über die gesamte Untersuchungszeit nicht müde wurde, die negativen Folgen der „Gastarbeiterbeschäftigung" herauszustellen und regelmäßig eine Begrenzung oder Reduzierung des Ausländeranteils zu fordern, stellten vom italienischen Operaismus beeinflusste linksradikale Betriebsgruppen, die seit dem Jahr 1969 innerhalb des Münchner BMW-Werks tätig waren, die Lebens- und Arbeitssituation der Arbeitsmigranten ins Zentrum ihrer politischen Theorie und Praxis. Die Gruppen *Lotta Continua* und *Arbeitersache* sahen im „multinationalen Massenarbeiter" das Subjekt einer kommenden Revolution, die ihren Ausgang von Streiks und Arbeitskämpfen innerhalb der fordistischen Fabrik nehmen sollte. Diesen Prozess wollten die Operaisten beschleunigen, indem sie die problematischen Zustände, die im Produktionsbereich und auch im BMW-Wohnheim vorherrschten, in ihren Flugblättern und Betriebszeitschriften anprangerten. Den Arbeitsbedingungen in der Fabrik und den Lebensverhältnissen im Wohnheim stellten sie den utopischen Entwurf eines „erfüllten" Lebens entgegen, das nicht von „Arbeitszwang" und „Reproduktion", sondern von Freiheit, Muße und Lust bestimmt sein sollte.

Mit ihrer grundsätzlichen, am Marxismus orientierten Kritik präsentierten sich die operaistischen Gruppierungen in politischer und kultureller Hinsicht als antifordistische Gegenkräfte. Die Agitation von links, die insbesondere bei jungen und ausländischen Arbeitern durchaus Wirkung zeigte, brachte die Unternehmensleitung und den Betriebsrat zunehmend in Bedrängnis. Weit davon entfernt, die Agitationsbemühungen der Linksradikalen herunterzuspielen oder gar zu ignorieren, betrachteten Vorstand und Aufsichtsrat deren Aktivitäten als Gefahr für den Betriebsfrieden und die Aufrechterhaltung der Produktion. Die Unternehmensführung machte der linksradikalen Kritik, deren Artikulation sie auch innerhalb weiter Teile der bundesdeutschen Öffentlichkeit besorgt registrierte, aber auch Zugeständnisse. So verwies sie auf ihre zu Beginn der 1970er Jahre bereits in Angriff genommenen Bemühungen zur betrieblichen „Humanisierung". Der Aufsichtsratsvorsitzende scheute sich in diesem Zusammenhang nicht, mit Blick auf BMW eine „Entfremdung der Arbeitenden von ihrer Arbeit" zu diagnostizieren – eine Erscheinung, der durch die genannten Maßnahmen Abhilfe verschafft werden sollte. Damit ging die Unternehmensleitung weiter auf die linksradikalen Betriebsgruppen zu als der Betriebsrat. Letzterem mussten die Gruppierungen als eine – wenn auch informelle – Konkurrenz auf dem betriebspolitischen Feld der Arbeitnehmervertretung erscheinen, die seine Legitimität in fundamentaler Weise in Frage stellte.

Diese betriebspolitische Konstellation war für das Unternehmen BMW insofern problematisch, als vieles darauf schließen lässt, dass zu Beginn der 1970er Jahre verstärkt Unzufriedenheiten und Verweigerungshaltungen innerhalb der Produktionsbelegschaft auftraten. Das Zusammenspiel von Akkordverschärfungen, forcierten Automationsbemühungen sowie Sonderschichten- und Überstundenanordnungen erzeugten vor allem bei einem nicht unerheblichen Teil der ausländischen Beschäftigten einen wachsenden Widerwillen gegen die Arbeit bei BMW. Da der Einstieg in die Konsolidierungsphase im Jahr 1970 mit dem Versuch verbunden war, eine erhöhte Leistung mit einer gleichbleibenden oder gar verringerten Belegschaftsgröße zu erreichen, nahmen die Belastungen an den Arbeitsplätzen im Produktionsbereich ab diesem Zeitpunkt zusätzlich zu. Weigerungen, höhere Stückzahlen zu fertigen, waren ebenso zu beobachten wie Zurückweisungen von Zusatzschichten. Nach einem Kurzstreik im Jahr 1970, an dem ausschließlich ausländische Arbeiter beteiligt waren, und offenen Protesten auf einer Betriebsversammlung im Jahr 1971, die ebenfalls von „Gastarbeitern" angeführt worden waren, erreichte diese Entwicklung im „Italienerstreik" 1972 ihren Höhepunkt.

Obwohl die genannten Auseinandersetzungen ursächlich auf arbeitsplatzbezogene Probleme zurückgingen und ihnen jedes Mal der Versuch vorausgegangen war, das Gespräch mit der betrieblichen Arbeitnehmervertretung zu suchen, wies der Betriebsrat stets den linksradikalen Gruppierungen und insbesondere der *Gruppe Arbeitersache* die Schuld an den Ereignissen zu. Dadurch war es dem Betriebsrat möglich, die Proteste gegen die betrieblichen Missstände, auf die auch er in seinen Geschäftsberichten in den vergangenen Jahren – wenn auch in allgemeinerer und vergleichsweise zurückhaltender Form – regelmäßig hingewiesen hatte, als betriebsfremde politische Einflussnahme zu exterritorialisieren. Trotz des Umstands, dass es während des „Italienerstreiks" tatsächlich zu einer temporären Allianz zwischen streikenden Ausländern und den operaistischen Gruppierungen gekommen war, fanden sich in der Kritik der italienischen Bandarbeiter keine gesellschafts- oder kapitalismuskritischen Kampfansagen – vielmehr bezog sich die Kritik einzig auf die konkrete Situation im Betrieb. Der Grund, warum sich die Italiener mit den Linksradikalen zusammenschlossen, lag denn auch weniger in ihrem politisch-ideologischen Standort begründet, sondern muss vielmehr darin gesehen werden, dass ihre Forderungen vom Betriebsrat und von der Unternehmensleitung im Vorfeld, als die Italienergruppe eine Einmischung der Linksradikalen noch abgelehnt hatte, schlichtweg ignoriert worden waren. Erst als die Italiener erkannten, dass sich ihrer Anliegen niemand sonst im Betrieb annehmen wollte, verbanden sie sich mit den operaistischen Gruppen, die sich ihnen als politisches Sprachrohr und informelle betriebliche Repräsentationsinstanz anboten.

Die westdeutschen „Ausländerstreiks" zu Beginn der 1970er Jahre, zu denen auch der Streik bei BMW vom Sommer 1972 zu rechnen ist, markierten den Abschluss einer Epoche, die mit der Nachkriegsprosperität zu Mitte der 1950er Jahre begonnen hatte und im Zuge der Ölpreiskrise von 1973/74 endete. Waren die „Gastarbeiter" während der „fordistischen Phase" für die Aufrechterhaltung der Produktion essentiell, da sie die absolute Mehrzahl der unqualifizierten Niedriglohnarbeiter stellten, änderte sich dies durch das abrupte Einsetzen der Massenarbeitslosigkeit im Herbst 1973. Der sich gleichzeitig abzeichnende „Bedeutungsverlust der materiellen Produktion"[1] war auf der einen Seite durch betriebliche Rationalisierungsprozesse bedingt, die es mit sich gebracht hatten, dass hauptsächlich schwere und körperlich anstrengende Arbeitstätigkeiten weitgehend automatisiert und damit abgeschafft werden konnten. In gleichem Zuge begannen industrielle Unternehmen seit den mittleren 1970er Jahren, die materiellen Fertigungskapazitäten in sogenannte Niedriglohnländer auszulagern, um sich künftig vermehrt auf *asset-light work*, sprich den Forschungs-, Entwicklungs- und Marketingbereich, zu konzentrieren.[2] Auf der anderen Seite änderte sich auch die Produkt- und Produktionspolitik der Automobilkonzerne in grundlegender Weise: Aufgrund von Sättigungstendenzen auf den Absatzmärkten kam der spezialisierten Qualitätsproduktion für zunehmend diversifizierte Kundensegmente, für die mehr hochqualifizierte Facharbeiter benötigt wurden als un- und angelernte Einfacharbeitskräfte, ab den mittleren 1970er Jahren eine größere Bedeutung zu als während der Boomphase. Der sogenannte Anwerbestopp, mit dem die Bundesregierung im November 1973 die „Gastarbeitervermittlung" aussetzte, markierte denn auch den Beginn einer Entwicklung, in deren Zuge Ausländer aus dem industriellen Sektor verstärkt in den Dienstleistungsbereich abwandern sollten.

All dies war auch bei BMW zu beobachten. Die Unternehmensführung kam im Dezember 1973 zu dem Schluss, dass „die Expansion im Automobilbereich begrenzt ist". Obwohl letzterer nach wie vor „die Hauptsäule des Geschäftes bei BMW" darstellen sollte, plante der Vorstand, „langfristig von der Monokultur des Automobils abzurücken und Teile der künftigen Ergebnisse und Kapitalrückflüsse in neue Aktivitäten zu investieren." Die Verantwortlichen beschlossen, dass eine „Erweiterung der Fertigungstiefe", das heißt des Eigenfertigungsanteils, in Zukunft nicht mehr angestrebt werden solle, womit sie eine Abkehr von den grundlegenden Zielsetzungen vornahmen, welche die Betriebspolitik bei BMW seit den frühen 1960er Jahren bestimmt hatten. Stattdessen wollte sich die Firmenleitung auf „Objekte konzentrieren, die mit einer hohen Ingenieursleistung verbunden sind […] oder an das technische know how von BMW" anknüpften.[3] Diese Weichenstellung verband sich mit einer Veränderung der Belegschaftsstruktur: Während die Beschäftigtenzahl in den 1970er Jahren insgesamt anstieg, begann der Anteil der Lohnempfänger zu sinken. Diese Entwicklung war hauptsächlich auf personelle Zuwächse im Forschungs- und Entwicklungsbereich zurückzuführen,

1 Abelshauser: Wirtschaftsgeschichte, S. 384.

2 Davis, Gerald F.: The Vanishing American Corporation. Navigating the Hazards of a New Economy, Oakland 2016, S. 51–94.

3 BMW UA 417, Niederschrift über die Sitzung des Aufsichtsrates und des Beirats am 13. Dezember 1973.

wo spezielle Kenntnisse und Qualifikationen gefragt waren.[4] Zum Ende des Jahres 1973 setzte sich die Unternehmensleitung auch ausdrücklich das Ziel, den Ausländeranteil an der Belegschaft abzubauen, der sich zu Beginn der 1970er Jahre noch bei rund 30 Prozent bewegt hatte. Nachdem sich der Ausländeranteil bis Ende der 1970er Jahre bereits auf 20 bis 25 Prozent reduziert hatte, sank der Anteil ab Mitte der 1980er Jahre kontinuierlich ab. Im Jahr 1988 fiel er erstmals auf unter 15 Prozent.[5]

Nach wie vor spricht vieles für die Auffassung, im Jahr 1973 eine wirtschaftsgeschichtliche und sozioökonomische Zäsur zu erkennen. Für BMW zeigen die Ergebnisse der vorliegenden Studie jedoch auch, dass sich bereits zuvor, gewissermaßen an der Schwelle zum „Strukturbruch", das betriebspolitische Vorgehen der Unternehmensleitung richtungsweisend verändert hatte. Dies betraf zum einen die Zielsetzung aus dem Jahr 1970, mit verringerter Beschäftigtenzahl eine höhere Leistung zu erbringen, sowie den damit zusammenhängenden Versuch, den Anteil der Lohnempfänger an der Gesamtbelegschaft abzusenken. Zum anderen war seit dieser Zeit zu beobachten, dass sich der Zugriff auf die Beschäftigten und deren Arbeitsplätze zu wandeln begann, was sich in Qualifikationsangeboten, finanziellen Beteiligungssystemen und betrieblichen „Humanisierungsbemühungen" niederschlug. Bei diesen qualitativ-integrativen Strategien handelte es sich um neue Antworten – auf Fragen, die ihren Ursprung nicht etwa in den krisenhaften sozioökonomischen Transformationsprozessen ab Mitte der 1970er Jahre haben, sondern bereits seit Anfang der 1960er Jahre durch die gesamtwirtschaftlichen Bedingungen – genauer: den strukturellen Problemkontext der Boomphase – aufgeworfen worden waren. Wie zuvor ging es der Unternehmensleitung zu Beginn der 1970er Jahre vorrangig darum, Arbeitskräfte zu rekrutieren und die hohen Fluktuations- und Abwesenheitsraten abzusenken. Zwar ist festzuhalten, dass die neuen Ansätze den ideologischen Horizont der fordistischen Massenproduktionsweise zu überschreiten begannen. Dies geschah aber auf Grundlage der Marktverhältnisse ebendieser Produktionsweise, nämlich der prosperierenden Absatzentwicklung und des konstanten Arbeitskräftemangels – der Umstand, dass sich die Situation auf dem Absatz- und Arbeitsmarkt nach 1973 grundlegendend änderte, kam erst nachträglich hinzu. Was die frühen 1970er Jahre betrifft, ist Karsten Uhls Befund insofern zuzustimmen: Die fordistischen und postfordistischen Zugriffe auf die Belegschaften waren „Teil desselben Diskurses".[6]

Dass sich das Bewusstsein der Verantwortlichen änderte, bevor ein Wandel der ökonomischen Verhältnisse eingetreten war, ist vor dem Hintergrund der grundlegenden Problematiken, mit denen die Firmenleitung von BMW während der 1960er und frühen 1970er Jahre konfrontiert war, kaum verwunderlich. Es war ihr nämlich nur unter größtem Aufwand möglich, die Produktion trotz struktureller

4 Grunert u. Triebel: Unternehmen, S. 121.
5 Wetzel: Integration, S. 94.
6 Uhl: Rationalisierung, S. 361.

Personalknappheit und andauernden Kapazitätsengpässen aufrechtzuerhalten und sogar auszuweiten. Dass permanente Produktionsumstellungen und unbeliebte, ursprünglich ohnehin nur übergangsweise konzipierte belegschaftsbezogene Maßnahmen keine Dauerlösung für die Probleme in der Fertigung darstellten, war auch der Unternehmensleitung bewusst. In ihren Augen betraf dies auch den massenhaften „Gastarbeitereinsatz", den sie von Beginn an als notwendiges Übel betrachtete, weshalb sie den Ausländeranteil lieber früher als später abzubauen bestrebt war. Ähnliches galt für die Großserienproduktion, deren Methoden der *fordistische Qualitätshersteller* BMW weit eher aus Notwendigkeit denn aus Überzeugung anwendete. Da es sich bei den Problematiken jedoch um strukturelle handelte, die unlösbar mit der gesamtwirtschaftlichen Prosperität verknüpft waren, blieb der Unternehmensführung nichts anderes übrig, als sich im Provisorium einzurichten. Als zu Beginn der 1970er Jahre dann allerdings deutlich wurde, dass die Arbeitsdisziplin nicht unbeträchtlicher Teile der Produktionsbelegschaft zu bröckeln begann und die Höhe der kostspieligen monetären Kompensationsleistungen nur noch mit Mühe aufrechterhalten werden konnte, drohte die ohnehin prekäre Konstellation endgültig an ihre Grenzen zu gelangen. In dieser Situation unternahmen Vorstand und Aufsichtsrat den Versuch, die Betriebspolitik auf Grundlage dieser Konstellation zu modernisieren. Eine endgültige Lösung sollte sich aber erst mit einer Veränderung der Arbeitsmarktlage einstellen, welche die strukturellen Probleme der Boomphase dann schlagartig und gewissermaßen von allein behob – und eine Zeit anbrechen ließ, deren Strukturrahmen sich gänzlich anders gestaltete. In betriebspolitischer Hinsicht erwies sich der Beginn der Krise ab 1973 für die Unternehmensleitung der Bayerischen Motoren Werke somit nicht nur als Problem, sondern in gleichem Maße als Chance.

Abkürzungsverzeichnis

ABG	Arbeiterbasisgruppen
AdMA	Archiv der Münchner Arbeiterbewegung
AG	Aktiengesellschaft
APO	Außerparlamentarische Opposition
BAVAV	Bundesanstalt für Arbeitsvermittlung und Arbeitslosenversicherung
BetrVG	Betriebsverfassungsgesetz
bm	bayernmotor (Zeitschrift)
BMW	Bayerische Motorenwerke
BRD	Bundesrepublik Deutschland
d, d.	(pro) Tag
DDR	Deutsche Demokratische Republik
DGB	Deutscher Gewerkschaftsbund
DKP	Deutsche Kommunistische Partei
DM, D.M.	Deutsche Mark
DOMiD	Dokumentationszentrum und Museum über die Migration in Deutschland
Fiat	Fabbrica italiana automobili Torino
Fn.	Fußnote
GmbH	Gesellschaft mit beschränkter Haftung
IfZ	Institut für Zeitgeschichte München–Berlin
IG	Interessengemeinschaft
IGMA	IG Metall Archiv
Kfz	Kraftfahrzeug
KPD	Kommunistische Partei Deutschlands
KPD/ML	Kommunistische Partei Deutschlands/Marxisten-Leninisten
L.C.	Lotta Continua
MAN	Maschinenfabrik Augsburg-Nürnberg
NC	Numeric Control
NIÖ	Neue Institutionenökonomik
NSU	NSU Motorenwerke (Neckarsulm)
o.	ohne
o. J.	ohne Jahr

o. O.	ohne Ort
o. S.	ohne Seiten
O. V.	ohne Verfasser
PAB	Papiertiger Archiv und Bibliothek
PCI	Partito Comunista Italiano
Pfg.	Pfennig
Pkw	Personenkraftwagen
SPD	Sozialdemokratische Partei Deutschlands
Std.	Stunde
SZ	Süddeutsche Zeitung
US(A)	United States (of America)
VW	Volkswagen

Quellenverzeichnis

1. Archivalien

BMW-Group Archiv, München

UA 81	UA 413	UA 541
UA 165	UA 415	UA 558
UA 266	UA 416	UA 631
UA 267	UA 417	UA 841
UA 268	UA 420	UA 851
UA 269	UA 421	UA 933–2
UA 270	UA 431	UA 1243–1
UA 271	UA 440	UA 1532–1
UA 273	UA 506	UA 2143–1
UA 409	UA 511	UA 2143–2
UA 410	UA 512	UA 2150
UA 411	UA 519	UA 2154
UA 412	UA 521	UA 2204–1
UU-44–10		

bayernmotor
BMW-Journal
Geschäftsberichte

Archiv der Münchner Arbeiterbewegung, München

37/2/3, Arbeitersache München allg. II
37/2/3, Arbeitersache BMW/MAN
37/2/1, Wir wollen alles
32/10/4, Die Zündung

Institut für Zeitgeschichte

ED 308
Zeitungsausschnitte

IG Metall Archiv (im Archiv der sozialen Demokratie, Bonn)

5/IGMA 151322
5/IGMA 151197

DOMiD – Dokumentationszentrum und Museum über die Migration in Deutschland, Köln

FL 0988

Papiertiger Archiv und Bibliothek, Berlin

PAB, Ordner „Proletarische Front“

2. Zeitungen und Zeitschriften

Bayernkurier
Der Gewerkschafter
Der Spiegel
Die Zeit
Münchner Merkur
Süddeutsche Zeitung

3. Gedruckte Quellen

Altmann, Norbert u. a.: Grenzen neuer Arbeitsformen. Betriebliche Arbeitsstrukturierung, Einschätzung durch Industriearbeiter, Beteiligung der Betriebsräte, Frankfurt a. M. u. New York, 1982.
Azzellini, Dario: La lotta continua. Kommunisten und radikale Linke in Italien. Eine Antwort auf Gerhard Feldbauer. Folge II: Die sechziger Jahre, in: Junge Welt, 22./23. März 1997.
Bayerisches Statistisches Landesamt: Bayerns Wirtschaft gestern und heute, München 1969.
Betriebsverfassungsgesetz vom 11. Oktober 1952, Bundesgesetzblatt Jahrgang 1952, Teil I Nr. 43, ausgegeben am 14. Oktober 1952.
Betriebsverfassungsgesetz vom 15. Januar 1972, Bundesgesetzblatt Jahrgang 1972, Teil I Nr. 2, ausgegeben am 18. Januar 1972.
BMW AG/BMW Welt (Hrsg.): BMW Welt. Von der Vision zur Realität, Kempen 2008.
Bundesvereinigung der Deutschen Arbeitgeberverbände: Magnet Bundesrepublik. Probleme der Ausländerbeschäftigung. Informationstagung der Bundesvereinigung der Deutschen Arbeitgeberverbände am 30. und 31. März 1966 in Bad Godesberg, Köln 1966.
Bundesanstalt für Arbeit: Repräsentativuntersuchung ’72 über die Beschäftigung ausländischer Arbeitnehmer im Bundesgebiet und ihre Familien- und Wohnverhältnisse, Nürnberg 1973.
Dieckmann, Achim.: Die Rolle der Automobilindustrie im wirtschaftlichen Wachstumsprozeß, in: VDA: Automobil – Technischer Fortschritt und wirtschaftliches Wachstum. VDA-Pressekolloquium Bad Reichenhall 9./10. Juni 1970, S. 98–115.
Engels, Friedrich u. Marx, Karl: Das Kommunistische Manifest, in: Marx-Engels-Werke Bd. 4., Berlin [11]1990, S. 459–493.
Fiebich, Kurt: Das deutsche Arbeitskräftepotential, in: Gewerkschaftliche Monatshefte 10/1956, S. 604–611.
Finger, Gottfried: Das Wachstum von Unternehmen. Mit einem Beispiel aus der Automobilindustrie, Tübingen 1969.
Ford, Henry: Mein Leben und Werk, Leipzig o. J. [1923].
Forschungsprojekt des Rationalisierungs-Kuratoriums der Deutschen Wirtschaft (RKW) e. V.: Rationeller Einsatz der menschlichen Arbeitskraft durch soziale und technische Anpassung der Arbeit an den Menschen bei technischer Umstellung – Materialberichte – 10. Fahrzeugbau. Teil A. Technische Veränderungen und ihre ökonomischen Auswirkungen (Branchenbericht), o. O. 1968.

Geiselberger, Siegmar: Schwarzbuch Ausländische Arbeiter, Frankfurt a. M. 1972.
Gottl-Ottlilienfeld, Friedrich von: Fordismus. Paraphrasen über das Verhältnis von Wirtschaft und technischer Vernunft bei Henry Ford und Frederick W. Taylor, Jena 1924.
Gramsci, Antonio: Amerika und Europa. Gramsci-Reader. Hrsg. von Thomas Barfuss, Hamburg 2007.
Gruppe Arbeitersache: Was wir brauchen müssen wir uns nehmen. Multinationale Betriebs- und Regionsarbeit der Gruppe Arbeitersache München, München 1973.
Hartwich, Günter: Moderne Fertigungsmethoden in der Automobilindustrie, in: Automobil – Technischer Fortschritt und wirtschaftliches Wachstum. VDA-Pressekolloquium Bad Reichenhall 9./19. Juni 1970, S. 29–43.
Jungbluth, Adolf: Maßnahmen zur Normalisierung des Krankenstandes aus betrieblicher Sicht, in: Hans Stirn u. Helmut Paul (Hrsg.): Der Aussagewert des Krankenstandes, Köln 1963, S. 99–106.
Kelb, Berni: Betriebsfibel. Ratschläge für die Taktik am Arbeitsplatz, hrsg. von Syndikalismus.tk, o. O. 2010.
Landeshauptstadt München/Stadtentwicklungsreferat (Hrsg.): Kommunalpolitische Aspekte des wachsenden ausländischen Bevölkerungsanteils in München – Problemstudie, München 1972.
Lenin, Wladimir I.: Was tun? Brennende Fragen unserer Bewegung [1902], in: Werke, Bd. 5, Berlin 1955, S. 355–549.
Limon, Didier Léon: Veränderung der beruflichen Anforderungen der Automobilarbeiter, in: Automation. Risiko und Chance, Bd. II. Beiträge zur zweiten internationalen Arbeitstagung der Industriegewerkschaft Metall für die Bundesrepublik Deutschland über Rationalisierung, Automatisierung und technischen Fortschritt 16. Bis 19. März in Oberhausen, Frankfurt a. M. ^{2}1965, S. 587–642.
Lotta Continua: Nein zu den Delegierten der Gewerkschaft, in: Rieland, Wolfgang (Hrsg.): Fiat-Streiks. Massenkampf und Organisationsfrage, München 1970, S. 123–129.
Lotta Continua: Vorschläge für die Organisation unserer politischen Arbeit. Vorgelegt und diskutiert auf dem nationalen Kongreß von Lotta Continua, Turin 25. und 26. Juli 1970, in: Internationale Marxistische Diskussion 18 (1971), S. 88–102.
Lotta Continua u. Gauche Proletarienne: Tragt den Klassenkampf in die Armee! Obwohl Heer aus dem Volk/Kein Heer des Volkes/Sondern Heer gegen das Volk. Beiträge der Gauche Proletarienne und von Lotta Continua zum antimilitaristischen Kampf, München 1971.
Lotta Continua: Nehmen wir uns die Stadt! Klassenanalyse, Organisationspapier, Kampfprogramm. Beiträge der Lotta Continua zur Totalisierung der Kämpfe, München 1972.
Lotta Continua: Diskussionspapier der Lotta Continua München, in: Gruppe Arbeitersache: Was wir brauchen müssen wir uns nehmen. Multinationale Betriebs- und Regionsarbeit der Gruppe Arbeitersache München, München 1973, S. 153–161.
Lotta Continua: Arbeiterautonomie in Westdeutschland. Diskussionsbeitrag von Lotta Continua zu den Klassenkämpfen in der BRD, Gaiganz 1974
Marcuse, Herbert: Der eindimensionale Mensch. Studien zur Ideologie der fortgeschrittenen Industriegesellschaft, Neuwied u. Berlin 1967.
Marx, Karl: Das Kapital. Kritik der politischen Ökonomie, Berlin ^{40}2003 [Original 1867], Bd. 1.
Mennicken, Peter: Anti-Ford oder von der Würde der Menschheit, Aachen 1924.
Osterland, Martin u. a.: Materialien zur Lebens- und Arbeitssituation der Industriearbeiter in der BRD, Frankfurt a. M. 1973.
O. V.: Die Unternehmer: Fortschritt ohne Ende, in: Bittorf, Wilhelm: Automation. Die zweite industrielle Revolution, Darmstadt 1959 (Anhang: Berichte und Argumente).
O. V.: Die deutschen Gewerkschaften und die ausländischen Arbeitnehmer (vom Bundesvorstand des DGB verabschiedet am 2. 11.1971) – Auszug, in: Gewerkschaftliche Monatshefte 1/1974, S. 63–71.
O. V.: „Diese neun Monate haben wir wie Hunde gelebt". Auszug aus einem Interview, in: Ernst Klee (Hrsg): Gastarbeiter. Analysen und Berichte, Frankfurt a. M. 1972.
O. V.: Thesen des Vorstandes der IG Metall zur tariflichen Regelung von Arbeitsbewertungsmethoden 1960/61, in: Jürgen Peters (Hrsg.): In freier Verhandlung. Dokumente zur Tarifpolitik in der Metallindustrie 1945 bis 2002, Göttingen ^{2}2009, S. 248–255.

O. V.: Betriebsintervention und Internationalismus Anfang der 1970er-Jahre. Interview mit Karl Heinz Roth, in: Arbeit, Bewegung, Geschichte 15 (2016), H. 1, S. 100–107.
Pollock, Friedrich: Automation. Materialien zur Beurteilung ihrer ökonomischen und sozialen Folgen, Frankfurt a. M. 1964 [Original 1956].
Richter, Heinz (Deutscher Gewerkschaftsbund): Der DGB und das Gastarbeiterproblem, in: Althammer, Walter (Hrsg.): Das Gastarbeiterproblem – Rotation? Integration? Arbeitsplatzverlagerung?, München 1975, S. 44–99.
Sass, Jürgen, Schmidt, Gert u Weltz, Friedrich: Facharbeiter im Industriebetrieb. Eine Untersuchung in metallverarbeitenden Betrieben, Frankfurt a. M. 1974.
Sarfert, Eberhard C.: Die Kriminalität in einem Betrieb der Automobilindustrie einer Großstadt Süddeutschlands in den Jahren 1958–1967, München 1972.
Schelsky, Helmut: Die sozialen Folgen der Automatisierung (1957), in: Ders.: Auf der Suche nach der Wirklichkeit. Gesammelte Aufsätze zur Soziologie der Bundesrepublik, München 1979, S. 118–147.
Schelsky: Beruf und Freizeit als Erziehungsziele in der modernen Gesellschaft (1956), in: Ders.: Auf der Suche nach der Wirklichkeit. Gesammelte Aufsätze zur Soziologie der Bundesrepublik, München 1979, S. 182–206.
Schelsky, Helmut: Die Bedeutung des Schichtbegriffs für die Analyse der gegenwärtigen deutschen Gesellschaft [1953], in: Ders.: Auf der Suche nach der Wirklichkeit. Gesammelte Aufsätze zur Soziologie der Bundesrepublik, München 1979, S. 326–332.
Schoch, Manfred: Der BMW-Betriebsrat als treibende Kraft, Innovator und Garant für gute Arbeit. Stark und erfolgreich mit der IG Metall, in: IG Metall Bayern (Hrsg.): Vom Wiederaufbau zur Arbeit 4.0. IG Metall Bayern: 70 Jahre Fortschritt durch Tarifpolitik, Hamburg 2017, S. 105–107.
Schubert, Helmut: Erinnerungen 1934–1999. Flugtriebwerkbau in München, München [3]1999.
Sofri, Adriano u. Mea, Luciano Della: Zur Strategie und Organisation von „Lotta Continua“, in: Internationale Marxistische Diskussion 18 (1971), S. 16–87.
Sopp, Hellmut: Das Betriebsklima als Ursachenfaktor für Krankheiten und Unfälle, in: Hans Stirn u. Helmut Paul (Hrsg.): Der Aussagewert des Krankenstandes, Köln 1963, S. 95–98.
Stadt Dingolfing (Hrsg.): Industriegeschichte der Stadt Dingolfing, Dingolfing 2001.
Statistisches Bundesamt Wiesbaden: Statistisches Jahrbuch für die Bundesrepublik Deutschland, 1969, Wiesbaden 1970.
Taylor, Frederick Winslow: Die Grundsätze wissenschaftlicher Betriebsführung, München u. Berlin 1913.
Verband der Automobilindustrie e. V. (Hrsg.): Tatsachen und Zahlen aus der Kraftverkehrswirtschaft 1956/57, 21. Folge, Frankfurt a. M. 1957.
Viale, Guido: Die Träume liegen wieder auf der Straße. Offene Fragen der deutschen und italienischen Linken nach 1968. Mit einem Beitrag von Thomas Schmid: Über Linke und ihren Anteil am technokratischen Prozeß, Berlin 1979.
Zieris, Ernst: So wohnen unsere ausländischen Mitbürger. Bericht zur Wohnungssituation ausländischer Arbeitnehmerfamilien in Nordrhein-Westfalen, Düsseldorf [3]1972.

4. Internet

Über die Aktion Südfront ist folgendes bekannt geworden. Bayerisches Staatsministerium des Innern 8 München 22, den 14. November 1974 (online unter: http://protest-muenchen.sub-bavaria.de/artikel/1809, letzter Zugriff am 30. Juni 2020).

Literaturverzeichnis

Abelshauser, Werner: Deutsche Wirtschaftsgeschichte. Von 1945 bis zur Gegenwart, Bonn 2011.

Abelshauser, Werner: Umbruch und Persistenz. Das deutsche Produktionsregime in historischer Perspektive, Geschichte und Gesellschaft 27 (2001), S. 503–523.

Ahlheim, Rose u. a.: Gefesselte Jugend. Fürsorgeerziehung im Kapitalismus, Frankfurt a. M. ^{5}1978.

Almstedt, Matthias u. Munkwitz, Barbara: Ortsbestimmung der Heimerziehung. Geschichte, Bestandsaufnahme, Entwicklungstendenzen, Weinheim u. Basel 1982.

Ambrosius, Gerold u. Kaelble, Hartmut: Einleitung. Gesellschaftliche und wirtschaftliche Folgen des Booms der 1950er und 1960er Jahre, in: Kaelble, Hartmut (Hrsg.): Der Boom 1948–1973. Gesellschaftliche und wirtschaftliche Folgen in der Bundesrepublik Deutschland und in Europa, Opladen 1992, S. 7–32.

Ambrosius, Gerold, Petzina, Dietmar u. Plumpe, Werner: Wirtschaftsgeschichte als interdisziplinäres Fach, in: Dies. (Hrsg.): Moderne Wirtschaftsgeschichte. Eine Einführung für Historiker und Ökonomen, München 2006, S. 9–37.

Andresen, Boy-Jürgen: Funktionen und Perspektiven betrieblicher Sozialpolitik aus Sicht der Praxis, in: Winfried Schmähl (Hrsg.): (1999). Betriebliche Sozial- und Personalpolitik, Bd. 9, Frankfurt a. M. 1999, S. 41–53.

Andresen, Knud: Mitbestimmen. Die Entwicklung der Interessenvertretung bei Volkswagen in Braunschweig 1945–2002, Braunschweig 2005.

Andresen, Knud, Bitzegeio, Ursula u. Mittag, Jürgen: Arbeitsbeziehungen und Arbeitswelt(en) im Wandel: Problemfelder und Fragestellungen, in: Dies. (Hrsg.): „Nach dem Strukturbruch"? Kontinuität und Wandel von Arbeitsbeziehungen und Arbeitswelt(en) seit den 1970er Jahren, Bonn 2011, S. 7–23.

Andresen, Knud, Kuhnhenne, Michaela, Mittag, Jürgen u. Platz, Johannes (Hrsg.): Der Betrieb als sozialer und politischer Ort. Studien zu Praktiken und Diskursen in den Arbeitswelten des 20. Jahrhunderts, Bonn 2015.

Arps, Jan-Ole: Frühschicht. Linke Fabrikintervention in den 70er Jahren, Berlin 2011.

Aulenbacher, Brigitte: Das verborgene Geschlecht der Rationalisierung. Zur Bedeutung von Rationalisierungsleitbildern für die industrielle und technische Entwicklung, in: Dies. u. Tilla Siegel (Hrsg.): Diese Welt wird völlig anders sein. Denkmuster der Rationalisierung, Pfaffenweiler 1995, S. 313–138.

Bade, Klaus J.: Einheimische Ausländer: ‚Gastarbeiter' – Dauergäste – Einwanderer, in: Ders. (Hrsg.): Deutsche im Ausland – Fremde in Deutschland. Migration in Geschichte und Gegenwart, München 1992, S. 393–401.

Bahrdt, Hans Paul: Der Industriearbeiter, in: Marianne Feuersenger (Hrsg.): Gibt es noch ein Proletariat?, Frankfurt a. M. 1962, S. 25–33.

Bauer, Reinhold: Ölpreiskrisen und Industrieroboter. Die siebziger Jahre als Umbruchphase für die Automobilindustrie in beiden deutschen Staaten, in: Konrad Jarausch (Hrsg.): Das Ende der Zuversicht. Die siebziger Jahre als Geschichte, Göttingen 2008, S. 68–83.

Bauer, Thomas u. Zimmermann, Klaus F.: Gastarbeiter und Wirtschaftsentwicklung im Nachkriegsdeutschland, in: Jahrbuch für Wirtschaftsgeschichte 37 (1996), H. 2, S. 73–108.

Bauer, Thomas u. Zimmermann, Klaus F.: Gastarbeiter und Wirtschaftsentwicklung im Nachkriegsdeutschland, München 1996.

Bäurle, Peter: Die Entwicklung der Automobilindustrie in der Bundesrepublik Deutschland seit 1945. Eine volkswirtschaftliche, verkehrswirtschaftliche und betriebswirtschaftliche Untersuchung, Stuttgart 1966.

Becker, Joachim: Akkumulation, Regulation, Territorium. Zur kritischen Rekonstruktion der französischen Regulationstheorie, Marburg 2002.

Beckmann, Nils: Käfer, Goggos, Heckflossen. Eine retrospektive Studie über die westdeutschen Automobilmärkte in den Jahren der beginnenden Massenmotorisierung, Stuttgart 2006.

Behruzi, Daniel: Wettbewerbspakte und linke Betriebsratsopposition. Fallstudien in der Automobilindustrie, Hamburg 2015.

Bendix, Reinhard: Herrschaft und Industriearbeit. Untersuchungen über Liberalismus und Autokratie in der Geschichte der Industrialisierung, Frankfurt a. M. 1956.

Benicke, Jens: Von Adorno zu Mao. Über die schlechte Aufhebung der antiautoritären Bewegung, Freiburg 2010.

Benz-Overhage, Karin u. a.: Computereinsatz und Reorganisation von Produktionsprozessen, in: Institut für Sozialforschung (Hrsg.): Gesellschaftliche Arbeit und Rationalisierung. Neuere Studien aus dem Institut für Sozialforschung in Frankfurt am Main, Opladen 1981, S. 100–117.

Berger, Peter A.: Neue Erwerbsklassenbildung in der Ausweitung der Lohnarbeit, in: Klaus Tenfelde (Hrsg.): Arbeiter im 20. Jahrhundert, Stuttgart 1991, S. 665–693.

Bergmann, Joachim, Jacobi, Otto u. Müller-Jentsch, Walther: Gewerkschaften in der Bundesrepublik, Bd. 1: Gewerkschaftliche Lohnpolitik zwischen Mitgliederinteressen und ökonomischen Systemzwängen, Frankfurt a. M. 1976.

Bergmann, Joachim, Jacobi, Otto u. Müller-Jentsch, Walther: Gewerkschaften in der Bundesrepublik, Bd. 2: Gewerkschaftliche Lohnpolitik im Bewußtsein der Funktionäre, Frankfurt a. M. 1977.

Berset, Martial u. Semmer, Norbert K.: Fehlzeiten und Fluktuation, in: Heinz Schuler u. Karlheinz Sonntag (Hrsg.): Handbuch der Arbeits- und Organisationspsychologie, Göttingen 2007, S. 280–286.

Betz, Heinrich u. Fritsch, Uwe: Sachzwänge contra Beschäftigteninteressen. Zur Situation der Interessenvertretung in der Automobilindustrie, in: Udo Klitzke, Heinrich Betz u. Mathias Möreke (Hrsg.): Vom Klassenkampf zum Co-Management? Perspektiven gewerkschaftlicher Betriebspolitik. Wolfgang Klever zum 60. Geburtstag, Hamburg 2000, S. 66–99.

Biller, Martin: Die wirtschaftssektorale Verteilung der ausländischen Erwerbstätigen, in: Johannes Chr. Papalekas (Hrsg.): Die Ausländerfrage. Gastarbeiter im Spannungsfeld von Integration und Reintegration, Herford 1983, S. 23–40.

Birke, Peter: Wilde Streiks im Wirtschaftswunder. Arbeitskämpfe, Gewerkschaften und soziale Bewegungen in der Bundesrepublik und Dänemark, Frankfurt a. M. 2007.

Birkner, Martin u. Foltin, Robert: (Post-)Operaismus. Von der Arbeiterautonomie zur Multitude. Geschichte und Gegenwart, Theorie und Praxis. Eine Einführung, Stuttgart ^{2}2010.

Bischoff, Joachim u. Detje, Richard: Massengesellschaft und Individualität. Krise des „Fordismus" und die Strategie der Linken, Hamburg 1989.

Bispinck, Reinhard: Schwerpunktthema „50 Jahre Tarifvertragsgesetz – Stationen der Tarifpolitik von 1949–1999", in: WSI-Tarifarchiv (Hrsg.): WSI-Tarifhandbuch 1999, Frankfurt a. M. 1999, S. 111–128.

Bispink, Reinhard: Elemente qualitativer Tarifpolitik Nr. 43. Tarifentgelt nach Leistung und Erfolg. Regelungen in ausgewählten Tarifbereichen, in: WSI-Informationen zur Tarifpolitik, Düsseldorf 2000, S. 6, online abrufbar unter: https://www.boeckler.de/pdf/p_ta_elemente_43_2000.pdf, letzter Zugriff 30. Juni 2020.

Biss, Annika: Die Internationalisierung der Bayerischen Motoren Werke AG. Vom reinen Exportgeschäft zur Gründung eigener Tochtergesellschaften im Ausland 1945–1981, Berlin u. Boston 2017.

Bittorf, Wilhelm: Automation. Die zweite industrielle Revolution, Darmstadt 1956.

Blauner, Robert: Alienation and Freedom: The Factory Worker and His Industry, Chicago 1964.

Bojadžijev, Manuela: Die windige Internationale. Rassismus und Kämpfe der Migration, Münster 2008.

Boltanski, Luc u. Chiapello, Ève: Der neue Geist des Kapitalismus, Konstanz 2011.

Borsdorf, Götz Hanjo: Die Internationalisierung deutscher Unternehmen nach dem Zweiten Weltkrieg bis 1973, Aachen 2007.

Borscheid, Peter: Auto und Massenmobilität, in: Hans Pohl (Hrsg.): Die Einflüsse der Motorisierung auf das Verkehrswesen von 1886 bis 1986 – Referate und Diskussionsbeiträge des 11. Wissenschaftlichen Symposiums der Gesellschaft für Unternehmensgeschichte e. V., 27./28. November 1986 in Fellbach (Zeitschrift für Unternehmensgeschichte, Beiheft 52), Stuttgart 1988, S. 117–141.

Borris, Maria: Ausländische Arbeiter in einer Großstadt. Eine empirische Untersuchung am Beispiel Frankfurt, Frankfurt a. M. ^{2}1974.

Borschberg, Edwin: Die Diversifikation als Wachstumsform der industriellen Unternehmung, Bern u. Stuttgart 1969.

Bosch, Aida: Vom Interessenkonflikt zur Kultur der Rationalität. Neue Verhandlungsbeziehungen zwischen Management und Betriebsrat, München und Mering 1997.
Boyer, Christoph: Schwierige Bedingungen für Wachstum und Beschäftigung, in: Thomas Raithel u. Thomas Schlemmer (Hrsg.): Die Rückkehr der Arbeitslosigkeit. Die Bundesrepublik Deutschland im europäischen Kontext 1973 bis 1989, München 2009, S. 9–53.
Boyer, Robert u. Freyssenet, Michel: Produktionsmodelle. Eine Typologie am Beispiel der Automobilindustrie, Berlin 2003.
Brandt, Gerhard: Das Ende der Massenproduktion – wirklich? [1986], in: Ders.: Arbeit, Technik und gesellschaftliche Entwicklung. Transformationsprozesse des modernen Kapitalismus. Aufsätze 1971–1987, hrsg. von Daniel Bieber u. Wilhelm Schumm, Frankfurt a. M. 1990, S. 303–324.
Brandt, Gerhard: Fragen der betrieblichen Arbeitsgestaltung im Kontext der technisch-wissenschaftlichen Entwicklung [1987], in: Ders.: Arbeit, Technik und gesellschaftliche Entwicklung. Transformationsprozesse des modernen Kapitalismus 1971–1987, hrsg. von Daniel Bieber u. Wilhelm Schumm, Frankfurt a. M. 1990, S. 336–346.
Braverman, Harry: Die Arbeit im modernen Produktionsprozeß, Frankfurt a. M. u. New York 1977.
Bröckling, Ulrich: Das unternehmerische Selbst. Soziologie einer Subjektivierungsform, Frankfurt a. M. ^{6}2016.
Bröckling, Ulrich, Krasmann, Susanne u. Lemke, Thomas (Hrsg.): Gouvernementalität der Gegenwart. Studien zur Ökonomisierung des Sozialen, Frankfurt a. M. 2000.
Brunhöber, Hannelore: Wohnen, in: Wolfgang Benz (Hrsg.): Die Bundesrepublik Deutschland. Geschichte in drei Bänden. Bd. 2: Gesellschaft, Frankfurt a. M. 1983, S. 183–208.
Bührer, Werner: Technologischer Wandel, Industrie- und Beschäftigungsstruktur in der Bundesrepublik Deutschland, in: Archiv für Sozialgeschichte 35 (1995), S. 91–113.
Bundesmann-Jansen, Jörg u. Frerichs, Joke: Betriebspolitik und Organisationswandel. Neuansätze gewerkschaftlicher Delegation und Partizipation, Münster 1995.
Burchardt, Lothar: Technischer Fortschritt und sozialer Wandel. Am Beispiel der Taylorismus-Rezeption, in: Deutsche Technikgeschichte. Vorträge vom 31. Historikertag am 24. 9. 1976 in Mannheim, Göttingen 1977, S. 52–98.
Bürger, Michael: Zur Alltagstypik von Betriebsratshandeln. Eine Fallstudie, Münster 1996.
Busch, Klaus Wilhelm: Strukturwandlungen der westdeutschen Automobilindustrie. Ein Beitrag zur Erfassung und Deutung einer industriellen Entwicklungsphase im Übergang vom produktionsorientierten zum marktorientierten Wachstum, Berlin 1966.
Crozier, Michel u. Friedberg, Erhard: Die Zwänge kollektiven Handelns. Über Macht und Organisation, Königsstein Ts. 1993.
Dahrendorf, Ralf: Soziale Klassen und Klassenkonflikt in der industriellen Gesellschaft, Stuttgart 1957.
Dahrendorf, Ralf: Gesellschaft und Freiheit. Zur soziologischen Analyse der Gegenwart, München 1961.
Dahrendorf, Ralf: Gesellschaft und Demokratie in Deutschland, München 1965.
Dankbaar, Ben: Die Zukunft der Arbeit in der Automobilindustrie, in: Ders, Ulrich Jürgens u. Thomas Malsch (Hrsg.): Die Zukunft der Arbeit in der Automobilindustrie, Berlin 1988, S. 13–31.
Davis, Gerald F.: The Vanishing American Corporation. Navigating the Hazards of a New Economy, Oakland 2016.
Deppe, Frank u. Dörre, Klaus: Klassenbildung und Massenkultur im 20. Jahrhundert, in: Klaus Tenfelde (Hrsg.): Arbeiter im 20. Jahrhundert, Stuttgart 1991, S. 726–771.
Deppe, Wilfried: Drei Generationen Arbeiterleben. Eine sozio-biographische Darstellung, Frankfurt a. M. u. New York 1982.
Diekmann, Achim: Die Automobilnachfrage als Konjunktur- und Wachstumsfaktor. Eine Input-Output-Studie, Tübingen 1975.
Diekmann, Achim: Die Automobilindustrie in Deutschland, Köln 1985.
Dietz, Bernhard: „Von der Industriegesellschaft zur Gesellschaftsindustrie“. Wirtschaft, Wirtschaftspresse und der Wertewandel 1970–1985, in: Ders. u. Jörg Neuheiser (Hrsg.): Wertewan-

del in der Arbeitswelt. Arbeit, Leistung und Führung in den 1970er und 1980er Jahren in der Bundesrepublik Deutschland, Berlin u. Boston 2017, S. 179–206.

Dietz, Bernhard: Von der Humanisierung zur Flexibilisierung der Arbeit. Der „Wertewandel" in der Wirtschaft der 1980er-Jahre am Beispiel von BMW, in: Nina Kleinöder, Stefan Müller, Karsten Uhl (Hrsg.): „Humanisierung der Arbeit". Aufbrüche und Konflikte in der rationalisierten Arbeitswelt, Bielefeld 2019, S. 185–211.

Dietz, Bernhard: Der Aufstieg der Manager. Wertewandel in den Führungsetagen der westdeutschen Wirtschaft 1949–1989, Berlin u. Boston 2020.

Dietz, Bernhard, Neumaier, Christopher u. Rödder, Andreas, (Hrsg.): Gab es den Wertewandel? Neue Forschungen zum gesellschaftlich-kulturellen Wandel seit den 1960er Jahren, München 2014.

Doering-Manteuffel, Anselm u. Raphael, Lutz: Nach dem Boom. Perspektiven auf die Zeitgeschichte seit 1970, Göttingen ²2010.

Doering-Manteuffel, Anselm, Raphael, Lutz u. Schlemmer, Thomas, (Hrsg.): Vorgeschichte der Gegenwart. Dimensionen des Strukturbruchs nach dem Boom, Göttingen 2016.

Dohse, Knuth: Ausländische Arbeiter und bürgerlicher Staat. Genese und Funktion von staatlicher Ausländerpolitik und Ausländerrecht. Vom Kaiserreich bis zur Bundesrepublik Deutschland, Königsstein/Ts. 1981.

Dohse, Knuth, Jürgens, Ulrich u. Malsch, Thomas: Fertigungsnahe Selbstregulierung oder zentrale Kontrolle – Konzernstrategien im Restrukturierungsprozeß der Automobilindustrie, in: Frieder Naschold (Hrsg.): Arbeit und Politik. Gesellschaftliche Regulierung der Arbeit und der sozialen Sicherung, Frankfurt a. M. u. New York 1985, S. 49–89.

Dohse, Knuth: Taylorismus, Technik, Hierarchie. Kontroversen der „amerikanischen und britischen Labour Process Debate", in: Heidrun Abromeit u. Bernhard Blanke (Hrsg.): Arbeitsmarkt, Arbeitsbeziehungen und Politik in den 80er Jahren, Opladen 1987, S. 213–230.

Dunkel, Franziska u. Gabriella Stramaglia-Faggion: „50 Mark für einen Italiener". Zur Geschichte der Gastarbeiter in München, München 2000.

Ebbinghaus, Angelika: Die „andere Arbeiterbewegung. Operaistische Strömungen in den 1970er Jahren, in: Arno Klönne, Karl A. Otto u. Karl Heinz Roth (Hrsg.): Fluchtpunkte. Das soziale Gedächtnis der Arbeiterbewegung, Hamburg 2003, S. 240–249.

Eifert, Christiane: Henry Fords Autobiographie und ihre deutsche Rezeption, in: Zeithistorische Forschungen 6 (2009), S. 209–229.

Ellmers, Sven: Die formanalytische Klassentheorie von Karl Marx. Ein Beitrag zur „neuen Marx-Lektüre", Duisburg ²2009.

Engelen, Ute: Demokratisierung der betrieblichen Sozialpolitik? Das Volkswagenwerk in Wolfsburg und Automobiles Peugeot in Sochaux 1944–1980, Baden-Baden 2013.

Fabbro, René del: Internationaler Markt und nationale Interessen. Die BMW AG in der Ära Castiglioni 1917–1930, in: Sozial.Geschichte 2 (2003), S. 35–62.

Fabian, Sina: Boom in der Krise. Konsum, Tourismus, Autofahren in Westdeutschland und Großbritannien 1970–1990, Göttingen 2016.

Fack, Dietmar: Automobil, Verkehr und Erziehung. Motorisierung und Sozialisation zwischen Beschleunigung und Anpassung 1885–1954, Opladen 2000.

Fattmann, Rainer: 125 Jahre Arbeit und Leben in den Werken von Daimler und Benz. Die Geschichte der Beschäftigten und ihrer Interessenvertretung, Ludwigsburg 2011.

Fetzer, Thomas: Paradoxes of Internationalization. British and German Trade Unions at Ford and General Motors 1967–2000, Manchester 2012.

Franz, Fritz: Die Rechtsstellung der ausländischen Arbeitnehmer in der Bundesrepublik Deutschland, in: Ernst Klee (Hrsg.): Gastarbeiter. Analysen und Berichte, Frankfurt a. M. 1972, S. 36–58.

Franz, Fritz: Ausländerrecht – Kritische Bilanz und Versuch einer Neuorientierung, in: Hartmut Griese (Hrsg.): Der gläserne Fremde. Bilanz und Kritik der Gastarbeiterforschung und Ausländerpolitik, Opladen 1984, S. 73–88.

Frese, Matthias: „Samstags gehört Vati mir". Arbeit und Freizeit von Frauen und Männern in der gewerkschaftlichen Diskussion der frühen Bundesrepublik Deutschland (1949–1965), in: Westfälische Forschungen 45 (1995), S. 73–101.

Fürstenberg, Friedrich: Probleme der Lohnstruktur. Die wirtschaftliche und soziale Bedeutung der Lohnunterschiede, Tübingen 1958.
Fürstenberg, Friedrich: Grundfragen der Betriebssoziologie, Köln u. Opladen 1964.
Gaedeke, Oliver K.: Industrielle Beziehungen in Veränderung. Neue Formen der Betriebsratsarbeit, München und Mering, 2001.
Galbraith, John Kenneth: Tabus in Wirtschaft und Politik der USA, Reinbek 1964.
Gehrke, Bernd (Hrsg.): 1968 und die Arbeiter in Europa. Studien zum „proletarischen Mai" in Europa, Hamburg 2007.
Geiger, Theodor: Die soziale Schichtung des deutschen Volkes. Soziographischer Versuch auf statistischer Grundlage, Stuttgart 1932.
Geißler, Rainer: Die Sozialstruktur Deutschlands. Zur gesellschaftlichen Entwicklung mit einer Bilanz zur Vereinigung, Wiesbaden [7]2014.
Gerber, Jan: Karl Marx in Paris. Die Entdeckung des Kommunismus, München 2018.
Gerlach, Rüdiger: Betriebliche Sozialpolitik im historischen Systemvergleich. Das Volkswagenwerk und der VEB Sachsenring von den 1950er bis in die 1980er Jahre, Stuttgart 2014.
Gester, Jochen u. Hajek, Willi (Hrsg.): 1968 – und dann? Erfahrungen, Lernprozesse und Utopien von Bewegten der 68-er Revolte, Berlin 2002.
Gilcher-Holtey, Ingrid: Die 68er Bewegung. Deutschland – Westeuropa – USA, München [2]2003.
Goebel, Ralf: Die Anpassung des Pkw-Marketing an veränderte Markt- und Umweltbedingungen, Marburg 1979.
Goeke, Simon: Transnationale Ökonomien, in: Natalie Bayer u. a. (Hrsg.): Crossing Munich. Beiträge zur Migration aus Kunst, Wissenschaft und Aktivismus, München 2009, S. 151–155.
Goeke, Simon: „Wir nehmen unsere Sache jetzt selbst in die Hand" – Von protestierenden Gästen und multinationalen Revolutionär/innen, in: Zara S. Pfeiffer (Hrsg.): Auf den Barrikaden. Proteste in München seit 1945. Im Auftrag des Kulturreferats der Landeshauptstadt München, München 2011, S. 117–126.
Goeke, Simon: „Wir sind alle Fremdarbeiter!" Gewerkschaften, migrantische Kämpfe und soziale Bewegungen in Westdeutschland 1960–1980, Paderborn 2020.
Görg, Christoph: Regulation – ein neues ‚Paradigma'?, in: Josef Esser, Christoph Görg u. Joachim Hirsch (Hrsg.): Politik, Institutionen und Staat. Zur Kritik der Regulationstheorie, Hamburg 1994, S. 13–30.
Görtemaker, Manfred: Geschichte der Bundesrepublik Deutschland. Von der Gründung bis zur Gegenwart, München 1999.
Gorz, André: Abschied vom Proletariat. Jenseits des Sozialismus, Frankfurt a. M. 1988 [Orig. 1980].
Gransche, Elisabeth u. Wiegand, Erich: Zur Wohnsituation von Arbeiterhaushalten zu Beginn des zwanzigsten Jahrhunderts, in: Erich Wiegand u. Wolfgang Zapf (Hrsg.): Wandel der Lebensbedingungen in Deutschland. Wohlfahrtsentwicklung seit der Industrialisierung, Frankfurt u. New York 1982, S. 425–469.
Gregor, Neil: Stern und Hakenkreuz. Daimler Benz im Dritten Reich, Berlin 1997.
Grüner, Stefan: Geplantes „Wirtschaftswunder"? Industrie- und Strukturpolitik in Bayern 1945 bis 1973, München 2009.
Grunert, Manfred u. Triebel, Florian: Das Unternehmen BMW seit 1916, München 2006.
Grunert, Manfred u. Triebel, Florian: Krisenerfahrung bei der BMW AG. Zur Typologie des Phänomens Unternehmenskrise, in: Jahrbuch für Wirtschaftsgeschichte 47 (2006), H. 2, S. 19–30.
Grunert, Manfred: Der BMW 700. Der Retter wird 50, Presse-Information der BMW-Group/PressClub Deutschland, 3. Juni 2009 (online unter: https://www.press.bmwgroup.com/deutschland/article/detail/T0022634DE; letzter Zugriff am 17. Mai 2020).
Grunow-Osswald, Elfriede: Die Internationalisierung eines Konzerns. Daimler-Benz 1890–1997, Vaihingen a. d. Enz 2006.
Günther, Rolf: Markteintritt und Wettbewerbsverhalten in der Automobilindustrie. Das Beispiel der Glas GmbH, Frankfurt a. M. 1984, S. 222–224.
Hachtmann, Rüdiger: Industriearbeit und Rationalisierung 1900 bis 1945. Bemerkungen zum Forschungsstand, in: Jahrbuch für Wirtschaftsgeschichte 1996, H. 1, S. 211–258.

Hachtmann, Rüdiger: Fordism and Unfree Labour: Aspects of the Work Deployment of Concentration Camp Prisoners in German Industry between 1941 and 1944, in: International Review of Social History 55 (2010), S. 485–513.

Hachtmann, Rüdiger: Gewerkschaften und Rationalisierung: Die 1970er-Jahre – ein Wendepunkt?, in: Knut Andresen, Ursula Bitzegeio u. Jürgen Mittag (Hrsg.): Nach dem Strukturbruch? Kontinuität und Wandel von Arbeitswelten, Bonn 2011, S. 181–209.

Hachtmann, Rüdiger u. Saldern, Adelheid von: Das fordistische Jahrhundert: Eine Einleitung, in: Zeithistorische Forschungen 6 (2009), S. 174–185.

Hachtmann, Rüdiger u. Saldern, Adelheid von: „Gesellschaft am Fließband". Fordistische Produktion und Herrschaftspraxis in Deutschland, in: Zeithistorische Forschungen 6 (2009), S. 186–208.

Hälker, Juri: Betriebsräte in Rollenkonflikten. Betriebspolitisches Denken zwischen Co-Management und Gegenmacht, München u. Mering [2]2005.

Hampel, Adolf: s. v. Lotta Continua, Italien-Lexikon. Schlüsselbegriffe zu Geschichte, Gesellschaft, Wirtschaft, Politik, Justiz, Gesundheitswesen, Verkehr, Presse, Rundfunk, Kultur und Bildungseinrichtungen, Berlin 1995.

Hardt, Christoph u. Nevhöver, Christoph: „Der Adler fliegt am besten allein". Der BMW-Herrscher Eberhard von Kuenheim, in: Bernd Ziesemer (Hrsg.): Pioniere der deutschen Wirtschaft. Was wir von den großen Unternehmerpersönlichkeiten lernen können, Frankfurt a. M. 2006, S. 226–227.

Hausmann, Frederike: Kleine Geschichte Italiens. Von 1943 bis zur Ära nach Berlusconi, Berlin 2006.

Hauß, Friedrich u. Oppen, Maria: Krankenstand als Ergebnis von Definitions- und Aushandlungsprozessen in Gesellschaft und Betrieb, in: Frieder Naschold (Hrsg.): Arbeit und Politik. Gesellschaftliche Regulierung der Arbeit und der sozialen Sicherung, Frankfurt a. M. u. New York 1985.

Haußer, Christian: Amerikanisierung der Arbeit? Deutsche Wirtschaftsführer und Gewerkschafter im Streit um Ford und Taylor (1919–1932), Stuttgart 2008.

Hax, Karl: Betriebliche Sozialordnung (III). Betriebliche Sozialpolitik, in: Erwin von Beckerath (Hrsg.): Handwörterbuch der Sozialwissenschaften, Stuttgart 1959, S. 74–82.

Heckmann, Friedrich: Die Bundesrepublik: Ein Einwanderungsland? Zur Soziologie der Gastarbeiterbevölkerung als Einwandererminorität, Stuttgart 1981.

Heil, Barbara u. Wolf, Harald: s. v. Arbeiterbewusstsein, in: Hartmut Hirsch-Kreinsen u. Heiner Minssen (Hrsg.): Lexikon der Arbeits- und Industriesoziologie, Baden-Baden [2]2017, S. 53–58.

Heimann, Heidrun: Massenmotorisierung – ein historischer Prozeß, in: Gesellschaft und Automobil. Chancen und Handlungserfordernisse, Frankfurt a. M. 1986, S. 19–32.

Heinrich, Michael: Welche Klassen und welche Kämpfe? Eine Antwort auf Karl Reitters „Kapitalismus ohne Klassenkampf?" in: Grundrisse 11 (2004), S. 35–42.

Hemmerle, Andreas u. Schulenburg, Caroline: Das BMW Group Stammwerk München, München 2015.

Herbert, Ulrich: Geschichte der Ausländerbeschäftigung in Deutschland 1880 bis 1980. Saisonarbeiter, Zwangsarbeiter, Gastarbeiter, Bonn 1986.

Herbert, Ulrich: Geschichte der Ausländerpolitik in Deutschland. Saisonarbeiter, Zwangsarbeiter, Gastarbeiter, Flüchtlinge, Bonn 2003.

Herbert, Ulrich: Geschichte Deutschlands im 20. Jahrhundert, München 2014.

Herbert, Ulrich u. Hunn, Karin: Gastarbeiter und Gastarbeiterpolitik in der Bundesrepublik. Vom Beginn der offiziellen Anwerbung bis zum Anwerbestopp (1955–1973), in: Axel Schildt, Detlef Siegfried u. Karl Christian Lammers (Hrsg.): Dynamische Zeiten. Die 60er Jahre in den beiden deutschen Gesellschaften, Hamburg 2000, S. 273–310.

Heßler, Martina: Die Ersetzung des Menschen? Die Debatte um das Mensch-Maschinen-Verhältnis im Automatisierungsdiskurs, in: Zeitschrift für Technikgeschichte 82 (2015), H. 2, S. 109–136.

Heßler, Martina: Die Halle 54 bei Volkswagen und die Grenzen der Automatisierung. Überlegungen zum Mensch-Maschine-Verhältnis in der industriellen Produktion der 1980er-Jahre, in: Zeithistorische Forschungen, 11 (2014), H. 1, S. 56–76.

Hilger, Susanne: „Amerikanisierung" deutscher Unternehmen. Wettbewerbsstrategien und Unternehmenspolitik bei Henkel, Siemens und Daimler-Benz (1945/49–1975), Wiesbaden 2004.

Hirsch, Joachim u. Roth, Roland: Das neue Gesicht des Kapitalismus. Vom Fordismus zum Post-Fordismus, Hamburg 1986.

Hobsbawm, Eric: Das Zeitalter der Extreme. Weltgeschichte des 20. Jahrhunderts, München u. Wien 1995.

Hodenberg, Christina von: Die Journalisten und der Aufbruch zur kritischen Öffentlichkeit, in: Ulrich Herbert (Hrsg.): Wandlungsprozesse in Westdeutschland. Belastung, Integration, Liberalisierung 1945–1980, Göttingen 2002, S. 278–311.

Hoffmann, Bernd-Felix, Kleinhenz, Gerhard u. Schmidt, Rainer: BMW in Ostbayern. Strukturelle Veränderungen eines Agrarraumes durch Industrieansiedlung, Passau 1991.

Hoffmann-Nowotny, Hans-Joachim: Soziologie des Fremdarbeiterproblems. Eine theoretische und empirische Analyse am Beispiel der Schweiz, Stuttgart 1973.

Hoffrogge, Ralf: Fordismus, Eurokommunismus und Neue Linke. Thesen zu Kontinuitäten und Diskontinuitäten zwischen Arbeiterbewegung und linker Szene in der BRD, in: Jahrbuch für historische Kommunismusforschung 2012, S. 249–263.

Hohensee, Jens: Der erste Ölpreisschock 1973/74. Die politischen und gesellschaftlichen Auswirkungen der arabischen Erdölpolitik auf die Bundesrepublik Deutschland und Westeuropa, Stuttgart 1996.

Holst, Hajo u. a.: Zwei Logiken der Externalisierung – Fragmentierte Arbeit in der Forschung & Entwicklung der Automobilindustrie, in: Hajo Holst (Hrsg.): Fragmentierte Belegschaften. Leiharbeit, Informalisierung und Soloselbständigkeit in globaler Perspektive, Frankfurt a. M. 2017, S. 33–67.

Hopmann, Barbara, Mark, Spoerer, Weitz, Birgit u. Bruninghaus, Beate: Zwangsarbeit bei Daimler-Benz, Stuttgart 1996.

Huber, Peter: Ausländerbeschäftigung und Wirtschaftswachstum, Tübingen 1974.

Hübner, Kurt: Theorie der Regulation. Eine kritische Rekonstruktion eines neuen Ansatzes der politischen Ökonomie, Berlin 1989.

Hunn, Karin: Türkische „Gastarbeiter" zwischen Heimat und Fremde, in: Archiv für Sozialgeschichte 42 (2002), S. 145–172.

Hunn, Karin: „Irgendwann kam das Deutschlandfieber auch in unsere Gegend …". Türkische „Gastarbeiter" in der Bundesrepublik Deutschland – von der Anwerbung bis zur Rückkehrförderung, in: Jan Motte u. Rainer Ohlinger (Hrsg.): Geschichte und Gedächtnis in der Einwanderungsgesellschaft. Migration zwischen historischer Rekonstruktion und Erinnerungspolitik, Essen 2004, S. 73–88.

Huwer, Jörg: „Gastarbeiter" im Streik. Die Arbeitsniederlegung bei Ford Köln im August 1973, Köln 2013.

Inglehart, Ronald: The Silent Revolution. Changing Values and Political Style among Western Publics, Princeton 1977.

Jagoda, Fritz: Die Produktpolitik der westdeutschen Automobilindustrie, Darmstadt 1972.

Jansen, Christian: „Nehmen wir uns die Stadt" – Die italienische Neue Linke entdeckt urbane Konflikte als Feld revolutionärer Mobilisierung, in: Informationen zur modernen Stadtgeschichte (2017), H. 2, S. 79–89.

Jarausch, Konrad (Hrsg.): Das Ende der Zuversicht? Die siebziger Jahre als Geschichte, Göttingen 2008.

Jarausch, Konrad: Verkannter Strukturwandel. Die siebziger Jahre als Vorgeschichte der Probleme der Gegenwart, in: Ders. (Hrsg.): Das Ende der Zuversicht? Die siebziger Jahre als Geschichte, Göttingen 2008, S. 9–26.

Jirjahn, Uwe u. Stephan, Gesine: Betriebliche Sonderzahlungen. Theoretische Überlegungen und empirische Befunde, in: Bernd Frick, Renate Neubäumer u. Werner Sesselmeier (Hrsg.): Die Anreizwirkungen betrieblicher Sozialleistungen, Bd. 6, München 1999, S. 33–68.

Jungbluth, Rüdiger: Die Quandts. Ihr leiser Aufstieg zur mächtigsten Wirtschaftsdynastie Deutschlands, Frankfurt a. M. 2002.

Jürgens, Ulrich: Risiken und Chancen der gegenwärtigen Umstrukturierungen in der Weltautomobilindustrie für die Arbeitnehmer, in: Dankbaar, Ben, Jürgens, Ulrich u. Malsch, Thomas (Hrsg.): Die Zukunft der Arbeit in der Automobilindustrie, Berlin 1988, 35–61.

Kädtler, Jürgen: Tarifpolitik und tarifpolitisches System, in: Wolfgang Schroeder (Hrsg.): Handbuch der Gewerkschaften in Deutschland, Wiesbaden ²2014, S. 425–464.

Kaelble, Hartmut (Hrsg.): Der Boom 1948–1973. Gesellschaftliche und wirtschaftliche Folgen in der Bundesrepublik Deutschland und in Europa, Opladen 1992.

Kaelble, Hartmut: Sozialgeschichte Europas. 1945 bis zur Gegenwart, Bonn 2007.

Kaiser, Walter: Technisierung des Lebens seit 1945, in: Hans-Joachim Braun u. Walter Kaiser: Propyläen Technikgeschichte. Energiewirtschaft, Automatisierung, Information. Seit 1914, Berlin u. a. 1997, S. 281–529.

Kasper, Sebastian: Unter der Parole „Kampf gegen die Arbeit!" Die Betriebsintervention der frühen Sponti-Bewegung, in: Arbeit, Bewegung, Geschichte 15 (2016), H. 1, S. 49–62.

Kasper, Sebastian: Spontis. Eine Geschichte antiautoritärer Linker im roten Jahrzehnt, Münster 2019.

Kaste, Hermann: Arbeitgeber und Humanisierung der Arbeit. Eine exemplarische Analyse, Opladen 1981.

Kerkhof, Stefanie van de: Krisen als Chance oder Gefahr für das Überleben von Unternehmen – Zur Einführung, in: Jahrbuch für Wirtschaftsgeschichte 47 (2006), H. 2, S. 9–18.

Kern, Horst u. Schumann, Michael: Industriearbeit und Arbeiterbewußtsein. Eine empirische Untersuchung über den Einfluß der aktuellen technischen Entwicklung auf die industrielle Arbeit und das Arbeiterbewußtsein, Frankfurt a. M. 1985.

Kern, Horst u. Schumann, Michael: Rationalisierung und Arbeiterverhalten. Ansatz und erste Befunde einer Folgestudie zu „Industriearbeit und Arbeiterbewußtsein", in: Materialien zur Industriesoziologie. Kölner Zeitschrift für Soziologie und Sozialpsychologie, Sonderheft 24 (1982), S. 105–131.

Kleinöder, Nina: Unternehmen und Sicherheit. Strukturen, Akteure und Verflechtungsprozesse im betrieblichen Arbeitsschutz der westdeutschen Eisen- und Stahlindustrie nach 1945, Stuttgart 2015.

Kleinschmidt, Christian: Rationalisierung als Unternehmensstrategie. Die Eisen- und Stahlindustrie des Ruhrgebiets zwischen Jahrhundertwende und Weltwirtschaftskrise, Essen 1993.

Kluth, Heinz: Arbeiterjugend – Begriff und Wirklichkeit, in: Helmut Schelsky (Hrsg.): Arbeiterjugend gestern und heute, Heidelberg 1955, S. 16–174, hier S. 142–149.

Knoll, Leonhard: Die BMW-Hauptversammlung vom 9. 12. 1959 – eine historische Fallstudie zu der (Ohn-)Macht des Kleinaktionärs und der Rolle der Depotbanken, in: Vierteljahrsheft für Sozial- Wirtschaftsgeschichte 82 (1995), S. 478–495.

Knorz, Heike: Diplomatische Tauschgeschäfte. „Gastarbeiter" in der westdeutschen Diplomatie und Beschäftigungspolitik 1953–1973, Köln, Weimar u. Wien 2008.

Koch, Günther: Arbeitnehmer steuern mit. Belegschaftsvertretung bei VW ab 1945, Köln 1987.

Kolb, Meinulf: Sozialleistungen, betriebliche und Sozialeinrichtungen, in: Eduard Gaugler, Walter A. Oechsler u. Wolfgang Weber (Hrsg.): Stuttgart ³2004, S. 1741–1753.

Köhler, Ingo: Auto-Identitäten. Marketing, Konsum und Produktbilder des Automobils nach dem Boom, Göttingen 2018.

Kohlmorgen, Lars: Regulation, Klasse, Geschlecht. Die Konstituierung der Sozialstruktur im Fordismus und Postfordismus, Münster 2004.

Köster, Markus: Holt die Kinder aus den Heimen! – Veränderungen im öffentlichen Umgang mit Jugendlichen in den 1960er Jahren am Beispiel der Heimerziehung, in: Matthias Frese, Julia Paulus u. Karl Teppe (Hrsg.): Demokratisierung und gesellschaftlicher Aufbruch. Die sechziger Jahre als Wendezeit der Bundesrepublik, Paderborn 2003, S. 667–681.

Krause-Burger, Sibylle: Eberhard v. Kuenheim, in: Marion Gräfin Dönhoff, Hubert Markl u. Richard v. Weizsäcker (Hrsg.): Eliten und Demokratie. Wirtschaft, Wissenschaft und Politik im Dialog – zu Ehren von Eberhard v. Kuenheim, Berlin 1999, S. 407–419.

Kudera, Werner u. a.: Gesellschaftliches und politisches Bewußtsein von Arbeitern. Eine empirische Untersuchung, Frankfurt a. M. 1979.

Kühl, Jürgen: Die Bedeutung der ausländischen Arbeitnehmer für die Bundesrepublik Deutschland, in: Helga Reimann u. Horst Reimann (Hrsg.): Gastarbeiter, Berlin 1976, S. 23–42.

Kupke, Erich: Beiträge zur Frage des Leistungsgrades und der Vorgabezeit, München 1951.

Küpper, Willi u. Ortmann, Günther: Vorwort: Mikropolitik – Das Handeln der Akteure und die Zwänge der Systeme, in: Dies. (Hrsg.): Mikropolitik. Rationalität, Macht und Spiele in Organisationen, Opladen ²1992, S. 7–9.

Kürten, Helena: „Gastarbeiterinnen im wilden Streik". Zur Wahrnehmung von Arbeit, Migration und Geschlecht im Mediendiskurs der Bundesrepublik am Beispiel der rheinischen und westfälischen Metallindustrie, in: Westfälische Forschungen 67 (2007), S. 499–536.

Landenberger, Sonia: Die Internationalisierung der Marken- und Produktkommunikation am Beispiel der Marken Jaguar und Porsche, Stuttgart 2008.

Lange, Dietmar: Konferenz betriebsinterventionistischer Gruppen der europäischen radikalen Linken in Paris im April 1973. Ein zeitgenössischer Bericht, in: Arbeit, Bewegung, Geschichte 15 (2016), H. 1, S. 91–99.

Lanzinner, Maximilian: Zwischen Sternenbanner und Bundesadler. Bayern im Wiederaufbau 1945–1958, Regensburg 1996.

Lauschke, Karl: Die Hoesch-Arbeiter und ihr Werk. Sozialgeschichte der Dortmunder Westfalen-Hütte während der Jahre des Wiederaufbaus 1945–1966, Essen 2000.

Lauschke, Karl u. Thomas Welskopp: Einführung: Mikropolitik im Unternehmen. Chancen und Voraussetzungen beziehungsanalytischer Ansätze in der Industrie und Arbeitergeschichte, in: Dies. (Hrsg.): Mikropolitik im Unternehmen. Arbeitsbeziehungen und Machtstrukturen in industriellen Großbetrieben des 20. Jahrhunderts, Essen 1994, S. 7–15.

Lee, Yong-Il: Die Ausländerbeschäftigung als ein Bestandteil des deutschen Produktionsregimes für die industrielle Wachstumsgesellschaft 1955–1973. Die offene Arbeitsmarktpolitik der BRD im Vergleich mit der geschlossenen Arbeitsmarktpolitik Japans, Münster 2011.

Lenz, Antonio: Die Entstehung der italienischen revolutionären Linken am Beispiel von „Il Manifesto" und „Lotta Continua", in: Arbeit, Bewegung, Geschichte 15 (2016), H. 1, S. 13–32.

Littler, Craig R.: Deskilling and Changing Structures of Control, in: Stephen Wood: The Degradation of Work? Skill, Deskilling and the Labour Process, London u. a. 1982, S. 122–145.

Lorenzen, Till: BMW als Flugmotorenhersteller 1926–1940. Staatliche Lenkungsmaßnahmen und unternehmerische Handlungsspielräume, München 2008.

Lüdtke, Alf: Eigen-Sinn. Fabrikalltag, Arbeitserfahrungen und Politik vom Kaiserreich bis in den Faschismus, Hamburg 1993.

Lüdtke, Hartmut: Expressive Ungleichheit. Zur Soziologie der Lebensstile, Opladen 1989.

Lutz, Burkart: Der kurze Traum immerwährender Prosperität. Eine Neuinterpretation der industriell-kapitalistischen Entwicklung im Europa des 20. Jahrhunderts, Frankfurt a. M. u. New York 1989.

Lutz, Burkart: Integration durch Aufstieg. Überlegungen zur Verbürgerlichung der deutschen Facharbeiter in den Jahrzehnten nach dem Zweiten Weltkrieg, in: Manfred Hettling u. Bernd Ulrich (Hrsg.): Bürgertum nach 1945, Hamburg 2005, S. 284–309.

Maier, Charles S.: Two Sorts of Crisis? The „long" 1970s in the West and the East, in: Hans Günther Hockerts (Hrsg.): Koordinaten deutscher Geschichte in der Epoche des Ost-West-Konflikts, München 2004, S. 49–62.

Maier, Stephan: Zur Unternehmensgeschichte der Bayerischen Motorenwerke A.G. von 1952 bis 1964, 1992 (Diplomarbeit, Regensburg).

Mattes, Monika: „Gastarbeiterinnen" in der Bundesrepublik. Anwerbepolitik, Migration und Geschlecht in den 50er bis 70er Jahren, Frankfurt a. M. 2005.

McRae, Verena: Die Gastarbeiter. Daten, Fakten, Probleme, München [2]1981.

Mehrländer, Ursula: Situation der ausländischen Arbeitnehmer und ihrer Familienangehörigen in der Bundesrepublik Deutschland. Repräsentativuntersuchung '80, Bonn 1980.

Meyer, Carla, Patzel-Mattern, Katja u. Schenk, Gerrit Jasper: Krisengeschichte(n). „Krise" als Leitbegriff und Erzählmuster in kulturwissenschaftlicher Perspektive – eine Einführung, in: Dies. (Hrsg.): Krisengeschichte(n). „Krise" als Leitbegriff und Erzählmuster in kulturwissenschaftlicher Perspektive, Stuttgart 2013, S. 9–23.

Milert, Werner u. Tschirbs, Rudolf: Die andere Demokratie – Betriebliche Interessenvertretung in Deutschland. 1848 bis 2008, Essen 2012.

Milward, Alan: The Reconstruction of Western Europe. 1945–51, Berkeley u. Los Angeles, [2]1987.

Milanović, Branko: Die ungleiche Welt. Migration, das eine Prozent und die Zukunft der Mittelschicht, Berlin 2016.

Minssen, Heiner: Der soziale Prozeß betrieblichen Wandels, in: Karl Lauschke u. Thomas Welskopp (Hrsg.): Mikropolitik im Unternehmen. Arbeitsbeziehungen und Machtstrukturen in industriellen Großbetrieben des 20. Jahrhunderts, Essen 1994, S. 16–47.

Mommsen, Hans u. Grieger, Manfred: Das Volkswagenwerk und seine Arbeiter im Dritten Reich, Düsseldorf 1996.
Moneta, Erich: Die europäische Automobilindustrie. Unternehmungen und Produktion, Baden-Baden 1963.
Mönnich, Horst: BMW – eine Jahrhundertgeschichte, Bd. 1: Vor der Schallmauer 1916–1945, München 1983.
Mönnich, Horst: BMW – eine Jahrhundertgeschichte, Bd. 2: Der Turm 1945–1972, München 1986.
Mönnich, Horst: BMW – eine deutsche Geschichte, München ^{2}1989.
Mooser, Josef: Abschied von der „Proletarität". Sozialstruktur und Lage der Arbeiterschaft in der Bundesrepublik in historischer Perspektive, in: Werner Conze u. M. Rainer Lepsius (Hrsg.): Sozialgeschichte der Bundesrepublik Deutschland. Beiträge zum Kontinuitätsproblem, Stuttgart 1983, S. 143–186.
Mooser, Josef: Arbeiterleben in Deutschland 1900–1970. Klassenlagen, Kultur und Politik, Frankfurt a. M. 1984.
Mooser, Josef: Einleitung und Auswertung, in: Klaus Tenfelde (Hrsg.): Arbeiter im 20. Jahrhundert, Stuttgart 1991, S. 653–664.
Mooser, Josef: Regionalisierung und Kontraste in der Arbeitergeschichte der 50er Jahre. Niedersachsen in der bundesrepublikanischen Perspektive, in: Bernd Weisbrod (Hrsg.): Von der Währungsreform zum Wirtschaftswunder. Wiederaufbau in Niedersachsen, Hannover 1998, S. 197–205.
Moroni, Primo u. Balestrini, Nanni: Die goldene Horde. Arbeiterautonomie, Jugendrevolte und bewaffneter Kampf in Italien, Berlin 1994.
Müller, Thomas G.: BMW 02. Die Neue Klasse, Stuttgart 1996.
Müller-Jentsch, Walther: Soziologie der industriellen Beziehungen. Eine Einführung, Frankfurt a. M. u. New York 1986.
Müller-Jentsch, Walther: Auf dem Prüfstand. Das deutsche Modell der industriellen Beziehungen, in: Industrielle Beziehungen 2 (1995), H. 1, S. 11–24.
Müller-Jentsch, Walther: Strukturwandel der industriellen Beziehungen. ‚Industrial Citizenship' zwischen Markt und Regulierung, Wiesebaden 2007.
Müller-Jentsch, Walther u. Keßler, Rainer: Spontane Streiks in der Bundesrepublik, in: Kritische Justiz 6 (1973), S. 361–384.
Nieke, Claudia: Volkswagen am Kap. Internationalisierung und Netzwerk in Südafrika 1950 bis 1966, Wolfsburg 2010.
Niess, Frank: Geschichte der Arbeitslosigkeit. Ökonomische Ursachen und politische Kämpfe: ein Kapitel deutscher Sozialgeschichte, Köln 1979.
Niethammer, Lutz u. Plato, Alexander von (Hrsg.): „Hinterher merkt man, daß es richtig war, daß es schiefgegangen ist". Nachkriegs-Erfahrungen im Ruhrgebiet. Lebensgeschichte und Sozialkultur im Ruhrgebiet 1930 bis 1960, 2 Bde., Berlin u. Bonn 1983.
Nitsche, Verena: „Geräuschlose Integration"? Zur Situation der „Gastarbeiter" bei BMW von 1955 bis 1973, 2012 (Magisterarbeit, München).
Nöhl, Markus: Automobile Symbole im Umbruch. Automobilkritik und Symbolproduktion am Ende des Booms 1965–1975, in: Automobilindustrie 1945–2000. Eine Schlüsselindustrie zwischen Boom und Krise, München 2013, S. 363–385.
Oswald, Anne von: „Venite a lavorare con la Volkswagen!" „Gastarbeiter" in Wolfsburg 1962–1974, in: Rosmarie Beier (Hrsg.): Aufbau West – Aufbau Ost. Die Planstädte Wolfsburg und Eisenhüttenstadt in der Nachkriegszeit, Berlin 1997, S. 199–209.
Oswald, Anne von: Volkswagen, Wolfsburg und die italienischen „Gastarbeiter" 1962–1975, in: Archiv für Sozialgeschichte 42 (2002), S. 55–79.
Oswald, Anne von u. Schmidt, Barbara: „Nach Schichtende sind sie immer in ihr Lager zurückgekehrt …" Leben in „Gastarbeiter"-Unterkünften in den sechziger und siebziger Jahren, in: Jan Motte, Rainer Ohliger u. Anne von Oswald (Hrsg.): 50 Jahre Bundesrepublik – 50 Jahre Einwanderung. Nachkriegsgeschichte als Migrationsgeschichte, Frankfurt u. New York 1999, S. 184–214.
Owetschkin, Dimitrij: Vom Verteilen zum Gestalten. Geschichte der betrieblichen Mitbestimmung in der westdeutschen Automobilindustrie nach 1945, Bielefeld 2016.

Pfaffel, Mathias: Vom selbständigen Unternehmen zum integrierten Konzernstandort. Die AUDI NSU AUTO UNION AG in Neckarsulm 1969–1984, Stuttgart 2019.

Pfister, Ulrich u. Plumpe, Werner: Einleitung: Plädoyer für eine theoriegestützte Geschichte von Unternehmen und Unternehmern, in: Westfälische Forschungen 50 (2000), S. 1–21.

Pierburg-Autorenkollektiv: Pierburg – Neuss: „Deutsche und ausländische Arbeiter – ein Gegner – ein Kampf", o. O. 1974.

Pierenkemper, Toni: Unternehmensgeschichte. Eine Einführung in ihre Methoden und Ergebnisse, Stuttgart 2000.

Pierenkemper, Toni: Beschäftigung und Arbeitsmarkt. Entstehung und Entwicklung der modernen Erwerbsgesellschaft in Deutschland (1800–2000), Stuttgart 2017.

Pierer, Christian: Die Bayerischen Motoren Werke bis 1933. Eine Unternehmensgründung in Krieg, Inflation und Weltwirtschaftskrise, München 2011.

Piore, Michael J. u. Sabel, Charles F.: Das Ende der Massenproduktion. Studie über die Requalifizierung der Arbeit und die Rückkehr der Ökonomie in die Gesellschaft, Frankfurt a. M. 1989.

Plumpe, Werner: Statt einer Einleitung: Stichworte zur Unternehmensgeschichtsschreibung, in: Christian Kleinschmidt u. Werner Plumpe (Hrsg.): Unternehmen zwischen Markt und Macht. Aspekte deutscher Unternehmens- und Industriegeschichte im 20. Jahrhundert, Essen 1992, S. 7–13.

Plumpe, Werner: Die Unwahrscheinlichkeit des Jubiläums – oder: warum Unternehmen nur historisch erklärt werden können, in: Jahrbuch für Wirtschaftsgeschichte 44 (2003), H. 1, S. 143–156.

Plumpe, Werner: Industrielle Beziehungen, in: Gerold Ambrosius, Dietmar Petzina, u. Werner Plumpe (Hrsg.): Moderne Wirtschaftsgeschichte. Eine Einführung für Historiker und Ökonomen, München 2006, S. 391–426.

Plumpe, Werner: Wirtschaftskrisen. Geschichte und Gegenwart, München [2]2011.

Pöhlmann, Hartmut: Wachstumseffekte und wachstumspolitische Beurteilung der Gastarbeiterbeschäftigung in der Bundesrepublik Deutschland, Würzburg o. J. [1974].

Pongratz, Hans J. u. Voß, Günter G.: Der Arbeitskraftunternehmer. Eine neue Grundform der Ware Arbeitskraft?, in: Kölner Zeitschrift für Soziologie und Sozialpsychologie 50 (1998), S. 131–158.

Pongratz, Hans J. u. Voß, Günter G.: Der Arbeitskraftunternehmer. Eine neue Grundform der Ware Arbeitskraft?, in: Ulrich Bröckling u. Eva Horn (Hrsg.): Anthropologie der Arbeit, Tübingen 2002, S. 127–156.

Popitz, Heinrich u. a.: Das Gesellschaftsbild des Arbeiters, Tübingen [5]1977.

Postan, Michael: An Economic History of Western Europe, 1945–1964, London 1967.

Postone, Moishe: Time, Labor, and Social Domination. A Reinterpretation of Marx' Critical Theory, Cambridge 1993.

Projektgruppe im WSI: Betriebliche Beschäftigungspolitik und gewerkschaftliche Interessenvertretung. Rationalisierung und Personalplanung als Konfliktfeld, Köln 1977.

Prollius, Michael von: Deutsche Wirtschaftsgeschichte nach 1945, Göttingen 2006.

Prontera, Grazia: Munich – City of Immigration? Integration Policies and Italian Active Participation in Munich Political and Social Life through Italian Organizations in the 1970s, in: Martin Baumeister, Bruno Bonomo u. Dieter Schott (Hrsg.): Cities Contested. Urban Politics, Heritage, and Social Movements in Italy and West Germany in the 1970s, Frankfurt a. M. 2017, S. 147–166.

Radkau, Joachim: Technik in Deutschland. Vom 18. Jahrhundert bis zur Gegenwart, Frankfurt a. M. 1989.

Raisch, Manfred: Die Konzentration in der deutschen Automobilindustrie, Berlin 1973.

Raphael, Lutz: Arbeitsbiografien und Strukturwandel „nach dem Boom". Lebensläufe und Berufserfahrungen britischer, französischer und westdeutscher Industriearbeiter und -arbeiterinnen von 1970 bis 2000, in: Geschichte und Gesellschaft 43 (2017), S. 32–67.

Raphael, Lutz: Jenseits von Kohle und Stahl. Eine Gesellschaftsgeschichte Westeuropas nach dem Boom. Frankfurter Adorno-Vorlesungen 2018, Berlin 2019.

Raphael, Lutz: Arbeit im Kapitalismus, in: Arbeit, Bewegung, Geschichte 19 (2020), H. 1, S. 7–25.

Rathkolb, Oliver: NS-Zwangsarbeit in der Industrie im Vergleich. Am Beispiel der Betriebe der Reichswerke Hermann Göring in Linz, in: Gabrielle Hauch (Hrsg.): Industrie und Zwangsarbeit im Nationalsozialismus. Mercedes Benz – VW – Reichswerke Hermann Göring in Linz und Salzgitter, Innsbruck 2003, S. 67–84.

Remeke, Stefan: Gewerkschaften und Sozialgesetzgebung. DGB und Arbeitnehmerschutz in der Reformphase der sozialliberalen Koalition, Essen 2005.

Reckwitz, Andreas: Die Gesellschaft der Singularitäten. Zum Strukturwandel der Moderne, Berlin 2017.

Reckwitz, Andreas: Die Erfindung der Kreativität. Zum Prozess gesellschaftlicher Ästhetisierung, Berlin [6]2019.

Reitmayer, Morten u. Rosenberger, Ruth: Einleitung, in: Dies. (Hrsg.): Unternehmen am Ende des „goldenen Zeitalters". Die 1970er Jahre in unternehmens- und wirtschaftshistorischer Perspektive, Essen 2008, S. 9–27.

Richardi, Reinhard: Arbeitsverfassung und Arbeitsrecht, in: Hans Günter Hockerts (Hrsg.): Geschichte der Sozialpolitik in Deutschland seit 1945, Bd. 5: 1966–1974, Baden-Baden 2006, 225–276.

Richter, Hedwig u. Richter, Ralf: Die Gastarbeiter-Welt. Leben zwischen Palermo und Wolfsburg, Paderborn 2012.

Rieland, Wolfgang: Organisation und Autonomie. Die Erneuerung der italienischen Arbeiterbewegung, Frankfurt 1977.

Rittstieg, Helmut: Grundzüge des Aufenthaltsrechts, in: Gerhard Schult (Hrsg.): Einwanderungsland Bundesrepublik Deutschland?, Baden-Baden 1982, S. 29–38.

Rostow, Walt Whitman: Stadien wirtschaftlichen Wachstums. Eine Alternative zur marxistischen Entwicklungstheorie, Cambridge 1960.

Roos, Bernhard: Bayern als Migrationsland – die Rolle der IG Metall bei der Integration, in: Vom Wiederaufbau zur Arbeit 4.0. IG Metall Bayern: 70 Jahre Fortschritt durch Tarifpolitik, Hamburg 2017, S. 112–114.

Roth, Jürgen: Armut in der Bundesrepublik, Darmstadt 1971.

Roth, Siegfried: Gruppenarbeit in deutschen Automobilbetrieben. Perspektiven aus gewerkschaftlicher Sicht, in: Ben Dankbaar, Ulrich Jürgens u. Thomas Malsch (Hrsg.): Die Zukunft der Arbeit in der Automobilindustrie, Berlin 1988, S. 185–210.

Roth, Siegfried: Rollenwandel der Betriebsratsarbeit, Frankfurt a. M. 2000.

Sabel, Charles: Struktureller Wandel der Produktion und neue Gewerkschaftsstrategien, in PROKLA. Zeitschrift für Kritische Sozialwissenschaft 62 (1986), S. 41–60.

Sala, Roberto: Vom „Fremdarbeiter" zum „Gastarbeiter". Die Anwerbung italienischer Arbeitskräfte für die deutsche Wirtschaft (1938–1973), in: Vierteljahrshefte für Zeitgeschichte 55 (2007), S. 93–120.

Saldern, Adelheid von: Häuserleben. Zur Geschichte städtischen Arbeiterwohnens vom Kaiserreich bis heute, Bonn [2]1997.

Sauer, Dieter: Permanente Reorganisation. Unsicherheit und Überanforderung in der Arbeitswelt, in: Anselm Doering-Manteuffel, Lutz Raphael u. Thomas Schlemmer (Hrsg.): Vorgeschichte der Gegenwart. Dimensionen des Strukturbruchs nach dem Boom, Göttingen 2016, S. 37–55.

Scharf, Günter: Geschichte der Arbeitszeitverkürzung. Der Kampf der deutschen Gewerkschaften um die Verkürzung der täglichen und wöchentlichen Arbeitszeit, Köln 1987.

Schey, Andreas u. Baron von Thyssen-Bornemissza, Hanns-Peter: Glas-Automobile, Stuttgart 2009.

Schildt, Axel: Materieller Wohlstand – pragmatische Politik – kulturelle Umbrüche. Die 60er Jahre in der Bundesrepublik, in: Ders., Detlef, Siegfried u. Karl Christian Lammers (Hrsg.): Dynamische Zeiten. Die 60er Jahre in beiden deutschen Gesellschaften, Hamburg 2000, S. 21–53.

Schlemmer, Thomas: Industriemoderne in der Provinz. Die Region Ingolstadt zwischen Neubeginn, Boom und Krise 1945 bis 1975, München 2009.

Schmiede, Rudi u. Schudlich, Edwin: Die Entwicklung der Leistungsentlohnung in Deutschland. Eine historisch-theoretische Untersuchung zum Verhältnis von Lohn und Leistung unter kapitalistischen Produktionsbedingungen, Frankfurt a. M. u. New York 1978.

Schmiede, Rudi u. Schudlich, Edwin: Die Entwicklung von Zeitökonomie und Lohnsystem im deutschen Kapitalismus, in: Institut für Sozialforschung (Hrsg.): Gesellschaftliche Arbeit und Rationalisierung. Neuere Studien aus dem Institut für Sozialforschung in Frankfurt a. M., Opladen 1981, S. 57–99.
Schmidhofer, Tanja: Personalpolitik in Zeiten chronischen Arbeitskräftemangels. BMW in den sechziger Jahren, 2000 (Magisterarbeit, Konstanz).
Schmidt, Jürgen: Arbeiter in der Moderne. Arbeitsbedingungen, Lebenswelten, Organisationen, Frankfurt a. M. 2015.
Schmidt, Rudi u. Trinczek, Rainer: Der Betriebsrat als Akteur der industriellen Beziehungen, in: Walther Müller-Jentsch (Hrsg.): Konfliktpartnerschaft. Akteure und Institutionen der industriellen Beziehungen, München u. Mering [3]1999, S. 103–128.
Schmidt, Rudi: s. v. Fordismus/Massenproduktion, in: Hartmut Hirsch-Kreinsen u. Heiner Minssen (Hrsg.): Lexikon der Arbeits- und Industriesoziologie, Baden-Baden [2]2017, S. 143–148.
Schmidt, Rudi: s. v. Taylorismus, in: Hartmut Hirsch-Kreinsen u. Heiner Minssen (Hrsg.): Lexikon der Arbeits- und Industriesoziologie, Baden-Baden [2]2017, S. 292–296.
Schneider, Hans-Jürgen u. Schrader, Halwart: Legende BMW 02, Bielefeld [2]2014.
Schneider, Michael: Streit um Arbeitszeit. Geschichte des Kampfes um Arbeitszeitverkürzung in Deutschland, Köln 1984.
Schoenbaum, David: Die braune Revolution. Eine Sozialgeschichte des Dritten Reiches, Köln 1980.
Schönhoven, Klaus: Aufbruch in die sozialliberale Ära. Zur Bedeutung der 60er Jahre in der Geschichte der Bundesrepublik, in: Geschichte und Gesellschaft 25 (1999), S. 123–145.
Schönwälder, Karen: Einwanderung und ethnische Pluralität. Politische Entscheidungen und öffentliche Debatten in Großbritannien und der Bundesrepublik von den 1950er Jahren bis zu den 1970er Jahren, Essen 2001.
Schröder, Jürgen: Ideologischer Kampf vs. regionale Hegemonie. Ein Beitrag zur Untersuchung der ‚K-Gruppen', Berlin 1990.
Schulz, Günther: Wiederaufbau in Deutschland. Die Wohnungsbaupolitik in den Westzonen und der Bundesrepublik von 1945 bis 1957, Düsseldorf 1994.
Schudlich, Edwin: Die Abkehr vom Normalarbeitstag. Entwicklung der Arbeitszeiten in der Industrie der Bundesrepublik seit 1945, Frankfurt a. M. 1987.
Schumacher, Hans: Oberbayern – Ein Strukturwandel sondergleichen, in: Heinz Flieger (Hrsg.): Bayerns Wirtschaft. Vom Werden und Wirken eines weltoffenen Landes, S. 241–264.
Schumann, Michael: Das Jahrhundert der Industriearbeit. Soziologische Erkenntnisse und Ausblicke, Weinheim u. Basel 2013.
Seherr-Thoss, Hans C. Graf von: Die deutsche Automobilindustrie. Eine Dokumentation, Stuttgart [2]1979.
Seidl, Jürgen: Die Bayerischen Motoren Werke (BMW) 1945–1969. Staatlicher Rahmen und unternehmerisches Handeln, München 2002.
Seitz, Dieter: Rationalisierung und Beschäftigtenentwicklung in der Serienmontage, in: WSI-Mitteilungen, 39 (1986), H. 2, S. 57–66.
Söllheim, Fritz: Taylor-System für Deutschland. Grenzen seiner Einführung in deutsche Betriebe, München u. Berlin 1922.
Sonnenberger, Barbara: Nationale Migrationspolitik und regionale Erfahrung. Die Anfänge der Arbeitsmigration in Südhessen 1955–1967, Darmstadt 2003.
Speidel, Frederic: Mitbestimmte versus managementbestimmte Globalisierung in der Automobilindustrie. Ein Vergleich der Internationalisierungsstrategien und ihrer Verarbeitungen durch die Akteure der industriellen Beziehungen am Beispiel VWs und Renaults, München u. Mering 2005.
Staab, Philipp: Digitaler Kapitalismus. Markt und Herrschaft in der Ökonomie der Unknappheit, Berlin 2019.
Steinert, Johannes-Dieter: Migration und Politik. Westdeutschland – Europa – Übersee 1945–1961, Osnabrück 1995.
Steinert, Johannes-Dieter: Arbeit in Westdeutschland: die Wanderungsvereinbarungen mit Italien, Spanien, Griechenland und der Türkei und der Beginn der organisierten Anwerbung ausländischer Arbeitskräfte, in: Archiv für Sozialgeschichte 35 (1995), S. 197–209.

Stirn, Hans: Ausländer-Beschäftigung in Deutschland in den letzten 100 Jahren, in: Ders. (Hrsg.): Ausländische Arbeiter im Betrieb. Ergebnisse der Betriebserfahrung, Frechen bei Köln 1964, S. 9–69.

Stöhr, Volker: Rationalisiert und in Masse: Gemeinsinnsbehauptungen bei Taylor und Ford, in: Uwe Fraunholz u. Sylvia Wölfel (Hrsg.): Ingenieure in der technokratischen Hochmoderne. Thomas Hänseroth zum 60. Geburtstag, Münster u. a. 2012, S. 145–165.

Südbeck, Thomas: Motorisierung, Verkehrsentwicklung und Verkehrspolitik in Westdeutschland in den 50er Jahren, in: Axel Schildt u. Arnold Sywottek (Hrsg.): Modernisierung im Wiederaufbau. Die westdeutsche Gesellschaft der 50er Jahre, Bonn 1993, S. 170–187.

Süß, Dietmar: Mikropolitik und Spiele: Zu einem neuen Konzept für die Arbeiter- und Unternehmensgeschichte, in: Jan-Otmar Hesse, Christian Kleinschmidt u. Karl Lauschke (Hrsg.): Kulturalismus, Neue Institutionenökonomik oder Theorienvielfalt. Eine Zwischenbilanz der Unternehmergeschichte, Essen 2002, S. 117–136.

Süß, Dietmar: Kumpel und Genossen. Arbeiterschaft, Betrieb und Sozialdemokratie in der bayerischen Montanindustrie 1945 bis 1976, München 2003.

Süß, Dietmar: Der Sieg der grauen Herren? Flexibilisierung und der Kampf um Zeit in den 1970er Jahren und 1980er Jahren, in: Anselm Doering-Manteuffel, Lutz Raphael u. Thomas Schlemmer (Hrsg.): Vorgeschichte der Gegenwart. Dimensionen des Strukturbruchs nach dem Boom, Göttingen 2016, S. 109–127.

Süß, Winfried: Der keynesianische Traum und sein langes Ende. Sozioökonomischer Wandel und Sozialpolitik in den siebziger Jahren, in: Konrad Jarausch (Hrsg.): Das Ende der Zuversicht. Die siebziger Jahre als Geschichte, Göttingen 2008, S. 120–137.

Thomssen, Wilke: „Die Konstitution des Klassenbewußtseins“. Vom Altern eines wissenschaftlichen Anspruchs, in: Gert Schmidt, Hans-Joachim Braczyk u. Jost von dem Knesebeck (Hrsg.): Materialien zur Industriesoziologie (= Kölner Zeitschrift für Soziologie und Sozialpsychologie Sonderband 24), Opladen 1982, S. 313–328.

Thomssen, Wilke: Arbeit, Bewußtsein, Subjektivität. Zur Dekonstruktion einiger Kategorien der Soziologie, in: Helmut König, Bodo von Greiff u. Helmut Schauer (Hrsg.): Sozialphilosophie der industriellen Arbeit (= Leviathan Sonderheft 11), Opladen 1990, S. 301–321.

Tilly, Stephanie: „Die guten Zeiten … sind vorbei“. Zum Verhältnis von Automobilindustrie, Politik und Automobilverband in den 1970er Jahren, in: Morten Reitmayer u. Ruth Rosenberger (Hrsg.): Unternehmen am Ende des „goldenen Zeitalters“. Die 1970er Jahre in unternehmens- und wirtschaftspolitischer Perspektive, Essen 2008, S. 209–232.

Tilly, Stephanie u. Triebel, Florian: Einführung, in: Dies. (Hrsg.): Automobilindustrie 1945–2000. Eine Schlüsselindustrie zwischen Boom und Krise, München 2013, S. 1–21.

Tolliday, Steven u. Zeitlin, Jonathan: Between Fordism and Flexibility. The Automobile Industry and its Workers – Past, Present and Future, in: Archiv für Sozialgeschichte 28 (1988), 153–171.

Tolomelli, Marica: „Repressiv getrennt“ oder „organisch verbündet“. Studenten und Arbeiter 1968 in der Bundesrepublik Deutschland und in Italien, Opladen 2001.

Tooze, Adam: Ökonomie der Zerstörung. Die Geschichte der Wirtschaft im Nationalsozialismus, München 2007.

Touraine, Alain: L'evolution du travail ouvrier aux Usines Renault, Paris 1955.

Trede, Oliver: Zwischen Misstrauen, Regulation und Integration. Gewerkschaften und Arbeitsmigration in der Bundesrepublik und in Großbritannien in den 1960er und 70er Jahren, Paderborn 2015.

Trede, Oliver: Gewerkschaften und Arbeitsmigration in der Bundesrepublik – zwischen Misstrauen und Integration, in: Deutschland Archiv 2016, Bonn 2017.

Triebel, Florian: Vom ‚Marketingloch‘ zur Wiederentdeckung der sportlichen Mittelklasse – vom Produktionsregime zur Marketingorientierung bei BMW, in: Jahrbuch für Wirtschaftsgeschichte 53 (2010), H. 1, S. 37–64.

Triebel, Florian: Die Bayerischen Motoren Werke während der Rezession 1966/67 und der Ölkrise 1973/74, in: Stephanie Tilly (Hrsg.): Automobilindustrie 1945–2000. Eine Schlüsselindustrie zwischen Boom und Krise, München 2013, S. 111–153.

Triebel, Florian: Gründe und sprich darüber. Unternehmensgründung und Kommunikation – das Beispiel BMW (1916–1923), in: Zeitschrift für Unternehmensgeschichte 61 (2016), H. 1, S. 31–63.

Uhl, Karsten: Humane Rationalisierung? Die Raumordnung der Fabrik im fordistischen Jahrhundert, Bielefeld 2014.

Ulucay, Bekir: Die Ausländerpolitik der Gewerkschaften in der Bundesrepublik Deutschland: Eine kritische Darstellung ihrer Entwicklung seit den 50er Jahren unter besonderer Berücksichtigung der Industriegewerkschaft Metall, (Unveröffentl. Magisterarbeit, Universität Freiburg i. Br.), o. J.

Veltz, Pierre: Arbeitsablauf und Organisation in der Automobilindustrie. Entwicklungstendenzen, in: Ben Dankbaar, Ulrich Jürgens u. Thomas Malsch (Hrsg.): Die Zukunft der Arbeit in der Automobilindustrie, Berlin 1988, S. 83–94.

Weber, Max: Wirtschaft und Gesellschaft, Tübingen 1922.

Wellhöner, Volker: „Wirtschaftswunder" – Weltmarkt – westdeutscher Fordismus. Der Fall Volkswagen, Münster 1996.

Welskopp, Thomas: Arbeit und Macht im Hüttenwerk. Arbeits- und industrielle Beziehungen in der deutschen und amerikanischen Eisen- und Stahlindustrie von den 1860er bis zu den 1930er Jahren, Bonn 1994.

Welskopp, Thomas: Betriebliche Sozialpolitik im 19. und frühen 20. Jahrhundert. Eine Diskussion neuerer Forschungen und Konzepte und eine Branchenanalyse der deutschen und amerikanischen Eisen- und Stahlindustrie von den 1870er bis zu den 1930er Jahren, in: Archiv für Sozialgeschichte 34 (1994), S. 333–374.

Welskopp, Thomas: Ein modernes Klassenkonzept für die vergleichende Geschichte industrialisierender und industrieller Gesellschaften. Kritische Skizzen und theoretische Überlegungen, in: Karl Lauschke u. Thomas Welskopp (Hrsg.): Mikropolitik im Unternehmen. Arbeitsbeziehungen und Machtstrukturen in industriellen Großbetrieben des 20. Jahrhunderts, Essen 1994, S. 48–106.

Welskopp, Thomas: Die Sozialgeschichte der Väter. Grenzen und Perspektiven der Historischen Sozialwissenschaft, in: Geschichte und Gesellschaft 24 (1998), S. 173–198.

Welskopp, Thomas: Von der verhinderten Heldengeschichte des Proletariats zur vergleichenden Sozialgeschichte der Arbeiterschaft – Perspektiven der Arbeitergeschichtsschreibung in den 1990er Jahren, in: Zeitschrift für Sozialgeschichte des 20. und 21. Jahrhunderts 93 (1999), H. 3, S. 34–53.

Welskopp, Thomas: Unternehmen Praxisgeschichte. Historische Perspektiven auf Kapitalismus, Arbeit und Klassengesellschaft, Tübingen 2014.

Welskopp, Thomas: Produktion als soziale Praxis. Praxeologische Perspektiven auf die Geschichte betrieblicher Arbeitsbeziehungen, in: Knud Andresen, Michaela Kuhnhenne, Jürgen Mittag u. Johannes Platz (Hrsg.): Der Betrieb als sozialer und politischer Ort. Studien zu Praktiken und Diskursen in den Arbeitswelten des 20. Jahrhunderts, Bonn 2015, S. 29–52.

Welskopp, Thomas: Zukunft bewirtschaften. Überlegungen zu einer praxistheoretisch informierten Historisierung des Kapitalismus, in: Mittelweg 36 (2017), S. 81–97.

Werner, Constanze: Kriegswirtschaft und Zwangsarbeit bei BMW, München 2006.

Wetzel, Juliane: Integration im Großbetrieb – das Beispiel BMW, in: Wolfgang Benz (Hrsg.): Integration ist machbar. Ausländer in Deutschland, München 1993, S. 93–108.

Whyte, William F. u. a.: Lohn und Leistung. Eine soziologische Analyse industrieller Akkord- und Prämiensysteme, Köln u. Opladen 1958.

Wiedemann, Herbert: Die Rationalisierung aus der Sicht des Arbeiters. Eine soziologische Untersuchung in der mechanischen Fertigung, Köln u. Opladen 1964.

Wiemheuer, Felix: Einleitung: Die vielen Gesichter des Maoismus und die Neue Linke nach 1968, in: Sebastian Gehrig, Barbara Mittler u. Felix Wiemheuer (Hrsg.): Kulturrevolution als Vorbild? Maoismen im deutschsprachigen Raum, Frankfurt a. M. 2008, S. 7–23.

Wildt, Michael: Das Ende der Bescheidenheit. Wirtschaftsrechnungen von Arbeitnehmerhaushalten in der Bundesrepublik Deutschland 1950–1963, in: Klaus Tenfelde (Hrsg.): Arbeiter im 20. Jahrhundert, Stuttgart 1991, S. 573–610.

Williams, Karel, Haslam, Colin u. Williams, John: Ford versus 'Fordism': The Beginning of Mass Production?, in: Work, Employment and Society 6 (1992), H. 4, S. 517–555.

Williams, Karel u. a.: The Myth of the Line: Ford's Production of the Model T at Highland Park, 1909–16, in: Business History 35 (1993), S. 66–87.

Wirsching, Andreas: Erwerbsbiographien und Privatheitsformen. Die Entstandardisierung von Lebensläufen, in: Thomas Raithel, Andreas Rödder u. Andreas Wirsching (Hrsg.): Auf dem Weg in eine neue Moderne? Die Bundesrepublik Deutschland in den siebziger und achtziger Jahren, München 2009, S. 83–97.

Wirsching, Andreas: Konsum statt Arbeit? Zum Wandel von Individualität in der modernen Massengesellschaft, in: Vierteljahrshefte für Zeitgeschichte 57 (2009), S. 171–199.

Wirsching, Andreas: Kollektiver Freizeitpark oder Burnout-Gesellschaft. Wie überlastet ist der moderne Mensch?, Wien 2016.

Womack, James, Jones, Daniel u. Roos, Daniel: Die zweite Revolution in der Automobilindustrie. Konsequenzen aus der weltweiten Studie aus dem Massachusetts Institute of Technology, Frankfurt a. M. u. New York [5]1992.

Wright, Steve: Storming Heaven. Class Composition and Struggle in Italian Autonomist Marxism, London u. a. 2002.

Wright, Steve: Den Himmel stürmen. Eine Theoriegeschichte des Operaismus, Berlin 2005.

Ziegenfuß, Hans: Niederbayern auf dem Wege der Industrialisierung. Bezirk der Industrie- und Handelskammer für Niederbayern in Passau, in: Heinz Flieger (Hrsg.): Bayerns Wirtschaft. Vom Werden und Wirken eines weltoffenen Landes, Düsseldorf u. München 1966, S. 273–300.

Zorn, Wolfgang: Bayerns Geschichte im 20. Jahrhundert. Von der Monarchie zum Bundesland, München 1986.

Zorn, Wolfgang: Bayerns Gewerbe, Handel und Verkehr (1806–1970), in: Alois Schmid (Hrsg.): Handbuch der bayerischen Geschichte, *Bd. IV/2:* Das Neue Bayern. Von 1800 bis zur Gegenwart. Zweiter Teilband: Innere Entwicklung und kulturelles Leben, München 2007, S. 781–845.

Internet:

https://wirtschaftslexikon.gabler.de/definition/vorgabezeit-47823/version-271085, letzter Zugriff am 18. Juni 2020.

Personenregister

Sachregister

FSC
www.fsc.org
MIX
Papier | Fördert gute Waldnutzung
FSC® C083411

Kolibri 360 GmbH
Ferdinand-Jühlke-Straße 7
99095 Erfurt, Deutschland
produktsicherheit@kolibri360.de